殷墟有字甲骨

鑽鑿布局與

占卜形式探研

上

趙鵬 著

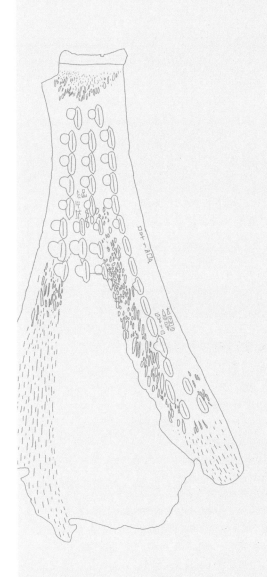

上海古籍出版社

圖書在版編目(CIP)數據

殷墟有字甲骨鑽鑿布局與占卜形式探研 / 趙鵬著
. —上海：上海古籍出版社，2024.4
　ISBN 978-7-5732-0641-1

　Ⅰ.①殷…　Ⅱ.①趙…　Ⅲ.①甲骨文—占卜—研究
Ⅳ.①K877.14

中國國家版本館 CIP 數據核字(2023)第 043922 號

殷墟有字甲骨鑽鑿布局與占卜形式探研
(全二冊)

趙　鵬　著
上海古籍出版社出版發行
(上海市閔行區號景路 159 弄 1-5 號 A 座 5F　郵政編碼 201101)
(1) 網址：www.guji.com.cn
(2) E-mail：guji1@guji.com.cn
(3) 易文網網址：www.ewen.co
山東韻傑文化科技有限公司印刷
開本 700×1000　1/16　印張 57.5　插頁 10　字數 799,000
2024 年 4 月第 1 版　2024 年 4 月第 1 次印刷
ISBN 978-7-5732-0641-1
K・3341　定價：298.00 元
如有質量問題,請與承印公司聯繫

序

　　中國歷史研究院趙鵬研究員《殷墟有字甲骨鑽鑿布局與占卜形式探研》一書近日殺青，作者要我在卷首寫幾句話，我很高興，趁此機會，就甲骨鑽鑿布局與甲骨文獻的整理談一點自己的想法。

　　近十年來，作者一直潛心研究甲骨鑽鑿布局。我認爲，鑽鑿布局是甲骨占卜學中一項十分重要的研究課題，雖有學者做過一些研究，但仍有很多問題需要解決。本書補正舊說，多有創獲，是目前鑽鑿布局研究的最新成果，希望盡快出版，嘉惠士林。

　　粗讀書稿，我認爲此書優點很多：一是全面系統整理研究鑽鑿布局，總結其演進序列和發展脈絡。二是收羅鑽鑿布局材料豐富，圖文並茂，方便閱讀。三是主張鑽鑿布局應結合卜辭、序數等進行綜合研究。更重要的是，本書有以下兩個主要發現：

　　第一，鑽鑿布局影響占卜形式。如：武丁祖庚時期，村北系首甲不施加鑽鑿的龜腹甲和骨首骨頸部位單個鑽鑿布局的牛肩胛骨通常使用異版成套的占卜形式。

　　第二，從鑽鑿布局和占卜形式上看，村中南系與師組的關係更爲密切，從師組直接發展而來，村北系很可能是另起或革新的系列；村中南系發展在先且影響村北系。如：村中南系從歷組一類進入沿骨邊布局階段，村北系出組二類開始沿骨邊布局。村中南系歷組一類開始出現一天同一事件不同環節焦點沿骨邊布局的占卜，村北系出組二類開始出現這種占卜形式。

　　鑽鑿布局研究是甲骨學領域中比較冷清的角落,有關論著很少。以往甲骨學者大多側重於研究文字,對於文字所依附的甲骨材料及其鑽鑿布局很少有人問津。近年,學者已經認識到應該從甲骨占卜學(下轄鑽鑿布局)、甲骨形態學、甲骨文獻學等多個分支學科對甲骨文進行綜合研究。卜辭的核心是"鑽鑿"和"卜兆",前辭、命辭、占辭、驗辭、序辭等都像衆星拱月一樣環繞"鑽鑿"和"卜兆"來布局刻寫。我認爲,先有鑽鑿布局而後有灼鑽布局,有灼鑽布局而後有卜辭布局。大版甲骨的正反兩面往往刻滿幾十條卜辭,學者如果不瞭解鑽鑿布局、灼鑽布局、卜辭布局,所撰寫的甲骨釋文就會存在問題。

　　甲骨反面有人工製造的鑽鑿,梭形是鑿,圓形是鑽。以上是占卜的準備工作。而灼鑽是占卜行爲的開始。既灼之後,鑿顯兆幹,鑽顯兆枝。本書(第 49 頁)引到饒宗頤先生的一段話,非常重要。1961 年,饒先生在《由卜兆記數推究殷人對於數的觀念——龜卜象數論》(《慶祝董作賓先生六十五歲論文集》下冊)一文中說:"龜甲上有四件東西,保持着連帶的關係,即是龜背的鑽鑿孔,和經燒灼之後,腹面所呈的兆象,及刻在兆位的數字,與鍥刻在腹或背面的卜事記錄的卜辭或紀事別辭。"饒先生的這段話我認爲可以概括爲八個字,即"鑽、兆、數、辭,四位一體"。所謂"鑽"指"鑽鑿",大家知道,製造鑽鑿,先鑿後鑽,鑿而不鑽者甚少。甲骨占卜屬於熱占卜。卜者用燒成熾炭的荆條灼鑽,使甲骨正面坼裂出"卜"字形的卜兆。每個卜兆都是由兆幹和兆枝構成,先出兆幹,後出兆枝。鑿出兆幹,形似樹幹,形態不變;鑽出兆枝,形似樹枝,千姿百態。殷人主要根據兆枝的形態來判斷吉凶。因此,"鑽鑿"之語,以"鑽"爲主、"鑿"爲輔,此處以"鑽"代表"鑽鑿"。所謂"兆",指反面灼鑽,正面出兆。所謂"數"即"序數"的簡稱,"序數"也稱"兆序""序辭"或"兆序辭",記録占卜的次數和順序。所謂"辭",指以下九個部分:前辭、命辭、占辭、驗辭、兆辭、序辭、用辭、孚辭、署辭。但並不是每次占卜都記全的,而是常常省略其中的某一部分。所謂"四位一體"是說,"鑽、兆、數、辭"四位都要像衆星拱月一樣環繞"鑽""兆"來布局。

下面就"鑽兆數辭,四位一體"舉一版完整的龜腹甲《丙編》63—64《合集》12051)爲例來加以説明。張秉權先生《丙編考釋》的卜辭釋文最大的缺點是把"鑽兆數辭,四位一體"的東西割裂而分開撰寫,換言之,就是没有很好地體現鑽鑿布局與卜兆、序數、卜辭之間的連帶關係。檢視《丙編》釋文自明,兹不贅引。今按"鑽兆數辭,四位一體"的新觀念將《丙編》63—64(《合集》12051)的釋文重新撰寫於下,然後加以闡述。爲方便閲讀,釋文盡可能用通行字。

(1) 戔來十。(刻在反面右甲橋。"戔來十"記録龜是戔所貢納,共十隻)

(2) 殼。(刻在反面左甲橋。"殼"是貞人名,記録修治保管者把挖好鑽鑿的腹甲交給貞人殼收掌,以備卜用)

(3) 貞:燎牛。(刻在反面)[一]二(刻在正面相應位置)

(4) 勿燎。(刻在反面)○(○,表示正面相應位置僅有卜兆而未刻序數且犯兆,此處是卜兆侵犯正面的另一條卜辭)

(5) 燎一牛。(刻在反面)一(刻在正面相應位置)

(6) [勿燎一牛]。(反面原本没有刻寫卜辭,推測是"勿燎一牛")一(正面相應位置僅有卜兆和序數"一"。卜兆和序數"一"見正面左前甲第二行近千里路的相應位置)

(7) 燎二牛。(以上反面)○(刻在正面相應位置,有卜兆而位刻序數且犯兆)

(8) 燎三牛。(刻在反面)一(刻在正面相應位置且犯兆)

(9) 貞:翌癸未(20)燎五牛。一二三四五(刻在正面)

(10) 翌癸未(20)勿燎五牛。一二三四五(刻在正面)

(11) 呼取。(刻在反面)一(刻在正面相應位置且犯兆)

(12) 呼求,先从東得。(刻在正面左甲橋)一二三(刻在正面左前甲且犯兆)

(13) 貞:呼求,先得。(刻在正面右甲橋)四(刻在正面)

(14) 呼求,先得。(刻在正面右甲橋)五(刻在正面)

(15) 甲辰(41)卜,㑊貞:今日其雨。(刻在正面)一二三四(刻在正面)

（16）甲辰（41）卜，佣貞：今日不其雨。（刻在正面）一二三二告四五（刻在正面）

（17）甲辰（41）卜，佣貞：翌乙巳（42）其雨。（刻在正面）一二三四（刻在正面）

（18）貞：翌乙巳（42）不其雨。（刻在正面）一二三四（刻在正面）

（19）貞：翌丁未（44）其雨。（刻在正面）一二三（刻在正面）

（20）貞：翌丁未（44）不其雨。（刻在正面）一二三小告（刻在正面）

（21）其出匸于祖乙，不唯憂。（刻在反面）○（刻在正面相應位置，有卜兆而未刻序數且犯兆）

（22）出于祖乙。（刻在反面）○（刻在正面相應位置，有卜兆而未刻序數且犯兆）

（1）（2）是署辭，記載甲骨來源和修治鑽鑿者，以及修治鑽鑿後交付貞人殼掌管。爲了不妨礙占卜，署辭一般刻在没有鑽鑿的邊緣部位。（1）（2）署辭即刻在甲橋的反面部位。

根據“以類（事類）相從，據兆（鑽鑿）系聯”原則，這版龜腹甲正反兩面所刻卜辭内容有四類：第一類（3）至（10）占卜“燎牛”。（3）“燎牛”和（4）“勿燎”是正反對貞。（5）“燎一牛”和（6）“［勿燎一牛］”也是正反對貞。（7）至（10）是選貞用幾頭牛合適。第二類（11）至（14）占卜“貢納”。第三類（15）至（20）占卜“天氣”。第四類（21）至（22）占卜祭祀“祖乙”。

近年，甲骨占卜學設立之後，鑽鑿布局可以納入甲骨占卜學中進行研究。隨着照相、印刷技術的提高，甲骨著録有了高清彩照，彩照又可以在電腦裏放大觀察鑽鑿布局，研究甲骨占卜學（含鑽鑿布局）、甲骨形態學的條件已經大大改善。希望今後出版的甲骨著録書，必須著録甲骨的反面，以方便研究甲骨鑽鑿布局，更好地讀懂甲骨卜辭。

黄天樹

2023 年 10 月 3 日於清華園

前　　言

本書按材質對殷墟各組類有字甲骨上的鑽鑿布局與占卜形式做了較爲全面系統的整理研究，初步建立了殷墟甲骨鑽鑿布局的演進序列，大致梳理了殷墟甲骨占卜形式的發展脈絡，解讀了一些特色卜辭布局。

緒論部分界定了本書所指鑽鑿的概念、本書的研究内容和意義，並對以往研究進行述評，提出當前的甲骨鑽鑿布局研究應該結合甲骨組類、兆序排列、卜辭組成、卜辭布局、卜法等進行較爲深入細緻的研究。

第一章至第四章梳理了殷墟師組、村中南系、村北系、非王各組類胛骨上的鑽鑿布局、特色卜辭布局及占卜形式。指出胛骨鑽鑿布局村南系從歷組一類就開始進入沿骨邊（即沿對邊一列曰邊半列）布局階段，村北系以賓出類爲界，前期是骨首骨頸的獨立布局，出組二類以後開始沿骨邊（即沿對邊一列曰邊半列）布局。指出村中南系胛骨鑽鑿布局與師組胛骨的關係更爲密切，從師組直接發展而來，而村北系胛骨鑽鑿布局對於師組胛骨來說，很可能是另起或革新的系列。村中南系胛骨以歷組二類爲界，之前多卜，之後一辭一卜。村北系以賓出類爲界，之前多卜，之後一辭一卜。兩系占卜形式基本同時進入一辭一卜階段。村中南系從歷組一類開始出現一天同一事件不同環節焦點沿骨邊布局的占卜，村北系出組二類開始出現這種占卜形式。無論從鑽鑿布局，還是一天同一事件不同環節焦點的占卜構成來看，村中南系在占卜發展上都要早於村北系，是村中南系影響了村北系。

第五章至第七章梳理了殷墟師組、村北系、非王腹甲上的鑽鑿布局、特色卜辭布局及占卜形式。指出師組腹甲鑽鑿有較凌亂布局，灼燒方向不定。村北系以賓出類爲界，前期鑽鑿布局多樣化，有稀疏、密集及稀疏密集混合型三大類別，出組二組、何組基本爲主體兩列布局且近甲橋一列有灼燒在鑽鑿外側的情況，黃組爲主體兩列或三列密集布局。占卜形式上，前期受鑽鑿布局影響較大，不同的鑽鑿布局使用不同的占卜形式。後期基本一辭一卜。

第八章至第十章梳理了師組、村北系、非王背甲上的鑽鑿布局與占卜形式。指出背甲在師組有較凌亂布局，灼燒方向不定。村北系賓組多二行或三行的密集布局，出組以後多一行鑽鑿布局。占卜形式以賓出類爲界，前期一辭多卜，後期基本一辭一卜。

村南系基本用胛骨占卜，村北系龜骨並用。之所以把師組單獨作爲一個章節來進行整理研究，旨在找出師組與村南系、村北系的關係。得出的結論是師組與村南系甲骨的關係更爲密切，可尋到同一系發展的脈絡，而村北系與師組的關係明顯要遠一些。

非王甲骨上的鑽鑿布局與占卜形式，不如同時期的王卜辭規範。除午組以外，占卜多在三卜以內。花東甲骨鑽鑿布局比較單一，均爲密集布局，占卜形式卻自由靈活，不受鑽鑿布局的約束。

第十一章探討了鑽鑿布局在甲骨綴合與組類劃分方面的作用。

第十二章討論了同組類甲骨內部不同材質對於占卜內容與占卜形式的影響。

第十三章探討了甲骨分期、甲骨組類、甲骨材質、占卜內容、鑽鑿布局對占卜形式的影響。指出殷墟甲骨占卜形式多樣，不斷發展，是熱占卜最活躍、最鼎盛的時期。

凡　　例

一、本書引用卜辭時，釋文一般用寬式。如讀爲"貞"的"鼎"字、讀爲"呼"的"乎"字徑釋爲"貞""呼"。

二、本書的卜辭釋文裏，□表示缺一字；…表示所缺之字數目不詳；字外加〔　〕號，表示按照文例擬補的字。異體字、通假字等一般隨文注明，用來注釋的字外加（　）號。

三、本書引用卜辭，命辭末尾一律標句號，不標問號（參看裘錫圭：《關於殷墟卜辭的命辭是否問句的考察》，《古文字論集》第 273 頁）。

四、本書引用卜辭，如一版甲骨上不止一條卜辭，爲節省篇幅，只引用相關的一條或幾條卜辭，不一一具引。引用甲骨著録書等一般采用簡稱，見所附《引書簡稱》。

五、本書引用《花東》卜辭時，通常既舉出其著録號，也舉出其辭序號，采用"A.B"的格式，小點前的數字"A"表示花東甲骨的編號，小點後的數字"B"表示這條卜辭在該甲骨上的辭序號。《花東》中具體卜辭序號參見姚萱《殷墟花園莊東地甲骨卜辭的初步研究》中的《附録一：花園莊東地甲骨卜辭釋文》。

六、爲便於核查，本書所舉辭例一般在所引卜辭號碼後括注有照片的著録信息。

七、本書所列表格中，不標明著録書的出自《合集》，字母代替著録書及使用簡稱的參見《引書簡稱》表中代字母及對應簡稱。

八、本書正文中所舉甲骨鑽鑿布局的圖版爲該類型中較有代表性的圖版，使用圖版全部爲作者摹寫。因考慮排版，圖版未按嚴格的比例尺設定甲骨大小，只大致反映甲骨大小。

九、本書重點爲考察各組類甲骨鑽鑿布局，各章節中不再贅述各組類卜辭的特點。

十、本書對於殷墟甲骨文類別的確定依據黃天樹師的《殷墟王卜辭的分類與斷代》、黃天樹師關於非王卜辭的文章中的分類標準及蔣玉斌《殷墟子卜辭的整理與研究》（具體文章參見書後《參考文獻》）。

十一、本書爲了便於討論卜辭與鑽鑿、卜兆、兆序數的關係，一版龜腹甲上的卜辭按從上到下的順序排列，不按照干支排序。

十二、本書各章節附表部分的“左”“右”以鑽鑿所在面來確定，不涉及甲骨的正反面。

引 書 簡 稱

簡　稱	全　　　　稱	代字母
《合集》	《甲骨文合集》	H
《合補》	《甲骨文合集補編》	B
《英藏》	《英國所藏甲骨集》	Y
《屯南》	《小屯南地甲骨》	T
《懷特》	《懷特氏等收藏甲骨文集》	W
《花東》	《殷墟花園莊東地甲骨》	HD
《村中南》	《殷墟小屯村中村南甲骨》	CZN
《國博》	《中國國家博物館館藏文物研究叢書·甲骨卷》	
《北珍》	《北京大學珍藏甲骨文字》	
《上博》	《上海博物館藏甲骨文字》	
《中歷藏》	《中國社會科學院歷史研究所藏甲骨集》	
《俄》	《俄羅斯國立愛米塔什博物館藏殷墟甲骨》	
《旅藏》	《旅順博物館所藏甲骨》	
《復旦》	《復旦大學藏甲骨集》	
《史購》	《史語所購藏甲骨集》	
《輯佚》	《殷墟甲骨輯佚——安陽民間藏甲骨》	

續 表

簡　稱	全　　　稱	代字母
《甲編》	《殷虛文字甲編》	
《甲釋》	《殷虛文字甲編考釋》	
《乙編》	《殷虛文字乙編》	
《乙補》	《殷虛文字乙編補遺》	
《丙編》	《殷虛文字丙編》	
《安明》	《明義士收藏甲骨文字》	
《明後》	《殷虛卜辭後編》	
《京人》	《京都大學人文科學研究所藏甲骨文字》	
《東文研》	《東京大學東洋文化研究所藏甲骨文字》	D
《拾掇》	《殷契拾掇》	
《綴集》	《甲骨綴合集》	
《綴續》	《甲骨綴合續集》	
《綴彙》	《甲骨綴合彙編》	
《拼集》	《甲骨拼合集》	
《拼續》	《甲骨拼合續集》	
《拼三》	《甲骨拼合三集》	
《拼四》	《甲骨拼合四集》	
《拼五》	《甲骨拼合五集》	
《醉古》	《醉古集》	
《契合》	《契合集》	
《綴興》	《綴興集》	

目　　録

序（黄天樹）⋯⋯⋯⋯⋯⋯⋯⋯⋯⋯⋯⋯⋯⋯⋯⋯⋯⋯⋯（ 1 ）

前　言 ⋯⋯⋯⋯⋯⋯⋯⋯⋯⋯⋯⋯⋯⋯⋯⋯⋯⋯⋯⋯⋯（ 1 ）

凡　例 ⋯⋯⋯⋯⋯⋯⋯⋯⋯⋯⋯⋯⋯⋯⋯⋯⋯⋯⋯⋯⋯（ 1 ）

引書簡稱 ⋯⋯⋯⋯⋯⋯⋯⋯⋯⋯⋯⋯⋯⋯⋯⋯⋯⋯⋯⋯（ 1 ）

緒　論 ⋯⋯⋯⋯⋯⋯⋯⋯⋯⋯⋯⋯⋯⋯⋯⋯⋯⋯⋯⋯⋯（ 1 ）

第一章　師組胛骨鑽鑿布局與占卜形式 ⋯⋯⋯⋯⋯⋯⋯（ 54 ）

　第一節　師組肥筆類胛骨鑽鑿布局與占卜形式 ⋯⋯⋯（ 55 ）

　　一、師組肥筆類胛骨鑽鑿布局 ⋯⋯⋯⋯⋯⋯⋯⋯⋯（ 55 ）

　　二、師組肥筆類胛骨上的占卜形式 ⋯⋯⋯⋯⋯⋯⋯（ 59 ）

　　附表 ⋯⋯⋯⋯⋯⋯⋯⋯⋯⋯⋯⋯⋯⋯⋯⋯⋯⋯⋯⋯（ 65 ）

　　　師組肥筆類胛骨鑽鑿布局表 ⋯⋯⋯⋯⋯⋯⋯⋯⋯（ 65 ）

　　　師組肥筆類胛骨鑽鑿布局材料表 ⋯⋯⋯⋯⋯⋯⋯（ 65 ）

　第二節　師組小字類胛骨鑽鑿布局與占卜形式 ⋯⋯⋯（ 66 ）

　　一、師組小字類胛骨鑽鑿布局 ⋯⋯⋯⋯⋯⋯⋯⋯⋯（ 66 ）

　　二、師組小字類胛骨上的占卜形式 ⋯⋯⋯⋯⋯⋯⋯（ 70 ）

　　附表 ⋯⋯⋯⋯⋯⋯⋯⋯⋯⋯⋯⋯⋯⋯⋯⋯⋯⋯⋯⋯（ 73 ）

　　　師組小字類胛骨鑽鑿布局表 ⋯⋯⋯⋯⋯⋯⋯⋯⋯（ 73 ）

　　　師組小字類胛骨鑽鑿布局材料表 ⋯⋯⋯⋯⋯⋯⋯（ 74 ）

　　　　附：師組胛骨鑽鑿布局與占卜形式小結 ……………………（74）

　　　　附：屮類胛骨鑽鑿布局與占卜形式 …………………………（74）

　　　附表 ………………………………………………………………（80）

　　　　屮類胛骨鑽鑿布局表 …………………………………………（80）

　　　　屮類胛骨鑽鑿布局材料表 ……………………………………（80）

第二章　村中南系胛骨鑽鑿布局與占卜形式 ………………………（81）

　第一節　師歷間類胛骨鑽鑿布局與占卜形式 ……………………（81）

　　一、師歷間類胛骨鑽鑿布局 ………………………………………（81）

　　二、師歷間類胛骨上的占卜形式 …………………………………（87）

　　　附表 ………………………………………………………………（92）

　　　　師歷間類胛骨鑽鑿布局表 ……………………………………（92）

　　　　師歷間類胛骨鑽鑿布局材料表 ………………………………（93）

　第二節　歷組一類胛骨鑽鑿布局與占卜形式 ……………………（93）

　　一、歷組一類胛骨鑽鑿布局 ………………………………………（93）

　　二、歷組一類胛骨特色卜辭布局 …………………………………（100）

　　三、歷組一類胛骨上的占卜形式 …………………………………（103）

　　　附表 ………………………………………………………………（112）

　　　　歷組一類胛骨鑽鑿布局表 ……………………………………（112）

　　　　歷組一類胛骨鑽鑿布局材料表 ………………………………（113）

　　　附：歷組草體類胛骨鑽鑿布局 …………………………………（113）

　第三節　歷組二類胛骨鑽鑿布局與占卜形式 ……………………（114）

　　一、歷組二類胛骨鑽鑿布局 ………………………………………（114）

　　二、歷組二類胛骨特色卜辭布局 …………………………………（123）

　　三、歷組二類胛骨上的占卜形式 …………………………………（133）

　　　附表 ………………………………………………………………（143）

　　　　歷組二類胛骨鑽鑿布局表 ……………………………………（143）

　　　　歷組二類胛骨鑽鑿布局材料表 ………………………………（144）

第四節　歷無名間類胛骨鑽鑿布局與占卜形式 ……………… (146)

一、歷無名間類胛骨鑽鑿布局 ……………………………… (146)

二、歷無名間類胛骨特色卜辭布局 ………………………… (149)

三、歷無名間類胛骨上的占卜形式 ………………………… (151)

附表 ………………………………………………………… (154)

歷無名間類胛骨鑽鑿布局表 …………………………… (154)

歷無名間類胛骨鑽鑿布局材料表 ……………………… (155)

第五節　無名組胛骨鑽鑿布局與占卜形式 …………………… (155)

一、無名組胛骨鑽鑿布局 …………………………………… (155)

二、無名組胛骨上的占卜形式 ……………………………… (160)

附表 ………………………………………………………… (170)

無名組胛骨鑽鑿布局表 ………………………………… (170)

無名組胛骨鑽鑿布局材料表 …………………………… (171)

第六節　無名組晚期胛骨鑽鑿布局與占卜形式 ……………… (173)

一、無名組晚期胛骨鑽鑿布局 ……………………………… (173)

二、無名組晚期胛骨上的占卜形式 ………………………… (175)

附表 ………………………………………………………… (177)

無名組晚期胛骨鑽鑿布局表 …………………………… (177)

無名組晚期胛骨鑽鑿布局材料表 ……………………… (177)

第七節　師組與村中南系胛骨鑽鑿布局及占卜形式小結 …… (178)

一、師組與村中南系胛骨鑽鑿布局的演進 ………………… (178)

二、師組與村中南系胛骨占卜形式的演進 ………………… (186)

附：屯西類胛骨鑽鑿布局與占卜形式 ……………………… (187)

附表 ………………………………………………………… (191)

屯西類胛骨鑽鑿布局表 ………………………………… (191)

屯西類胛骨鑽鑿布局材料表 …………………………… (192)

第三章　村北系胛骨鑽鑿布局與占卜形式 …………………（193）

　第一節　師賓間類胛骨鑽鑿布局與占卜形式 …………………（193）

　　一、師賓間類胛骨鑽鑿布局 ………………………………（193）

　　二、師賓間類胛骨特色卜辭布局 …………………………（199）

　　三、師賓間類胛骨上的占卜形式 …………………………（201）

　　附表 ……………………………………………………………（208）

　　　師賓間類胛骨鑽鑿布局表 ……………………………（208）

　　　師賓間類胛骨鑽鑿布局材料表 ………………………（208）

　　附：戍類胛骨鑽鑿布局與占卜形式 ……………………（209）

　　附表 ……………………………………………………………（210）

　　　戍類胛骨鑽鑿布局表 …………………………………（210）

　　　戍類胛骨鑽鑿布局材料表 ……………………………（210）

　第二節　賓組一類胛骨鑽鑿布局與占卜形式 ………………（210）

　　一、賓組一類胛骨鑽鑿布局 ………………………………（210）

　　二、賓組一類胛骨特色卜辭布局 …………………………（215）

　　三、賓組一類胛骨上的占卜形式 …………………………（218）

　　附表 ……………………………………………………………（224）

　　　賓一類胛骨鑽鑿布局表 ………………………………（224）

　　　賓一類胛骨鑽鑿布局材料表 …………………………（225）

　第三節　典賓類胛骨鑽鑿布局與占卜形式 …………………（226）

　　一、典賓類胛骨鑽鑿布局 …………………………………（226）

　　二、典賓類胛骨特色卜辭布局 ……………………………（232）

　　三、典賓類胛骨上的占卜形式 ……………………………（236）

　　附表 ……………………………………………………………（250）

　　　典賓類胛骨鑽鑿布局表 ………………………………（250）

　　　典賓類胛骨鑽鑿布局材料表 …………………………（254）

　第四節　賓出類胛骨鑽鑿布局與占卜形式 …………………（260）

　　一、賓出類胛骨鑽鑿布局 …………………………………（260）

二、賓出類胛骨特色卜辭布局 ……………………………（264）

三、賓出類胛骨上的占卜形式 ……………………………（268）

附表 ……………………………………………………………（275）

賓出類胛骨鑽鑿布局表 ………………………………（275）

賓出類胛骨鑽鑿布局材料表 …………………………（276）

第五節　出組二類胛骨鑽鑿布局與占卜形式 …………………（278）

一、出組二類胛骨鑽鑿布局 ……………………………（278）

二、出組二類胛骨特色卜辭布局 ………………………（280）

三、出組二類胛骨上的占卜形式 ………………………（286）

附表 ……………………………………………………………（295）

出組二類胛骨鑽鑿布局表 ……………………………（295）

出組二類胛骨鑽鑿布局材料表 ………………………（299）

附：示範辭與摹刻辭 ……………………………………（300）

第六節　何組胛骨鑽鑿布局與占卜形式 ………………………（302）

一、何組胛骨鑽鑿布局 …………………………………（302）

二、何組胛骨特色卜辭布局 ……………………………（305）

三、何組胛骨上的占卜形式 ……………………………（308）

附表 ……………………………………………………………（312）

何類胛骨鑽鑿布局表 …………………………………（312）

何組胛骨鑽鑿布局材料表 ……………………………（313）

事何類胛骨鑽鑿布局表 ………………………………（314）

事何類胛骨鑽鑿布局材料表 …………………………（314）

第七節　黃組胛骨鑽鑿布局與占卜形式 ………………………（315）

一、黃組胛骨鑽鑿布局 …………………………………（315）

二、黃組胛骨特色卜辭布局 ……………………………（319）

三、黃組胛骨上的占卜形式 ……………………………（326）

附表 ……………………………………………………………（339）

黃組胛骨鑽鑿布局表 …………………………………（339）

　　　黃組胛骨鑽鑿布局材料表 ……………………………………… （344）

　　第八節　村北系胛骨鑽鑿布局與占卜形式小結 ………………… （345）

　　　一、村北系胛骨鑽鑿布局的演進 ……………………………… （345）

　　　二、師組、出類與師歷間類、師賓間類胛骨鑽鑿布局

　　　　　比較 ………………………………………………………… （349）

　　　三、村北系胛骨卜辭布局的演進 ……………………………… （352）

　　　四、村北系胛骨占卜形式的演進 ……………………………… （353）

第四章　非王胛骨鑽鑿布局與占卜形式 …………………………… （355）

　　第一節　子組胛骨鑽鑿布局與占卜形式 ……………………… （355）

　　　一、子組胛骨鑽鑿布局 ………………………………………… （355）

　　　二、子組胛骨上的占卜形式 …………………………………… （357）

　　　附表 …………………………………………………………… （361）

　　　　子組胛骨鑽鑿布局表 ……………………………………… （361）

　　　　子組胛骨鑽鑿布局材料表 ………………………………… （361）

　　第二節　午組胛骨鑽鑿布局與占卜形式 ……………………… （362）

　　　一、午組胛骨鑽鑿布局 ………………………………………… （362）

　　　二、午組胛骨上的占卜形式 …………………………………… （365）

　　　附表 …………………………………………………………… （367）

　　　　午組胛骨鑽鑿布局表 ……………………………………… （367）

　　　　午組胛骨鑽鑿布局材料表 ………………………………… （367）

　　　附：一、婦女類胛骨鑽鑿布局與占卜形式 ………………… （368）

　　　　附表 ………………………………………………………… （368）

　　　　婦女類胛骨鑽鑿布局表 …………………………………… （368）

　　　　婦女類胛骨鑽鑿布局材料表 ……………………………… （368）

　　　　二、劣體類胛骨占卜形式 ………………………………… （369）

　　　　三、圓體類胛骨鑽鑿布局與占卜形式 …………………… （369）

　　　附表 ……………………………………………………… （371）
　　　　圓體類胛骨鑽鑿布局表 …………………………………（371）
　第三節　非王胛骨鑽鑿布局與占卜形式小結 …………………（372）

第五章　師組腹甲鑽鑿布局與占卜形式 ………………………… （373）
　第一節　師組肥筆類腹甲鑽鑿布局與占卜形式 ………………（377）
　　一、師組肥筆類腹甲鑽鑿布局 ……………………………（377）
　　二、師組肥筆類腹甲上的占卜形式 ………………………（380）
　　附表 ……………………………………………………… （382）
　　　師肥腹甲鑽鑿布局表 …………………………………（382）
　　　師肥腹甲鑽鑿布局材料表 ……………………………（383）
　第二節　師組小字類腹甲鑽鑿布局與占卜形式 ………………（383）
　　一、師組小字類腹甲鑽鑿布局 ……………………………（383）
　　二、師組小字類腹甲上的占卜形式 ………………………（388）
　　附表 ……………………………………………………… （395）
　　　師小字腹甲鑽鑿布局表 …………………………………（395）
　　　師小字腹甲鑽鑿布局材料表 ……………………………（398）
　　附：師組腹甲鑽鑿布局與占卜形式小結 ………………（399）
　　附：𡆥類腹甲鑽鑿布局與占卜形式 ……………………（399）
　　附表 ……………………………………………………… （401）
　　　𡆥類腹甲鑽鑿布局表 …………………………………（401）
　　　𡆥類腹甲鑽鑿布局材料表 ……………………………（402）
　　附：師歷間類腹甲鑽鑿布局與占卜形式 ………………（402）
　　附表 ……………………………………………………… （407）
　　　師歷腹甲鑽鑿布局表 …………………………………（407）
　　　師歷腹甲鑽鑿布局材料表 ……………………………（408）

第六章　村北系腹甲鑽鑿布局與占卜形式 …………………… (409)

第一節　師賓間類腹甲鑽鑿布局與占卜形式 …………… (409)

一、師賓間類腹甲鑽鑿布局 ………………………………… (409)

二、師賓間類腹甲上的占卜形式 …………………………… (411)

附表 ………………………………………………………… (419)

師賓腹甲鑽鑿布局表 ………………………………… (419)

師賓腹甲鑽鑿布局材料表 …………………………… (420)

附：戌類腹甲鑽鑿布局與占卜形式 ……………………… (421)

附表 ………………………………………………………… (424)

戌類腹甲鑽鑿布局表 ………………………………… (424)

戌類腹甲鑽鑿布局材料表 …………………………… (425)

第二節　賓組一類腹甲鑽鑿布局與占卜形式 …………… (425)

一、賓組一類腹甲鑽鑿布局 ………………………………… (425)

二、賓組一類腹甲上的占卜形式 …………………………… (435)

附表 ………………………………………………………… (472)

賓一腹甲鑽鑿布局表 ………………………………… (472)

賓一腹甲鑽鑿布局材料表 …………………………… (482)

第三節　典賓類腹甲鑽鑿布局與占卜形式 ……………… (483)

一、典賓類腹甲鑽鑿布局 …………………………………… (483)

二、典賓類腹甲上的占卜形式 ……………………………… (501)

附表 ………………………………………………………… (543)

典賓腹甲鑽鑿布局表 ………………………………… (543)

典賓腹甲鑽鑿布局材料表 …………………………… (582)

第四節　賓出類腹甲鑽鑿布局與占卜形式 ……………… (587)

一、賓出類腹甲鑽鑿布局 …………………………………… (587)

二、賓出類腹甲上的占卜形式 ……………………………… (590)

附表 ………………………………………………………… (599)

賓出腹甲鑽鑿布局表 ………………………………… (599)

賓出腹甲鑽鑿布局材料表 ……………………………… （601）

第五節　出組二類腹甲鑽鑿布局與占卜形式 ……………… （602）

一、出組二類腹甲鑽鑿布局 ……………………… （602）

二、出組二類腹甲上的占卜形式 ………………… （603）

附表 ……………………………………………… （609）

出二腹甲鑽鑿布局表 ………………………… （609）

出二腹甲鑽鑿布局材料表 …………………… （610）

第六節　何組腹甲鑽鑿布局與占卜形式 …………………… （611）

一、何組腹甲鑽鑿布局 …………………………… （611）

二、何組腹甲上的占卜形式 ……………………… （613）

附表 ……………………………………………… （618）

何組腹甲鑽鑿布局表 ………………………… （618）

何組腹甲鑽鑿布局材料表 …………………… （618）

第七節　黃組腹甲鑽鑿布局與占卜形式 …………………… （619）

一、黃組腹甲鑽鑿布局 …………………………… （619）

二、黃組腹甲上的占卜形式 ……………………… （621）

附表 ……………………………………………… （634）

黃組腹甲鑽鑿布局表 ………………………… （634）

黃組腹甲鑽鑿布局材料表 …………………… （637）

第八節　殷墟王卜辭腹甲鑽鑿布局小結 …………………… （638）

一、殷墟王卜辭腹甲鑽鑿布局的發展演進 ……… （638）

二、村北系腹甲卜辭刻寫行款的演進 …………… （643）

三、殷墟王卜辭腹甲占卜形式的演進 …………… （644）

第七章　非王腹甲鑽鑿布局與占卜形式 ……………………… （646）

第一節　子組腹甲鑽鑿布局與占卜形式 …………………… （646）

一、子組腹甲鑽鑿布局 …………………………… （646）

二、子組腹甲上的占卜形式 ……………………… （648）

　　附表 ………………………………………………………（654）

　　　　子組腹甲鑽鑿布局表 ……………………………（654）

　　　　子組腹甲鑽鑿布局材料表 ………………………（655）

　第二節　午組腹甲鑽鑿布局與占卜形式 …………………（655）

　　一、午組腹甲鑽鑿布局 ………………………………（655）

　　二、午組腹甲上的占卜形式 …………………………（659）

　　附表 ………………………………………………………（664）

　　　　午組腹甲鑽鑿布局表 ……………………………（664）

　　　　午組腹甲鑽鑿布局材料表 ………………………（669）

　第三節　婦女類腹甲鑽鑿布局與占卜形式 ………………（670）

　　一、婦女類腹甲鑽鑿布局 ……………………………（670）

　　二、婦女類腹甲上的占卜形式 ………………………（675）

　　附表 ………………………………………………………（681）

　　　　婦女類腹甲鑽鑿布局表 …………………………（681）

　　　　婦女類腹甲鑽鑿布局材料表 ……………………（686）

　第四節　圓體類腹甲鑽鑿布局與占卜形式 ………………（687）

　　一、圓體類腹甲鑽鑿布局 ……………………………（687）

　　二、圓體類腹甲上的占卜形式 ………………………（689）

　　附表 ………………………………………………………（693）

　　　　圓體類腹甲鑽鑿布局表 …………………………（693）

　　　　圓體類腹甲鑽鑿布局材料表 ……………………（694）

　第五節　花東腹甲鑽鑿布局與占卜形式 …………………（694）

　　一、花東腹甲鑽鑿布局 ………………………………（694）

　　二、花東腹甲上的占卜形式 …………………………（699）

　　附表 ………………………………………………………（706）

　　　　花東腹甲鑽鑿布局表 ……………………………（706）

　　　　花東腹甲鑽鑿布局材料表 ………………………（731）

　第六節　殷墟非王卜辭腹甲鑽鑿布局小結 ………………（733）

一、殷墟非王卜辭腹甲鑽鑿布局 …………………………………（733）

二、殷墟非王卜辭腹甲占卜形式 …………………………………（736）

第八章　師組背甲鑽鑿布局與占卜形式 ………………………（737）

第一節　師組肥筆類背甲鑽鑿布局與占卜形式 …………………（738）

一、師組肥筆類背甲鑽鑿布局 …………………………………（738）

二、師組肥筆類背甲上的占卜形式 ……………………………（739）

附表 ……………………………………………………………（739）

師肥背甲鑽鑿布局表 …………………………………………（739）

師肥背甲鑽鑿布局材料表 ……………………………………（740）

第二節　師組小字類背甲鑽鑿布局與占卜形式 …………………（740）

一、師組小字類背甲鑽鑿布局 …………………………………（740）

二、師組小字類背甲上的占卜形式 ……………………………（741）

附表 ……………………………………………………………（747）

師小字背甲鑽鑿布局表 ………………………………………（747）

師小字背甲鑽鑿布局材料表 …………………………………（753）

附：師組背甲鑽鑿布局小結 …………………………………（755）

第九章　村北系背甲鑽鑿布局與占卜形式 ……………………（756）

第一節　賓組一類背甲鑽鑿布局與占卜形式 ……………………（756）

一、賓組一類背甲鑽鑿布局 ……………………………………（756）

二、賓組一類背甲上的占卜形式 ………………………………（761）

附表 ……………………………………………………………（771）

賓一背甲鑽鑿布局表 …………………………………………（771）

賓一背甲鑽鑿布局材料表 ……………………………………（775）

第二節　賓出類背甲鑽鑿布局與占卜形式 ………………………（776）

一、賓出類背甲鑽鑿布局 ………………………………………（776）

二、賓出類背甲上的占卜形式 …………………………………（777）

附表 ……………………………………………………………… (781)

　　賓出背甲鑽鑿布局表 …………………………………… (781)

　　賓出背甲鑽鑿布局材料表 ……………………………… (782)

第三節　出組二類背甲鑽鑿布局與占卜形式 ………………… (783)

　一、出組二類背甲鑽鑿布局 ………………………………… (783)

　二、出組二類背甲上的占卜形式 …………………………… (783)

　附表 …………………………………………………………… (785)

　　出二背甲鑽鑿布局表 …………………………………… (785)

　　出二背甲鑽鑿布局材料表 ……………………………… (786)

第四節　何組背甲鑽鑿布局與占卜形式 ……………………… (786)

　一、何組背甲鑽鑿布局 ……………………………………… (786)

　二、何組背甲上的占卜形式 ………………………………… (787)

　附表 …………………………………………………………… (791)

　　何組背甲鑽鑿布局表 …………………………………… (791)

　　何組背甲鑽鑿布局材料表 ……………………………… (791)

第五節　黃組背甲鑽鑿布局與占卜形式 ……………………… (792)

　一、黃組背甲鑽鑿布局 ……………………………………… (792)

　二、黃組背甲上的占卜形式 ………………………………… (792)

　附表 …………………………………………………………… (795)

　　黃組背甲鑽鑿布局表 …………………………………… (795)

　　黃組背甲鑽鑿布局材料表 ……………………………… (798)

第六節　殷墟王卜辭背甲鑽鑿布局與占卜形式小結 ………… (799)

　一、殷墟王卜辭背甲鑽鑿布局的發展演進 ………………… (799)

　二、殷墟王卜辭背甲占卜形式的演進 ……………………… (802)

第十章　非王子組背甲的鑽鑿布局與占卜形式 ……………… (804)

第一節　子組背甲鑽鑿布局與占卜形式 ……………………… (804)

一、子組背甲鑽鑿布局 ……………………………… (804)

二、子組背甲上的占卜形式 ……………………… (805)

附表 ………………………………………………… (809)

子組背甲鑽鑿布局表 ………………………… (809)

子組背甲鑽鑿布局材料表 …………………… (810)

第二節　婦女類背甲鑽鑿布局與占卜形式 ………… (810)

一、婦女類背甲鑽鑿布局 ……………………… (810)

二、婦女類背甲上的占卜形式 ………………… (811)

附表 ………………………………………………… (812)

婦女背甲鑽鑿布局表 ………………………… (812)

婦女背甲鑽鑿布局材料表 …………………… (812)

第三節　劣體類背甲鑽鑿布局與占卜形式 ………… (813)

一、劣體類背甲鑽鑿布局 ……………………… (813)

二、劣體類背甲上的占卜形式 ………………… (814)

附表 ………………………………………………… (815)

劣體背甲鑽鑿布局表 ………………………… (815)

劣體背甲鑽鑿布局材料表 …………………… (816)

第四節　圓體類背甲鑽鑿布局與占卜形式 ………… (816)

一、圓體類背甲鑽鑿布局 ……………………… (816)

二、圓體類背甲上的占卜形式 ………………… (817)

附表 ………………………………………………… (818)

圓體背甲鑽鑿布局表 ………………………… (818)

圓體背甲鑽鑿布局材料表 …………………… (819)

第五節　花東背甲鑽鑿布局與占卜形式 …………… (819)

一、花東背甲鑽鑿布局 ………………………… (819)

二、花東背甲上的占卜形式 …………………… (820)

附表 ………………………………………………… (823)

花東背甲鑽鑿布局表 ………………………… (823)

花東背甲鑽鑿布局材料表 ……………………………… （824）

第六節　殷墟非王卜辭背甲鑽鑿布局小結 ……………… （825）

一、殷墟非王卜辭背甲鑽鑿布局 ………………… （825）

二、殷墟非王背甲占卜形式 ……………………… （826）

第十一章　同組類異材質甲骨占卜內容與占卜形式 ……… （827）

第一節　師組異材質甲骨占卜內容與占卜形式 ………… （827）

一、師組肥筆類異材質甲骨占卜內容與占卜形式 … （827）

二、師組小字類異材質甲骨占卜內容與占卜形式 … （827）

第二節　村北系前期異材質甲骨占卜內容與占卜形式 … （828）

一、師賓間類異材質甲骨占卜內容與占卜形式 … （828）

二、賓組一類異材質甲骨占卜內容與占卜形式 … （829）

三、典賓類異材質甲骨占卜內容與占卜形式 ……… （830）

四、賓出類異材質甲骨占卜內容與占卜形式 ……… （831）

第三節　村北系後期異材質甲骨占卜內容與占卜形式 … （832）

一、出組二類異材質甲骨占卜內容與占卜形式 … （832）

二、何組異材質甲骨占卜內容與占卜形式 ………… （832）

三、黃組異材質甲骨占卜內容與占卜形式 ………… （833）

第四節　非王卜辭異材質甲骨占卜內容與占卜形式 …… （834）

一、子組異材質甲骨占卜內容與占卜形式 ………… （834）

二、午組異材質甲骨占卜內容與占卜形式 ………… （835）

三、婦女類異材質甲骨占卜內容與占卜形式 ……… （835）

四、非王劣體類異材質甲骨占卜內容與占卜形式 … （836）

五、非王圓體類異材質甲骨占卜內容與占卜形式 … （836）

六、花東子組異材質甲骨占卜內容與占卜形式 …… （836）

第十二章　鑽鑿布局對甲骨綴合與分類的作用 …………… （838）

一、鑽鑿布局與判斷誤綴 ………………………… （838）

二、鑽鑿布局輔助判斷甲骨組類 …………………………… (845)

第十三章　從殷墟甲骨看商代的占卜形式與占卜制度 …………… (849)
　第一節　殷墟甲骨占卜形式的影響因素 ………………………… (849)
　　一、甲骨分期對占卜形式的影響 ……………………………… (849)
　　二、甲骨組類對占卜形式的影響 ……………………………… (850)
　　三、甲骨材質對占卜形式的影響 ……………………………… (851)
　　四、占卜内容對占卜形式的影響 ……………………………… (852)
　　五、鑽鑿布局對占卜形式的影響 ……………………………… (852)
　第二節　從占卜文明看晚商社會 ………………………………… (853)
　　一、占卜機構對占卜的預設與執行 …………………………… (854)
　　二、晚商占卜機構在繼承中發展 ……………………………… (854)
　　三、晚商占卜的革新 …………………………………………… (855)
　　四、從甲骨占卜看晚商王权消長 ……………………………… (855)
　　五、對殷墟甲骨占卜制度的一點思考 ………………………… (855)

參考文獻 ……………………………………………………………… (857)
　一、主要著録書 …………………………………………………… (857)
　二、主要工具書與網絡數據庫 …………………………………… (860)
　三、主要專著與論文集 …………………………………………… (862)
　四、主要碩博論文 ………………………………………………… (866)
　五、主要論文 ……………………………………………………… (868)

後　記 ………………………………………………………………… (889)

緒　　論

　　自 1899 年王懿榮鑒定出殷墟甲骨文，至今已有 120 餘年的歷史。百餘年來，學界從語言文字學、歷史學、考古學等諸多學科領域對其進行了研究。早期由於受到傳統金石學的影響，殷墟甲骨研究多側重於文字識讀、歷史考證、歷史制度研究等方面。1927 年殷墟甲骨科學發掘以後，甲骨形態闖入了研究者的視野。近年來，甲骨字體分類體系的建立與逐漸成熟，甲骨綴合成果的不斷豐碩，甲骨著録手段的多元化、著録書清晰度的提升等，促進了甲骨研究不斷向精密化的方向發展。甲骨形態、整治、鑽鑿等方面的研究也都向縱深方向發展。

一、相關概念

(一) 鑽鑿灼的概念

　　當前甲骨學界對於單個鑽鑿形態的研究已經非常成熟，對於其概念已經相當明確。鑽，指小圓鑽。鑿，指橢圓或棗核形長鑿。灼，指灼燒的痕迹，包括挖治＋灼燒和直接灼燒兩種方式。具體概念的分析確定、單個鑽鑿形態的描寫分類，各類型鑽鑿在甲骨組類中分布、各甲骨組類中包含的鑽鑿形態類型等問題，周忠兵(2009)有很前沿、很深入的研究，可以參看。[①] 兹不贅述。

[①]　周忠兵：《甲骨鑽鑿形態研究》，《考古學報》2013 年第 2 期，第 147—184 頁；《卡内基博物館所藏甲骨的整理與研究》，吉林大學 2009 年博士學位論文，指導教師：林澐；《卡内基博物館所藏甲骨研究》，第 587—624 頁，上海人民出版社，2015 年。

鑽　　　　　　長鑿+直接灼燒　　　長鑿+挖治灼燒

（二）"鑽鑿布局"的概念

殷墟甲骨占卜屬於熱占卜，通過灼燒龜甲或胛骨表面產生兆璺來判斷吉凶。整治甲骨、施加鑽鑿等都是灼燒前的準備工作。本書的研究對象是鑽鑿布局。所謂鑽鑿布局，即把"鑽鑿灼"看作一個單位，考察其在甲骨上的分布排列。從嚴格意義上來講，鑽鑿布局中的"鑽鑿"，可以爲單獨的圓鑿、長鑿，也可以是鑿灼、鑽灼作爲一個整體的組合。但是在研究布局的時候，因爲研究的重點是整版上的分布特徵與規律，所以把它們看作一個單位來處理，不使用嚴格意義上的"鑽""鑿""灼"的概念，即把"鑽鑿"作爲一個泛指的概念來使用。

單個鑽鑿形態與鑽鑿布局有着一定的關係。單個鑽鑿大小、長短在一些情況下會影響甲骨上鑽鑿的個數，如賓組、花東單個鑽鑿較短，在密集鑽鑿布局的胛骨、龜腹甲上鑽鑿的個數較多；何組單個鑽鑿較長，在龜腹甲上基本只能兩列布局，在胛骨上沿對邊一列一般也只能有 8 個左右鑽鑿；黃組單個鑽鑿較短，但因其在只沿對邊一列布局胛骨上的起始位置在骨頸中部或中下部，一般 7 個左右。師組、師歷間類小圓鑽在胛骨對邊骨條的一列布局、師賓間類圓鑽包攝長鑿在胛骨骨首骨頸部位的三列布局等，都表明了單個鑽鑿形態與整版鑽鑿布局之間的關係。本書側重於鑽鑿布局的分類、各甲骨組類下的鑽鑿布局類型、鑽鑿布局影響下的卜辭布局與刻寫行款、鑽鑿布局與占卜形式之間的關係、鑽鑿布局的發展序列、鑽鑿布局變化帶來的占卜形式的演進等方面的研究。

二、以往鑽鑿布局研究述評

以往關於甲骨鑽鑿布局的研究成果並不多。董作賓、張秉權、許進雄、朴載福的研究中有所論及，嚴一萍、《屯南》、《花東》、《村中南》、張惟捷、劉一曼、韓燕彪有專門研究。

（一）1929 年董作賓《商代龜卜之推測》

董文談到了與鑽鑿布局有關的四點論斷：第一，鑽鑿的數目是由龜版的大小決定的。第二，左右對稱的龜腹甲鑽鑿布局具有對稱性。第三，前後甲鑽鑿數目相同，間有前少於後一鑽的情況。第四，首甲、中甲不施鑽鑿的情況很多。[①] 下面我們逐條討論。

"鑽鑿的數目是由龜版的大小決定的"，這一觀點適用於密集型鑽鑿布局的龜腹甲以及龜背甲。因爲密集布局，所以腹甲越大，鑽鑿越多；腹甲越小，鑽鑿越少。但是殷墟龜腹甲中也有一部分稀疏型鑽鑿布局的龜腹甲，這一觀點對於稀疏型鑽鑿布局並不合適。龜背甲基本爲密集布局，所以背甲大小決定了鑽鑿的多少。

"左右對稱的龜腹甲鑽鑿布局具有對稱性"的觀點基本正確。即使有一些龜腹甲左右兩部分鑽鑿數目不是嚴格對等，位置也不嚴格對稱，但這一基本理念是符合龜腹甲占卜的實際情況的。

"前後甲鑽鑿數目相同"，殷墟龜腹甲上是有這種情況的。如《丙編》9 前甲、後甲左右各 2 個鑽鑿。《乙編》2483 前甲、後甲左右各 7 個鑽鑿。

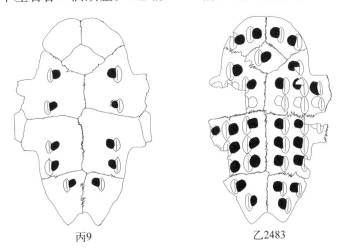

丙9　　　　　　　乙2483

---

① 董作賓：《商代龜卜之推測》，《安陽發掘報告》第 1 期，第 96—98 頁，中研院歷史語言研究所，1929 年；《中國現代學術經典·董作賓卷》，第 472—474 頁，河北教育出版社，1996 年。

"間有前少於後一鑽的情況",殷墟龜腹甲上是有這種情況的。如《乙編》5407 前甲左右各 5 個鑽鑿,後甲左右各 6 個鑽鑿。《丙編》63(《合集》12051)前甲左右各 9 個鑽鑿,後甲左右各 10 個鑽鑿等。這些都符合"間有前少於後一鑽的情況"。

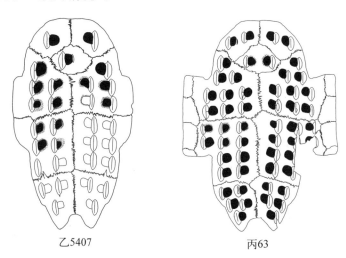

乙5407　　　　　　　　　丙63

但是也有不合這一布局規律的例子,如《丙編》503 前甲左右各 11 個鑽鑿,後甲左右各 9 個鑽鑿;《丙編》26 前甲左右各 15 個鑽鑿,後甲左右各 14 個鑽鑿。這兩版腹甲後甲部位鑽鑿數都少於前甲。腹甲鑽鑿布局與齒縫片的天然尺寸有關。

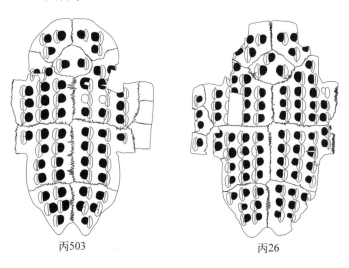

丙503　　　　　　　　　丙26

"首甲、中甲不施鑽鑿的情況很多"這種情況是確實存在的,如前舉《丙編》9 首甲中甲未施加鑽鑿。

董作賓這篇文章的意義之一在於首次關注到了鑽鑿在腹甲上的分布情況,並揭示出龜腹甲鑽鑿布局的一些規律。

(二) 1954 年張秉權《殷虛卜龜之卜兆及其有關問題》

張文指出:"龜腹甲上的雙聯凹穴的數目多寡與龜版的大小並無一定的關係且數目的確定應該是在攻治的時候。"[1]張秉權文中所謂的"雙聯凹穴"就是"長鑿+灼燒方式"的組合。這一觀點是正確的。

《丙編》36,長 29.4 釐米,整版有 6 個鑽鑿;《乙編》4702(《合集》6648),長 28.7 釐米,整版有 103 個鑽鑿。《丙編》36 的尺寸大於《乙編》4702,但其上鑽鑿的數目遠遠少於《乙編》4702。

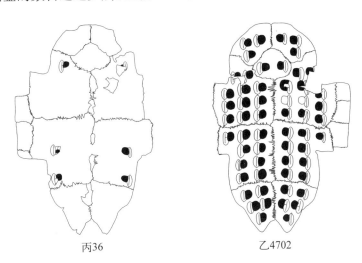

丙36　　　　　　　　乙4702

張秉權這篇文章的意義之一在於修正了董作賓提出的"鑽鑿的數目是由龜版的大小決定的"觀點,更加符合 YH127 坑龜腹甲實際的鑽鑿布局情況。

在這篇文章中張秉權認爲鑽鑿是在攻治的時候施加的,鑽鑿的數目

① 　張秉權:《殷虛卜龜之卜兆及其有關問題》,《中研院院刊》第 1 輯,1954 年;宋鎮豪、段志洪主編:《甲骨文獻集成》第 17 册,第 23 頁,四川大學出版社,2001 年。

由攻治者決定,占卜時使用的鑽鑿數目是由貞人決定的,因此有鑿而未灼的現象。"在殷虛的遺物上雖則已經看不出怎樣決定凹穴數目多寡的原則,但是這些數目應該在什麼時候加以決定、似乎還可以看得出來的,如果我們能够證明龜腹甲上所有的雙聯凹穴,都是在同時製成的,則我們便可以知道數目的確定應該是在攻治的時候(因一塊龜版往往可供數次及數日以上的卜用);反之,假如我們能够證明龜腹甲上的雙聯凹穴不是在同一時候製成的,而是隨着占卜的需要而或先或後地臨時鑿製的,則我們也可以知道那些凹穴數目的確定應該是在那塊龜版上的最後一次占卜的時候,而且這種工作似乎應與占卜在同一時候先後進行,假如情形是這樣,則每占卜一次鑿製一個雙聯凹穴,在遺物上似不應有大量的未經燒灼過的雙聯凹穴出現了。但是我們在殷虛的遺物中,可以看到很多業已製成而且又未曾灼過,即未曾卜用過的雙聯凹穴,甚至有些龜版上的凹穴全部未經灼用過的,有很多龜腹甲則在一版中灼用了一部分,而又留下一部分未加灼用。……從這些事實上看來,雙聯凹穴是在占卜之際臨時攻製的假設似乎不能成立的了,因爲如係臨時攻鑿,便不會有很多製而不用的現象,那末龜版上的雙聯凹穴應該是在占卜之前預先鑿製儲以待用的,即龜腹甲上的雙聯凹穴數目的決定是在攻治之時,換句話説,每一塊龜腹甲可以供作若干次灼卜當由攻治者來決定,但是攻治的人祇是決定每一龜腹甲可用若干次而已,至於事實上究竟能用多少次,這似乎又是由貞人來決定的,而貞卜的人所作的決定又未必與攻治的人所做的決定完全相合,所以在殷虛的龜腹甲上尚有很多已經鑿成而未曾灼用的凹穴留存下來。"①

以上兩篇文章,關注到龜腹甲大小與鑽鑿數目的關係、鑽鑿的施加與使用的關係,可以看作是鑽鑿布局研究的肇端。

(三) 1978 年嚴一萍《甲骨學》第四章"鑽鑿與占卜"

嚴一萍將鑽鑿在甲骨上的排列稱爲"鑽鑿分布",文中言明"現在所要

---

① 張秉權:《殷虛卜龜之卜兆及其有關問題》,《甲骨文獻集成》第 17 册,第 23—24 頁。

研究的是鑽鑿的分布"。並將胛骨鑽鑿分布按行數分爲十式,背甲鑽鑿分布按各部位鑽鑿個數分爲五式,腹甲鑽鑿分布按各部位的鑽鑿個數分爲四十八式。[①]

　　1. 胛骨十式

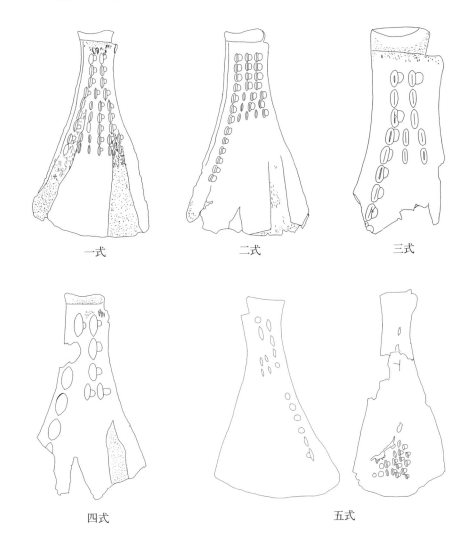

一式　　　　　　　　二式　　　　　　　　三式

四式　　　　　　　　　　　　　五式

①　嚴一萍:《甲骨學》上册,第 542、554—692 頁,(臺北)藝文印書館,1978 年。

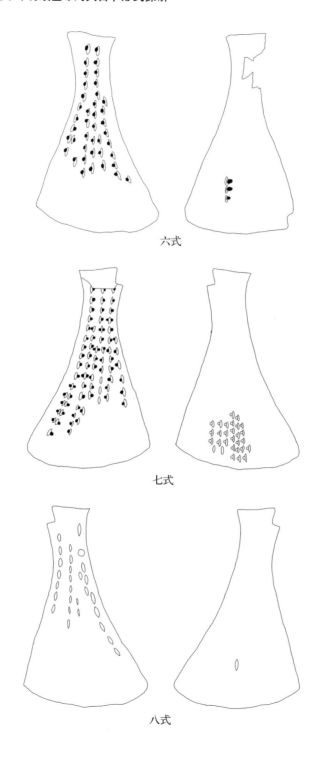

六式

七式

八式

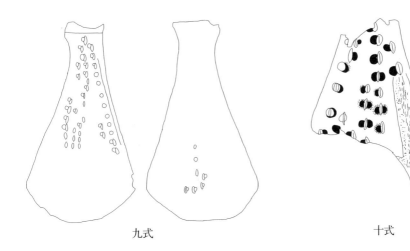

九式　　　　　　　　　　　　　　　　十式

2. 背甲五式

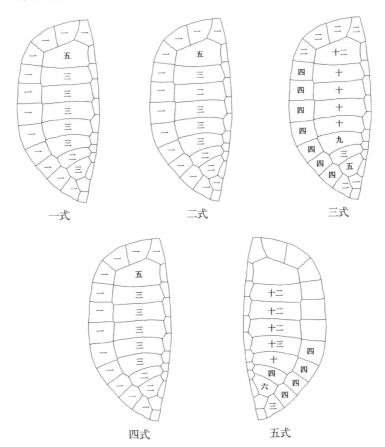

一式　　　　　　　　二式　　　　　　　　三式

四式　　　　　　　　五式

3. 腹甲四十八式

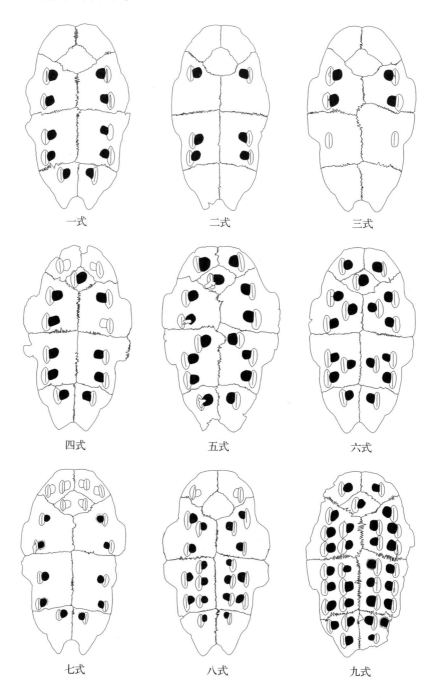

一式   二式   三式

四式   五式   六式

七式   八式   九式

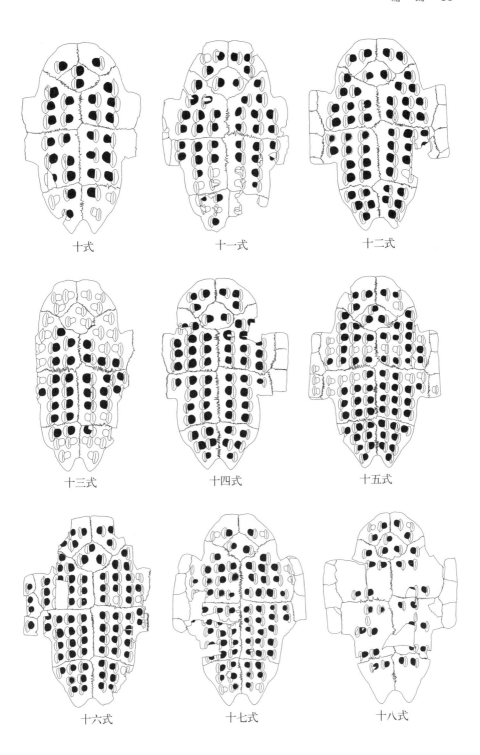

十式　　　　　　　　　十一式　　　　　　　　　十二式

十三式　　　　　　　　十四式　　　　　　　　　十五式

十六式　　　　　　　　十七式　　　　　　　　　十八式

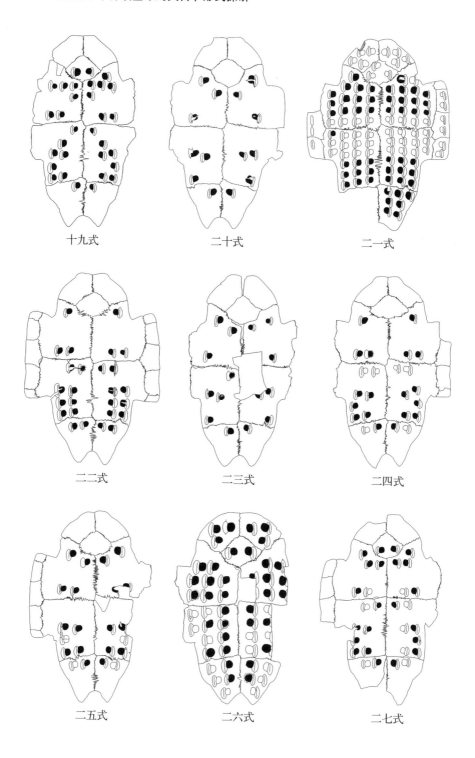

十九式　　　　　　　二十式　　　　　　　二一式

二二式　　　　　　　二三式　　　　　　　二四式

二五式　　　　　　　二六式　　　　　　　二七式

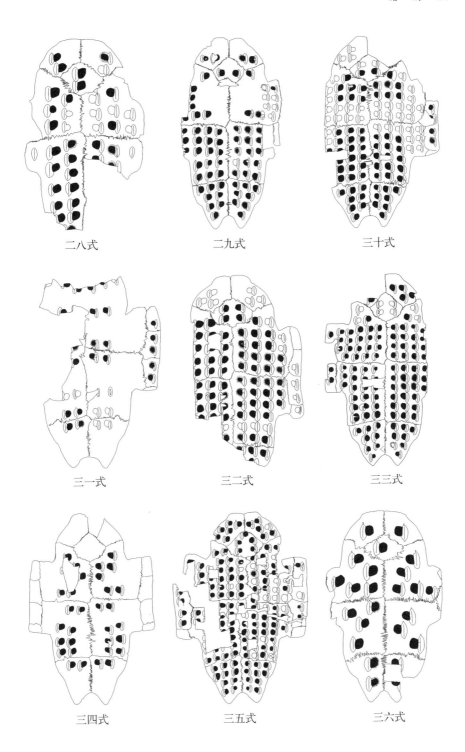

二八式　　　　　　　　二九式　　　　　　　　三十式

三一式　　　　　　　　三二式　　　　　　　　三三式

三四式　　　　　　　　三五式　　　　　　　　三六式

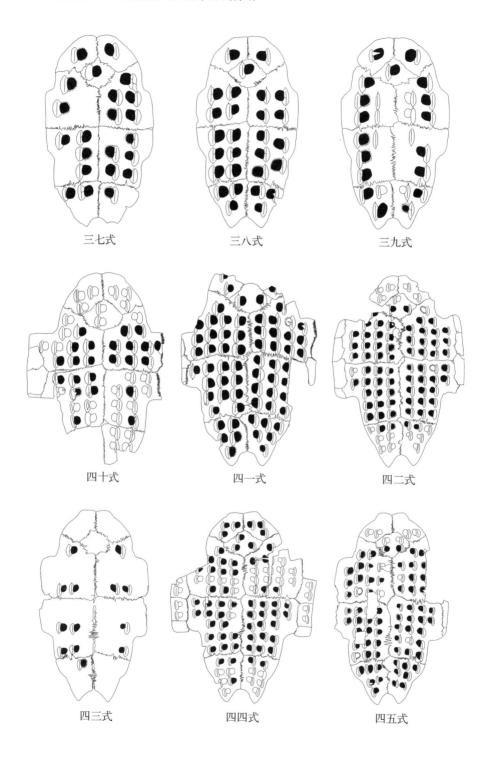

三七式　　　　　　　三八式　　　　　　　三九式

四十式　　　　　　　四一式　　　　　　　四二式

四三式　　　　　　　四四式　　　　　　　四五式

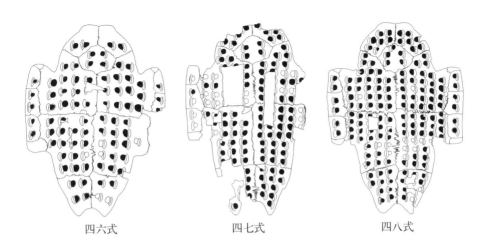

四六式　　　　　　　四七式　　　　　　　四八式

　　嚴一萍最早提出了鑽鑿分布的概念,並且對胛骨、背甲、腹甲的鑽鑿分布進行了類型劃分,不但開闢了甲骨研究的一個新領域,而且按占卜材料分別進行類型劃分,很具科學性。嚴文有如下幾點不足：第一,把全部殷墟甲骨作爲一個整體進行分類。在當時的學術背景下,沒有考慮分期的因素,不能反映鑽鑿布局的發展變化。第二,分類標準不統一。如胛骨按行分類,背甲與腹甲按齒縫區的個數分類。第三,所確立的分類標準不方便實踐操作。第四,所分類別太過繁雜,不能體現分類的目的與意義。第五,很容易出現超出所分類別的布局類型。

(四) 1979 年許進雄《甲骨上鑽鑿形態的研究》

　　許文論及鑽鑿布局："從長鑿在卜骨上的安排位置也可以看出王族卜辭所處的時代。在近骨臼的一端,通常是並列兩排長鑿如[圖],比較寬廣的骨頭則可能三排並列如[圖],有時只挖刻一列,很可能是還沒有完全挖好的。但是在第三期到第四期的前半却有安排如[圖]的,乃於切角之內沿空兩個長鑿的位置。"[1]

　　許進雄所謂的王族卜辭指師組、子組卜辭。文中所舉《甲編》3591 爲師組,《庫方》974 爲歷組。依此鑽鑿布局論證王族卜辭爲三四期卜辭。

① 　許進雄：《甲骨上鑽鑿形態的研究》,第 60 頁,(臺北)藝文印書館,1979 年。

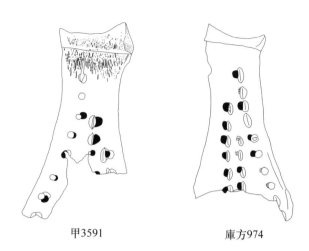

甲3591　　　　　　　　　　庫方974

　　許文的意義之一在於首次注意到了骨首骨頸部位的兩排、三排及階梯狀排列的鑽鑿布局,從胛骨反面骨首骨頸部位鑽鑿布局的角度論證時代,最早關注到鑽鑿布局與分期斷代的關係。不足之處在於論證本身缺乏全面系統的梳理,缺乏科學性與周延性。

　　(五) 1983 年《小屯南地甲骨》下册第三分册"鑽鑿"第四部分"卜骨上鑿之排列"

　　該文針對小屯南地胛骨的情況,提出了"鑿之排列"的概念及分類依據,並對反面及正面中下部(骨扇)的鑽鑿布局做了整理分類。①

　　1. 提出了"鑿之排列"的概念"是指卜骨背面上半部鑿的排列形式"。從這一概念的界定可以看出,其研究的着眼點主要是屯南胛骨反面的鑽鑿排列,而且更多的關注點在上半部,即骨首骨頸部位。

　　這一概念的局限在於沒有綜合考慮整版胛骨的情況,也沒有綜合考慮全部殷墟胛骨反面鑽鑿的排列布局。這一概念的提出其實更適用於村北系前期(出組二類以前)的鑽鑿布局。村北系到了出組二類及以後這一概念不能反映出鑽鑿布局的變化帶來的卜辭排列布局、卜辭刻寫行款、占

---

① 　中國社會科學院考古研究所編著:《小屯南地甲骨》下册第三分册"鑽鑿",第 1506—1511 頁,中華書局,1983 年。

卜制度與觀念的變化。村南系胛骨反面的鑽鑿布局應該從整體布局進行研究。

2. 明確了分類的兩個依據,即"(1) 一般選用較大片的卜骨爲例進行類型劃分,(2) 主要根據其背面上部鑿的排列情況,卜骨中部隆起處的鑿較小,一般不予考慮"。文中確立的第一個依據用較大片爲例進行分類是非常合適的,這可以反映出整版的布局情況。而第二個依據只考慮"背面上部鑿"並不合適,還是應該考慮到整版上所有鑽鑿的布局情況,這與單個鑽鑿的大小或者長短沒有關係。

3. 把胛骨反面鑽鑿的"排列型式"分爲一行、兩行、三行三種類型。把第二型(兩行)按內緣的第一個鑽鑿與外緣的第一、二、三或第四個鑽鑿平齊分爲四式:

"Ⅰ型:卜骨背面僅有一行長鑿,此種鑿的位置多在卜骨外緣一側"(《屯南》2295[歷二])。

T2295

"Ⅱ型:卜骨背面有二行鑿,根據情況不同分爲四式":

"Ⅱ1式:卜骨內緣的第一個鑿,與外緣一行的第一個鑿平齊"(《屯南》1126[歷二]農業、《屯南》735[歷二]祭祀、《屯南》4393[無名]祭祀)。

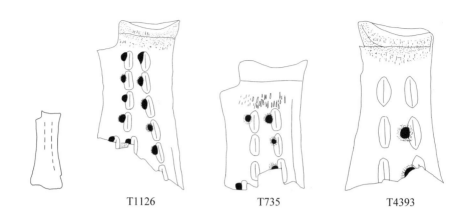

T1126　　　　　　　T735　　　　　　　T4393

　　"Ⅱ2式：卜骨内緣的第一個鑿，與外緣一行的第二個鑿平齊"（《屯南》1002［歷二］卜旬、《屯南》2163［無名］出行、《屯南》2172［無晚］田獵）。

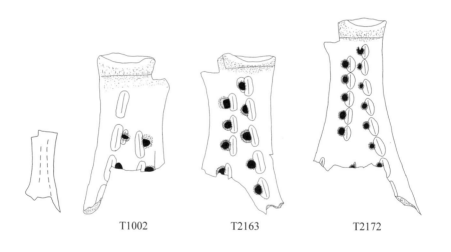

T1002　　　　　　　T2163　　　　　　　T2172

　　"Ⅱ3式：卜骨内緣的第一個鑿，與外緣一行的第三個鑿平齊"（《屯南》728［無名］軍事、《屯南》2359［無名］天氣）。

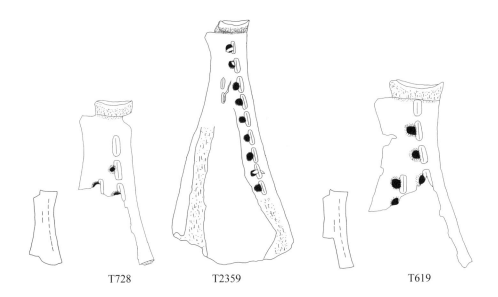

T728　　　　　　　T2359　　　　　　　　　　T619

　　"Ⅱ4式：卜骨内緣的第一個鑿，與外緣一行的第四個鑿平齊"（《屯南》619〔無名〕田獵）。

　　"Ⅲ型：卜骨背面有三行並列的鑿"（《屯南》2366〔歷二〕祭祀、《屯南》2604〔師歷〕天氣、《屯南》2666〔無名〕祭祀、《屯南》2307〔無晚〕田獵）。

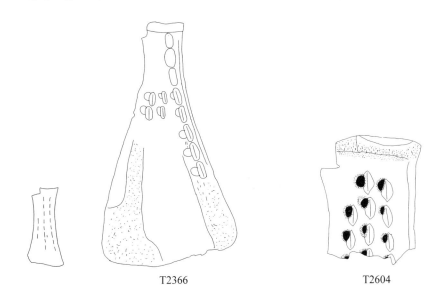

T2366　　　　　　　　　　T2604

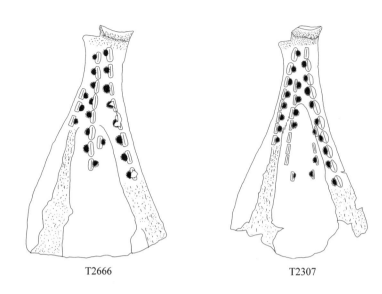

T2666　　　　　　　　　　T2307

　　另外，指出了"一種小圓鑽混雜型"（《屯南》339［師歷］天氣、《屯南》751［歷一］祭祀、《屯南》2601［歷一］出行）。

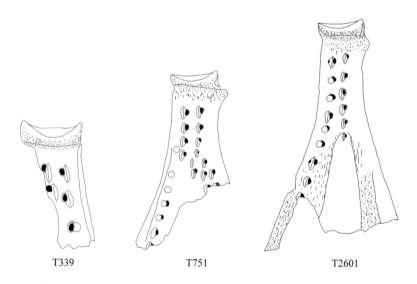

T339　　　　　　T751　　　　　　T2601

　　《屯南》一書在研究胛骨反面鑽鑿排列分類時所説的"内緣"指的是白邊，"外緣"指的是對邊。所分出的三種型式（一列、兩列、三列）都見於歷組，尤其是歷組二類。Ⅱ型（兩行、兩列）見於歷組、無名組、無名組晚期。

　　《屯南》胛骨反面鑽鑿布局分類的進步意義在於提出了"鑿之排列"的概念，

並且首次對《屯南》胛骨鑽鑿布局進行分類研究,是這方面研究的開篇之作。《屯南》提出的胛骨鑽鑿布局分類基本可以涵蓋所有殷墟胛骨鑽鑿布局類型。

　　這種分類的不足在於不能明確分類的意義,分類本身不能反映出鑽鑿在分期、分類以及占卜觀念變化等方面的類別性與時代性。另外文中所謂的按"行"分類應該是按縱向的"列"分類。

　　本書認爲,從字體分類的角度,還可以對《屯南》各型各類鑽鑿布局做出一些補充説明。如:Ⅱ型1、2兩式,實際是沿對邊一列,臼邊半列,對於村中村南系胛骨來説,可見於歷組、無名組。Ⅱ型3、4兩式,實際是沿對邊一列,頸扇交界處1或2個鑽鑿,多見於無名組。Ⅲ型,與村北系骨首骨頸部位三列在排列型式與卜法上有根本的不同。即使存在於無名組胛骨,也基本按照沿對邊一列的鑽鑿布局使用。小圓鑽混雜,對於村中村南胛骨來説,基本見於師歷間類、歷組一類,是武丁時期的鑽鑿布局特徵。

　　4. 把"骨面鑽鑿型式分爲一排、二排、三排、四排"四種類型。

　　骨面一排鑽鑿(《屯南》595[歷二]祭祀、《屯南》341[歷二]軍事(?)、《屯南》2262[歷一]卜旬、《屯南》2263[無名]出行、《屯南》2510[歷二]祭祀)。

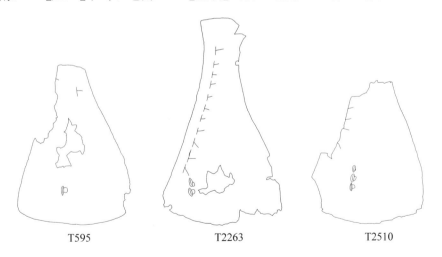

T595　　　　　　　　　　T2263　　　　　　　　　　T2510

　　骨面二排鑽鑿(《屯南》2319[歷二]出行、《屯南》2332[歷二]、《屯南》2391[歷二]祭祀、《屯南》2178[無晚]田獵、《屯南》679[無名]天氣、《屯南》2329[無名]天氣、《屯南》723[歷二]祭祀)。

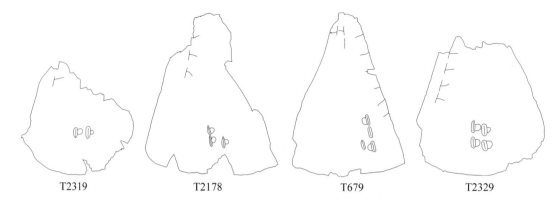

T2319　　　　　　T2178　　　　　　T679　　　　　　T2329

　　骨面三排鑽鑿(《屯南》2541[歷一]祭祀、《屯南》608[歷二]祭祀、《屯南》1102[歷二]祭祀、《屯南》693[無名]軍事、《屯南》2306[無名]田獵、《屯南》2371[無名]卜旬。

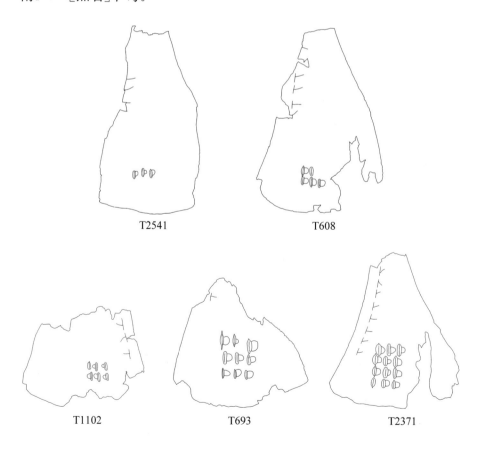

T2541　　　　　　　　　　　T608

T1102　　　　　　　T693　　　　　　　T2371

骨面四排鑽鑿《屯南》650[無名]軍事、《屯南》2723[無名]天氣)。

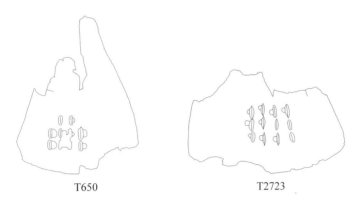

T650　　　　　　　　　　　　T2723

　　《屯南》骨面鑽鑿布局分類的意義在於：首次對胛骨正面骨扇部位的鑽鑿布局進行分類研究,所分類別適用於所有殷墟占卜用胛骨。不足在於"排"這個詞彙的使用,不能明確是"行"還是"列",缺乏直觀感。在研究鑽鑿布局時,應該有一個人爲的、供研究者使用的、便於描述的、具有共識性的規定——如同張秉權文章中規定出甲骨的正反、上下、左右、内外等概念①——鑽鑿排列,可以做出便於研究與解說的共識性規定,即：描述左右橫向排列的型式用"行"、描述上下縱向排列的型式用"列"。避免使用"排"這種既可用於描述左右排列,也可用於描述上下排列的詞語。

　　《屯南》對於鑽鑿布局分類的研究帶來的思考是分類的意義。每一種類別的確定都應該具有典型特徵,而且分類本身應該反映一些共性問題。不應該是爲了分類而分類。

　　(六) 2003 年《殷墟花園莊東地甲骨》第六分册"殷墟花園莊東地甲骨鑽鑿形態研究"

　　該文研究了不包括甲橋和中甲部位的龜腹甲上的鑽鑿排列型式,並對其進行了分類。②

───────────

①　張秉權：《卜龜腹甲的序數》,《中研院歷史語言研究所集刊》第 28 本上册《慶祝胡適先生六十五歲論文集》,第 229—230 頁,1956 年。

②　中國社會科學院考古研究所編著：《殷墟花園莊東地甲骨》第六分册"殷墟花園莊東地甲骨鑽鑿形態研究",第 1771—1775 頁,雲南人民出版社,2003 年。

　　鑽鑿排列型式,反映了人們的占卜觀念和占卜習俗,應當予以重視和研究……研究卜甲上鑽鑿排列型式,主要研究甲首、前甲、後甲、甲尾鑽鑿之排列。爲簡明起見,甲橋和中甲上之鑿不入考察之列。卜甲上的鑿一般都是左右對稱,故考察排列時,主要考察一側(左側或右側)之排列,觀察其鑽鑿行數。根據初步整理,其鑽鑿排列共分九式。①

　　文中指出鑽鑿排列型式反映了人們的占卜觀念和占卜習俗,這是很正確的,但並沒有論及花東的鑽鑿排列型式與占卜形式的具體關係。甲橋與中甲部分的鑽鑿排列是整個龜腹甲鑽鑿排列的一部分,應該進行綜合考慮。另外,文中所謂"鑽鑿行數",是縱向的上下排列,還是以用"列"的概念爲宜。

　　《花東》一書把該坑龜腹甲反面鑽鑿排列型式分爲九式,並以"首甲列數＋前甲列數＋後甲列數＋尾甲列數"爲基本列式進行分類描述。

　　1. ○二二一式(《花東》379、457、333、336)

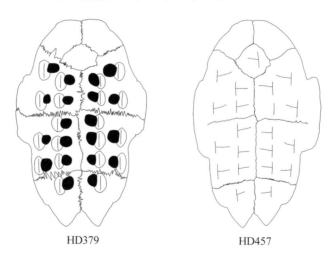

HD379　　　　　　　　　　　HD457

---

① 《花東》在鑽鑿布局研究中使用了"甲首""甲尾"這一部位名稱,本書認爲還是統一名稱爲"首甲""尾甲"更符合甲骨齒縫片的命名傳統與概念的統一性,沒有增加概念性詞彙數目的必要。

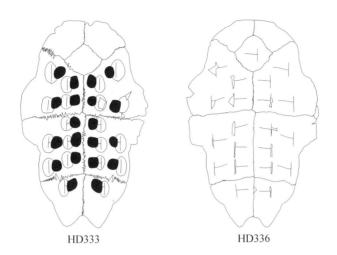

HD333　　　　　　　　　HD336

2. 一二二一式（《花東》485、135、367）

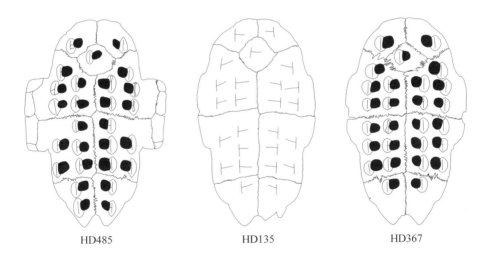

HD485　　　　　　　HD135　　　　　　　HD367

3. 一二二二式（《花東》20、408、475）

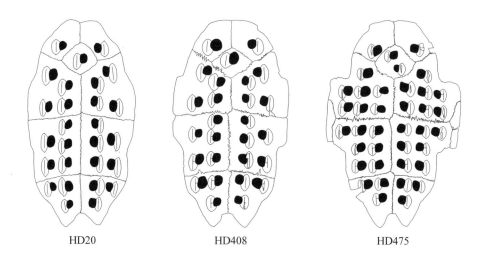

HD20　　　　　　　HD408　　　　　　　HD475

4. 一三二二式（《花東》225、487）

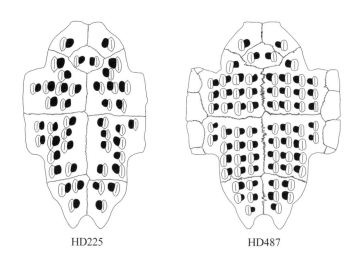

HD225　　　　　　　　HD487

5. 一三三二式(《花東》300、478)

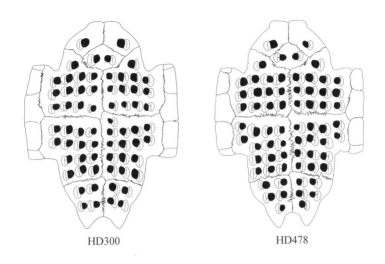

HD300　　　　　　　　　　HD478

6. 一三三三式(《花東》287、315、319)

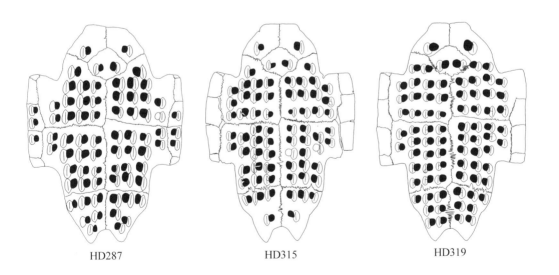

HD287　　　　　　　　HD315　　　　　　　　HD319

7. 二二二二式(《花東》384)

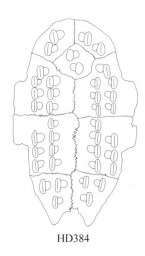

HD384

8. 二三三二式(《花東》455、71、438)

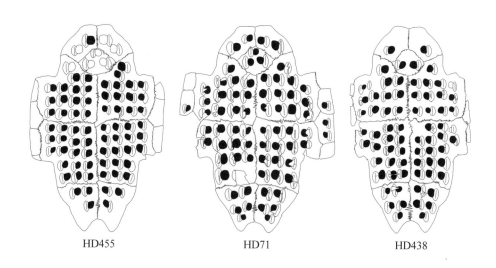

HD455　　　　　　　HD71　　　　　　　HD438

9. 二三三三式(《花東》472、466)

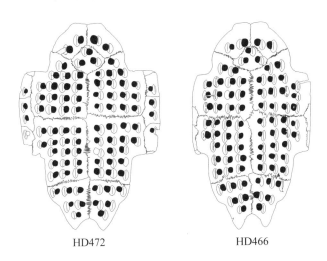

HD472　　　　　　　　HD466

　　以上對花東龜腹甲各部位按"列"分類,是具有進步意義的。就鑽鑿布局的分類標準來説,如果從鑽鑿布局主體的角度考慮,"主體區"(即前甲、後甲區)比首甲、尾甲區域的鑽鑿布局,更能説明鑽鑿布局的特徵。從這個角度來講,考慮首甲、尾甲,稍顯多餘。若此,花東鑽鑿布局只分主體兩列與主體三列兩型足够。如果從鑽鑿布局的細部考慮,"中甲""甲橋"部位也能體現出鑽鑿布局的特徵。對於花東來説,"中甲"部位鑽鑿的多少基本由腹甲尺寸決定。甲橋部位施加鑽鑿,基本都出現在大龜腹甲上。"中甲""甲橋"部位的鑽鑿數目的意義,不比考慮首甲、尾甲小。因此,全面考慮各個部位的鑽鑿數目,會比較全面,不失偏頗。若此,以"首+中+前+後+尾+橋"的數目定型會比較全面準確。這樣的方式以各部位鑽鑿有代表性的數目建立一個類別,一些少量的增減或臨時性的變化,可附在類別的變式中。這種描述會更加具體。

　　《花東》鑽鑿部分還列表分析了各式排列所占比例,並與《丙編》進行了對比。

　　本文統計 H3 卜甲中較完整的鑽鑿排列卜甲 109 片,以觀察格式排列量之比例。

型　號	排列型式	典型代表	數　量	百分比
一	〇二二一	379	4	3.6％
二	一二二一	485	3	2.7％
三	一二二二	20	21	19.2％
四	一三二二	225	4	3.6％
五	一三三二	300	21	19.2％
六	一三三三	287	13	11.9％
七	二二二二	384	3	2.7％
八	二三三二	455	21	19.2％
九	二三三三	472	19	17.4％

第一,三、五、八式爲多。

第二,從前甲鑿之分布的行數看,三行者占71.5％,二行者占29.5％。三行占絕大多數。

第三,施二行鑿者多在10 cm以下;施三行鑿者,多在10 cm以上。

在《丙編》與《花東》鑽鑿對比中説:

卜甲鑽鑿排列型式大致相同,但也存在區別:花東H3卜甲鑽鑿排列型式中,其前後甲鑽鑿排列最多只有3行;而《丙編》卜甲鑽鑿排列中,其前後甲鑽鑿最多可達4行。這種行數的增多是與《丙編》鑿之變小有直接的關聯。

《花東》一書對於鑽鑿布局研究的又一意義,在於將《花東》與《丙編》進行對比研究。不足有兩點:一是"《丙編》鑿變小"的描述不夠確切。《丙編》與《花東》鑽鑿大小的比較應該限定在相同尺寸。文中沒有明確説明這一問題。YH127坑的龜腹甲尺寸上有不少大於《花東》,密集鑽鑿布局時,行數多是正常現象。二是"變"字的使用不當。花東的整理者認爲其時代早於 YH127,認爲是時間早晚的"演變"。實際上,"變"不但應該反映時間上的早晚延續,也應該是同一占卜系統或集團内部的演進。從目前看來,《花東》與 YH127 是基本同時期王與非王的關係,會有相互影響。但不屬於時間早晚的演變範疇,也不是同一占卜集團的發展演進,所以不宜用"變"來解説。

在研究占卜地位或其他相關問題時,要有"王"與"非王"的概念,充分考慮"王"與"非王"關係的問題。殷商時期的占卜,王卜辭是兩系或多綫發展的。武丁時期非王卜辭的存在,會在一些方面影響到王卜辭。但是如果説對王卜辭占卜有巨大或絕對的影響,除非這個非王類别的占卜主體繼承了王位,否則,可能性不大。到目前爲止,很難找到子組、午組、婦女、圓體、劣體等非王卜辭對王卜辭在占卜形式與制度上有很大影響的證據,反倒應該是王卜辭一直是占卜的主流,影響着子家族的占卜。花東甲骨占卜在多大程度上會影響王卜辭的發展方向,還很難説。所以,不應該把王卜辭與非王卜辭放在一個占卜序列去考慮,這些同時並存的家族占卜,並不是與王卜辭按時間先後次序單綫發展的關係。所以,花東與 YH127 龜腹甲上單個鑽鑿的長度不是"變小"的關係。

(七) 2011 年朴載福《先秦卜法研究》

朴文指出的殷墟胛骨與腹甲的鑽鑿排列規律爲:"殷墟時,(胛骨)多數切去骨臼,排列非常規律,同板卜骨的鑽鑿一律朝向同一方向,即朝向切去臼角(頸側緣)的方向,這樣能推測左右兩塊肩胛骨成組,其排列左右對稱……殷墟時,(腹甲)以千里路爲界,兩側各有兩或三豎列。左側鑿在左邊,鑽在右邊,右側鑿在右邊,鑽在左邊,左右對稱。"[①]

因爲朴文着眼於整個先秦時期卜法變化,研究對象的時間跨度很長,研究目的在於探討史前、商、周、秦各階段的卜法。所以對殷墟甲骨卜法的研究無法關注過多,得出的規律能大致反映出這一階段鑽鑿布局的概貌。

---

① 朴載福:《先秦卜法研究》,第 220—221 頁,上海古籍出版社,2011 年。

（八）2012 年《殷墟小屯村中村南甲骨》下册"小屯村中村南甲骨鑽鑿形態"

該書對村中南出土胛骨的骨面鑽鑿布局進行了分類。[①]《村中南》之所以没有探討反面鑽鑿布局的内容，主要原因可能是整版胛骨數量太少，不便進行分類研究。

《村中南》將骨面施鑿的 14 版胛骨分爲一列、二列、三列、四列、六列五種類型。

1. 骨面施鑿一列，例舉 6 版（《村中南》57、312、343、344、380、314）

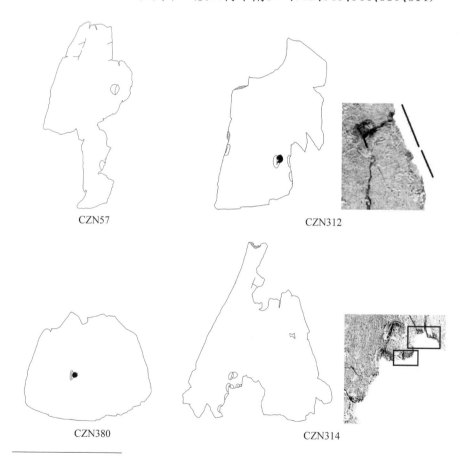

CZN57　　　　　　　CZN312

CZN380　　　　　　CZN314

---

① 中國社會科學院考古研究所編著：《殷墟小屯村中村南甲骨》下册"小屯村中村南甲骨鑽鑿形態"，第 758—759 頁，雲南人民出版社，2012 年。

　　以上正面骨扇下部一列鑽鑿,《村中南》57 殘斷。《村中南》312 殘斷,但其右側明顯有殘斷的兩個鑽鑿痕迹,最少存在兩列鑽鑿。《村中南》314 右側明顯有鑽鑿痕迹,最少是兩列,不排除是三列鑽鑿。所以,《村中南》312、314 都不屬於"一列"鑽鑿。

　　2. 骨面施鑿二列,例舉 5 版(《村中南》298、460、461、472、470)

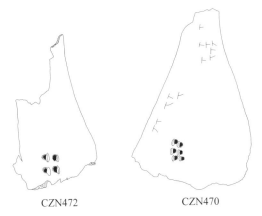

CZN472　　　　　　CZN470

　　雖然全書沒有公布《村中南》298 這版胛骨的正面照片,但是從其反面照片左下角的兆序,可以推測出正面至少有兩個鑽鑿。而且,從兆序數爲二和三來考慮,很可能應該有兆序數爲一的卜兆,也就是説正面骨扇部位右下角應該有一個被灼燒過的鑽鑿。那麽這版骨面應該有三列鑽鑿。

　　3. 骨面施鑿三列,例舉 1 版(《村中南》451)

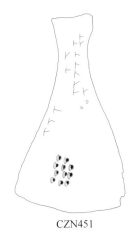

CZN451

雖然該版鑽鑿排列不整齊，但看作三列是可以的。

4. 骨面施鑿四列，例舉 1 版（《村中南》487）

雖然該版鑽鑿排列不整齊，但看作四列是可以的。

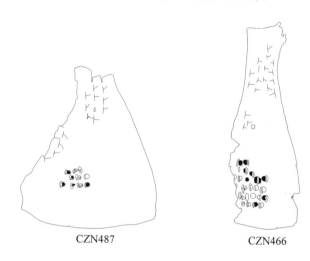

CZN487   CZN466

5. 骨面施鑿六列，例舉 1 版（《村中南》466）

該版胛骨骨面左側有殘斷，把下面錯落密集分布的鑽鑿分爲六列，大致是可以的。這種密集且紛亂的鑽鑿布局不適合用"列"來進行描述。

《村中南》對於胛骨正面骨扇部位的鑽鑿布局按上下縱行的"列"來分類，一方面在概念的定名上比用"行、排（《屯南》《花東》）"更加恰切，另一方面對於這 14 版骨面鑽鑿來説，按縱向的"列"分類比按橫向的"行"分類更具有可操作性。

對於《村中南》按列把 14 版胛骨分爲五類的做法，我們仍持不讚同的意見。主要原因在於，這種分類本身並不能反映出占卜特徵以及時代差異，且又過於細碎。在沒有找到明確的占卜特徵、時代差異或其他特徵之前，對骨面鑽鑿布局不作分類處理，也是可以的。

（九）2011 年張惟捷《殷墟 YH127 坑賓組甲骨新研》第五章第二節

張文第二個問題論及 YH127 坑龜腹甲反面"鑽鑿的排列布局"。[1] 主

---

① 張惟捷：《殷墟 YH127 坑賓組甲骨新研》，第 502—522 頁，（臺北）萬卷樓，2013 年。

要研究三個方面的問題：

1. 界定了鑽鑿排列布局的概念："所謂鑽鑿的排列布局，所指的是複數鑽鑿在腹甲反面特定部位形成的一種固定型態。"概念中強調了腹甲反面"特定部位"。從整個殷墟甲骨的占卜情況以及鑽鑿分布來看，還是要考慮整版。通觀整版才能得出更加切實的具有組類特徵、占卜觀念、時代演進的鑽鑿布局的演進序列。

2. 指出"推測同類型的鑽鑿排列布局反映了該批尺寸相近的腹甲具有高度同質性，本書相信對比相同型態的排列布局有助於聯繫異版之間的關聯，也就是時間區段的重疊"。這個觀點可以概括爲：相同鑽鑿布局在一定程度或一定範圍上具有共時性。該觀點具有一定的合理性，尤其適用於 YH127 坑賓組龜腹甲稀疏型鑽鑿布局變式類型。但是密集型鑽鑿布局存在的時段比較長，不適於用來判斷時代關係。

3. 説明了文中對於鑽鑿布局的處理方法。"由於本坑賓組卜甲規格化鑽鑿布局所帶來的方便，本書的方法是采取腹甲的單側'後甲'反面鑽鑿排列布局，將其由直排數量、橫排數量分別定其類型"。張文選定龜腹甲的後甲部位進行分類研究，是因爲注意到了龜腹甲後甲部位鑽鑿的排列布局具有相當的穩定性與嚴整性，是腹甲反面鑽鑿布局變數最小的部位。

4. 對 YH127 坑龜腹甲後甲部位鑽鑿的排列布局進行了分類，以"列數-每列個數"進行分類，分出如下類別：1－1、1－2、2－2、2－3、2－4、2－5、3－2、3－3、3－4、3－5、3－6、3－7。

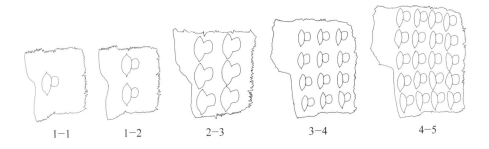

1-1　　　1-2　　　2-3　　　3-4　　　4-5

張文以 n－m 的形式爲鑽鑿布局類型定名,這種把列數放在前面,每列個數放在後面的定名方式,便於體現鑽鑿布局中"列"的概念,是很合適的。但是鑒於列與行的關係,建議改爲"n×m"的形式,更能體現鑽鑿分布關係。

5. 文中指出鑽鑿布局的整理研究對於甲骨分類具有一定的意義。"最後必須指出的是,與傳統對個別鑽鑿型態的分析相同,本書所指出的排列布局分析方式對整體甲骨學的分類而言,起的是一種輔助研究的作用,也就是在主要的字體、字迹、字排、記事刻辭等文字辨識因素之外,配合甲骨尺寸、種屬,甚至出土坑位等非文字因素所做的協助工作。希望此方法能做爲學者進行深入研究的一份新工具,有利於對鑽鑿以及甲骨分類做出進一步分析"。

鑽鑿布局是可以成爲研究對象的。一方面整版甲骨的鑽鑿布局對於探討甲骨的占卜形式、占卜的演變都有一定意義。另一方面整版鑽鑿布局也確實能夠呈現出組類特徵,反過來也同樣可以成爲判定甲骨組類及分期的一種輔助手段。

張文的意義之一在於對 YH127 坑腹甲鑽鑿布局進行整理研究,關注到後甲是鑽鑿布局最具穩定性的部位,並依此進行分類,以"n－m"的方式進行分類描述,指出鑽鑿布局的研究可以輔助甲骨分類研究。張文的不足在於因爲研究對象限於 YH127 坑腹甲,未能從整版龜腹甲的角度考慮鑽鑿布局的組類特徵。對鑽鑿排列模式與尺寸關係的把握還不夠準確。對於 YH127 坑來説,在某些情況下,甲骨的大小與鑽鑿布局没有必然聯繫。文中提出了鑽鑿排列布局有一定的系聯功能,但未顧及 YH127 密集鑽鑿布局的情況。

(十) 2015 年劉一曼《論殷墟甲骨整治與占卜的幾個問題》

劉文論及"甲骨上鑿、鑽、灼的排列"。[①] 文中指出"殷墟甲骨上鑿、鑽、灼的排列有一定規律",並且按卜甲、卜骨分別進行説明。

---

① 劉一曼:《論殷墟甲骨整治與占卜的幾個問題》,《古文字與古代史》第 4 輯,第 187—228 頁,中研院歷史語言研究所,2015 年。

1. 卜甲

小屯所出卜甲中的腹甲,其反面鑽鑿灼的分布以千里路(中縫)爲界,左右對稱,其排列有五種形式:

(1) 千里路兩側,各有一豎列鑽、鑿、灼,如《丙》72。

(2) 千里路兩側,各有二豎列鑽、鑿、灼,如《丙》44。

(3) 千里路兩側,各有三豎列鑽、鑿、灼,如《丙》91。

(4) 千里路兩側,各有四豎列鑽、鑿、灼,如《丙》333。

(5) 千里路兩側,各有五豎列鑽、鑿、灼,如《丙》184。

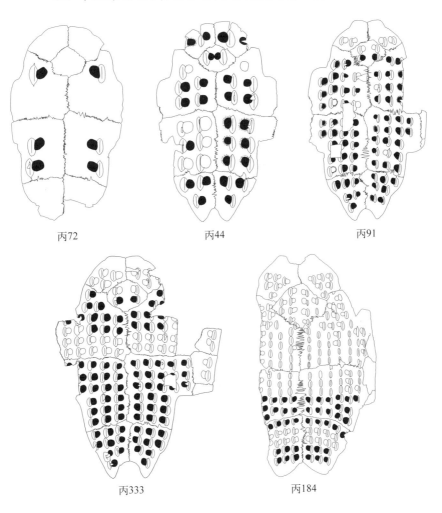

丙72　　　　丙44　　　　丙91

丙333　　　　丙184

　　雖然劉文沒有明確説明列數的確定依據,但是通過分析三列、四列和五列鑽鑿,可以看出,列數的劃分是依照腋凹與胯凹四點連綫內部區域確定其類型的。這樣就存在一個問題:穿過同一側腋胯連綫上的一列鑽鑿分類時如何處理? 從四列、五列所舉腹甲來看,四列把穿過腋胯連綫上的一列算在四列內,五列沒有把穿過連綫上的一列算在五列內,處理得比較猶疑。

　　2. 胛骨

　　《屯南》卜骨反面上部鑽、鑿、灼(或鑿、灼)之排列可分爲三種形式:

　　(1)卜骨上部只有一列鑽、鑿、灼(或鑿、灼),位於卜骨外緣一側,如《屯南》2295 等。

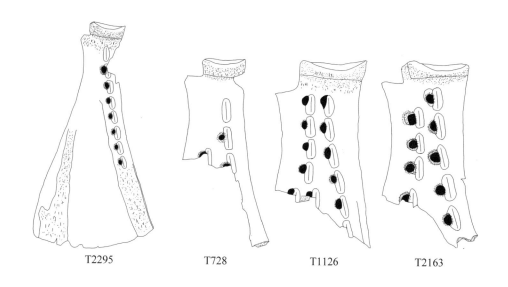

T2295　　　　　T728　　　　　T1126　　　　　T2163

　　(2)卜骨上部有二列鑽、鑿、灼(或鑿、灼),位於卜骨外緣與內緣,如《屯南》728、1126、2163 等。

　　(3)卜骨上部有三列鑽、鑿、灼(或鑿、灼),如《屯南》2604、2666 等。

 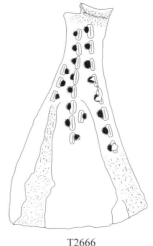

T2604　　　　　　　T2666

　　從劉文中認爲《屯南》2666 屬於三列鑽鑿,《屯南》1126 屬於二列鑽鑿來看,劉文對於頸扇交界部位鑽鑿的處理是非常猶疑的。其實按照該文作者的思路,確定鑽鑿布局類別的依據可以限定在骨首骨頸部位,不必考慮頸扇交界部位的鑽鑿情況。

　　該文的意義在於：第一,指出鑽鑿灼的排列都有一定規律;第二,按卜甲、卜骨分別討論,在方法論上是正確的,龜骨分開討論是必要的。第三,按"列"分型,一方面可以涵蓋所有的鑽鑿布局類型,另一方面所有鑽鑿布局類型一目瞭然。第四,對卜甲和卜骨上的鑽鑿排列布局按列數進行了分類。第五,把小屯、花東、侯家莊南地與殷墟其他遺址出土甲骨鑽鑿灼的排列相比較。指出前者比較規範,後者遠不如前者規範。認爲産生這種現象的原因是占卜主體身份的高低以及占卜機構的有無與規模。前者爲王與地位顯赫的高級貴族的占卜,後者爲中小貴族與平民的占卜。

　　該文也存在一些問題：第一,"鑿、鑽、灼"中間點斷,是比較麻煩的一種表述。文中所使用的"鑽、鑿、灼"的概念應該與董作賓對鑽鑿灼的所指相同。研究鑽鑿排列布局時,可以把緊密相連的鑽鑿灼看作一個整體,不必作點斷處理。第二,按"列"分類存在猶疑不定的情況。對於腹甲部位穿過腋跨連綫上鑽鑿的處理、對於頸扇交界部位鑽鑿列數的處理存在猶疑不定的情況。第三,按列分類雖然直觀明了,但是很難反映分類的意義。

（十一）2018 年韓燕彪《商代甲骨鑽鑿與卜兆形態資料的整理與研究》

韓文指出:"小屯龜腹甲上以千里路兩側各分布兩列者居多,一列者次之,其他列數者較少;施於首甲、中甲、前甲、後甲和尾甲的鑽鑿之孔,多是以千里路爲中綫對稱分布的;中甲左側有 1 個鑽鑿之孔者居多,首甲和中甲部位沒有鑽鑿之孔者不在少數;在龜背甲的椎甲板、肋甲板和緣甲板之上,多是布滿了鑽鑿之孔;卜骨的鑽鑿之孔分布於骨扇部位者,沿着卜骨的内緣和外緣縱向分布或者在二者中間又有一列或兩列鑽鑿之孔者,分布於骨臼下端至骨扇部位者,多是縱橫排列有序。小屯南地甲骨上的鑽鑿布局規律性不强,具體則是:鑽鑿之多分布於卜骨的骨扇部位和邊緣處,分布稀疏。花園莊東地鑽鑿布局以千里路兩側各分布四列者居多,三列者次之,第三是各分布五列者,最後是各分布兩列者,少見千里路兩側各分布一列和六列者;中甲部位有一組鑽鑿之孔、左右各有 1 個者居多。"①

韓文以商代甲骨的鑽鑿與卜兆形態作爲研究對象,探討了偃師商城、鄭州商城、小屯、花園莊東地整治甲骨的工具與技法,施加鑽鑿的工具、數目、布局、單個鑽鑿及卜兆分型分式。在殷墟小屯甲骨鑽鑿布局研究中所指出的一些規律都是正確的,如:小屯龜腹甲鑽鑿布局兩列爲多,左右對稱分布,中甲 1 個鑽鑿爲多。背甲布滿鑽鑿。胛骨在邊緣按列分布,村南胛骨鑽鑿多稀疏地分布在邊緣。

韓文的不足有以下幾點:第一,在殷墟甲骨分期已經發展得很成熟的時期,沒有考慮甲骨分期的因素,把全部殷墟甲骨作爲一個整體進行研究,不能反映出殷墟甲骨鑽鑿布局的發展變化。第二,沒有考慮到王卜辭與非王卜辭的區別。第三,總結出的一些鑽鑿規律具有階段性。如首甲中甲無鑽鑿不在少數,是前期甲骨鑽鑿布局的一個類型。胛骨骨臼下端至骨扇部位多縱橫排列有序,是典賓類胛骨的典型特徵,當然歷組、無名

---

① 韓燕彪:《商代甲骨鑽鑿與卜兆形態資料的整理與研究》,第 94 頁,河南師範大學 2018 年碩士學位論文,指導教師:李雪山。

組、出組、何組的胛骨鑽鑿布局也可以如此描述，但不適於師組及非王胛骨。整體研究略顯粗疏。2022 年李雪山、韓燕彪《嬗變與重構——商代甲骨占卜流程與卜法制度研究》第四章第四節在鑽鑿布局研究部分，基本按列進行分類。這與我們對甲骨占卜的理解是不同的。[①]

綜上所述，以往有一些關注到鑽鑿布局的研究。這些研究或以某一考古發掘單位，或以整個商代乃至整個先秦時期的甲骨占卜作爲研究對象。具體研究内容方面或界定概念，或明確分類依據。分類依據分別爲：按特定部位、列數、行數、個數分類等。這些研究以鑽鑿布局爲研究點，具有一定的意義。

以往甲骨鑽鑿布局研究的不足主要在以下幾點：第一，數量少。因爲以往甲骨著録書基本不著録無字的甲骨反面，可用於研究的第一手材料的數量以及研究者觀察的視角都受到了限制。第二，對於甲骨鑽鑿布局的研究基本集中在分類層面，分類的依據限定在單純的"按行""按列"或"按個數"的表象上。第三，没有按組類整理研究鑽鑿布局，也就没有建立全部殷墟甲骨鑽鑿布局的演進序列。第四，没有把鑽鑿布局與兆序排列、卜辭内容、卜辭組合、卜辭布局、占卜形式、占卜制度相聯繫，限制了研究視野。

甲骨鑽鑿布局研究有待在研究内容、研究方法、研究視野等方面進行拓展。

三、占卜形式研究簡目

關於占卜形式的研究，本書只大概枚舉。

從歷時角度總覽中國古代占卜或甲骨占卜的研究主要有：容肇祖《占卜的源流》(1928)。[②] 石璋如《骨卜與龜卜探源——黑陶與白陶的關係》(1954)。[③] 李亨求《渤海沿岸早期無字卜骨之研究——兼論古代東

---

① 李雪山、韓燕彪：《嬗變與重構——商代甲骨占卜流程與卜法制度研究》，科學出版社，2022 年。

② 容肇祖：《占卜的源流》，《中研院歷史語言研究所集刊》第 1 本第 1 分册，第 47—88 頁，1928 年；海豚出版社，2010 年。

③ 石璋如：《骨卜與龜卜探源——黑陶與白陶的關係》，《大陸雜誌》1954 年第 9 期。

北亞諸民族之卜骨文化》(1981)。① 劉玉建《中國古代龜卜文化》(1992)。②
李學勤《甲骨占卜的比較研究》(1997)。③ 謝端琚《論中國始前卜骨》(1998)。④ 李
零《中國方術考》(修訂本)(2001)。⑤ 李零《中國方術續考》(2000)。⑥ 崔波《甲骨
占卜源流探索》(2003)。⑦慧超《論甲骨占卜的發展歷程及卜骨特點》(2006)。⑧
謝麟《卜法新考》(2009)。⑨ 朴載福《先秦卜法研究》(2011)。⑩

　　以商代甲骨占卜爲着眼點的研究主要有：劉焕明《商代甲骨占卜探
討》(1992)。⑪ 嚴軍《從甲骨占卜術的興衰看甲骨卜辭的存亡》(1992)。⑫
郭振禄《試論甲骨刻辭中的"卜"及其相關問題》(1993)。⑬ 朱彦民《論商族
骨卜習俗的來源與發展》(2008)。⑭

　　關於殷墟甲骨占卜過程的研究主要有：羅振玉《殷商貞卜文字考》第

---

① 李亨求：《渤海沿岸早期無字卜骨之研究——兼論古代東北亞諸民族之卜骨文化》,《故宮
　　季刊》第 16 卷第 1—3 期,1981—1982 年。《甲骨文獻集成》第 17 冊,第 102—119 頁。

② 劉玉建：《中國古代龜卜文化》,廣西師範大學出版社,1992 年。

③ 李學勤：《甲骨占卜的比較研究》,《比較考古學隨筆》,第 139—150 頁,中華書局,1991 年;
　　又,第 95—102 頁,廣西師範大學出版社,1997 年。

④ 謝端琚：《論中國史前卜骨》,西安半坡博物館編：《史前研究——西安半坡博物館成立四十
　　周年紀念文集》,第 115—126 頁,三秦出版社,1998 年。

⑤ 李零：《中國方術考》(修訂本),東方出版社,2001 年。

⑥ 李零：《中國方術續考》,東方出版社,2000 年。

⑦ 崔波：《甲骨占卜源流探索》,中國文史出版社,2003 年。

⑧ 慧超：《論甲骨占卜的發展歷程及卜骨特點》,《華夏考古》2006 年第 1 期,第 48—55 頁。

⑨ 謝麟：《卜法新考》,山東大學 2009 年碩士學位論文,指導教師：劉心明。

⑩ 朴載福：《先秦卜法研究》,上海古籍出版社,2011 年。

⑪ 劉焕明：《商代甲骨占卜探討》,《文物春秋》1992 年第 3 期,第 23—28 頁。

⑫ 嚴軍：《從甲骨占卜術的興衰看甲骨卜辭的存亡》,《杭州師範學院學報》1992 年第 2 期,第
　　105—111 頁。

⑬ 郭振禄：《試論甲骨刻辭中的"卜"及其相關問題》,中國社會科學院考古研究所編：《中國考
　　古學論叢——中國社會科學院考古研究所建所 40 年紀念》,第 279—288 頁,科學出版社,
　　1993 年。

⑭ 朱彦民：《論商族骨卜習俗的來源與發展》,《中國社會歷史評論》2008 年第 1 期,第 233—
　　244 頁,天津古籍出版社,2008 年。

三部分卜法(1910)。① 董作賓《商代龜卜之推測》(1929)②。陳夢家《殷虛卜辭綜述》等(1956)。③

關於殷墟龜骨上占卜痕迹反映占卜問題的研究主要有：張秉權《殷虛卜龜之卜兆及其有關問題》(1954)、④《卜龜腹甲的序數》(1956)、⑤《甲骨文的發現與骨卜習慣的考證》(1967)、⑥《甲骨文中所見的數》(1975)、⑦《甲骨文與甲骨學》(1988)。⑧ 曹兆蘭《殷墟龜甲占卜的某些步驟試探》(2004)。⑨

關於殷墟甲骨占卜法、占卜制度方面的研究主要有：彭裕商《殷代卜法初探》(1995)。⑩ 宋鎮豪《再論殷商王朝甲骨占卜制度》(1999)、⑪《殷墟甲骨占卜程式的追索》(2000)。⑫ 其中關於習卜的研究主要有：郭沫若《卜辭通纂》(1933)、⑬《安陽新出土的牛胛骨及其刻辭》(1972)。⑭ 李亞農

---

① 羅振玉：《殷商貞卜文字考》，玉簡齋石印本一册，1910 年；《羅雪堂先生全集三編》第 1 册，大通書局影印本，1970 年；北京圖書館甲骨文研究資料編委會編：《甲骨文研究資料彙編》，北京圖書館出版社，2000 年；《甲骨文獻集成》第 7 册；《殷虛書契考釋三種》上册，中華書局，2006 年。

② 董作賓：《商代龜卜之推測》。

③ 陳夢家：《殷虛卜辭綜述》，科學出版社，1956 年。

④ 張秉權：《殷虛卜龜之卜兆及其有關問題》。

⑤ 張秉權：《卜龜腹甲的序數》，《中研院歷史語言研究所集刊》第 28 本上册《慶祝胡適先生六十五歲論文集》，第 229—272 頁，1956 年。

⑥ 張秉權：《甲骨文的發現與骨卜習慣的考證》，《中研院歷史語言研究所集刊》第 37 本下册，第 827—880 頁，1967 年。

⑦ 張秉權：《甲骨文中所見的數》，《中研院歷史語言研究所集刊》第 46 本 3 分，第 347—390 頁，1975 年 6 月。

⑧ 張秉權：《甲骨文與甲骨學》，編譯館，1988 年。

⑨ 曹兆蘭：《殷墟龜甲占卜的某些步驟試探》，《考古與文物》2004 年第 3 期，第 32—39 頁。

⑩ 彭裕商：《殷代卜法初探》，洛陽文物二隊編：《夏商文明研究》，第 228—246 頁，中州古籍出版社，1995 年。

⑪ 宋鎮豪：《再論殷商王朝甲骨占卜制度》，《中國歷史博物館館刊》，1999 年第 1 期，第 12—27 頁。

⑫ 宋鎮豪：《殷墟甲骨占卜程式的追索》，《文物》2000 年第 4 期，第 35—45 頁。

⑬ 郭沫若：《卜辭通纂》，第 586 頁，[日] 文求堂，1933 年。

⑭ 郭沫若：《安陽新出土的牛胛骨及其刻辭》，《考古》1972 年第 2 期，第 3 頁。

《殷契摭佚續編》(1950)。① 李學勤《評陳夢家〈殷虛卜辭綜述〉》(1957)。②
裘錫圭《讀〈安陽新出土的牛胛骨及其刻辭〉》(1972)。③ 唐蘭《殷墟文字
記》(1981)、④柳曾符《釋"習卜"》(1981)。⑤ 1986 年連劭名《望山楚簡中的
"習卜"》(1986)。⑥ 宋鎮豪《殷代"習卜"和有關占卜制度的研究》(1987)。⑦
馮華《包山楚簡成套卜筮辭中的"習卜"研究》(2012)。⑧ 于成龍《戰國楚占
卜制度與商占卜制度之比較》(2010)。⑨ 其中關於三卜制的研究主要有：
胡厚宣的研究⑩及宋鎮豪《論古代甲骨占卜的"三卜"制》(1989)。⑪

　　文例研究涉及殷墟甲骨占卜的研究主要有：李學勤《關於甲骨的基
礎知識》(1959)、⑫《賓組卜骨的一種文例》(1998)。⑬ 蕭良瓊《卜辭文例與
卜辭的整理和研究》(1986)。⑭ 張秉權《論成套卜辭》(1960)。⑮ 郭振禄《試

① 李亞農：《殷契摭佚續編》，第 58 頁，商務印書館，1950 年。
② 李學勤：《評陳夢家〈殷虛卜辭綜述〉》，《考古學報》1957 年第 3 期，第 124—125 頁。
③ 裘錫圭：《讀〈安陽新出土的牛胛骨及其刻辭〉》，《考古》1972 年第 5 期，第 43—44 頁；《古文字論集》，第 332 頁；《裘錫圭學術文集・甲骨文卷》，第 8—9 頁，復旦大學出版社，2012 年。
④ 唐蘭：《殷虛文字記》，第 22 頁，中華書局，1981 年。
⑤ 柳曾符：《釋"習卜"》，《中國語文》1981 年第 4 期，第 313—316 頁。
⑥ 連劭名：《望山楚簡中的"習卜"》，《江漢論壇》1986 年第 11 期，第 79—80 頁。
⑦ 宋鎮豪：《殷代"習卜"和有關占卜制度的研究》，《中國史研究》1987 年第 4 期，第 91—103 頁。
⑧ 馮華：《包山楚簡成套卜筮辭中的"習卜"研究》，《中國史研究》2012 年第 1 期，第 5—18 頁。
⑨ 于成龍：《戰國楚占卜制度與商占卜制度之比較》，《殷都學刊》2010 年第 4 期，第 9—20 頁。
⑩ 郭沫若：《安陽新出土的牛胛骨及其刻辭》，《考古》1972 年第 2 期，第 5 頁。宋鎮豪、劉源：《甲骨學殷商史研究》，第 11 頁，福建人民出版社，2006 年。
⑪ 宋鎮豪：《論古代甲骨占卜的"三卜"制》，《殷墟博物苑苑刊》創刊號，第 138—150 頁，中國社會科學出版社，1989 年。
⑫ 李學勤：《關於甲骨的基礎知識》，《歷史教學》1959 年第 7 期，第 20—22 頁。
⑬ 李學勤：《賓組卜骨的一種文例》，《南開大學歷史系建系七十五周年紀念文集》，第 1—3 頁，南開大學出版社，1998 年。
⑭ 蕭良瓊：《卜辭文例與卜辭的整理和研究》，《甲骨文與殷商史》第 2 輯，第 24—64 頁，上海古籍出版社，1986 年。
⑮ 張秉權：《論成套卜辭》，《中研院歷史語言研究所集刊》外編第 4 種上冊，《慶祝董作賓先生六十五歲論文集》，1960 年。

論康丁時代被鋸截的卜旬辭》(1989)、①《試論祖庚、祖甲時代的被鋸截卜王辭》(1989)。② 林宏明《小屯南地甲骨研究》(2003)、③《賓組骨首刻辭與左右胛骨的關係》(2009)、④《賓組骨面刻辭起刻位置研究》(2016)、⑤《賓組卜骨骨邊"干支"刻辭現象探究》(2019)等。⑥ 劉風華《殷墟村南系列甲骨卜辭整理與研究》(2007)、⑦《殷墟小屯南地甲骨中的截鋸卜旬卜骨》(2008)、⑧《一種殷墟成組卜辭的文例分析及應用》(2019)、⑨《讀契札記二則》(2019)。⑩ 門藝《殷墟黃組甲骨刻辭的整理與研究》(2008)。⑪ 劉影《殷墟胛骨文例》(2011)、⑫《文例規律對歷組卜辭時代提前的新證》(2016)。⑬ 孫亞冰《殷墟花園莊東地甲骨文例研究》(2014)。⑭ 何會《殷墟王卜辭龜腹

---

① 郭振祿：《試論康丁時代被鋸截的卜旬辭》,《殷墟博物苑苑刊》創刊號,第 107—112 頁,中國社會科學出版社,1989 年。

② 郭振祿：《試論祖庚、祖甲時代的被鋸截卜王辭》,《慶祝蘇秉琦考古五十五年論文集》,第 371—380 頁,文物出版社,1989 年。

③ 林宏明：《小屯南地甲骨研究》,臺灣政治大學 2003 年博士學位論文,指導教師：蔡哲茂。

④ 林宏明：《賓組骨首刻辭與左右胛骨的關係》,《出土文獻研究視野與方法》第 1 輯,第 253—270 頁,臺灣政治大學中文系,2009 年。

⑤ 林宏明：《賓組骨面刻辭起刻位置研究》,《古文字與古代史》第 5 輯,第 1—26 頁,中研院歷史語言研究所,2017 年。

⑥ 林宏明：《賓組卜骨骨邊"干支"刻辭現象探究》,《出土文獻研究視野與方法》第 6 輯,第 25—47 頁,臺灣政治大學中文系,2019 年。

⑦ 劉風華：《殷墟村南系列甲骨卜辭整理與研究》,鄭州大學 2007 年博士學位論文,指導教師：王蘊智。又,上海古籍出版社,2014 年。

⑧ 劉風華：《殷墟小屯南地甲骨中的截鋸卜旬卜骨》,《殷都學刊》2008 年第 4 期,第 7—13 頁。

⑨ 劉風華：《一種殷墟成組卜辭的文例分析及應用》,《殷都學刊》2019 年第 2 期,第 47—52 頁。

⑩ 劉風華：《讀契札記二則》,《博物院》2019 年第 6 期,第 15—19 頁。

⑪ 門藝：《殷墟黃組甲骨刻辭的整理與研究》,河南大學 2008 年博士學位論文,指導教師：王蘊智。

⑫ 劉影：《殷墟胛骨文例》,首都師範大學 2011 年博士學位論文,指導教師：黃天樹。又,首都師範大學出版社,2016 年。

⑬ 劉影：《文例規律對歷組卜辭時代提前的新證》,《考古與文物》2016 年第 2 期,第 108—110 頁。

⑭ 孫亞冰：《殷墟花園莊東地甲骨文例研究》,上海古籍出版社,2014 年。

甲文例研究》(2014)。① 趙鵬《何組牛肩胛骨上兆序排列考察》(2015)、②《賓組三類胛骨鑽鑿與兆序排列的初步整理與研究》(2016)、③《師賓間類胛骨兆序排列及其相關問題》(2016)、④《賓一類胛骨兆序排列的整理研究》(2016)、⑤《出組二類胛骨鑽鑿布局、兆序排列與占卜》(2018)、⑥《黄組胛骨鑽鑿布局、兆序排列及其相關問題》(2019)⑦、《截鋸甲骨探微》(2021)。⑧ 王崇月《賓組甲骨刻辭行款研究》(2016)。⑨ 李卿《殷墟村北系列卜旬辭的整理與研究》(2013)。⑩ 王旭東《卜夕卜辭綜合研究》(2017)。⑪ 罗华鑫《殷墟卜旬辭的整理與研究》(2020)。⑫

關於貞人與占卜關係的研究主要有：牛海茹《論商代甲骨占卜中的"異史同貞"》(2018)。⑬ 許子瀟《商代甲骨占卜中的二人共貞現象》(2019)。⑭

關於卜筮關係的研究主要有：貝塚茂樹《龜卜和筮》(1947)。⑮ 屈萬

① 何會：《殷墟王卜辭龜腹甲文例研究》，首都師範大學 2014 年碩士學位論文，指導教師：黄天樹。又，中國社會科學出版社，2020 年。

② 趙鵬：《何組牛肩胛骨上兆序排列考察》，《南方文物》2015 年第 4 期，第 198—203 頁。

③ 趙鵬：《賓組三類胛骨鑽鑿與兆序排列的初步整理與研究》，中國文化遺産研究院編：《出土文獻研究》第 15 輯，第 1—13 頁，中西書局，2016 年。

④ 趙鵬：《師賓間類胛骨兆序排列及其相關問題》，《古文字研究》第 31 輯，第 62—67 頁，中華書局，2016 年。

⑤ 趙鵬：《賓一類胛骨兆序排列的整理研究》，《南方文物》2016 年第 3 期，第 210—216 頁。

⑥ 趙鵬：《出組二類胛骨鑽鑿布局、兆序排列與占卜》，《古文字研究》第 32 輯，第 127—138 頁，中華書局，2018 年。

⑦ 趙鵬：《黄組胛骨鑽鑿布局、兆序排列及其相關問題》，《南方文物》2019 年第 3 期，第 139—149 頁。

⑧ 趙鵬：《截鋸甲骨探微》，《甲骨文與殷商史》新 11 輯，第 500—522 頁，上海古籍出版社，2021 年。

⑨ 王崇月：《賓組甲骨刻辭行款研究》，西南大學 2016 年碩士學位論文，指導教師：喻遂生。

⑩ 李卿：《殷墟村北系列卜旬辭的整理與研究》，鄭州大學 2013 年碩士學位論文，指導教師：劉風華。

⑪ 王旭東：《卜夕卜辭綜合研究》，南開大學 2017 年碩士學位論文，指導教師：陳絜。

⑫ 罗华鑫：《殷墟卜旬辭的整理與研究》，河南大學 2020 年碩士學位論文，指導教師：門藝。

⑬ 牛海茹：《論商代甲骨占卜中的"異史同貞"》，《甲骨文與殷商史》新 8 輯，第 439—461 頁，上海古籍出版社，2018 年。

⑭ 許子瀟：《商代甲骨占卜中的二人共貞現象》，《殷都學刊》2019 年第 3 期，第 1—4 頁。

⑮ ［日］貝塚茂樹：《龜卜和筮》，《東方學報》(京都)第 14 册，1947 年。

里《易卦源於龜卜考》(1956)。① 饒宗頤《由卜兆記數推究殷人對於數的觀念——龜卜象數論》(1961)、②《殷代易卦及有關占卜諸問題》(1983)。③ 肖楠《安陽殷墟發現"易卦"卜甲》(1989)。④ 曹定雲《殷墟四盤磨"易卦"卜骨研究》(1989)、⑤《論安陽殷墟發現的"易卦"卜甲》(1993)。⑥ 李殿魁《從出土考古資料及書面資料試探易之起源及釙象(一)》(1993)。⑦ 李棪《早周骨甲所刻易卦筮符綜説》(1995)。⑧ 徐葆《殷墟卜辭中的商代筮法制度——兼釋甲骨文爻、學、教諸字》(1996)。⑨ 晁福林《商代易卦筮法初探》(1997)。⑩ 沈建華《清華簡〈筮法〉果占與商代占卜淵源》(2017)。⑪

　　以上研究各有側重,彭裕商《殷代卜法初探》勾勒出了殷墟甲骨占卜的大概框架。

四、本書的内容、意義、難點

(一) 本書的研究内容
　　本書的研究内容主要有以下兩點:

① 屈萬里:《易卦源於龜卜考》,《中研院歷史語言研究所集刊》第 27 本,第 117—133 頁,1956 年 4 月。

② 饒宗頤:《由卜兆記數推究殷人對於數的觀念——龜卜象數論》,《中研院歷史語言研究所集刊外編》第四種,《慶祝董作賓先生六十五歲論文集》下册,1961 年;《甲骨文獻集成》第 17 册,第 45—53 頁。

③ 饒宗頤:《殷代易卦及有關占卜諸問題》,《文史》第 20 輯,第 1—14 頁,1983 年。

④ 肖楠:《安陽殷墟發現"易卦"卜甲》,《考古》1989 年第 1 期,第 66—70 頁。

⑤ 曹定雲:《殷墟四盤磨"易卦"卜骨研究》,《考古》1989 年第 7 期,第 636—641 頁。

⑥ 曹定雲:《論安陽殷墟發現的"易卦"卜甲》,《殷都學刊》1993 年第 4 期,第 17—24 頁。

⑦ 李殿魁:《從出土考古資料及書面資料試探易之起源及釙象(一)》,《中國文字》新 17 期,第 255—262 頁,中國文字社,1993 年。

⑧ 李棪:《早周骨甲所刻易卦筮符綜説》,《第二屆國際中國古文字學研討會論文集續編》,第 31—52 頁,香港中文大學,1995 年。

⑨ 徐葆:《殷墟卜辭中的商代筮法制度——兼釋甲骨文爻、學、教諸字》,《中原文物》1996 年第 1 期,第 81—85 頁。

⑩ 晁福林:《商代易卦筮法初探》,《考古與文物》1997 年第 5 期,第 58—62 頁。

⑪ 沈建華:《清華簡〈筮法〉果占與商代占卜淵源》,《出土文獻》第 10 輯,第 19—24 頁,中西書局,2017 年。

　　第一，按甲骨組類建立鑽鑿布局數據庫，並分析、總結出各組甲骨的鑽鑿布局類型與特徵，建立鑽鑿布局的演進序列。本書考察不同材質（胛骨、龜腹甲、龜背甲）上的鑽鑿布局，在每種材質下，根據學界現有的字體分類成果大體按照師組、賓組、出組、何組、黃組、歷組、無名組等來考察其上的鑽鑿布局情況。

　　本書按甲骨組類考察鑽鑿布局類型，是因爲甲骨組類能夠反映鑽鑿布局的特徵。如典賓類胛骨的密集布局，無名組胛骨的對灼，黃組胛骨骨頸中下部起始的一列鑽鑿布局，何組龜腹甲甲橋部位兩列鑽鑿臨近從而產生的背靠背式灼燒，賓組一類的改製背甲，等等。這些鑽鑿布局類型的變化更多的是隨着甲骨組類的變化而變化。

　　以有明確地層關係的甲骨坑來考慮鑽鑿布局是一個視角。目前已經公布的有明確坑層記載的甲骨主要著錄於《屯南》《花東》《村中南》。《花東》作爲獨立的非王卜辭，不能納入王卜辭的體系中考察。《屯南》《村中南》能反映出部分村中、村南一系甲骨的情況。《屯南》751（H23：104）爲歷組一類占卜祭祀的一版胛骨，《屯南》762（H23：120）爲無名組占卜田獵的一版甲骨，二者出於同一灰坑，坑層也很近，但反面鑽鑿布局的差異很大。《村中南》471（02H57：68）爲一版非王占卜祭祀的胛骨，《村中南》477（02H57：82）爲一版歷組二類占卜祭祀的胛骨，二者出於同一灰坑，坑層也很近，但反面鑽鑿布局的差異也很大。以上二者的差異更多的是體現在甲骨組類方面。《村中南》333（02H6 上：91＋95）爲午組只記了干支卜的一版龜腹甲，《乙編》5321（13.0.11902）爲 YH127 出土的午組占卜祭祀的一版龜腹甲，二者在不同的地點出土，却有着相同的鑽鑿布局。以上二者的相同更多的也還是體現在甲骨組類方面。當然，如果所有甲骨都有坑層信息，可以相互比較，按坑層研究鑽鑿布局無疑是一個很科學的視角。

　　鑒於以上，本書還是按甲骨組類來考察鑽鑿布局。一方面可以比較全面系統地考察殷墟有字甲骨的鑽鑿布局情況，另一方面，甲骨組類對鑽鑿布局的影響更加明顯。

　　從現有研究成果，無論是考古學角度，還是甲骨學角度來看，師組肥筆類甲骨是目前可以確定時代最早的甲骨,本書考察各材質甲骨上的鑽鑿布局時,均從師組開始。另外師組甲骨上的鑽鑿有布局較爲混亂、灼燒方向不定等現象,也具備早期鑽鑿布局的特徵。

另外,甲骨鑽鑿布局隨甲骨組類的變化而變化的現象較爲明顯,本書不對全部殷墟甲骨鑽鑿布局做硬性分類。因爲即使是兩列鑽鑿布局的龜腹甲,在賓組、出組、何組、婦女卜辭中也會有所不同,這種硬性的劃分,無法體現出鑽鑿布局在各組類以及不同時期的變化。本書將鑽鑿布局類型放到甲骨各組類中考察、討論。

第二,將鑽鑿布局與兆序排列、卜辭内容、卜辭組合、卜辭布局相結合進行研究,尋繹鑽鑿布局與占卜形式、占卜制度的關聯及發展脈絡。1961年饒宗頤曾指出:"龜甲上有四件東西,保持着連帶的關係,即是龜背的鑽鑿孔,和經燒灼之後,腹面所呈的兆象,及刻在兆位的數字,與鍥刻在腹或背面的卜事記録的卜辭或紀事别辭。"①將鑽鑿布局與卜辭、卜兆、兆序數相結合進行研究,可以更好地探討甲骨的占卜本質,揭示鑽鑿布局視野下的卜法以及占卜制度的發展演變。

另外本書也探討同一甲骨組類内部,不同材質的甲骨對於貞卜内容與占卜形式的影響,探討殷墟甲骨占卜形式的影響因素等。

(二) 本書意義

甲骨作爲一種熱占卜,其上的鑽鑿經歷了從無到有,排列從無序到有序的過程。BC2500－BC2100 新石器時代的城子崖遺址中出土的占卜用胛骨,上面多直接灼燒的痕迹,也有施加小圓鑽(單鑽或三聯鑽),排列無序。正面骨扇密集分布,反面密集分布。②

①　饒宗頤:《由卜兆記數推究殷人對於數的觀念——龜卜象數論》,《中研院歷史語言研究所集刊外編》第四種,《慶祝董作賓先生六十五歲論文集》下册,1961 年;《甲骨文獻集成》第 17 册,第 45 頁。

②　傅斯年等:《中國考古報告集之一・城子崖(山東歷城縣龍山鎮之黑陶文化遺址)》,中研院歷史語言研究所,1934 年。李亨求:《渤海沿岸早期無字卜骨之研究——兼論古代東北亞諸民族之卜骨文化》,《故宮季刊》第 16 卷第 1 期,1981 年;《甲骨文獻集成》第 17 册,第 105 頁。

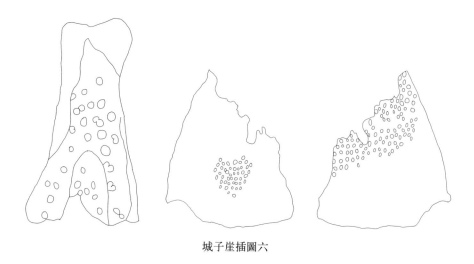

城子崖插圖六

BC1600－BC1300 夏商時期的二里岡遺址中出土的占卜用胛骨，上面多直接灼燒的痕迹，也有施加小圓鑽，排列無序。正面骨扇密集分布，反面密集分布。[1]

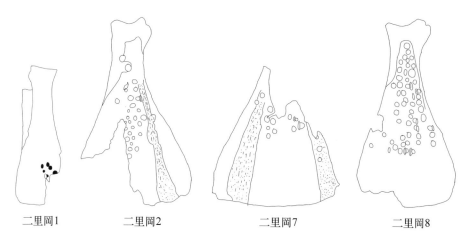

二里岡1 　　　　二里岡2 　　　　二里岡7 　　　　二里岡8

商代中期的藁城臺西遺址中出土了占卜用胛骨與龜腹甲。其中占卜用胛骨，上面多施加小圓鑽，也有長鑿。正面骨扇部位排列無序且密集，

---

① 河南省文化局文物工作隊：《中國田野考古報告集考古學專刊丁種第七號・鄭州二里岡》，圖版拾陸，科學出版社，1959 年。

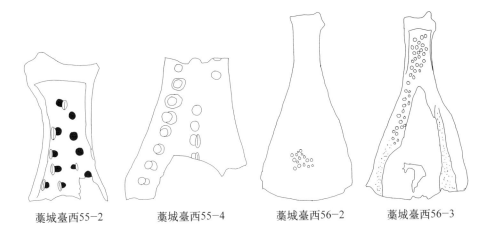

藁城臺西55-2　　　　藁城臺西55-4　　　　藁城臺西56-2　　　　藁城臺西56-3

反面開始傾向於沿骨邊布局。①

　　占卜用腹甲，鑽鑿排列逐漸有序，但灼燒方向不定。

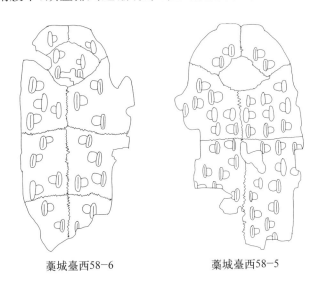

藁城臺西58-6　　　　　　　　藁城臺西58-5

　　從以上占卜用甲骨上的鑽鑿布局情況來看，最早最原始的甲骨占卜是在骨版上直接灼燒，後來逐漸發展爲施加鑽鑿。胛骨上的鑽鑿布局從圓鑽到長鑿。腹甲上從灼燒方向不定到在內側灼燒。

―――――――――

① 　河北省文物研究所編：《藁城臺西商代遺址》，文物出版社，1985 年。

　　鑽鑿布局從無序密集到逐漸有序。殷墟胛骨上的有序,從骨首的獨立布局到沿骨邊布局。骨扇從密集無序布局到行列整齊。殷墟腹甲上的有序,武丁中晚期的典賓類腹甲布局較爲多樣性,何組主要爲兩列布局,其他基本爲密集布局。

　　鑒於甲骨鑽鑿的發展演進過程,研究鑽鑿布局的意義主要有以下幾點:

　　第一,在對各組類甲骨鑽鑿布局進行整理、分析的基礎上,建立殷墟甲骨鑽鑿布局的演進序列。綜合單個鑽鑿形態與整版鑽鑿布局的研究會建立更爲科學的殷墟甲骨鑽鑿發展序列。

　　第二,隨着鑽鑿布局的發展演進,占卜形式也隨之發生變化。將鑽鑿布局與卜辭、兆序相結合,釐析出各組甲骨的占卜形式,探討殷墟甲骨占卜制度的發展,進一步完善商代卜法與占卜制度。

　　第三,不同組類的占卜演進,有銜接,有共存,可以爲兩系或多組類甲骨同時共存現象提供證據。

　　第四,鑽鑿布局可以幫助判斷甲骨綴合的正確與否。

　　第五,鑽鑿布局在某種程度上可以輔助判斷甲骨組類。尤其是一些典型鑽鑿布局,可以直接用於判定組類。

　　鑽鑿是占卜的一部分,是占卜過程中無聲的語言。鑽鑿布局展示着商人對於甲骨各部位最理想的設定。無論是稀疏型的占卜預設,還是密集型對於各部位的布局安排,都是在龜骨的方寸之間無聲地表達着商人對於甲骨的空間認知以及對於占卜本身孜孜不倦的追求與探索。

　　(三)本書的研究難點

　　本書的研究難點主要有二:

　　第一,由於以往甲骨著録書一般不著録無字的甲骨反面,可用於研究的第一手材料受到很大的限制。新近編著的《中歷藏》《旅藏》《重博》《拾遺》《符凱棟》《愛米塔什》《卡内基》《復旦》等公布了甲骨反面照片的著録書,史語所、英國不列顛博物院、國家圖書館等網站公布的甲骨正反面照片爲研究提供了部分第一手資料。另外,通過清晰反映卜兆的甲骨正面照片、拓本推測甲骨反面鑽鑿布局的大致情況。

　　第二，甲骨本身的易碎性是本課題研究的又一障礙。用於占卜的甲骨，由於其自身的生理骨骼結構容易發生解離，熱占卜施加的鑽鑿、占卜時進行的灼兆容易使甲骨發生兆斷。埋藏、挖掘後的外力作用也易使其發生斷裂。這些殘斷，使得研究很難得見完整無缺的甲骨，這些因素對於整版鑽鑿布局的研究都是難以逾越的障礙。雖然自方法斂、王國維以來，張秉權、桂瓊英、蔡哲茂、林宏明、蔣玉斌、李愛輝等很多甲骨研究者在綴合方面取得了顯著的成就，但對於研究鑽鑿布局來說，還是遠遠不夠的。從較完整的甲骨某個部位上的鑽鑿布局來推測全版的鑽鑿布局也是必不可少的。

　　雖然以上原因使研究時可得到的較完整的、可說明問題的甲骨反面信息非常有限，也使得這個題目無法周延，但這些並不妨礙研究得出具有開放性的最基本的結論。當然，如果能夠獲得現有殷墟甲骨的全面信息，尤其是有出土記錄的全部無字甲骨的正反面、與有字面對應的無字面的清晰圖版，這一問題將會得到更為周延、更為準確的研究。

第一章　師組胛骨鑽鑿布局與
占卜形式

本書對於胛骨鑽鑿布局基本按列進行分類。

對胛骨鑽鑿布局分析之前，有必要對胛骨做大致的分區。根據鑽鑿在胛骨上的分布情況，把胛骨分爲四個區域：骨首骨頸部位、頸扇交界部位、對邊骨條部位和骨扇部位。這些分區只是爲了方便描述鑽鑿布局，並沒有十分嚴格的界限。如骨首骨頸部位與頸扇交界部位會有部分重合。早晚期不同的鑽鑿布局，區域所指也會有所變化。如晚期卜用胛骨對邊骨條部位所指範圍包括骨首骨頸部位近對邊骨條的鑽鑿，要大於早期的對邊骨條的範圍。

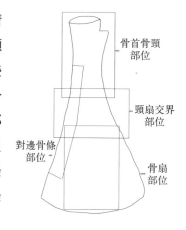

殷墟胛骨占卜鑽鑿布局、灼燒方向、卜辭刻寫行款的重要參照在骨臼（或臼角）。胛骨施加鑽鑿時最不可舍棄的是對邊骨條，占卜時灼燒點通常在鑽鑿的近骨臼一側（師組、非王、無名組等有例外）。對於胛骨上卜辭（或記事刻辭）刻寫行款的描述，我們不贊同用"左行"或"右行"。因爲卜辭行款的左右通常與占卜使用的牛肩胛骨的骨臼（或臼角）的左右有關係。脫離了骨臼所在方向來談卜辭刻寫行款的左右，意義不大。描寫胛骨上卜辭（或記事刻辭）的行款用"向骨臼方向"或"逆骨臼方向"更能體現骨臼（或臼角）在占卜以及刻寫過程中的重要參照作用。

師組胛骨部分主要進行師組肥筆類與師組小字類鑽鑿布局與占卜形式的分析，也附帶談談屮類胛骨鑽鑿布局與占卜形式的情況。

<h2 style="text-align:center">第一節　師組肥筆類胛骨鑽鑿
布局與占卜形式</h2>

一、師組肥筆類胛骨鑽鑿布局

師組肥筆類胛骨鑽鑿布局主要分布在胛骨反面的骨首骨頸、對邊、^①臼邊及正面骨扇下部。

（一）骨首骨頸部位

師組肥筆類胛骨骨首骨頸部位有單個、兩列及複合三種鑽鑿布局類型。

1. 單個鑽鑿布局

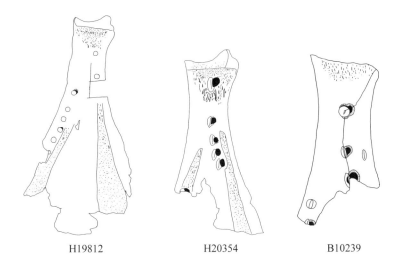

H19812　　　　　　H20354　　　　　　B10239

---

① “骨條部位的鑽鑿通常有較强的規律性，骨面上的鑽鑿規律性相對較差。骨扇上的鑽鑿通常較爲集中而整齊，一般不刻寫相應的卜辭。一般在原中脊處鑽鑿分布凌亂”（王蘊智主編：《中原文化大典‧文物典‧古文字》，第 65 頁，中州古籍出版社，2008 年）。鵬按：胛骨對邊骨條一列（除特例）鑽鑿的特徵在各組類都很鮮明，但骨首骨頸、頸扇交界、臼邊、正面骨扇下部的鑽鑿布局也各有規律。這些部位鑽鑿布局的變化恰恰體現了鑽鑿布局的發展以及商代晚期占卜制度的發展演進。

以上《合集》19812（《乙編》8684）、20354（《甲編》2904）、《合補》10239（《乙編》9083）三版胛骨，骨首骨頸部位1個鑽鑿。

骨首骨頸部位爲1個單個的鑽鑿，與頸扇交界及其下部位的鑽鑿分開布局。

2. 兩列鑽鑿布局

《合集》20576（《甲編》2903）骨首骨頸部位兩列鑽鑿，其下沿對邊一列長鑿兼小圓鑽爲另一布局區。兩種布局的分界明顯。師組肥筆類的這種鑽鑿布局直接影響了後世沿對邊一列、臼邊半列的沿骨邊布局行式。村南系歷組一類以後、村北系出組二類以後鑽鑿的基本布局皆沿襲於此，或者說這是後期沿骨邊布局的肇端。

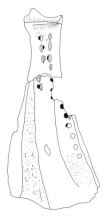

H20576

師組肥筆類胛骨骨首骨頸部位存在複合布局區：

《合集》19798（《乙編》8660）骨首骨頸部位最上1個小圓鑿一個布局區，其下沿臼邊一列5個長鑿同一型式，爲一個布局區。雖然兩個布局區緊密相連，但按單個鑽鑿型式不同可以分爲兩個布局區，或可稱爲複合布局。《合集》19813（《乙編》9088）骨首骨頸部位2個長鑿，中間1個圓鑽，可看作複合布局。

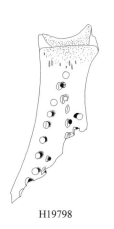

H19798

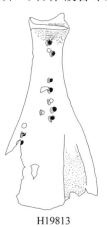

H19813

師組肥筆類胛骨骨首骨頸部位的鑽鑿較爲稀疏，與頸扇交界部位以下的鑽鑿布局分界較爲明顯。

（二）沿對邊、臼邊骨條及頸扇交界部位

師組肥筆類胛骨頸扇交界部位以下沿對邊、臼邊或頸扇交界部位近臼邊有成列鑽鑿。

1. 頸扇交界部位以下沿對邊基本都會有一列小圓鑽。

《合集》19812（《乙編》8684）沿對邊骨條一列小圓鑽。

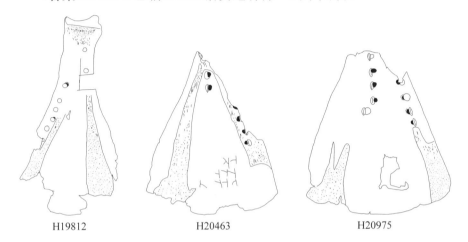

H19812　　　　　H20463　　　　　H20975

2. 頸扇交界部位近臼邊有時有半列或多半列的鑽鑿。

《合集》20463（《乙編》9084）頸扇交界部位近臼邊有半列鑽鑿。

3. 有時在對、臼邊中間位置有一列鑽鑿

《合集》20975（《乙編》9067）在對邊與臼邊的中間部位有一列鑽鑿。

4. 沿骨邊有稀疏或密集布局

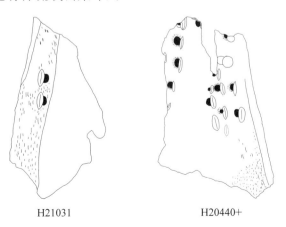

H21031　　　　　　H20440+

《合集》21031(《乙編》8685)沿對邊一列 2 個鑽鑿稀疏布局。《合集》20440＋(《甲編》2378＋2383)沿對邊三列鑽鑿布局。

結合師組肥筆類胛骨反面鑽鑿布局及單個鑽鑿形態來看,一版上的所有鑽鑿有可能不是一次施加完成的。如《合集》20354 反面骨首部位的 1 個鑽鑿與其下骨頸部位一列 4 個鑽鑿,《合集》20577 反面骨首部位的 1 個鑽鑿與其下骨頸部位一列 2 個鑽鑿,《合集》19798 最上一個小圓鑽與其下近臼邊一列 5 個長鑿,《合集》19813 骨首骨頸部位 2 個鑽鑿與其下近臼邊一列 5 個長鑿等。結合卜辭與鑽鑿的對應關係來看,不排除這些鑽鑿是根據占卜的需要,臨時一次施加幾個的可能性。

(三) 正面骨扇部位[①]

師組肥筆類胛骨正面骨扇部位有稀疏有序與密集無序兩種鑽鑿布局類型。

1. 正面骨扇下部鑽鑿稀疏時,排列多有序

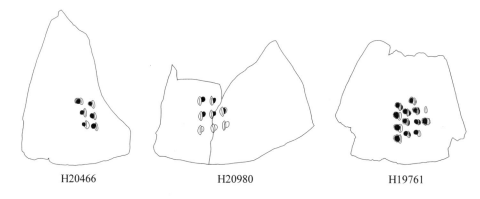

H20466　　　　　H20980　　　　　H19761

《合集》20466(《乙編》9080)兩列鑽鑿,《合集》20980(《乙編》9104)三列鑽鑿,《合集》19761(《乙編》9071)四列鑽鑿。師組肥筆類胛骨正面骨扇下部鑽鑿稀疏時,排列較爲有序。結合以上三版胛骨正面鑽鑿與反面卜辭的關係來看,鑽鑿應該是胛骨整治後即施加完成的,占卜時選擇其上的一個或幾個鑽鑿。

正面骨扇下部的有序鑽鑿,本文將最近骨臼一列定爲第一列。最上

---

① 2023 年 7 月 3 日清華大學博士生李林先生到古代史所做題爲《試論殷墟卜骨的骨扇鑽鑿現象》的講座,並賜下大作。李文材料搜集比本書齊全,觀點與本書大致相同,二者又各有側重。

一行爲第一行,其餘依次排列。

2. 正面骨扇下部鑽鑿密集時,排列較爲無序

《合集》19946(《甲編》2907)正面骨扇下部鑽鑿
密集,排列較爲無序。結合這版胛骨正面鑽鑿與反
面卜辭的關係來看,鑽鑿應該是胛骨整治後即施加
完成的,占卜時選擇其上的一個鑽鑿。師組這種正
面骨扇下部密集無序布局鑽鑿,不便於刻寫卜
辭,[①]更不便於明確卜辭與鑽鑿的對應關係。

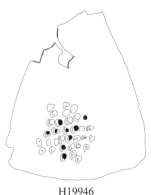

H19946

綜上,師組肥筆類胛骨上的鑽鑿布局骨首
骨頸部位以單個鑽鑿爲主,也有兩列布局和複
合布局區。沿對邊多有一列小圓鑿,頸扇交界部位近臼邊有時有半列或
多半列鑽鑿。正面骨扇部位有密集無序與稀疏有序兩種布局。胛骨反面
鑽鑿可能不是一次性全部施加完成,有根據占卜的需要,臨時施加幾個鑽
鑿的可能性。正面鑽鑿有可能是甲骨整治後即施加,供占卜時選用。

二、師組肥筆類胛骨上的占卜形式

師組肥筆類胛骨上的占卜形式多爲一辭多卜。具體形式有一辭多
卜、成套占卜,也有一辭一卜。

(一) 一辭多卜

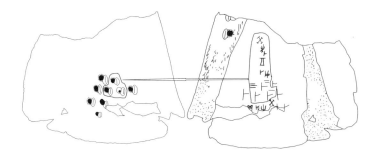

---

① 陳夢家:《殷虛卜辭綜述》,第 27 頁,科學出版社,1956 年。蔣玉斌:《殷墟甲骨刻寫預留區
的觀察及其學術意義》,第八屆中國文字發展論壇,2022 年 8 月 4 日,北京。

(1) 癸未卜，王。卜。用。一二三

《合集》21405(《乙編》9086)[師肥]

(1)辭使用正面骨扇部位第二行第二個、第一行第二個、第二行第三個，共3個鑽鑿占卜。該辭占卜選用臨近的三個鑽鑿進行占卜。

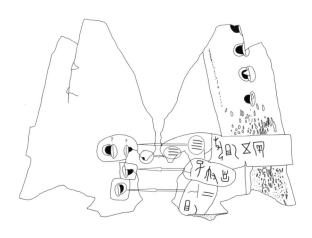

(2) 杞(夙)①祖乙五宰。三四

《合集》20045(《乙編》9091)[師肥]

(2)辭可能使用骨扇正面最上兩個鑽鑿，兆序數爲三、四横排，可能用一辭四卜的形式占卜用五宰祭祀祖乙。卜辭可能臨時選擇了骨扇正面的幾個鑽鑿進行占卜。

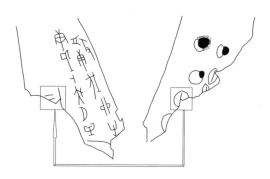

___

① 沈培：《説殷墟甲骨卜辭的“杞”》，《原學》第3輯，第75—110頁，中國廣播電視出版社，1995年。

（3）庚戌卜，犬：夕屮般庚伐卯牛。二

《合集》19798（《乙編》8660）［師肥］

（3）辭胛骨對邊骨條部位最下殘斷處上面有一條卜辭，卜辭下刻有界劃綫，界劃綫下當有另一卜辭。參照反面照片，界劃綫以上左側當有兩個鑽鑿，完整卜辭左側可見殘缺的兆序數二，該完整卜辭很可能使用上下相鄰的兩個鑽鑿占卜，一辭兩卜。該占卜選擇鑽鑿具有臨時性。

（二）可能的異版成套占卜

（4）庚申卜，犬：令小臣取鶉①。二

《合集》20354（《甲編》2904）［師肥］

（4）辭使用胛骨反面骨首骨頸部位最上1個鑽鑿占卜，兆序數爲二。（4）辭這種選用骨首骨頸部位1個鑽鑿進行占卜，有異版成套胛骨的可能性，也不排除是臨時選擇了一個鑽鑿，進行占卜。

（三）一辭一卜

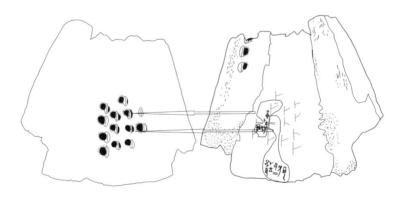

（5a）丁卯卜，王：兄戊叀牛。一

（5b）癸丑卜，王：⺊二羌祖乙。一

《合集》19761（《乙編》9071）［師肥］

---

① 方稚松：《談甲骨文中"臺"的一種異體》，《中國古文字研究會第二十四屆年會現場論文集》，第33—37頁，2022年11月5—6日，重慶。

這版胛骨反面骨扇部位有兩條卜辭,(5a)辭從刻寫行款守兆的規則看,有可能使用的是第三列第二個鑽鑿。(5b)辭有可能使用的是第三列第三個鑽鑿,這版胛骨骨扇第三列第二、第三卜兆上各刻有一個兆序數一,(5b)的起刻位置縱向上可與之相對應。兩條卜辭使用的是刻有兆序數的鑽鑿占卜,一辭一卜。正面其餘灼燒鑽鑿所卜事項不明。兩條卜辭選用鑽鑿進行占卜均具有臨時性。

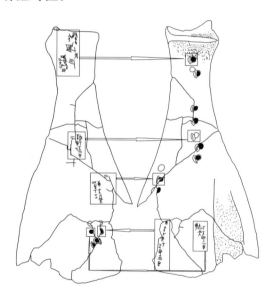

(6a)｛庚寅卜,犬：示壬歲一牛｝。

(6b) 庚寅卜,犬：二牛示壬。二

(6c)｛庚寅卜,犬：示壬歲三牛｝。

(6d) 辛卯卜,犬：二牛示壬。一

(6e) 丙申卜,犬：延珸𤔌。用。三

《合集》19813 正(《乙編》9087＋)［師肥］

以上(6a)至(6c)是庚寅日選貞祭祀示壬歲牛的數目。從刻寫位置看,(6a)辭可能使用胛骨正面骨扇部位第二列第二個鑽鑿。(6b)辭使用對邊骨條部位第二個鑽鑿,兆序數爲二。(6c)辭從刻寫位置縱向對應情況來看,很可能使用正面骨扇部位第一列第二個鑽鑿。(6d)辭是第二天辛卯日占卜用二牛祭祀示壬，使用頸扇交界部位，偏臼邊的第三個鑽鑿，兆序數爲一。(6e)辭是第六天丙申使用骨首骨頸部位最上一個鑽鑿占卜延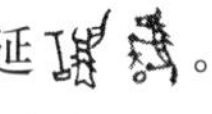。從該版卜辭布局來看，占卜選用的鑽鑿很可能是臨時決定的。其中，(6e)不排除是異版成套占卜的第三卜。

(7a) 丁未卜，貞：何𠃌(肩)①告。

(7b) 丁未卜，貞：庚𠃌(肩)告。

《合集》20577(《乙編》9073)[師肥]

以上兩條卜辭選貞能來報告的對象。從刻寫位置來看，兩辭分别使用對邊第一、二兩個鑽鑿進行占卜，可能只卜一次。

(四) 占卜不明

(8a) 壬申卜，王：㞢祖乙。

(8b) [癸]酉卜，王：㞢示癸。

(8c) 甲戌卜，王：㞢祖甲。

(8d) 甲戌卜。

(8e) 丙子卜，王：㞢大甲(?)。

(8f) 庚辰卜，王：㞢豕一宰。用。

(8g) 辛巳卜，王：上甲燎十豕壴钔止，丁令大乙，叀止。用。

(8h) 辛巳卜，王：㞢祖辛。

(8i) 壬午卜，王：㞢示壬。

(8j) 癸卯卜，王：㞢示癸一牛。

(8k) 戊申卜，王：㞢外壬。

(8l) 己酉卜，王：㞢…

(8m) 丙辰卜，王：㞢祖丁。

① "𠃌(肩)"，徐寶貴、裘錫圭釋，蔡哲茂：《殷卜辭"肩凡有疾"解》，《第十六屆中國文字學國際學術研討會論文集》，第297—309頁，高雄師範大學國文系，2005年。裘錫圭：《説"𠃌凡有疾"》，《故宫博物院院刊》2000年第1期，第1—7頁；《裘錫圭學術文集·甲骨文卷》，第473—484頁。

　　(8n) 貞。

　　(8o) 瑕。

　　　　　　　　　　《合集》19812(《乙編》8683)[師肥]

胛骨上有 10 個鑽鑿,13 條辭,不好確定辭與鑽鑿的對應關係,也就不易區
分該版上的卜辭與習刻辭。這也是占卜選用鑽鑿及刻寫卜辭具有臨時
性、缺乏規劃性的一種表現。

　　《合集》19907、19946、20463、20975、21401 等,由於圖版清晰度以及
鑽鑿集中、胛骨殘斷、卜辭刻寫位置等原因,很難釐清卜辭與鑽鑿的對
應關係,這也從一個側面反映出師組肥筆類胛骨占卜多具臨時性的
特徵。

　　師組肥筆類胛骨有一辭一卜,一辭多卜,多爲三卜、四卜,可能存在異
版成套占卜。師組肥筆類胛骨上的卜辭與使用的鑽鑿有時沒有嚴格的位
置對應關係,占卜時更多是臨時選用胛骨上的某一個或幾個鑽鑿進行占
卜,體現了占卜的臨時性。

　　綜上,師組肥筆類胛骨反面鑽鑿布局,骨首骨頸部位有單個、兩
列和複合三種鑽鑿布局。自頸扇交界部位以下通常沿對邊骨條有
一列小圓鑽,沿臼邊骨條有時有半列或多半列鑽鑿。有時在兩條骨
邊中間有一列鑽鑿。骨首骨頸部位與骨條部位的鑽鑿分區較爲鮮
明。胛骨正面骨扇部位的鑽鑿,稀疏布局時排列較爲有序,密集布
局時多無序。

　　師組肥筆類胛骨占卜,有一辭一卜、一辭多卜,可能存在異版成套
占卜,占卜次數多在四卜以內。從整版卜辭與卜兆的位置關係來看,占
卜選用的鑽鑿很可能是臨時決定的。一辭的占卜次數也可能是臨時決
定的。

附表

師組肥筆類胛骨鑽鑿布局表

材料	部　位	疏　密	號　　　碼①
反面	骨首骨頸	單個	19812、20354、B10239
		兩列	20576
		複合	19813、19798
	對邊骨條	一列	19812、19761、19812、19813、19851、19908、19946、20045、20120＋、20221、20278、20332、20355、20463、20466、20555、20576、20577、20587、20975、21217、21401、21405、32348
		稀疏或多列	20440＋、20600
		複合布局	19798
	臼邊骨條	多半列	19798、19813、20354、20463、20577、20582、21217、21401
	兩邊中間	一列	19851、20221、20278、20975
正面	骨扇	稀疏有序	19761、19813、19851、20045、20278、20463、20464、20466、20555、20587、20975、20980、21031、21401、21405
		密集有序	20583
		密集無序	19907、19946、20440＋、20576

師組肥筆類胛骨鑽鑿布局材料表

材　料	號　　碼
胛骨反面	19761（乙 9071）、19798（乙 8660）、19812（乙 8683 - 乙 8684）、19813（乙 9087＋乙 9092-反：乙 9088）、19851（乙 8674 - 乙 8675）、19907（甲釋 93,

---

① 考慮到表格篇幅，本書表格所列著錄書號碼，前無書名、僅列號碼者出自《合集》，"甲"爲《甲編》，"乙"爲《乙編》，"丙"爲《丙編》，所列著錄書皆不標書名號。

材　料	號　　碼
胛骨反面	甲 2348＋甲 2356)、19908（乙 9075＋乙 9093)、19946（甲 2907)、20045（乙 9091)、20221、20278（乙 9072)、20332（甲釋 221)、20354（甲 2904)、20355（甲 2851)、20440（甲 2378＋甲 2383)＋3.2.0205＋3.2.0615、20463（乙 9084)、20464（甲釋 98,甲 2380＋甲 2385＋甲 2387)、20466（乙 9080)、20555（乙 9066)、20576（甲 2903)、20577（乙 9073)、20582（乙 8658－乙 8659)、20587（乙 9078)、20600（甲 2327)、32348（甲 2339)、20975（乙 9067)、20980（乙 9097＋乙 9103－乙 9104)、21031（乙 8685)、21217（甲 2930)、21401（乙 9074)、21405（乙 9086)、B10239（乙 9083)
骨扇下部	19813（乙 9087＋乙 9092)、19907（甲釋 93,甲 2348＋甲 2356)、19908（乙 9075＋乙 9093)、19946（甲 2907)、20045（乙 9091)、20440（甲 2378＋甲 2383)＋3.2.0205＋3.2.0615、20463（乙 9084)、20464（甲釋 98,甲 2380＋甲 2385＋甲 2387)、20466（乙 9080)、20555（乙 9066)、20583（甲 2337)、20587（乙 9078)、20975、20980（乙 9097＋乙 9103－乙 9104)、21031（乙 8685)、21401（乙 9074)、21405（乙 9086)

第二節　師組小字類胛骨鑽鑿
布局與占卜形式

一、師組小字類胛骨鑽鑿布局

師組小字類胛骨鑽鑿布局主要分布在胛骨反面的骨首骨頸、對邊、臼邊及正面的骨扇下部。

（一）骨首骨頸部位

師組小字類胛骨骨首骨頸部位有單個（或無鑽鑿)、兩列與複合三種鑽鑿布局類型。

1. 單個(或無鑽鑿)鑽鑿布局

《合集》22466(《乙編》8682)骨首骨頸部位無鑽鑿,灼燒方向不定。結合卜辭與鑽鑿的對應關係以及單個鑽鑿形態,不排除有占卜前臨時施加幾個鑽鑿的可能性。

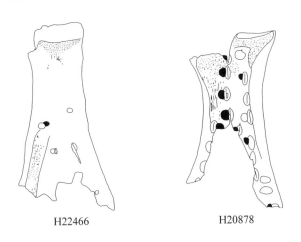

H22466　　　　　　　H20878

2. 兩列鑽鑿布局

《合集》20878(《乙編》9065)骨首骨頸部位 2 列鑽鑿。其下沿對邊與臼邊分列布局。灼燒方向不定。結合這版胛骨正面卜辭與鑽鑿對應關係來看,有可能是胛骨整治後即施加鑽鑿,占卜時選擇其上一個或幾個鑽鑿。

3. 複合布局區

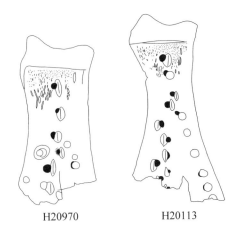

H20970　　　　　　H20113

《合集》20970(《甲編》2345＋2347)骨首骨頸部位 1 個鑽鑿,其下骨頸中部 2 個同一型式的鑽鑿爲一個布局,其下中間一列 3 個爲另一布局。布局區的界限較爲明顯。《合集》20113(《乙編》8686)骨首骨頸部位有 1 個長鑿,其下 1 個小圓鑽,骨頸中下部位 2 個長鑿,相當於三個複合鑽鑿區。

師組小字類胛骨骨首骨頸部位的鑽鑿較爲稀疏,有時會有兩個或三個複合鑽鑿區,骨首骨頸部位的鑽鑿布局與頸扇交界部位以下的鑽鑿布局多界限較分明。

(二) 沿對邊、臼邊骨條及頸扇交界部位

師組小字類胛骨頸扇交界部位以下沿對邊、臼邊或頸扇交界部位近臼邊有成列鑽鑿。

1. 頸扇交界部位以下基本都會有沿對邊一列的小圓鑽

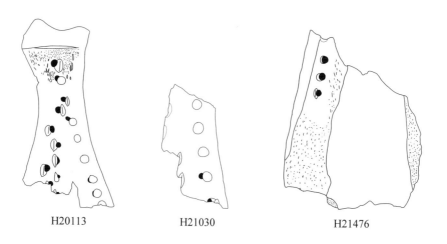

　　　H20113　　　　　　H21030　　　　　　H21476

《合集》20113(《乙編》8686)、21030(《中歷藏》1309)、21476(《乙編》9077)頸扇交界部位以下基本都有沿對邊一列鑽鑿的布局。《合集》20113灼燒方向不定,結合該版胛骨卜辭與鑽鑿的對應關係以及單個鑽鑿形態、複合布局區的存在,不排除該版有占卜前臨時施加鑽鑿的可能性。《合集》21030、21476 結合這兩版胛骨卜辭與鑽鑿的對應關係來看,很可能鑽鑿在甲骨整治後即施加完成,占卜時選擇其上一個或幾個鑽鑿。

2. 有時沿臼邊半列或兩列鑽鑿

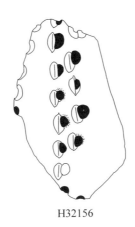

H32156

《合集》32156(《甲編》2504)沿臼邊兩列鑽鑿。

3. 頸扇交界部位有時鑽鑿密集

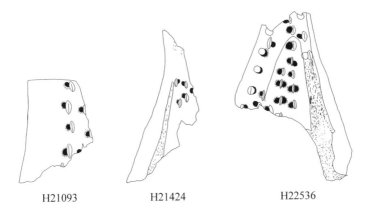

H21093　　　H21424　　　H22536

《合集》21093(《甲編》2353)、21424(《甲編》2932)、22536(《乙編》9105)頸扇交界部位鑽鑿較爲密集。《合集》21424、22536 灼燒方向不定，《合集》22536 有長鑿兩側均灼燒的情況。

（三）正面骨扇部位①

師組小字類胛骨正面骨扇部位的鑽鑿較爲稀疏有序。

① 2023 年 7 月 3 日李林先生到古代史所做題爲《試論殷墟卜骨的骨扇鑽鑿現象》的講座，並賜下大作。李文材料搜集比本書齊全，觀點與本書大致相同，二者又各有側重。

《綴彙》903（《甲編》2317＋）、
《村中南》344 骨面鑽鑿稀疏，排
列較有序。

綜上，師組小字類胛骨上
的鑽鑿布局，骨首骨頸部位以
單個鑽鑿爲主，也有兩列布局
和複合布局區。胛骨反面鑽鑿
很可能不是一次施加的，有臨
時多次施加的可能性。沿對邊
有一列小圓鑿，沿臼邊有時有

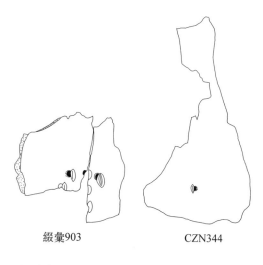

綴彙903　　　　　CZN344

半列或兩個多列鑽鑿，頸扇交界部位有時鑽鑿較密集。正面骨扇部位
鑽鑿多稀疏有序布局。骨首骨頸部位與骨條部位的鑽鑿分區較爲明
顯，鑽鑿可能在胛骨整治後即施加完成，也有在占卜前臨時施加鑽鑿的
可能性。

二、師組小字類胛骨上的占卜形式

師組小字類胛骨上的占卜形式多爲一辭多卜。具體形式有一辭多
卜、成套占卜和一辭一卜。

（一）一辭多卜

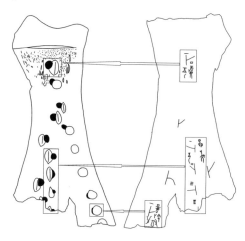

　　(1a) 丁卯卜，犬。五月。一二三四

　　(1b) 丁酉卜，犬。五月。一

　　(1c) 丁酉卜，余：尊。八月。一

　　　　　　　　　　　　　《合集》20113(《乙編》8686)［師小字］

(1a)辭使用頸扇交界部位近臼邊半列 4 個鑽鑿占卜，兆序數一至四自上而下排列，可能一辭四卜。這 4 個成列鑽鑿排列較爲整齊，鑽鑿形式相同，有可能是爲該占卜臨時施加的鑽鑿。(1b)辭使用胛骨反面骨首骨頸部位最上一個鑽鑿，兆序數爲一，可能一辭一卜，不排除是異版成套胛骨的第一版。(1c)辭可能使用對邊骨條自下而上第二個鑽鑿占卜。兆序數爲一，可能一辭一卜或多卜之殘。(1b)(1c)兩辭占卜選擇鑽鑿很可能是臨時決定的。

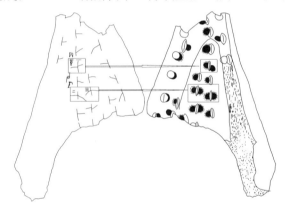

　　(2) 丙辰：受禾。一二三

　　　　　　　　　　　　　《合集》22536(《乙編》9105)［師小字］

(2)辭使用頸扇交界對邊與臼邊之間不相鄰的 3 個鑽鑿，兆序數一至三，一辭三卜。很可能是臨時決定使用這三個鑽鑿占卜受禾之事。

　　(二) 成套占卜

　　(3a)［癸］□［卜］，貞：［旬亡］囚(憂)[1]。［一］

---

[1]　裘錫圭：《説“囚”》，《古文字論集》，第 105 頁，中華書局，1992 年；《從殷墟卜辭的“王占曰”說到上古漢語的宵談對轉》，《中國語文》2002 年第 1 期，第 70—76 頁；《裘錫圭學術文集·甲骨文卷》，第 377、485—494 頁。

(3b) 癸□卜,[貞:旬亡]囚。[一]

(3c) 癸亥卜,貞:旬亡囚。十一月。一

(3d) 癸酉卜,貞:旬亡囚。一

(3e) [癸]□[卜,貞:旬亡囚]。

(3f) 癸未卜,貞:旬亡囚。一

《合補》13245 上部[師小字]

這版卜辭使用對邊、臼邊部位的兩列鑽鑿,一辭一卜,整版兆序數爲一,有可能是異版成套胛骨的第一版。

(三) 一辭一卜

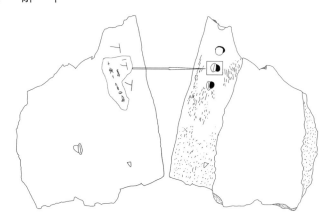

(4) 甲子卜:及邑,旡。一

《合集》21476(《乙編》9077)[師小字]

(4)辭使用對邊骨條自下而上第二個鑽鑿占卜,兆序數爲一,一辭一卜。該占卜選擇鑽鑿可能是臨時決定的。

(四) 占卜不明

(5) 戊午卜,犬…舞蚰从… 三

《合集》20970(《甲編》2345＋)[師小字]

(5)辭使用頸扇交界部位,中間一列殘斷處最下 1 個鑽鑿,兆序數爲三,可能是一辭多卜的第三卜。

　　師組小字類胛骨的占卜,使用一辭一卜或多卜,占卜次數多在四卜以內。卜句辭可能用異版成套的形式占卜。從卜辭與卜兆的位置關係及占卜使用鑽鑿的數目來看,占卜所選用的鑽鑿很可能是臨時決定的,甚至有爲占卜臨時施加鑽鑿的可能性。

　　綜上,師組小字類胛骨反面鑽鑿布局,骨首骨頸部位有單個鑽鑿(或無鑽鑿)、兩列與複合三種鑽鑿布局。自頸扇交界部位以下通常沿對邊骨條有一列小圓鑽,沿臼邊骨條有半列或兩列鑽鑿頸扇交界部位鑽鑿有時較爲密集。胛骨正面骨扇部位的鑽鑿較爲稀疏有序。

　　師組小字類胛骨的占卜,使用一辭一卜或多卜,占卜次數多在四卜以內。卜句辭可能用異版成套的形式占卜。

附表

師組小字類胛骨鑽鑿布局表

材料	部　位	疏　密	號　　碼
反面	骨首骨頸	無鑽鑿	22466
		兩列	20400、20878、21366、35308
		複合鑽鑿區	20113、20970
	頸扇交界	密集	20113、20878、20970、21093、21424、22536
	對邊骨條	一列	20113、20495、20878、20970、21030、21414、21476
	臼邊骨條	多半列	20113、20878、20970、21093、21178
		兩列	32156
正面	骨扇	稀疏較有序	21476、綴彙 903、村中南 344

師組小字類胛骨鑽鑿布局材料表

材　料	號　　碼
胛骨反面	20113（乙 8686）、20400（甲 2277）、20495（北圖 2133）、20878（乙 9065）、20970（甲釋91,甲 2345＋甲 2347）、21030（歷 1309）、21093（甲 2353）、21178（歷 1301）、21366（甲 915）、21414（甲 2357）、21424（甲 2932）、21476（乙 9077）、22466（乙 8682）、22536（乙 9105）、32156（甲 2504）、35308（甲 2874）
骨扇下部	21476、綴彙 903（20871＋22372、甲 2317＋）、村中南 344
無反面或殘缺不明	綴集 95（22317＋22318）、22337（甲 2355）

附：師組胛骨鑽鑿布局與占卜形式小結

師組胛骨鑽鑿布局，骨首骨頸部位有單個（或無）鑽鑿、兩列和複合鑽鑿布局。自頸扇交界部位以下通常沿對邊骨條有一列小圓鑽，沿臼邊骨條有時有半列或多半列鑽鑿。骨首骨頸部位與骨條部位的鑽鑿分區較爲明顯。師組胛骨鑽鑿有較混亂布局，有灼燒方向不定及兩側均灼燒的現象。胛骨正面骨扇部位的鑽鑿，師組肥筆類密集布局時多無序，師組肥筆類、師組小字類稀疏布局時排列較爲有序。

師組胛骨占卜，有一辭一卜或多卜，可能有異版成套占卜，占卜次數多在四卜以內。占卜所選用的鑽鑿，很可能具有臨時性，甚至有爲占卜臨時施加鑽鑿的可能性。

附：㞢類胛骨鑽鑿布局與占卜形式

一、㞢類胛骨鑽鑿布局

㞢類胛骨鑽鑿布局主要分布在胛骨反面的骨首骨頸、對邊及正面的骨扇下部。

（一）骨首骨頸部位

㞢類胛骨骨首骨頸部位有單個、兩列與複合三種鑽鑿布局。

1. 單個鑽鑿布局

《合集》21471(《甲編》3358＋)骨首骨頸部位 1 個鑽鑿。

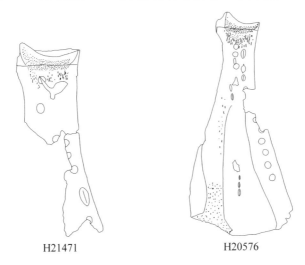

H21471　　　　　　　　H20576

2. 兩列鑽鑿布局

《合集》20576(《甲編》2903)骨首骨頸部位兩列鑽鑿。從這版卜辭與鑽鑿的對應關係、同日或不同日占卜選擇鑽鑿的位置及順序、單個鑽鑿形態以及鑽鑿排列的有序性來看,整版鑽鑿可能是在胛骨整治後施加完成的。

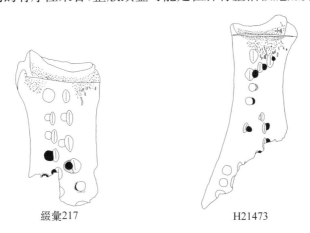

綴彙217　　　　　　　　H21473

《綴彙》217(《甲編》2307＋)骨首骨頸部位兩列鑽鑿。

3. 複合布局區

《合集》21473(《甲編》2858)骨首骨頸部位 4 個長鑿一個布局區,其下近對邊1列2個小圓鑽一個布局區,骨首骨頸部位可以看作是一個複合布局區。

　　屮類胛骨骨首骨頸部位的鑽鑿較爲稀疏,有單個、兩列與複合三種鑽鑿布局。兩列布局亦可看作複合布局。

（二）沿對邊骨條及頸扇交界部位

　　頸扇交界部位以下沿對邊骨條一列鑽鑿,頸扇交界部位少有鑽鑿。

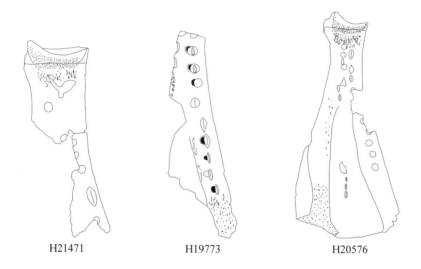

H21471　　　　　　H19773　　　　　　H20576

　　《合集》21471(《甲編》3358)沿對邊骨條一列小圓鑽兼有長鑿。

　　《合集》19773(《甲編》2278＋)沿對邊骨條一列小圓鑽兼有長鑿。結合該版卜辭與鑽鑿的對應關係、不同日占卜選擇鑽鑿的位置、順序以及單個鑽鑿的形態,不排除鑽鑿有在確定占卜事件和占卜次數後臨時施加的可能性。

　　《合集》20576(《甲編》2903)沿對邊骨條一列小圓鑽。

（三）正面骨扇部位

　　屮類胛骨正面骨扇下部鑽鑿多稀疏有序布局。

　　《合集》19773(《甲編》2278＋)正面骨扇下部的鑽鑿較爲稀疏有序。

　　屮類胛骨反面鑽鑿布局,骨首骨頸部位有單個、兩列與複合三種鑽鑿布局。自頸扇交界部位以下通常沿對邊骨條

H19773

有一列鑽鑿。頸扇交界部位少有鑽鑿。胛骨正面骨扇下部的鑽鑿稀疏有序。其上鑽鑿有可能是整治後即施加完成，也有可能是確定占卜内容及次數後臨時施加的。

二、屮類胛骨上的占卜形式

屮類胛骨上多習刻，占卜多不刻寫兆序數。

(1a) 辛…歲…

(1b) 辛翌歲于父…

卜。卜。卜。卜。卜。卜。卜。卜。卜。卜。卜。卜。

《合集》22442（《甲編》2875）［屮類］

這版胛骨多習刻的"卜"字，出枝都朝向骨臼方向。

(2a) 己巳卜：桒（禱）① 又大丁三十…

(2b) 庚午卜：屮奚大乙三十。

(2c) 壬申卜…

(2d) 庚寅。

(2e) 甲午⫶歲。

(2f) 甲辰。

(2g) 庚戌卜：令比② 𣎴伐敖③。

(2h) □戌。

《合集》19773（《甲編》2278）［屮類］

---

① 冀小軍：《説甲骨金文中表祈求義的桒字——兼談桒字在金文車飾名稱中的用法》，《湖北大學學報》（哲社版），1991 年第 1 期，第 35—44 頁。

② 林澐：《甲骨文中的商代方國聯盟》，《古文字研究》第六輯，第 67—92 頁，中華書局，1981 年 11 月；《林澐學術文集》，第 69—84 頁，中國大百科全書出版社，1998 年 12 月。沈培認爲是"配合"意。

③ 敖。劉釗：《釋甲骨文糌、蟗、敖、栽諸字》，《吉林大學社會科學學報》1990 年第 2 期，第 8—13 頁；《古文字考釋叢稿》，第 10—13 頁，嶽麓書社，2005 年 7 月。謝明文：《商代金文的整理與研究》，第 686—690 頁，復旦大學博士學位論文，2012 年 5 月，指導教師：裘錫圭；《商代金文研究》，第 667—671 頁，中西書局，2022 年 10 月。

這版胛骨占卜祭祀大丁與大乙以及對敖戰争的將領。整版未見兆序數。

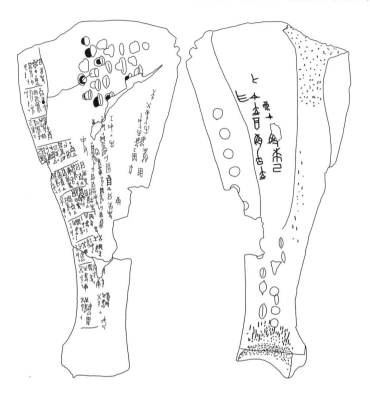

(3a) 戊午卜，貞：弜不喪在南土，爿(肩)告史。

(3b) 戊午卜：弜克貝，集南封方。

(3c) 己未桒□在壴。三

(3d) 己未卜：唯𢆶方其克貝，弜在南。

(3e) 己未卜，貞：多冒亡囚，在南土。

(3f) 己未卜，貞：多冒亡囚，在南土。

(3g) 庚申卜，貞：雀亡囚，南土爿(肩)告史。

(3h) 庚申卜，貞：雀亡囚，南土爿(肩)告史。

(3i) 庚[申]卜，貞：雀亡囚，爿(肩)告史。

(3j) 庚申卜，貞：雀亡囚，爿(肩)告史。

(3k) 辛酉卜，貞：雀亡囚，南土爿(肩)告史。

(3l) 辛酉卜，貞：雀亡囚，南土𡆥(肩)告史。

(3m) 壬戌卜，貞：多冒亡囚，南土𡆥(肩)告史。

(3n) 壬戌卜：㞢。

(3o) 壬戌卜：㞢母壬盧豕。

(3p) 壬戌卜：㞢母壬盧豕。

(3q) 壬戌卜：㞢母壬盧豕。

(3r) 壬戌卜：㞢母癸盧豕。

(3s) 壬戌卜：㞢母癸盧豕。

(3t) 癸亥卜：㞢母庚盧豕。

(3u) 癸亥卜：[㞢母]庚盧豕。

(3v) 癸亥卜：㞢雈母盧。

(3w) 癸亥卜：㞢母雈盧。

(3x) 癸未卜：㞢母雈盧。

(3y) 辛巳𥸤辛，父□，在𢀛。二

(3z) 囚南土。告。史。女。桒(禱)。

《合集》20576(《甲編》2902)[㞢類]

這版胛骨占卜祭祀與軍事。整版未刻兆序數。反面 16 個鑽鑿，正面有 29 條刻辭。胛骨對邊一列鑽鑿，臼邊密集刻辭，很難確定辭與鑽鑿的對應關係，區分出卜辭與習刻辭。

㞢類胛骨占卜，多見習刻辭，基本不見兆序數，占卜形式不明，很可能只卜一次。

綜上，㞢類胛骨反面鑽鑿布局，骨首骨頸部位有單個、兩列與複合三種鑽鑿布局。自頸扇交界部位以下通常沿對邊骨條有一列鑽鑿。頸扇交界部位少有鑽鑿。胛骨正面骨扇部位的鑽鑿稀疏有序。與師組、師歷間類鑽鑿布局基本相同。

㞢類胛骨卜辭刻寫較爲凌亂且兆序數不明。

附表

屮類胛骨鑽鑿布局表

材料	部　位	疏　密	號　　　　碼
反面	骨首骨頸	單個	21471
		兩列	19773、20576、22442、22507、綴彙 217
		複合	21473
	對邊骨條	一列	19773、20576、21471、21473
	頸扇交界	稀疏	21473
正面	骨扇	稀疏較有序	19773、20576

屮類胛骨鑽鑿布局材料表

材　料	號　　　　碼
胛骨反面	19773（甲 2278）、20576（甲 2903）、21471（甲 3358）、21473（甲 2858）、22442（甲 2875）、22507（甲 2418）、綴彙 217（甲 2307＋甲 2343）
骨扇下部	19773

第二章　村中南系胛骨鑽鑿
布局與占卜形式

　　殷墟甲骨分爲村中南與村北兩個系統。其中村中南系的占卜材料多用胛骨，村北系占卜材料龜骨並用。胛骨與龜甲的形制輪廓不同，其上分布的鑽鑿因循其各自不同的輪廓形狀，布局也各不相同。本書按照村中南與村北兩系的胛骨分別進行整理研究，以探索其各自的鑽鑿布局特徵以及與其相應的占卜形式。

　　村中南系胛骨的鑽鑿布局主要按照師歷間組、歷組一類、歷組二類、歷無間類、無名組、無名組晚期幾個甲骨類別進行整理研究。

第一節　師歷間類胛骨鑽鑿
布局與占卜形式

一、師歷間類胛骨鑽鑿布局

　　師歷間類胛骨鑽鑿布局主要分布在胛骨反面的骨首骨頸、對邊、臼邊及正面骨扇下部。

　　（一）骨首骨頸部位

　　師歷間類胛骨骨首骨頸部位有單個（或無鑽鑿）、兩列與複合三種鑽鑿布局類型。

1. 單個（或無鑽鑿）鑽鑿布局

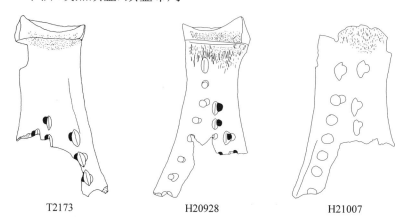

T2173　　　　　　　H20928　　　　　　　H21007

《屯南》2173 骨首骨頸部位無鑽鑿。

《合集》20928（《甲編》3591）骨首部位 1 個鑽鑿，其下沿對邊骨條部位一列小圓鑽，頸扇交界部位開始兩列鑽鑿，鑽鑿區界限較分明。也可看作骨首骨頸部位複合布局。

《合集》21007（《掇二》149）骨首骨頸部位兩個橫向排列的鑽鑿，其下沿對邊一列小圓鑽，臼邊半列或多半列鑽鑿。典賓類有類似的鑽鑿布局。結合這版胛骨上卜辭與鑽鑿對應情況、相同或不同干支日占卜選用鑽鑿的位置、單個鑽鑽形態以及鑽鑿排列的有序性來看，整版鑽鑿應該在胛骨整治後即施加完成。

2. 兩列鑽鑿布局

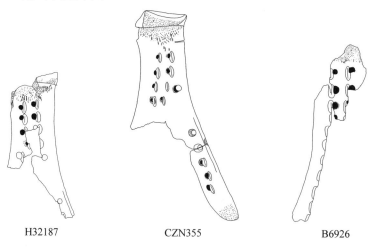

H32187　　　　　　　CZN355　　　　　　　B6926

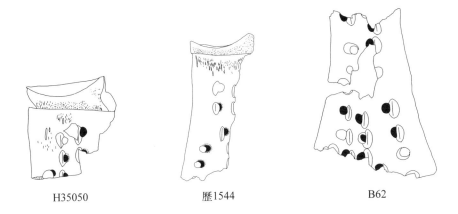

H35050　　　　　　歷1544　　　　　　B62

　　以上六版胛骨,骨首骨頸部位兩列鑽鑿。《合集》32187(《卡内基》31)、《村中南》355、《合補》6926(《卡内基》30)、《合集》35050(《卡内基》70)、《中歷藏》1544,結合這些胛骨上卜辭與鑽鑿對應情況、不同干支日占卜選用鑽鑿的位置、單個鑽鑽形態以及鑽鑿排列的有序性來看,整版鑽鑿很可能在胛骨整治後即施加完成。《合補》62(《卡内基》20)上的鑽鑿從單個鑽鑿形態以及正面卜辭分布,不排除其上鑽鑿不是一次施加的,有根據占卜的需要,臨時施加幾個的可能性。也可看作複合布局。

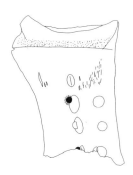

　　《合集》20510(《甲編》709)骨首骨頸部位4個1列鑽鑿,沿對邊1列小圓鑽,鑽鑿區界較分明。也可看作複合布局。結合這版胛骨上卜辭與鑽鑿對應情況、不同干支日占卜選用鑽鑿的位置、單個鑽鑽形態以及鑽鑿排列的有序性來看,整版鑽鑿很可能在胛骨整治後即施加完成。也不能完

全排除中間一列長鑿有占卜前臨時施加的可能性。

3. 複合布局區

《合集》20038(《卡内基》59)骨首骨頸部位 2 個縱向排列的鑽鑿一個布局區,其下 2 個横向排列的鑽鑿一個布局區,右側下面 1 個鑽鑿一個布局區,再下沿對邊 1 列小圓鑽,中間 1 列長鑿,臼邊多半列長鑿。骨首骨頸部位有三個布局區,與頸扇交界部位的鑽鑿區界限較分明。結合這版胛骨上卜辭與鑽鑿對應情況、相同或不同干支日占卜選用鑽鑿的位置以及單個鑽鑿形態來看,已經刻寫卜辭的鑽鑿應該是占卜之前就已經施加完成,占卜時選擇其中的一個鑽鑿來進行。骨頸部位没有刻寫卜辭的鑽鑿不排除臨時施加的可能性,但從鑽鑿排列的有序性來看,更可能是整版鑽鑿在胛骨整治後即施加完成。

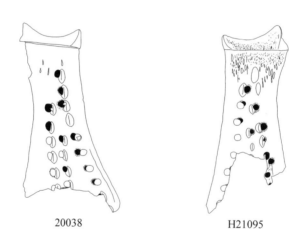

20038　　　　　　H21095

《合集》21095(《甲編》2272＋《甲編》2316＋《甲編》2350)骨首骨頸部位 3 個鑽鑿爲一個布局區,其下沿對邊一列小圓鑽,骨頸中間一列 3 個長鑿爲一個布局區,臼邊一列爲一個布局區,可以看作複合布局。從這些鑽鑿的單個形態來説,不排除臨時施加的可能性。結合正面卜辭與鑽鑿的對應關係,已經刻寫卜辭的兩個鑽鑿及整版小圓鑽,很可能是在胛骨整治之後即施加完成。

師歷間類胛骨也有個別鑽鑿密集無序的情況,這樣的鑽鑿布局不適合刻寫卜辭。

　　《村中南》467 反面鑽鑿密集，基本都灼燒過，正面未刻寫卜辭。

　　綜上，骨首骨頸部位有單個鑽鑿（或無鑽鑿）、兩列與複合三種鑽鑿布局類型，與頸扇交界以下部位的鑽鑿較明顯分開布局。

　　（二）對邊、臼邊骨條及頸扇交界部位

　　師歷間類胛骨頸扇交界部位以下沿對邊、臼邊或頸扇交界部位近臼邊有成列鑽鑿。

　　1. 頸扇交界部位以下基本都會有沿對邊一列鑽鑿

　　《合集》21007（《掇二》149）、22404（《甲編》3625＋）沿

CZN467

對邊骨條部位有 1 列小圓鑽，《合集》22404 兼有長鑿。《合集》22404 結合胛骨上卜辭與鑽鑿對應情況、不同干支日占卜選用鑽鑿的位置、單個鑽鑿形態以及鑽鑿排列的有序性來看，整版鑽鑿很可能在胛骨整治後即施加完成。

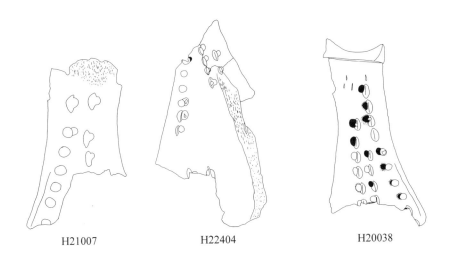

H21007　　　　　H22404　　　　　H20038

　　2. 沿臼邊多有半列或多半列的鑽鑿

　　《合集》20038（《卡內基》59）沿臼邊骨條部位有半列或多半列鑽鑿。

3. 頸扇交界部位鑽鑿多密集

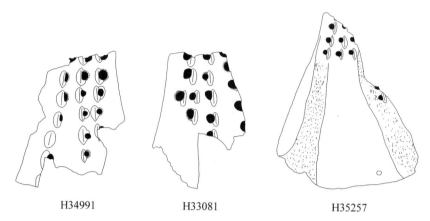

H34991　　　　　　　H33081　　　　　　　　H35257

《合集》34991(《卡內基》62)、33081(《卡內基》38)、35257頸扇交界部位鑽鑿密集。典賓類胛骨頸扇交界部位有類似《合集》35257布局。結合這幾版胛骨上卜辭與鑽鑿對應情況、不同干支日占卜選用鑽鑿的位置以及鑽鑿排列的有序性來看,整版鑽鑿很可能在胛骨整治後即施加完成。

(三) 正面骨扇部位

師歷間類胛骨正面骨扇部位施加鑽鑿的材料很少,就現有材料來看,有密集無序與稀疏有序兩種鑽鑿布局類型。

《村中南》467正面骨扇下部鑽鑿密集無序且灼燒方向不定。

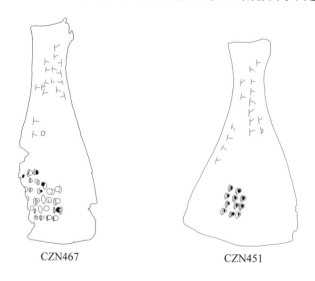

CZN467　　　　　　　　　　　CZN451

《村中南》451 正面骨扇下部有三列鑽鑿,排列較爲有序。

綜上,師歷間類胛骨骨首骨頸部位有單個(或無)、兩列與複合三種鑽鑿布局。對邊骨條有一列鑽鑿,多爲小圓鑽。臼邊通常有半列鑽鑿。頸扇交界部位鑽鑿通常較爲密集。正面骨扇部位有鑽鑿的胛骨材料很少,有密集無序與稀疏有序兩種。結合整版胛骨上卜辭與鑽鑿對應情況、不同干支日占卜選用鑽鑿的位置、單個鑽鑽形態以及鑽鑿排列的有序性來看,師歷間類胛骨整版上的鑽鑿多是在胛骨整治後即施加完成。有些鑽鑿可能不是一次施加的,而是根據占卜的需要,有臨時施加幾個的可能性。

二、師歷間類胛骨上的占卜形式

師歷間類胛骨有一辭多卜和成套占卜兩種占卜形式。

(一) 一辭多卜

(1) 蚑(殺)[①]牛祖辛。一二

《合集》22183[師歷]

《合集》22183 占卜祭祀祖辛用殺牲法,使用骨頸部位一行兩個鑽鑿,兆序數爲一、二。一辭兩卜。師歷間類胛骨開始使用一行鑽鑿進行一辭多卜,出現按行或按列使用鑽鑿進行占卜的趨勢。

H22183

(二) 成套占卜

1. 異版成套

(2a) 己亥卜,貞: ⚡不喪衆。

(2b) 其喪衆。

《合集》61[師歷]

(3a) 己亥卜,貞: ⚡不喪衆。

---

① 陳劍:《試說甲骨文的"殺"字》,《古文字研究》第 29 輯,第 9—19 頁,中華書局,2012 年。

（3b）其喪衆。五

《合集》62＋上博 2426・269①［師歷］

《合集》61、62＋爲異版成套占卜胛骨的兩版，其中一版上有兆序數五，可能最少爲五版成套，對貞𠂤是否喪衆。

（4a）壬子卜…甲寅易… 三

（4b）癸丑…不… 三

（4c）辛未卜，王一月䇂偁，受又。三

（4d）乙亥卜：生二月王䇂偁，受又。三

（4e）丙子卜：王二月䇂偁，受又。三

《合集》20510（《甲編》709）［師歷］

（5a）…䇂偁，受又。

（5b）五

（5c）五

《合集》20515［師歷］

（4）爲異版成套占卜胛骨的第三版，（5）可能爲異版成套胛骨的第五版，兩版胛骨都有䇂偁受到福佑的占卜。師歷間類胛骨䇂偁可能用最少五版一套的占卜形式。

（6a）于…用…

（6b）于甲戌用屯。一

（6c）于…

（6d）壬戌卜：用侯屯自上甲十… 一

（6e）壬戌卜：乙丑用侯屯。一

（6f）癸亥［卜］：乙丑易日。一

（6g）不易日。一

（6h）于來乙亥用侯屯。一

---

① 蔣玉斌：《〈上海博物館藏甲骨文字〉新綴六組》，第二組，先秦史研究室網站，2010 年 12 月 4 日。

(6i) 癸亥卜：乙丑用侯屯。一

《合集》32187(《卡内基》31)[師歷]

(7a) 壬戌卜：用侯[屯]自上甲十[示]。三

(7b) …五示用侯屯。三

(7c) 壬戌卜：乙丑用侯屯。三

(7d) 于甲戌用屯。三

(7e) 于甲戌用侯屯。

(7f) 于來乙[亥]用屯。三

(7g) 于來乙亥用屯。

(7h) 癸亥卜：乙丑易日。三

(7i) 不易日。三

(7j) 癸亥卜：乙丑用侯屯。三

《綴彙》424[師歷]

(6)胛骨反面爲骨首骨頸部位兩列鑽鑿布局，一辭一兆，整版兆序數爲一。爲異版成套胛骨的第一版。(7)胛骨反面可能爲骨首骨頸部位兩列鑽鑿布局，一辭一兆，整版兆序數爲三，爲異版成套占卜胛骨的第三版。兩版可能是成套占卜用侯屯祭祀及易日與否。

(8a) 甲辰卜：王步，丁未易日。三

(8b) 甲辰卜：王步，戊申易日。三

(8c) 甲寅…王步…　　三

(8d) 乙卯卜：王步，丁巳易日。三

(8e) 不易日。三

(8f) 乙卯卜：庚申易日。一

(8g) 丁巳…　　三

《合集》32941[師歷]

(8)一辭一兆，兆序數多爲三，可能大部分爲異版成套占卜胛骨的第三版，占卜王步易日。

(9a) 癸巳卜，貞：旬亡囚。二月。己亥大雨。一

(9b) 癸卯卜，貞：旬亡囚。一(二?)月。一

(9c) 癸丑貞：旬亡囚。一

(9d) 癸亥卜，貞：旬亡囚。二月。一

(9e) 癸酉卜，貞：旬亡囚。三月。一

(9f) [癸]未卜…月。

(9g) 癸巳卜，貞：旬亡囚。不隻。四月。一

(9h) 癸卯貞：旬亡囚。一

(9i) 癸丑卜，貞：旬亡囚。一

(9j) 癸亥卜，貞：旬亡囚。一

(9k) [癸]未卜，貞：旬亡囚…鹿…　一

《合集》22404(《甲編》3625＋)[師歷]

(10a) 癸卯[卜]，貞：旬亡囚。

(10b) 癸丑卜，貞：旬亡囚。二

(10c) 癸酉卜，貞：旬亡囚。

(10d) 癸未[卜，貞：旬亡囚]。七月。二

(10e) 癸巳卜，貞：旬亡囚。七月。乙未王若…　二

(10f) 癸巳卜，貞：旬亡囚。八月。二

(10g) 癸亥卜，貞：旬亡囚。二

(10h) 方帝。二

(10i) 癸卯卜，貞：旬亡囚。疋祝，方大出。二

(10j) 癸卯卜，貞：旬亡囚。二

(10k) 癸丑卜，貞：旬亡囚。二

(10l) 癸未卜，貞：旬亡囚。

(10m) 癸酉卜，貞：旬亡囚。

(10n) 癸丑卜，貞：旬亡囚。九月。二

(10o) 癸丑卜，貞：旬[亡囚]。二

(10p) 癸亥卜，貞：旬亡囚。二

(10q)〔癸〕巳卜,貞：旬亡囚。二

《合集》34991(《卡内基》62)〔師歷〕

(11a)癸〔酉卜〕,貞：旬亡囚。十一月。三

(11b)癸卯卜,貞：旬亡囚。十一月。三

(11c)癸亥卜,貞：旬亡囚。三

(11d)癸未卜,貞：旬亡囚。三

(11e)癸巳卜,貞：旬亡囚。三

《合集》35081＋①〔師歷〕

(9)(10)(11)胛骨反面爲骨首骨頸部位兩列鑽鑿布局,一辭一兆,整版兆序數分别爲一、二、三,分别是用異版成套的形式來進行占卜的各套的第一、二、三版卜旬辭。村南系師歷間類胛骨已經明確存在三版一套的卜旬辭。

(12)癸未卜：钔庚妣伐二十其三十,三十牢,殳三瓜(夫)②。三

《合集》22136〔師歷〕

這條卜辭使用骨首骨頸部位 1 個鑽鑿占卜,一辭一兆,兆序爲三,可能爲異版成套占卜胛骨的第三版。

師歷間類胛骨占卜有一辭一兆,整版或一版上大部分兆序數相同的異版成套,出現占卜預設的趨勢。

2. 同版内的多辭一套

(13a)丁未卜：今早③火來母。二

(13b)丁未〔卜〕：今早火來母。三

《合集》21095(《甲編》2272＋)〔師歷〕

---

① 《合集》35081＋《合補》6704＋6695＋《殷餘》14・3,蔣玉斌:《甲骨新綴35組》第20組,先秦史研究室網站,2012年2月22日。

② 陳劍:《釋"瓜"》,《出土文獻與古文字研究》第9輯,第66—103頁,上海古籍出版社,2020年。

③ 陳劍:《釋造》,《出土文獻與古文字研究》第1輯,第55—100頁,復旦大學出版社,2006年;《甲骨金文考釋論集》,第127—176頁,綫裝書局,2007年。

《合集》21095 使用頸扇交界部位一行的兩個鑽鑿,可能是同一版上最少以三辭一套的方式占卜今早火來母。

師歷間類胛骨多使用一辭多卜、異版成套,也有一版内的多辭一套。占卜次數多爲二、三、五,天氣辭多三版一套,戰争辭多五版一套,有明確的三版一套的卜旬辭。

綜上,師歷間類胛骨反面鑽鑿布局,骨首骨頸部位有單個(或無)、兩列與複合三種鑽鑿布局。自頸扇交界部位以下沿對邊骨條一列鑽鑿,多爲小圓鑽。沿臼邊骨條多有半列或多半列鑽鑿。頸扇交界部位的鑽鑿通常較爲密集。胛骨正面骨扇下部的鑽鑿材料比較少,有密集無序和稀疏有序兩種布局。

師歷間類胛骨多使用一辭多卜、異版成套,也有一版内的多辭一套占卜。異版成套占卜形式的使用,體現了占卜前就決定了一件事情要占卜的次數,標示着占卜制度的規則化,體現了占卜的預設性。

附表

師歷間類胛骨鑽鑿布局表

材料	部　位	疏　密	號　　　碼
反面	骨首骨頸	單個	21007、T2173
		兩列	20264、20510、21078、22136、32187、32812、32941、33071、33075、33834、33838、34011、35050、33295、34991、CZN374、B62、B6926、歷 1544、T247、CZN355、綴彙 506
		密集	CZN467
		複合	20038、20928、21095、CZN452
	對邊骨條	一列	20038、20510、20928、21007、21078、21095、22404、32187、32572、33180、B62、B6926、歷 1544、T2173、CZN315、CZN355、CZN452、綴彙 506
	臼邊骨條	多半列	20038、20928、21007、21023、21079、21095、22404、32187、33081、33838、34489、34596、34796、35081 ＋、35257、B62、B6548、歷 1544、T2173、CZN452、綴彙 506
	頸扇交界	密集	20038、20928、21007、21079、21095、21472、33081、33834、33838、34489、34796、35081 ＋、35257、B62、B6548、T2173、CZN315、CZN452、CZN467

續　表

材料	部　位	疏　密	號　　　碼
正面	骨扇	密集無序	CZN467
		稀疏有序	22421、CZN314、CZN451

師歷間類胛骨鑽鑿布局材料表

材　　料	號　　　碼
胛骨反面	20038（卡59）、20264（甲446）、20510（甲709）、20928（甲3591）、21007（掇二149）、21023（北圖2973）、21078（京人3221）、21079（甲3634）、21095（甲釋85，甲2272＋甲2316＋甲2350）、21472、22136、22404（甲3625＋甲3633＋甲3635）、32187（卡31）、32572、32812、32941（京人3222）、33071、33075、33081（卡38）、33180、33295、33834（卡57）、33838、34011、34489、34596、34796、34991（卡62）、35050（卡070）、35081＋、35257、CZN374、B62（卡20）、B6548、B6926（20954＋21032，卡30）、歷1544、T247、T2173、綴彙506（20584＋35114＋美藏13）、CZN315、CZN355、CZN452、CZN467
骨扇下部	22421（甲387）、CZN314、CZN451、CZN467
無反面或殘斷不明	33840

第二節　歷組一類胛骨鑽鑿
布局與占卜形式

一、歷組一類胛骨鑽鑿布局

歷組一類胛骨反面的鑽鑿布局在骨首骨頸、對邊、頸扇交界部位，也有沿對邊與臼邊的布局。胛骨正面骨扇下部鑽鑿稀疏有序。

（一）骨首骨頸部位

歷組一類胛骨骨首骨頸部位有兩列、三列兩種鑽鑿布局類型。

1. 兩列鑽鑿布局

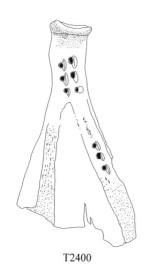

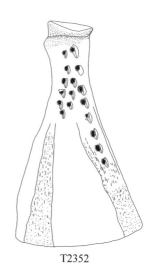

T2400   T2352

《屯南》2400 骨首骨頸部位兩列鑽鑿。骨首骨頸部位,結合正面卜辭與鑽鑿的對應關係以及反面單個鑽鑿形態來看,鑽鑿很可能是胛骨整治後即施加完成。但也不能完全排除骨首骨頸部位最上兩行四個鑽鑿爲一次施加,第三行兩個鑽鑿有臨時施加的可能性。

《屯南》2352 骨首骨頸部位兩列鑽鑿,其下沿對邊一列 6 個鑽鑿,頸扇交界部位 7 個較密集鑽鑿。結合正面卜辭與鑽鑿對應關係以及占卜使用鑽鑿的順序,該版很可能在整治後先預設了整版鑽鑿布局並施加鑽鑿,占卜時選擇其上相鄰或不相鄰的鑽鑿進行占卜。

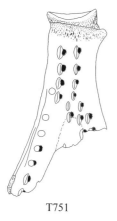

T751

《屯南》751 骨首骨頸部位兩列鑽鑿,沿對邊 1 列小圓鑽兼有長鑿,頸扇交界部位鑽鑿較爲密集。結合正面卜辭與鑽鑿的對應關係、不同干支日占卜使用鑽鑿的順序、單個鑽鑿的形態以及整版鑽鑿排列的有序性,該版很可能在整治後先預設了整版鑽鑿布局並施加鑽鑿,占卜時選擇其上相鄰或不相鄰的鑽鑿進行占卜。

2. 三列鑽鑿布局

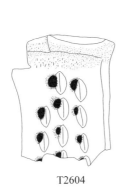

T2604　　　　　　T2525

《屯南》2604、2525 骨首骨頸部位三列鑽鑿。

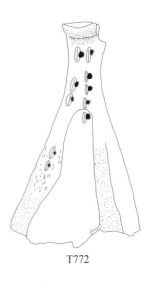

《屯南》772 可以看作是骨首骨頸部位 2 個一行的單個鑽鑿布局。骨頸下部沿對邊有非連續的 4 個鑽鑿。沿臼邊半列 4 個鑽鑿。結合正面卜辭與鑽鑿的對應關係以及占卜使用鑽鑿的順序,該版很可能先預設了整版鑽鑿布局並施加鑽鑿,然後選擇其上相鄰或不相鄰的鑽鑿進行占卜。這版胛骨占卜時,自下而上使用鑽鑿。最上兩個鑽鑿用於對貞易日,受到賓組胛骨骨首部位獨立使用[1]及近骨臼部位先占卜[2]的影響,先用近骨臼一個鑽鑿,再用遠骨臼一個鑽鑿。

T772

　　歷組一類胛骨骨首骨頸部位的鑽鑿有兩列和三列布局,其中以兩列鑽鑿爲主,有極個別的單個鑽鑿。

---

① 劉影:《殷墟胛骨文例》,第 60 頁。

② 林宏明:《賓組骨首刻辭與左右胛骨的關係》,《出土文獻研究視野與方法》第 1 輯,第 253—270 頁。

（二）沿對邊骨條及頸扇交界部位

1. 頸扇交界部位以下基本都會有沿對邊一列鑽鑿

《屯南》751 沿對邊一列小圓鑽兼有長鑿。

《屯南》2368 沿對邊一列不連續的鑽鑿。

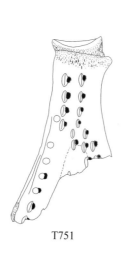

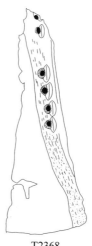

T751

T2368

2. 頸扇交界處鑽鑿較爲密集

《屯南》2150 頸扇交界部位鑽鑿較爲密集。

《合集》33747（《掇二》159）對邊 1 列小圓鑽兼有長鑿，臼邊有多列

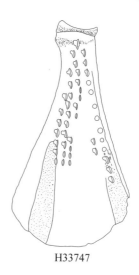

T2150

H33747

鑽鑿。結合正面卜辭與鑽鑿的對應關係、不同干支日占卜使用鑽鑿的順序、單個鑽鑿的形態以及整版鑽鑿排列的有序性,該版很可能先預設了整版鑽鑿布局並施加鑽鑿,占卜時選擇其上相鄰或不相鄰的鑽鑿進行占卜。

(三) 沿對邊一列,臼邊半列

《屯南》2601 沿對邊一列 9 個鑽鑿,臼邊半列 6 個鑽鑿。結合正面卜辭與鑽鑿的對應關係、不同干支日占卜使用鑽鑿的順序、單個鑽鑿的形態以及整版鑽鑿排列的有序性,該版很可能先預設了整版鑽鑿布局並施加鑽鑿,占卜時選擇其上相鄰或不相鄰的鑽鑿進行占卜。

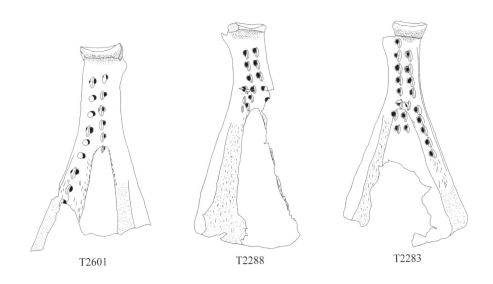

T2601　　　　　　　T2288　　　　　　　T2283

《屯南》2288 沿對邊一列鑽鑿,臼邊半列 3 個鑽鑿,其下頸扇交界部位綴 6 個鑽鑿。

《屯南》2283 沿對邊一列 9 個鑽鑿,臼邊半列 5 個鑽鑿,其下頸扇交界部位綴 6 個鑽鑿。

村南系胛骨,歷組一類就開始出現沿對邊一列、臼邊半列的鑽鑿布局。當然這種鑽鑿布局也可以看作骨首骨頸部位兩列鑽鑿,如《屯南》2288、2283 骨首骨頸與對邊骨條部位的界限較明顯。但這種布局無疑是沿骨邊布局的開始。

（四）正面骨扇部位

歷組一類胛骨正面骨扇部位多稀疏有序的鑽鑿。

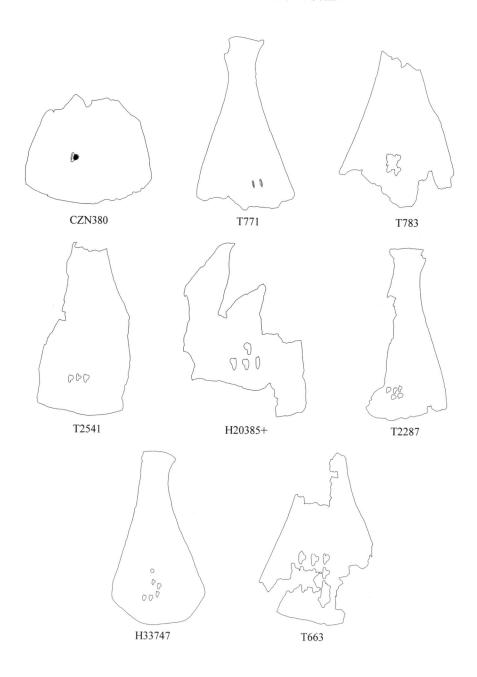

CZN380   T771   T783

T2541   H20385+   T2287

H33747   T663

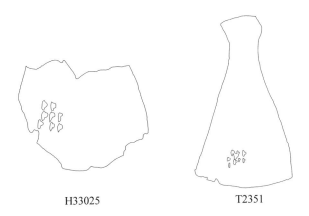

H33025　　　　　　　　　T2351

　　《村中南》380 正面骨扇下部一列鑽鑿。《屯南》771、《屯南》783 正面
骨扇下部兩列鑽鑿。《屯南》2541、《合集》20385＋、《屯南》2287、《合集》
33747(《掇二》159)、《屯南》663、《合集》33025 正面骨扇下部三列鑽鑿。
《屯南》2351 排列並不齊整，大概可以看作四列鑽鑿。以上正面骨扇鑽鑿
皆較稀疏，排列較有序。

　　《屯南》771、2287 及《合集》20385、33747 四版胛骨，結合胛骨卜辭與鑽鑿
的對應關係、同日或不同日占卜選擇鑽鑿的位置以及鑽鑿排列的有序性來
看，應該是在占卜之前就施加了骨扇部位的全部鑽鑿，占卜時按逆骨臼方向
使用上兩個鑽鑿。《屯南》663、783、2351 及《合集》33025 三版胛骨，結合胛骨
正反兩面卜辭與鑽鑿的對應關係以及同日或不同日占卜選擇鑽鑿的位置來
看，應該是在胛骨整治後即施加了整版胛骨正反面上的全部鑽鑿，占卜時按
逆骨臼方向(少數按向骨臼方向)使用鑽鑿。正面骨扇部位施加鑽鑿未刻寫
卜辭的胛骨很可能是胛骨整治後就施加了該部位的全部鑽鑿。

　　歷組一類胛骨反面的鑽鑿布局，骨首骨頸部位有兩列和三列鑽鑿兩
種。其中，以兩列鑽鑿布局爲主。沿對邊骨條部位多有一列長鑿，偶有一
列爲小圓鑿。頸扇交界部位鑽鑿較爲密集，基本與骨首骨頸部位渾爲一
體。歷組一類開始出現沿骨邊的對邊一列、白邊半列鑽鑿布局。正面骨
扇下部多施加鑽鑿，鑽鑿布局較爲稀疏有序，排列雖然不都是整行整列，
但較齊整。歷組一類胛骨整版上的鑽鑿多是在胛骨整治後施加。有個別

鑽鑿可能會根據占卜的需要，有臨時施加幾個的可能性。

二、歷組一類胛骨特色卜辭布局

歷組一類胛骨特色卜辭布局一般在所使用卜兆的下側或最近處起刻，基本不用邊面對應的方式契刻卜辭。這很可能是因為正面骨扇部位多施加鑽鑿，不適合用邊面對應的方式刻寫。

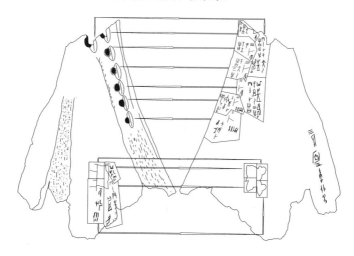

(1a) 甲辰卜：叀戈。茲用。三

(1b) 甲辰卜：爽叀戚三牛。茲用。三

(1c) 丙午卜：告于祖乙三牛，其往嬰。不。三①

(1d) 于大乙告三牛。不。三

(1e) 于示壬告。不。三

(1f) ［于］壬告三牛。不。

(1g) 丙午卜：于大乙告三牛，往嬰。

(1h) ｛丙午貞：往于□，亡囚。允…｝ ［一］

(1i) ｛不延雨。｝一

---

① 林宏明認為(1c)爲(1d)至(1f)辭的領句。林宏明：《小屯南地甲骨研究》，第 124—127 頁。
劉影把這種布局稱作“邊面連讀”，劉影：《殷墟胛骨文例》，第 189—190 頁。

(1j)〔其延雨。〕一

(1k) 一

《屯南》783－784［歷一］

(1c)辭使用沿對邊自下而上第三個鑽鑿,因卜辭字數較多,刻寫空間不足,故刻寫在卜兆內側。不使用邊面對應的刻寫方式,很可能是因爲正面骨扇下部施加了二行二列 4 個鑽鑿,不便在骨扇部位縱向成列刻寫字數較多的卜辭。這是歷組胛骨骨扇部位卜辭布局不同於賓組胛骨骨扇部位卜辭布局的特徵及主要原因。

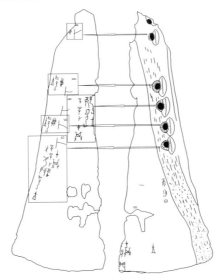

(2a) 辛巳卜,在糞:妣又冀蚰(害)①王。二②

(2b) 弗蚰(害)王。二

(2c) 辛巳卜,在糞:唯夒蚰(害)王。二

(2d) 弗蚰(害)王。二

《屯南》2369［歷一］

---

① 裘錫圭:《釋"蚰"》,收入《古文字論集》,第 11—16 頁;《裘錫圭學術文集·甲骨文卷》,第 206—211 頁。

② 林宏明認爲(2a)爲首刻卜辭。林宏明:《小屯南地甲骨研究》,第 124—127 頁。

(2c)辭使用沿對邊自下而上的第三個鑽鑿,因卜辭字數較多,刻寫空間不足,故刻寫在卜兆內側。不使用邊面對應的刻寫方式,很可能是因爲正面骨扇下部施加了鑽鑿。

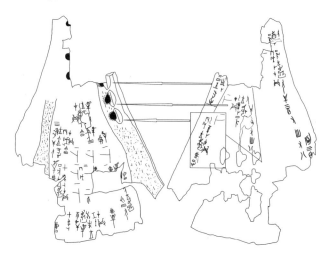

(3a) 乙酉卜,在糞:丙戌王齒(陷),弗正。一

(3b) 乙酉卜,在糞:丁亥王齒(陷),允擒百又四十八。一

(3c) [戊]子卜:今日王逐。

《屯南》663[歷一]

(3b)辭使用沿對邊自下而上第二個鑽鑿,因卜辭字數較多,刻寫空間不足,故刻寫在卜兆內側。不使用邊面對應的刻寫方式,很可能是因爲正面骨扇下部施加了鑽鑿。這版胛骨,結合正反面卜辭與鑽鑿的對應關係來看,應該是整版胛骨預先確定了鑽鑿布局並施加鑽鑿,占卜時選用其上或同面,或不同面,或鄰近的鑽鑿。

(4a) 癸亥卜:又彡歲于祖…

(4b) 癸亥卜:又彡歲于祖乙。

(4c) 甲子卜:又彡歲于大…

(4d) 甲子卜:又彡歲于大…

(4e) □□[卜：又]ᶲ歲于…

《合集》32508[歷一]

《合集》32508 正面骨扇部位刻寫五條豎行向下的卜辭，這種卜辭布局類似於典賓類邊面對應[①]的布局。歷組骨扇部位起刻位置平齊的幾條卜辭，很可能是邊面對應或頸扇對應的完整卜辭。這種邊面對應或頸扇對應的刻寫方式，正面骨扇下部通常不施加鑽鑿。歷組二類有相關證據，詳見下節。

　　綜上，歷組一類胛骨對邊，通常自下而上使用鑽鑿進行占卜。當新一天占卜或另起一事占卜時，卜辭記錄的相對詳盡，字數較多，會把卜辭調整到卜兆內側豎行向下刻寫。正面骨扇部位多施加用於占卜的鑽鑿，占卜後卜辭通常刻寫在反面的對應位置。正面骨扇部位也因施加鑽鑿的原因，不適合用來刻寫豎行向下的多條卜辭，通常也就不會使用邊面對應的方式刻寫卜辭。

三、歷組一類胛骨上的占卜形式

　　歷組一類胛骨多用三版一套的形式進行占卜。

(一) 成套占卜

歷組一類胛骨多見異版成套的占卜形式。

(5a) 丁未卜：又五牢大乙。一

(5b) 戊申卜：又三牢大乙。一

---

① "胛骨邊上面積狹小，所以在武丁時常只刻幾個字，而詳細的卜辭則抄在骨扇上，骨扇和骨邊互相對照。"李學勤：《關於甲骨的基礎知識》，《歷史教學》1959 年第 7 期，第 22 頁。"在胛骨上，卜辭多刻在骨扇上，由下而上排列，隔一辭或兩辭對卜，如第一辭和第三辭、第二辭和第四辭正反成對。胛骨邊上面積狹小，所以在武丁時常只刻幾個字，而詳細的卜辭則抄在骨扇上，骨扇和骨邊互相對照。"李學勤：《賓組卜骨的一種文例》，《南開大學歷史系建系七十五周年紀念文集》，第 1 頁。蕭良瓊：《卜辭文例與卜辭的整理和研究》，《甲骨文與殷商史》第 2 輯，第 24—64 頁。

(5c) 癸丑卜：自上甲汎(皆)①又伐。一

(5d) 甲寅卜：立中。一

(5e) 庚申卜：乙亥伐。一

《合集》32214＋《安明》2772②[歷一]

(6a) 壬辰卜：钔于土。二

(6b) 癸巳卜：其帝于巫。

(6c) 癸巳卜：钔于土。

(6d) 癸巳卜：又于亞敢一羌三牛。二

(6e) 癸巳卜：又父丁羊三十。兹用。二

《合集》32012＋《合補》10298③[歷一]

(7a) 于祖乙〻徵來羝(羌)。三

(7b) 三

(7c) 叀白黍聂(登)。三

(7d) 丙辰卜：丁巳置壴。三

(7e) 丙辰卜：叀丁卯酒〻歲。三

(7f) 于八月酒〻歲于丁。三

(7g) 丙辰卜：置壴，蓑(暮)于丁。三

《合集》32014[歷一]

(8a) 丁未卜：又于岳桼(禱)禾。五

(8b) 丁未卜：及夕雨。五

(8c) 庚戌卜：又于岳桼(禱)禾。五

(8d) 庚戌卜：匸帝。五

《合集》33290[歷一]

---

① 陳劍：《甲骨文舊釋"𣎳"和"蠿"的兩個字及金文"飄"字新釋》，《出土文獻與古文字研究》第
　1輯，第101—154頁；《甲骨金文考釋論集》，第177—233頁。

② 周忠兵：《歷組新綴一例》，先秦史研究室網站，2010年10月13日。

③ 周忠兵：《歷組新綴一例》，先秦史研究室網站，2010年10月12日。

(5)至(8)是整版兆序數相同的祭祀占卜。歷組一類祭祀內容有至少五版一套的方式進行占卜。

(9a) 壬午貞：戎弗戈誖。三

(9b) 壬午卜：其戈誖。三

《屯南》10[歷一]

(9)使用至少三版成套的方式占卜戰爭事宜。

(10a) 甲子卜：不緷雨。一

(10b) 其緷雨。一

(10c) 甲子貞：大邑受禾。一

(10d) 不受禾。一

《合集》32176[歷一]

(10)占卜天氣與農業受禾，整版兆序數爲一，可能是成套占卜胛骨的第一版，也不排除是只卜一次。

(11a) 丙戌卜：丁亥王陷，擒。允擒三百又四十八。二

(11b) 弗擒。二

(11c) 己卯卜：王逐兕，弗… 　二

(11d) 弗擒。二

《拼續》418[歷一]

(11)占卜田獵，整版兆序數爲二，是成套占卜胛骨的第二版。

(12a) 癸亥力乞彐(肩)三。

(12b) 丁卯卜：戊辰雨，二日今雨，己巳。

(12c) 戊辰不雨。

(12d) 己巳卜：雨。允雨。三

(12e) 己巳卜：庚雨。三

(12f) 己巳卜：辛雨。三

(12g) 己巳卜：壬雨。三

(12h) 己巳卜：癸雨。三

(12i) 己巳卜：庚雨。三

(12j) 庚不雨。用。三

(12k) 己巳卜：辛雨。三

(12l) 丙子卜：丁雨。三

(12m) 丙子卜：焚目，雨。三

(12n) 丙子卜：焚🯅，雨。三

(12o) 丙子卜：弜焚，雨。

(12p) 丙子卜：褒🯅，雨。三

(12q) 丙子卜：丁雨。三

(12r) 丙子卜：丁雨。三

(12s) 丙子卜：丁不雨。三

(12t) 丙子卜：戊雨。三

(12u) 戊寅雨。三

(12v) 戊寅卜：己雨。允。三

(12w) 庚辰卜：雨。三

(12x) 庚辰卜：辛雨。一

(12y) 庚辰卜：壬雨。一

(12z) 甲申卜：丙雨。三

(12A) 甲申卜：丁雨。三

(12B) 戊雨。允雨。三

(12C) 甲申卜：焚🯅目岳羊。三

(12D) 甲申卜：焚十山。一

(12E) 甲申卜：焚十山。二

(12F) 乙酉卜：丙戌雨。三

(12G) 己丑卜：焚🯅目岳羊。三

(12H) 己丑卜：焚庚雨。一

《合集》33747(《掇二》159)[歷一]

(12)占卜天氣,整版有兩套卜辭,一爲成套占卜胛骨的第三版,一爲成套占卜胛骨的第一版。整版胛骨的兆序數不盡相同,至少有兩套卜辭。

(13a) 辛亥卜：岳其蚩(害)禾,又岳。一

(13b) 辛亥卜：岳弗蚩(害)禾,弜又岳。一

(13c) 己卯貞：亡蚩(害)。一

(13d) 丙戌卜：岳不蚩(害)。一

(13e) 丙戌卜：岳其蚩(害)。一

《合集》34229[歷一]

(14a) 辛[亥卜]：岳[其蚩(害)禾,又岳]。三

(14b) 辛亥[卜：岳]弗蚩(害)[禾],弜[又岳]。三

(14c) 己卯貞：亡蚩(害)。三

(14d) 丙戌卜：岳不蚩(害)。三

(14e) 丙戌卜：岳其蚩(害)。三

《合集》34230[歷一]

(13)(14)爲成套占卜胛骨的第一、第三兩版,占卜岳害禾,祭祀岳。

(15a) 辛卯卜：叀𦞤攸用。若。一

(15b) 庚[寅卜：令𤔔中(使)人]于北。一

(15c) 叀洗[1]或攸用。

《合集》33098+《村中南》245[2][歷一]

(16a) 辛卯卜：叀𦞤攸用。若。二

(16b) 庚寅[卜]：令𤔔中(使)人北。二

---

①　王子楊:《甲骨文字形類組差異現象研究》,首都師範大學 2012 年博士學位論文,指導教師:黃天樹。又,第 230—240 頁,中西書局,2013 年。

②　孫亞冰:《〈村中南〉甲骨試綴一例》,先秦史研究室網站,2012 年 9 月 27 日。

　　（16c）叀洗或改用。若。［二］

　　　　　　　　　　　　　　　　　　　　　　《醉古》211［歷一］

（15）（16）爲成套占卜胛骨的第一、第二兩版，選貞衈還是洗或啓等。

　　（17a）癸丑歷貞：旬三卜亡囚。

　　（17b）癸酉歷貞：旬三卜亡囚。一

　　　　　　　　　　　　　　　　　　　　　　《綴續》532［歷一］

（17）占卜旬内三卜無憂。這兩條卜辭的意思是占卜了三次旬亡憂，是卜
旬辭三版一套的佐證。

　　（18a）癸酉貞：旬亡囚。

　　（18b）癸未貞：旬亡囚。

　　（18c）癸卯貞：旬亡囚。

　　（18d）癸亥貞：旬亡囚。

　　（18e）一

　　　　　　　　　　　　　　　　　　　　　　《拼三》802［歷一］

　　（19a）癸□［貞：旬］亡［囚］。二

　　（19b）癸丑貞：旬亡囚。二

　　（19c）癸亥貞：［旬］亡囚。二

　　　　　　　　　　　　　　　　　　　　　　《合集》35058［歷一］

　　（20a）癸丑貞：旬亡囚。

　　（20b）癸亥貞：旬亡囚。

　　（20c）癸酉貞：旬亡囚。

　　（20d）癸未貞：旬亡囚。三

　　（20e）癸巳貞：旬亡囚。三

　　（20f）癸卯貞：旬亡囚。三

　　（20g）癸酉貞：旬亡囚。三

　　（20h）癸巳貞：旬亡囚。三

　　　　　　　　　　　　　　　　　　　　　　《綴彙》34［歷一］

(18)至(20)整版兆序數相同,分別是用三版一套的形式進行占卜的卜旬辭中的一版。

(21a) 癸未貞：旬亡囚。一

(21b) 癸未：又囚。一

(21c) 癸巳貞：旬亡囚。一

(21d) 癸巳：又囚。一

《合集》34867［歷一］

(22a) 癸□貞：旬亡［囚］。二

(22b) 二

(22c) 癸丑貞：旬左（又）囚。二

(22d) 癸亥貞：旬又囚。二

(22e) 丙子卜：日風不囚。

《合集》34036［歷一］

(21)(22)正反對貞旬有無憂患,整版兆序數相同,分別爲一、二,可能用異版成套的形式占卜。

(23a) 辛巳卜,在糞：延又龏蚩（害）王。二

(23b) 弗蚩（害）王。二

(23c) 辛巳卜,在糞：唯㜯蚩（害）王。二

(23d) 弗蚩（害）王。二

《屯南》2369［歷一］

(23)爲成套胛骨第二版,選貞害王的神靈,又對貞這個神靈是否害王。

歷組一類祭祀、軍事、農業、田獵、天氣內容多使用異版成套的方式進行占卜,多用三版,也有使用五版。卜旬辭基本三版一套。

(24a) 丁巳卜：汎（皆）又彳自成。

(24b) 丁巳卜：三羌三牢于大乙。三

(24c) 丁巳卜：五羌五牢于大乙。

（24d）丁巳卜：叀乙丑酒彳伐。三

（24e）丁巳卜：于來乙亥酒。

（24f）庚申卜：叀乙丑酒三羝三牢。

（24g）庚申卜：于來乙亥酒三羝三牢。

《屯南》313［歷一］

（24）至少用三版一套的形式占卜祭祀成以下先王，選貞祭祀大乙的祭牲數目，選貞祭祀的日期及方式。在一版胛骨的骨條部位開始出現同一天對於同一事件不同環節焦點的占卜，①自下而上依次進行。

（二）只卜一次

（25a）丙子卜，貞：夕亡田。一 二告

（25b）丁丑卜，貞：今夕亡田。一

《合集》31636［歷一］

（25）爲卜夕辭，整版兆序數爲一，很可能只占卜一次。

（26a）癸未貞：甲亡田。

（26b）甲申貞：乙亡田。一

（26c）乙酉貞：丙亡田。

（26d）丙戌貞：丁亡田。

《合集》34730［歷一］

（26）卜第二個干日無憂，整版兆序數爲一，很可能只占卜一次。

---

① 筆者把這種占卜稱之爲"同一日相關事項占卜""同一天對於同一事件不同焦點的占卜"趙鵬：《何組牛肩胛骨上兆序排列考察》，《南方文物》2015 年第 4 期，第 198—203 頁。董珊強調了"不同環節"的占卜。董珊：《西周甲骨的發現與研究》，南京大學文學院古文字講壇，2022 年 7 月 3 日。劉風華認爲同版部分或全部卜辭内容相關，服務於同一占卜主題，可稱爲"成組卜辭"，後又稱之爲"定型化成組卜辭"，劉風華：《一種殷墟成組卜辭的文例分析及應用》，《殷都學刊》2019 年第 2 期，第 47—52 頁；《出組定型化成組卜辭初探》，《古文字研究》第 34 輯，第 75—81 頁，中華書局，2022 年。筆者按：本文認爲"定型化"不能準確概括這種卜辭組合，故不使用這一稱名或概念，董珊先生的界定更爲確切。

(27a) 乙未卜：唯伐盅(害)。一

(27b) 弗盅(害)。二

(27c) 乙未卜：唯犾盅(害)。一

(27d) 弗盅(害)。二

《屯南》756[歷一]

(27)對貞是否有害,選貞施害的對象。對貞占卜兆序數遞增。

(28a) 甲申卜：乙雨。一

(28b) 甲申卜：不雨。一

(28c) 甲申卜：今日雨。二

(28d) 甲申卜：不雨。二

《屯南》2399[歷一]

(28)選貞下雨的日期,選貞兆序數遞增。對貞甲乙兩日是否下雨,對貞兆序數相同。

　　歷組一類胛骨上的占卜内容多爲祭祀與天氣,也有一些田獵、軍事、出行、農業、災害、卜旬、卜夕、卜次日等辭。祭祀、軍事、田獵、出行、農業、天氣等辭一般用三版一套的形式進行占卜,也有五版一套。卜旬辭基本用三版一套的形式進行占卜。對貞卜旬辭用異版成套的形式進行占卜。對邊骨條部位同一天對於同一事件不同環節焦點的占卜,自下而上依次進行,一般採用異版成套的形式占卜。這與出組二類、何組對邊骨條部位,同一天同一事件不同環節焦點的卜辭布局基本相似。或者説,村南系歷組一類的這種占卜内容與形式是村北系出組二類以後胛骨上這一占卜内容及形式的肇端。卜夕、卜次日、兆序數遞增的對貞或選貞辭一般只卜一次。以上兩種占卜形式體現了占卜制度的規則化以及占卜的預設性。

　　綜上,歷組一類胛骨反面鑽鑿布局,骨首骨頸部位主要爲兩列鑽鑿布局,也有少數三列布局。沿對邊骨條有一列長鑿,偶見一列小圓鑽。頸扇交界部位鑽鑿較爲密集,基本與骨首骨頸部位渾爲一體。開始出現沿對邊一列、臼邊半列的沿骨邊布局。正面骨扇部位多施加鑽鑿,鑽鑿布局稀疏有序。

　　歷組一類胛骨正面骨扇部位的卜辭布局，很少使用頸扇對應、邊面對應，一般會把一件事的第一條較詳細、刻寫空間不足的卜辭調整到其所屬卜兆的兆幹內側，豎行向下刻寫。

　　歷組一類胛骨占卜祭祀、軍事、田獵、農業、天氣等一般用三版一套的形式進行占卜，也有五版一套的情況。卜旬辭基本用三版一套的形式進行占卜。對貞卜旬辭用異版成套的形式進行占卜。卜夕、卜次日、兆序數遞增的對貞選貞占卜一般只卜一次。

附表

歷組一類胛骨鑽鑿布局表

材料	部　位	疏　密	號　　碼
反面	骨首骨頸	單個	T772
		兩列	32182、33747、T339、T751、T2352、T2400、T2534、綴彙 53
		三列	34229、34230、T2525、T2604
	對邊骨條	單個	T772
		一列	33747、34229、T751、T772、T784、T2400、T2352、T2368、T2534、T2998
	臼邊骨條	多半列	T772
		多列	33747
	頸扇交界	密集	31636、32301＋、33151＋、33747、34229、34272、35052、T751、T2150、T2283、T2288、T2352、T2534、T2605、綴彙 34、綴彙 37
正面	骨扇	稀疏有序	20385＋、27826、32301＋、32748、33025、33747、T663、T771、T783、T784、T2287、T2298、T2351、T2369、T2541、T4348、CZN380

鑽鑿布局類型	號　　碼
沿對邊一列臼邊半列	B13267、T663、T784、T961、T2100、T2150、T2283、T2288、T2299、T2541、T2601

歷組一類胛骨鑽鑿布局材料表

材　料	號　　碼
胛骨反面	31636、32182（甲884）、33151＋後下35・3、33747（撷二159）、34229（京人2370）、34230（安明2333）、34272、B13267、T339、T751、T772、T784、T961、T2100、T2150、T2283、T2288、T2299、T2352、T2400、T2525、T2534、T2541、T2601、T2604、T2605、T2998、綴彙53
骨扇下部	20385＋、27826、32301＋、32748、33025、33747、T663、T771、T783、T2287、T2298、T2351、T2369、T2541、T4348、CZN380
反面不明	20385＋32839、27435、27826、29815＋32289、32014、32176、32216、32222、32250＋撷二50、32301＋撷續92（撷一549）、32349（安明2313）、32353（明後2540）、32420（明後2485）、32486、32524、32536、32724＋33049、32739（安明2325）、32748、32778（安明2455）、32782＋W1640、32995、33025、33059（安明2717）、33076＋T4215＋上博2426・41、33112、33241、33375（甲620）、33836（安明2508）、33871（上博2426・30）、33880（安明2474）、33896＋甲骨文集2・2・334、33943、33972、33985＋、33986、34003（安明2530）、34016（安明2531）、34189、34272（甲788）、34364（甲570）、34376（山東1293）、34428（安明2408）、34711、34736、34865（撷一439）、34867（撷三138）、34975、34976、35052＋34792＋34990＋B10788、35192（安明2543）、41665、T10、T82、T100、T148、T339、T340、T503、T616、T664、T739、T740、T741、T756、T759、T944、T1051、T2104、T2161、T2255、T2308、T2348、T2368、T2426、T2439、T2502、T3612、T4318、T4349、T4399、CZN326、CZN359、CZN360、CZN398、CZN477、Y2429、拼集196（33844＋33954）、拼集217（33985＋34701）、契合268（35170＋北圖493）、契合309（33098＋CZN245）、綴彙34（34792＋34990＋35052）、綴彙37（33965＋34192＋34268）、綴彙45（B6615、T740＋32906）、綴彙53（33828＋33829）、綴彙340（33021＋T4103＋33120）、綴彙613（33246＋33267＋雲間殷拾12・5）

附：歷組草體類胛骨鑽鑿布局

　　歷組草體類胛骨鑽鑿布局主要有骨首骨頸兩列布局和沿對邊一列，臼邊半列布局。《屯南》4566、《村中南》382骨首骨頸部位兩列布局，沿對邊一列小圓鑽。《屯南》2632沿對邊一列鑽鑿，臼邊半列，其下綴4個鑽鑿。

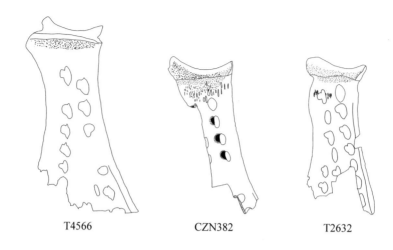

T4566　　　　　CZN382　　　　　T2632

歷組草體類胛骨鑽鑿布局與歷組一類鑽鑿布局比較一致。

第三節　歷組二類胛骨鑽鑿
布局與占卜形式

一、歷組二類胛骨鑽鑿布局

　　村南系從歷組二類胛骨正式進入沿骨邊縱排的
鑽鑿布局模式。正面骨扇部位施加鑽鑿的材料不多。

（一）沿對邊一列，臼邊半列

　　歷組二類胛骨沿對邊有一列 8 至 13 個鑽鑿。
沿臼邊有一列 2 至 5 個鑽鑿。這種鑽鑿布局，頸扇
交界部位有的不再施加鑽鑿，有的在對邊與臼邊之
間或臼邊半列外側施加鑽鑿，多施加 2 或 4 個。

　　《屯南》593 沿對邊一列 8 個鑽鑿，沿臼邊半列
3 個鑽鑿。臼邊第一個鑽鑿與對邊第二個鑽鑿基
本平齊。

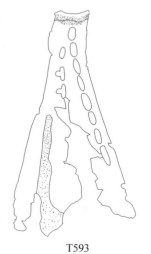

T593

《屯南》1132 沿對邊一列鑽鑿,頸扇交界部位一列 3 個鑽鑿,臼邊第一個鑽鑿與對邊第三個鑽鑿基本平齊。

《屯南》2312 沿對邊一列 9 個鑽鑿,沿臼邊半列 4 個鑽鑿。

《屯南》1128 沿對邊一列 9 個鑽鑿,沿臼邊半列 5 個鑽鑿。

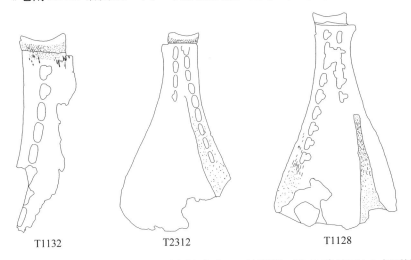

T1132　　　　　　T2312　　　　　　T1128

《綴彙》375(《屯南》599＋)沿對邊有一列鑽鑿,沿臼邊半列 5 個鑽鑿,臼邊第一個鑽鑿略低於對邊第一個鑽鑿。

《屯南》1059 沿對邊一列鑽鑿,沿臼邊半列 4 個非連續的鑽鑿,臼邊第一與第二鑽鑿中間空一個鑽鑿的位置。

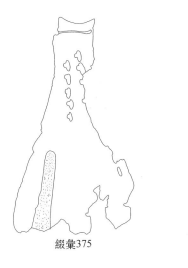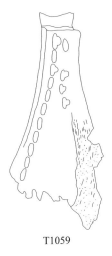

綴彙375　　　　　　　　　T1059

T190

《屯南》190 沿對邊一列鑽鑿,骨頸上部沿臼邊半列
4 個非連續的鑽鑿,臼邊第二與第三鑽鑿中間空一個鑽
鑿的位置。結合該版卜辭與鑽鑿的對應關係以及占卜
選擇鑽鑿的位置,占卜先使用臼邊最上一個鑽鑿,再
使用對邊骨條部位,很可能是甲骨整治後即預設了整
版的鑽鑿布局並施加鑽鑿,然後選擇其上鑽鑿進行占
卜。這版胛骨上使用鑽鑿進行占卜的順序,受村北系
賓組或出組的影響,先使用骨首骨頸部位近臼邊一個
鑽鑿。

歷組二類胛骨鑽鑿沿對邊一列,臼邊半列布局,有的只在骨頸下部沿
臼邊有 1 或 2 個鑽鑿。

《合集》32616(《上博》64006)沿對邊一列 9 個鑽鑿,骨頸下部沿臼邊半
列 2 個鑽鑿,或者說臼邊第一個鑽鑿與對邊第三個鑽鑿基本平齊。結合該
版卜辭與鑽鑿的對應關係以及占卜選擇鑽鑿的位置及順序來看,很可能是甲
骨整治後即預設了整版的鑽鑿布局並施加鑽鑿,然後選擇其上鑽鑿進行占卜。

《綴彙》360(《屯南》2177+)沿對邊一列鑽鑿,頸扇交界部位近臼邊一
列 2 個鑽鑿。臼邊第一個鑽鑿與對邊第三個鑽鑿大致平齊。

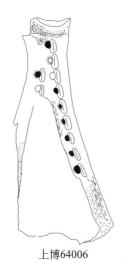

上博64006

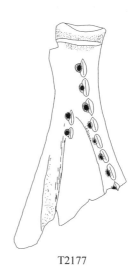

T2177

　　歷組二類沿對邊一列、臼邊半列鑽鑿布局，一般在臼邊下綴有一行 2 個或兩行兩列 4 個鑽鑿。這種鑽鑿布局也可以看作沿對邊一列 4 或 6 個鑽鑿，頸扇交界部位對邊與臼邊之間有 1 或 2 個鑽鑿。

　　《屯南》1104 沿對邊一列 11 個鑽鑿，沿臼邊半列 4 個鑽鑿，其下頸扇交界部位綴一行 2 個鑽鑿。

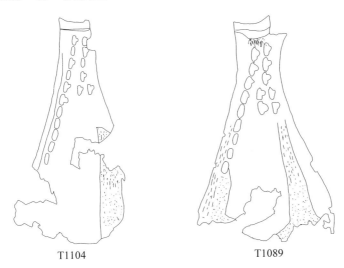

T1104　　　　　　　　　　T1089

　　《屯南》1089 沿對邊一列 9 個鑽鑿，沿臼邊半列 3 個鑽鑿，其下頸扇交界部位綴二行二列 4 個鑽鑿。

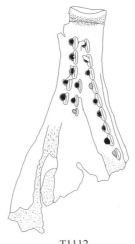

T1112

　　《屯南》1112 沿對邊一列 9 個鑽鑿,沿臼邊半列 3 個鑽鑿,其下頸扇交界部位綴二行二列 4 個鑽鑿,其下中部綴 1 個鑽鑿。

　　《屯南》1110 沿對邊一列 9 個鑽鑿,沿臼邊半列 4 個鑽鑿,其下頸扇交界部位綴二行二列 4 個鑽鑿。

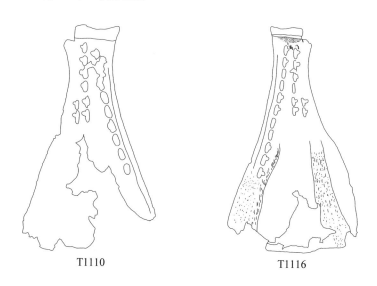

T1110　　　　　　　　T1116

　　《屯南》1116 沿對邊一列 11 個鑽鑿,沿臼邊半列 4 個鑽鑿,其下頸扇交界部位綴二行二列 4 個鑽鑿。

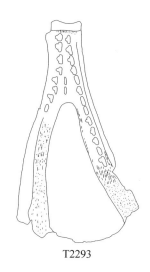

T2293

《屯南》2293 沿對邊一列 13 個鑽鑿，沿臼邊半列 4 個鑽鑿，其下頸扇部位綴二行二列 4 個鑽鑿，再其下沿臼邊一列 2 個鑽鑿。①

《屯南》1099 沿對邊一列 8 個鑽鑿，沿臼邊半列 3 個非連續的鑽鑿，頸扇交界部位對邊與臼邊中間 1 個鑽鑿。

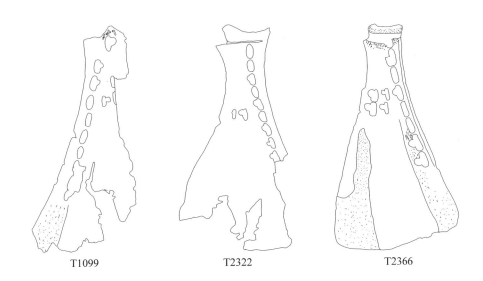

T1099　　　　　　　　T2322　　　　　　　　T2366

歷組二類胛骨沿對邊一列、臼邊半列鑽鑿有時臼邊不施加鑽鑿，頸扇交界部位綴一行 2 個或二行二列 4 個鑽鑿。

《屯南》2322 沿對邊一列鑽鑿，頸扇交界部位一行 2 個鑽鑿，可以看作前舉《屯南》1104 的簡式。

《屯南》2366 沿對邊一列 8 個鑽鑿，頸扇交界部位有二行二列 4 個鑽鑿，可以看作前舉《屯南》1116 的簡式。

(二) 沿對邊一列

歷組二類胛骨開始出現只沿對邊一列鑽鑿布局，這種鑽鑿布局很可能是從沿對邊一列、臼邊半列簡化發展來的。

————————————

① 也可能是 3 個鑽鑿。

《屯南》2295 沿對邊一列 8 個鑽鑿。

《醉古》20(《屯南》2336＋)沿對邊一列 7 個鑽鑿。

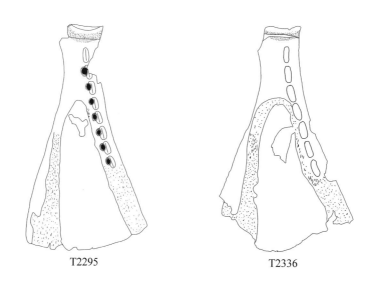

T2295　　　　　　　　　　T2336

(三) 特例

歷組二類胛骨上的鑽鑿布局有個別特例。一種是承師組的骨首骨頸部位的單個鑽鑿布局,一種是平行於對邊的布局。

《合集》33797(《甲編》593)骨首骨頸部位一行 2 個鑽鑿,屬於師組骨

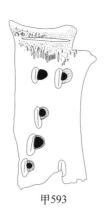

甲593

首骨頸部位單個鑽鑿布局類型的遺存。沿對邊一列鑽鑿，頸扇交界部位施加鑽鑿。歷組二類這種鑽鑿布局極少。

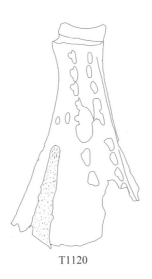

T1120

《屯南》1120 沿對邊一列鑽鑿，沿臼邊施加一列平行於對邊的鑽鑿，骨首骨頸部位近臼邊一行 2 個鑽鑿。

（四）正面骨扇部位

歷組二類胛骨正面骨扇下部施加鑽鑿的材料不多，基本稀疏有序。

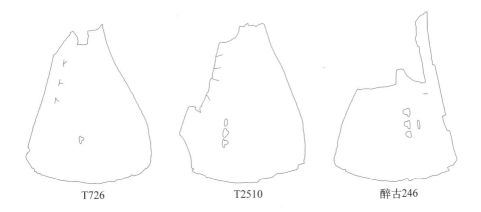

T726　　　　　　　　T2510　　　　　　　　醉古246

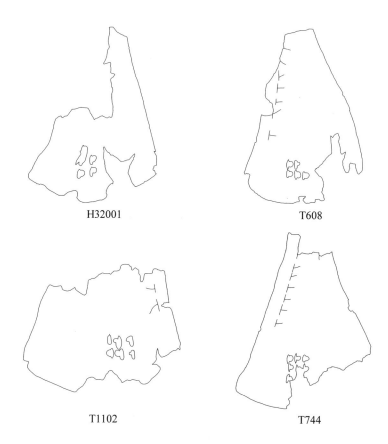

H32001　　　　　　　　　T608

T1102　　　　　　　　　T744

　　《屯南》726、2510 正面骨扇下部一列鑽鑿。《醉古》246、《合集》32001
（《甲編》737＋）正面骨扇下部兩列鑽鑿。《屯南》608、1102、744 正面骨扇
下部三列鑽鑿。《醉古》246 結合卜辭與鑽鑿的對應關係以及占卜使用鑽
鑿的順序來看，應該是在甲骨整治後即施加了該部位的全部鑽鑿，占卜時
按逆骨臼方向，使用上兩個鑽鑿占卜。正面骨扇部位施加鑽鑿未刻寫卜
辭的胛骨，可能是在甲骨整治後即施加了該部位的全部鑽鑿。

　　歷組二類胛骨有兩種鑽鑿布局類型。一種是沿對邊一列，臼邊半列。
這種布局類型，臼邊的半列鑽鑿有連續排列，有非連續排列。有時，骨頸
上部或下部沿臼邊有 1 個或一列 2 個的單個鑽鑿或頸扇交界部位綴 1、2、
4、5 個鑽鑿，以一行 2 個，一列 2 個，二行二列 4 個爲多。一種是只沿對邊
一列鑽鑿。正面骨扇下部施加鑽鑿的材料不多，基本稀疏有序。歷組二

類胛骨上的鑽鑿基本在整治之後即施加完成。

二、歷組二類胛骨特色卜辭布局

歷組二類胛骨特色卜辭布局，一般是承襲歷組一類胛骨卜辭的布局，在所使用卜兆的下側或最近處起刻，向下豎行。也有受到同時期賓出類胛骨上卜辭布局的影響，采用邊面對應或頸扇對應的卜辭布局。

（1a）癸丑貞：甲寅酒，大钔（禦）自上甲，燎六十小宰，卯九牛⋯兹用。上甲不冓雨，大乙不冓雨，大丁冓雨。三

（1b）庚申貞：今來甲子酒，王大钔（禦）于大甲，燎六十小宰，卯九牛，不冓雨。三

《合集》32329［歷二］

這版胛骨沿對邊有一列鑽鑿。（1a）（1b）兩辭分別使用自下而上第二和第三個鑽鑿。卜辭從其所屬卜兆位置起刻，豎行向下。（1a）辭連續刻寫了前辭、命辭、驗辭。兆枝上方刻寫兆序三，兆枝下方刻寫用辭“兹用”。這版胛骨正面現存的四條卜辭均未采用邊面對應的刻寫形式，而是承襲了歷組一類從卜兆位置起刻，豎行向下的刻寫形式。

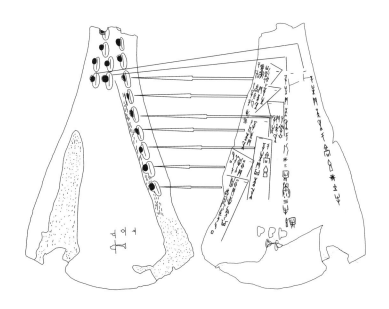

(2a) 丁卯貞：甶呂(以)^①尨其用自上甲汎(皆)至于父丁。一

(2a) 丁卯貞：甶呂(以)①尨其用自上甲汎(皆)至于父丁。一

(2b) 丁卯貞：甶呂(以)尨于父丁。一

(2c) 辛未貞：其㷠(禱)禾于高祖。一

(2d) 辛未貞：于河㷠(禱)禾。一

(2e) 辛未貞：㷠(禱)禾于岳。一

(2f) 辛未貞：㷠(禱)禾高祖河,于辛巳酒燎。一

(2g) 辛未貞：㷠(禱)禾于河,燎三牢,沉三牛,宜牢。一

(2h) 辛未貞：㷠(禱)禾于高祖,燎五十牛。一

(2i) 乙亥卜：其罜(寧)蠢于弜^②。一

《合集》32028［歷二］

這版胛骨沿對邊有一列鑽鑿。(2c)(2e)辭分別使用自下而上第三和第五個鑽鑿。這兩條卜辭因兆幹到對邊的刻寫空間不足,從其所屬卜兆的兆

① 裘錫圭:《説"以"》,收入《古文字論集》,第 106—110 頁;《裘錫圭學術文集·甲骨文卷》,第 179—183 頁。

② 周忠兵:《説甲骨文中"分"字的一種異體》,《古文字研究》第 28 輯,第 59—65 頁,中華書局, 2010 年。

幹內側起刻,豎行向下。(2g)(2h)兩辭分別使用頸扇交界部位最下一行 2
個鑽鑿,從其所屬卜兆位置起刻,豎行向下。這四條卜辭未采用邊面對應
或頸扇對應的刻寫形式,而是承襲了歷組一類從所屬卜兆位置起刻,豎行
向下的刻寫形式。從這版胛骨上卜辭與卜兆、鑽鑿的對應關係以及未刻
寫卜辭的鑽鑿來看,應該是甲骨在整治後即確定了鑽鑿布局並施加鑽鑿,
占卜時按順序選用鑽鑿進行占卜。

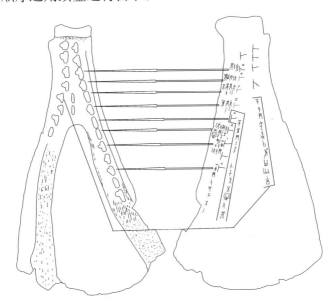

(3a) 丁卯貞:又歲于大乙。三

(3b) 丁卯貞:乙亥又歲于大乙。三

(3c) 辛未貞:乙亥又歲于大乙三牢。三

(3d) 辛未貞:乙亥[又]歲于大乙五牢又伐。三

(3e) 大乙伐十羝。三

(3f) 大乙伐十羝又五。三

(3g) 大乙伐三十羝。三

(3h) 弜又伐。三

(3i) 辛巳貞:犬侯呂(以)羝其用自。

《屯南》2293[歷二]

這版胛骨(3d)辭因兆幹到對邊的刻寫空間不足,從其所屬卜兆的兆幹內側起刻,豎行向下刻寫完整卜辭。從這版胛骨上卜辭與鑽鑿的對應關係以及未刻寫卜辭的鑽鑿來看,應該是甲骨整治後即確定了鑽鑿布局並施加鑽鑿,占卜時按順序選用鑽鑿進行占卜。

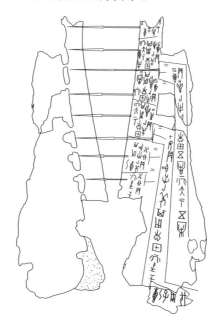

(4a) 癸卯貞⋯用自⋯汜(皆)至于⋯　　二

(4b) 癸卯貞:射舀呂(以)羌其用叀乙。二

(4c) 甲辰貞:射舀呂(以)羌其用自上甲汜(皆)至于父□,
叀乙巳用伐⋯　　二

(4d) 丁未貞:戛呂(以)牛其用自上甲汜(皆)大示。

(4e) 己酉貞:戛呂(以)牛其用自上甲三牢汜(皆)。二

(4f) 己酉貞:戛呂(以)牛其□自上甲五牢,汜(皆)大示五牢。二

(4g) 己酉貞:戛呂(以)牛其用自上甲汜(皆)大示叀牛。

(4h) 庚戌[貞]:戛[呂(以)]牛⋯叀□。

《屯南》9[歷二]

這版胛骨沿對邊有一列鑽鑿。(4c)(4f)辭因兆幹到對邊的刻寫空間不足,

從其所屬卜兆的兆幹內側起刻,豎行向下刻寫完整卜辭。這兩條卜辭未采用邊面對應的刻寫形式,而是承襲了歷組一類從卜兆位置起刻,豎行向下的刻寫形式。從這版胛骨上卜辭與鑽鑿的對應關係來看,應該是甲骨整治後即確定了鑽鑿布局並施加鑽鑿,占卜時按順序選用鑽鑿進行占卜。

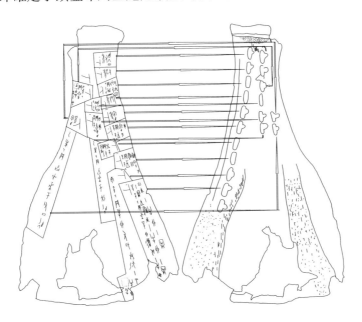

（5a）辛巳卜,貞：來辛卯酒河十牛卯十牢。王隻燎十牛卯十牢。上甲燎十牛,卯十牢。一

（5b）辛巳卜,貞：王隻、上甲即宗于河。一

（5c）辛巳卜,貞：王宭河燎。一

（5d）弜宭。一

（5e）辛巳卜,貞：王宭河燎。一

（5f）弜宭。一

（5g）庚寅卜,貞：辛卯又歲自大乙十示又□牛,小示氿（皆）羊。一

（5h）癸巳卜,貞：又上甲歲。一

（5i）弜又歲。一

(5j) 甲午卜,貞:其汜(皆)又歲自上甲。一

(5k) 弜巳又。一

(5l) 甲午卜,貞:又出入日。一

(5m) 弜又出入日。一

(5n) 乙未卜,貞:召來,于大乙延。一

(5o) 乙未卜,貞:召方來,于父丁延。一

(5p) 己亥卜,貞:竹來呂(以)召方,于大乙束。一

《屯南》1116[歷二]

這版胛骨沿對邊有一列鑽鑿。(5g)(5h)兩辭分別使用自下而上第二和第四個鑽鑿。這兩條卜辭因兆幹到對邊的刻寫空間不足,從其所屬卜兆的兆幹內側起刻,豎行向下刻寫完整卜辭。(5n)(5o)兩條卜辭分別使用頸扇交界部位最下一行2個鑽鑿,從其所屬卜兆位置起刻,豎行向下刻寫完整卜辭。這四條卜辭未采用邊面對應或頸扇對應的刻寫形式,而是承襲了歷組一類從卜兆位置起刻,豎行向下的刻寫形式。這版胛骨有相間使用鑽鑿進行占卜的現象。從占卜順序來看,應該是甲骨整治後即確定了鑽鑿布局並施加鑽鑿,占卜時選擇上面或連續、或相間、或稍遠的鑽鑿進行占卜。

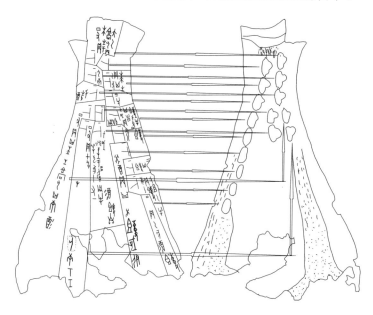

(6a) 丁[卯]貞：乙亥酒䖒(莒)①。一

(6b) 庚午貞：䖒(莒)于祖乙□牛。一

(6c) 䖒(莒)其二牛。一

(6d) 弜䖒(莒)。一

(6e) 癸酉貞：其退䖒(莒)戠②伊…　一

(6f) 甲戌貞…酒䖒(莒)自…汎(皆)至于多毓(戚)，③用牛…
羊九豕十又一□□。一

(6g) 甲戌貞：其告于父丁䖒(莒)一牛。兹用。一

(6h) 三牛。一

(6i) 乙亥貞：其焱(禱)生。一

(6j) 妣庚。一

(6k) 丁丑貞：其焱(禱)生于高妣丙大乙。一

(6l) 丁丑貞：其焱(禱)生于高妣，其庚酒。一

(6m) 于生月酒。一

(6n) 丁丑貞：甲申□〻…生…妣庚示壬…　一

《屯南》1089[歷二]

這版胛骨沿對邊有一列鑽鑿。(6e)辭使用自下而上第四個鑽鑿。這條卜辭因兆幹到對邊的刻寫空間不足，從其所屬卜兆的兆幹內側起刻，豎行向下刻寫。(6f)(6k)(6l)三條卜辭分別使用頸扇交界部位最下兩行中的 3 個鑽鑿，從其所屬卜兆位置起刻，豎行向下刻寫。這四條卜辭未采用邊面

---

① 陳劍：《殷墟卜辭的分期分類對於甲骨文字考釋的重要性》，北京大學 2001 年博士畢業論文，指導教師：裘錫圭；《甲骨金文考釋論集》，第 395—402 頁。

② 裘錫圭：《説甲骨卜辭中"戠"字的一種用法》，《語言文字學術論文集——慶祝王力先生學術活動五十周年》，知識出版社，1989 年；《古文字論集》，第 111—116 頁；《裘錫圭學術文集·甲骨文卷》，第 160—166 頁。

③ 裘錫圭：《論殷墟卜辭"多毓"之"毓"》，中國社會科學院考古研究所：《中國商文化國際學術研討會論文集》，中國大百科全書出版社，1998 年；《裘錫圭學術文集·甲骨文卷》，第 404—415 頁。

對應或頸扇對應的刻寫形式,而是承襲了歷組一類從卜兆位置起刻,豎行向下的刻寫形式。從這版胛骨上卜辭與鑽鑿的對應關係來看,應該是甲骨在整治後即確定了鑽鑿布局並施加鑽鑿,占卜時按先對邊自下而上,臼邊自上而下,再頸扇交界部位中間一列,再頸扇交界部位近臼邊一列的順序選用鑽鑿進行占卜。

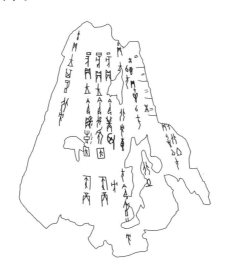

(7a) □□貞:昷呂(以)伐…于北土。二

(7b) 癸酉貞:昷呂(以)伐…北土,冓。

(7c) 丁亥貞:□令冓取𩵋□方。

(7d) 丁亥貞:王令保瞽①葬侯商。

(7e) 丁亥貞:王令陝彭葬侯商。

(7f) □寅貞:王…北方,叀□伐,令金北方,呂(以)伐…北□。

(7g) 庚寅貞:王其正北方。

《屯南》1066[歷二]

---

① 裘錫圭:《關於殷墟卜辭的“瞽”》,王宇信、宋鎮豪、孟憲武主編:《2004 年安陽殷商文明國際學術研討會論文集》,第 1—5 頁,社會科學文獻出版社,2004 年;《裘錫圭學術文集·甲骨文卷》,第 510—515 頁。

這版胛骨上的(7c)(7d)(7e)三條卜辭爲骨扇部位刻寫的卜辭。歷組骨扇部位起刻位置平齊的幾條卜辭,很可能是邊面對應的完整卜辭。歷組二類這種邊面對應的刻寫方式,通常在正面骨扇下部不施加鑽鑿的胛骨上使用。

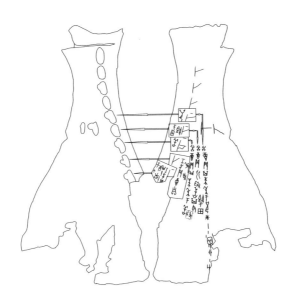

(8a) 壬申貞：其⋯汎(皆)叀乙亥。

(8b) 壬申貞：其又⺅伐自上甲,于甲⋯　一

(8c) 壬申貞：叀自⋯羝用。一

(8d) 岳。一

(8e) 癸酉貞：其桒(禱)禾于岳,得。

(8f) 即于上甲。一

(8g) 癸酉貞：弜得,岳其取,即于上甲。

(8h) ⺊。一

(8i) 癸酉貞：其桒(禱)禾于⺊,燎十小宰,卯十牛。

《屯南》2322［歷二］

這版胛骨上的(8d)與(8e)、(8f)與(8g)、(8h)與(8i)采用邊面對應的刻寫方式,即(8d)(8f)(8h)爲指示辭,指示出占卜這條卜辭所使用的卜兆,(8e)(8g)(8i)爲骨扇部位豎行向下刻寫的完整卜辭,這是受到村北系賓出類邊面對應刻寫形式的影響。因同爲癸酉日的占卜,"癸酉"不具有區別性,指示詞遵循經濟的原則,用最簡方式選貞焦點"岳""即於上甲""♀"指示出完整卜辭所用卜兆。從這版胛骨上卜辭與鑽鑿的對應關係以及未使用的鑽鑿來看,應該是甲骨整治後即確定了鑽鑿布局並施加鑽鑿,占卜時按沿對邊自下而上的順序選用鑽鑿進行占卜。

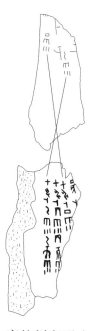

(9a) 甲申卜:乙雨。乙不雨。

(9b) 甲申卜:丙雨。丙不雨。

(9c) 甲申卜:丁雨。[丁不雨]。

(9d) 丁亥卜…

《合集》33843[歷二]

(10a) 乙雨。一

(10b) 丁雨。一

《合集》33855[歷二]

(9a)至(9d)爲刻寫在胛骨正面骨扇部位的四條豎行向下的卜辭,包括前辭、命辭、驗辭。(10a)(10b)爲頸扇交界部位的指示辭,指示出命辭爲乙雨、丁雨的卜辭所使用的卜兆。雖然兩組卜辭不在同一版胛骨上,可能是成套卜辭中的兩版,却可以用來説明歷組二類胛骨上存在頸扇對應的刻寫形式。因同爲甲申日占卜,"甲申"不具有區別性,指示詞遵循經濟的原則,用最簡方式命辭"乙雨""丁雨"指示出完整卜辭所使用的卜兆。歷組骨扇部位起刻位置平齊的幾條卜辭,很可能是邊面對應的完整卜辭。歷組二類這種邊面對應的刻寫方式,通常在正面骨扇下部不施加鑽鑿的胛骨上使用。

綜上,歷組二類胛骨卜辭既有承襲自歷組一類的從卜兆位置起刻,豎行向下的刻寫形式,又有少數受村北系賓出類胛骨的影響而存在的頸扇對應、邊面對應的刻寫形式。

三、歷組二類胛骨上的占卜形式

歷組二類胛骨上的占卜形式多爲異版成套,也有只卜一次的情況。

(一) 成套占卜

歷組二類胛骨上多見異版成套的占卜形式。

(11) 丁亥貞:王令皂①衆䝅伐召方,受又。二

《合集》31974+4199②[歷二]

(12) 丁亥貞:王令皂呂(以)衆䝅[伐召方,受又]。三

《合集》31975[歷二]

以上兩條卜辭占卜王命令皂帶領衆攻伐召方,爲成套占卜胛骨的第二、第三兩版。

(13) 己酉卜:召方來,告于父丁。一　《合集》33015[歷二]

(14) 己酉卜:召方來,告于父丁。三

《合集》33016(《甲編》810)[歷二]

以上兩條卜辭占卜向父丁報告召方來犯,爲成套胛骨的第一、第三兩版。

(15a) [丁巳貞:甲]子酒匚于上甲。

(15b) 四牛。一

(15c) 己巳貞:並䝅伐𢼒方,受又。

(15d) 並弗受又。一

(15e) 其夕告[上甲]。

《合集》33042[歷二]

(16a) 乙卯貞:其卯于大乙,其正。

(16b) [丁巳貞:甲子]酒[匚于]上甲。

---

① 程浩:《"皂"字兩系説》,《中國語文》2020 年第 5 期,第 625—640 頁。

② 林宏明:《甲骨新綴第 582—584 例》,第 583 組,先秦史研究室網站,2015 年 7 月 6 日。

（16c）四牛。二

（16d）己巳貞：並佁伐🔥，受又。

（16e）並弗受又。二

（16f）其夕告［上甲］。二

《綴彙》620［歷二］

（17a）乙卯［貞：其卯］于大［乙］，其正。三

（17b）丁巳貞：甲子酒亡于上甲。三

（17c）四牛。三

（17d）己巳貞：並佁伐［🔥方，受又］。

（17e）並弗受又。三

（17f）其夕告上甲。三

《輯佚》附 94［歷二］

以上三版爲成套占卜胛骨的第一、二、三版。歷組二類胛骨軍事卜辭有用異版成套的形式進行占卜。

（18a）辛［未貞：在丂牧來告，辰衛①其比史，受又。一］

（18b）弜比。

（18c）燊（禱）其上。

（18d）燊（禱）其下。

（18e）燊（禱）［其上自祖乙］。

（18f）燊（禱）其下自小乙。一

（18g）燊（禱），叀甲酒。一

（18h）燊（禱），叀乙酒。

（18i）燊（禱），叀丁酒。兹用。丁亥。

（18j）弜［即宗］于…。一

《綴集》316（北圖 5378）［歷二］

---

① 王子楊：《甲骨文字形類組差異現象研究》，第 48—49 頁。

(19a) 辛未貞：在丂牧來告，辰衛其比史，受又。三

(19b) 弜比。三

(19c) 桒(禱)其上。三

(19d) 桒(禱)其下。三

(19e) 桒(禱)其上自祖乙。三

(19f) 桒(禱)其下自小乙。三

(19g) 桒(禱)，叀甲酒。

(19g) 桒(禱)，叀乙酒。

(19i) 桒(禱)，叀丁酒。

(19j) 桒(禱)，其即宗于上甲。

(19k) 弜即宗。

《合集》32616［歷二］

以上兩版爲成套占卜胛骨的第一、第三兩版。歷組二類胛骨祭祀卜辭有用異版成套的形式進行占卜。

(20) 丁卯貞：王令昷奠①殳②舟。二　　　《綴集》130［歷二］

(21) 丁卯貞：王令昷奠殳舟。三　　　《合集》32851［歷二］

(22) 丁卯貞：王令昷奠殳舟。　　　《合集》32852［歷二］

以上三版胛骨中有兩版爲成套占卜胛骨的第二、三兩版，占卜昷奠殳舟。

(23) 甲午貞：其令多尹乍王帚。一　　　《村中南》50［歷二］

(24) 甲午貞：其令多尹乍王帚。二

《合集》32980(《中歷藏》1566)［歷二］

以上兩版爲成套占卜胛骨的第一、二兩版，占卜作王寢。

---

① 裘錫圭：《説殷墟卜辭的“奠”——試論商人處置服屬者的一種方法》，《中研院歷史語言研究所集刊》第 64 本第 3 分，第 659—686 頁，1993 年；《裘錫圭學術文集·古代歷史、思想、民俗卷》，第 169—192 頁。

② 陳劍：《釋出》，《出土文獻與古文字研究》第 3 輯，第 42—50 頁，復旦大學出版社，2010 年。

（25a）弜黍。

（25b）己卯貞：在冏屠來告芳，王黍。一

（25c）王弜黍。一

（25d）庚辰貞：在冏屠來告芳，王其黍。一

（25e）王弜黍。一

《合集》33225［歷二］

（26a）己卯［貞：在］冏［屠來］告［芳，王黍］。二

（26b）王弜黍。二

（26c）庚辰貞：在冏屠來告芳，王其黍。二

（26d）王弜黍。二

《綴彙》615［歷二］

以上兩版爲成套占卜胛骨的第一、二兩版，占卜王黍。

（27a）弜［立］二史［叀］叟。

（27b）弜再大示。二

（27c）庚辰［貞：辛巳王令叟］。二

（27d）庚辰［貞：王于丁亥令叟］。二

《醉古》205［歷二］

（28a）弜立二史叀叟。

（28b）弜再大示。

（28c）庚辰貞：辛巳王令叟。三

（28d）庚辰貞：王于丁亥令叟。三

《合集》32849［歷二］

以上兩版爲成套占卜胛骨的第二、三兩版，占卜令叟做事。

（29a）癸［酉］貞：［旬］亡［囚］。一

（29b）癸未貞：旬亡囚。一

（29c）［癸］巳［貞］：旬［亡］囚。一

《合補》10749［歷二］

(30a) 癸酉貞：旬亡囚。二

(30b) 癸未貞：旬亡囚。二

(30c) 癸巳貞：旬亡囚。二

(30d) 癸卯貞：旬亡囚。二

(30e) 癸丑貞：旬亡囚。二

(30f) 癸亥貞：旬亡囚。二

(30g) 癸酉貞：旬亡囚。二

(30h) 癸未貞：旬亡囚。二

(30i) 癸巳貞：旬亡囚。二

(30j) 癸卯貞：旬亡囚。二

(30k) 癸丑貞：旬亡囚。二

《合集》34734[歷二]

(31a) 癸丑[卜]，貞：旬亡囚。三

(31b) 癸亥卜，貞：旬亡囚。三

(31c) 癸酉貞：旬亡囚。三

(31d) 癸未卜，貞：旬亡囚。三

(31e) 癸巳卜，貞：旬亡囚。三

(31f) 癸亥卜，貞：旬亡囚。三

(31g) 癸酉卜，貞：旬亡囚。三

(31h) 癸未貞：旬亡囚。三

(31i) 癸巳卜，貞：旬[亡]囚。三

(31j) 癸卯貞：旬亡囚。三

(31k) 癸丑貞：旬亡囚。三

(31l) 癸亥貞：旬亡[囚]。三

(31m) 癸酉貞：旬亡囚。三

(31n) 癸未貞：旬亡囚。三

(31o) 癸巳貞：旬亡囚。三

《重博》145[歷二]

以上三版分别爲其各自所在成套占卜胛骨的第一、二、三版,占卜旬無憂。

歷組二類胛骨上與祭祀、軍事、農業、卜旬等相關的卜辭多使用異版成套的形式占卜,多爲三版一套。

在異版成套的占卜形式下,同一天對於同一事件不同環節焦點的占卜有自下而上依次進行的情況。

(32a) 己巳貞:其馭祖乙眔父丁。一

(32b) 弜眔父丁,劃。一

(32c) 辛丑貞:王其戰,亡才(災)。一

(32d) 擒兕。一

(32e) 不雨。一

(32f) 其雨。一

《屯南》1128[歷二]

這版胛骨有兩組占卜,前兩條是己巳日對貞馭祭祖乙要不要"眔父丁"。後四條是辛丑日關於商王狩獵,擒獲兕,對貞下雨等與田獵相關事宜的占卜。這兩組都是同一天對於同一事件不同環節焦點自下而上依次進行的占卜。

(33a) □□貞:又彡歲于祖乙。兹用。乙酉。二

(33b) 弜又。二

(33c) 二牢。二

(33d) 三牢。兹用。二

(33e) 甲辰貞:祭于祖乙又彡歲。兹用。二牢。二

(33f) 弜又。

《屯南》1131[歷二]

這版胛骨有兩組占卜,前四條卜辭是某一日對貞又彡歲祖乙、選貞祭牲數目。後兩條,是甲辰日對貞侑祭祖乙。兩組都是同一天對於同一事件不同環節焦點自下而上依次進行的占卜。

(34a) 甲午貞：其舌小乙… 三

(34b) 弜舌。三

(34c) 一牢。三

(34d) 又尨。三

(34e) 弜又。三

(34f) 十尨。三

《輯佚》634＋《拾遺》452①［歷二］

這版胛骨有一組占卜，甲午日對貞舌祭小乙，祭牲種類，使用羌作爲人牲，侑祭使用羌的數目。整版是同一天對於同一事件不同環節焦點自下而上依次進行的占卜。

同一天對於同一事件不同環節焦點的占卜，自下而上依次進行。這承襲了歷組一類這種占卜內容的占卜形式，也影響出組二類以後的胛骨占卜。以上三版胛骨整版兆序數相同，雖然不是同一套甲骨，但分別爲其所在成套胛骨的第一、二、三版。使用異版成套的占卜形式，這同於歷組一類以及賓組、出組一類的異版成套占卜。村北系出組二類以後，這種內容的占卜，通常會采用一辭一卜，兆序數遞增的占卜形式。

歷組二類有兩套兆序數不同的占卜在同一版胛骨上的情況。

(35a) 米。三

(35b) 弜米。三

(35c) 米。三

(35d) 王弜米。二②

(35e) 商。一

(35f) 東方。一

(35g) 北方。一

(35h) 西方。一

①　林宏明：《甲骨新綴第586—591例》，第588組，先秦史研究室網站，2015年8月10日。

②　漢達文庫指出二爲三之誤。

(35i) 南方。一

《屯南》1126［歷二］

這版胛骨上有兩套不同的占卜。一套占卜"米"，是成套占卜的第三卜。一套占卜與農業受年有關，是成套占卜的第一卜。歷組二類胛骨上有兆序數不同的同版不同套的占卜。

（二）只卜一次

(36a) 癸未歷貞：旬亡囗。一
(36b) 又囗。一
(36c) 癸巳歷貞：旬。一

《合集》32821［歷二］

(37a)［癸未歷貞：旬亡囗］。
(37b) 又囗。
(37c) 癸巳歷貞：旬［亡囗］。
(37d) 又囗。
(37e)［癸］卯卜，歷，［貞：旬］亡囗。

《合集》32822［歷二］

(38a) 癸未歷貞：旬亡囗。一
(38b) 又囗。一
(38c) 癸巳歷貞：旬［亡囗］。一
(38d) 又囗。一

《合集》32825＋《俄藏》191①［歷二］

歷組二類胛骨正反對貞的卜旬辭，兆序數通常爲一。很可能是只卜一次。這種形式的卜旬辭，歷組一類也存在。

(39a)［丙］寅［卜］：今夕亡至囗。
(39b) 丁卯［卜］：今夕亡至囗。一

---

① 林宏明：《甲骨新綴第501—504例》，第501組，先秦史研究室網站，2014年8月17日。

(39c) 戊辰卜：今夕亡至囚。一

(39d) 己巳卜：今夕亡至囚。

《屯南》3744[歷二]

歷組二類胛骨卜夕辭干支日相連，整版兆序數通常爲一，很可能只卜一次。

(40a) 丙辰貞：丁亡囚。

(40b) [戊午]貞：己亡囚。

(40c) 己未貞：庚亡囚。一

(40d) 庚申貞：辛亡囚。一

(40e) 辛酉貞：壬亡囚。一

(40f) 戊□貞：己亡囚。一

《屯南》194[歷二]

歷組二類胛骨卜次日辭整版兆序數通常爲一，很可能只卜一次。

(41a) 不雨。一

(41b) 其雨。一

(41c) 丙戌[卜]：丁雨。一

(41d) 不雨。一

(41e) 戊子卜：己雨。一

(41f) 不雨。一

《合集》33845(《國博》99)[歷二]

(42a) 庚啓。一

(42b) 不啓。一

《合集》33994[歷二]

歷組二類胛骨卜天氣辭整版兆序數通常爲一，很可能只卜一次。

歷組二類卜夕、卜次日、對貞卜旬、卜天氣辭一般只占卜一次，同於歷組一類這種內容所使用的占卜形式。

　　歷組二類胛骨上的對貞卜辭有兆序數遞增的情況,這種占卜很可能只卜一次。

　　　　(43a) 癸亥貞：子𦥑亡囚。一
　　　　(43b) 又囚。二

　　　　　　　　　　　　　《合集》32783(《中歷藏》1567)[歷二]

這兩條卜辭對貞子𦥑有無憂患。兆序數一、二遞增。

　　　　(44a) 己丑卜：庚其啓。一
　　　　(44b) 庚不啓。二

　　　　　　　　　　　　　　　　《合集》33973(《國博》54)[歷二]

這兩條卜辭對貞庚日啓。兆序數一、二遞增。

　　歷組二類內部存在同貞卜辭。

　　　　(45) 辛酉貞：癸亥又父丁歲五牢。不用。一

　　　　　　　　　　　　　　　　　　《合集》32665[歷二]

　　　　(46) 辛酉貞：癸亥又父丁歲五牢。不用。一

　　　　　　　　　　　　　　　　　　《合集》32666[歷二]

以上兩版骨臼在左的胛骨是辛酉日占卜癸亥日侑祭父丁歲五牢,兩版兆序數均爲一,使用同貞的形式占卜。

　　歷組二類胛骨占卜祭祀、軍事、田獵、農業等一般用三版一套的形式占卜。卜旬辭用三版一套的形式進行占卜。同一天對同一事件不同環節焦點的占卜,自下而上,使用三版一套的形式進行占卜。卜夕、卜次日、對貞卜旬、卜天氣、兆序數遞增的對貞辭等一般只卜一次。以上兩種占卜形式體現了占卜制度的規範化以及占卜的預設性。對貞、選貞的兆序數以相同爲主,也有遞增的情況。

　　綜上,歷組二類胛骨反面鑽鑿布局,主要有沿對邊一列、臼邊半列和沿對邊一列兩種布局。這兩種布局胛骨的頸扇交界部位,有不施加鑽鑿或施加1—7個左右的鑽鑿,其中以2或4個鑽鑿爲主。正面骨扇部位施

加鑽鑿的材料不多，基本稀疏有序布局。歷組二類的鑽鑿布局從歷組一類簡化發展而來。

　　歷組二類胛骨特色卜辭布局，既有承襲自歷組一類的從卜兆位置起刻，豎行向下的刻寫形式，又有受村北系賓出類胛骨的影響而存在的邊面對應、頸扇對應的刻寫形式。

　　歷組二類胛骨的占卜形式基本爲三版一套和只卜一次。

附表

歷組二類胛骨鑽鑿布局表

材料	對邊	臼邊	頸扇交界	號　　　碼①
反面	一列	半列	0	T593、T595、T665、T1045、T1128、T2312
			1	33224（甲 592）
			2個一行	綴續 481（34772＋41670）、T674＋、T1104
			2個一列	綴彙 375（T599＋T682）
			4個二行二列	綴彙 4（33273＋Y2443）、33414、T734、T890、T1009、T1089、T1110、T1116、T2585、上博 2426.2
			5個	T1091、T1112
			?	拼三 672、33214＋、34734、33274、33926＋（甲 904）、34136、34165、34522＋、34734、B13396、T38、T441、T644、T734、T933、T1049、T1054、T1126、T2183、T2554＋、T2567、T2615、T4394、CZN108、CZN321、綴彙 342（T674＋T677）
			密集	T744、T2293
		單個		綴彙 18（32035＋，甲 896）、T190、T1059、T1099、上博 64006、拼三 645（CZN351＋501）、醉古 303（T680＋T3035）

① 《合集》33797 爲骨首骨頸部位單個鑽鑿布局，不在此表中。

續　表

材料	對邊	臼邊	頸扇交界	號　　碼
反面	一列		0	33860(甲 548)、T2295、醉古 206(T2336＋T2451)、輯佚 634＋拾遺 452
			2,3 一列	T1132、T4397、綴彙 360(T2177＋T2224)
			2 個一行	T2322、33797(甲 593)
			4 個二行二列	T2366
			?	32425＋、32501＋、32815＋、34736、34996、T646＋、T690
	兩列		1 個	T1120

材料	部位	排列	號　　碼
正面	骨扇	整齊	32001、32028、32421、33056、33285、34288、34944、T581、T595、T608、T723、T726、T744、T769、T777、T1032、T1062、T1102、T1106、T2361、T2420、T2510、T2511、T2677＋、T3708、T4366、輯佚 657＋、上博 2426.2、醉古 246(32768＋33352＋33983＋35197)

歷組二類胛骨鑽鑿布局材料表

材料	號　　碼
胛骨反面	拼三 672、32425＋(甲 747)、32501＋、32815＋、33214＋、33224(甲 592)、33274、33414、33797(甲 593)、33926＋(甲 904)、34136、34165(甲 903)、34522＋(甲 726)、34734、34736(甲 645)、綴續 481(34772＋41670)、34996、CZN108、T38、T190＊、T441、T593、T595、T644、T665、T734、T744、T933、T1045、T1049、T1054、T1059＊、T1099＊、T1104、T1128、T1132、T646＋、T674、T690、T734、T890、T1009、T1089、T1091、T1110、T1112、T1116、T1120、T1126、T2183、T2293、T2295、T2312、T2322、T2366、T2554、T2567、T2585、T2615、T4394、T4397、CZN321、輯佚 634＋拾遺 452、上博 2426.2、上博 64006、拼三 645(村中南 351＋村中南 501)、醉古 206(T2336＋T2451)、醉古 303(T680＋T3035)、綴彙 4(33273＋英藏 2443)、綴彙 18(32035＋，甲 896)、綴彙 342(T674＋T677)、綴彙 360(T2177＋T2224)、綴彙 375(T599＋T682)

材料	號　　碼
骨扇下部	32001、32028、32421、33056、33285、34288、34944、T581、T595、T608、T636、T723、T726、T744、T769、T777、T1032、T1062、T1102、T1106、T2361、T2420、T2510、T2511、T2677＋、T3708、T4366、輯佚 657＋、上博 2426.2、醉古 246（32768＋33352＋33983＋35197）
無反面或殘斷不明	28099＋、31974＋、31975、31976、31981、31983、31987、32022＋、32023＋、32026、32054（甲 635）、32107、32113＋、32132＋、32166＋、32183、32192、32193＋、32225、32237、32252、32258、32278、32290、32296、32314、32315、32327、32329、32330、32337、32345、32363＋、32365、32418＋、32509、32517、32518、32520＋、32522、32619＋、32625、32665、32666、32667、32674、32677、32678（甲 851）、32679、32684、32685、32691、32692、32695、32699、32700、32701、32757＋、32768＋、32769＋、32770＋、32774、32780、32783（歷 1567）、32800、32811、32825、32829、32830、32833、32835、32847＋、32848＋、32851、32852、32856、32858、32865（甲 545）、32922、32923、32939、32980、32982、32994、32996、32999、33000＋、33013、33027、33028、33029、33033、33047＋、33061＋（歷 1564）、33107、33119、33147、33176、33178、33197、33209、33210、33225、33257、33259、33262、33265、33269、33271、33281＋、33294、33305＋、33354、33387、33388、33410、33412（歷 1604）33413、33415＋、33417、33428、33430、33433＋（甲 659）、33592、33602、33603（甲 872）、33630（甲 848）、33632＋、33648、33654、33696（甲 755）、33698、33705＋、33734、33795＋、33798、33799、33813、33839、33841＋、33845、33855、33861、33870、33872、33884、33903＋、33907、33921、33922、33930、33939、33941、33946、33950、33962＋、33970、33973、33978＋、33993、33997、33998、34005、34006、34080、34082＋、34099、34103、34115、34116＋、34136、34163＋、34173、34196、34208＋、34221、34240、34255、34298、34324＋、34338、34353、34368＋、34479、34483、34487、34488、34503、34505、34511（甲 665）、34573、34585、34591、34598、34646、34653、34662、34678、34702、34712、34728、34730、34731、34737、34752（甲 758）、34775、34776、34784、34804、34815、34823、34880、34908、34947、34949、34950、34957、34958、34979、34998、34999、35064、35072（甲 669）、35135、35219＋、35236＋、41496、41666、41674、41675、B10418、B10422、B10429＋、B10432、B10463、B10468、B10516、B10545、B10590、B10609、B10637、B10661、B10669、B10706、B10720、B10765、B10779、B10781、B10783＋、B10800＋、B10838、B10925、T1、T9、T31、T46、T52、T119、T126、T183、T194、T228、T243、T267、T282、T291、T332、T341、T427、T502、T508、T539、T601、T608、T631、T636、T639、T675、T719、T723、T726、T732、T735、T742、T750、T775、T856＋、T857、T866、T884、T900＋、T917、T923、T929、T935、T936、T937、T939、T994、T996、T1002、T1022、T1027＋、T1047、T1050＋、T1063、T1065、T1066、T1090、T1105、T1107、T1119、T1125、T1131、T1295、T2077、T2078、T2142＋、T2166、T2186、T2210、T2215、T2227、T2234、T2260、T2273＋、T2290、T2297、T2362、T2384、T2410、T2417＋、T2457、T2516、T2593、T2603、

材料	號　　碼
無反面或殘斷不明	T2626、T2633、T2678＋、T2842、T3007、T3039、T3041、T3044、T3565、T3567、T3594、T3658、T3742＋、T3744、T3825、T4233、T4304、T4324、T4330、T4390、T4400、T4404、T4418、T4530、T4538、T4583、W1604、W1619、W1654、Y2402、Y2433、Y2434、Y2435、Y2484、Y2485、Y2490、Y2491、CZN50、CZN68＋、CZN108、CZN172、CZN228、CZN248、CZN356、CZN363、CZN373、CZN375、CZN463、CZN465、俄 182、輯佚 618、輯佚 656、輯佚附 94、上博 17647.755、上博 46480、L481、殷拾 1.3、殷拾 1＋3

第四節　歷無名間類胛骨鑽鑿
布局與占卜形式

一、歷無名間類胛骨鑽鑿布局

歷無名間類胛骨反面鑽鑿沿骨邊布局。正面骨扇部位的鑽鑿稀疏有序。

（一）沿對邊一列，臼邊半列

歷無名間類胛骨沿對邊有一列 7 或 8 個鑽鑿，沿臼邊有半列 4 個鑽鑿，頸扇交界部位有的不再施加鑽鑿，有的施加 2 個一行或一列鑽鑿。

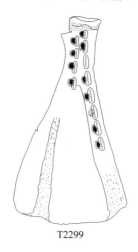

T2299

《屯南》2299 沿對邊一列 8 個鑽鑿,臼邊半列 4 個鑽鑿。《屯南》1124 沿對邊一列,臼邊半列鑽鑿,頸扇交界部位綴一行 2 個鑽鑿。

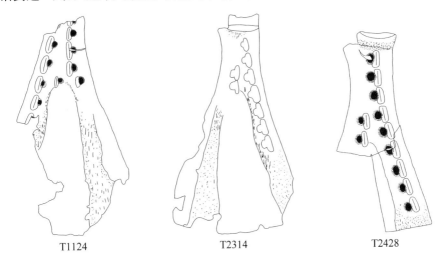

T1124　　　　　T2314　　　　　T2428

《屯南》2314 沿對邊一列 7 個鑽鑿,頸扇交界部位一列 2 個鑽鑿。《屯南》2428 沿對邊一列 9 個鑽鑿,頸扇交界部位一列 2 個鑽鑿。

(二) 沿對邊一列

歷無名間類胛骨沿對邊有一列 7 至 10 個鑽鑿。

《屯南》2565 沿對邊一列 7 個鑽鑿。《屯南》2289 沿對邊一列 9 個鑽鑿。《屯南》2284 沿對邊一列 10 個鑽鑿。

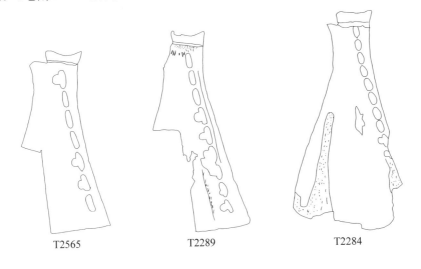

T2565　　　　　T2289　　　　　T2284

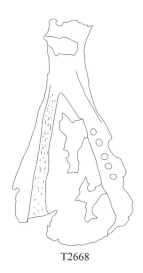

T2668

　　《屯南》2668 沿對邊一列 5 個小圓鑿，鑽鑿布局更近於師組或師歷間類。其上的文字爲歷無名間類習刻。應該是使用早期胛骨刻寫晚期習刻。

　　（三）正面骨扇部位

　　歷無名間類胛骨正面骨扇下部鑽鑿基本稀疏有序。

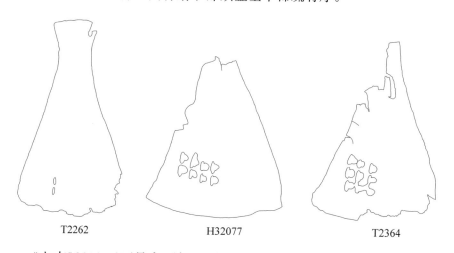

T2262　　　　　　　　　H32077　　　　　　　　　T2364

　　《屯南》2262 正面骨扇下部一列 2 個鑽鑿。《合集》32077 正面骨扇下部四列 8 個鑽鑿，結合胛骨正面卜辭與鑽鑿的對應關係及其占卜順序來看，鑽鑿應該是在甲骨整治後即施加完成。占卜時按逆骨臼方向，自上而下的順序使用這些鑽鑿。《屯南》2364 正面骨扇下部三列 9 個鑽鑿，結合卜辭與鑽鑿的對應關係以及占卜選擇鑽鑿的順序來看,應該是在甲骨整治後即施加完成。占卜時按逆骨臼方向,使用下兩行鑽鑿。

　正面骨扇部位施加鑽鑿未刻寫卜辭的,鑽鑿可能是在甲骨整治後即施加完成。

　歷無名間類胛骨有兩種鑽鑿布局類型:一種是沿對邊一列,臼邊半列,一種是沿對邊一列。兩種鑽鑿布局類型頸扇交界部位沒有或有 2 個鑽鑿。正面骨扇下部施加鑽鑿較稀疏有序。歷無名間類胛骨上的鑽鑿基本在胛骨整治後即施加完成。

二、歷無名間類胛骨特色卜辭布局

　歷無名間類胛骨特色卜辭布局,對邊骨條部位一般是在兆幹與骨邊之間逆骨臼方向豎行。另起一日一組相關事件的占卜,第一條卜辭會在卜兆內側起刻,豎行向下。換言之,另起一日的第一卜,卜辭記錄得比較詳盡,會刻寫在卜兆兆幹內側。這種刻寫也起到了提起注意新一日占卜的作用。

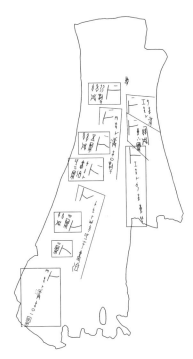

（1a）丙寅卜：裸杏一牢。

（1b）二牢。

（1c）三牢。茲用。

（1d）甲午卜：其又歲于高祖乙。

（1e）甲午卜：高祖乙歲三牢。一

（1f）五牢。茲用。一

（1g）丙申卜：裸杏夙。一

（1h）弜夙。茲用。一

（1i）壬寅卜：姀柔（禱）叀羊。一

（1j）叀小宰。茲用。

（1k）壬寅卜：姀柔（禱）豰。

《合集》32453［歷無名］

這版胛骨現存四組卜辭。第一組（1a）至（1c）辭是丙寅日選貞裸杏祭牲的數目。第二組(1d)至(1f)辭是甲午日侑祭高祖乙,選貞祭牲數目。第三組(1g)至(1h)辭是丙申日對貞裸祭的時間。第四組(1i)至(1k)辭是壬寅日選貞禱祭妣所使用的祭牲種類。其中,(1d)(1g)爲新一組占卜的第一條卜辭,記録了比較完整的占卜時間與事件,因刻寫空間不足從卜兆内側豎行向下刻寫。(1k)辭使用頸扇交界部位最下方一個鑽鑿,直行向下刻寫。

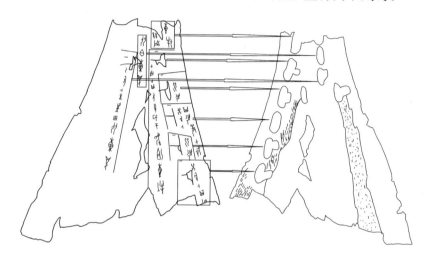

(2a) 癸亥卜:其延… 一

(2b) 弜延。一

(2c) 癸亥卜:其延羌甲,戠(待)。一

(2d) 弜延。一

(2e) 甲子卜:其又歲于毓祖乙,叀牡。一

(2f) 叀牝。兹用。

(2g) 乙丑卜:王往田,从東擒。一

(2h) 从白東擒。一

《屯南》1094[歷無名]

這版胛骨現存四組卜辭。第一組(2a)(2b)兩辭是癸亥日對貞祭祀某位祖先。第二組(2c)(2d)兩辭是癸亥日對貞祭祀羌甲。第三組(2e)(2f)兩辭是甲子祭選貞祭祀毓祖乙所用祭牲的性别。第四組(2g)(2h)兩辭是乙丑

日占卜田獵地。其中,(2e)辭爲新一組占卜的第一條卜辭,記錄了比較完整的占卜時間與事件,因刻寫空間不足從卜兆內側豎行向下刻寫。(2g)辭是使用頸扇交界部位最下方一個鑽鑿,直行向下刻寫。

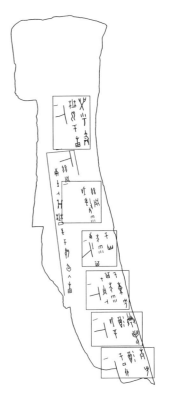

(3a) 于丁卯酒,南方。一

(3b) 𣦼(待)辛酒禣,若。一

(3c) 甲子卜:其𡦛(禱)雨于東方。

(3d) 庚午卜:其𡦛(禱)雨于山。

(3e) 𣦼𤆪雨。兹用。

(3f) 庚午卜:鼎𣓀丁至于𣂪,西入甫。

兹用。一

(3g) 𣓀弜于甫叹,呼爵。一

《合集》30173[歷無名]

這版胛骨現存四組卜辭。第一組包括(3a)(3b)兩辭是選貞祭祀的時間。第二組(3c)是甲子日禱雨於東方。第三組(3d)(3e)兩辭是庚午日禱雨於山及結果。第四組(3f)(3g)兩辭是庚午日占卜田獵地。其中,(3f)辭爲新一組占卜的第一條卜辭,記錄了比較完整的占卜時間與事件,因兆幹到骨邊刻寫空間不足,從卜兆內側豎行向下刻寫。

綜上,歷無名間類胛骨卜辭一般刻寫在兆幹外側。新一天或一組事件的第一條卜辭有時記錄得比較詳盡,字數較多時,會在卜兆內側起刻,豎行向下刻寫。

三、歷無名間類胛骨上的占卜形式

歷無名間類胛骨上的占卜形式有異版成套,也有只卜一次。

(一) 成套占卜

歷無名間類胛骨上的卜旬辭基本用三版一套的形式進行占卜。

(4a) 癸亥貞：旬亡囚。一

(4b) 癸酉貞：旬亡囚。一

(4c) 癸未貞：旬亡囚。一

(4d) 癸巳貞：旬亡囚。一

(4e) 癸卯貞：旬亡囚。一

(4f) 癸丑貞：旬亡囚。一

(4g) 癸亥貞：旬亡囚。一

(4h) 癸酉貞：旬亡囚。一

(4i) 癸未貞：旬亡囚。一

《屯南》2289[歷無名]

(5a) 癸酉卜，貞：旬亡囚。二

(5b) 癸未卜，貞：旬亡囚。二

(5c) 癸巳卜，貞：旬亡囚。二

(5d) 癸卯卜，貞：旬亡囚。二

(5e) 癸丑卜，貞：旬亡囚。二

(5f) 癸亥卜，貞：旬亡囚。二

(5g) 癸酉卜，貞：旬亡囚。二

《醉古》84[歷無名]

(6a) 癸未卜，貞：旬亡囚。三

(6b) 癸巳卜，貞：旬亡囚。三

(6c) 癸卯卜，貞：旬亡囚。三

(6d) 癸丑卜，貞：旬亡囚。三

(6e) 癸亥卜，貞：旬亡囚。三

(6f) 癸酉卜，貞：旬亡囚。三

(6g) 癸未卜，貞：旬亡囚。三

(6h) 癸巳卜，貞：旬亡囚。三

(6i) 癸卯卜，貞：旬亡囚。三

(6j) 癸丑卜，貞：旬亡囚。三

(6k) 癸亥卜，貞：旬亡囚。三

《屯南》2428[歷無名]

以上各版分別是其所在成套占卜的第一、二、三版。

　　歷無名間類胛骨上的卜旬辭使用三版一套的形式進行占卜。[①]

　　(二) 只卜一次

　　(7a) 弜勿。一

　　(7b) 丁丑卜：其又杏于父甲。一

　　(7c) 丁丑卜：父甲杏牢。一

　　(7d) 牢一牛。一

《合集》27444(《山東》963)[歷無名]

　　(8a) 戊子卜：王田亡戈。一

　　(8b) 戊子卜：王往田于亡燅。擒。一

《合集》32077(《北珍》2231)[歷無名]

　　(9a) 丁雨。[一]

　　(9b) 戊雨。一

　　(9c) 己雨。一

　　(9d) 庚雨。一

《合集》32461 右[歷無名]

　　(10a) 壬寅卜：其祝…

　　(10b) 于翌日癸。一

　　(10c) 壬寅卜：祝于妣庚罘小妾。一

---

① 　歷無名間類及無名組卜旬辭研究，參見林澐：《關於前辭有"貞"的無名組卜辭》，王宇信、宋鎮豪主編：《紀念殷墟甲骨文發現一百周年國際學術研討會論文集》，第 319—331 頁，社會科學文獻出版社，2003 年。《林澐學術文集》(二)，第 194—208 頁，科學出版社，2008 年。劉風華：《殷墟村南系列甲骨卜辭整理與研究》，第 337—353 頁。馬智忠：《殷墟無名類卜辭的整理與研究》，第 173—184 頁，吉林大學 2018 年博士學位論文，指導教師：林澐。

　　（10d）小宰。一

　　（10e）叀牛。一

　　（10f）丙午卜：祼歲二牢。

《屯南》1060［歷無名］

　　歷無名間類胛骨卜旬辭用三版一套的形式占卜，祭祀、田獵、天氣辭等兆序數爲一，只卜一次。

　　綜上，歷無名間類胛骨反面鑽鑿布局，主要有沿對邊一列、臼邊半列和沿對邊一列兩種布局。這兩種布局胛骨的頸扇交界部位，可以不施加鑽鑿，有時也施加 2 個左右的鑽鑿。正面骨扇下部鑽鑿較稀疏有序。歷無名間類這種鑽鑿布局同於村北系出組二類及其後組類的胛骨鑽鑿布局。

　　歷無名間類胛骨卜旬辭用三版一套的形式占卜，祭祀、田獵、天氣辭等只卜一次。對同一事件不同環節焦點的占卜自下而上依次進行，只卜一次，同於村北系出組二類以後胛骨的占卜形式。但歷無名間類兆序數爲一，出組二類以後兆序數遞增。這種占卜形式標誌着占卜的變革、簡化以及新占卜制度的確立。

附表

歷無名間類胛骨鑽鑿布局表

材料	對邊	臼邊	頸扇交界	號　　　　碼
反面	一列	半列	0	T2299
			2 個一行	T1094、T1124、T2262
			2 個一列	T2566、T821、T2314、T2428、T2497、T2553、T2607、T3596
			0	T2160、T2277、T2284、T2285、T2289、T2376、T2464、T2565、醉古 84

材料	部位	排列	號　　　碼
正面	骨扇	稀疏有序	32077、32461、32791、T2176、T2218、T2262、T2391、T2459

歷無名間類胛骨鑽鑿布局材料表

材　　料	號　　　碼
胛骨反面	T821、T1094、T1124、T2160、T2262、T2277、T2284、T2285、T2289、T2299、T2314、T2376、T2391、T2428、T2464、T2497、T2553、T2565、T2566、T2607、T3596、醉古 84
骨扇下部	32077、32461、32791、T2176、T2218、T2262、T2391、T2459
無反面或殘斷不明	27340（甲 636）、27412（甲 798＋803）、27444、27884（甲 624）、27915、29700、30173、33925、34557、32453＋、32454、32631、33469、34758、34762、34933、34940、35010、35070、35133、B10782、村中南 238、T282、T629＋647、T707、T782、T929、T941、T997、T1031、T1044、T1060、T1097、T1121、T2117、T2139、T2162、T2165、T2189、T2274＋2313、T2365、T2568、T2577、T3538、T3574、T3597、T4319、T4356、T4389、T4401、Y2493

第五節　無名組胛骨鑽鑿布局與占卜形式

一、無名組胛骨鑽鑿布局

無名組胛骨反面鑽鑿沿骨邊布局。正面骨扇部位的鑽鑿較稀疏有序。

（一）沿對邊一列，臼邊半列

無名組胛骨沿對邊有一列 8 至 10 個左右鑽鑿，沿臼邊有半列 4 個左右鑽鑿，頸扇交界部位個別不施加鑽鑿，多施加 2 個一行鑽鑿。

《屯南》2302 沿對邊一列 9 個鑽鑿,臼邊半列 2 個鑽鑿,其左下 1 個鑽鑿。《輯佚》附 88 沿對邊一列鑽鑿,臼邊半列 4 個鑽鑿。

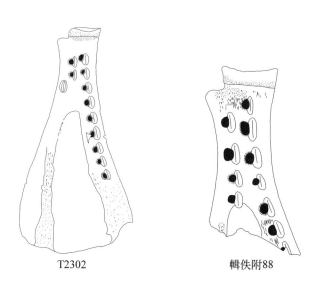

T2302   輯佚附88

《屯南》2712 沿對邊一列 9 個鑽鑿,臼邊半列 5 個鑽鑿,其右下 1 個鑽鑿。《屯南》2740 沿對邊一列 9 個鑽鑿,臼邊半列 4 個鑽鑿,其下頸扇交界部位綴一行 2 個鑽鑿。

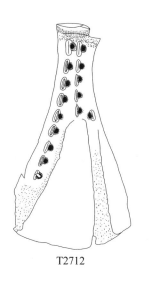
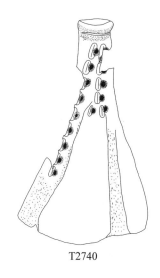

T2712   T2740

《屯南》4559 沿對邊一列 10 個鑽鑿,臼邊半列 5 個鑽鑿,其下頸扇交界部位綴一行 2 個鑽鑿。

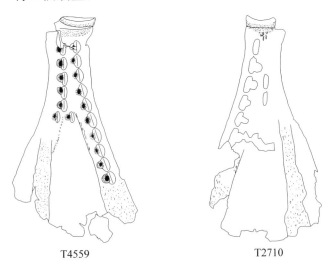

T4559　　　　　　　　T2710

《屯南》2710 沿對邊一列 7 個鑽鑿,頸扇交界部位一列 2 個鑽鑿。《屯南》2276 沿對邊一列 8 個鑽鑿,頸扇交界部位一列 2 個鑽鑿。

T2276　　　　　　　　H28272

《合集》28272 沿對邊一列 9 個鑽鑿,頸扇交界部位一列 2 個鑽鑿。頸扇交界部位有個別多鑽鑿。

《屯南》2666 沿對邊一列 8 個鑽鑿,臼邊半列 8 個鑽鑿。頸扇交界中間部位 1 個鑽鑿,沿臼邊 3 個鑽鑿。《屯南》2709 沿對邊一列鑽鑿,臼邊半列鑽鑿。頸扇交界部位 8 個鑽鑿。

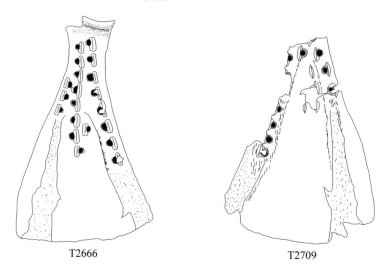

T2666　　　　　　　　　　　　T2709

對灼。沿臼邊的半列鑽鑿極近臼邊時,灼燒只能在其內側進行,所以形成對灼。這是無名組胛骨鑽鑿布局的特色之一。

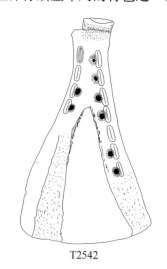

T2542

《屯南》2542 沿對邊一列 7 個鑽鑿,緊靠臼邊半列 4 個鑽鑿。

(二) 沿對邊一列

無名組胛骨沿對邊有一列 7 至 10 個鑽鑿。

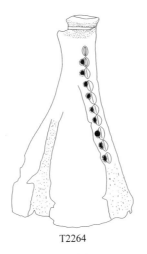

T2264

《屯南》2264 沿對邊一列 10 個鑽鑿。

(三) 正面骨扇部位

無名組胛骨正面骨扇下部鑽鑿基本稀疏有序。

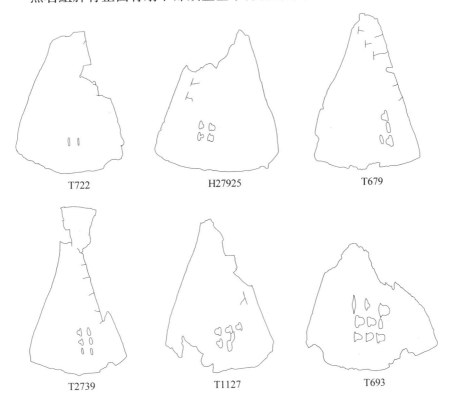

T722　　　　　H27925　　　　　T679

T2739　　　　　T1127　　　　　T693

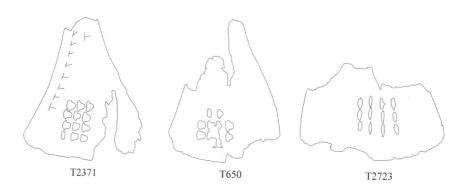

T2371　　　　　　　　　　T650　　　　　　　　　　T2723

　　《屯南》722 正面骨扇下部兩列 2 個鑽鑿。《合集》27925 正面骨扇下部兩列 4 個鑽鑿。《屯南》679 正面骨扇下部兩列 4 個鑽鑿。《屯南》2739 正面骨扇下部兩列 6 個鑽鑿。《屯南》1127 正面骨扇下部三列 5 個鑽鑿。《屯南》693 正面骨扇下部三列 9 個鑽鑿。《屯南》2371 正面骨扇下部三列 12 個鑽鑿。《屯南》650 正面骨扇下部四列 10 個鑽鑿。《屯南》2723 正面骨扇下部四列 12 個鑽鑿。從正面骨扇部位鑽鑿排列的有序性以及施加鑽鑿未刻寫卜辭的情況來看，可能鑽鑿在整治後即施加完成。

　　無名組胛骨有兩種鑽鑿布局類型：一種是沿對邊一列，臼邊半列，這種鑽鑿布局類型有對灼的現象，主要是因爲臼邊鑽鑿緊鄰原邊；一種是沿對邊一列。正面骨扇下部施加鑽鑿較稀疏有序。無名組胛骨上的鑽鑿基本在甲骨整治後即施加完成。

二、無名組胛骨上的占卜形式

　　無名組一版胛骨上基本只占卜同一件事或同一事項，且只卜一次。

　　（1a）癸酉卜：祉母己叀牝。

　　（1b）叀小宰。吉。

　　（1c）叀今夕酒。大吉。茲用。

　　（1d）于翌日甲酒。

　　（1e）其至日戊酒。

　　（1f）祉其至父甲。吉。

（1g）弜。

《合集》27454（《天理》672）［無名］

以上這版胛骨是同一天對於同一事件不同環節焦點的占卜。（1a）（1b）兩辭選貞祐祭母己的祭牲種類犾還是宰，占辭説宰爲吉。（1c）至（1e）辭選貞酒祭的時間是"今夕""翌日"還是"戊"，占辭説今夕爲吉，並得以實行。（1f）（1g）兩辭對貞要不要祭祀到"父甲"，占辭説祭祀到父甲爲吉。占卜自下而上依次進行，未刻兆序數，很可能是只卜一次。該版每個環節一個占辭。

（2a）癸丑□：舌祖甲祼，叀□□牢又一牛。用。

（2b）其發三牢。吉。

（2c）其五牢。

（2d）羌十人。

（2e）十人又五。

（2f）二十人。大吉。茲用。

（2g）三十人。

《屯南》2343［無名］

以上這版胛骨是同一天對於同一事件不同環節焦點的占卜。（2a）至（2c）辭選貞舌祭祖甲所用祭牲牢的數量是"牢又一牛""三牢"還是"五牢"，占辭説三牢爲吉。（2d）至（2g）辭選貞舌祭祖甲所用的人牲數量是"十人""十五人""二十人"還是"三十人"，占辭説二十人爲吉，並得以實行。占卜自下而上依次進行，未刻兆序數，很可能是只卜一次。該版每個環節一個占辭。

（3a）己未卜：祖丁大𢆶，王其延大甲。吉。

（3b）弜延。叙�。

（3c）王其鄉于宙，□。

（3d）弜鄉于宙，𪔂①障祼，又正。

---

①　陳劍：《甲骨金文舊釋"𪔂"之字及相關諸字新釋》，《出土文獻與古文字研究》第 2 輯，第 13—47 頁，復旦大學出版社，2008 年。

(3e) 其乍豐，又正。

(3f) 弜乍豐。

《屯南》2276［無名］

以上這版胛骨是同一天對於同一事件不同環節焦點的占卜。(3a)(3b)兩辭對貞祭祀祖丁是否延祭到大甲，占辭説延祭到大甲爲吉。(3c)(3d)兩辭對貞是否在宿鄉祭。(3e)(3f)兩辭對貞是否作豐。占卜自下而上依次進行，未刻兆序數，很可能是只卜一次。

(4a) □丑卜：五族戍弗雉(失)①王［衆］。吉。

(4b) 戍屰弗雉(失)王衆。

(4c) 戍帶弗雉(失)王衆。

(4d) 戍戶(肩)弗雉(失)王衆。

(4e) 戍逐弗雉(失)王衆。

(4f) 戍何弗雉(失)王衆。

(4g) 五族其雉(失)王衆。

(4h) 戍屰其雉(失)王衆。

(4i) 戍帶其雉(失)王衆。

《綴集》10［無名］

以上這版胛骨是兩組同一天對於同一事件不同環節焦點的占卜，是對貞套選貞的占卜。兩組對貞是否失王衆。第一組(4a)至(4f)選貞弗失王衆的戍官。第二組(4g)至(4i)選貞失王衆的戍官。占卜自下而上依次進行，未刻兆序數，很可能是只卜一次。

(5a) 戍…

(5b) 戍其徥母(毋)歸，于之若，戈兕方。

(5c) 戍其歸，呼駱，王弗每(悔)。

(5d) 其呼戍衛(禦)兕方于喬，戈兕方，不喪衆。

---

① 沈培：《卜辭"雉衆"補釋》，《語言學論叢》第26輯，第237—256頁，商務印書館，2002年。

(5e) 于浮帝呼御(禦)𡧛方，于之戋。

(5f) 其御(禦)𡧛方，注①人，𡧛方異其大出。大吉。

《綴彙》14［無名］

以上這版胛骨是同一天對於同一事件不同環節焦點的占卜。(5b)(5c)兩辭對貞戓歸。(5d)(5e)兩辭選貞抵禦羌方的地點。(5f)辭占卜戰況。占卜自下而上依次進行，兆序數不詳。

(6a) 辛巳卜：在尋衛… 吉。

(6b) 弗及。

(6c) 戉衛不雉(失)衆。

(6d) 戉亡戋。

(6e) 叀侃②又戋。

(6f) 叀隻又戋。

《醉古》269［無名］

以上這版胛骨是同一天對於同一事件不同環節焦點的占卜。(6a)(6b)兩辭對貞在尋地的衛趄上敵方，占辭説趄上敵方爲吉。(6c)占卜戉衛不失衆。(6d)至(6f)辭占卜獲勝的將領。占卜自下而上依次進行，兆序數不詳。

(7a) 甲辰卜：在刂牧延啓，又…犬(?)邑曰…在瀍。引吉。

(7b) 弜每。吉。

(7c) 癸酉卜：戉伐，右牧𢎵啓人方，戉又戋。引吉。

(7d) ［右戉又］戋。引吉。

(7e) 中戉又戋。

(7f) 左戉又戋。吉。

---

① 裘錫圭：《殷墟甲骨文字考釋(七篇)》，《湖北大學學報》(哲學社會科學版)1990 年第 1 期；《裘錫圭學術文集·甲骨文卷》，第 350—361 頁。

② 裘錫圭：《釋"衍"、"侃"》，臺灣師範大學國文系、中國文字學會編：《魯實先先生學術討論會論文集》，第 6—12 頁，1993 年；馮天瑜主編：《人文論叢》2002 年卷，武漢大學出版社，2003 年；《裘錫圭學術文集·甲骨文卷》，第 378—386 頁。

（7g）亡戋。

（7h）右戍不雉衆。吉。

（7i）中戍不雉衆。引吉。

（7j）左戍不雉衆。

《屯南》2320［無名］

以上這版胛骨是兩天對於同一事類的兩組占卜。第一組（7a）（7b）兩辭是甲辰日占卜戰況。第二組（7c）（7g）兩辭對貞右牧戛是否戋，占辭説戋爲吉。（7d）至（7f）選辭戋的作戰部隊是"右戍""中戍"還是"左戍"，占辭説右戍引吉，左戍吉。（7h）至（7j）選貞不失衆的部隊，占辭説右戍、中戍都會吉。占卜自下而上依次進行，未刻兆序數，很可能是只卜一次。

（8a）其…令…方…

（8b）叀小臣牆令，呼比，王受又。

（8c）弜令。

（8d）叀𢀖令。

（8e）弜令。

（8f）叀𣏾令。吉。

（8g）弜令。吉。

《綴彙》623［無名］

以上這版胛骨是同一天對於同一事件不同環節焦點選貞套對貞的占卜，第一層選貞戰事的將領，第二層對貞是否命令該將領。（8b）（8c）對貞要不要命令小臣牆。（8d）（8e）對貞要不要命令𢀖。（8f）（8g）對貞要不要命令𣏾，占辭説命令𣏾配合作戰與否都會吉。占卜自下而上依次進行，未刻兆序數，很可能是只卜一次。

（9a）一

（9b）于戊…兹用。一

（9c）王其田，叀犬自比（比），擒，亡戋。一

（9d）王其田，叀成犬比（比），擒，亡戋。一

(9e) 王其匕(比)犬羴(敢)①,不雨。兹用。一

(9f) 弜匕(比),遘(遘)雨。一

(9g) ■···　一

(9h) 弜夙。一

《綴彙》106[無名]

以上這版胛骨是同一天對於同一事件不同環節焦點的占卜。(9a)(9b)兩辭可能選貞田獵的日期,從用辭"兹用"看,應該是選擇了戊日。(9c)至(9e)選貞配合田獵的犬官,(9e)(9f)兩辭對貞商王是否配合犬羴,從用辭"兹用"來看,很可能是配合犬羴田獵,沒有遇到雨。(9g)(9h)兩辭很可能占卜田獵的時段"夙"。占卜自下而上依次進行,整版兆序數爲一,應該是只卜一次。

(10a) 弜田,其每。吉。

(10b) 叀喪田省,亡戈。

(10c) 叀盂田省,亡戈。

(10d) [叀]□田省,亡戈。

(10e) [叀]□田省,亡戈。

(10f) ···其獸,亡戈。

(10g) 王其射勞鹿,亡戈。

(10h) ···射···鹿···擒。

《拼三》675[無名]

以上這版胛骨是同一天對於同一事件不同環節焦點的占卜。(10a)辭可能與殘掉的卜辭對貞是否去田獵,占辭説去田獵爲吉。(10b)至(10e)選

---

① 徐中舒主編:《漢語古文字字形表》,第155頁眉批,四川辭書出版社,1981年。陳絜:《説"敢"》,宮長爲、徐勇主編:《史海偵迹——慶祝孟世凱先生七十歲文集》,第19頁,香港新世紀出版社,2006年。黃天樹:《甲骨卜辭中關於商代城邑的史料》,《黃天樹甲骨金文論集》,第235頁,學苑出版社,2014年;又刊於《古文字與古代史》第4輯,中研院歷史語言研究所,2015年。謝明文:《商代金文的整理與研究》,第272—273頁,復旦大學博士學位論文,2012年5月,指導教師:裘錫圭;謝明文:《商代金文研究》,第230—231頁。

貞省田的地點。(10f)占卜王狩獵。(10g)(10h)兩辭進一步占卜射鹿的情況。占卜自下而上依次進行,兆序數不詳。

> (11a) 辛巳卜:翌日壬,不雨。吉。

> (11b) 其雨。孚①雨。

> (11c) 翌日壬,王其田勞,亡戋。引吉。

> (11d) 擒。吉。

> (11e) 不擒。

> (11f) 不雨。引吉。

> (11g) 吉。

《屯南》2713[無名]

以上這版胛骨是同一天對於同一事件不同環節焦點的占卜。第一組是天氣的占卜,(11a)(11b)兩辭對貞壬日是否下雨,占辭説不雨爲吉,從孚辭看,事實是下雨了。第二組是田獵的占卜,(11c)占卜王到勞地田獵,占辭説王去田獵引吉。(11d)(11e)兩辭對貞是否會擒獲,占辭説有所擒獲爲吉。(11f)占卜不會下雨。占卜自下而上依次進行,未刻兆序數,很可能是只卜一次。每個環節一個占辭。

> (12a) 丁亥卜,貞:今秋受年,吉秶。② 吉。三

> (12b) 不吉秶。

---

① 裘錫圭:《釋“厄”》,王宇信、宋鎮豪主編:《紀念殷墟甲骨文發現一百周年國際學術研討會論文集》,第 125—133 頁;《裘錫圭學術文集·甲骨文卷》,第 449—460 頁。裘錫圭:《燹公盨銘文考釋》,保利藝術博物館編著:《燹公盨》,第 35—54 頁,綫裝書局,2002 年 10 月;《中國歷史文物》2002 年第 6 期,第 13—22 頁;《中國出土古文獻十講》,第 66—67 頁,復旦大學出版社,2004 年;《裘錫圭學術文集·金文及其他古文字卷》,第 161 頁。

② 刈,裘錫圭:《甲骨文字考釋(八篇)·釋“㝭”“秶”》,《古文字研究》第 4 輯,第 153—157 頁,中華書局,1980 年;《古文字論集》,第 35—39 頁;《裘錫圭學術文集·甲骨文卷》,第 72—76 頁。裘錫圭:《甲骨文中所見的商代農業》,《全國商史學術討論會論文集》,第 242 頁,1985 年;《農史研究》第 8 輯,農業出版社,1989 年;《古文字論集》第 187 頁;《裘錫圭學術文集·甲骨文卷》,第 247 頁。董珊、陳劍:《郘王職壺銘文研究》,《北京大學中國古文獻研究中心集刊》第 3 輯,第 29—54 頁,北京大學出版社,2002 年 10 月。劉釗:《兵器銘文考釋(四則)》,《出土文獻與古文字研究》第 2 輯,第 95—109 頁,復旦大學出版社,2008 年。

(12c) 貞：今秋受年。

(12d) 不吉秭。

(12e) 其或①幼盂田叀牝用。

(12f) 叀豩用。

《綴彙》102［無名］

以上這版胛骨是同一天對於同一事件不同環節焦點的占卜。(12a)至
(12d)是兩組對貞收割是否順利，占辭説刈穫爲吉。第二組(12e)(12f)選
貞祭牲的性別。占卜自下而上依次進行，最下一辭兆序數爲三。

(13a) 桼（禱）年來，其卯上甲舌，受年。吉。

(13b) 弜受年。

(13c) 其卯于示壬。

(13d) 弜卯。

(13e) 叀上甲先酒。

(13f) 叀示壬先酒。

(13g) 叀今日酒。

(13h) 于翌日酒。

《合集》28272（《甲編》3587）［無名］

以上這版胛骨是同一天對於同一事件不同環節焦點的占卜。(13a)(13b)兩
辭對貞卯祭上甲，是否受年，占辭説受年爲吉。(13c)(13d)兩辭對貞是否卯
祭示壬。(13e)(13f)兩辭選貞先酒上甲還是示壬。(13g)(13h)兩辭選貞酒
祭的日期。占卜自下而上依次進行，未刻兆序數，很可能是只卜一次。

(14a) 庚寅卜：其桼（禱）年于上甲三牛。一

(14b) 五牛。一

(14c) 十牛。吉。一

---

① 謝明文：《“或”字補説》，《商代金文的整理與研究》，第 664—678 頁；《出土文獻研究》第 15
輯，第 14—33 頁，中西書局，2016 年。

(14d) 桒(禱)年上甲、示壬,叀兹祝用。

(14e) 弜唯兹用。吉。

(14f) 桒(禱)年,叀暮酒,[王受]又。

(14g) 叀食日酒,王受又。大吉。

《屯南》2666[無名]

以上這版胛骨是同一天對於同一事件不同環節焦點的占卜。(14a)至 (14c)辭選貞禱年於上甲所用祭牲牛的數量,占辭十牛爲吉。(14d)(14e) 兩辭對貞禱年於上甲和示壬是否用兹祝,占辭不用爲吉。(14f)(14g)兩辭 選貞酒祭的時段是"暮",還是"食日",占辭説食日大吉。占卜自下而上依次 進行,三辭刻了兆序數一,很可能是只卜一次。每個環節有一個占辭。

(15a) 丁亥卜:其桒(禱)年于大示,即日,此又雨。吉。

(15b) 弜即日。一

(15c) 其桒(禱)年□祖丁,先酒,[又]雨。吉。

(15d) 叀大乙先酒,又雨。

(15e) 毓祖丁桒(禱)一羊,王受又。

(15f) 二羊,王受又。吉。

(15g) 三羊,王受又。大吉。

《屯南》2359[無名]

以上這版胛骨是同一天對於同一事件不同環節焦點的占卜。(15a)(15b) 兩辭對貞禱年於大示,是否在即日,占辭在即日爲吉。(15c)(15d)兩辭選 貞先酒祖丁,還是大乙,占辭祭祀祖丁爲吉。(15e)至(15g)辭選貞禱祭毓 祖丁所用祭牲羊的數目是"一羊""二羊",還是"三羊",占辭二羊爲吉,三 羊大吉。占卜自下而上依次進行,一辭刻了兆序數一,很可能是只卜一 次。每個環節至少有一個占辭。

(16a) 弜巳。

(16b) 王其又于滴,在又石燎,又雨。

(16c) 即川燎,又雨。

(16d) 王其呼戌霹盂，又雨。吉。

(16e) 叀万霹盂田，又雨。吉。

(16f) 登燎叀豚。

(16g) 叀羊。

(16h) 叀小宰。

《合集》28180［無名］

以上這版胛骨是同一天對於同一事件不同環節焦點的占卜。(16a)辭與其下殘掉的卜辭再確認對貞某事。(16b)(16c)兩辭選貞侑祭滴的地點是在右石，①還是川。(16d)(16e)兩辭選貞王呼令霹盂的身份是戌，還是万，占辭説用這兩種人舞雨都會吉。(16f)至(16h)辭選貞燎祭的祭牲種類是"豚"，"羊"，還是"小宰"。占卜自下而上依次進行，未刻兆序數，很可能是占卜一次。

(17a) 辛亥卜：翌日壬旦至食日不［雨］。大吉。一

(17b) 壬旦至食日其雨。吉。

(17c) 食日至中日不雨。吉。

(17d) 食日至中日其雨。

(17e) 中日至郭兮不雨。吉。

(17f) 中日至郭兮［其雨］。

《屯南》624［無名］

以上這版胛骨是同一天對於同一事件不同焦點的占卜。第一個層次選貞雨的時段，第二個層次對貞某個時段是否雨。占卜自下而上依次進行，未刻兆序數，很可能是只占卜了一次。

(18a) 戊戌卜：今日戊啓。

(18b) 今日不啓。吉。

(18c) 己啓。吉。

(18d) 庚啓。大吉。

---

① 疑爲"右岸"。

（18e）辛啓。

（18f）壬啓。

（18g）壬不啓。

（18h）及茲夕大啓。

《屯南》2300［無名］

以上這版胛骨是同一天對於同一事件不同環節焦點的占卜。（18a）（18b）對貞今日是否啓，（18c）至（18f）選貞啓的日期。（18f）（18g）對貞壬日是否啓。占卜自下而上依次進行，未刻兆序數，很可能是只卜一次。

無名組胛骨上的占卜內容多爲祭祀、田獵與軍事，也有農業與天氣辭。一般一版上是同一天對於同一事件不同環節焦點的占卜，這些占卜包括對貞與選貞。也有相關聯的事類占卜，如祭祀與天氣、田獵與天氣等。胛骨占卜基本不見兆序數，偶見兆序一，極個別有兆序三，無名組胛骨占卜基本只卜一次。

綜上，無名組胛骨反面鑽鑿布局，主要有沿對邊一列、臼邊半列和沿對邊一列兩種布局。也有多列布局沿對邊一列臼邊半列布局有對灼的情況。正面骨扇部位較爲稀疏有序。無名組這種鑽鑿布局基本同於村北系出組二類及其後組類的胛骨鑽鑿布局。

無名組胛骨基本爲同一天關於同一事件不同環節焦點的占卜，只卜一次。這種占卜形式體現了商後期的占卜規則。

附表

無名組胛骨鑽鑿布局表

材料	對邊	臼邊	頸扇交界	號　　碼
反面	一列	半列	0	T624、T2181、T2302＊、T2372、輯佚附88、綴彙624
			1個	T2712
			2個一行	T1088、T1109、T2219、T2265、T2719、T2740、T4559、醉古78
			2個一列	T2743、28272、28890、29116、29553、29694、30104、30198、30879、33530、T662、T729、T738、T1137、T2276、T2386、T2409、T2557、T2702、T2710、T4285、T4334、綴彙354

材料	對邊	臼邊	頸扇交界	號　　碼
反面	一列	半列	多個	T2666、T2709、T2714
			對灼	27349、27894、28576、30260、T158、T489、T610、T657、T679、T743、T2140、T2393、T2396、T2542、T2598、T2715、T4534、Y2274、Y2397、CZN237、CZN430、拼三623、醉古 171
			?	B9407、27145、27322、28320、28843、28952、29055、29206、29301、29892、30067、30649、T666、T2125、T2163、T2170、T2174、T2185、T2256、T2383、T2416、T2430、T2483、T2612、T2646、T2736、T4393、T4534、CZN36、醉古 172
		0	0	T2264
			?	31122、31915、33479、T271、T498、T501、T619、T728、T820、T2119、T2121、T2395、T2403、T2422、T2552、T2774、T4449、T4519、T4539、T4561、CZN44、俄 156、輯佚 583、輯佚 617、醉古 202

材料	部位	排列	號　　碼
正面	骨扇	整齊	27180、27925、28337、30344、30410、30693、32184、T650、T679、T693、T722、T765、T789、T1127、T2168、T2179、T2221、T2306、T2363、T2371、T2532、T2690、T2723、T2726、T2727、T2739、輯佚547、歷 1579、拼三 683、醉古 241

無名組胛骨鑽鑿布局材料表

材料	號　　碼
胛骨反面	27145（甲 818）、27322、27349（甲 657）、27894（甲 752）、28272（甲 3587）、28320（甲 703）、28576（甲 778）、28843（甲 816）、28890（甲 756）、28952、29055（甲 837）、29116（甲 505）、29206、29301（甲 532）、29553（甲 671）、29694（甲 777）、29892、30067（甲 667）、30104（甲 710）、30198（甲 547）、30260、30649（甲 743）、30879（甲 3582）、31122（甲 730）、31915（甲 602）、33479（甲 898）、33530、B9407（甲 847）、T158、T271、T489、T498、T501、T610、T619、T624、T657、T662、T666、T679、T728、T729、T738、T743、T820、T1088、T1109、T1137、T2119、T2121、T2125、T2140、T2163、T2170、T2174、T2181、T2185、T2219、T2256、T2264、T2265、T2276、T2302﹡、T2372、T2383、T2386、T2393、T2395、T2396、T2403、T2409、T2416、T2422、T2430、T2483、T2542、

材料	號　　碼
胛骨反面	T2552、T2557、T2598、T2612、T2646、T2666、T2702、T2709、T2710、T2712、T2714、T2715、T2719、T2736、T2740、T2743、T2774、T4285、T4334、T4393、T4449、T4519、T4534、T4539、T4559、T4561、Y2274、Y2397、CZN36、CZN44、CZN237、CZN430、俄 156、輯佚 583、輯佚 617、輯佚附 88、拼三 623（CZN126＋CZN215＋CZN132）、綴彙 354（T2355＋T2357）、綴彙 624（T2181＋T4301）、醉古 78（T676＋T678）、醉古 171（T173＋T489）、醉古 172（T2381＋T2383）、醉古 202（T4561＋T4569）
骨扇下部	27180、27925、28337、30344、30410、30693、32184、T650、T679、T693、T722、T765、T789、T1127、T2168、T2179、T2221、T2306、T2363、T2371、T2532、T2690、T2723、T2726、T2727、T2739、輯佚 547、歷 1579、拼三 683（27341＋北圖 1175）、醉古 241（29376＋30609）
無反面或殘斷不明	B3736、B8707、B4539、B9404、22519、26884、26915、26998、26999、27041、27060、27226、27233、27260、27310、27350、27370＋T132、27440、27454、27602、27736＋27740＋27742、27925、28089、28124、28180、28318、28337、28348、28534、28564、28568、28572、28576、28640、28791、28897、28902、28943＋29140、28965、28982、28992、28995、29085、29107、29121、29136、29152、29199、29217、29234、29239、29240、29245、29300、29314、29328、29351、29477、29554、29555、29582、29654、29660、29696、29775、29801、29843、29910、29912、29913、29990＋30174＋30130、30034、30041、30050、30061、30062、30133、30149、30183、30204、30213、30214、30248、30251、30286、30346、30364、30574、30582、30612、30629、30695、30742、30756、30765、30786、30812、30820、30832、30833、30883、30916、30933、31155、31700、31725、32611、33447、33461、33478、33547、41426、41606、T198、T297、T322、T515、T592、T594、T598、T607、T609、T621、T623、T625、T626、T641、T650、T658、T659、T694、T715、T763、T765、T778、T786、T922、T962、T1042、T1048、T1092、T1098、T1103、T2107、T2179、T2209、T2254、T2265、T2271、T2275、T2279、T2286、T2292、T2294、T2300、T2321、T2370、T2380、T2385、T2388、T2397、T2406、T2423、T2494、T2496、T2526、T2560、T2578、T2617、T2618、T2690、T2699、T2701、T2706、T2726、T2735＋2753、T2741、T3004、T3020、T3563、T3656、T4342、T4351、T4353、T4375、T4388、T4543、T4557、T4567、T4578、T4582、Y2306、Y2317、Y2322、綴集 301（29333＋29336）、CZN432、輯佚 546、歷 1579、拼集 168（28678＋29248）、拼集 172（28625＋30137＋29907）、拼集 185（29532＋30434）、拼集 223（27554＋29415＋30560＋寧 1・274）、拼集 226（28956＋B8997）、拼集 228（28623＋29175）、拼三 635（28894＋Y2321）、拼三 637（29603＋30494）、拼三 644（CZN437＋CZN512）、拼三 690（28919＋30142＋安明 1899）、拼三 739（29857＋CZN14）、綴彙 102（T620＋2291＋2991）、綴彙 106（27915＋33925）、綴彙 338（T880＋T989＋T1010）、綴彙 623（27888＋31964）、綴集 10（26879＋26880＋26885＋28035）、綴續 405（29079＋29160）、醉古 74（T6＋T12＋1・18）、醉古 77（T592＋T602）、醉古 180（T212＋T326）、醉古 193（28497＋28905）、醉古 270（27207＋27209＋29995）

第六節　無名組晚期胛骨鑽鑿
布局與占卜形式

一、無名組晚期胛骨鑽鑿布局

　　無名組晚期胛骨反面鑽鑿沿骨邊布局。正面骨扇部位的鑽鑿較稀疏有序。

(一) 沿對邊一列,臼邊半列

　　無名組胛骨沿對邊有一列 8 至 12 個左右鑽鑿,沿臼邊有半列 4 個左右鑽鑿,頸扇交界部位個別不施加鑽鑿,多施加 2 個一行鑽鑿。

　　《屯南》648 沿對邊一列鑽鑿,臼邊半列鑽鑿。《綴彙》468 沿對邊一列 12 個鑽鑿,臼邊半列 5 個鑽鑿,頸扇交界部位一行 2 個鑽鑿。

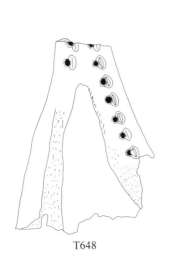

T648　　　　　綴彙468

　　頸扇交界部位有個別多鑽鑿。

　　《屯南》2307 沿對邊一列 10 個鑽鑿,其中第六、第七個鑽鑿之間夾一

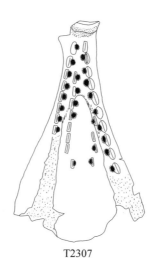

T2307

個小長鑿。臼邊半列 8 個鑽鑿。頸扇交界部位中間 1 列 7 個鑽鑿,近對邊
2 個鑽鑿,下部 2 個鑽鑿。對邊與臼邊的鑽鑿對灼。

（二）正面骨扇部位

無名組晚期胛骨正面骨扇下部鑽鑿基本稀疏有序。

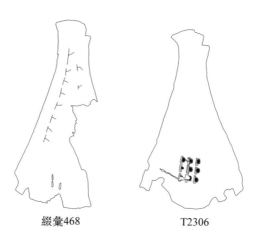

綴彙468　　　　　　T2306

《綴彙》468 正面骨扇下部兩列 3 個鑽鑿。《屯南》2306 正面骨扇下部
三列 9 個鑽鑿。從正面施加鑽鑿未刻寫卜辭來看,可能是在整治之後即
施加完成。

綜上,無名組晚期胛骨鑽鑿布局類型主要是沿對邊一列,臼邊半列,

頸扇交界部位多有 1 個鑽鑿，也有個別多列鑽鑿。正面骨扇下部鑽鑿較
稀疏有序。

二、無名組晚期胛骨上的占卜形式

無名組晚期胛骨上的占卜形式有異版成套，也有只卜一次。

(一) 成套占卜

無名組晚期胛骨上的卜旬辭基本用三版一套的形式進行占卜。

> (1a) 癸卯卜，貞：旬亡囚。二
>
> (1b) 癸丑卜，貞：旬亡囚。
>
> (1c) 癸亥卜，貞：旬亡囚。
>
> (1d) 癸酉卜，貞：旬亡囚。
>
> (1e) 癸未卜，貞：旬亡囚。
>
> (1f) 癸巳卜，貞：旬亡囚。
>
> (1g) 癸卯卜，貞：旬亡囚。二
>
> (1h) 癸丑卜，貞：旬亡囚。
>
> (1i) 癸亥卜，貞：旬亡囚。二

《合集》34735［無晚］

這版胛骨是自下而上依次進行占卜的卜旬辭，整版三個兆序數二，應該是
三版一套卜旬辭的第二版。

(二) 只卜一次

> (2a) 辛巳卜，貞：王其田，亡災。一
>
> (2b) 乙酉卜，貞：王其田，亡災。一
>
> (2c) 戊子卜，貞：王其田，亡災。一
>
> (2d) 辛卯卜，貞：王其田，亡災。一
>
> (2e) 乙未卜，貞：王其田，亡戈。一
>
> (2f) 戊戌卜，貞：王其田，亡戈。一
>
> (2g) 辛丑卜，貞：王其田，亡災。一

(2h) 壬寅卜，貞：王其田，亡𢦏。

(2i) 戊申卜，貞：王其田，亡𢦏。一

(2j) 己未卜，貞：王其田，亡𢦏。一

(2k) 辛酉卜，貞：王其田，亡[𢦏]。一

(2l) 乙丑卜，貞：王其田，亡𢦏。一

《綴彙》468[無晚]

以上這版胛骨是王田獵的占卜。整版兆序數相同爲一，可能只卜一次。

(3a) 壬戌卜，貞：王其田祝，亡災。

(3b) 甲子卜，貞：王其遊[①]轉，亡𢦏。一

(3c) 乙丑卜，貞：王其遊䡄，亡𢦏。一

(3d) 戊辰卜，貞：王不田，亡災。

(3e) 辛未卜，貞：王田䡄，亡災。一

(3f) 乙亥卜，貞：王其田喪，亡𢦏。

(3g) 戊寅[卜，貞]：王其□□，[亡]□。

(3h) 辛卯卜，貞：王田䡄，亡災。

(3i) □□[卜]，貞：王田䡄，亡災。

《屯南》660[無晚]

以上這版胛骨是王田、王遊的占卜。整版有三條卜辭兆序數相同爲一，可能只卜一次。

(4a) 癸酉卜：翌日王其又于上甲三牛，王受又又。引吉。

(4b) 五牛。吉。

(4c) 其牢。吉。

《屯南》2617[無晚]

以上這版胛骨是選貞王侑祭上甲所用祭牲“三牛”“五牛”還是“牢”，占辭

① 陳劍：《甲骨金文用爲“遊”之字補説》，《出土文獻與古文字研究》第 8 輯，第 1—46 頁，上海古籍出版社，2019 年。

説用三牛祭祀引吉,用五牛或牢吉。整版未刻兆序數,可能只卜一次。

　　無名組晚期胛骨占卜多田獵辭,也有一些出行、祭祀、軍事辭等。一版胛骨一般有同一天關於同一事件不同環節焦點的占卜,也有整版爲不同日期前往或到達某地的占卜,這種占卜不見兆序數,或兆序數一,很可能只卜一次。還有三版一套的卜旬辭。

　　綜上,無名組晚期胛骨鑽鑿布局類型主要是沿對邊一列,臼邊半列,頸扇交界部位多有 1 個鑽鑿,也有個別多列鑽鑿。正面骨扇下部鑽鑿較稀疏有序。

　　無名組晚期胛骨占卜或一版胛骨上爲同一天同一事件不同環節焦點的占卜,或整版爲不同日期前往或到達某地的占卜,只卜一次。卜旬辭三版一套。

附表

無名組晚期胛骨鑽鑿布局表

材料	對邊	臼邊	頸扇交界	號　　碼
反面	一列	半列	0	T648
			2 個一行	綴彙 468
			多個	T2307

材料	部位	排列	號　　碼
正面	骨扇	稀疏有序	T2306、綴彙 468

無名組晚期胛骨鑽鑿布局材料表

材　料	號　　碼
胛骨反面	T648、綴彙 468(T2172＋2178)、T2307
骨扇下部	T2306、綴彙 468(T2172＋2178)
無反面或殘斷不明	H37793、34735、T660、T661、T2229、T2231、T2266、T2405、T2617

第七節　師組與村中南系胛骨鑽鑿
布局及占卜形式小結

一、師組與村中南系胛骨鑽鑿布局的演進

（一）師組胛骨鑽鑿布局小結

師組胛骨鑽鑿布局的核心特徵爲骨首骨頸部位獨立布局，即骨首骨頸部位的鑽鑿與對邊骨條以及臼邊、頸扇交界部位的鑽鑿布局有較明顯的界限。

骨首骨頸部位，師組肥筆類（《合集》19812）、師組小字類（《合集》22466）以單個鑽鑿爲主要布局，也有兩列布局（《合集》20576［師肥筆］，20878［師小字］）和複合布局（《合集》20113）。沿對邊有一列小圓鑽。頸扇交界部位，師肥筆胛骨少有鑽鑿，師組小字類鑽鑿明顯增多（《合集》20970）。師組胛骨鑽鑿有較混亂布局，有灼燒方向不定的現象。正面骨扇部位鑽鑿，師組肥筆類稀疏有序（《合集》20466）與密集無序（《合集》19946）並見。師組小字類胛骨基本稀疏有序（《綴彙》903）。

1. 骨首骨頸部位

（1）單個鑽鑿布局：

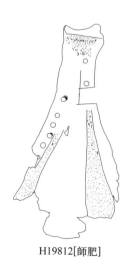

H19812［師肥］

（2）兩列鑽鑿布局：

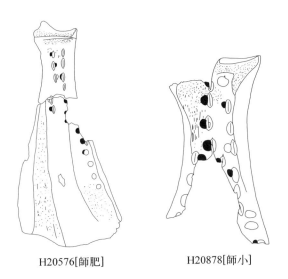

H20576[師肥]　　　　　H20878[師小]

（3）複合布局：

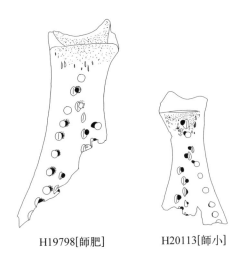

H19798[師肥]　　　　H20113[師小]

2. 頸扇交界部位

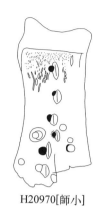

H20970[師小]

3. 正面骨扇下部

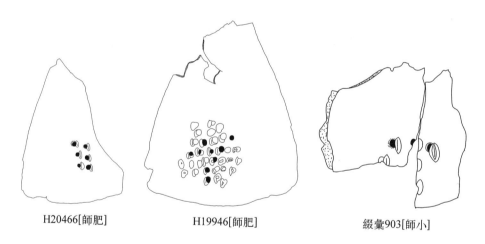

H20466[師肥]　　　　　H19946[師肥]　　　　　綴彙903[師小]

（二）村中南系胛骨反面鑽鑿布局的發展演進

1. 村中南系前期骨首骨頸部位獨立布局：師歷間類

村中南系胛骨師歷間類骨首骨頸部位獨立布局，即骨首骨頸部位的鑽鑿與對邊骨條以及臼邊、頸扇交界部位的鑽鑿布局區的界限較爲明顯。

骨首骨頸部位單個鑽鑿（《合集》20928）與兩列鑽鑿布局（《合集》32187）並見，也有複合布局區（《合集》20038）。沿對邊有一列小圓鑽。頸扇交界部位多密集布局（《合集》33081）。

（1）單個或無鑽鑿布局

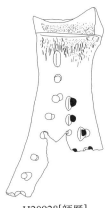

H20928[師歷]

（2）兩列鑽鑿布局

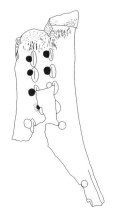

H32187[師歷]

（3）複合布局

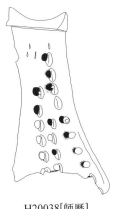

H20038[師歷]

（4）頸扇交界部位：增多到較密集

H33081[師歷]

從師組與師歷間類鑽鑿布局來看，師歷間類與師組胛骨鑽鑿布局有着高度的一致性，無法硬性割裂開來。師歷間類是從師組直接發展而來的。二者在鑽鑿布局發展序列上是繼承與發展的關係。屮類與師組、師歷間類爲一系。

2. 村中南系前後期的過渡階段：歷組一類

歷組一類爲村中南系前後期鑽鑿布局的過渡階段。一方面有前期的骨首骨頸部位獨立鑽鑿，以兩列布局（《屯南》751）爲主，也有三列布局（《屯南》2525）。沿對邊有一列鑽鑿，多爲長鑿（《合集》33747）。頸扇交界部位多有鑽鑿(《屯南》2150)。另一方面有後期的沿骨邊布局,即沿對邊一列,臼邊半列布局(《屯南》2283)。

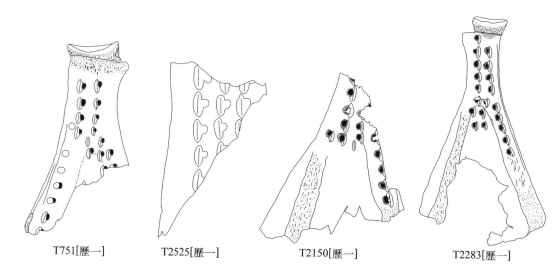

T751[歷一]　　T2525[歷一]　　T2150[歷一]　　T2283[歷一]

3. 村中南系後期沿骨邊布局:歷二——歷無——無名——無晚

村中南系胛骨從歷組二類到無名組晚期爲後期鑽鑿布局,其核心特徵爲沿骨邊布局。

歷組二類、歷無名間類、無名組、無名組晚期胛骨主要有兩種鑽鑿布局:沿對邊一列、臼邊半列與只沿對邊一列。

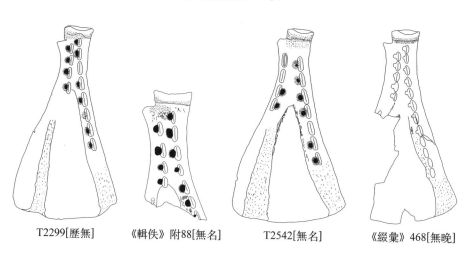

T2299[歷無]　　《輯佚》附88[無名]　　T2542[無名]　　《綴彙》468[無晚]

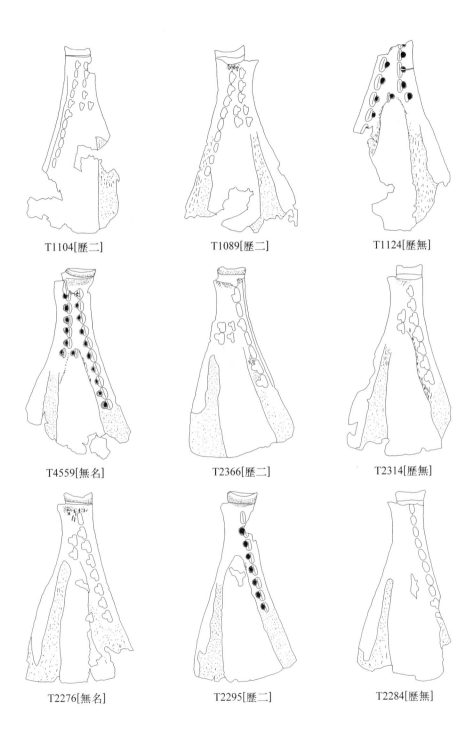

T1104[歷二]　　　　　　T1089[歷二]　　　　　　T1124[歷無]

T4559[無名]　　　　　　T2366[歷二]　　　　　　T2314[歷無]

T2276[無名]　　　　　　T2295[歷二]　　　　　　T2284[歷無]

　　歷組二類鑽鑿布局有直接從師組——師歷——歷組一類發展而來的軌迹。從胛骨反面鑽鑿布局來看,歷組與師組的關係非常密切。村中南系從歷組一類開始就進入了沿對邊一列、臼邊半列沿骨邊的鑽鑿布局,這比村北系開始的要早。師組、師歷間類、歷組一類可以看出這種布局的發展脈絡。

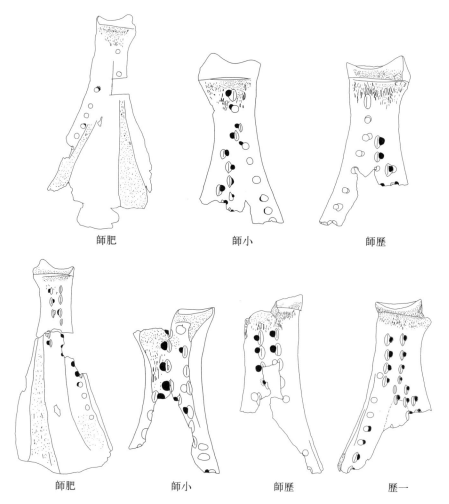

師肥　　　　　　　師小　　　　　　　師歷

師肥　　　　師小　　　　師歷　　　　歷一

(三) 村中南系胛骨正面骨扇下部鑽鑿布局的發展演進

　　正面骨扇部位鑽鑿,師歷間類少見,有密集無序與稀疏有序兩種布局類型。歷組一類(《屯南》2351)、二類(《屯南》1102)、歷無、無名、無晚類胛骨多爲稀疏有序鑽鑿。

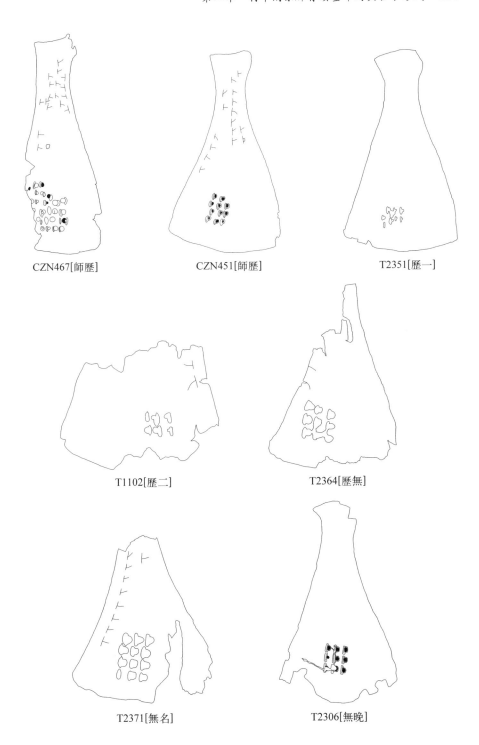

CZN467[師歷]　　　　CZN451[師歷]　　　　T2351[歷一]

T1102[歷二]　　　　T2364[歷無]

T2371[無名]　　　　T2306[無晚]

　　從胛骨正面骨扇下部鑽鑿布局來看，師歷間類與師組肥筆類的關係非常密切。師組肥筆類、師歷間類、歷組一類可以看到這種布局的發展脈絡。

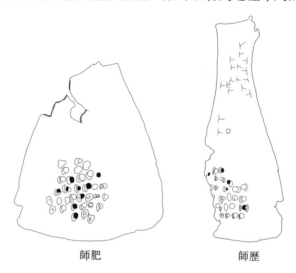

師肥　　　　　　　　師歷

　　胛骨施加鑽鑿的時間一般在胛骨整治之後，占卜之前。師組有臨時施加鑽鑿進行占卜的迹象。村南系師歷間類、歷組一類胛骨有占卜臨時施加鑽鑿的可能性。歷組二類以後基本在整治後即施加整版上的全部鑽鑿。

二、師組與村中南系胛骨占卜形式的演進

（一）師組胛骨占卜形式

師組胛骨多使用一辭多卜、一辭一卜的形式進行占卜，占卜次數多爲二、三、四次。

（二）村中南系胛骨占卜形式

村中南系胛骨占卜形式分爲前後兩個時期。

1. 前期基本爲多卜：師歷

師歷間類胛骨多使用一辭多卜、異版成套、同版內多辭一套的形式進行占卜，占卜次數多爲二、三、五次，天氣辭多三版一套，戰爭辭多五版一套。有明確的三版一套的卜旬辭。

2. 前後期的過渡階段，多三版一套：歷一——歷二

歷組一類、歷組二類胛骨祭祀、軍事、田獵、天氣、農業等基本用三版一套

的形式占卜,歷組一類也有五版一套。沿對邊骨條部位同一天對於同一事件不同環節焦點的占卜,通常沿骨邊自下而上依次進行,使用三版一套的形式進行占卜。卜夕、卜次日、對貞卜旬、兆序數遞增的對貞選貞辭基本一辭一卜。

3. 村中南系後期基本爲一卜:歷無——無名——無晚

歷無名間類、無名組、無名組晚期胛骨,一般一版是關於同一事件不同環節焦點的占卜,自下而上依次進行,只卜一次。卜旬辭三版一套。

村中南系胛骨上的占卜形式,前期的師歷間類多一辭多卜。歷組一類、歷組二類基本爲三版一套的占卜。後期的歷無、無名、無晚基本一辭一卜。歷組一類開始出現了同一天對於同一事件不同環節焦點沿骨邊布局的占卜。

占卜形式上,村南系與村北系基本同時從多卜轉變爲一卜(詳見後文)。

附:屯西類胛骨鑽鑿布局與占卜形式

一、屯西類胛骨鑽鑿布局

屯西類胛骨鑽鑿主要沿對邊、臼邊、中間布局。

(一) 屯西類胛骨反面鑽鑿布局

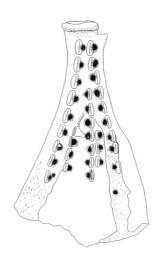

《屯南》附 1 反面沿對邊一列 9 個鑽鑿,沿臼邊一列 9 個鑽鑿,中間三列:一列 4 個,一列 7 個,一列 3 個鑽鑿。灼燒方向不定。

　　《屯南》附3反面沿對邊一列13個鑽鑿,沿臼邊半列5個鑽鑿。骨扇部位沿臼邊一列10個鑽鑿,中間三列:一列4個,一列3個不連續,一列3個鑽鑿。灼燒方向不定。

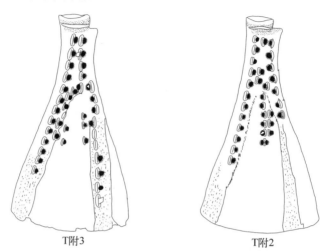

T附3　　　　　　　　　　　T附2

　　《屯南》附2反面沿對邊一列12個鑽鑿,沿臼邊半列7個鑽鑿,中間三列:骨首骨頸部位一列3個非連續鑽鑿,其下一列6個,一列4個非連續鑽鑿。灼燒方向不定,頸扇交界部位最下一個鑽鑿長鑿兩側均灼燒。

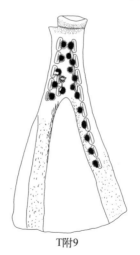

T附9

　　《屯南》附9反面沿對邊一列9個鑽鑿,沿臼邊半列5個鑽鑿,中間兩列:一列3個,一列2個鑽鑿。

《屯南》附 4 反面沿對邊一列 8 個鑽鑿。沿臼邊：最上 1 個，頸扇部位半列 5 個鑽鑿，扇部 1 個圓鑽。中間四列：其中一列 4 個非連續鑽鑿，另三列每列各 2 個鑽鑿。

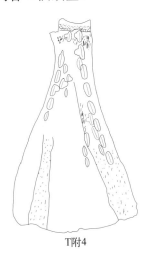 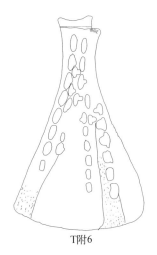

T附4　　　　　　　　　　　　T附6

《屯南》附 6 反面沿對邊一列 8 個鑽鑿。沿臼邊半 3 個鑽鑿，其下綴一行 2 個鑽鑿。頸扇部位中間四列：一列 5 個非連續，一列 6 個，一列 1 個，一列 6 個鑽鑿。灼燒方向不定。

屯西附這種鑽鑿布局與無名組、無晚有類似。不排除二者時代相近或有相互影響。

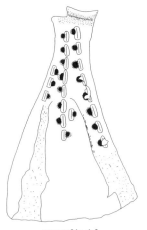 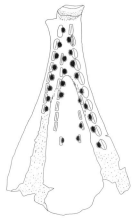

T2666[無名]　　　　　　　　　　T2307[無晚]

（二）屯西類胛骨正面骨扇下部鑽鑿布局

《屯南》附1胛骨正面骨扇下部一列2個鑽鑿。

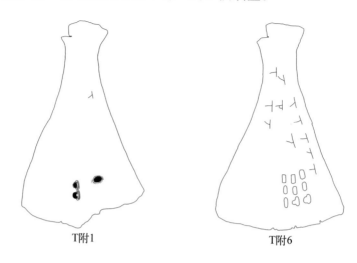

T附1　　　　　　　　　　T附6

《屯南》附6胛骨正面骨扇下部三列三行9個鑽鑿。

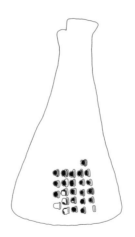

《屯南》附2胛骨正面骨扇下部五列六行25個鑽鑿。

從正面施加鑽鑿未刻寫卜辭來看，可能是在甲骨整治後即施加了該部位的全部鑽鑿。

屯西類胛骨反面沿對邊一列9至13個鑽鑿，沿臼邊一列或半列4至13個鑽鑿，中間一般3列左右鑽鑿。正面骨扇下部稀疏有序布局。

二、屯西類胛骨占卜形式

(1a) 祖庚豚父乙豚子豚。

(1b) 钔臣父乙豚子豚母壬豚。

(1c) 钔鴈丙鼎犬丁豚。

《屯南》附 1[屯西]

這版胛骨上三條卜辭占卜祭祀,不見兆序數,可能一卜。

　　屯西類胛骨反面沿對邊一列 9 至 13 個鑽鑿,沿臼邊一列或半列 4 至 13 個鑽鑿,中間一般 3 列左右鑽鑿。正面骨扇下部稀疏或密集有序布局。卜兆旁未刻寫兆序數,可能一卜。

附表

屯西類胛骨鑽鑿布局表

材料	部　位	疏　密	號　　　　碼
反面	骨首骨頸	兩列	T 附 1、T 附 2、T 附 3、T 附 4、T 附 5、T 附 6、T 附 7、T 附 8、T 附 9
	對邊	一列	T 附 1、T 附 2、T 附 3、T 附 4、T 附 5、T 附 7、T 附 8、T 附 9
		兩列	T 附 6
	臼邊	一列	T 附 1、T 附 3、T 附 7
		半列	T 附 2、T 附 4、T 附 5、T 附 6、T 附 8、T 附 9
	頸扇交界	一列	T 附 6
		兩列	T 附 2、T 附 4、T 附 7、T 附 9
		三列	T 附 1、T 附 3、T 附 5、T 附 8
正面	骨扇	稀疏	T 附 1、T 附 5、T 附 6、T 附 8、T 附 9、T 附 10
		密集	T 附 2、T 附 3、T 附 7

屯西類胛骨鑽鑿布局材料表

材　料	號　碼
胛骨反面	T 附 1、T 附 2、T 附 3、T 附 4、T 附 5、T 附 6、T 附 7、T 附 8、T 附 9
胛骨正面	T 附 1、T 附 2、T 附 3、T 附 5、T 附 6、T 附 7、T 附 8、T 附 9
無反面或殘斷不明	T 附 10

第三章　村北系胛骨鑽鑿布局與
占卜形式

　　村北系胛骨的鑽鑿布局主要按照師賓間類、戌類、賓組一類、典賓類、賓出類、出組二類、何組、黃組幾個類別進行整理研究。

第一節　師賓間類胛骨鑽鑿
布局與占卜形式

一、師賓間類胛骨鑽鑿布局

　　師賓間類胛骨鑽鑿布局主要分布在胛骨反面的骨首骨頸、對邊、頸扇交界及正面的骨扇下部。

（一）骨首骨頸部位

師賓間類胛骨骨首骨頸部位有三列、兩列、一列＋和單個四種類型。

1. 三列鑽鑿布局

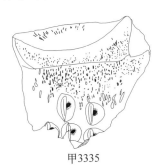

甲3335

《合集》11972(《甲編》3335)骨首骨頸部位三列圓鑽包攝長鑿鑽鑿,最上一行兩個鑽鑿。《合集》1026(《甲編》3332)骨首骨頸部位三列圓鑽包攝長鑿,最上一行1個鑽鑿。

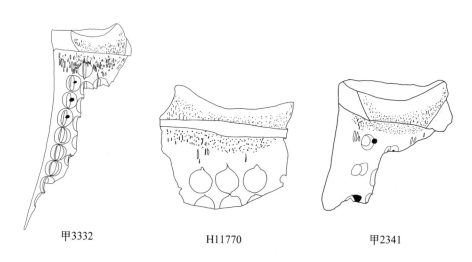

甲3332　　　　　　　　H11770　　　　　　　　甲2341

《合集》11770 骨首骨頸部位三列圓鑽包攝長鑿是師賓間類典型鑽鑿布局。這種鑽鑿布局的最上一行有時施加1個或一行2個鑽鑿。《合集》27759(《甲編》2341)沿對邊有一列小圓鑽,其餘部位殘去,從胛骨骨頸部位的寬度及鑽鑿的排列密度來看,可能有三列鑽鑿。這種鑽鑿布局在師賓間類較爲特殊。

師賓間類胛骨骨首骨頸部位三列鑽鑿布局,胛骨上的鑽鑿應該是甲骨整治後即施加完成。

2. 兩列鑽鑿布局

H6692

《合集》6692 雖然沒有反面信息,但從正面的卜辭、卜兆、兆序數及其位置關係,可以判定其反面有兩列鑽鑿。

《合集》9758 反面有沿臼邊平行的兩列圓鑽包攝長鑿。這種鑽鑿布局是師賓間類獨有的特色鑽鑿布局。結合正面卜辭使用骨首骨頸部位近臼邊鑽鑿來看,鑽鑿很可能在胛骨整治後即施加的。從單個鑽鑿形態看,不排除兆序數爲九的鑽鑿因占卜鑽鑿數目不够臨時施加的可能性。

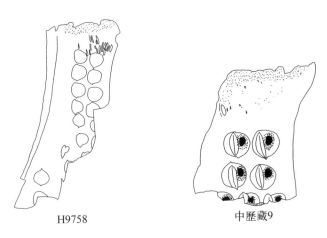

H9758　　　　　　　　　中歷藏9

《拼集》148(＞《中歷藏》9)骨首骨頸部位有兩列圓鑽包攝長鑿。

3. 一列＋鑽鑿布局

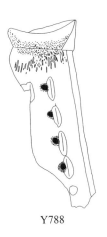

Y788

《英藏》788 骨首骨頸部位沿對邊有一列長鑿,其左側有 1 個鑽鑿。

《英藏》1763 沿對邊有一列鑽鑿。結合正面卜辭與反面鑽鑿來看，鑽鑿應該是甲骨整治後即施加完成，占卜時選用其中的某個鑽鑿。這種鑽鑿布局偶見，可能受到師組或師歷間類胛骨鑽鑿布局的影響。

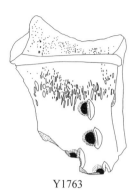

Y1763

4. 單個鑽鑿布局

《合集》106 骨首骨頸部位有 1 個鑽鑿。

H106

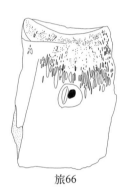

旅66

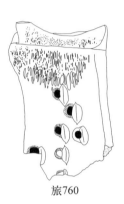

旅760

《旅藏》66 骨首骨頸部位有 1 個鑽鑿。

《合集》16612（《旅藏》760）骨首骨頸部位鑽鑿較凌亂，類似於師組的複合布局區：沿中間有一列 4 個非連續鑽鑿，其右側沿對邊部位有一列 2 個鑽鑿，頸扇交界部位沿臼邊有一個鑽鑿。從這版胛骨卜辭與鑽鑿的對應關係、一辭所用鑽鑿數、不同日占卜選擇鑽鑿的位置以及鑽鑿排列的順序來看，鑽鑿應該是胛骨整治後即施加完成。

（二）沿對邊骨條及頸扇交界部位

1. 頸扇交界部位以下基本都會有沿對邊一列鑽鑿

《合集》72（《國博》1）沿對邊一列小圓鑽兼有長鑿。

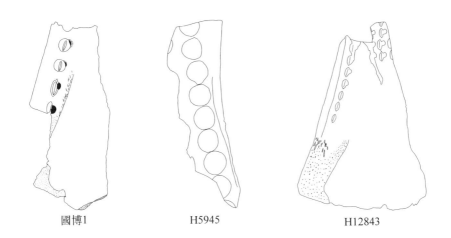

國博1　　　　　　　H5945　　　　　　　H12843

《合集》5945 沿對邊一列圓鑽包攝長鑿。結合這版胛骨卜辭與鑽鑿的對應關係,不同卜辭選用鑽鑿的位置及個數來看,這版胛骨上沿對邊一列鑽鑿很可能是甲骨整治後即施加完成。

《合集》12843 沿對邊一列長鑿。

2. 師賓間類胛骨反面沿對邊個別有單個鑽鑿

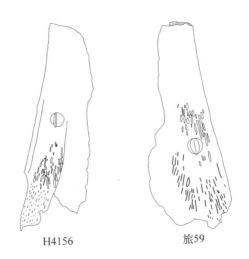

H4156　　　　　　旅59

《合集》4156、6790(《旅藏》59)對邊下部有一個圓鑽包攝長鑿。這版胛骨上對邊一個圓鑽包攝長鑿有可能是整治後即施加上去的,也無法排除是確定了占卜事件與次數後臨時施加的。

　　3. 頸扇交界處鑽鑿密集

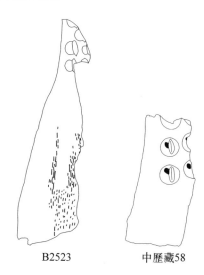

B2523　　　　　中歷藏58

　　《合補》2523、4537(《中歷藏》58)頸扇交界部位鑽鑿較爲密集,與骨首骨頸部位鑽鑿渾爲一體。《合集》4537 結合卜辭與鑽鑿的對應關係來看,整版鑽鑿很可能是胛骨整治後即施加完成,占卜時選擇其上的一個或幾個鑽鑿。

　　(三) 正面骨扇部位

　　師賓間類胛骨正面骨扇下部鑽鑿的材料很少,基本稀疏有序。

國博1

　　《合集》72(《國博》1)正面骨扇下部有兩列鑽鑿。

　　師賓間胛骨反面的鑽鑿布局,骨首骨頸部位有三列、兩列、一列十、單個四種類型。其中,以三列圓鑽包攝長鑿布局爲主。沿對邊骨條部位多有一列鑽鑿,也有單個鑽鑿。頸扇交界部位鑽鑿較爲密集,基本與骨首骨頸部位鑽鑿渾爲一體。正面骨扇下部的鑽鑿材料很少,較爲稀疏有序。鑽鑿基本是在甲骨整治後即施加完成,不排除個別在有了占卜事件、確定了占卜次數後臨時施加鑽鑿的可能性。

二、師賓間類胛骨特色卜辭布局

師賓間類胛骨骨扇部位有豎行向下的刻辭,這些刻辭對應頸扇交界部位的卜兆,形成頸扇對應。①

(1a) 庚午卜,王:隻兕。允[隻]十在大橐。二月。[三]

(1b) 辛未卜,王:隻。允隻兕一,豕一。三

(1c) 甲戌卜,王:隻。允隻鹿五。

(1d) 庚辰。三

(1e) 庚辰卜,王⋯隻。

(1f) 辛巳。三

(1g) 辛巳卜,王:隻鹿。允隻五。

(1h) 壬午。三

(1i) 壬午卜,王⋯

(1j) 甲申卜,王:隻。

(1k) 丙戌卜,王:隻。

(1l) □□[卜],王:隻兕。允隻一。

(1m) ⋯逐兕。

---

① "骨面的數條卜辭,是胛骨中段的幾個鑽鑿所卜問的卜辭,而在鑽鑿的正面刻干支或干支卜,是爲了起提示作用,可依提示的干支,找到骨面的卜辭。骨面卜辭依次的順序,並非干支順序。"林宏明:《甲骨新綴第 601 例》,先秦史研究室網站,2015 年 12 月 24 日;林宏明:《賓組卜骨骨邊"干支"刻辭現象探究》,《出土文獻研究視野與方法》第 6 輯,第 25—47 頁。"爲妥善安排刻寫空間,本版把干支及兆序刻寫在頸部卜兆兆枝内側,把完整卜辭刻寫在骨扇部位⋯⋯骨頸部的干支,從頸扇對讀的角度,可以理解爲提綱挈領。從占卜實施過程的角度,可以理解爲標示卜兆,即標示出骨扇部位的完整卜辭所屬的占卜所用鑽鑿及顯示的卜兆。⋯⋯扇部卜辭刻寫的起點比較嚴格地選擇與其上標示卜兆的干支相對應的位置。"趙鵬:《談談最近發表的幾組甲骨綴合》,復旦大學出土文獻與古文字研究網站,2015 年 12 月 25 日。

(1n) …兒。

《合集》10410＋《懷特》933①[師賓]

這版胛骨第(1d)(1f)(1h)辭是頸扇交界部位的"干支指示辭"及其兆序數,分別指示出骨扇部位(1e)(1g)(1i)三天的三條完整卜辭占卜所使用的卜兆。指示辭是刻寫甲骨卜辭時,受刻寫空間的限制,而采用的間接守兆的刻寫方式。②　指示辭與卜辭在位置上有一定的對應關係,完整卜辭基本刻寫在指示詞的下方。骨扇部位的完整卜辭,占卜的干支日不同時,使用"干支指示詞"就可以明確指示出卜辭所用卜兆。

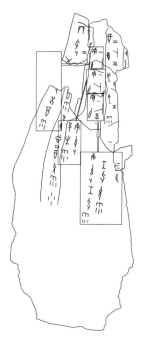

(2a) □□卜:乙…

(2b) 丙申卜:[丁]酉雨。之夕巳(向)③
丁酉允雨,少。一　二告　二

(2c) [丁]酉卜:翌戊戌雨。[一]二三四五

(2d) 庚午。一　二告

(2e) 庚午卜:辛未雨。一

(2f) 庚午。一　二告

(2g) 庚午卜:壬申雨。壬申允雨。四月。

(2h) 庚午。一

(2i) [庚午]卜:癸酉雨。

《掇三》146[師賓]

這版胛骨(2d)(2f)(2h)辭是頸扇交界部位的"干支指示辭"及其兆序數、兆辭,分別指示出骨扇部位(2e)(2g)(2i)三條完整卜辭占卜所使用的卜兆。指示辭與卜辭在位置上有一定的對應關係,完整卜辭基本刻寫在指示詞的下方或側面。

①　林宏明:《甲骨新綴第739例》,先秦史研究室網站,2017年4月29日。

②　間接守兆是黃天樹師在2022年4月27日"甲骨文資料選讀"課上提到的。

③　裘錫圭:《釋殷虛卜辭中的"兒""堂"等字》,《第二屆國際中國古文字學研討會論文集》,第73—94頁,香港中文大學中系編集,1993年;《裘錫圭學術文集·甲骨文卷》,第391—403頁。

　　綜上,師賓間類胛骨正面骨扇部位刻有卜辭,在頸扇交界部位有與之對應的指示辭,這些指示辭指示出該條卜辭占卜所使用的卜兆,骨扇部位的完整卜辭不再出現兆序數。頸扇對應的胛骨因骨扇部位要刻寫完整卜辭,一般不施加鑽鑿。

三、師賓間類胛骨上的占卜形式

　　師賓間類胛骨多用異版成套的形式進行占卜。

　　(一) 成套占卜

　　1. 異版成套

　　　　(3) 辛卯卜:燎于蚰。一　　　　　　　《合集》14703[師賓]

　　　　(4) 辛卯卜:燎于蚰。三　　　　　　　《合集》14704[師賓]

　　　　(5) 辛卯卜:燎于蚰。五　　　　　　　《合集》14705[師賓]

以上三版胛骨的骨首骨頸部位可能有三列鑽鑿,(3)(4)(5)辭使用骨首骨頸部位最上一行中間 1 個鑽鑿占卜,三版可能是成套占卜胛骨的第一、三、五版,占卜燎祭蚰。

　　　　(6) 丁亥卜:于乙巳酒桒(禱)。九月。四

　　　　　　　　　　　　《合集》15693(《旅博》66)[師賓]

這版胛骨的骨首骨頸部位 1 個鑽鑿,應該是成套占卜胛骨的第四版,占卜乙巳這天酒祭禱祭。

　　　　(7) 甲申卜:卯婦鼠妣己二牝牡。十二月。一

　　　　　　　　　　　　　　　　　　《合集》19987[師賓]

　　　　(8) 甲申卜:卯婦鼠于[妣]己二[牝牡。十二月]。

　　　　　　　　　　　　　　　　《合集》19988[師賓]

以上兩條卜辭使用兩版胛骨的最上 1 個鑽鑿,可能是異版成套占卜胛骨中的兩版,占卜用二個牝牡向妣己舉行禦除婦鼠疾病或災禍的祭祀。

　　　　(9) 丁酉卜:曰伯冎同(興)人,[其]眉。《合集》3420[師賓]

　　(10) 丁酉卜：曰伯宛同(興)人，[其]眉。《合集》3421[師賓]

以上兩版胛骨，雖然兆序數不詳，很可能是異版成套占卜胛骨中的兩版。

　　(11) 壬辰卜：方其鄆視①何。一　　　　《合集》6789[師賓]

　　(12) [壬]辰卜：方[其]鄆視何。　　　　《合集》6787[師賓]

　　(13) [壬]辰卜：曰方其鄆視何。允其鄆。《合集》6788[師賓]

以上三版胛骨，兆序數不詳。(11)至(13)可能是成套占卜中的三版。
(13)辭使用骨首骨頸部位最上1個鑽鑿，占卜敵方進攻的戰事。

　　(14) 戊寅卜，貞：令甫比二侯：及罘元，王值，于之若。三　二告

　　　　　　　　　　　　　　　　　　　　　《合集》7242[師賓]

這版胛骨反面可能兩列鑽鑿，(14)辭使用最上一行近骨臼1個鑽鑿進行
占卜，可能是成套占卜的第三卜，占卜所比的侯。

　　2. 同版內的多辭一套

　　(15a) 癸巳卜：出于祖[丁]。一

　　(15b) 癸巳卜：出于祖丁。二

　　　　　　　　　　　　　　　　　　《合集》1837[師賓]

(15a)(15b)可能是一版上的兩條成套卜辭，使用骨首部位上下相連續的2
個鑽鑿，占卜侑祭祖丁。

　　(二) 一辭多卜

　　一辭多卜下的兆序排列。

　　(16) 乙丑卜：燊(禱)于示壬。三月。一　二告　二

　　　　　　　　　　　　　　　　　　《英藏》14[師賓]

這條卜辭使用對邊骨條中部上下相連續的2個鑽鑿，占卜禱祭於示壬，兆

---

① 裘錫圭：《甲骨文中的見與視》，《甲骨文發現一百周年學術研討會論文集》，第1—6頁，文史
　哲出版社，1999年；《裘錫圭學術文集·甲骨文卷》，第444—448頁。

序數一、二自上而下依次縱排。

　　　　（17）戊戌卜：帝于黄… 一二 二告 三　　《合集》3504［師賓］

這條卜辭使用對邊骨條上下相連續的 3 個鑽鑿，占卜舉行禘祭，兆序數
一、二、三自下而上依次縱排。

　　　　（18）庚子卜：方其來。一二三四五　　　　《合集》6727［師賓］

這條卜辭占卜敵方來犯，使用骨首骨頸部位的最上兩行 5 個鑽鑿占卜，兆
序數一至五，逆骨臼方向依次橫排。

　　　　（19a）…今早方其大出。一二
　　　　（19b）［今］早方不大出。一二
　　　　　　　　　　　　　　《拼集》148（《中歷藏》9＋）［師賓］

這版胛骨骨首骨頸部位可能兩列鑽鑿布局。（19a）使用骨首骨頸部位第
一行 2 個鑽鑿，（19b）使用骨首骨頸部位第二行 2 個鑽鑿，對貞今早敵方
是否大規模出動，兆序數一、二逆骨臼方向依次橫排。

　　　　（20）戊申卜：侯佝以人。一二三四［五六］七
　　　　　　　　　　　　　　《合集》1026（《甲編》3332）［師賓］

這版胛骨骨首骨頸部位三列鑽鑿布局。（20）辭占卜侯佝以人，使用骨首
骨頸部位最上三行 7 個鑽鑿占卜，兆序數一至七逆骨臼方向依次橫排。

　　　　（21）壬子卜：伯焛其啓。七月。一二三 二告 四五六七八
九［十］一二 二告　　　　　　　　　　　　《合集》3418［師賓］

這版胛骨骨首骨頸部位可能三列鑽鑿布局。（21）辭占卜伯焛做先鋒，至
少使用骨首骨頸部位四行 12 個鑽鑿占卜，兆序數一至“十二”逆骨臼方向
依次橫排，至少占卜了十二次。

　　　　（22a）辛卯卜：擒。一二三
　　　　（22b）［弗］其擒。一二［三］
　　　　　　　　　　　　　　　　《綴彙》127［師賓］

這兩條卜辭可能使用沿對邊一列上下相連續的 6 個鑽鑿,對貞辛卯有所擒獲,兆序數一至三自下而上依次縱排。

　　(23a) 乙酉卜:‖①豕⋯　一二三四

　　(23b) 乙酉卜:‖豕不其擒。十[月]。一二三

　　　　　　　　　　　　　　　　《合集》10249[師賓]

這兩條卜辭可能對貞田獵是否有所擒獲。(23a)辭使用骨頸近臼邊一列上下相連續的 4 個鑽鑿,兆序數一至四,(23b)辭使用對邊下部一列上下相連續的 3 個鑽鑿,兆序數一至三。皆自下而上依次縱排。

　　(24a) 甲子卜:來歲受年。八月。[一二]三

　　(24b) 來歲不其受年。一 二告 二

　　　　　　　　　　　　　　　　《合集》9659[師賓]

這兩條卜辭對貞來歲是否受年。這組對貞卜辭可能使用對邊下部一列上下相連續的 5 個鑽鑿,正貞在下,兆序數可能爲一、二、三,對貞在上,兆序數爲一、二。

　　(25a) 庚子卜:萑受年。一二 二告②三四五六七[八]九十
　二告 一

　　(25b) 庚子卜:弜受[年]。一二 不台 三四

　　　　　　　　　　　　　　　　《合集》9758[師賓]

以上兩條卜辭。(25a)占卜萑地受年,至少使用遠臼邊一列及其下頸扇交界部位 11 個鑽鑿,兆序數先自上而下,再從左向右依次排列。(25b)占卜弜地受年,使用臼邊一列鑽鑿,至少占卜了四次。兆序自上而下依次縱排。

　　(26) 乙卯卜,貞:今早泉來水,次。五月。一[二]三四

　　　　　　　　　　　　　　　　《合集》10156[師賓]

---

① 按:‖,地名。

② 兆辭刻寫在兆幹外側。

這條卜辭占卜今早(洹?)泉水氾濫,使用骨首骨頸部位最上兩行 4 個鑽
鑿,兆序數一至四逆骨臼方向橫排,至少占卜了四次。

>　(27a) 壬寅卜:生十月雨。一二
>
>　(27b) 不其雨。一二

《合集》6719[師賓]

這版胛骨骨首骨頸部位兩列鑽鑿布局。(27a)使用骨首骨頸部位第一行 2
個鑽鑿,(27b)使用第二行 2 個鑽鑿,對貞生十月是否下雨,兆序數一、二,
逆骨臼方向依次橫排。

>　(28a) 乙亥卜:雨。一二三
>
>　(28b) 乙亥卜:弜受黍[年]。二月。一二三

《拼集》147[師賓]

以上兩條卜辭(28b)占卜弜地受黍年,使用對邊骨條中部一列相連續的 3
個鑽鑿,兆序數一至三自下而上依次縱排。(28a)占卜乙亥下雨,使用骨
首近對邊骨條一列相連續的 3 個鑽鑿,兆序一至三自上而下依次縱排。

>　(29a) 丙戌卜,貞:不雨。一二 二告 三
>
>　(29b) 丙戌[卜],貞:□雨。[一]二三

《合集》11770[師賓]

這版胛骨骨首骨頸部位三列鑽鑿布局。(29a)使用骨首骨頸部位第一行 3
個鑽鑿,(29b)使用第二行 3 個鑽鑿,對貞是否下雨,兆序數一至三逆骨臼
方向依次橫排。

>　(30) 丁未卜:翌戊雨。不。一二三四五

《合集》12910[師賓]

這版胛骨骨首骨頸部位三列鑽鑿布局。(30)辭占卜第二天戊日下雨,使
用骨首骨頸部位最上兩行 5 個鑽鑿,兆序數一至五逆骨臼方向依次橫排。

>　(31a) 壬子卜:雨。五日丁巳雨。一二三四

（31b）壬子卜：不其雨。[一] 二告 二

《合集》11954［師賓］

以上兩條卜辭至少使用對邊骨條中下部一列上下相連續的 6 個鑽鑿，對貞第五天丁巳日是否下雨，兆序數自下而上依次縱排。

（32a）貞：司不雨。一二三四五

（32b）辛巳卜，貞：司其雨。一二 二告 三四

（32c）辛巳卜，貞：司不雨。一二

《綴集》43［師賓］

以上三條卜辭對貞司是否下雨。（32a）占卜不雨，使用對邊骨條中下部一列相連續的 5 個鑽鑿，兆序數一至五自上而下依次排列。（32b）占卜其雨，使用頸扇交界部位兩列 4 個鑽鑿，兆序數一至四。（32c）占卜不雨，使用骨頸中部近臼邊一列 2 個鑽鑿，兆序數一、二，皆自上而下依次排列。

（33）□寅卜：我不莫。[一二三]四[五六]七[八九]十

《合集》10180［師賓］

這版胛骨骨首骨頸部位三列鑽鑿布局。（33）辭使用骨首骨頸部位三行鑽鑿，占卜我不艱，兆序數一至十逆骨臼橫排。

（34）己丑卜，貞：今夕亡囚。一二　　　《合集》8410［師賓］

這條卜夕辭，使用對邊骨條下部一列相連續的 2 個鑽鑿，兆序數一、二自上而下依次排列。

（35a）乙卯卜，𣥂，貞：今夕亡囚。一二

（35b）乙卯卜，貞：今夕其㞢囚。一二

《合集》16521＋《合集》13048①［師賓］

這版胛骨骨首骨頸部位三列鑽鑿布局。以上兩條卜辭對貞今夕無憂，

---

① 李愛輝：《甲骨拼合第 481—490 則》，第 484 則，先秦史研究室網站，2020 年 1 月 2 日。

(35a)使用骨首骨頸部位第一行 2 個鑽鑿,(35b)使用骨首骨頸部位第二行近臼邊 2 個鑽鑿,兆序數一、二逆骨臼方向依次橫排。

　　(36) 癸丑卜,貞:今夕亡田。一二三　　　《旅藏》762[師賓]

這條卜辭占卜今夕無憂,使用骨首骨頸部位最上一行 3 個鑽鑿,兆序數一至三逆骨臼方向依次橫排。

　　師賓間類胛骨祭祀、戰爭等內容有用異版成套的形式占卜,存在至少五版一套的占卜。異版成套占卜體現了占卜的預設性以及占卜制度的規則性。祭祀、軍事、田獵、農業、天氣、憂患等多用一辭多卜的形式進行占卜,占卜時按行或列使用鑽鑿。骨首骨頸部位一般按行使用鑽鑿,可以使用一行、兩行、三行或四行鑽鑿,按行使用鑽鑿進行占卜體現了占卜分區的理念以及占卜的預設性。對邊骨條部位一般按列使用鑽鑿,可以使用一列鑽鑿中的某幾個連續的鑽鑿。從而呈現出兩卜、三卜、四卜、五卜、七卜、十二卜。軍事、農業內容的占卜次數相對多些。

　　綜上,師賓間類胛骨反面的鑽鑿布局,骨首骨頸部位主要有三列、兩列、一列+和單個四種類型。其中以三列圓鑽包攝長鑿爲主要布局類型。沿對邊骨條一般有一列鑽鑿。頸扇交界部位鑽鑿較爲密集,一般與骨頸部位渾爲一體。正面骨扇下部的鑽鑿材料較少,基本稀疏有序。師賓間類骨首骨頸部位單個鑽鑿布局的胛骨通常使用異版成套的形式占卜,骨首骨頸部位三列、兩類鑽鑿布局的胛骨多用一辭多卜的形式占卜,占卜時多按行使用鑽鑿,所以一辭的占卜次數與所使用鑽鑿的行數及每行的鑽鑿個數有關。

　　師賓間類胛骨卜辭布局存在頸扇對應。頸扇對應刻寫的胛骨骨扇部位因要刻寫完整卜辭,一般不施加鑽鑿。

　　師賓間類胛骨占卜祭祀、戰爭等有用異版成套的占卜形式,有至少五版一套的占卜。占卜祭祀、軍事、田獵、農業、天氣、卜夕等辭一般用一辭多卜的形式進行占卜。

附表

師賓間類胛骨鑽鑿布局表

材料	部　位	疏密	號　　　碼
反面	骨首骨頸	單個	106、15693
		1 列＋	Y788、Y1763
		2 列	6692、6719、9758、9803、16612＊、拼集 148（16438＋16478＋6690）
		3 列	683、686、1026、1424、1509、3418、6727、8143、8644、11770、11972、12820、12909、12910、13363、13417、13869、16521、16628、19068、39942、蔣玉斌《甲骨文合集綴合拾遺（第七十四組）》（3475＋11073＋14361＋B524）、蔣玉斌綴合總表 256（6703＋Y623）、旅 762、契合 28（11814＋12907）、契合 43（16613＋16616）、綴集 94（12321＋12019）＋11807
	對邊骨條	單個	106、4156、6790
		1 列	72、B1381、B6271、5945、8410、9659、10249、10295、11954、12144、12459、12843、12970、W921、Y1014、Y 補 3、拼集 147（10029＋B5658）、綴彙 127（10780＋中島 B35 正）、綴集 43（13003＋13004）
	頸扇交界	密集	B2523、B2898、B4537、D322、1478、5843、6714、10310、10411、12617、12781、12843、13113、16519、16626、18883、Y711、Y1091
正面	骨扇	整齊	72、12843、15714

師賓間類胛骨鑽鑿布局材料表

材料	號　　　碼
胛骨反面	72、106、683、686、1026（甲 3332）、1424、1509、1478、3418、4156、5843、5945、6692、6714、6719、6727、6790、8143、8410、8644、9659、9758、9803、10249、10295、10310、10411、11770、11972（甲 3335）、11954、12144、12459、12617、12781、12820、12843、12909、12910、12970、13113、13363、13417、13869、15693（旅 66）、16519、16521、16612、16626、16628、18883、19068、39942、蔣玉斌《甲骨文合集綴合拾遺（第七十四組）》（3475＋11073＋14361＋B524）、蔣玉斌綴合總表 256（6703＋Y623）、

續　表

材料	號　碼
胛骨反面	旅 762、拼集 148（16438＋16478＋6690）、契合 28（11814＋12907）、契合 43（16613＋16616）、綴集 94（12321＋12019）＋11807、拼集 147（10029＋B5658）、綴彙 127（10780＋中島 B35 正）、綴集 43（13003＋13004）、B1381、B6271、B2523、B2898、B4537、D322、W921、Y711、Y788、Y1014、Y1091、Y1763、Y 補 3
骨扇下部	72、15714
無反面或殘斷不明	1374、1416、1526、1761、1801、1837、2159、2943、3327、3357、4143、4627、4676、4716、4717、5007、5331、6689、6691、6695、6708、6709、6710、6711、6729、6789、6960、6994、7001、7017、7018、8203、8396、9552、9718、9799、9949、10024、10027、10156、10180、10249、10467、10567、10761、10839、11037、11467、11591、11784、11813、11958、11960、12463、12482、12509、13143、13383、14703、14704、14705、14880、14912、16215、16340、16625、19987、23780、27759、29970、34642＋Y1036、W1630、Y14、Y470、Y474、Y818、Y1003、Y1090、Y1107、Y1282、Y1757、Y 補 14、北珍 1772、蔣玉斌《甲骨新綴 10 組》第 1 組（10856，北珍 60＋善 7・40A・5）、蔣玉斌甲骨綴合總表 235（9759，旅 1425＋24435）、拼集 34；綴彙 174（6697＋11535）、拼集 147（10029＋B05658）、拼續 356（12333，藏 650＋Y1740）、契合 029（10292＋12309）、天理 120、雲間殷餘 2・2、綴彙 57（3328＋8144）、綴彙 649（5325（歷 75、B1175）；12830 正反（北珍 1440 正反））

附：戌類胛骨鑽鑿布局與占卜形式

戌類少用胛骨占卜，骨首骨頸部位皆殘斷，目前僅見沿對邊骨條一列鑽鑿。

《合集》12347 胛骨反面沿對邊骨條有一列鑽鑿。

戌類胛骨占卜形式上有一辭兩卜。

　　（1a）丙子卜，𢁥，貞：翌丁丑雨。一二
　　（1b）貞：不其雨。一。

　　　　　　　　　　《合集》12347［戌類］

這版胛骨對貞下一個丁丑日是否下雨，使用對邊骨條下部一列相連續的 3 個鑽鑿。（1a）辭二卜，兆序數一、二，自上而下依次縱排，

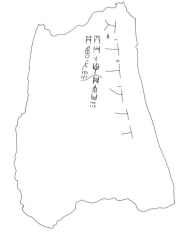

(1b)辭一兆，兆序數爲一。

　　戉類少用胛骨占卜，目前鑽鑿布局僅見沿對邊骨條一列鑽鑿。從卜辭與鑽鑿的對應關係以及占卜所選用鑽鑿的位置、個數及順序來看，鑽鑿應該是在胛骨整治後就施加的。內容上基本占卜天氣下雨，占卜形式上有一辭兩卜。骨條部位按列使用 1 個或幾個鑽鑿進行占卜。

附表

戉類胛骨鑽鑿布局表

材料	部　位	疏　密	號　　　碼
反面	對邊骨條	一列	12347、12349（甲 3615）

戉類胛骨鑽鑿布局材料表

材　料	號　　　碼
胛骨反面	12347、12349（甲 3615）
無反面或殘斷不明	D1156、12340、12346（北圖 534）、12360、12368

第二節　賓組一類胛骨鑽鑿
布局與占卜形式

一、賓組一類胛骨鑽鑿布局

　　賓組一類胛骨鑽鑿布局主要分布在胛骨反面的骨首骨頸、對邊、頸扇交界及正面的骨扇下部。

（一）骨首骨頸部位

賓組一類胛骨骨首骨頸部位有三列、兩列、單個三種鑽鑿布局類型。

1. 三列鑽鑿布局

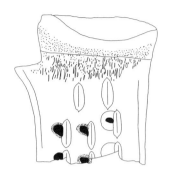

《合集》8592(《甲編》3343)骨首骨頸部位三列鑽鑿,最上一行 2 個鑽鑿。從該版胛骨正面卜辭選用第二行 3 個鑽鑿,第三行 2 個鑽鑿占卜的情況來看,鑽鑿應該是胛骨整治後即施加完成,占卜時選擇其中的幾個鑽鑿。

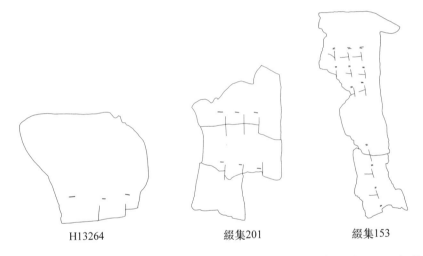

H13264　　　　　　綴集201　　　　　　綴集153

《合集》13264、《綴集》201、153 雖然沒有反面信息,但是從正面卜兆及兆序數來看,骨首骨頸部位應該也是三列鑽鑿。從以上三版胛骨正面卜辭選用其上某一個鑽鑿占卜的情況來看,鑽鑿應該是胛骨整治後即施加完成,占卜時可能選擇幾版同樣鑽鑿布局的胛骨,同一卜事選用同一位置的鑽鑿。

2. 兩列鑽鑿布局

《合集》1334(《甲編》3345)、2136(《乙編》8668)、12971(《甲編》3336)、16935骨首骨頸部位兩列長鑿。《合集》12974(《乙編》8669)骨首骨頸部位兩列小圓

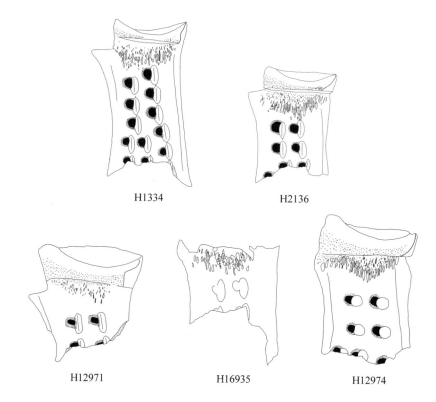

H1334　　　　　　　H2136

H12971　　　　　　H16935　　　　　　H12974

鑽。從以上五版胛骨正面卜辭選用其上某一個或一行鑽鑿占卜的情況來看，鑽鑿應該是胛骨整治後即施加完成，占卜時選擇其上一個或幾個鑽鑿。

　　3. 單個鑽鑿布局

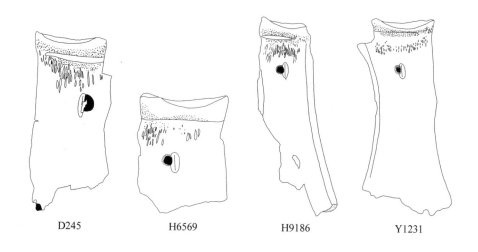

D245　　　　　H6569　　　　　H9186　　　　　Y1231

《東文研》245、《合集》6569(《旅藏》245)、《合集》9186(《甲編》3353)、《英藏》1231骨首骨頸部位有 1 個鑽鑿。以上四版胛骨很可能用異版成套的形式占卜。賓出類(見下文賓出類一節)胛骨骨首骨頸部位單個鑽鑿有未灼燒,未用於占卜的情況,鑽鑿可能是在甲骨整治後即按照既定的布局施加完成。

《合補》5107(《東文研》241)骨首骨頸部位一列 2 個鑽鑿。這版胛骨正面卜辭一辭兩卜。結合卜辭與鑽鑿的對應關係來看,不排除這種鑽鑿是臨時施加的,即占卜之前先考慮好占卜 2 數,再取用整治好的胛骨,在骨首骨頸部位施加 2 個鑽鑿,進行占卜。

B5107

(二) 沿對邊骨條及頸扇交界部位

1. 頸扇交界部位以下基本都會有沿對邊一列鑽鑿

《合補》1147 沿對邊骨條有一列小圓鑽。

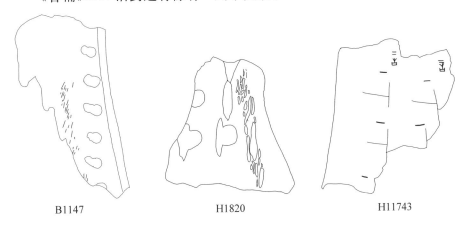

B1147　　　　　　H1820　　　　　　H11743

2. 頸扇交界處鑽鑿密集

《合集》1820、11743 頸扇交界部位鑽鑿較爲密集。

《合集》13758+《合集》4614[1] 爲象胛骨,[2]鑽鑿布局不同於牛胛骨。

---

[1]　蔣玉斌:《象胛骨刻辭綴合及相關問題》,待刊。

[2]　金祥恒:《甲骨文中的一片象胛骨刻辭》,《金祥恒先生全集》第 2 冊,第 469—474 頁,藝文印書館,1990 年。李學勤:《關於象胛骨卜辭》,《中原文物》2001 年第 4 期,第 57—59 頁。

在頸扇交界部位有成行成列的較密集鑽鑿。

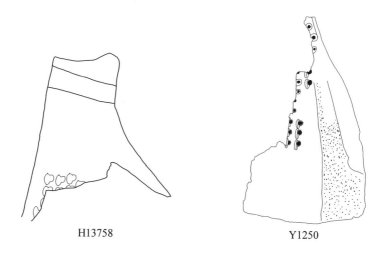

H13758　　　　　　　　Y1250

《英藏》1250 反面鑽鑿布局密集,是賓一類胛骨鑽鑿布局中的特例。

以上胛骨,從卜辭與鑽鑿的對應關係來看,鑽鑿應該是胛骨整治後即施加,占卜時選擇其中的一個或幾個鑽鑿。

(三) 正面骨扇部位

賓組一類胛骨正面骨扇下部施加鑽鑿的材料很少,基本稀疏有序。

《合集》18910(《乙編》8672)一列 3 個鑽鑿。從該版胛骨反面未刻寫卜辭來看,鑽鑿應該是胛骨整治後即施加完成。

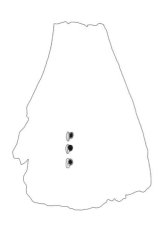

賓組一類胛骨反面的鑽鑿布局,骨首骨頸部位有三列、兩列和單個三種鑽鑿布局。其中,單個鑽鑿和兩列鑽鑿爲主要鑽鑿布局類型。沿對邊骨條部位多有一列鑽鑿。頸扇交界部位鑽鑿較爲密集,基本與骨首骨頸部位渾爲一體。

正面骨扇下部多用來刻寫卜辭,施加鑽鑿的材料很少,一般都很稀疏。賓組一類胛骨鑽鑿基本在胛骨整治後即按照一定的布局施加完成,也不排除有個別在確定了占卜事件與占卜次數後臨時施加鑽鑿的可能性。

二、賓組一類胛骨特色卜辭布局

　　賓組一類胛骨骨扇部位有豎行向下的完整卜辭,這些卜辭對應頸扇交界部位的卜兆,形成頸扇對應。

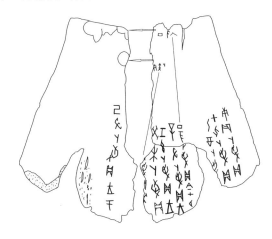

(1a) 庚辰卜,爭,貞…

(1b) 壬午卜,爭,貞:王…

(1c) 癸未卜,爭,貞…

(1d) 甲申卜,爭,貞…

(1e) 乙酉卜,爭…

(1f) 丁亥:入。

(1g) 丁亥卜,爭,貞:今七月…

(1h) 庚寅卜。

(1i) [庚寅卜],爭,貞…

(1j) 辛丑卜,爭,貞:王…

《合補》1639[賓一]

　　這版胛骨骨扇部位用於刻寫完整卜辭。頸扇交界部位的(1f)爲“前辭簡辭＋命辭簡辭”式指示辭,(1h)爲“干支卜指示辭”,指示出(1g)(1i)兩條完整卜辭的卜兆。這版胛骨骨扇部位完整卜辭不以干支爲序依次排列刻寫,我們懷疑很可能是因爲這些完整卜辭要與骨條或骨頸上指示辭的位置相對應而引起的。

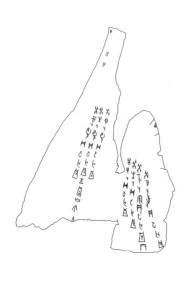

(2a) 癸亥卜，宁，貞：旬亡囚。丙…

(2b) 癸酉卜，爭，貞：旬亡囚。

(2c) 癸未卜，貞：旬亡囚。

(2d) 癸巳卜，貞：旬亡囚。

(2e) ［癸］卯。

(2f) 癸卯卜，爭，貞：旬亡囚。

(2g) 癸酉。

(2h) 癸酉卜，爭，貞：旬亡囚。

(2i) 癸未卜，爭，貞：旬亡囚。王占

曰：不吉。

《拼五》1124［賓一］

這版胛骨骨扇部位用於刻寫完整卜辭。(2a)(2b)(2c)三條卜辭的指示辭
很可能在對邊骨條部位。頸扇交界部位的(2e)(2g)爲“干支指示辭”，分
別指示出(2f)(2h)兩條完整卜辭的卜兆。指示辭與完整卜辭有位置上的
上下對應關係。從這版胛骨骨扇部位完整卜辭的刻寫位置來看，很可能
既采用了頸扇對應的刻寫方式，又采用了邊面對應的刻寫方式。

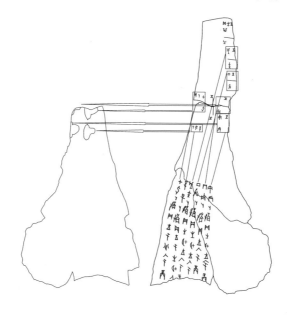

(3a)［丙］子。五

(3b) 丙子卜，殼，貞：王入于商。

(3c) 丁丑。五

(3d) 丁丑卜，殼，貞：生七月王入于［商］。

(3e) 戊寅。五

(3f) 戊寅卜，殼，貞：生七月王入于商。

(3g) 庚辰。五

(3h) 庚辰卜，殼，貞：生七月王入于商。

(3i) 辛巳卜。五

(3j) 辛巳卜，殼，貞：王于生七月入［于商］。

(3k) 甲申卜，貞。

(3l) 甲申卜，殼，貞：王于八月入于商。

　　　　　　　　　　　　　　　《契合》57＋①［賓一］

這版胛骨爲成套占卜胛骨的第五版。骨扇部位用於刻寫完整卜辭。頸扇交界部位的(3a)(3c)(3e)(3g)(3i)(3k)爲頸扇交界部位的"干支""干支卜""干支卜貞"指示辭及其兆序數，分別指示出骨扇部位(3b)(3d)(3f)(3h)(3j)(3l)完整卜辭的卜兆。指示辭與完整卜辭有位置上的上下對應關係。

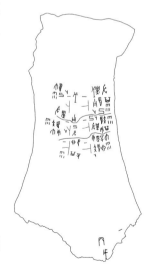

(4a) 戊子卜，𤕭：翌己丑其雨。一

(4b) 戊子卜，𤕭：翌己丑不雨。一

(4c) 己丑卜，𤕭：翌庚寅其雨。一

(4d) 己丑卜：翌庚寅不雨。一

(4e) 庚寅卜，𤕭：翌辛卯不雨。一

(4f) 翌辛卯其雨。一

　　　　　　　　　《合集》12436［賓一］

---

① 《契合》57＋《合集》19387，林宏明：《甲骨新綴第601例》，先秦史研究室網站，2015年12月24日。

這版胛骨的骨頸部位,從正面拓本上的卜兆及兆序數分布來看,反面應該施有兩列鑽鑿。骨首骨頸部位自上而下刻有三組正反對貞卜辭,是戊子(4a)(4b)、己丑(4c)(4d)、庚寅(4e)(4f)連續三日占卜第二天是否下雨。從右下庚寅日卜辭的前辭完整來推斷,可能每日占卜右側卜辭在先,左側對貞卜辭在後。右側卜辭逆骨臼方向豎行;左側卜辭向骨臼方向豎行,兆序辭皆爲一,呈現出左右"對稱"的刻寫行款。這版胛骨上的鑽鑿遵循胛骨鑽鑿卜兆向骨臼的原則,但刻寫行款受到龜腹甲以千里路爲軸左右對稱刻寫的影響。

綜上,賓組一類胛骨正面骨扇部位刻有卜辭,在頸扇交界部位有與之對應的指示辭,這些指示辭指示出該條卜辭占卜所使用的卜兆。頸扇對應的胛骨因骨扇部位要刻寫完整卜辭,很少施加鑽鑿。

三、賓組一類胛骨上的占卜形式

賓組一類胛骨多用異版成套的形式進行占卜。

(一) 成套占卜

賓組一類胛骨占卜祭祀辭有用異版成套的形式占卜,可見五版一套。

(5) 甲辰卜,殻,貞:來辛亥燎于王亥三十牛。二月。五

《合集》14733(《山博》908)[賓一]

這條卜辭是異版成套卜辭的第五卜,占卜下一個辛亥日燎三十牛祭祀王亥。骨頸部位反面應該是單個鑽鑿。

(6) 己未卜,殻,貞:我舞。一　　　　《拼集》266[賓一]

(7) 己未卜,殻,貞:我舞。二　　　　《合集》15996[賓一]

(8) 己未卜,殻,貞:我舞。　　　　　《合集》15998[賓一]

(9) 己未卜,殻,貞:我舞。四　　　　《合集》15997[賓一]

以上四條卜辭爲異版成套卜辭的第一、二、四卜,占卜我舞。骨頸部位反面應該是單個鑽鑿。

(10) 丁亥卜，爭，貞：于來乙巳秦(禱)。三　二告

《英藏》1231［賓一］

這條卜辭是異版成套卜辭的第三卜，占卜下一個乙巳日禱祭。骨頸部位反面應該是單個鑽鑿。

(11a) 戊申卜，殼，貞：王比洗…　三

(11b) 雀。

(11c) 雀。

(11d) 賈①。

《契合》380［賓一］

(12a) 戊申［卜］，殼，貞：［王］比［洗戓］…怕…

《合補》2009［賓一］

(12b) 雀。四

(12c) 雀。四

(12d) 賈。

《合集》4136［賓一］

以上三版胛骨有異版成套占卜胛骨的第三、第四兩版，占卜王配合洗作戰。骨頸部位反面應該是單個鑽鑿。

賓組一類胛骨占卜軍事辭有用異版成套的形式占卜，可見九版一套占卜。

(13) 己未卜，殼，貞：王登三千人呼伐𢀛方，戋。一

《合集》6639(北圖 5084)［賓一］

(14) 己未卜，殼，貞：王登三千人呼伐𢀛方，戋。三

《合集》6640(北圖 5087)［賓一］

(15) 己未卜，殼，貞：王登三千人呼伐𢀛方，戋。四

《合集》6641［賓一］

---

① 李學勤：《魯方彝與西周商賈》，《史學月刊》1985 年第 1 期，第 31—34 頁。

（16）己未［卜，殻］，貞：王登三千人呼伐🔲方，戋。八

《合集》6642［賓一］

以上四版爲異版成套占卜胛骨的第一、三、四、八四版，占卜王徵集三千人伐🔲方。骨頸部位反面應該是單個鑽鑿。

（17）丁卯卜，殻，貞：王毫缶于罗。七　《合集》6861［賓一］
（18）丁卯卜，殻，貞：王毫缶于罗。九　二告

《合集》6862［賓一］

以上兩條卜辭爲異版成套的第七、九兩卜，占卜王在罗地攻擊缶。骨頸部位反面應該是單個鑽鑿。

（19）辛未卜，殻，貞：王戎衞，受又。　《合集》6883［賓一］
（20）辛未卜，殻，貞：王戎衞，受又。九　二告

《合集》6886［賓一］

以上兩版有異版成套占卜胛骨的第九版，占卜王與衞兵戎相見。骨頸部位反面應該是單個鑽鑿。

賓組一類胛骨占卜王入商辭有用異版成套的形式占卜，至少可見七版一套。

（21a）戊寅卜，爭，貞：王于生七月入于商。五
（21b）貞：王其入，易祝于下乙。五　不🔲

《合集》1666（北圖 5074）［賓一］
（22a）戊寅卜，爭，貞：王［于］生七月［入于］商。七
（22b）貞：王其入，易祝于下乙。七

《懷特》902［賓一］

以上兩版爲異版成套胛骨的第五、七兩版，占卜王在下個七月進入商地。骨頸部位反面應該是兩列鑽鑿。

（23）辛未卜，爭，貞：王于生七月入于商。一

《合集》7777［賓一］

(24) 辛未卜,争,貞:王于生七月入于商。[四]

《合集》7776[賓一]

以上兩版爲異版成套胛骨的第四、六兩版,占卜王在下個七月進入商地。骨頸部位反面應該是兩列鑽鑿。

賓組一類胛骨占卜作邑等工事有用同貞及異版成套的形式占卜,可見三版一套。

(25) [丁]未卜,㱿,貞:我乍邑。一　《合集》13493[賓一]

(26) 丁未卜,㱿,貞:我乍邑。二

《合集》13494(《北珍》1164)[賓一]

以上兩版爲異版成套胛骨的第一、二兩版,占卜我建造城邑。骨頸部位反面應該是兩列鑽鑿。

(27) 甲戌卜,争,貞:我𢎪㞢自兹邑賓巳乍,若。一

《合集》13525[賓一]

(28) 甲戌卜,㱿,貞:我𢎪㞢自兹邑賓巳乍。三。

《合集》13526[賓一]

(29) 甲戌卜,㱿,貞:我𢎪㞢[自]兹邑[賓]巳乍。

《合集》13527[賓一]

以上三條爲争與㱿分别占卜的兩組同貞卜辭。其中(28)與(29)爲異版成套占卜。骨頸部位反面應該是單個鑽鑿。

賓組一類胛骨占卜天氣辭有用異版成套的形式占卜,至少有二版一套。

(30a) 丁丑卜:翌戊寅不雨。允不雨。一

(30b) 翌戊寅其雨。一

(30c) 戊寅卜,争,貞:翌己卯不雨。一

(30d) 戊寅卜,争,貞:翌己卯其雨。一

《合集》12974(《乙編》8669)[賓一]

以上這版胛骨爲異版成套占卜的第一版,占卜第二天是否下雨。骨頸部

位反面應該是兩列鑽鑿。

    （31a）丁巳卜，爭：翌戊午不其啓。二

    （31b）戊午卜：翌己未不其啓。二

《合集》13122［賓一］

以上這版胛骨爲異版成套占卜胛骨的第二版，占卜第二天是否雲開日出。骨頸部位反面應該是兩列鑽鑿。

    賓組一類胛骨卜夕辭有用異版成套的形式占卜，至少可見二版一套。

    （32a）壬寅卜，宄，貞：今夕亡囚。二

    （32b）癸卯卜，宄，貞：今夕亡囚。二

    （32c）庚戌卜，宄，貞：今夕亡囚。二

《綴集》153［賓一］

    （33a）己酉卜，殼，貞：今夕亡囚。二

    （33b）辛亥卜，殼，貞：今夕亡囚。二

    （33c）壬子卜，殼，貞：今夕亡囚。二 二告

《合集》16568（《北珍》964）［賓一］

以上兩版胛骨爲異版成套占卜的第二版，占卜今夕無憂。骨頸部位反面應該是三列鑽鑿。

    （二）一辭多卜

    一辭多卜下的兆序排列。

    （34）乙亥卜，爭：禘于西。一 二告 二　　《英藏》1228［賓一］

    （35）［二］二告 三 不龜 四 五 小告　　《合集》5159［賓一］

以上兩條卜辭（34）辭占卜禘祭西方，使用骨首骨頸部位近對邊一列相連續的 2 個鑽鑿，兆序數一、二自上而下縱排。（35）辭占卜事項不詳，使用近對邊一列相連續的 5 個鑽鑿，兆序數一至五自上而下縱排。

    （36）己酉卜，内：鬼方易囚。五月。［一］二 二告 三四五

《合集》8592（《甲編》3343）［賓一］

以上這條卜辭占卜内容與軍事有關,至少使用骨首骨頸部位兩行 5 個鑽鑿,至少一辭五卜。兆序數向骨臼依次橫排。

　　(37) 乙巳卜,㱿,貞:西土受年。三月。一二三

　　　　　　　　　　　　　　　　　　《合集》9744[賓一]

　　(38) 貞:受年。五六　　　　《合集》10172[賓一]

　　(39) 貞:韱不其受年。一二三四　　　《山博》883[賓一]

以上三條卜辭占卜某地受年。(37)骨首骨頸部位兩列鑽鑿布局,使用骨首骨頸部位近對邊一列相連續的 3 個鑽鑿,兆序數一至三自下而上縱排,(38)骨首骨頸部位可能三列鑽鑿布局,使用骨頸中部一列鑽鑿,一辭六卜,自下而上依次縱排。(39)骨首骨頸部位兩列鑽鑿布局,使用骨首骨頸部位沿對邊一列相連續的 4 個鑽鑿,兆序數一至四自上而下依次排列。

　　(40) 壬辰卜,内:翌癸巳雨。癸巳蒙。允雨。一二

　　　　　　　　　　《合集》12358+(《甲編》3336+)①[賓一]

這條卜辭占卜天氣下雨,使用骨首骨頸部位一行 2 個鑽鑿,一辭兩卜,逆骨臼方向依次橫排。

　　賓組一類胛骨占卜祭祀、軍事、出行、建築工事、天氣、夕等有用異版成套的形式進行占卜的,三版一套或五版一套,軍事辭多用九版一套的形式占卜。異版成套占卜體現了占卜的預設性以及占卜制度的規則性。祭祀、軍事、農業、天氣等有按行或按列使用鑽鑿進行占卜,其中軍事、農業内容的占卜次數相對多些。

　　賓組一類胛骨骨首骨頸部位三列、兩列、單個鑽鑿布局時,均可使用異版成套的形式進行占卜。骨首骨頸部位單個鑽鑿布局時,基本用異版成套的形式進行占卜。三列、兩列鑽鑿布局時,多按行使用鑽鑿進行占卜,也有按列使用鑽鑿進行占卜的情況。對邊骨條部位多按列使用鑽鑿

---

① 《合集》12358+12971,蔣玉斌:《〈甲骨文合集〉綴合拾遺(第八十二組)》,先秦史研究室網站,2010 年 11 月 8 日。

進行占卜。按行使用鑽鑿進行占卜時,可以使用一行或二行鑽鑿。按行使用鑽鑿進行占卜體現了占卜分區的理念以及占卜的預設性。按列使用鑽鑿進行占卜時,可以使用某幾個連續的鑽鑿,進行兩卜、三卜、四卜、五卜、六卜等形式的一辭多卜。

綜上,賓組一類胛骨反面的鑽鑿布局,骨首骨頸部位主要有三列、兩列和單個三種類型。其中以單個鑽鑿和兩列鑽鑿爲主要布局類型。沿對邊骨條一般有一列鑽鑿。頸扇交界部位鑽鑿較爲密集,一般與骨頸部位渾爲一體。正面骨扇下部的鑽鑿材料較少,基本稀疏有序。骨首骨頸部位單個鑽鑿布局的胛骨,通常使用異版成套的形式占卜。骨首骨頸部位三列或兩列鑽鑿布局的胛骨,可以使用異版成套的形式占卜,也可以是使用一辭多卜的形式占卜。

賓組一類胛骨正面骨扇部位刻有卜辭,在頸扇交界部位有與之對應的指示辭,這些指示辭指示出該條卜辭占卜所使用的卜兆,完整卜辭的刻寫位置與指示辭相呼應。頸扇對應的胛骨因骨扇部位用於刻寫完整卜辭,很少施加鑽鑿。

賓組一類胛骨占卜內容有祭祀、軍事、出行、建城、天氣、農業、夕等,用異版成套(三版一套、五版一套、九版一套)和一辭多卜(兩卜、三卜、四卜、五卜、六卜)的形式進行占卜。

附表

賓一類胛骨鑽鑿布局表

材料	部　　位	疏密	號　　　　碼
反面	骨首骨頸	單個	D245、3380、3381、3382、3550、4914、4917、4918、6569(旅245)、6605、6606、6627、6639、6640、6641、6642、6860、6861、6862、6883、6886、6931、7283、7843、7844、7845、7930、8008、8284、8490、9185(旅700)、9186(甲3353)、10115、12901、13344、13525、13526、13527、13528、13529、14666、14733、15189、15734、15996、15997、15998、Y613、Y1231、拼集71(4915+14879)、拼集72、拼集266(15995+B1311)、歷326+掇三298

續　表

材料	部　位	疏密	號　　碼
反面	骨首骨頸	2列	B516、1334、1653、1666、2136、2774、3383、3385、3386、3387、3388、4405、5165、5167、7776、7777、7778、7785＋、7786、9700、10412、12971＋、12407、12436、12477、12870、12974、13122、13124、13496、16788、16796、16811、16935、17919、W902、Y1582、俄 13、契合 380、山東 883、L100、綴彙 648（13110＋13140＋13126）
		3列	B3812、683、1801、8592（甲 3343）、12852、13264、綴集 153（16561＋16562＋16563）、綴集 201（9620＋9625＋B2538）
	對邊骨條	1列	B1147、6250、16569、Y1078、Y1080、契合 31（12476＋13447＋B4759）、契合 37（13074＋13449）
	頸扇交界	密集	1820、3486、7784、9681、11743、13109、13758、14697、14698、20172、Y1250、契合 57（7780＋B3338＋B5774＋善齋 7・38・5）＋19387
正面	骨扇	整齊	1032、1354、18910（乙 8672）

賓一類胛骨鑽鑿布局材料表

材料	號　　碼
胛骨反面	B516、B1147、B3812、D245、683、1334（甲 3344）、1653、1666、1801、1820、2136（乙 8668）、2774、3380、3381、3382、3383、3385、3386、3387、3388、3486、3550、4405、4914、4917、4918、5165、5167、6250、6569（旅 245）、6605、6606、6626、6627、6639、6640、6641、6642、6860、6861、6862、6883、6886、6931、7283、7776、7777、7778、7784、7785＋、7786、7843、7844、7845、7930、8008、8284、8490、8592（甲 3343）、9185（旅 700）、9186（甲 3353）、9681（北圖 2396）、9700、10115、10412、11743、12407、12436、12477、12852、12870、12901、12971＋（甲 3336）、12974（乙 8669）、13109、13122、13124、13264、13344、13496、13525、13526、13527、13528、13529、13758、14666、14697、14698、14733、15189、15734、15996、15997、15998、16347、16569、16788、16796、16811、16935、17919、20172、W902、Y613、Y1078、Y1080、Y1231、Y1250、Y1582、俄 13、拼集 71（4915＋14879）、拼集 72、拼集 266（15995＋B1311）、契合 31（12476＋13447＋B4759）、契合 37（13074＋13449）、契合 57（7780＋B3338＋B5774＋善齋 7・38・5）＋19387、契合 303（7775＋7782＋565）、契合 380、山東 883、L100、歷 326＋掇三 298、綴彙 648（13110＋13140＋13126）、綴集 85（1243＋4916＋15812）、綴集 153（16561＋16562＋16563）、綴集 201（9620＋9625＋B2538）

材料	號　　碼
骨扇下部	1032、1354、18910（乙 8672）
無反面或殘斷不明	B2009、B5319、D349、801、1345、1483、1574、1834、2051、3342、3610、3704、3755、3756、3912、4113、4122、4123、4136、4142、4577、4657、5088、5388、5410、5874、5878、5934＋、5992、6578、6602、6603＋、6604、6715＋、6863、6864、6887、6929、6939、6944、7409、7413、7553、7764、7779、7794＋旅 123、7796、7797、7798、7803、7807、7814、7848、8593、8958、9621、9622、9681、9744、10129、10172、10201、10202、10958、11681、12437、12536、12629、12850、12966、13123、13224、13330、13492＋、13493、13494、13499、13500、14155、14316、14396、14459、14510、14551、14552、14801、15782、16526、16531、16568、16619、16809、16813、16815、16832、16838、16862、16884、16901＋、16906、17272、17273、17314、17375、18910（乙 8673）、19382、19696、23780、39924、W900、Y13、Y23、Y27、Y204、Y205、Y602、Y1228、Y1254、Y1583、Y 補 4、拼集 73；拼續 421（16037＋Y1149）、綴集 344（7799＋Y716＋7795）、契合 13（6644＋39952）、契合 57（7780＋B3338＋B5774＋善齋 7·38·5）＋19387、契合 250（7789＋7793）、契合 358（B577＋善齋 7·52·2）、史購 37、吳麗婉 52（B536＋重博 93）、綴彙 142（8932＋18046）、綴彙 387（14890＋40450）、綴彙 650（5758＋19486）、綴彙 895（40210＋史購 73）

第三節　典賓類胛骨鑽鑿
布局與占卜形式

一、典賓類胛骨鑽鑿布局

典賓類胛骨鑽鑿布局主要分布在胛骨反面的骨首骨頸、對邊、頸扇交界及正面的骨扇下部。

（一）骨首骨頸部位

典賓類胛骨骨首頸部位有三列、兩列、單個三種鑽鑿布局類型。

1. 三列鑽鑿布局。

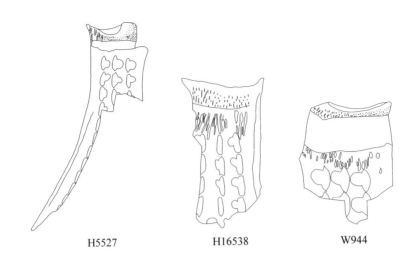

H5527　　　　　　H16538　　　　　W944

《合集》5527、16538、《懷特》944 骨首骨頸部位有三列鑽鑿。

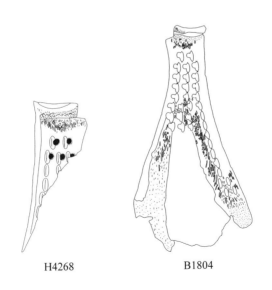

H4268　　　　　B1804

《合集》4268(《甲編》3342)、《合補》1804 骨首骨頸部位 3 列鑽鑿,最上一行 2 個鑽鑿。

2. 兩列鑽鑿布局。

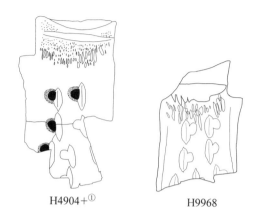

H4904+①   H9968

《合集》4904＋、《合集》9968 骨首骨頸部位二列二行鑽鑿,其下鑽鑿密集布局。

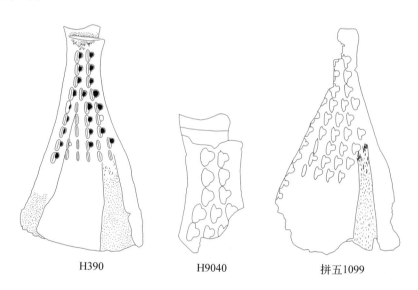

H390   H9040   拼五1099

《合集》390(《甲編》3333＋)、9040、《拼五》1099 骨首骨頸部位二列三行鑽鑿。

---

① 《合集》4904＋《合集》7982(《旅藏》102)＋《旅藏》102,林宏明:《甲骨新綴第 717—718 例》,第 718 例,先秦史研究室網站,2016 年 9 月 20 日。

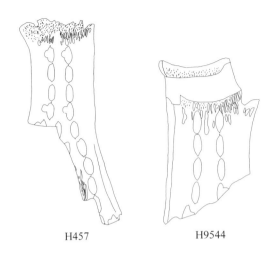

H457　　　　　　　　H9544

《合集》457、9544 骨首骨頸部位二列四行鑽鑿。

　　從典賓類胛骨骨首骨頸部位三列和兩列鑽鑿布局排列的有序性來看，這兩種鑽鑿很可能是在胛骨整治後即施加完成。

　　3. 單個鑽鑿布局。骨首骨頸部位相對獨立的 1 個、2 個、3 個鑽鑿都歸入此類。

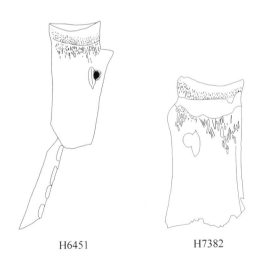

H6451　　　　　　　　H7382

《合集》6451(《甲編》3329＋)、7382 骨首骨頸部位 1 個鑽鑿。

《合集》458(《旅藏》418)、6204 骨首骨頸部位兩個鑽鑿。

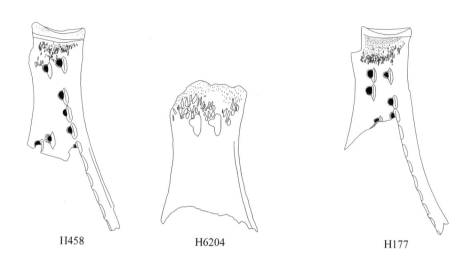

II458　　　　　　　　H6204　　　　　　　　H177

《合集》177 骨首骨頸部位 3 個鑽鑿。

典賓類胛骨骨首骨頸部位單個鑽鑿布局基本使用異版成套的形式進行占卜。

（二）沿對邊骨條及頸扇交界部位

1. 頸扇交界部位以下基本都會有沿對邊一列鑽鑿

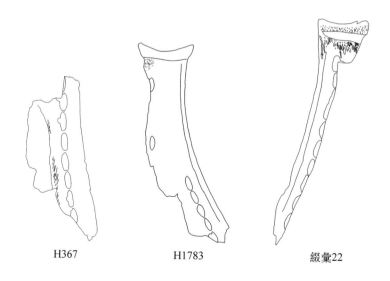

H367　　　　　　　　H1783　　　　　　　　綴彙22

《合集》367、1783、《綴彙》22 沿對邊骨條一列鑽鑿。

2. 頸扇交界處鑽鑿通常非常密集，也有稀疏布局

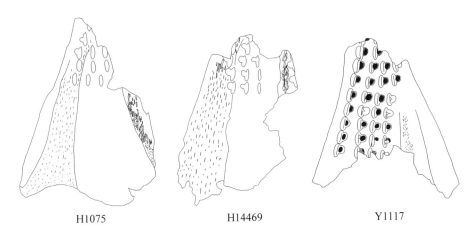

H1075　　　　　　　H14469　　　　　　Y1117

《合集》1075、14469、《英藏》1117 頸扇交界部位鑽鑿非常密集。

骨首骨頸部位單個鑽鑿時，頸扇交界部位無鑽鑿，或有極稀疏鑽鑿。

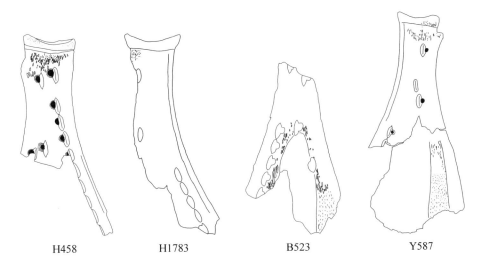

H458　　　　　H1783　　　　　B523　　　　　Y587

《合集》458（《旅藏》418）、1783、《合補》523、《英藏》587 骨首骨頸部位單個鑽鑿頸扇交界部位有一個或二個稀疏的鑽鑿。

（三）正面骨扇部位

典賓類胛骨正面骨扇下部鑽鑿材料很少，基本稀疏有序。

H1318

《合集》1318正面骨扇下部至少四列鑽鑿。

典賓類胛骨反面的鑽鑿布局,骨首骨頸部位有三列、兩列和單個三種鑽鑿布局。其中,單個鑽鑿和兩列鑽鑿爲主要鑽鑿布局類型。沿對邊骨條部位一列鑽鑿。骨首骨頸部位兩列或三列鑽鑿時,頸扇交界部位鑽鑿通常非常密集,基本與骨首骨頸部位鑽鑿渾爲一體。骨首骨頸部位單個鑽鑿時,頸扇交界部位没有或有極稀疏鑽鑿。正面骨扇下部多用來刻寫卜辭,施加鑽鑿的材料非常少,基本稀疏有序。所有鑽鑿基本是在甲骨整治後即施加完成。

二、典賓類胛骨特色卜辭布局

典賓類胛骨骨扇部位有豎行向下的完整卜辭,這些卜辭對應對邊骨條與頸扇交界部位的卜兆,形成邊面對應與頸扇對應。

　　(1a) 亡風。三 二告

　　(1b) 癸卯卜,爭,貞:翌乙…中亡風。丙子…允亡[風]。

　　(1c) 屮風。[三] 二告

　　(1d) 癸卯卜,爭,貞:翌乙亥…[屮]…

　　(1e) 癸卯卜,爭,貞:翌丙子[其]…

三 小告

《合集》13357[典賓]

這版胛骨骨扇部位用於刻寫完整卜辭。對邊骨條部位的(1a)(1c)爲"對貞焦點指示辭"或"命辭簡辭指示辭"及其兆序數,指示出(1b)(1d)兩條完整卜辭的卜兆。這版胛骨骨扇部位有(1b)(1d)(1e)同爲癸卯日占卜,"癸卯"不具有區别性,指示詞遵循經濟的原則,只刻寫對貞占卜的焦點"屮風""亡風"。

（2a）娩。

（2b）己丑卜，㱿，貞：翌庚寅婦好娩。

（2c）不其娩。三　二告

（2d）貞：翌庚寅婦好不其娩。一月。

（2e）辛卯卜，凹，貞：呼多羌逐兔，隻。

《契合》379［典賓］

這版胛骨骨扇部位用於刻寫完整卜辭。對邊骨條部位的（2a）（2c）爲“對貞焦點指示辭”或“命辭簡辭指示辭”及其兆序數，指示出（2b）（2d）兩條完整卜辭的卜兆。（2a）（2c）同爲己丑日占卜，“己丑”不具有區別性，指示詞遵循經濟的原則，只刻寫對貞占卜的焦點“娩”“不其娩”。

（3a）王往出。

（3b）甲午卜，亘，貞：王往出。

（3c）貞：王弜往出。

（3d）貞：羍以射。

(3e) 癸丑卜,争,貞：𦫳以射。

《合集》5761＋5762①［典賓］

這版胛骨骨扇部位用於刻寫完整卜辭,且命辭較簡短。對邊骨條部位的(3a)(3d)爲"命辭指示辭",指示出(3b)(3e)兩條完整卜辭的卜兆。

(4a) 戊申卜。

(4b) 戊申卜,㱾…不其唯…

(4c) 辛亥卜,㱾,貞：呼或往…

《北珍》2089＋《俄藏》14②［典賓］

這版胛骨骨扇部位用於刻寫完整卜辭。頸扇交界部位的(4a)辭爲"干支卜指示辭"及其兆序數,指示出(4b)這條完整卜辭的卜兆。

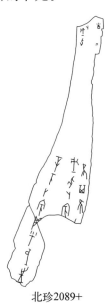

北珍2089+

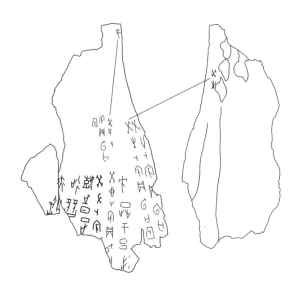

(5a) 癸酉卜,㱾,貞：旬亡[囚]。

(5b){癸未}。

---

① 林宏明：《甲骨新綴第571—579例》,第571例,先秦史研究室網站,2015年6月10日。

② 林宏明：《甲骨新綴第501—504例》,第502例,先秦史研究室網站,2014年8月17日。

　　(5c) 癸未卜，宁，貞：旬亡囚。

　　(5d)〔癸〕巳。

　　(5e) 癸巳卜，宁，貞：旬亡囚。

　　(5f) 癸卯卜，宁，貞：旬亡〔囚〕…方品于呂…{〔王〕占曰：土
求(咎)，①其土來。气②至。亡我(宜)③}。

　　(5g) 癸丑卜，宁，〔貞：旬亡囚〕…娃之日正…延𡊀…亦□…
{王占曰：若}。

《合集》6778〔典賓〕

這版胛骨骨扇部位用於刻寫完整卜辭。正面頸扇交界部位的(5d)爲"干支
指示辭"，指示出(5e)完整卜辭的卜兆。反面頸扇交界部位的(5b)爲"干支指
示辭"，指示出(5c)完整卜辭的卜兆。卜旬辭通常以"癸＋地支"作指示辭。

　　(6a){癸卯}。

　　(6b) 癸卯…

　　(6c) 癸…

　　(6d) 貞…

　　(6e){己亥卜}。

　　(6f) 己亥卜…

　　(6g) 壬寅卜…

　　(6h){不其}。

　　(6i) 貞：不…

　　《合集》17825〔典賓〕

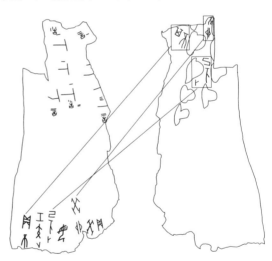

---

① 裘錫圭：《釋"求"》，《古文字研究》第 15 輯，第 195—206 頁，中華書局，1986 年；《古文字論
集》，第 59—69 頁；《裘錫圭學術文集·甲骨文卷》，第 274—284 頁。

② 沈培：《申論殷墟甲骨文"气"字的虛詞用法》，《北京大學中國古文獻研究中心集刊》第 3 輯，
第 11—28 頁。

③ 我，宜。裘錫圭：《釋"求"》，《古文字研究》第 15 輯，第 198—202 頁；《古文字論集》，第 62—
65 頁；《裘錫圭學術文集·甲骨文卷》，第 278—281 頁。

這版胛骨骨扇部位用於刻寫完整卜辭。反面頸扇交界部位的（6a）（6e）兩辭爲"干支指示辭"和"干支卜指示辭"，指示出（6b）（6f）兩條完整卜辭的卜兆。（6h）爲"命辭簡辭指示辭"，指示出（6i）完整卜辭的卜兆。

綜上，典賓類胛骨正面骨扇部位刻有卜辭，在對邊骨條部位以及正面或反面的頸扇交界部位有與之對應的指示辭，這些指示辭指示出該條卜辭占卜所使用的鑽鑿卜兆。采用邊面對應、頸扇對應刻寫形式的胛骨因骨扇部位要刻寫完整卜辭，很少施加鑽鑿。

骨條部位或頸扇交界部位的指示詞一般采用經濟的原則，有"干支""干支卜""干支卜，貞"，"焦點"，"命辭簡辭"，"命辭"等作指示辭。骨扇部位的完整卜辭占卜日期不同時，通常以"干支""干支卜"作指示詞，偶爾有"干支卜，貞"作指示辭。卜旬辭一般以干支"癸＋地支"作指示詞。骨扇部位的完整卜辭刻有同一日同一事件的對貞卜辭，"干支"不能明確指示出占卜所用卜兆時，會以"焦點簡辭"或"命辭簡辭"作指示辭。當命辭較簡短時，也有用"命辭指示詞"的。總之，占卜集團的貞人與刻手們總會以一種簡要的方式記錄下占卜的卜辭並且標示出其所使用的鑽鑿、呈現出的卜兆等完整的占卜信息。

三、典賓類胛骨上的占卜形式

典賓類胛骨多用異版成套的形式進行占卜。

（一）成套占卜

1. 異版成套

（7）［庚］申卜，㱿，［貞］：王㠯［正］舌方，［下上］弗若，不我［其］受又。一 二告　　　　　　　　　　　　　　　　《合集》6318［典賓］

（8）庚申卜，㱿，貞：王㠯正舌方，下上弗若，不［我其受又］。二　　　　　　　　　　　　　　　　　　　　　　　　　　　《合集》6319［典賓］

（9）庚申卜，㱿，貞：王㠯正舌方，下上弗若，不我其受又。

三 二告 《合集》6320[典賓]

(10) 庚申卜,殼,貞:王勿正舌方,[下]上弗若,[不]我其受

又。五 二告 《合集》6321[典賓]

以上四版胛骨,骨首部位是異版成套卜辭的第一、二、三、五卜,占卜王
不要征伐舌方,不順利,不會受到保佑。骨首骨頸部位反面應該是單個
鑽鑿。

(11a) 己巳卜,爭,貞:侯告再册,王勿卒①臟。二

(11b) 庚午卜,爭,貞:王臟。二 二告

《合集》7408[典賓]

(12a) 己巳卜,爭,貞:侯告再册,王勿卒[臟]。

(12b) 庚午卜,爭,貞:王叀易伯臟。五

《合集》7410[典賓]

(13a) 己巳卜,爭,[貞]:侯告再[册],王勿卒臟。

(13b) 庚午卜,爭,貞:王叀易伯妖臟。六

《合集》7411[典賓]

(14a) 己巳卜,爭,貞:侯告再册,[王勿]卒[臟]。八

(14b) 庚午卜,爭,貞:王叀易伯妖臟。八

《合集》7412[典賓]

以上四版胛骨,骨首部位是兩組異版成套卜辭的第二、五、六、八卜,己巳
日占卜侯告再册,王勿卒臟。庚午日占卜王臟易伯妖。骨首骨頸部位反
面應該是兩個鑽鑿。

(15a) 乙巳卜,殼,貞:來辛亥酒。一

(15b) 戊申卜,殼,貞:五羌卯五牛。一

《合集》369[典賓]

---

① 裘錫圭:《釋殷墟卜辭中的"卒"和"褍"》,《中原文物》1990 年第 3 期,第 8—16 頁;《裘錫圭
學術文集·甲骨文卷》,第 362—376 頁。

(16a) 乙巳卜，殻，貞：來辛亥酒。五

(16b) 戊申卜，殻，貞：［五羌卯五牛］。五

《合集》15724［典賓］

(17a) 乙巳卜，殻，貞：來［辛］亥［酒］。

(17b) 戊申卜，殻，貞：五羌卯五牛。六

《綴集》96［典賓］

以上三版胛骨，骨首部位是兩組異版成套卜辭的第一、五、六卜，乙巳日占卜來辛亥酒。戊申日占卜用五羌五牛祭祀。骨首骨頸部位反面應該是兩列鑽鑿。

(18) 壬戌卜，宁，貞：叀甲子步。一

《合集》495（《中歷藏》468）［典賓］

(19) 壬戌卜，宁，貞：叀甲子步。二　　　《拼集》265［典賓］

以上兩版胛骨，骨首部位是異版成套卜辭的第一、二卜，壬戌日占卜甲子出行。骨首骨頸部位反面應該是兩列鑽鑿。

(20a) 乙酉卜，宁，貞：翌丁亥烄（禱）于丁。十一月。一

(20b) 己丑卜，宁，貞：翌庚寅令入戈人。一

《合集》8398［典賓］

(21a) 乙酉卜，宁，貞：翌丁亥烄（禱）于丁。二

(21b) 己丑卜，宁，貞：翌庚［寅］令入［戈人］。二

《綴集》338（《北珍》302＋）［典賓］

以上兩版胛骨，骨首部位是兩組異版成套卜辭的第一、二卜，乙酉日占卜下一個丁亥日禱祭丁。己丑日占卜下一個庚寅日令納貢戈人。骨首骨頸部位反面應該是兩列鑽鑿。

(22a) 丙午卜，宁，貞：旨弗其出（堪）①王事。

---

① 陳劍：《釋出》，《出土文獻與古文字研究》第 3 輯，第 1—89 頁。

(22b) 貞：叀韓呼往于𡉈①。一

《合集》5478［典賓］

(23a) 丙午卜，宁，貞：旨弗其出（堪）王事。三　二告

(23b) 貞：叀韓令往于𡉈。三　不 𱐁 黽

《合集》5479［典賓］

以上兩版胛骨，骨首部位是兩組異版成套卜辭的第一、三兩卜，丙午日占卜旨堪王事。令韓前往𡉈地。骨首骨頸部位反面應該是兩列鑽鑿。

(24) 己亥卜，爭，貞：王弜立中。二　不 𱐁 黽

《合集》7367［典賓］

(25) 己亥卜，爭，貞：王弜立中。三　不 𱐁 黽

《合集》7368［典賓］

以上兩版胛骨的骨首部位是成套卜辭的第二、三兩卜，己亥日占卜王不要立中。骨首骨頸部位反面應該是兩個鑽鑿。

(26) 辛丑卜，㱿，貞：霝妃不囚（殞）。②　一　小告

《合集》6197［典賓］

(27) 辛丑卜，㱿，貞：霝妃不囚（殞）。二　《合補》1853［典賓］

(28) 辛丑卜，㱿，貞：霝妃不囚（殞）。三　《合集》6199［典賓］

(29) 辛丑卜，㱿，貞：霝妃不囚（殞）。四　《綴集》107［典賓］

以上四版胛骨，骨首部位是成套卜辭的第一、二、三、四卜，辛亥日占卜霝妃不殞。骨首骨頸部位反面應該是兩個鑽鑿。

---

① 林澐：《釋史墻盤銘中的"逖虘髟"》，《陝西歷史博物館舘刊》第1輯，第22—30頁，三秦出版社，1994年；《林澐學術文集》，第174—183頁。

② 陳劍：《殷墟卜辭的分期分類對於甲骨文字考釋的重要性》，收入《甲骨金文考釋論集》，第427—436頁。沈培：《殷墟卜辭正反對貞的語用學考察》，丁邦新、余靄芹編：《語言暨語言學》專刊外編之二《漢語史研究：紀念李方桂先生百年冥誕論文集》，第191—234頁，中研院語言學研究所，美國華盛頓大學，2005年。陳劍：《"備子之責"與"唐取婦好"》，《第四屆國際漢學會議論文集：出土材料與新視野》，第182—183頁，中研院，2013年10月。

(30a) 戊午卜，宍。二

(30b) 丁巳卜，宍：翌戊午不其[易日]。二 二告

(30c) …申：庚允易日。二

(30d) 翌辛酉不其易日。二

(30e) 翌癸亥易日。二

(30f) 翌甲…易[日]。二

《合集》13317＋《瑞典》24①[典賓]

以上這版胛骨占卜天氣，是異版成套卜辭的第二卜。骨首骨頸部位反面應該是兩列鑽鑿。

(31a) 癸丑卜，宍，貞：旬亡囚。一

(31b) 癸亥卜，宍，貞：旬亡囚。一

《合集》16886[典賓]

(32a) 癸丑卜，[宍]，貞：旬[亡]囚。三

(32b) 癸亥卜，宍，貞：旬亡囚。三

《拼三》794(《中歷藏》606＋)[典賓]

以上兩版胛骨，骨首部位是成套卜辭的第一、三兩卜，癸日卜旬。骨首骨頸部位反面應該是兩列鑽鑿。

2. 同版內的多辭一套

(33a) 貞：方允其來于洗。一 二告

(33b) 不其來。一

(33c) 方其來于洗。二

(33d) 方不其來。二

(33e) 其來。三

(33f) 不其來。[三]

《拼五》1101[典賓]

---

① 蔣玉斌：《蔣玉斌甲骨綴合總表》，第291組，先秦史研究室網站，2011年3月20日。

這版胛骨對邊骨條部位對貞敵方是否來犯,使用近沿對邊一列的六個鑽鑿。(33a)(33b)、(33c)(33d)、(33e)(33f)爲三組對貞卜辭。(33a)(33c)(33e)三辭一套,(33b)(33d)(33f)三辭一套,爲對貞卜辭同版內多辭一套的形式進行占卜。

（二）同貞占卜

　　(34a) 辛卯卜,爭,貞:㠯令望乘先歸。九月。一

　　(34b) 壬辰卜,爭,貞:王叀洗戓比。一

　　　　　　　　　　　《合集》7488(《旅藏》218)[典賓]

　　(35a) 辛卯卜,殻,貞:㠯令望乘先歸。九月。一 二告

　　(35b) 壬辰卜,殻,貞:王㠯唯洗戓比。一 不🜚鼁

　　　　　　　　　　　《綴續》380[典賓]

　　(36a) 辛卯卜,殻,貞:㠯令望[乘先歸。九月]。四

　　(36b) 壬辰卜,殻,貞:王㠯唯洗戓比。四

　　　　　　　　　　　《合集》7492[典賓]

以上三版胛骨,(35)(36)是成套卜辭的第一、四兩卜,辛卯日占卜不要令望乘先歸。壬辰日占卜王不要配合洗戓。(34a)與(35a)爲辛卯日不同貞人占卜的同貞卜辭。(34)骨首骨頸部位應該是兩個鑽鑿,(35)是三列鑽鑿,(36)是兩列鑽鑿。

　　(37) 庚申卜,爭,貞:今早王比望乘伐下危*,受㞢又。

　　　　　　　　　　　《合集》6489[典賓]

　　(38) 庚申卜,爭,貞:今早王比望乘伐下危*,受㞢又。四
二告 不🜚鼁　　　　　《合集》6490[典賓]

　　(39) 庚申卜,宁,貞:今早王比望乘伐下危*,受㞢又。四

　　　　　　　　　　　《拼集》278[典賓]

　　(40) 庚申卜,宁,貞:[今]早王[比]望[乘]伐下[危*],受[㞢又]。　　　　《合集》6492[典賓]

以上四版胛骨,(37)(38)是成套卜辭的兩卜,(39)(40)是成套卜辭的兩

卜。兩套爲不同貞人占卜的同貞卜辭,庚申日占卜王配合望乘征伐下危*。骨頸部位反面可能是兩個鑽鑿。

　　(41) 辛丑卜,宕,貞:令多紲比望乘伐下危*,受止又。一二
　　　　　　　　　　　　　　　　　　　　　　　　　　　　《綴興》13[典賓]

　　(42) 辛丑卜,宕,貞:令多紲比望乘伐下危*,受止又。二
月。一二　　　　　　　　　　　　　　　　　　　　　　《綴興》14[典賓]

以上兩版胛骨的骨首部位是一辭兩卜兆序數相同的同貞卜辭。辛丑日占卜王命令多紲配合望乘征伐下危*,受到保佑。骨頸部位反面應該是兩列鑽鑿。

(三) 一辭多卜

一辭多卜下的兆序排列。

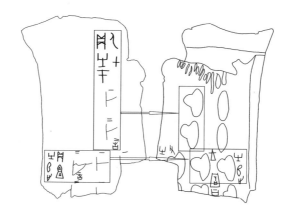

　　(43a) 貞:止于妣甲。一二　二告
　　(43b) 貞:宜止追。{王占曰:止追。}一二　二告

　　　　　　　　　　　　　　　　　　　　《拼五》1075[典賓]

這版胛骨,(43a)辭占卜侑祭妣甲,使用骨首骨頸部位近臼邊最上一列相連續的2個鑽鑿進行占卜,兆序數一、二自上而下依次縱排。(43b)辭占卜宜有追,使用骨首骨頸部位第三行近對邊2個鑽鑿,兆序數一、二逆骨臼方向依次橫排。

(44a) 甲子卜，亘，貞：立事。一二 二告 三

(44b) 貞：呼取丘汰。一 不𦥑黽 二三

《合集》5510［典賓］

這版胛骨骨首骨頸部位兩列鑽鑿，(44a)辭占卜立事，使用骨首骨頸部位近臼邊一列相連續至少 3 個鑽鑿。(44b)辭占卜取丘汰，使用骨首骨頸部位近對邊一列相連續至少 3 個鑽鑿。兆序數一、二、三自上而下依次縱排。

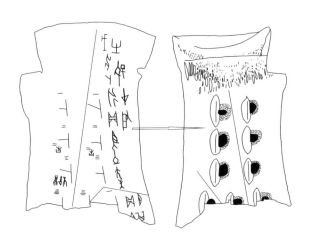

(45) 戊申卜，永，貞：望乘屮保在啓。一二 二告 三四

《英藏》1555［典賓］

這版胛骨骨首骨頸部位兩列鑽鑿。(45)辭占卜望乘有保,使用骨首骨頸
部位近對邊一列相連續至少 4 個鑽鑿。兆序數一至四自上而下依次
縱排。

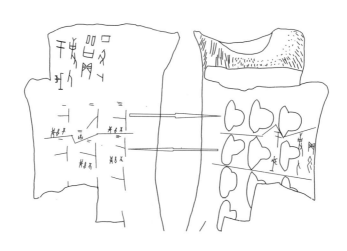

(46a) 丁丑卜,凹,貞: 使人于我。一 不❖黿 二 二告 三 不❖黿
(46b) {貞: 弓使人于我}。一二 不❖黿 三 不❖黿

《合集》5527[典賓]

這版胛骨骨首骨頸部位三列鑽鑿。(46a)辭占卜使人於我,使用骨首骨
部位第一行 3 個鑽鑿,兆序數一至三逆骨臼方向依次橫排。(46b)辭對貞
不要使人於我,使用骨首骨頸部位第二行 3 個鑽鑿。兆序數一至三逆骨
臼方向依次橫排。

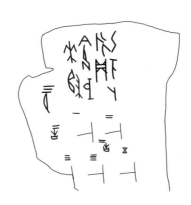

(47) 乙亥卜,永,貞:令或來歸。三月。一 二告 二 二告 三 四五　《合集》4268(《甲編》3342)[典賓]

這版胛骨骨首骨頸部位三列鑽鑿。(47)辭占卜令或來歸,至少使用骨首骨頸部位第一、二兩行 5 個鑽鑿,兆序數一至五逆骨臼方向依次横排。

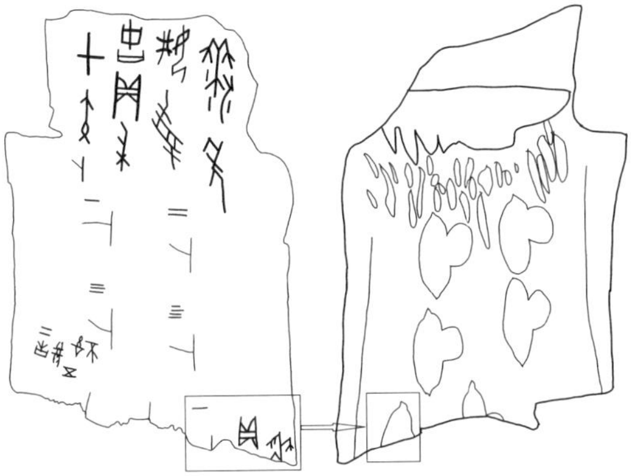

(48) 甲寅卜,古,貞:婦姘受漆年。一二三 二告 不□黿 四五　《合集》9968[典賓]

這版胛骨骨首骨頸部位兩列鑽鑿。(48)辭占卜婦姘受漆年,使用骨首骨頸部位最上三行的 5 個鑽鑿,兆序數一至五逆骨臼方向依次横排。

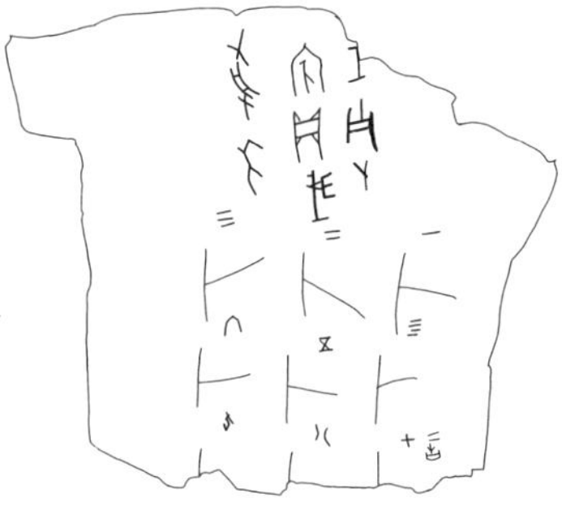

(49) 壬子卜,穷,貞:我受年。一二三四 二告 五六七八九　《合集》9677[典賓]

這版胛骨骨首骨頸部位三列鑽鑿。(49)辭占卜我受年,至少使用骨首骨頸部位最上三行 9 個鑽鑿,兆序數一至九逆骨臼方向依次橫排。

　　(50) 壬子卜,㱿,貞:至于丙辰雨。一二三四五六 二告 七

八九　　　　　　　　　　　　　　　　　　《合集》12335[典賓]

這版胛骨骨首骨頸部位三列鑽鑿。(50)辭占卜到丙辰日下雨,至少使用骨首骨頸部位最上三行 9 個鑽鑿,兆序數一至九逆骨臼方向依次橫排。

　　(51) 唯父庚𧌒。一 二 二告　　　　　《合集》2151[典賓]

這版胛骨骨首骨頸部位兩列鑽鑿。(51)辭占卜父庚施害,使用骨首骨頸部位第二行 2 個鑽鑿,兆序數一、二逆骨臼方向依次橫排。

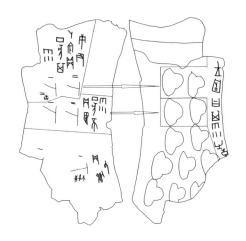

(52a) 庚辰卜，宁，貞：丁亥其雨。〔王占曰：其雨。屮娭〕。

一 二告 二

(52b) 貞：翌丁亥不雨。一二

《合集》9040〔典賓〕

這版胛骨骨首骨頸部位兩列鑽鑿。(52a)辭占卜丁亥日下雨，使用骨首骨頸部位第一行 2 個鑽鑿。(52b)辭對貞丁亥日不下雨，使用骨首骨頸部位第二行 2 個鑽鑿。兩辭兆序數一、二逆骨臼方向依次橫排。

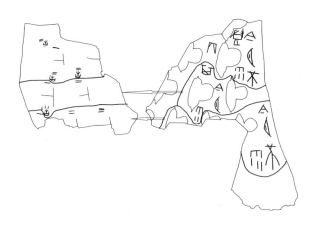

(53a)〔今夕其雨〕。一 小告 二

(53b)〔今夕不雨〕。一 二 三

《拼四》910〔典賓〕

(53a)(53b)對貞今夕是否下雨，使用頸扇交界部位前後兩行 5 個鑽鑿，
(53a)辭使用上行 2 個鑽鑿，(53b)辭使用下行 3 個鑽鑿，兆序數一、二或
一至三逆骨臼方向依次橫排。

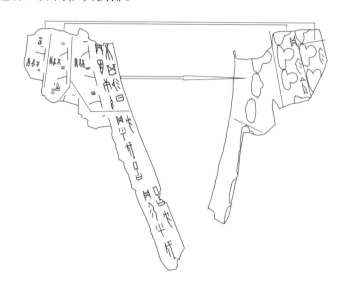

(54a) 貞：翌庚午不其易日。一 不黿 二三

(54b)〔弜…〕一 不黿 二

(54c)〔貞：弜令…〕［一］二 不黿 三 小告 四

《綴彙》647〔典賓〕

這版胛骨正面頸扇交界部位近對邊位置(54a)辭占卜下一個庚午日不會
出太陽。使用其左側沿對邊一列相連續的 3 個鑽鑿，兆序數一至三自上
而下依次縱排。反面頸扇交界部位近臼邊位置(54b)辭占卜不要做某事，
至少使用近臼邊一列相連續的 2 個鑽鑿，兆序數一、二自上而下依次縱
排。中間位置(54c)辭占卜不要命令做某事，至少使用頸扇交界部位中間
一列相連續的 4 個鑽鑿，兆序數一至四自上而下依次縱排。

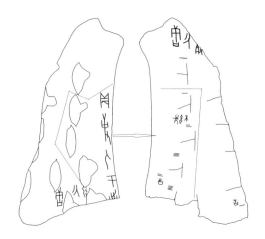

(55)〔貞：使人于…〕一　不 𡆠 黽　二三　二告　四

《拼集》293〔典賓〕

這版胛骨骨首骨頸部位兩列鑽鑿。(55)辭占卜使人於某地，使用骨首骨頸部位近臼邊一列相連續的 4 個鑽鑿，兆序數一至四自上而下依次縱排。

典賓類胛骨占卜祭祀、軍事、出行、人物事類、卜旬等有用異版成套的形式。軍事辭有八版一套的占卜，也有同貞占卜。祭祀辭有六版一套的占卜。人物事類辭有四版一套的占卜。卜旬辭三版一套。異版成套占卜體現了占卜的預設性以及占卜制度的規則性。對貞卜辭有用同版內的多辭一套的形式占卜。祭祀、軍事、農業、天氣、出使、往來等有用一辭多卜的形式進行占卜。

骨首骨頸部位三列鑽鑿布局基本用一辭多卜形式的占卜，兩列鑽鑿布局可以用異版成套及一辭多卜的形式進行占卜。骨首骨頸部位單個鑽鑿布局基本用異版成套的形式占卜。

三列、兩列鑽鑿布局用一辭多卜的形式占卜，可以按行使用鑽鑿，也可以按列使用鑽鑿。按行使用鑽鑿進行占卜時，可以使用一至四行鑽鑿，體現了占卜分區的理念以及占卜的預設性，即占卜之前就決定了使用哪個部位的哪幾行鑽鑿，也就決定了占卜次數。按列使用鑽鑿進行占卜時，可以使用一列中幾個連續的鑽鑿，進行兩卜、三卜、四卜、五卜、九卜等形式的占卜。

综上，典賓類胛骨反面的鑽鑿布局，骨首骨頸部位主要有三列、兩列和單個三種鑽鑿布局。其中，單個鑽鑿和兩列鑽鑿爲主要鑽鑿布局類型。沿對邊骨條部位一列鑽鑿。骨首骨頸部位兩列或三列鑽鑿時，頸扇交界部位密集。骨首骨頸部位單個鑽鑿時，頸扇交界部位稀疏布局。正面骨扇部位施加鑽鑿的材料非常少，基本稀疏有序。

典賓類胛骨正面骨扇部位的卜辭布局，存在邊面對應與頸扇對應。

典賓類胛骨占卜形式有異版成套、同版內的多辭一套、同貞占卜及一辭多卜等。

附表

典賓類胛骨鑽鑿布局表

材料	部位	疏密	號　　碼
反面	骨首骨頸	單個	177、458(旅藏 418)、1783、2627、6204、6316、6317(旅藏 535)、6451(甲 3329＋3346)、7284、7285(旅藏 195)、7286、7382、8420、14078、B523、B332、B3128、D396、D546、輯佚 1、Y587、Y1179、拼集 283、綴集 2
		2 列	369、390(甲 3333＋3361)、457、547、1110(歷 455)、1124＋12317、1661、2151、2264、2346、2626、2665、3255、3607、5458(甲 3337)、5463、5479、5510、5807、6303、6379、6424、綴興 14、7445、7946、8852、9040、9755、9968、10229(甲 3339＋3341)、10279、10643、12532、12764、13925、14008、14172(旅藏 361)、14927(旅 372)、16691、17075、17080、B38、B521、B2688、D244、D403、W963、Y199、Y414、Y796、Y886、Y1253、Y1555、林宏明 718(4904＋7982＋旅藏 102)、拼集 293、拼續 578、拼三 606、拼四 1014、拼五 1075、拼五 1097、拼五 1099、拼五 1203、史購 39、綴興 142、綴彙 269
		3 列	444、3033、4268(甲 3342)、5527、6234、9677、9790、9976、12341、13926、16538、17307、B1804、B2395、w944、蔣玉斌(13317＋瑞典 24)、契合 19、綴續 380
	對邊骨條	1 列	67、95、137、139(北珍 2042)、156、158、169、170、172、176、183、200、300、367、390(甲 3333＋3361)、440(歷 312)、458(旅藏 418)、614(北珍 780)、615、619、710、779、780、813、875、1080、1131、1136、1210、1295、1314、1330、1475、1479、1481、1578、1659、綴三

材料	部位	疏密	號　　碼
反面	對邊骨條	1列	579、1723、1742、1824、1825、1879、1927（甲 3600）、2012、2132、2135、2137、2164、2201（北圖 2145）、2247（歷 574）、2248、2258、2285（北珍 1893）、2328、2340、2392、2497、2537、2539、2613、2617、2636、2653、2658＋7860、2728、2837、2863、2890、2895、2972、3006、3013、3014、3242、3462（北珍 152）、3466、3467（北珍 150）、3472、3480、3517、3531、3806、3994（北珍 847）、4069、4080、4196、4220、4225、4248、4281、4282、4283、4301、4357、4367、4368、4416、4421、4444、4535、4566、4580、4617、4618、4677、4723、4843、4892、4925、5034、5069、5099、5110、5119、5121、綴興 13、5149、5202、5203、5204、5244、5245、5455、5456、5520、5521、5524、5544（歷 440）、5560、5600、5663、5719、5749、5818、5831、5839（歷 552）、5898、5930、5976、5978、6011、6058、6077、6078、6080、6081、6083、6086、6095（掇三 535）、6107＋9973＋D170、6109、6110、6115、6118、6121、6122、6133、6135（歷 195）、6139、6141、6142、6144、6145、6150、6152、6155、6156、6159、6167、6168（北珍 763）、6178、6180、6193（歷 282）、6211、6224、6235、6236、6237、6241、6243、6251、6252、6255、6256、6272、6276、6277、6328、6335、6336、6343、6349、6357、6358、6361、6367、6368、6375、6386、6388、6389、6391、6394、6432、6449、6524＋7862＋B769、6541（歷 309）、6555、6556、6589、6610（歷 178）、6618、6668、6738、6739、6763、6784（甲 2617）、7047、7074、7110、7195（北圖 2137）、7241、7282（歷 325）、7315、7443、7444、7446、7447（歷 295）、7448、7455、7456、7457、7460、7461、7465、7466、7467（北圖 2491）、7471、7473、7476、7477（歷 297）、7485、7487、7494、7495、7501、7503、7505、7516、7517、7521、7531、7541、7558、7565、7566、7567、7616、7689、7691、7704、7706、7709、7745（北圖 2543）、7940（北圖 2488）、7943、8085、8235、8278、8329、8330、8478（北圖 2150）、8502（北珍 775）、8511、8515、8559、8616、8724、8783、8803、8806、8818、8821、8840、8843、8899、8933、8935、8950、8992、9027、9031、9037、9043、9047、9048、9051、9118、9465、9511、9518、9527、9540、9599、9603、9705、9824、9825、9828、9861、9878、9880、9881、9882、9883、9884、9885、9889、9935、9956（歷 538）、9958、9959（北圖 2366）、9970、9986（歷 539）、10043、10050、10051、10079、10080、10100、10105、10131、10139、10140、10602、10843、10903（歷 534）、10939、10961、10969、11153、11156、11175、11181、11406、11461、11735、11759、11766、11791、綴三 571、11941、11942、11973、12053、12059、12068（北圖 2373）、12077、12094、12246、12327、12343（甲 3585）、12349、12388、12391、12394（甲 3615）、12398、12426、12427、12430（北珍 1491）、12433、12450、12469（歷 202）、12495（北珍 1453）、12627（甲 2845＋甲 2868）、

材料	部位	疏密	號　　碼
反面	對邊骨條	1列	12658、12665、12676（北珍 1506）、12704（歷 1163）、12707、12716（歷 489）、12724（北珍 1505）、13017、13112、綴集 156、13153、綴三 657、13237、13238、13239、13240、13242、13244、13246、13247、13251、13271（北圖 2112）、13272、13273、13274、13276、13277、13278、13279、13288、13293、13356、13414、13443、13467（甲 2840）、13507、13513、13600（北圖 2276）、13601、13652、13683、13689、13737、13742（北圖 2124）、13920、13980、13995、13997、14000（北圖 2135）、14007、14014（北圖 2134）、14227、14303、14307、14317、14320、14330、14334、14346、綴集 168、14398、14410、14411、14412、14413、14421、14436、14454、14455、14460、14470、14493、14548、14622、14655、14658、14671、14672、14673、14689、14690、14691、14692、14710、14711、14747、14749、14764、14768、14775、14778、14779、14810、14875、14876、14913、14965、15034、15037、15099、15145、15149、15183、15186、15291、15328、15391、15395、15543、15544、15610、15612、15613、15656、15661、15725、15767、16113、16153、16273、16283、16381、16456、16728、16814、16825、16835、16860、16869、16876、16879、16931、16939（甲 2256）、17248、18878、18879、18929、18992、19112、19238、19301、19381、19403、19644、19687、19716、39488、39489、39697、39778、39884、40654、40655、B32、B84、B224、B255、B289、B495、B521、B522、B523、B606、B644、B997、B1539、B1569、B1964、B1781、B1789、B1804、B1807、B1828、B1829、B1830、B1836、B1853、B1885、B1965、B1971、B2021、B2031、B2095、B2207、B2374、B2489、B2499、B2504、B2541、B3371、B3484、B3488、B3659、B3799、B3800、B3801、B3931、B3932、B4103、B4112、B4349、B4887、B4945、B4973、B6378、B13198、B13194、B13208、B13231、B13233、B13235、D255、D347、D396、T2663、T2779、W910、W945、Y1、Y66、Y162、Y164、Y181、Y203、Y331、Y339、Y353、Y409、Y521、Y544、Y548、Y551、Y556、Y558、Y571、Y580＋東文庫 164、Y584、Y594、Y626、Y663、Y664、Y665、Y672、Y725、Y732、Y757、Y787、Y789、Y792、Y793、Y794、Y810、Y821、Y822、Y834、Y803、Y842、Y885、Y997、Y1006、Y1011、Y1081、Y1105、Y1134、Y1135、Y1165、Y1163、Y1167、Y1170、Y1180、Y1194、Y1239、Y1251、Y1588、Y 補 1、Y 補 2、北珍 851、掇三 55、掇三 159、掇三 162、法藏 22、法藏 32、輯佚 2、甲骨文拓 106、歷 475、旅藏 800、史購 60、史購 136、L10、L17、L107、L123、綴三 715（3469＋D390）、綴三 689（4274＋B1961）、綴三 707（4811＋7687＋7699）、綴三 594（5739＋5740＋上田 3－008）、蔡哲茂（6132＋17362）、綴三 712（6238＋6262）、綴三 714（6390＋D287）、蔣玉斌（8501＋18925＋Y552）、綴三 585（8802＋8934）、綴

材料	部位	疏密	號　　碼
反面	對邊 骨條	1列	三 710（9713＋10089）、綴三 656（10584＋B6113）、蔣玉斌（2341＋14095）、蔣玉斌（7217＋西泠印社 2015 秋拍柳詒徵舊藏甲骨）、蔣玉斌（9519＋Y814）、蔣玉斌（12954＋15620）、蔣玉斌（天理 145 正＋天理 243）、李愛輝 429（13924＋16258）、林宏明（3529＋12813＋13598＋懷 B0956）、林宏明 36（1527＋5155＋15586）、林宏明 414（6088＋Y660）、林宏明 421（3079＋上博 21691・62）、林宏明 481（4565＋4571）、林宏明 493（6084＋8690）、林宏明 538（B1480＋旅藏 733＋旅藏 735）、林宏明 560（2896＋4467＋佚 101）、林宏明 573（4641＋B1242）、拼五 1055（9045＋Y1177）、拼集 65、拼集 66、拼集 67、拼集 68、拼集 99、拼集 100、拼集 102、拼集 115、拼集 117、拼集 120、拼集 121、拼集 127、拼集 130、拼集 137、拼集 140、拼集 141、拼集 143、拼集 145、拼集 149、拼集 155、拼集 156、拼續 358、拼續 359、拼續 423、拼續 424、拼續 426、拼續 427、拼續 428、拼續 429、拼續 430、拼續 573、拼三 602、拼三 604、拼三 606、拼三 607、拼三 617、拼三 766、拼三 805、拼四 1014、拼五 1027、拼五 1047、拼五 1065、拼五 1073、拼五 1078、拼五 1086、拼五 1089、拼五 1090、拼五 1093、拼五 1095、拼五 1096、拼五 1100、拼五 1101、拼五 1103、拼五 1104、拼五 1123、拼五 1125、拼五 1129、拼五 1160、拼五 1203、契合 8、契合 9、契合 18、契合 20、契合 30、契合 44、契合 50、契合 54、契合 85、契合 133、契合 221、契合 223、契合 265、契合 285、契合 289、契合 308、契合 324、契合 337、契合 347、孫亞冰（616＋旅藏 540）、孫亞冰（12420＋24898）、綴彙 269、綴彙 523、綴彙 548、張宇衛（2880＋Y996）、綴興 89、張宇衛 5（6119＋存補 5・146・3）、綴興 4、綴興 6、綴興 10、綴興 11、綴興 19、綴三 552（6746＋19129＋Y1133＋Y304）、拼五 1017（14260＋40446）、綴集 7、綴集 58、綴集 69、綴集 72、綴集 75、綴集 80、綴集 162、綴集 228、綴集 231、綴集 260、綴集 281、綴集 284、綴集 285、綴集 307、綴集 348、綴集 357、綴集 437、綴三 579、綴續 378、綴續 381、綴續 387、綴續 390、綴續 395、綴續 396、綴續 410、綴續 426、綴續 434、綴續 459、綴續 506、綴續 531、綴彙 22、綴彙 139、綴彙 512、綴彙 540、綴彙 1018、遺珠 758
	頸扇 交界	密集	390（甲 3333＋3361）、1075、2847、2875、2983、3032、3267、4047、4284、4452、4518、4758、4898、5077、5509、5553、6151、6567、7099、7165、7615（北圖 2258）、9386、9681、9933、12297、12299、12331（北圖 2437）、12465、14490、14792、15527、17759、17762、17765、17767、17786、17789、17802、17825、19096（歷 555）、40652、B1804、B3903、B5280、B5399、B5400、B5475、B5656、北珍 1955、旅藏 774、旅藏 776、史購 150、Y86、Y207＋Y492、Y414、Y823、Y1117、Y1204、

材料	部位	疏密	號　　碼
反面	頸扇交界	密集	Y1494、林宏明 4(3529＋12813)、拼四 910、拼五 1070、拼五 1087、拼五 1091、拼五 1099、綴興 18、綴興 23、綴續 372、綴續 402、綴彙 131、綴彙 647
正面	骨扇	整齊	1318(北大 2199)

典賓類胛骨鑽鑿布局材料表

材料	號　　碼
胛骨反面	67、95、137、139(北珍 2042)、156、158、169、170、172、176、177(甲 3338)、183、200、300、367、369、390(甲 3333＋3361)、440(歷 312)、442、444、457、458(旅 418)、547、614(北珍 780)、615、619、710、779、780、813、875、1075、1080、1110(歷 455)、1121、1123、1124＋12317、1131、1136、1143、1210、1295、1296、1314、1318(北大 2199)、1330、1336、1475、1479、1481、1578、1659、1661、1706＋B4589、1723、1742、1783、1824、1825、1853、1879、1927(甲 3600)、2012、2132、2135、2137、2151、2164、2201(北圖 2145)、2247(歷 574)、2248、2258、2264、2285(北珍 1893)、2328、2340、2346、2392、2497、2537、2539、2613、2617、2626、2627、2636、2653、2658＋7860、2665、2728、2837、2847、2863、2875、2890、2895、2972、2983、3006、3013、3014、3032、3033、3242、3255、3267、3462(北珍 152)、3466、3467(北珍 150)、3472、3480、3517、3531、3607、3806、3994(北珍 847)、4047、4069、4080、4196、4220、4225、4227、4248、4268(甲 3342)、4281、4282、4283、4284、4301、4357、4367、4368、4416、4421、4444、4452、4518、4535、4566、4580、4617、4618、4677、4723、4758、4843、4892、4898、4925、5034、5069、5077、5099、5110、5119、5121、5129＋7861＋6525、5149、5202、5203、5204、5244、5245、5455、5456、5458(甲 3337)、5463、5479、5509、5510、5520、5521、5524、5527、5544(歷 440)、5553、5560、5600、5663、5719、5749、5807、5818、5831、5839(歷 552)、5898、5930、5976、5978、6011、6058、6077、6078、6080、6081、6083、6086、6095(掇三 535)、6107＋9973＋D170、6109、6110、6115、6118、6121、6122、6133、6135(歷 195)6139、6141、6142、6144、6145、6150、6151、6152、6155、6156、6159、6167、6168(北珍 763)、6178、6180、6193(歷 282)、6204、6211、6224、6234、6235、6236、6237、6241、6243、6251、6252、6255、6256、6272、6276、6277、6303、6316、6317(旅 535)、6328、6335、6336、6343、6349、6357、6358、6361、6367、6368、6375、6379、6386、6388、6389、6391、6394、6424、6432、6449、6451(甲 3329＋3346)、6524＋7862＋B769、6541(歷 309)、6555、6556、6567、6589、6610(歷 178)、6618、6668、6738、6739、6763、6784(甲 2617)、7047、7074、7099、7110、7165、7195、7241、7282(歷 325)、7284、7285(旅 195)、7286、7315、7382、7443、7444、7445、7446、7447(歷 295)、7448、7455、7456、7457、7460、7461、7465、7466、7467、7471、7473、7476、7477(歷 297)、7485、

材料	號　碼
胛骨反面	7487、7494、7495、7501、7503、7505、7516、7517、7521、7531、7541、7558、7565、7566、7567、7615（北圖 2258）、7616、7689、7691、7704、7706、7709、7745、7940（北圖 2488）、7943、7946、8085、8235、8278、8329、8330、8420、8478（北圖 2150）、8502（北珍 775）、8511、8515、8559、8578、8616、8724、8783、8803、8806、8818、8821、8840、8843、8852、8899、8933、8935、8938、8950、8992、9027、9031、9037、9040、9043、9047、9048、9051、9118、9386、9465、9511、9518、9527、9540、9599、9603、9705、9755、9790、9824、9825、9828、9861、9878、9880、9881、9882、9883、9884、9885、9889、9933、9935、9956（歷 538）、9958、9959（北圖 2366）、9968、9970、9976、9986（歷 539）、10043、10050、10051、10079、10080、10100、10105、10131、10139、10140、10229（甲 3339＋3341）、10279、10602、10643、10843、10903（歷 534）、10939、10961、10969、11153、11156、11175、11181、11406、11461、11735、11759、11766、11791、11804＋13248＋B3751、11941、11942、11973、12053、12059、12068、12077、12094、12246、12297、12299、12327、12331（北圖 2437）、12341、12343、12349、12388、12391、12394、12398、12426、12427、12430（北珍 1491）、12433、12450、12465、12469（歷 202）、12495（北珍 1453）、12532、12627、12658、12665、12676（北珍 1506）、12678、12704（歷 1163）、12707、12716（歷 489）、12724（北珍 1505）、12764、12814、12899（旅 578）、13017、13112、13115＋13118、13153、13221＋天理 255、13237、13238、13239、13240、13242、13244、13246、13247、13251、13271、13272、13273、13274、13276、13277、13278、13279、13288、13293、13356、13414、13443、13467、13507、13513、13600（北圖 2276）、13601、13621、13644、13652、13683、13689、13737、13920、13925、13926、13980、13995、13997、14000、14007、14008、14014（北圖 2134）、14078、14172（旅 361）、14227、14302、14303、14307、14314、14317、14320、14330、14334、14346、14360＋Y1225、14398、14410、14411、14412、14413、14421、14436、14454、14455、14460、14470、14490、14493、14516、14537、14548、14622、14655、14658、14671、14672、14673、14689、14690、14691、14692、14710、14711、14747、14749、14764、14768、14775、14778、14779、14792、14810、14875、14876、14913、14927（旅 372）、14965、15034、15037、15099、15100、15145、15149、15183、15186、15291、15328、15391、15395、15527、15543、15544、15610、15612、15613、15656、15661、15725、15767、15895、16106、16113、16153、16245、16273、16283、16381、16456、16538、16691、16728、16790、16814、16825、16835、16860、16869、16876、16878、16879、16931、16939、17075、17080、17248、17307、17759、17762、17765、17767、17786、17789、17802、17825、18878、18879、18929、18992、19096（歷 555）、19112、19238、19301、19381、19403、19644、19687、19716、39488、39489、39697、39778、39884、40652、40654、40655、B32、B38、B84、B224、B255、B289、B332、B495、B521、B522、B523、B606、B644、B997、B1539、B1569、B1964、B1781、B1789、B1804、B1807、B1828、B1829、B1830、B1836、B1853、B1885、B1965、B1971、B2021、B2031、B2095、B2207、B2374、B2395、B2489、B2499、B2504、B2541、B2688、B3128、B3371、B3484、B3488、B3659、B3799、B3800、B3801、B3903、B3931、B3932、B4103、B4112、B4349、B4887、B4900、B4945、B4973、B5280、B5285、B5399、B5400、B5475、B5656、B6378、B13198、B13194、B13208、B13231、B13233、B13235、D244、D255、D347、D396、D403、D541、D546、

材料	號　碼
胛骨反面	W910、w944、W945、W963、Y1、Y66、Y86、Y162、Y164、Y181、Y199、Y203、Y207＋Y492、Y331、Y339、Y353、Y409、Y414、Y521、Y544、Y548、Y551、Y556、Y558、Y571、Y580＋東文庫 164、Y584、Y587、Y594、Y626、Y663、Y664、Y665、Y672、Y725、Y732、Y757、Y787、Y789、Y792、Y793、Y794、Y796、Y810、Y821、Y822、Y823、Y834、Y803、Y842、Y885、Y886、Y997、Y1006、Y1011、Y1081、Y1105、Y1117、Y1123、Y1124、Y1134、Y1135、Y1159、Y1165、Y1163、Y1167、Y1170、Y1179、Y1180、Y1194、Y1204、Y1239、Y1251、Y1253、Y1494、Y1555、Y1588、Y補 1、Y補 2、北珍 851、北珍 1955、掇三 55、掇三 159、掇三 162、法藏 22、法藏 32、輯佚 1、輯佚 2、甲骨文拓 106、歷 475、旅 774、旅 776、旅 800、史購 39、史購 60、史購 136、史購 150、L10、L17、L107、L123、遺珠 758、蔡哲茂（3469＋D390）、蔡哲茂（4274＋B1961）、蔡哲茂（4811＋7687＋7699）、蔡哲茂（5739＋5740＋上田 3－008）、蔡哲茂（6131＋6132＋17362）、蔡哲茂（6238＋6262）、蔡哲茂（6390＋D287）、蔡哲茂（8501＋18925＋Y552）、蔡哲茂（8802＋8934）、蔡哲茂（9713＋10089）、蔡哲茂（10584＋B6113）、蔣玉斌（2341＋14095）、蔣玉斌（7217＋西泠印社 2015 秋拍柳詒徵舊藏甲骨）、蔣玉斌（9519＋Y814）、蔣玉斌（12954＋15620）、蔣玉斌（13317＋瑞典 24）、蔣玉斌（天理 145 正＋天理 243）、李愛輝 429（13924＋16258）、林宏明（3529＋12813）、林宏明 36（1527＋5155＋15586）、林宏明 414（6088＋Y660）、林宏明 421（3079＋上博 21691‧62）、林宏明 481（4565＋4571）、林宏明 493（6084＋8690）、林宏明 538（B1480＋旅 733＋旅 735）、林宏明 548（6674＋B2773＋存補 5‧140‧1）、林宏明 560（2896＋4467＋佚 101）、林宏明 573（4641＋B1242）、林宏明 718（4904＋7982＋旅 102）、劉影 287（8333＋14420＋3769）、門藝（9045＋Y1177）、拼集 65（9941＋10042＋Y824）、拼集 66（217＋輯佚 16）、拼集 67（5212＋輯佚 35）、拼集 68（847＋10104）、拼集 99（178＋7700）、拼集 100（359＋5145）、拼集 102（185＋5175）、拼集 115（5977＋9974）、拼集 117（7136＋7164）、拼集 120（6212＋7595）、拼集 121（8070＋13355）、拼集 127（16449＋17387）、拼集 130（5240＋8538）、拼集 137（1381＋5565）、拼集 140（7690＋存補 4‧1‧1）、拼集 141（10562＋10968）、拼集 143（14338＋15125）、拼集 145（13519＋13927）、拼集 149（8539＋USB698）、拼集 155（10940＋14336）、拼集 156（12400＋12442）、拼集 283（7363＋7364＋11482）、拼集 293（1506＋1305＋14431）、拼集 316（5044＋19106＋5045＋Y436＋11584＋B1322）、拼續 358（2339＋5533）、拼續 359（1452＋5764＋B4277）、拼續 423（6366＋12803）、拼續 424（9693＋Y804）、拼續 426（8996＋Y38）、拼續 427（9862＋9971）、拼續 428（6591＋9535）、拼續 429（2192＋4632＋13599）、拼續 430（349＋358＋14737）、拼續 573（2978＋12657）、拼續 578（12052＋17412）、拼三 602（1621＋2187）、拼三 604（14731＋明後 1888）、拼三 606（7156＋9841＋16910）、拼三 607（7166＋16948）、拼三 617（2879＋9757）、拼三 766（7278＋39701）、拼三 805（7859＋14097）、拼三 910（12225＋12283）、拼四 1014（8968＋14647＋B1346）、拼五 1046 劉影 200（586＋4240＋5454）、拼五 1047 劉影 221（14708＋15596）、拼五 1065 李愛輝 286（626＋北圖 2375）、拼五 1069 李愛輝 290（526＋8723）、拼五 1070 李愛輝 291（歷 194＋938）、拼五 1073 李愛輝 294（Y610＋Y173）、拼五 1075 李愛輝 296（2387＋史購 18）、拼五 1078 李愛輝 299

材料	號　　碼
胛骨 反面	(2150＋B2388)、拼五 1086 李愛輝 307（2134＋B1272）、拼五 1080 李愛輝 301（10282＋10692＋12671＋12670）、拼五 1087 拼五 1089 李愛輝 308（北珍 2091＋Y1039）、拼五 1089 李愛輝 310（7820＋14318）、拼五 1091 李愛輝 312（5760＋11574）、拼五 1090 李愛輝 311（10082＋10127）、拼五 1093 李愛輝 314（9689＋9699）、拼五 1095 李愛輝 316（5979＋9856＋9965）、拼五 1096 李愛輝 317（3222＋14783）、拼五 1097（724＋2975＋6597）、拼五 1099 李愛輝 320（15540＋15396＋B1489）、拼五 1100 李愛輝 321（2055＋5122）、拼五 1101 李愛輝 322（6728＋13212）、拼五 1103 李愛輝 324（3804＋7589）、拼五 1104 李愛輝 325（540＋545＋1303＋Y554）、拼五 1123 李愛輝 344（10246＋B2325）、拼五 1125 李愛輝 346（16943＋Y1590＋16945）、拼五 1129 李愛輝 350（2542＋8967＋9046）、拼五 1160 吳麗婉 10（6134＋7464＋B1658）、契合 8（1276＋8571＋6244）、契合 9（1277＋39859）、契合 18（6517＋7532）、契合 19（3010＋7504＋7540）、契合 20（9594＋9605）、契合 30（12393＋12413）、契合 39（1558＋13385）、契合 44（7320＋B3142＋北珍 1576）、契合 50（12432＋19251）、契合 54（5071＋B3215）、契合 85（4919＋15528＋39987）、契合 133（6393＋6396＋13684）、契合 221（8512＋B3925）、契合 223（13292＋B5778）、契合 265（593＋掇三 708）、契合 285（19617＋B2184）、契合 289（6310＋6370＋B1860）、契合 308（9972＋歷 263）、契合 324（Y562＋京人 892）、契合 337（1631＋3518＋17302）、契合 347（9529＋Y813）、孫亞冰（616＋旅 540）、孫亞冰（12420＋24898）、吳麗婉 53（3664＋6158＋13536＋重博 8）、張宇衛（2880＋Y996）、綴興 89 張宇衛 2（2047＋2559）、張宇衛 5（6119＋存補 5・146・3）、綴興 4 張宇衛 8（14257＋14258＋北珍 1154＋北珍 1748）、綴興 6 張宇衛 10（4280＋5534）、綴興 10 張宇衛 15（6148＋B1976）、綴興 11 張宇衛 16（5785＋Y564＋Y569）、綴興 18 張宇衛 22（10055＋14469）、綴興 19 張宇衛 25（B2685＋Y160）、綴興 23 張宇衛 32（7313＋7350）、張宇衛 96（6746＋19129＋39912＋Y304）、綴興 142 張宇衛 125（861＋17150）、趙鵬（14260＋40446）、綴集 2（6518＋6519）、綴集 7（2770＋8991＋Y163）、綴集 58（Y560＋山本 6）、綴集 69（5457＋Y341）、綴集 72（360＋Y1175）、綴集 75（5539＋7454）、綴集 80（9821＋B2500）、綴集 162（5242＋10000）、綴集 228（4276＋天理 149）、綴集 231（13929＋B1516）、綴集 260（7640＋B2154）、綴集 281（16839＋B4884）、綴集 284（15228＋W938）、綴集 285（6087＋6402＋16473＋存補 5・141・2）、綴集 307（6101＋8547）、綴集 348（7111＋13256）、綴集 357（7061＋14151）、綴集 437（13799＋6568＋7693＋7702＋輯佚 74）、綴續 372（8812＋8813）、綴續 378（6307＋瑞典 13＋39911）、綴續 380（7490 正＋B1534）、綴續 381（13269＋B3956）、綴續 387（13987＋B4035）、綴續 388（B3935＋存 1・1242）、綴續 390（5137＋B441）、綴續 395（7475＋B2005）、綴續 396（16868＋B4832）、綴續 402（17761＋B5304）、綴續 410（13168＋善齋 7・57・6）、綴續 426（10088＋7491＋美藏 49）、綴續 434（17361＋後 1・8・12）、綴續 459（13117＋15619）、綴續 506（2633＋蘇德・德 126）、綴續 531（6195＋存補 5・140・2）、綴彙 22（B2406＋W961 正＋李棪 18）、綴彙 131、綴彙 139（4269＋珠 795）、綴彙 269（Y588＋40264＋16297）、綴彙 512（16881＋16904）、綴彙 523（6384＋6387）、綴彙 540（15229＋15420）、綴彙 548（849＋850＋上博 46464）、綴彙 647（6242 正＋6267）、綴彙 1018（6369＋Y570）

材料	號　　碼
骨扇 下部	1318(北大 2199)
無反 面或 殘斷 不明	26、27、33、40、41、130、181、211、219、223、268、299、300、493、495(歷 468)、515、527、560、561、565、572、579、591、679、680、687、826、839、846、858、869、954、967、970、1184、1185、1275、1301、1304、1534、1536(歷 177)、1542、1581、1807、2013、2133、2225、2330、2354、2362、2363、2384、2483、2514、2545、2615、2619、2628、2631、2637、2725、2737、2760、2954、2955、3226、3396、3542、3566、3576、3651、3720、3762、3768、3781、3817、3820、3888、3905、3909、3948、3995、4055、4060、4070、4207、4223、4272、4340、4356、4369、4564、4569、4576、4588、4616、4653、4663、4678、4805、4813、4954、4961、4965、5059(旅 113)、5097、5127、5129＋7861＋6525、5130、5177、5220、5237、5299、5395、5478、5506、5537、5538、5545、5551、5647(北珍 949)、5805、5806、5815、5834、6040、6096、6097、6106、6108、6112、6117、6126、6128、6129、6153、6156、6169、6171、6177、6178、6197(北珍 787)、6199、6201、6202、6214、6215、6216、6218、6219、6220、6227、6229、6230、6233、6257、6259、6266、6270、6271、6294、6295(D357)、6296、6297、6292、6300、6301、6314、6315、6318、6319、6320、6321、6340、6341、6342、6344、6360、6365、6385、6398、6409、6410、6412、6415、6416、6417、6418、6442、6443、6444、6445、6446、6452、6453、6479、6488、6489、6490、6492、6493、6496、6505、6506、6513、6514、6614、6615、6616、6740、6764、6765、6767、6855、6856、7064、7066、7081、7147(旅 732)、7161、7287、7289、7300、7301、7307、7311、7322、7323、7324、7353(旅 119)、7367、7377、7380、7381、7383、7384、7408、7411、7412、7415、7422、7488、7489、7492、7538、7539、7565、7598、7603、7606、7629、7685、7694、7696、7705、7823、7865、7950、7954、8021、8041、8181、8190、8208、8329、8398、8509、8510、8511、8513、8514、8527、8528(旅 541)、8531、8738、8754、8756、8797、8810、8836、8884(旅 298)、8995、9039、9055、9065、9078、9172、9173、9471、9517、9530、9548、9551、9609、9669、9670、9679、9708、9711、9715、9731、9787、9933、9938、9942、9943、9951、9960、9961、9966(旅 340)、9969、9990、10045、10070、10075、10076、10085、10091(旅 343)、10093、10109、10199、10228、10347、10401、10594、11003、11106、11154、11155、11199、11247、11452、11514、11517、11549、11661、11677、11678、11751、11753、11754、11756、11757、11760、11966、11990、12055、12056、12070、12290、12313、12341、12344、12349、12379、12380、12408、12419、12424、12467、12511、12530、12637(旅 595)、12715、12765、12771、13226、13227、13228、13262、13263、13275、13284、13307、13311、13329、13443、13491(旅 259)、13495、13521、13522、13523、13545(北珍 2090)、13634、13644、13653、13854、13902(歷 417)、14004、14005、14018、14036、14300、14337、14348、14409、14433、14438、14472、14474＋B1705、14478、14487、14526、14569、14570、14585、14586、14587、14588、14654、14662、14720、14750、14762、14763、14796、14807、15021、15098、15124、15131、15180、15182、15191、15192、15194、15255、15257、15414、15454、15503、15562、15581、15585、15595、15600、15609、15614、15659、15700、15098、15934、15935、16197、16230、16280、16284、16357、16387、16398、16401、16724、16857、16885、16886、16888、16889、16892、16911、16937、16973、16976、17074、

材料	號　　碼
無反面或殘斷不明	17077、17184、17262、17299、17308、17633、17745、17752、177773、18348（北珍2203）、18654、18990、18941、19107、19113、19253、19280、19282、19350、19373、19684、39540、39649、39715、39885、39888、40030、40552、40579、B4、B184、B495、B522、B531、B602、B632、B712、B717、B822、B959、B1012、B1061、B1763、B1828、B1853、B1913、B1965、B1981、B2069、B2139、B2471、B2541、B3693、B3943、B4019、B4921、B4922、B4945、B5191、B5654、B5674（甲3594）、B6064、B13195、D1158、D304、D348、D359、W931、W952、W953、W955、Y62、Y78、Y81、Y151、Y607、Y149、Y154、Y353、Y403、Y523、Y559、Y566、Y626、Y658、Y811、Y839、Y851、Y1586、Y1596、北珍1730、掇三156、法藏4、旅1125、蔡哲茂（2649＋7292）、蔡哲茂（13619＋40379）、蔡哲茂（13970＋14054）、蔡哲茂（旅737＋旅738）、林宏明500（上博17645・261＋B1956）、林宏明525（旅219＋B1889）、林宏明553（3852＋D1181）、拼集55（6527正＋6529＋7537）、拼集65（9941＋10042＋Y824）、拼集82（3287＋6552）、拼集140（7690＋存補4・1・1）、拼集108（6665正＋16900）、拼集144（12515＋14508）、拼集151（7920＋9725）、拼集263（15560＋15256）、拼集264（7967＋11170）、拼集265（3697＋19246）、拼集262（548＋9539）、拼集274（7497＋B1881）、拼集277（9722＋B5308）、拼集284（4415＋B1173）、拼集267（39863＋B1997）、拼集271（7941＋14766）、拼集272（6502＋16278）、拼集276（6203＋B4565）、拼集278（6491＋B5529）、拼集280（6501＋6914＋B5356）、拼集281（9144＋B3016）、拼集282（15193＋B714）、拼集286（H3539＋B1340）、拼集289（6258＋6282）、拼集292（19283＋B5744）、拼集294（B2819＋B5876）、拼集301（2003＋10261）、拼集302（12066＋B1074）、拼集316（5044＋19106＋5045＋Y436＋11584＋B1322）、拼續426（8996＋Y38）、拼續431（4595＋B4981）、綴續459（13117＋15619）、綴續513（15616＋15617）、拼續569（6345＋8026）、拼續573（2978＋12657）、拼續576（6185＋B2873）、拼續579（5056＋上博21691・293）、拼續581（8309＋17508）、拼三794（16887＋B5851）、拼四960（2262＋2630）、契合7（4100＋5093）、契合11（3288＋10208）、契合16（6408＋7314）、契合24（9997＋10052）、契合40（2707＋14030）、契合47（16913＋17076）、契合71（15314＋B1002）、契合83（6164＋8524＋史購52）、契合85（4919＋15528＋39987）、契合109（13886＋善齋2－52－11）、契合191（13225＋Y39）、契合221（8512＋B3925）、契合288（6308＋6371）、契合289（6310＋6370＋B1860）、契合301（6553＋7543＋Y669）、契合302（6554＋7549＋Y667）、契合320（16874＋蘇德附錄二）、上博2426・406＋上博75415、L34、L125、L141、L190、綴興11張宇衛16（5785＋Y564＋Y569）、綴興16張宇衛21（7410＋上博2426・783）、綴興132張宇衛115（3596＋5141＋5132＋16378＋張藏42）、綴興143張宇衛126（12451＋B3293）、綴興151張宇衛135（5111＋旅672）、綴興176張宇衛159（6283＋B731＋B6139＋B1842＋旅897）、綴彙22（B2406＋W961正＋李棪18）、綴彙126（16366＋珠790＋中島B29）、綴彙274（3524＋2763＋4249＋18684＋18799＋14288）、綴彙303（526＋D補荃1）、綴彙329（17783＋B5160）、綴彙536（6130＋18377）、綴彙548（849＋850＋上博46464）、綴集8（1472＋Y546）、綴集96（370＋山本39）、綴集107（6200＋山本14）、綴集109（6399＋6430）、綴集114（5068＋5357）、綴集169（6226＋7815）、綴集183（12425＋珠766）、綴集285（6087＋6402＋16473＋存補5・141・2）、綴集348（7111＋13256）、綴續299（6420＋＋善齋7・31・8）、綴續444（302＋1477）

第四節　賓出類胛骨鑽鑿
布局與占卜形式

一、賓出類胛骨鑽鑿布局

賓出類胛骨鑽鑿布局主要分布在胛骨反面的骨首骨頸、對邊、頸扇交界及正面的骨扇下部。

（一）骨首骨頸部位

賓出類胛骨骨首骨頸部位有單個和兩列（或沿對邊一列臼邊半列）兩種鑽鑿布局類型。

1. 單個鑽鑿布局

《中歷藏》655 骨首骨頸部位 1 個鑽鑿。這版胛骨骨首骨頸部位鑽鑿沒有灼燒，未用於占卜，胛骨整治後即施加鑽鑿。

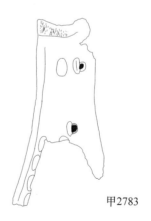

中歷藏655

甲2783

《合集》16731（《甲編》2783＋）骨首骨頸部位一行 2 個鑽鑿。近對邊 1 個鑽鑿未灼燒，未用於占卜，胛骨整治後即施加鑽鑿。

2. 骨首骨頸部位兩列/沿對邊一列臼邊半列鑽鑿布局

賓出類缺少較完整的胛骨，較完整的胛骨又缺乏反面信息，不宜判定其反面鑽鑿布局類型是骨首骨頸部位兩列鑽鑿,還是沿對邊一列臼邊半列鑽鑿。

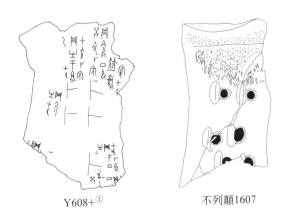

Y608+①　　　　　　　不列顛1607

　　《英藏》608+、《不列顛》1607 可能是骨首骨頸部位兩列鑽鑿布局,也可能是沿對邊一列臼邊半列鑽鑿布局。

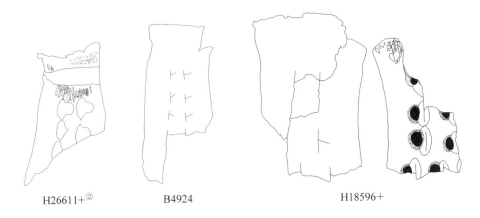

H26611+②　　　　B4924　　　　　　H18596+

　　《合集》26611+、《合補》4924、《合集》6073+18596(《中歷藏》1088)③骨首骨頸部位兩列鑽鑿。

────────────

① 　《合集》1571+39515+《合補》798+《英藏》608＝《契合》1。

② 　《合集》26611+《合補》8235+《山東》1836,蔣玉斌:《蔣玉斌甲骨綴合總表》,第218組。

③ 　周忠兵:《甲骨綴合一則》,先秦史研究室網站,2006年9月9日。

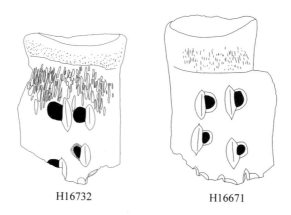

H16732　　　　　　　　H16671

《合集》16732(《旅藏》724)、16671(《甲編》2410)很可能是沿對邊一列,臼邊半列 2 個非連續的鑽鑿。

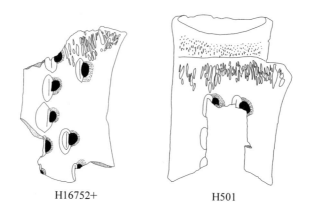

H16752+　　　　　　　　H501

《合集》16752(《中歷藏》1200＋)、501(《甲編》2809)很可能是沿對邊一列,臼邊上部 1 個鑽鑿。

《拼續》366 沿對邊一列 13 個鑽鑿,沿臼邊半列 4 個鑽鑿,頸扇交界部位 3 個鑽鑿。

《合集》11311 骨首骨頸部位可能是沿對邊一列,沿臼邊半列 3 個對灼的鑽鑿。

拼續366　　　　　　　　　　　H11311

　　以上賓出類骨首骨頸部位兩列(或沿對邊一列臼邊半列)鑽鑿布局的胛骨,結合其上卜辭與鑽鑿的對應關係,占卜選擇鑽鑿的位置及順序以及基本用異版成套的形式占卜來看,鑽鑿應該是胛骨整治後即施加完成。

(二) 沿對邊骨條及頸扇交界部位

1. 頸扇交界部位以下基本都會有沿對邊一列鑽鑿

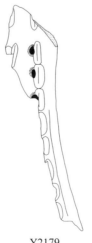

Y2179

《英藏》2179 骨頸部位以下沿對邊一列鑽鑿。

2. 頸扇交界處鑽鑿通常稀疏布局

《合集》16755 頸扇交界部位無鑽鑿。

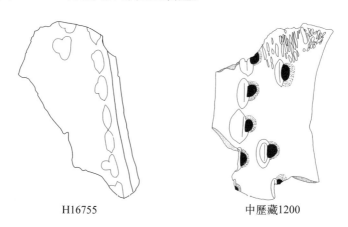

H16755　　　　　　　　　中歷藏1200

《合集》16752＋(《中歷藏》1200)頸扇交界部位有兩個鑽鑿。

(三) 正面骨扇部位

賓出類胛骨正面骨扇下部施加鑽鑿的材料很少,基本稀疏有序。

《合集》10111(《甲編》2905)等賓出類胛骨骨扇部位通常有豎行向下的完整卜辭,不施加鑽鑿。

賓出類胛骨有骨首骨頸部位單個鑽鑿和兩列(或沿對邊一列臼邊半列)兩種鑽鑿布局。其中骨首骨頸部位兩列(或沿對邊一列臼邊半列)爲主要鑽鑿布局類型。但因爲現存資料不全,不宜確定是骨首骨頸部位兩列鑽鑿布局,還是沿對邊一列、臼邊半列鑽鑿布局。頸扇交界部位有稀疏鑽鑿。正面骨扇下部一般用於刻寫完整卜辭,很少施加鑽鑿。若施加鑽鑿,基本稀疏有序布局。賓出類胛骨的鑽鑿基本是在胛骨整治後即施加完成。

二、賓出類胛骨特色卜辭布局

賓出類胛骨骨扇部位有豎行向下的完整卜辭,這些卜辭對應對邊骨條或頸扇交界部位的卜兆,形成邊面對應或頸扇對應。

(1a) 甲子卜,大,貞:拜家盧子母廏
罙多母,若。二

(1b) 二

(1c) 辛卯卜…貞:來…易[日]… 二

(1d) 二

(1e) 丙寅卜,出,貞:翌丁卯龡益㕧
(韶)①。六月。二

(1f) 丁未。二

(1g) 貞:翌丁卯不其龡。之日允不
龡。二

(1h) 癸酉卜,貞:旬业求(咎)不于家
盧子。三月。三

(1i) 貞:其于… 三

(1j) 丁未…

(1k) 癸…

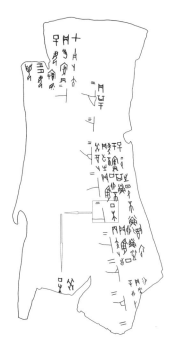

《懷特》1268[出一]

這版胛骨的釋文未按干支排序,而是按照骨首、對邊骨條自下而上、骨扇的順序隸寫。骨扇部位很可能只有兩條豎行向下刻寫的完整卜辭。對邊骨條部位的(1e)(1g)爲對貞"龡益㕧(韶)"的卜辭。(1f)爲"干支指示辭",指示出骨扇部位(1j)辭的卜兆位置,二辭邊面對應。(1d)只刻寫了兆序辭,從刻寫高低位置來看,很可能是(1k)辭的卜兆所屬,二辭邊面對應,可以看作未刻指示辭的邊面對應,不排除與(1h)辭爲對貞卜辭的可能性。若此,這版胛骨上每個卜兆,都有明確的卜辭。

---

① 裘錫圭:《甲骨文中的幾種樂器名稱——釋"庸""豐""韶"》,《中華文史論叢》第 2 輯,第 67—82 頁,上海古籍出版社,1980 年;《古文字論集》,第 196—209 頁;《裘錫圭學術文集·甲骨文卷》,第 36—46 頁。謝明文:《甲骨文舊釋"益"之字新釋——兼"易"字新探》,《中國國家博物館館刊》2019 年第 12 期,第 7—21 頁。

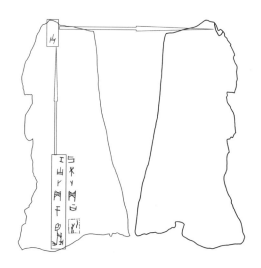

(2a)［壬］子。

(2b) 壬子卜，貞：于戜⋯

(2c) 己未卜，貞：日沉⋯

《合集》14385(《甲編》2498)［賓出］

這版胛骨骨扇近臼邊部位豎行向下刻寫了兩條完整卜辭。頸扇交界部位的
(2a)辭爲"干支指示辭"，指示出骨扇部位(2b)辭的卜兆，二辭頸扇對應。

(3a) 庚辰。

(3b) 辛巳。二

(3c) 庚⋯

(3d) 庚⋯

(3e) 辛巳卜⋯馬亞⋯

(3f) 辛巳卜，［貞］⋯

《合集》5707［賓出］

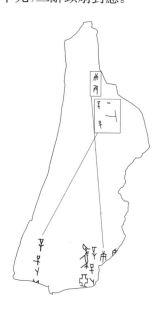

這版胛骨骨扇近臼邊部位豎行向下刻寫了一條
完整卜辭，骨扇中部豎行向下刻寫了至少三條完
整卜辭。頸扇交界部位的(3a)(3b)兩辭爲"干支
指示辭"，從位置上看，很可能是指示出骨扇部位

(3c)(3f)辭的卜兆,形成頸扇對應的卜辭布局。

　　賓出類胛骨正面骨扇部位一般豎行向下刻寫完整卜辭,在對邊骨條部位及頸扇交界部位有與之對應的指示辭,這些指示辭一般爲干支辭,用於指示骨扇部位完整卜辭的卜兆。頸扇對應的胛骨因骨扇部位要刻寫完整卜辭,很少施加鑽鑿。

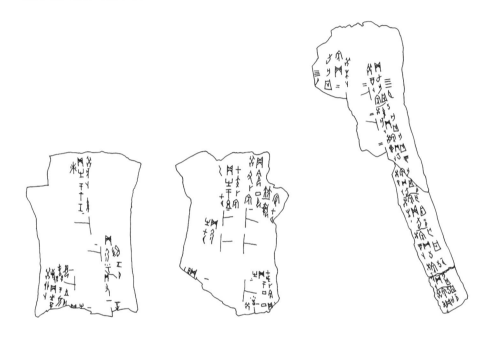

　　(4) 癸亥卜,殳,貞:业于示壬袞。一　　　《合集》1251[賓三]

這版胛骨骨首近骨臼部位一條卜辭。

　　(5a) 癸丑卜,宁,貞:令邑竝執寇。七月。一
　　(5b) 甲寅卜,宁,貞:业于祖乙。七月。一

　　　　　　　　　　　　　　　　　　　　　　　《契合》1[賓三]

這版胛骨骨首部位兩條卜辭,從中間起刻,向兩側豎行。

　　(6a) 癸丑卜,宁,貞:旬亡囚。一月。
　　(6b) 癸亥卜,宁,貞:旬亡囚。一月。

(6c) 癸酉卜，宁，貞：旬亡囚。

(6d) 癸未卜，宁，貞：旬亡囚。二月。

(6e) 癸巳卜，宁，貞：旬亡囚。二月。

(6f) 癸卯卜，宁，貞：旬亡囚。三月。二

(6g) 癸亥卜，允，貞：旬亡囚。二

(6h) 癸酉卜，宁，貞：旬亡囚。四月。二

(6i) 癸未卜，宁，貞：旬亡囚。四月。二

《合補》4939［賓三］

這版胛骨上的卜辭先沿對邊骨條自下而上依次排列，再沿臼邊自上而下依次排列。

賓出類胛骨卜辭布局既有骨首部位一辭、兩辭布局，也有沿對邊、臼邊依次排列的布局。

三、賓出類胛骨上的占卜形式

賓出類胛骨上多用三版一套的形式進行占卜，也有只卜一次。

(一) 成套占卜

賓出類胛骨多用三版一套的形式進行占卜。

(7a) 庚辰卜，大，貞：來丁亥其奈丁于大［室］彡丁西鄉。一

(7b) 己丑［卜］，□，貞：翌［庚］寅奈，屮于妣庚五宰。

《拼集》43［出一］

(8a) 庚辰卜，大，貞：來丁亥其奈丁于大室彡丁西鄉。二

(8b) 己丑［卜］，□，貞：［翌］庚［寅］奈，屮于妣庚五宰。

《合集》23340［出一］

以上兩版胛骨，很可能是整版成套占卜中的第一、二卜，庚辰日占卜下一個丁亥日在大室奈祭武丁。己丑日占卜下一個庚寅日奈祭，用五宰侑祭妣庚。

(9a) 丁亥…

(9b) 壬辰卜，貞：戠司室。

(9c) 癸巳。

(9d) 丁酉。

(9e) 貞：不唯出示。

(9f) 壬辰卜，大，貞：翌己亥屮于三兄。十二月。

(9g) 庚子。

《拼四》882[出一]

(10a) 丁亥卜，永。

(10b) ［壬辰］卜，貞：戠司室。

(10c) 癸巳。

(10d) 丁酉。

(10e) 貞：［不］唯［出］示。

(10f) 壬辰卜，大，貞：翌己亥屮于三兄。十二月。

(10g) 庚子卜。

《拼四》881[出一]

以上兩版胛骨，很可能是整版成套占卜中的兩版，兆序數殘去，成套卜數不明。占卜侑祭三兄等祭祀事宜。

(11a) 貞：叀用罞。

(11b) 丁酉卜。一

(11c) 丙午卜：其用龜。

《合補》4455[賓出]

(12a) 貞：叀用罞。

(12b) 丁酉卜。三

(12c) 丙午卜：其用龜。

《合集》17666[賓出]

以上兩版胛骨，很可能是整版成套占卜的第一、三兩版，"丁酉卜"爲指示辭，兆序數清晰。

（13a）己卯卜，貞：令方䰩邑于…

（13b）貞：弜示。

（13c）貞：弜令方歸。八月。一

（13d）丙子卜，㱿，貞：其大出。七月。一

（13e）壬午。一

（13f）貞：方不大出。一 二告

（13g）貞：弜令方歸。一 二告

（13h）癸未卜，㱿，貞：令鳴眔方。八月。一

（13i）貞：弜令。［一］二告

《合補》1901（《甲編》2814）［賓三］

（14a）己卯卜，㱿，貞：令歸䰩…

（14b）貞：弜示。二 二告

（14c）貞：弜令方歸。八月。

（14d）丙子卜，㱿，貞：方其大出。七月。

（14e）壬午。

（14f）貞：方不大出。二

（14g）貞：弜令方歸。八月。

（14h）癸未卜，㱿，貞：令鳴眔方。二

（14i）貞：弜令。二 二告

《合補》1904［賓三］

以上兩版胛骨爲整版成套占卜的第一、二兩卜，占卜方是否大出，令方歸等。

（15a）乙亥卜，貞：令多馬亞㐱、冓、赽省陡峝，至于冨侯，從嵩川從🏹侯。九月。一

（15b）貞：弜省在南峝。一

《合集》5708［賓出］

（16a）乙亥卜，貞：令多馬亞㐱、冓、赽省陡峝，至于冨侯，從

嵩川,从[⿱屮侯]。三

（16b）貞：㢲省在南㐭。九月。三

《綴彙》122[賓出]

以上兩版胛骨是整版成套占卜的第一、三兩卜,乙亥日對貞是否命令多馬亞㲋、菁、㝬省視在陝地的倉廩。

（17）貞：令般又①共左牛。二　　　　《合集》8943[賓出]

（18）貞：令般又共左牛。三　　　　《合集》8944[賓出]

以上兩版胛骨爲整版成套卜辭的第二、三兩卜,占卜般的僚友徵集左族的牛。

（19a）甲子卜,出,貞：束屮②以⿱⊙木于㠯③歸。

（19b）貞：卒⿰屮屮若,亡咎。④

（19c）戊午。

（19d）己未。

《合集》23705[出一]

（20a）甲子卜,出,貞：束屮以⿱⊙木于帚歸。

（20b）貞：卒⿰屮屮若,亡咎。

《英藏》1996[出一]

以上兩版胛骨爲整版成套占卜中的兩版,兆序數殘掉,成套卜數不明。占卜束的僚友帶着⿱⊙木歸來。

（21a）辛亥卜,出,貞：今日其水帚。五月。

---

① 趙鵬：《甲骨刻辭"又"及相關之字補説》,《古文字研究》第 30 輯,第 89—93 頁,中華書局,2014 年。

② 同上注。

③ 蔡哲茂：《卜辭同文例研究舉例》,據《英藏》1996 認爲"㠯"字爲"帚"之誤刻,誤刻是因下一字之歸偏旁"㠯"而致誤。《徐中舒先生百年誕辰紀念文集》,第 51 頁,巴蜀出版社,1998 年。

④ 陳劍：《甲骨金文舊釋"尤"之字及相關諸字新釋》,收入《甲骨金文考釋論集》,第 59—80 頁。

(21b) 丁卯。

(21c) 癸亥卜,出,貞:子強①弗疾。屮疾。

(21d) 丁卯卜,大,貞:今日啟。

《合集》23532[出一]

(22a) 辛[亥卜],出,[貞]:[今日]其…

(22b) 丁卯。

(22c) 癸亥卜,出,貞:子強弗疾。屮疾。

(22d) [丁卯卜,大,貞]:今…大雨。

《合集》23533(北圖)5062[出一]

以上兩版胛骨爲成套占卜中的兩版,兆序數殘掉,成套卜數不明。占卜子強没有疾病、災寢、天氣等。

(23a) 癸酉卜,宁,貞:旬亡囚。十一月。

(23b) 癸未卜,宁,貞:旬亡囚。十一月。一

(23c) 癸巳卜,宁,貞:旬亡囚。十二月。一

(23d) 癸卯卜,宁,貞:旬亡囚。十二月。一

(23e) 癸丑卜,宁,貞:旬亡囚。十二月。一

(23f) 癸亥卜,宁,貞:旬亡囚。

(23g) 癸巳卜,宁,貞:旬亡囚…月。一

《合集》16755[賓三]

(24a) 癸□[卜],古,[貞]:旬[亡]囚。七[月]。

(24b) 癸巳卜,古,貞:旬亡囚。八月。

(24c) 癸卯卜,古,貞:旬亡囚。八月。

(24d) 癸丑卜,古,貞:旬亡囚。八月。

(24e) 癸酉卜,古,貞:旬亡囚。九月。

(24f) 癸未卜,古,貞:旬亡囚。九月。

---

① 裘錫圭:《釋"弘""強"》,《古文字論集》,第53—58頁,中華書局,1992年8月。《甲骨文字考釋(續)·釋"弘""強"》,《裘錫圭學術文集·甲骨文卷》,第184—188頁。

(24g) 癸巳卜，古，貞：旬亡囚。十月。二

(24h) 癸卯卜，古，貞：旬亡囚。十月。二

(24i) 癸丑卜，古，貞：旬亡囚。十月。二

(24j) 癸酉卜，古，貞：旬亡囚。十一月。二

(24k) 癸…　二

《合補》4956① 上部［賓三］

(25a) 癸酉卜，宁，貞：旬亡囚。

(25b) 癸未卜，宁，貞：旬亡囚。五月。

(25c) 癸巳卜，宁，貞：旬亡囚。五月。三

(25d) 癸卯卜，宁，貞：旬亡囚。六月。三

(25e) 癸丑卜，宁，貞：旬亡囚。六月。三

(25f) 癸亥卜，宁，貞：旬亡囚。六月。三

(25g) 癸□［卜］，宁，［貞］：旬［亡囚］…　三

(25h) 癸卯卜，宁，貞：旬亡囚。三

(25i) 癸丑卜，宁，貞：旬亡囚。八月。三

(25j) 癸亥卜，宁，貞：旬亡囚。八月。三

《合補》4924［賓三］

(26a) 癸亥卜，出，貞：旬亡［囚］。一

(26b) 癸酉卜，出，貞：旬亡囚。一

(26c) 癸丑卜，出，［貞：旬］亡［囚］。一

(26d) 癸未卜，出，貞：旬亡囚。一

(26e) 癸卯卜，出，貞：旬亡［囚］。｛辛亥贏｝。

(26f) 癸酉卜，出，貞：旬亡囚。一

(26g) 癸卯卜，出，貞：旬亡囚。一

《合集》26611＋《合補》8235②［出一］

---

① 鵬按：這版綴合不可信。

② 蔣玉斌：《蔣玉斌甲骨綴合總表》，第 215 組。

(27a) 癸未卜，出，貞：旬亡囚。二

(27b) 癸巳卜，出，貞：旬亡囚。二

(27c) 癸卯卜，出，貞：旬亡囚。二

(27d) 癸丑卜，出，貞：旬亡囚。十月。

(27e) 癸巳卜，出，貞：旬亡囚。十月。二

(27f) 癸丑卜，出，貞：旬亡囚。二

《合集》26569［出一］

(28a) 癸巳卜，出，貞：［旬亡囚］。三

(28b) 癸亥卜，貞：旬亡囚。十一月。

(28c) 癸酉卜，出，貞：旬亡囚。十一月。

(28d) 癸卯卜，貞：旬亡囚。

(28e) 癸丑卜，貞：旬亡囚。三

(28f) 癸未卜，出，貞：旬亡囚。三

《合集》26584［出一］

以上六版爲賓組三類與出組一類的卜旬辭，賓出類卜旬辭用三版一套的形式進行占卜。(23)—(28)爲對邊一列白邊半列鑽鑿布局。

（二）只卜一次

(29a) 戊子卜，矣，貞：今［夕］亡囚。八月。一

(29b) 丙申卜，矣，貞：今夕亡囚。八月。一

《合集》26378［出一］

這版卜夕辭，兆序數爲一，很可能只卜一次。

　　賓出類胛骨占卜祭祀、軍事、農事、徵集、疾病、卜旬等基本用三版一套的形式進行占卜。卜夕辭，很可能只卜一次。

　　綜上，賓出類胛骨鑽鑿布局是前、後期鑽鑿布局的分水嶺。既有少數骨首骨頸部位的單個鑽鑿布局，也有骨首骨頸部位兩列（更可能是沿對邊一列白邊半列）的鑽鑿布局。頸扇交界部位稀疏鑽鑿布局。正面骨扇多用於刻寫完整卜辭，很少施加鑽鑿。賓出類胛骨的鑽鑿基本是在胛骨整

治後即施加完成。賓出類胛骨無論是單個鑽鑿布局,還是兩列鑽鑿布局,基本用三版一套的形式占卜。

卜辭布局方面,既有對骨首的獨立使用,頸扇對應、邊面對應等前期卜辭布局特徵,又有沿對邊、臼邊依次使用的後期布局趨勢。

賓出類胛骨占卜形式主要爲三版一套,也有一辭一卜。

附表

賓出類胛骨鑽鑿布局表

材料	部位	疏密	號　碼
反面	骨首骨頸	單個	3089、4073、4078、16731、24929、26378、不列顛 1607、歷 655、綴集 128
		2列/對一臼半	377、501（甲 2809）、564、3099、3878、4059、5452、5522、5708、11311、16671、16722、16732（旅 724）、16771、蔣玉斌（26611＋B8235＋山東 1836）、拼續 366、拼續 400、拼五 1102、契合 1、契合 181、綴集 38、綴集 143、綴集 149、綴集 163、綴集 219
	對邊骨條	1列	B3331、B3336、B3488、B6522、B8171、B8174、B13315、D654、D655、11、63、313、324、385、447、451（旅 403）、553、1118、1182（甲釋 214）、1198（甲 3651）、1292、1826、1908、1975、1977（甲 2402）、2400、2523、3072、3284、4112、4298、4491、4525、4594（歷 383）、4621、4774、5205、5597（旅 257）、5845、5885、5909、6045、6812、7084、7443、7568、7936、8128、9639、9905、9907、10095（歷 1182）、10128、10130、10579、10703、10776（甲 2479）、11635、11887、12036、12101、13559、13754（北珍 1059）、13855、14375、15001、15240、16019、16468、16493、16537、16647（甲 2626）、16648、16657、16668、16675、16689、16710（甲 2846）、16731、16741（歷 1198）、16747、16748、16751、16752（歷 1200）、16754、16780、16781、16804、16826、16831、16899、17252、17334、17450、17451、17452（歷 1095）、17666、18803、19200、19334、19574、22565（歷 1395）、22595、22599、22741、22962、23059、23179、23477、23510、23532、23533、23601、23666、23705、23713、23714、23715、23805、24156、24225、24513、24604、24718、24760、24901（歷 1418）、24932、24938、24940、24956、24983、25020、25029、25181、25934、26096、26551、26558、26560、26569、26570、26571、26573、26582、26589、26595、26599、26602、26603、26629、26637、26641、26643、26651（歷 1436）、李愛輝 430、26681、26682、26683、26685、26686、

材料	部位	疏密	號　　碼
反面	對邊骨條	1列	26692、26763、26766、41286、W1267、W1268、Y130、Y528、Y1300、Y1595、Y1957、Y1969、Y1996、Y2179、歷 502、契合 49、劉影（13740＋6053）、俄 23、輯佚 317、輯佚 330、蔣玉斌（1605＋15046）、蔣玉斌（22537＋24145）、林宏明 587（26539＋26646＋東文庫 355）、林宏明（26588＋B8245）、林宏明（26634＋26687）、林宏明（26706＋B10117）、美 41、拼四 866、拼四 881、拼四 882、拼五 1033、拼五 1038、契合 38、契合 46、契合 180、契合 182、契合 184、契合 185、契合 260、前 3.29.3、史購 107、L385、殷餘 7.3、歷 1206、綴彙 122、綴彙 117、綴彙 401、綴彙 503、綴彙 510、綴彙 591、綴彙 108、綴彙 281、綴集 23、綴集 38、綴集 64、綴集 76、綴集 148、綴集 149、綴集 150、綴集 151、綴集 163、綴集 255、綴集 263、綴集 329、綴續 422、綴續 423、綴續 543、綴興 46
正面	骨扇	整齊	23664（甲 2906）

賓出類胛骨鑽鑿布局材料表

材料	號　　碼
胛骨反面	B3331、B3336、B3488、B6522、B8171、B8174、B13315、D654 ＊、D655、11、63、313、324、377、385（北圖 2406）、447、451（旅 403）、501（甲 2809）、553、564、1118、1182（甲釋 214）、1198（甲 3651）、1292、1826、1908、1975、1977（甲 2402）、2400、2523、3072、3089、3099、3284、3878、4059、4073、4078、4112、4298、4491、4525、4594（歷 383）、4621、4774、5205、5452、5522、5597（旅 257）、5708、5845、5885、5909、6045、6812、7084、7443、7568、7936、8128、9639、9905、9907、10095（歷 1182）、10128、10130、10579、10703（北圖 2131）、10776（甲 2479）、11311、11635、11887、12036、12101、13559、13560、拼四 88（13561＋Y2187＋23525＋23579）、13754（北珍 1059）、13855、14375、15001、15240、16019、16468、16493、16537、16647（甲 2626）、16648、16657、16668、16671（甲 2410）、16675、16689、16710（甲 2846）、16722、16731（甲 2783＋2859）、16732（旅 724）、16741（歷 1198）、16747（北圖 2494）、16748（北圖 2209）、16751、16752（歷 1200）、16754、16771、16780、16781、16804、16826、16831、16899、17252、17334、17450、17451、17452（歷 1095）、17666、18803、19200、19334、19574、22565（歷 1395）、22595、22599、22741、22962、23059、23477、23532、23533、23601、23666、劉影（23668＋4337）、23705、23713、23714、23715、23805、24156、24225、24513、24604、24718、24760、24929、24932、24938、24940、24956、24983、25020、25029、25181、25934、26096、26378、26551、26558、26560、26569、26570、26571、26573、26582、26589、26595、26599、26602、26603、26629、

材料	號　碼
胛骨反面	26637、26641、26643、26651（歷 1436）、李愛輝 430（26653＋26679）、拼四 866（26661＋26708＋B7238＋B824）、26681、26682、26683、26685、26686、26692、26763、26766、41286、W1267、W1268、Y130、Y528、Y1300、Y1595、Y1957、Y1969、Y1996、Y2179（不列顛 1620）、拼五 1021（北珍 2167＋合集 1494）、歷 502、歷 655、契合 49（13587＋18006）、劉影（13740＋6053）、俄 23、輯佚 317、輯佚 330、蔣玉斌（1605＋15046）、蔣玉斌（22537＋24145）、蔣玉斌（26611＋B8235＋山東 1836）、林宏明 587（26539＋26646＋東文庫 355）、林宏明（26588＋B8245）、林宏明（26634＋26687）、林宏明（26706＋B10117）、拼五 1102（3828＋1164）、拼五 1033 劉影 207（23105＋2100）、拼五 1038 劉影 212（23651＋Y2085）、美 41、拼續 366（17066＋26628＋26630＋26680＋26649）、拼續 400（26585＋26607＋26596）、契合 1（1571＋Y608＋39515＋B798）、契合 38（B4948＋16720）、契合 46（3018＋15417＋17333）、契合 180（26381＋26454）、契合 181（26587＋26654）、契合 182（26648＋B8246＋26652）、契合 184（26550＋26604）、契合 185（26580＋Y2234＋Y2235）、契合 260（4370＋張藏 37）、前 3.29.3、史購 107、L385、殷餘 7.3、綴興 46 張宇衛 57（9449＋11545＋16685）、歷 1206、綴彙 122（4366＋5709）、綴彙 117（14354＋14822＋14824）、綴彙 401（5512＋26091）、綴彙 503（26666＋26675＋26674）、綴彙 510（26635＋26695）、綴彙 591（9734＋24429）、綴彙 108（1159＋14825＋14863）、綴彙 281（16665＋16693）、綴集 23（6702＋6769＋15222）、綴集 38（16644＋16649＋16660）、綴集 64（13155＋13194）、綴集 76（13195＋25971）、綴集 128（26097＋Y2186）、綴集 143（16678＋16679）、綴集 148（16666＋Y1591）、綴集 149（16721＋16725＋16752）、綴集 150（15392＋17667）、綴集 151（4254＋4719）、綴集 163（6768＋15221）、綴集 219（5450＋5453）、綴集 255（23571＋24957）、綴集 263（16676＋18933）、綴集 329（3290＋39698）、綴續 422（26601＋京 3573）、綴續 423（26633＋存補 3・160・2）、綴續 543（26636＋26677）
骨扇下部	23664（甲 2906）
無反面或殘斷不明	46、241、242、319、1251、1449、1667、3054、3285、5619、5628、5707、5715、5717、6050、6671、6812、7415、7878、8943、8944、9410、9412、9739、11730、11731、11732、13754（北珍 1059）、14471（旅 404）、14847、14848、15695、16651、16712、16731、16736、16737、16738（旅 725）、16826、16833、16877、18219、22548、22559、22588、22594、22742、23340、23439、23536、23576、23664（甲 2906）、23708、23718、23719、23791（歷 1415）、24116、24132、24400、24427、24439、24611（歷 1426）、24868、24869、25449、25935、25951、26039、26135、26376、26540、26541、26570、26584、40911、41236、W1260、W1262、W1268、Y2228、北珍 998、契合 49（13587＋

續　表

材料	號　　碼
無反面或殘斷不明	18006)、輯佚 317、拼集 43（B7013＋16050）、契合 3（2488＋11372）、契合 264（B2905＋東文庫 273）、契合 341（8120＋16743＋16744）、吳麗婉（3102＋3103＋北珍 2576）、周忠兵（6073＋18596）、綴合 122（4366＋5709）、綴彙 401（5512＋26091）、綴彙 403（英藏 593）、綴集 23（6702＋6769＋15222）、綴集 149（16721＋16725＋16752）、綴集 163（6768＋15221）、綴集 329（3290＋39698）

第五節　出組二類胛骨鑽鑿
布局與占卜形式

一、出組二類胛骨鑽鑿布局

出組二類胛骨反面鑽鑿沿對邊與臼邊布局，主要有沿對邊一列、臼邊半列和只沿對邊一列兩種鑽鑿布局。

（一）沿對邊一列，臼邊半列

沿對邊有一列 8 個左右鑽鑿，沿臼邊有半列 4 個左右鑽鑿。

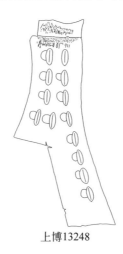

上博13248

《合集》23964(《上博》13248)胛骨反面沿對邊一列 8 個鑽鑿。臼邊半列 3 個鑽鑿,其下綴一行 2 個鑽鑿,也可以看作,臼邊 4 個,頸扇交界部位 1 個鑽鑿。

《輯佚》318 胛骨反面沿對邊一列 8 個以上鑽鑿。沿臼邊半列 3 個鑽鑿,其下綴二行二列 4 個鑽鑿,也可以看作臼邊 5 個,頸扇交界部位 2 個鑽鑿。

出組二類沿對邊一列臼邊半列鑽鑿布局,一般在臼邊下綴有一行 2 個或二行二列 4 個鑽鑿。這種鑽鑿布局也可以看作沿對邊一列 4 或 5 個鑽鑿,頸扇交界部位對邊與臼邊之間 1 或 2 個鑽鑿。

(二) 沿對邊一列

沿對邊一列 8 個左右鑽鑿。

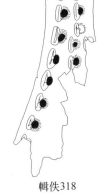

輯佚318

《合集》22884(《甲編》2386)胛骨反面沿對邊一列 8 個鑽鑿。《合集》23807(《甲編》2857+)反面沿對邊一列 7 個以上鑽鑿。《合集》23865(《甲編》2246)胛骨反面沿對邊一列 9 個鑽鑿。

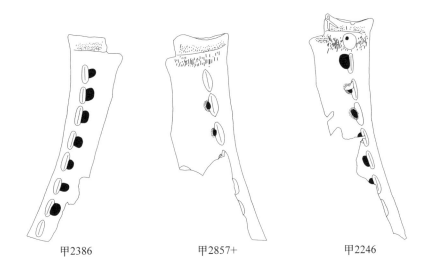

甲2386　　　　　甲2857+　　　　　甲2246

(三) 正面骨扇部位

出組二類胛骨正面骨扇下部施加鑽鑿的材料很少,基本稀疏有序。

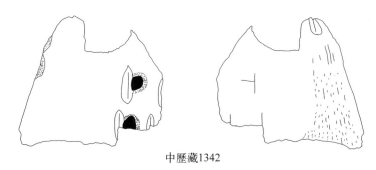

中歷藏1342

《合集》24670(《中歷藏》1342)這版胛骨正面骨扇下部鑽鑿稀疏有序。

H24804

《合集》24804 這版胛骨正面骨扇下部鑽鑿稀疏有序。

　　出組二類胛骨反面以沿對邊一列、臼邊半列爲主要鑽鑿布局類型,也有少數沿對邊一列鑽鑿布局。對邊部位一般有 8 個左右鑽鑿,臼邊部位一般有 3 個左右鑽鑿,臼邊下部的頸扇交界部位有時綴有 2 或 4 個鑽鑿。這種鑽鑿布局也可以看作是沿臼邊一列 4 或 5 個左右鑽鑿,頸扇交界部位對邊與臼邊之間 1 或 2 個鑽鑿。結合出組二類胛骨卜辭與鑽鑿的對應關係以及占卜順序,鑽鑿應該是在胛骨整治後即施加完成。

二、出組二類胛骨特色卜辭布局

　　出組二類胛骨卜辭通常依鑽鑿,沿對邊與臼邊布局。占卜刻寫順序一般先沿對邊骨條自下而上,再沿臼邊自上而下或自下而上。對邊部位卜辭一般在兆幹外側刻寫,沿兆幹起刻。臼邊部位卜辭一般在兆幹內側刻寫,沿臼邊起刻。卜辭的刻寫行款一般爲逆骨臼方向豎行。

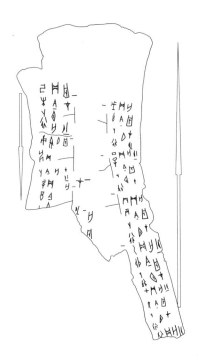

(1a) 癸[丑卜，行]，貞：[今夕]亡[囚。在]十[一]月。

(1b) 甲寅卜，行，貞：今夕亡囚。在十一月。

(1c) 乙卯卜，行，貞：今夕亡囚。在十一月。一

(1d) 丙辰卜，行，貞：今夕亡囚。在[十一月]。一

(1e) 丁巳卜，行，貞：今夕亡囚。在十一月。一

(1f) 戊午卜，行，貞：今夕亡囚。在十一月。一

(1g) 己未卜，行，貞：今夕亡囚。在十一月。一

(1h) 庚申卜，旅，貞：今夕亡囚。在十一月。一

(1i) 辛酉卜，[行]，貞：今夕亡[囚]。在十一月。一

(1j) □□[卜，行，貞：今夕]亡囚。一

《合集》26267＋26460＋《合補》8098①[出二]

這版胛骨上的卜辭依鑽鑿沿對邊與臼邊骨條布局。是從癸丑日到辛酉日

---

① 蔣玉斌：《甲骨新綴 35 組》，第 31 組，先秦史研究室網站，2012 年 2 月 22 日。

每天一次的卜夕辭,先沿對邊自下而上,再沿臼邊自上而下依次占卜。

　　出組二類胛骨頸扇交界處的鑽鑿一般是在臼邊最下一個鑽鑿之前使用。

　　　　　　　　　（2a）庚子卜,行日貞:翌辛丑其又 𣥠
歲于祖辛。一

　　　　　　　　　（2b）貞:毋又。在正月。

　　　　　　　　　（2c）貞:翌辛丑其又祖辛宰。

　　　　　　　　　（2d）貞:二宰。

　　　　　　　　　（2e）貞:翌辛丑祖辛歲勿(物)牛。

　　　　　　　　　（2f）貞:弜勿(物)。

　　　　　　　　　（2g）己巳卜,行,貞:王宭夙祼,亡
囚。一

　　　　　　　　　（2h）貞:亡咎。在十一月。二

　　　　　　　　　（2i）庚午卜,行,貞:王宭夙祼,亡
囚。一

　　　　　　　　　（2j）貞:亡咎。在十一月。

　　　　　　　　　　　　　　《合集》23002［出二］

這版胛骨先是沿對邊骨條自下而上,正月庚子日占卜是否在辛丑日侑 𣥠
歲祖辛以及選貞祭牲種類、數目的一組卜辭。然後是對邊和臼邊最上的
十一月己巳日"王宭夙祼,亡囚"與"亡咎"一組再確認占卜的卜辭。最後
是頸扇交界處十一月庚午日"王宭夙祼,亡囚"與臼邊最下處"亡咎"一組
卜辭。(2i)辭使用頸扇交界處的鑽鑿,在臼邊最下一個鑽鑿(2j)辭之前
使用。

　　出組二類胛骨正面骨扇部位偶有施加鑽鑿,其反面的卜兆周圍逆骨
臼方向刻寫該卜兆的完整卜辭。

　　　　（3a）辛未卜,行,貞:今夕不雨。一

　　　　（3b）貞:其雨。在五月。二

　　　　（3c）乙亥卜,行,貞:今夕不雨。一

(3d) …雨。五月。

(3e) □□卜，行，[貞：今]夕[不]雨。

(3f) …雨。五月。

《合集》24804[出二]

這版胛骨正面骨扇下部最少施有三列兩行鑽鑿，是三組今夕是否下雨的正反對貞卜辭。卜辭逆骨臼方向豎行守兆刻寫。

　　出組二類胛骨上的卜辭沿對邊與臼邊布局，有時對貞或選貞的一組卜辭，首辭的內容比較詳細，字數較多，骨條部位的刻寫空間有不足，會在兆幹內側刻寫，向骨臼方向豎行。這種布局應該是受到歷組二類胛骨卜辭布局的影響。

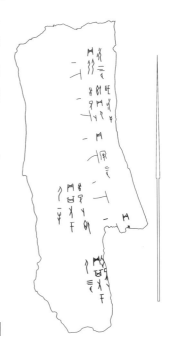

　　(4a)[癸]巳[卜，即]，貞：其又于妣。三月。[一]

　　(4b) 貞：母（毋）… 一

　　(4c) 癸巳卜，即，貞：其又于妣一牛。一

　　(4d) 貞：宰。三月。一

　　(4e) 癸巳卜，即，貞：妣歲勿（物）牛。一

　　(4f) 貞：弜勿（物）。三月。一

《合補》7710[出二]

這版胛骨(4a)(4b)兩辭對貞是否侑祭先妣,(4c)(4d)辭選貞侑祭先妣的祭牲種類是牛或宰。其中(4a)(4c)兩辭爲對貞或選貞的首辭,刻寫的内容比較詳細,對邊骨條兆幹外側因空間不足,而刻寫在兆幹内側,向骨臼方向豎行。

　　出組二類胛骨上卜辭基本沿對邊與臼邊布局,也有少數受賓組卜辭影響刻寫在骨首部位,但其占卜刻寫順序以及占卜形式,仍爲出組二類沿骨邊布局。

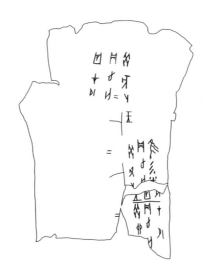

(5a) 癸卯[卜,王],貞:旬[亡囚]。在十月。二

(5b) 癸丑卜,王,貞:旬亡囚。唯肜小甲。十月。二

(5c) 癸亥卜,王,貞:旬亡囚。在十月。二

　　　　　　　《合集》26493+《上博》54790.12①[出二]

這版胛骨現存骨首骨頸部位,是沿對邊骨條部位自下而上連續三個癸日的卜旬辭。(3)辭在骨首部位向骨臼方向豎行刻寫,但仍是對邊骨條最上一個卜兆的卜辭,符合出組二類的占卜順序與占卜形式。

---

① 蔡哲茂:《〈上海博物館藏甲骨文字〉新綴五則》,第 3 則,先秦史研究室網站,2009 年 10 月 9 日。

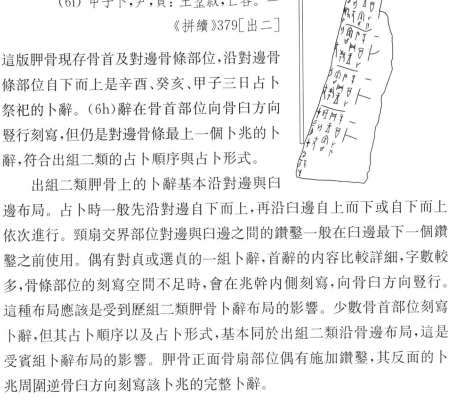

（6a）辛酉卜，尹，貞：王宣歲，亡咎。
在四月。在自非卜。一

（6b）辛酉卜，尹，貞：王宣叔，亡咎。一

（6c）辛酉卜，尹，貞：王宣叔，亡咎。一

（6d）辛酉卜，尹，貞：王宣歲，亡咎。
在自般卜。

（6e）辛酉卜，尹，貞：王宣叔，亡咎。

（6f）癸亥卜，尹，貞：王宣歲叔，亡咎。

（6g）甲子卜，尹，貞：王宣歲叔，亡咎。

（6h）甲子卜，尹，貞：王宣歲，亡咎。
在四月。

（6i）甲子卜，尹，貞：王宣叔，亡咎。一
《拼續》379［出二］

這版胛骨現存骨首及對邊骨條部位，沿對邊骨
條部位自下而上是辛酉、癸亥、甲子三日占卜
祭祀的卜辭。（6h）辭在骨首部位向骨臼方向
豎行刻寫，但仍是對邊骨條最上一個卜兆的卜
辭，符合出組二類的占卜順序與占卜形式。

出組二類胛骨上的卜辭基本沿對邊與臼
邊布局。占卜時一般先沿對邊自下而上，再沿臼邊自上而下或自下而上
依次進行。頸扇交界部位對邊與臼邊之間的鑽鑿一般在臼邊最下一個鑽
鑿之前使用。偶有對貞或選貞的一組卜辭，首辭的內容比較詳細，字數較
多，骨條部位的刻寫空間不足時，會在兆幹內側刻寫，向骨臼方向豎行。
這種布局應該是受到歷組二類胛骨卜辭布局的影響。少數骨首部位刻寫
卜辭，但其占卜順序以及占卜形式，基本同於出組二類沿骨邊布局，這是
受賓組卜辭布局的影響。胛骨正面骨扇部位偶有施加鑽鑿，其反面的卜
兆周圍逆骨臼方向刻寫該卜兆的完整卜辭。

三、出組二類胛骨上的占卜形式

出組二類胛骨主要有只卜一次和三版一套兩種占卜形式。

(一) 一辭一卜

1. "王賓＋祼,亡囚。一/亡𡆥。二"兆序數一、二遞增

(7a) 戊申卜,旅,貞:王窋祼,亡囚。在十二月。一

(7b) 貞:[亡𡆥。二]

(7c) 戊午卜,旅,貞:王窋祼,亡囚。一

(7d) 貞:亡𡆥。在十二月。二

(7e) 戊午卜,旅,貞:王窋叙(禱),亡𡆥。在十二月。一

(7f) [戊]午卜,[旅],貞:王[窋]叙,亡□。

(7g) 戊午卜,旅,貞:王其步自八,亡□。[在]十二月。

(7h) 戊辰卜,旅,貞:王窋祼,亡囚。一

(7i) 貞:亡𡆥。在十二月。二

(7j) 戊辰卜,旅,貞:王窋夕祼,亡囚。一

(7k) 貞:亡𡆥。在十二月。二

《合補》7636[出二]

這版胛骨先沿對邊自下而上,再沿臼邊自上而下占卜祭祀,兩辭一組,第一辭占卜"王窋＋祼,亡囚"兆序數爲一。第二辭占卜"亡𡆥",兆序數爲二。第二辭是對第一辭再確認或進一步的占卜。

2. "王賓＋歲/叙,亡𡆥"辭,兆序數爲一或二,只卜一次

(8a) 丙[午卜,行],貞:王[窋]歲二牛,[亡𡆥]。在十二月。

(8b) 丙午卜,行,貞:王窋叙,亡𡆥。在自寮卜。一

(8c) 丁未卜,行,貞:王窋伐十人又三,亡𡆥。在自寮。一

(8d) 丁未卜,行,貞:王窋歲,亡𡆥。在自寮。一

(8e) 丁未卜,行,貞:王窋叙,亡𡆥。在自寮卜。一

(8f) …父丁□，亡咎。在𠂤寮卜。一

《合補》7567［出二］

這版胛骨沿對邊自下而上占卜祭祀，占卜"王窋＋某種祭名，亡咎"，兆序數爲一或二。這種占卜形式，可以看作是"王窋＋祭祀，亡囚。一"與"亡咎。二"的整合性占卜。

(9a) 丁巳［卜，行］，貞：王［窋］叙，［亡咎］。在… 二

(9b) 戊午卜，行，貞：王窋歲，亡咎。在十三月。一

(9c) 己未卜，行，貞：王窋歲二牛，亡咎。在十二月。① 在夾卜。一

(9d) 己未卜，行，貞：王窋叙，亡咎。在夾卜。二

(9e) 庚申卜，行，貞：王窋叙，亡咎。在辛。一

《合集》24247［出二］

這版胛骨沿對邊自下而上占卜祭祀，是丁巳日至庚申日占卜"王窋＋，亡咎"，兆序數爲一或二。這種占卜形式，可以看作是"王窋＋祭祀，亡囚。一"與"亡咎。二"的整合性占卜。(9c)(9d)爲同一天對同一事件不同環節焦點的占卜，一辭一卜，兆序數逐辭遞增。

　　就目前所見出組二類較完整的胛骨上"王賓"辭，如果其後用"亡囚"，則對這一事的占卜沒有結束，一定會再占卜一次"亡咎"才算結束，且兆序數一、二遞增可證明其爲同一事件的占卜，即"王賓＋祼，亡囚。一/亡咎。二"。如果其後用"亡咎"，則無需就該事進行再占卜，即"王賓＋歲/叙，亡咎。一/二"。雖然二者搭配的祭祀動詞不同，前者主要爲祼祭，後者主要爲歲祭和叙祭，但筆者更偏向于這是占卜構成與占卜形式的不同，即後者爲前者占卜的整合辭。

　　3. 卜夕辭，兆序數爲一

(10a) 丙申卜，旅，貞：今夕亡囚。在十月。一

---

① (9b)爲"十三月"，(9c)爲十二月，當有一誤刻。

(10b) 丁酉卜，旅，貞：今夕亡囚。在十月。一

(10c) 戊戌卜，旅，貞：今夕亡囚。在十月。一

(10d) 己亥卜，旅，貞：今夕亡囚。在十月。一

(10e) 庚子卜，旅，貞：今夕亡囚。在十月。一

(10f) 辛丑卜，旅，貞：今夕亡囚。在十月。一

(10g) 壬寅卜，旅，貞：今夕亡囚。在十一月。一

(10h) 癸卯卜，旅，貞：今夕亡囚。在十一月。一

《合集》26308［出二］

這版胛骨沿對邊自下而上占卜刻寫從丙申到癸卯日的卜夕辭，兆序數均爲一。

4.“王其田/步，亡災。一”兆序數爲一

(11a) 戊申［卜］，出，貞：［王］其田，亡災。一

(11b) 戊午卜，出，貞：王其田，亡災。一

(11c) 戊戌卜，出，貞：王其［田］，亡災。一

(11d) □［申卜］，出，［貞：王其］田，［亡災］。一

(11e) □午卜，出，［貞］：王其田，［亡］災。一

《合集》24475(《甲編》2679)［出二］

這版胛骨沿對邊自下而上占卜戊日王田亡災卜辭，兆序數均爲一。

(12a) 辛亥卜，行，貞：今夕亡囚。一

(12b) 壬子卜，行，貞：王其田，亡災。在二月。一

(12c) 壬子卜，行，貞：今夕亡囚。在二月。在臬。一

(12d) 癸丑卜，行，貞：王其步自臬于丰①，亡災。一

(12e) 癸丑卜，行，貞：今夕亡囚。在丰卜。一

(12f) 甲寅卜，行，貞：王其田，亡災。在二月。在自丰。一

(12g) 乙卯卜，行，貞：今夕亡囚。在二月。一

---

① 此蒙張昂指正。

(12h) 乙卯卜，行，貞：王其田，亡災。在…

《合補》7257［出二］

這版胛骨沿對邊自下而上，再沿臼邊自下而上卜田、卜步、卜夕，兆序數均爲一。從這版胛骨來看，卜夕辭很可能是王在外時的占卜。[①]

5. 同一天對同一事件的相關占卜，一辭一卜，兆序數遞增[②]

(13a) 己巳卜，王，貞：亡囚。在九月。一 三告

(13b) 己巳卜，王，貞：其又囚。二

(13c) 己巳卜，王，貞：曰雨。在九月。三

《合集》24664(北圖 5195)［出二］

這版胛骨(13a)(13b)辭對貞有無憂患，(13c)辭占卜下雨，是同一天對同一事件不同環節焦點的占卜，兆序從一開始，逐辭遞增，每辭只卜一次。

(14a) … ［一］

(14b) … ［二］

(14c) 己…貞…其…于…　三

(14d) 貞：母(毋)又。七月。四

(14e) 己巳卜，行，貞：翌庚午其又𠦪伐于妣庚羌三十，其卯三宰。五

(14f) 貞：母(毋)。在七月。六

(14g) 辛未卜，行，貞：王出亡囚。［一］

(14h) ［貞：亡］尤。［二］

(14i) 壬…貞…亡…　一

---

① 卜夕，大致是王在外田遊征伐時，爲尊重王之起居安全計，乃逐夕卜之。董作賓：《安陽侯家庄出土之甲骨文字》，《田野考古報告》第 1 期，1936 年；《董作賓先生全集·甲編》第 2 册，第706 頁，藝文印書館，1977 年。

② 這種占卜形式，也被稱爲"合爲兆序"。彭裕商：《殷代卜法初探》，洛陽文物二隊編：《夏商文明研究》，第 241 頁。

(14j)〔貞：亡〕尤。〔二〕

《合集》22605〔出二〕

這版胛骨(14a)至(14c)辭殘斷,(14c)(14d)兩辭對貞,(14e)(14f)兩辭對貞下一個庚午日侑祭妣庚,是同一天對同一事件不同環節焦點的占卜,兆序從一開始,逐辭遞增,每辭只卜一次。

(15a) 乙□〔卜,行〕,貞：〔今日不雨〕。一

(15b) 貞：其雨。二

(15c) 丁亥卜,行,貞：今日不雨。一

(15d) 貞：其雨。二

(15e) 庚午卜,行,貞：王窒夕祼,亡囚。

(15f) 貞：亡咎。

《俄》118〔出二〕

這版胛骨前四條是兩組卜辭對貞下雨,同一天對同一事件不同焦點的占卜,兆序從一開始,逐辭遞增,每辭只卜一次。

6. 干支卜王

(16a) 庚午卜,王。在𢀛①山卜。一

(16b) 庚午卜,王。在十二月。二

(16c) 庚午卜,王。在十二月。三

(16d) 庚午卜,王。在十二月。四

(16e) 庚午卜,王。五

(16f) 庚午卜,王。在十二月。六

(16g) 庚午卜,王。在十二月。七

(16h) 庚午卜,王。八

《合集》24352〔出二〕

這版胛骨對邊骨條處是一組十二月在𢀛山的"庚午卜,王"辭,兆序一至八

---

① 李學勤：《青銅器與山西古代史的關係》,《山西文物》1982 年第 1 期。

自下而上依次排列，一辭只卜一次。

(17a) 戊寅卜，王。八

(17b) 戊寅卜，王。九

(17c) 戊寅卜，王。十

(17d) [戊寅卜，王。一]

(17e) 戊寅卜，王。二

《合集》23874[出二]

這版胛骨對邊骨條處是一組"戊寅卜，王"辭，兆序一至"十二"自上而下依次排列，一辭只卜一次。

(18a) 甲子卜，王曰貞：翌乙丑咸毓（戚）祖乙歲，其遊，方其
蚩（害）。[一]

(18b) 甲子卜，王曰，貞：叙，母（毋）遊。茲母（毋）用。孚。
于雨。[二]

(18c) 甲子卜，王：㱿卜。大㱿。[三]

(18d) 甲子卜，王：㱿卜。小㱿。四

(18e) 甲子卜，王，㱿卜。茲用。日㱿。五

(18f) 丁卯卜，王。一

(18g) 丁卯卜，王。二

《合補》8378＋[1][出二]

這版胛骨對邊骨條部位有兩組卜辭。第一組是甲子日占卜，(18a)(18b)兩辭對貞王是否遊，(18c)至(18e)辭占卜"㱿"的規模或形式，當與�方之事相關。第二組是"丁卯卜，王"辭，兆序從一開始，一辭一兆，逐辭遞增。同一日就同一事件不同環節焦點進行占卜，兆序數從一開始，逐辭遞增，每辭只卜一次。

出組二類常見"干支卜，王"辭，這種卜辭的占卜特徵是：同一天的"干支卜，王"辭兆序從一開始，逐辭遞增，每辭只卜一次。這種占卜形式與同

---

[1]　《合補》8378＋7518，王雪晴：《甲骨綴合一則》，先秦史研究室網站，2020年11月9日。

一天就同一事件不同環節焦點的占卜形式相同。故出組二類的"干支卜王"辭,很可能是同一天就同一事件不同環節焦點的占卜,未刻寫命辭部分。

（19a）庚辰貞：其陟高祖上甲。茲。王占曰：茲…　一

（19b）庚辰卜,王。　一

（19c）庚辰卜,王。　二

（19d）庚辰卜,王。　三

（19e）庚辰卜,王。　四

（19f）庚辰卜,王。

（19g）庚辰卜,王。

（19h）庚辰卜,王。

（19i）庚辰卜,王。

《屯南》2384[歷二・出二]

這版胛骨對邊骨條部位最下一條歷組卜辭是庚辰日占卜向上祭祀到高祖上甲,其上的"庚辰卜王"辭,很可能是同一天就同一事件不同環節焦點的占卜,占卜很可能爲祭祀的相關事宜。

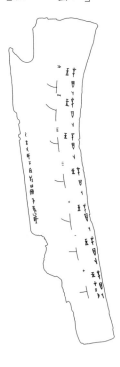

（20a）辛酉卜,王。　一

（20b）辛酉卜,王。　二

（20c）辛酉卜,王。　三

（20d）辛酉卜,王。　四

（20e）辛酉卜,王。　五

（20f）辛酉卜,王。　六

（20g）辛酉卜,王。在四月。七

《合集》22884(《甲編》2386)[出二]

這版胛骨對邊骨條部位最下一條"辛酉卜王"辭,兆序

數爲"七",其上的"辛酉卜王"辭,很可能是同一天就同一事件不同環節焦點的占卜,這種占卜形式同於《屯南》2384。

(二) 成套占卜

出組二類胛骨上的卜旬辭基本用三版一套的形式進行占卜。

(21a) 癸酉卜,㚔,貞:旬亡囚。在七月。一

(21b) 癸未卜,㚔,貞:旬亡囚。在八月。一

(21c) 癸巳卜,㚔,貞:旬亡囚。在八月。

(21d) 癸卯卜,㚔,貞:旬亡囚。在八月。

(21e) 癸丑卜,[㚔],貞:旬亡囚。在九月。

(21f) 癸亥卜,㚔,貞:旬亡囚。在九月。

(21g) □□[卜],㚔,[貞:旬亡]囚。

《合補》8164[出二]

這版胛骨對邊骨條部位自下而上依次占卜刻寫從七月到九月的卜旬辭,是三版一套的卜旬辭的第一版。

(22a) 癸巳[卜,即],貞:旬[亡囚]。十二月。二

(22b) 癸卯卜,即,貞:旬亡囚。十二月。二

(22c) 癸丑卜,即,貞:旬亡囚。十二月。二

(22d) 癸亥卜,即,貞:旬亡囚。月。二

(22e) 癸酉卜,即,貞:旬亡囚。在正月。二

(22f) 癸未卜,即,貞:旬亡囚。在正月。

(22g) 癸巳卜,即,貞:旬亡囚。在二月。二

(22h) 癸卯卜,即,貞:旬亡囚。二月。二

《綴彙》493+①[出二]

這版胛骨對邊骨條部位是十二月癸巳到二月癸卯的卜旬辭,是三版一套的卜旬辭的第二版。

---

① 孫亞冰:《出組卜辭綴合一則》,先秦史研究室網站,2016 年 3 月 8 日。

(23a) 癸亥[卜,行],貞：旬[亡]囚。三

(23b) 癸酉卜,行,貞：旬亡囚。在十二月。三

(23c) 癸未卜,行,貞：旬亡囚。在十二月。三

(23d) 癸巳卜,行,貞：旬亡囚。在十二月。[三]

(23e) 癸卯卜,行,貞：旬亡囚。在正月。[三]

(23f) 癸丑卜,行,貞：旬亡囚。在正月。三

(23g) 癸亥卜,行,貞：旬亡囚。在正月。三

(23h) 癸酉卜,行,貞：旬亡囚。在二月。三

(23i) 癸未卜,行,貞：旬亡囚。在二月。三

(23j) 癸巳卜,行,貞：旬亡囚。在二月。三

(23k) 癸卯[卜,行],貞：旬亡[囚。在三月。三]

(23l) 癸□[卜,行]貞：旬[亡]囚。在□[月]。三

《合補》8189[出二]

這版胛骨先對邊骨條部位自下而上,再臼邊骨條部位自上而下,從十一月癸亥到三月癸丑的卜旬辭,是三版一套的卜旬辭的第三版。

出組二類胛骨祭祀内容的王賓辭"王賓祼,亡囚。一"與"亡咎。二"兩辭一組,兆序數一、二遞增。"王賓歲/叙,亡咎。一/二"兆序數爲一或二,很可能是對兩辭一組王賓辭的整合。田獵、出行、卜夕辭一辭一卜,兆序數基本爲一。同一天就同一事件不同環節焦點的占卜以及"干支卜王"辭,一辭一卜,兆序數逐辭遞增。由此,"干支卜王"辭很可能是對某一事件不同環節焦點的占卜。以上卜辭基本一辭一卜。這種占卜形式標誌着占卜的變革、簡化以及新占卜制度的確立。出組二類卜旬辭基本用三版一套的形式占卜。

綜上,出組二類胛骨反面主要有沿對邊一列、臼邊半列與只沿對邊一列兩種鑽鑿布局。

出組二類胛骨上的卜辭基本沿對邊與臼邊布局。

出組二類胛骨基本一辭一卜,卜旬辭三版一套。

　　從師賓間類到出組一類胛骨上的鑽鑿布局以及占卜順序呈現的是漸變的過程。出組二類開始，胛骨反面沿骨邊的鑽鑿布局更加適合肩胛骨本身的生理結構，占卜日益走向簡約化、程式化。

附表

出組二類胛骨鑽鑿布局表

材料	對邊	日邊	號　　碼
反面	一列	0	B8393（甲 2444）、B8397、22884（甲 2386）、23807（甲 2857＋甲 2435）、23865（甲 2246）、23896（甲 2672）、23940（甲 2412）、23959、23964、24006、24046（上博 17647.741）、24063、24092、24110（甲 3351）、24352、31289（甲 2488）、31290（甲 2699）、W1283、上博 54788・10、綴彙 877（24243＋23873）
		半列	B7128、B7609、B7622、B7657（歷 1372）、B7660、B7696、B7794、B7968、B7980、B8032、B8078、B8094、B8098、B8107、B8117、B8136、B8147、B8155、B8189、B8248、B8329、B8347、B8350、B13278、B13324、D1203、D1205、22570、22605、22621、22775、22778（卡 157）、22793、22839 下、22841、22845、22875、22876、22925、22928、23002、23050、23062（旅 1457）、23115、23143、23144、23184、23186、23187、23197、23241、23300、23350、23442、23468、23472、23560、23581、23669、23726、23729、23730、23732、23739、23773、23804、23839、23862、23869、23874、23921、23947、23960、23964、23974、23980、23984、23988、23989、23991、23992、24110（甲 3351）、24252、24255、24257、24285、24306、24307、24312、24318、24321、24340、24341 右、24360、24361、24365、24369、25375、24410、24665、24780、24978、25056、25093、25098、25111（上博 17647・662）、25139、25159、25162、25172、25256、25291、25353、25375、25393、25397、25399、25406、25426、25482、25487、25511、25513、25514、25521、25528、25531、25547、25548、25567、25568、25581、25583、25584、25587、25598、25600、25674、25703、25708、25709、25710、25712、25721、25730、25731、25734、25743、25830、25831、25833、25861、26112、26143、26145、26208、26211、26213、26214、26216、26229、26233、26235、26237、26238、26246、26251、26255、26265、26266、26288、26291、26292、26293、26295、26308、26309、26343、26344、26347、26352、26357、26361、26414、26419、26420、26428、26434、26437、26464、26474、26503、26505（歷 1446）、

材料	對邊	臼邊	號　　碼
反面	一列	半列	26508、26510、26619、26622（旅　1622）、26624、40946、41034、41171、41206、W1255、W1259、W1282、Y1933、Y1937、Y2035、俄26、俄53、國博162、25515＋上博17647・513、輯佚318、輯佚320、輯佚477、蔣玉斌（26223＋26236）、拼集188、拼續390、契合297、L321、L395、L396、拼五1165、拼五1189、張宇衛（25402＋德瑞荷比189）、綴彙382、綴彙427、綴彙456、綴彙508、綴彙574、綴彙576、綴彙579、綴彙880、綴集91、綴續418、綴續451、綴續537
		因殘斷或缺反面信息不明	B6969、B7008、B7156、B7243、B7260、B7334、B7372、B7480、B7538、B7547、B7547、B7576、B7608、B7610、B7710、B7816、B7933、B7970、B7993、B8011、B8035、B8056、B8070、B8091、B8108、B8114、B8130、B8137、B8170、B8222、B8303、B8304、B8308、B8309、B8316、B8328、B8348、B8349、B8351、B8373、B8387、B8406、B8428、B8429、B8445、B8482、B8527、B8531、B8532、B8558、B8575、B8576、B8626、B8627、B10794、B13272、B13277、B13285、B13289、B13291、B13303、B13313、B13322、D353、D1208、D1223、D1224、13285、13315、22184、22538、22550、22585、22606、22625、22630、22634、22637、22646、22648、22709、22721、22722、22744、22761、22765、22780、22782、22787、22794、22815、22816、22830、22839、22842、22844、22856、22857（歷　1403）、22859、22860、22861、22898、22906、22975、22978、22991、22992、22996、23016、23021、23028、23030、23032、23049、23055、23061、23087、23097、23106、23113、23117、23119、23120、23121、23122、23155、23163、23171、23178、23207、23216、23217、23218、23219、23225、23227、23239、23256、23262、23264、23265、23268、23273、23274、23314、23326、23336、23348、23351、23356、23364、23367、23379、23397、23399、23408、23411、23413、23464、23481、23485、23488、23490、23498、23500、23501、23506、23520、23521、23552、23556、23591、23604、23671、23687、23712、23723、23727、23728、23731、23734、23748、23754、23760、23810、23811、23817、23818、23819、23822、23823、23833、23834、23836、23837、23841、23842、23843、23854、23857、23858、23861、23866、23870、23875、23876、23878、23879、23888、23895、23899、23906、23913、23925、23926、23927、23935、23936、23937、23941、23946、23957、23958、23966、23971、23976、23979、23990、23994、23995、23996、23997、23998、24000、24003、24012、24020、24021、24024、24027、24032、24034、24045、24049、24050、24055、24056、

材料	對邊	臼邊	號　　碼
反面	一列	因殘斷或缺反面信息不明	24059、24064、24071、24074、24076、24079、24080、24081、24083、24084、24085（甲 2247）、24087、24088、24093、24094、24098、24099、24106、24107、24109、24111、24112、24123、24134、24139、24141、24165、24219、24232、24235、24237、24238、24244、24247＊、24260、24261、24263、24267、24271、24273、24274、24278、24279、24282、24283、24287、24288、24289、24291、24294、24295、24299、24320、24336、24337、24339、24341 左、24343、24345、24346、24347、24348、24350、24351、24353、24354、24356、24359、24362、24370、24387、24393、24398、24440、24472、24473、24474、24475、24479、24502、24506、24523、24551、24566、24575、24580、24587、24603、24626、24659、24662、24664、24666、24667、24748、24750、24752、24754、24805、24814、24871、24872、24882、24892、24896、24904、24913、24920、24980、24982、25022、25028、25053、25060、25067、25069、25071、25072、25090、25091、25096、25140、25148、25164、25171、25185、25186、25235、25247、25249、25250、25251、25252、25265、25267、25268、25282、25298、25300、25301、25304、25305、25306、25307、25318、25323、25325、25339、25352、25364、25373、25374、25377、25385、25394、25398、25405、25433、25460、25463、25464、25467、25471、25472、25473、25475、25480、25488、25503、25505、25506、25508、25518、25524、25527、25529、25534、25539、25540、25541、25542、25546、25561、25562、25563、25569、25577、25578、25585、25586、25589、25591、25615、25632、25658、25664、25665、25666、25667、25668、25669、25677、25678、25681、25683、25684、25702、25707、25714、25717、25718、25722、25728、25729、25756、25776、25778、25779、25782、25832、25842、25852、25853、25855、25862、25885、25905、25907、25909、25956（上博 17647．753）、25962、26001、26022、26023、26055、26056、26073、26107、26111、26113、26115、26127、26136、26148、26149、26150、26189、26191、26193、26210、26215、26218、26219、26221、26225、26228、26240、26245、26247、26249、26257、26259、26264、26273、26276、26278、26283、26290、26301、26306、26310、26317、26326、26336、26338、26340、26341、26342、26349、26350、26351、26353、26355、26356、26358、26360、26362、26365、26366、26374、26377、26379、26399、26403、26413、26415、26417、26475、26476、26479、26480、26481、26483、26487、26488、26489、26494、26495、26497、26501、26512、26516、26519、26615、26618、26627、26665、26667、26670、26699、26716、26718、26806、28589、31291、31292、31294、

材料	對邊	臼邊	號　　碼
反面	一列	因殘斷或缺反面信息不明	31295、31296、31298、31681、40915、40922、40944、40945、40976、41033、41042、41052、41139、41174、41222、41237、41241、W1258、W1265、W1274、W1275、W1285、W1286、Y1923、Y1949、Y1973、Y2001、Y2009、Y2011、Y2013、Y2014、Y2123、Y2126、Y2141、Y2142、Y2205、Y2206、Y2207、Y2222、Y2223、Y2237、Y2239、北大386、蔡依静 23835、蔡哲茂（23215＋拾遺 303）、蔡哲茂（23753＋25676）、蔡哲茂（26493＋26714）、俄 19、俄 20、俄 21、俄 28、俄 30、俄 36、俄 37、俄 39、俄 64、俄 90、俄 96、俄 102、俄 104、俄 105、俄 118、林宏明 432（23845＋D1234＋外 414＋B8371）、蔡依静（23952＋六束 144）、蔡哲茂（24009＋上博 17645・15）、24557＋上博 17647・650、林宏明 585（24769＋拾遺 386）、26220＋俄藏 108、26354＋俄藏 109、輯佚 319、輯佚 321、輯佚 441、輯佚 448、蔣玉斌表 259（Y2042＋B7173）、卡 270、林宏明（24660＋26192）、林宏明（26617＋26712＋17517 正）、林宏明 397（B8642＋善齋 5・53・14）、路 99、旅 1372、旅 1383、旅 1608、旅 1637、旅 1651、拼集 8、拼集 157、拼集 159、拼集 160、拼集 162、拼三 759、拼三 760、拼續 367、拼續 369、拼續 370、拼續 371、拼續 372、拼續 374、拼續 378、拼續 379、拼續 382、拼續 383、拼續 384、拼續 383、拼續 384、拼續 387、拼續 388、拼續 389、拼續 391、拼續 394、拼續 395、拼續 396、拼續 397、拼續 398、拼續 417、拼續 492、拼續 588、拼四 835、拼五 1031、拼五 1039、拼五 1040、拼五 1109、契合 171、契合 172、契合 174、契合 176、契合 177、契合 178、契合 194、契合 340、契合 355、契合 356、上博 17647・516、上博 67761・17、史購 188、史購 196＋史購 197、孫亞冰（24262＋24426＋輯佚 300）、L316、L317、L319、L323、L349、L351、L355、L358、L359、L360、L363、L364、L366、L379、L389、L394、L403、L405、L408、L423、殷拾 16.3、殷拾 21・5、殷拾 22・2、殷文 50・6、綴興 27、綴興 29、綴興 30、綴興 31、綴興 32、綴興 34、綴興 38、綴興 82、綴興 137、綴興 40、綴興 144、綴興 26、綴興 138、綴興 153、綴興 169、綴彙 188、綴彙 214、綴彙 400、綴彙 402、綴彙 418、綴彙 426、綴彙 445、綴彙 446、綴彙 450、綴彙 451、綴彙 452、綴彙 457、綴彙 462、綴彙 511、綴彙 518、綴彙 524、綴彙 578、綴彙 608、綴彙 878、綴彙 879、綴集 81、綴集 82、綴集 174、綴續 371、綴續 421、綴續 477、綴續 524、醉古 5
正面	骨扇	整齊	24670（歷 1342）、24804、27175

出組二類胛骨鑽鑿布局材料表

材　料	號　　　碼
胛骨反面	B7128、B7609、B7657（歷 1372）、B7660、B7696、B7968、B7980、B8032、B8078、B8094、B8098、B8107、B8117、B8136、B8147、B8155、B8189、B8248、B8329、B8347、B8350、B8393（甲 2444）、B8397、B13278、B13324、D1203、D1205、22570、22605、22621、22775、22778（卡 157）、22793、22841、22845、22875、22884（甲 2386）、22925、22928、23002、23062（旅 1457）、23115、23143、23144、23184、23186、23187、23197、23241、23300、23350、23442、23468、23472、23560、23581、23669、23726、23729、23730、23732、23739、23773、23804、23807（甲 2857＋甲 2435）、23839、23862、23865（甲 2246）、23869、23874、23921、23940（甲 2412）、23947、23959、23960、23964、23974、23980、23984、23988、23989、23991、23992、24006、24046、24063、24092、24110（甲 3351）、24252、24255、24257、24285、24306、24307、24312、24318、24321、24340、24341 右、24352、24360、24361、24365、24369、25375、24410、24665、24780、24978、25056、25093、25098、25111、25139、25159、25162、25172、25256、25291、25353、25393、25397、25399、25406、25426、25482、25487、25511、25513、25514、25521、25528、25531、25547、25548、25567、25568、25581、25583、25584、25587、25598、25600、25674、25703、25708、25709、25710、25712、25721、25730、25731、25734、25743、25830、25831、25833、25861、26112、26143、26145、26208、26211、26213、26214、26216、26229、26233、26235、26237、26238、26246、26251、26255、26265、26266、26288、26291、26292、26293、26295、26308 ＊、26309、26343、26344、26347、26352、26357、26361、26414、26419、26420、26428、26434、26437、26464、26474、26503、26505（歷 1446）、26508、26510、26619、26622（旅 1622）、26624、40946、41034、41171、41206、W1255、W1259、W1282、W1283、Y1933、Y1937、Y2035、俄 26、俄 53、國博 162、上博 54788·10、輯佚 318、輯佚 320、輯佚 477、蔣玉斌（26223＋26236）、拼集 188（26321＋北珍 1172）、拼續 390（23301＋24457）、契合 297（B7162＋B7755＋B7682＋B8606）、L321、L395、L396、拼五 1082 李愛輝 303（25515＋上博 17647·513＋B8596）、拼五 1165 吳麗婉（22803＋23188）、拼五 1189 吳麗婉（40951＋北珍 400）、張宇衛（25402＋德瑞荷比 189）、綴彙 382（23814＋真 1·24）、綴彙 427（23076＋23088）、綴彙 456（24248＋24377＋24478）、綴彙 508（26320＋26322）、綴彙 574（26312＋26314）、綴彙 576（25572＋25575）、綴彙 579（22899＋23354，北圖 2288）、綴彙 877（24243＋23873）、綴彙 880（24303＋B8319）、綴集 91（25127＋25269）、綴續 418（23977＋京人 1651）、綴續 537（25126＋史購 204）
骨扇下部	24670（歷 1342）、24804、27175

附：示範辭與摹刻辭

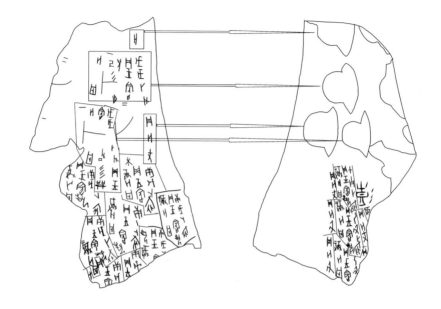

(1a) 戊戌卜，尹，貞：王賓父丁彡龠，亡囚。一

(1b) 貞：亡咎。二

(1c) 戊戌卜，尹，貞：王賓兄己彡夕亡囚。一

(1d)〔貞〕：亡〔尤〕。〔二〕

(1e) 一

(1f) 二

(1g) 庚戌卜，旅，貞：王賓柶（夙）裸，亡囚。（示範辭）①

(1h) 庚戌〔卜，旅〕，貞：王〔賓〕柶（夙）裸，〔亡囚〕。（示範辭）

(1i) 庚戌卜，旅，貞：王賓柶（夙）裸，亡囚。（摹刻辭）

(1j) 庚戌卜，旅，貞：王賓柶（夙）裸，亡囚。（摹刻辭）

(1k) 庚戌卜，旅，貞：王賓柶（夙）裸，亡囚。（摹刻辭）

---

①　劉一曼：《殷墟獸骨刻辭初探》，《殷墟博物苑苑刊》創刊號，第 115—117 頁，中國社會科學出版社，1989 年。

（1l）庚戌卜，旅，貞：王窋枛（凤）祼，亡囚。（摹刻辭）

（1m）庚戌［卜，旅，貞］：王窋［枛（凤）祼，亡囚］。（摹刻辭）

（1n）庚戌［卜，旅］，貞：王［窋枛（凤）祼，亡囚］。（摹刻辭）

（1o）｛甲子卜，旅，貞：王窋枛（凤）祼，亡囚。｝（習刻辭）

（1p）｛貞：亡咎。｝（習刻辭）

（1q）｛［乙丑卜，旅，貞：王窋枛（凤）］祼［亡咎］。｝（習刻辭）

（1r）｛貞：［亡咎］。｝（習刻辭）

（1s）｛乙丑卜，旅，貞：王窋枛（凤）祼，亡囚。｝（習刻辭）

（1t）｛貞：亡咎。｝（習刻辭）

（1u）｛□□［卜］，□，［貞：王窋枛（凤）祼，亡囚］。｝（習刻辭）

（1v）｛貞：［亡咎］。｝（習刻辭）

（1w）｛乙丑［卜，旅］，貞：王窋［枛（凤）］祼，亡囚。｝（習刻辭）

（1x）｛貞：亡咎。｝（習刻辭）

（1y）｛彭。｝

《合集》23241［出二］

這版胛骨，骨臼在右。對邊骨條沿兆幹殘斷，其右側殘存有兆序數一和二。整版占卜刻寫順序爲先對邊自下而上，再臼邊。從臼邊的祭祀對象推斷，應該也是自下而上排列。頸扇交界處鑽鑿占卜"王窋父丁肜侖，亡囚。一"，臼邊最下鑽鑿占卜"亡咎。二"，頸扇交界處鑽鑿在臼邊最下鑽鑿之前使用。從卜辭與鑽鑿的對應關係來看，這四條爲現存胛骨上的卜辭。

　　該版胛骨右下角有一條"庚戌卜，旅，貞：王窋枛（凤）祼，亡囚"之辭，其左下有一條同內容殘辭，刻寫工整規範，字迹優美，與其上的"戊戌"卜辭應爲同一刻手刻寫。其周圍以界劃線與骨扇部位其他辭相隔，其旁沒有鑽鑿、卜兆及兆序辭。這兩條"庚戌"辭左上骨扇部位密布着同內容刻辭，布局較爲凌亂、字迹略歪斜、生疏。這些刻辭與整版上的卜辭以及右下角的刻辭，明顯不是一個刻手刻寫。

　　綜合右下角最下刻辭與骨扇部位的刻辭，很明顯右下角的兩條"庚戌"辭,既不是卜辭,也不是習刻,應當是刻寫這版胛骨的刻手爲新刻手刻下的"示範辭"。而骨扇部位的同内容刻辭即是新刻手刻寫的"練習辭",或可稱爲"摹刻辭"。

這版胛骨的反面骨扇部位有刻辭,甲骨正面對應部位没有相應的鑽鑿,應該可以確定是習刻辭。從"王""窀"刻寫的風格來看,應該與刻寫正面練習辭爲同一刻手,但刻寫明顯比正面庚戌日的"練習辭"要熟練一些,應該是稍晚一些時候的刻寫。從干支來看,這些習刻不再拘泥於對同一干支日的反復仿刻寫,脱離了之前的一板一眼學習刻寫階段。從内容上看,新刻手會把兩條一組的卜辭從右向左向骨臼方向刻寫。這種刻辭,很可能不再需要老師單獨刻出"示範辭",只需仿照已有的卜辭刻寫即可,陳夢家稱之爲"摹刻辭"。[①]

此外,這版反面刻寫了一個何組貞人"彭"的名字。這個"彭"也當是習刻,與胛骨的整治、交付、簽署等占卜程序無關。這裡不能排除該版胛骨正反兩面的"練習辭"與"摹刻辭"就是何組貞人"彭"練習刻寫的作品。何組"彭、壹"貞的刻辭,刻寫風格都較爲凌亂,如《合》26907、27107、27147、27148、27166、27220、27382(壹)、27543、27694、27695、27696、27697、27699、27701、27702、27875、27877(壹)、28107、28143、28325、28363等。

《合集》23241這版胛骨是留存下來的很少的可以直接反映出組二類與何組甲骨刻手師承的作品。

第六節　何組胛骨鑽鑿布局與占卜形式

一、何組胛骨鑽鑿布局

何組胛骨反面鑽鑿沿對邊與臼邊布局,主要有沿對邊一列、臼邊半列和只沿對邊一列兩種鑽鑿布局。

---

① 陳夢家:《殷虛卜辭綜述》,第194頁。

（一）沿對邊一列，臼邊半列

沿對邊一列 8 個左右鑽鑿，沿臼邊半列 4 個左右鑽鑿。

《合集》26907（《甲編》2492＋）胛骨反面沿對邊一列鑽鑿，沿臼邊半列 4 個鑽鑿，頸扇交界部位對邊與臼邊之間 1 個鑽鑿。《合集》27042＋（《甲編》2693＋）胛骨反面沿對邊一列鑽鑿，自上而下的第一與第二個鑽鑿之間有 1 個小長鑿，沿臼邊半列 3 個鑽鑿，其下綴一行 2 個鑽鑿。也可以看作，臼邊 4 個，頸扇交界部位 1 個鑽鑿。

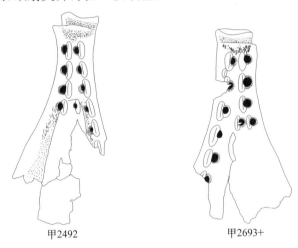

甲2492　　　　　　　　　　　甲2693＋

《合集》27321（《甲編》2484＋）胛骨反面沿對邊一列 9 個鑽鑿，沿臼邊半列鑽鑿。

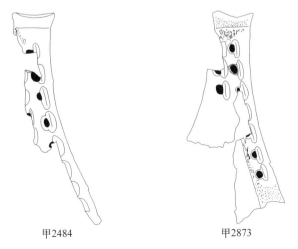

甲2484　　　　　　　　　　　甲2873

《醉古》7(《甲編》2873＋)胛骨反面沿對邊一列 7 個鑽鑿,沿臼邊半列 3 個鑽鑿。

（二）沿對邊一列

沿對邊一列 8 個左右鑽鑿。

《綴續》364(《甲編》2496＋)胛骨反面沿對邊一列 9 個鑽鑿。

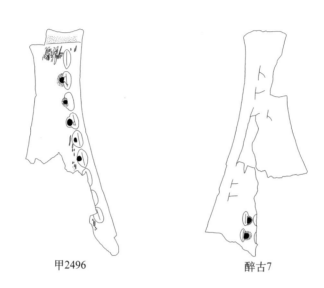

甲2496　　　　　　　　醉古7

（三）正面骨扇部位

何組胛骨正面骨扇下部施加鑽鑿的材料很少,基本稀疏有序。

《醉古》7 胛骨正面骨扇下部有排列整齊的稀疏鑽鑿。

何組胛骨反面以沿對邊一列、臼邊半列鑽鑿布局為主,也有少數只沿對邊一列鑽鑿布局。對邊部位一般有 7 至 9 個鑽鑿,臼邊部位一般有 3 個左右鑽鑿,頸扇交界部位有時綴一行 2 個鑽鑿。這種鑽鑿布局也可以看作是沿臼邊一列 4 個左右鑽鑿,頸扇交界部位對邊與臼邊之間 1 或 2 個鑽鑿。胛骨正面骨扇下部有時有排列整齊的稀疏鑽鑿。只沿對邊一列鑽鑿多用於卜旬辭。結合卜辭與鑽鑿的對應關係、占卜使用鑽鑿的順序來看,何組胛骨鑽鑿基本是在整治後即施加完成。

二、何組胛骨特色卜辭布局

何組胛骨卜辭基本沿對邊與臼邊布局。

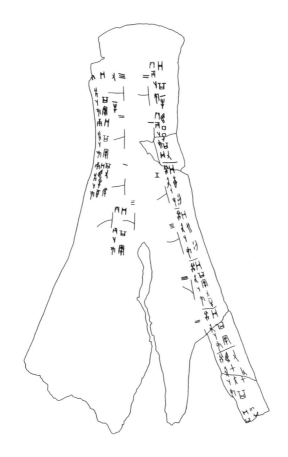

(1a) 貞：其雨菁。（習刻）①

(1b) 癸丑卜，何，貞：翌甲寅又父甲。［一］

(1c) 癸丑卜，何，貞：其宰。二

(1d) 癸丑卜，何，貞：其宰又一牛。三

(1e) 癸丑卜，何，貞：弜勿。四

---

① 此蒙張昂指出。

(1f) 癸丑卜，何，貞：叀勿。［五］

(1g) 丙辰卜，何，貞：翌丁巳其又。一

(1h) 丙辰卜，何，貞：其一牛。二

(1i) 丙辰卜，何，貞：其宰。三

(1j) 庚申卜，何，貞：翌辛酉其又妣辛。［一］

(1k) 庚申卜，何，貞：其宰。二

(1l) 庚申卜，何，貞：其宰又一牛。三

《合集》27042＋41328＋《甲編》2574＋2556①［何一］

這版胛骨沿對邊骨條刻有8條卜辭，(1b)至(1f)辭是一組癸丑日占卜祭祀的卜辭，(1g)至(1i)辭是一組丙辰日占卜祭祀的卜辭。對邊骨條卜辭自下而上依次排列。(1i)辭位於頸扇交界部位對邊與臼邊之間，卜辭在臼邊最下一個鑽鑿之前使用。沿臼邊刻有3條卜辭，(1j)至(1l)辭是一組庚申日占卜祭祀的卜辭，臼邊骨條卜辭自下而上依次排列。

何組胛骨正面骨扇部位多用於習刻辭（如《合集》26907、27042＋等）。偶有施加鑽鑿，其反面的卜兆周圍逆骨臼方向刻寫該卜兆的完整卜辭。

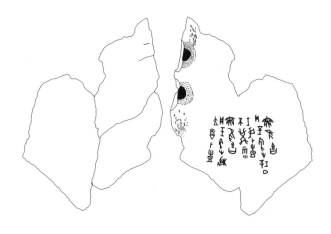

①　陳逸文：《〈甲編〉綴合26例》，先秦史研究室網站，2014年3月6日。

　　（2a）辛（倒刻）酉卜，壴，貞：王（倒刻）窊朩（夙），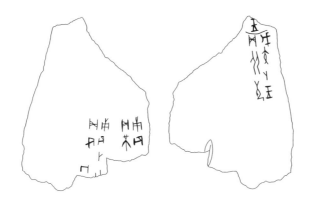唯吉，不
　　冓（遘）雨。（習刻）

　　（2b）壬戌卜，壴，貞：王（倒刻）窊辛、壬、丁，唯吉。（習刻）

　　　　　　　　《合集》27382（《甲編》2295＋）〔何組〕

這版胛骨正面骨扇下部未施加鑽鑿。反面骨扇下部有兩條習刻辭。

　　（3a）庚辰卜，□，貞：亡国。

　　（3b）庚辰卜，□，貞：不……

　　　　　　　　《合集》28148＋（《甲編》2591＋）①〔何組〕

這版胛骨正面骨扇下部施有鑽鑿，反面對應部位刻有兩條卜辭。

　　何組胛骨上的卜辭基本沿對邊與臼邊布局。占卜時一般先沿對邊自下而上，再沿臼邊自下而上依次進行。對邊部位卜辭一般在兆幹外側刻寫，沿兆幹起刻。臼邊部位卜辭一般在兆幹內側刻寫，沿臼邊起刻。卜辭的刻寫行款一般爲逆骨臼方向豎行。頸扇交界部位對邊與臼邊之間的鑽鑿一般在臼邊最下一個鑽鑿之前使用。胛骨正面骨扇部位一般用於習刻，偶有施加鑽鑿，其反面的卜兆周圍逆骨臼方向刻寫該卜兆的完整卜辭。

---

① 《合集》27456＋《合補》10222＋《合集》28148，周忠兵：《一版甲骨新綴及其相關問題》，《古文字研究》第 34 輯，第 105—111 頁，中華書局，2022 年。

三、何組胛骨上的占卜形式

何組胛骨主要有只卜一次和三版一套兩種占卜形式。

(一) 只卜一次

1. 同一天對同一事件不同焦點進行占卜，一辭一卜，兆序數遞增

(4a) 庚…貞…辛…

(4b) 庚申卜，王，貞：翌辛酉其登鄉(饗)。一

(4c) 庚申卜，王，貞：翌辛酉十人，其一登。二

(4d) 庚申卜，王，貞：其五人。三

(4e) 庚申卜，王，貞：卯其登。四

《合集》22598[何一]

這版胛骨對邊骨條上有一組庚申日占卜祭祀之辭：(4a)辭殘斷，占卜祭祀事宜。(4b)辭占卜"登"祭。(4c)(4d)兩辭選貞祭牲數目是十人還是五人。(4e)辭占卜"卯"的用牲法。是同一天對同一事件不同環節焦點的占卜，兆序數從一開始，自下而上逐辭遞增，每辭只卜一次。

(5a) … [一]

(5b) 貞：小宰。二

(5c) 貞：宰。三

(5d) 貞：二宰。四

(5e) 貞：三宰。五

(5f) 貞：五宰。六

(5g) 己巳卜，彭，貞：卯于河羗三十人。在十月又二卜。一

(5h) 貞：五十人。二

(5i) 貞：卯十宰。三

(5j) 貞：其沉。四

(5k) 貞：弜沉。五

《合集》26907(《甲編》2471＋)[何一]

這版胛骨對邊骨條上有一組占卜祭祀之辭：(5a)辭殘斷,占卜祭祀事宜。
(5b)(5c)兩辭選貞祭牲是小宰還是宰。(5d)至(5f)辭選貞祭牲數目是二、
三還是五宰。臼邊與對邊最上一個鑽鑿是己巳日一組占卜祭祀卜辭,
(5g)(5h)辭選貞祭牲用三十人還是五十人,(5i)辭占卜卯十宰,(5j)(5k)
辭對貞是否用沉的用牲法。是同一天對同一事件不同環節焦點的占卜,
兆序數從一開始,自下而上逐辭遞增,每辭只卜一次。

(6a) 癸酉卜,員,貞：其歸𢀜方于河兆①,不□。

(6b) 貞：其叙在,不射。

(6c) …二卜…射…

《合集》28002[何組]

這版胛骨對邊骨條是一組癸酉日關於軍事活動不同焦點的占卜。

(7a) 貞：叙𢆶。

(7b) 丁未卜,員,貞：危*方曹雈新家,今秋王其比。

(7c) 貞：其叙𢆶。

(7d) 壬寅卜,員,貞：翌日癸卯王其遊。

(7e) 甲辰。

《合集》28001[何組]

這版胛骨對邊骨條是三組卜辭,第一組(7a)辭殘斷。第二組(7b)(7c)辭
是丁未日關於軍事活動的占卜。第三組(7d)辭是壬寅日的占卜。

(8a) 辛卯卜,何,貞：其延豈祖辛。

(8b) 辛卯卜,何,貞：马𪊨今歲受年。[一]

(8c) 辛卯卜,何,貞：不其受年。二

《合補》9014＋(《甲編》2824＋)②[何組]

---

① 詹鄞鑫：《釋甲骨文"兆"字》,《古文字研究》第 24 輯,第 123—129 頁,中華書局,2002 年。

② 《合補》9014＋《合集》27255,李愛輝：《甲骨拼合第 429～433 則》,第 433 則,先秦史研究室
網站,2018 年 7 月 29 日。

這版胛骨對邊骨條是辛卯日對貞是否受年的占卜。

2. "干支卜,貞人"辭

(9a) 庚戌卜…辛亥…　一

(9b) 庚戌卜,何,貞:妣辛歲其叙犇①。二

(9c) 庚戌卜,何,貞:其于來辛酉。三

(9d) 庚申卜,何,貞:翌辛酉皷(甲)②其(缺刻橫畫)隹。一

(9e) 庚申卜,何。二

(9f) 庚申卜,何。三

(9g) 庚申卜,何。四

(9h) 庚申卜,何。五

《合集》26975(《甲編》2803＋)[何一]

這版胛骨對邊骨條上有兩組占卜祭祀之辭,第一組(9a)至(9c)辭是庚戌日占卜祭祀的卜辭。(9a)辭殘斷,占卜祭祀事宜。(9b)辭占卜祭祀妣辛。(9c)辭占卜辛酉祭祀。第二組(9d)至(9h)辭是庚申日占卜可能與祭祀有關的卜辭:(9d)辭可能占卜用祭牲皷祭祀,(9e)至(9h)辭爲"干支卜＋貞人"辭,兆序數從一開始,自下而上逐辭遞增,每辭只卜一次。很可能是與(9d)辭相關的不同焦點的占卜。

何組可見"干支卜＋貞人"辭,這種卜辭的占卜特徵是:同一天的"干支卜＋貞人"辭兆序數從一開始,逐辭遞增,每辭只卜一次。這種占卜形式與同一天就同一事件不同環節焦點的占卜形式相同。故何組的"干支

---

① 李愛輝:《甲骨綴合方法研究》,第 117—132 頁,中國社會科學院 2016 年博士後研究工作報告。

② 裘錫圭:《説"掅函"——兼釋甲骨文"櫓"字》,《華學》第 1 期,第 59—62 頁,中山大學出版社,1995 年;《裘錫圭學術文集·語言文字與古文獻卷》,第 418—422 頁。李零:《古文字雜識(兩篇)》,《于省吾教授百年誕辰紀念文集》,第 270—274 頁,吉林大學出版社,1996 年;同作者:《讀〈楚系簡帛文字編〉》,《出土文獻研究》第 5 集,第 139—162 頁,科學出版社,1999年。白於藍:《〈郭店楚墓竹簡〉讀後記》,《中國古文字研究》第 1 輯,第 110—116 頁,吉林大學出版社,1999 年。

卜＋貞人"辭，很可能是同一天就同一事件不同焦點的占卜，未刻寫命辭部分。

（二）成套占卜

何組胛骨上的卜旬辭用三版一套的形式進行占卜。

（10a）［癸亥］卜，狄，貞：旬亡囚。［一］

（10b）癸酉卜，狄，貞：旬亡囚。一

（10c）癸未卜，狄，貞：旬亡囚。一

（10d）癸巳卜，狄，貞：旬亡囚。一

（10e）癸卯卜，狄，貞：旬亡囚。一

《合補》10074（《甲編》2679＋）［何組］

這版胛骨對邊骨條部位自下而上依次占卜刻寫從癸亥到癸卯連續五旬的卜旬辭，是三版一套的卜旬辭的第一版。

（11a）癸未卜，何，貞：旬亡囚。二

（11b）癸巳卜，何，貞：旬亡囚。八月。二　二告

（11c）癸酉卜，何，貞：旬亡囚。二

《合補》9978（《東文研》674）［何一］

這版胛骨對邊骨條與臼邊部位是三版一套的卜旬辭的第二版。

（12a）癸丑卜，何，貞：旬亡囚。三

（12b）癸亥卜，何，貞：旬亡囚。三

（12c）癸酉卜，何，貞：旬亡囚。［三］

（12d）癸未卜，何，貞：旬亡囚。［三］

（12e）癸巳卜，何，貞：旬亡囚。三

（12f）癸卯卜，何，貞：旬亡囚。三

（12g）癸丑卜，貞：旬亡囚。三

（12h）癸亥卜，何，貞：旬亡囚。三

（12i）癸酉卜，何，貞：旬亡囚。三

(12j)［癸未］卜，何，［貞：旬］亡囚。［三］

《醉古》7(《甲編》2657＋)［何一］

這版胛骨是三版一套的卜旬辭的第三版。

　　何組胛骨上多祭祀，也有軍事、農事的占卜。占卜形式多爲同一天就同一事件不同環節焦點的占卜，一辭一卜，兆序數逐辭遞增。何組"干支卜，貞人"辭一辭一卜，兆序數逐辭遞增，很可能是同一日對同一事件不同環節焦點的占卜。這種占卜形式體現了商後期的占卜規則。何組卜旬辭基本用三版一套的形式占卜。

　　綜上，何組胛骨反面鑽鑿主要有沿對邊一列、臼邊半列與只沿對邊一列兩種布局。只沿對邊一列鑽鑿布局多用於三版一套的卜旬辭。

　　何組胛骨上的卜辭基本沿對邊與臼邊布局。骨面上刻寫卜辭以外的位置如骨頸中間部位、骨扇部位等多用於習刻。

　　何組胛骨的占卜形式基本一辭一卜，卜旬辭三版一套。

附表

何類胛骨鑽鑿布局表

材料	對邊	臼邊	號　　碼
反面	一列	0	31381、綴彙496、綴續364、醉古3
		半列	B8768、B8775、B8788、B9375、B10195、D673、22858、26907、26941、26975、27075、27138、27174、27208、27264、27321左、27321右、27346、27424、27439、27446、27543、27574、27673、27674、27695、27697、27699、27726、27827、27929、27932、27939、28143、28172、28234、28447、29499、29678、29707、29906、29926、30313、30345、30449、30469、30970、31056、31323、31374、31382、31391、31398、31405、31417、31420、31429、31493、31500、31866、31889、31925、27649、27456、綴三687（29737＋30922）、綴三624（29738＋31764）、綴三559(31526＋B8640)、27175、輯佚655、拼集171、契合121、綴彙475、綴彙478、綴彙481、綴彙484、綴彙489、綴彙490、綴彙492、綴彙494、綴彙498、綴彙501、綴彙507、綴彙538、綴集245、醉古4、醉古7

續　表

材料	對邊	臼邊	號　碼
反面	一列	因殘斷或缺反面信息不明	B8794、B9014、B9985、B13329、東文庫 566、22598、22779、23400、27001、27019、27107、27221、27223、27265、27382、27385、27542、27552、27576、27610、27876、27930、28001、28002、28363、28456、28465、29552、29673、29675、29676、29726、30164、30165、30282、30347、30373、30473、30564、30588、30766、30775、30910、30961、31041、31293、31367、31368、31371、31372、31373、31378、31386、31389、31390、31396、31397、31399、31402、31410、31418、31422、31430、31432、31448、31501、31511、31513、31517、31830、31878、Y2284、Y2367、Y2385、27302、24507＋29418、輯佚 548、拼集 193、拼續 410、拼續 415、拼續 416、上博 2426・40、上博 17647・354、綴彙 205、綴彙 213、綴彙 485、綴彙 887、綴彙 888、綴彙 908、綴彙 911、綴彙 914、綴彙 916、綴集 289、綴續 475、醉古 2、醉古 6、醉古 300、醉古 301
正面	骨扇	整齊	綴彙 914

何組胛骨鑽鑿布局材料表

材料	號　碼
胛骨反面	B8768（甲 2793）、B8775（甲 2564）、B8788（甲 2740）、B9375（甲 2599）、B10195（甲 2528）、D673、22858、26907（甲 2471＋2491＋2501＋2606）、26941（甲 2458）、26975、27075（甲 2805）、27138（甲 2490）、27174（甲 2689）、27175、27208（甲 2882）、27264（甲 2641）、27321 左（甲 2484＋2486＋2502＋2637）、27321 右、27346（甲 2757）、27424、27439、27446、27543（甲 2698）、27574、27673、27674（甲 2856）、27695（甲 2666）、27697（甲 2937）、27699（甲 2670）、27726、27827、27929、27932、27939（甲 2810）、28143（甲 2807）、28172（甲 2673）、28234（甲 2511）、28447（甲 2758）、29499（甲 2745）、29678（甲 2759）、29707（甲 2806）、29906（甲 2739）、29926（甲 2681）、30313（甲 670）、30345（甲 2779）、30449（甲 2676＋）、30469、30970（甲 2457）、31056（甲 2593）、31323（甲 2753）、31374（甲 2251＋）、31381（甲 2680＋）、31382（甲 2577＋）、31391（甲 2749）、31398（甲 2789）、31405（甲 2470）、31417（甲 2784）、31420（甲 2694）、31429（甲 2368＋）、31493（甲 2686）、31500、31866（甲 2569）、31889（甲 2719）、31925、27649（甲 2734）、27456、綴三 687（29737，甲 2405＋30922，甲 2118）、綴三 624（29738/甲 2521＋31764/甲 2675）、綴三 559（31526/甲 2852＋B8640/甲 2723）、李霜潔（27042 正，甲 2692＋41328＋B10209＋甲 2556＋41416）、輯佚 655、拼集 171（26899，甲 2695＋27875）、契合 121（31408，甲 2519＋31427/甲 2792＋B10126/甲 2527＋31489）、綴彙 475（27148，甲 2813 ＋27694）、綴彙 478（5779/甲 2533＋29957＋30959/甲 2526＋甲 2514＋B9372/甲 2534）、綴彙 481（30615/甲 2437＋30751/甲 2687）、綴彙 484（26953/甲 2464＋31961/甲 2804）、綴彙 489（31494/甲 2808＋31519/甲 2461＋B8780/甲 2895＋甲 2450）、綴彙 490（31375/甲 2841＋31401/甲 2495）、

材料	號　碼
胛骨反面	綴彙 492（31370/甲 2794＋31379）、綴彙 494（31407/甲 2620＋甲 2482）、綴彙 496（31394/甲 2483＋31400/甲 2849＋31520/甲 2497）、綴彙 498（31414/甲 2640＋31424）、綴彙 501（31462/甲 2652＋31463）、綴彙 507（31425/甲 2887＋31433）、綴彙 538（27675/甲 2666＋30401＋28173）、綴集 245（27564/甲 2544＋27676）、綴續 364（31482/甲 2649＋31505＋B10106）、醉古 3（31406/甲 2442＋31395）、醉古 4（31491/甲 2735＋B10127）
骨扇下部	綴彙 914（29904/甲 2590＋31776＋29943）

事何類胛骨鑽鑿布局表

材料	對邊	臼邊	號　碼
反面	一列	半列	31255、31301、31304、31305、31309、31314、31316、31328、31339、31341、31347、31349、31350、W1424、北珍 1224、拼續 413、綴彙 499、醉古 7
		因殘斷或缺反面信息不明	B8799、B8800、B9560、B9979、B9982、B9983、B9989、B9992、B9996、B9997、27153、29706、29717、29720、29725、29727、30531、30543、31300、31307、31310、31311、31313、31320、31321、31324、31325、31326、31331、31333、31336、31340、31344、31346、31348、31351、31352、31353、31355、31360、31364、41430、W1422、Y2386、Y2387、北珍 1015、旅 1798、拼續 407、契合 125、契合 364、L671、綴彙 459、綴彙 497、綴彙 502、綴彙 889、綴續 369、綴續 404、綴續 430
正面	骨扇	整齊	醉古 7

事何類胛骨鑽鑿布局材料表

材　料	號　碼
胛骨反面	31255、31301、31304、31305、31309、31314、31316、31328、31339、31341、31347、31349、31350、W1424、北珍 1224、拼續 413（31330，甲 2513＋31356＋31363＋B10124）、綴彙 499（31303＋31319＋31327）、醉古 7
骨扇下部	醉古 7

第七節　黃組胛骨鑽鑿布局與
占卜形式

一、黃組胛骨鑽鑿布局

黃組胛骨反面鑽鑿沿對邊與臼邊布局，主要有沿對邊一列臼邊半列和只沿對邊一列兩種鑽鑿布局。

（一）沿對邊一列

黃組胛骨通常沿對邊有一列 7 個左右鑽鑿，最上一個鑽鑿在骨頸中部或稍偏下，有時也有一直到骨首處的，最下一個鑽鑿距離底部邊緣稍遠。

《合集》35343（《甲編》2572＋）胛骨反面沿對邊一列至少 8 個鑽鑿。

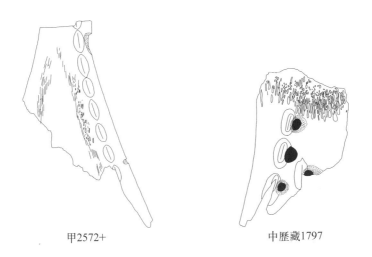

甲2572+　　　　　　　　　　　中歷藏1797

《中歷藏》1797 胛骨反面沿對邊一列鑽鑿，最上一個鑽鑿在骨首部位，骨頸中部至少 1 個鑽鑿。

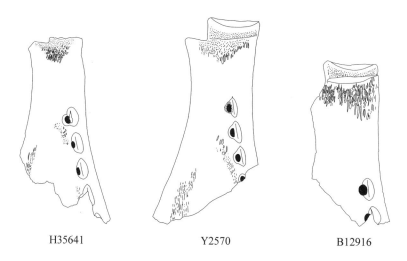

H35641　　　　　　Y2570　　　　　　B12916

　　《合集》35641(《中歷藏》1821)、《英藏》2570、《合補》12916 胛骨反面沿
對邊一列鑽鑿,最上一個鑽鑿在骨頸偏下部位。

　　《英藏》2568 胛骨反面沿對邊一列鑽鑿,最上一個鑽鑿在頸扇交界部位。

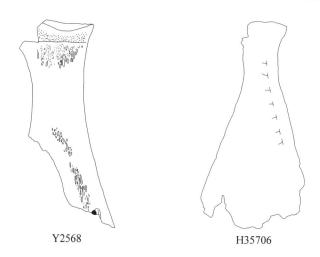

Y2568　　　　　　　　H35706

　　《合集》35706,這版胛骨從正面拓本推斷,反面很可能沿對邊有一列 7
個鑽鑿,最上一個鑽鑿在骨頸中部,最下一個鑽鑿距底邊稍遠。

　　村北系胛骨反面沿對邊一列鑽鑿布局最早出現在出組,但出組偶見。
在何組基本見於部分卜旬辭;出組、何組都是從骨首上部就開始施加鑽
鑿,一列 8 或 9 個。黃組胛骨只沿對邊一列是最基本的鑽鑿布局類型,這

也是黃組胛骨的特色布局。不同於出組、何組甲骨鑽鑿布局的是，黃組胛骨最上一個鑽鑿一般在骨頸中部或中部偏下，以 7 個一列爲常態。這種鑽鑿布局多用於卜旬辭。

(二) 沿對邊一列，臼邊半列

胛骨反面從骨首部位開始沿對邊有一列 8 或 9 個鑽鑿，沿臼邊一側有半列 4 個左右鑽鑿。頸扇交界部位，對邊與臼邊之間 1 個鑽鑿。

《綴彙》266 這版胛骨從正面拓本推斷，反面沿對邊一列 8 個鑽鑿，沿臼邊半列 3 個鑽鑿，其下綴有一行 2 個鑽鑿。這種鑽鑿布局也可以看作沿臼邊一列 4 個鑽鑿，頸扇交界部位對邊與臼邊之間 1 個鑽鑿。

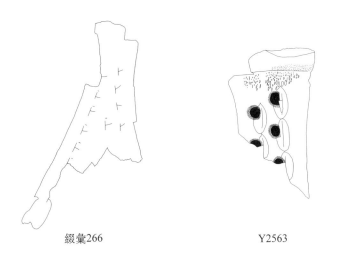

綴彙266　　　　　　　　　　Y2563

《英藏》2563 胛骨殘斷，鑽鑿沿對邊、臼邊布局。

黃組胛骨沿對邊一列 7 至 9 個鑽鑿，臼邊半列 3 個鑽鑿布局，其下綴一行 2 個鑽鑿。這種鑽鑿布局也可以看作沿對邊一列 4 個鑽鑿，頸扇交界部位對邊與臼邊之間 1 個鑽鑿。

這種鑽鑿布局常見於出組二類、何組胛骨，在黃組胛骨中數量不多，且一般出現在王遊與王步相間以及與軍事有關的胛骨上。

以上兩種鑽鑿布局都反映了這些胛骨上的鑽鑿具有預先性，即在胛骨進入占卜機構整治以後就按一定布局施加，以備日後占卜之用。

（三）特例

黄組胛骨鑽鑿布局特例，源於胛骨使用的臨時性。

《拾遺》459 反面對邊骨條中下部有 1 個鑽鑿。這版很可能是臨時找來一版胛骨現施加鑽鑿，現進行占卜。這版胛骨正面是一條酒祭卜辭，黄組胛骨很少用於占卜這類祭祀事件，從占卜材質與占卜内容的關係來看，該版占卜也具有臨時性。

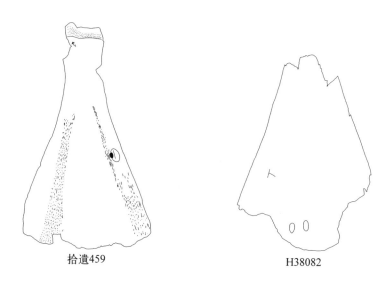

拾遺459　　　　　　　　　　　H38082

（四）正面骨扇部位

黄組胛骨正面骨扇下部施加鑽鑿的材料很少，基本稀疏有序。

《合集》38082 胛骨正面骨扇下部有排列整齊的兩列 2 個稀疏鑽鑿。

黄組胛骨反面以只沿對邊一列鑽鑿布局爲主，也有一些沿對邊一列、臼邊半列鑽鑿布局。"只沿對邊一列"一般沿對邊骨條有一列 7 個鑽鑿，最上一個鑽鑿在骨頸中部或稍偏下，這是黄組胛骨的特色布局。"沿對邊一列，臼邊半列"對邊部位一般有 7 個左右鑽鑿，臼邊部位一般有 3 個左右鑽鑿，其下有時綴一行 2 個鑽鑿。這種鑽鑿布局也可以看作是沿臼邊一列 4 個左右鑽鑿，頸扇交界部位對邊與臼邊之間 1 或 2 個鑽鑿。特例只對邊中下部有 1 個鑽鑿。正面骨扇下部偶見較爲稀疏整齊的鑽鑿布局。

結合正面卜辭與鑽鑿的對應關係及占卜使用鑽鑿的順序來看,鑽鑿基本在胛骨整治後即施加完成。也有個別先有了占卜事件再臨時施加鑽鑿進行占卜的可能性。

二、黃組胛骨特色卜辭布局

黃組胛骨卜辭基本沿對邊與臼邊布局。

（一）卜辭沿對邊或臼邊布局

先對邊自下而上,再臼邊自下而上依次排列,頸扇交界部位對邊與臼邊之間的鑽鑿在臼邊最下一個鑽鑿之前使用。

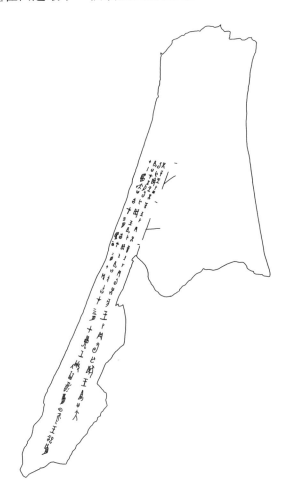

　　(1a) 癸亥王卜，貞：旬亡㕚。王占曰：大吉。在四月甲子工
典其酒翌日唯王祀翌。一

　　(1b) 癸酉王卜，貞：旬亡㕚。王占曰：大吉。在四月甲戌
翌上甲。一

　　(1c) 癸未王卜，貞：旬亡㕚。王占曰：吉。在四月。一

　　(1d) 癸巳王卜，貞：旬亡㕚。王占曰。在五月。甲午翌大
甲。一

《合補》12927(《北珍》1312＋)［黃組］

這版胛骨沿對邊骨條有 4 條卜辭，自下而上依次排列，是王元祀四月、五
月的癸亥至癸巳連續四旬的卜旬辭。

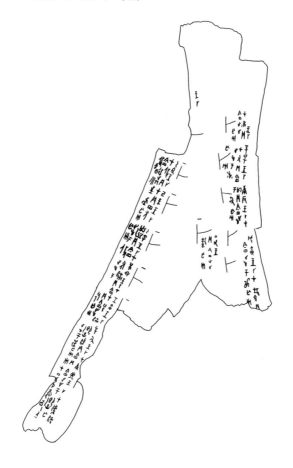

（2a）庚子王卜，在淶敕，貞：今日步于饗，亡災。在正月。
隻犹十又一。［一］

（2b）辛丑王卜，在饗敕，貞：今日步于呆*，亡災。［一］

（2c）壬寅王卜，在呆*敕，貞：今日步于永，亡災。一

（2d）癸卯王卜，在永敕，貞：今日步于［溫，亡災］。一

（2e）乙巳王卜，在溫，貞：今日步于攸，亡災。一

（2f）己未王卜，在，貞：田元，往來亡災。一

（2g）乙丑王卜，在攸，貞：今日遊从攸東，亡災。一

（2h）戊…

（2i）乙亥王卜，在攸，貞：今日王步于□，［亡災］。一

（2j）乙亥［王卜］，在…　　［一］

（2k）丁丑王卜，在，貞：今日步于戠，亡災。一

（2l）戊寅王卜，在戠，貞：今日步于危*，亡災。一

（2m）庚辰王卜，在危*，貞：今日步于祭，亡災。一

（2n）辛巳王卜，在祭，貞：今日步于洗，亡災。一

（2o）壬申王卜，在洗，貞：今日步于利，亡災。一

《綴彙》266［黃組］

這版胛骨沿對邊骨條有（2a）至（2i）9 條卜步辭，自下
而上依次排列。沿臼邊骨條有（2l）至（2o）4 條卜辭，
自下而上依次排列。頸扇交界部位兩條卜辭，自下
而上依次排列。頸扇交界部位的兩個鑽鑿（2j）（2k）
在臼邊最下一個鑽鑿（2l）之前使用。

（3a）丙辰王卜，在□，貞：今日步于…

（3b）戊午王卜，在毯，貞：田舊，往來亡
災。［茲］孚。隻鹿、犹…

（3c）己未王卜，在毯，貞：今日步于侶，
亡災。

(3d) 庚申王卜, 在偁, 貞：今日步于劦, 亡災。

(3e) □□王[卜, 在], 貞：[今日步于]淮, [亡災]。

《合集》37434［黃組］

這版胛骨沿臼邊骨條有 4 條卜步、卜田辭, 自下而上依次排列。頸扇交界部位一條卜辭, 頸扇交界部位的 1 個鑽鑿(3a)在臼邊最下一個鑽鑿(3b)之前使用。

（二）骨頸骨扇部位刻有干支表

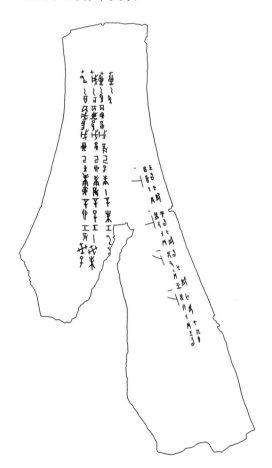

(4a) 癸卯卜, 貞：王旬亡𡆥。在四月。一

(4b) 癸丑卜, 貞：王旬亡𡆥。一

(4c) 癸亥卜，貞：王旬亡𢆡。一

(4d) 癸酉卜，貞：王旬亡𢆡。一

甲子 乙丑。

甲子 乙丑 丙寅 丁卯 戊辰 己巳 庚午 辛未 壬申 癸[酉]。

甲戌 乙亥 丙子 丁丑 戊寅 己卯 庚辰 辛巳 壬午 癸未。

甲申 乙酉 丙戌 丁亥 戊子 己丑 庚寅 辛卯 壬辰 癸巳。

《綴彙》423[黃組]

這版胛骨沿對邊骨條有 4 條連續四旬的卜旬辭，自下而上依次排列。從骨頸中部近臼邊部位豎行向下刻寫三旬干支表。

(5a) 戊寅卜，貞：[王]田于演，
往來[亡災]。一

(5b) 庚辰卜，貞：王遊于鄳，往
來亡災。一

(5c) □□卜，貞：王□[于]鄳，
[往]來亡災。[一]

…[戊]辰 己巳 庚午 辛[未]…

…[戊寅] 己卯 庚辰 辛[巳]…

… [戊子] 己丑 庚寅…

… [乙]丑 丙寅…

… [乙亥] 丙子…

……

《合集》36641[黃組]

這版胛骨沿對邊骨條有 3 條王田、王遊辭，自下而上依次排列。骨扇部位豎行向下刻寫兩組三旬干支表。

以上這種沿對邊反面有一列鑽鑿，正面刻有相應一列卜旬辭或王田、王遊辭，近臼邊骨頸到骨扇部位刻有六旬以下干支表的布局在黃組胛骨較爲常見。

（三）骨扇部位刻有記事刻辭

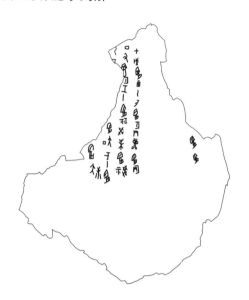

　　（6a）甲戌翌上甲,乙亥翌匚乙,丙子翌匚丙,[丁丑翌]匚丁,
壬午翌示壬,癸未翌示癸。

　　（6b）…翌大丁,甲午翌…翌大庚。

　　翌。

　　翌。

　　　　　　　　　　　《合集》35406＋《史購》172(《北珍》471＋)①[黄組]

這版胛骨骨扇部位刻寫了從甲戌到庚子日三十七天內翌祭同日名祖先的
記事刻辭。

　　（四）近臼邊下部刻寫"王彝在某宗"記事刻辭

　　　　（7）王彝在康祖丁宗。　　　　　　　　　《綴彙》262[黄組]

這版胛骨頸扇交界處以下近臼邊部位刻寫"王彝在某宗"記事刻辭。

---

①　陳年福：《甲骨文試綴一則》,先秦史研究室網站,2013 年 2 月 24 日。

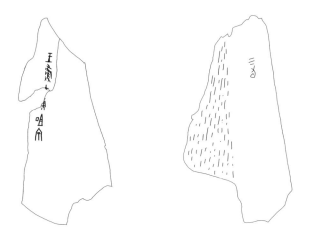

（五）胛骨反面臼邊部位刻有記事刻辭

（8）三旬。　　　　　　　　　　　　　　　　《東大》948［黄組］

這版胛骨反面臼邊部位刻寫"三旬"，應爲記事刻辭。

（六）反面骨扇有習刻辭

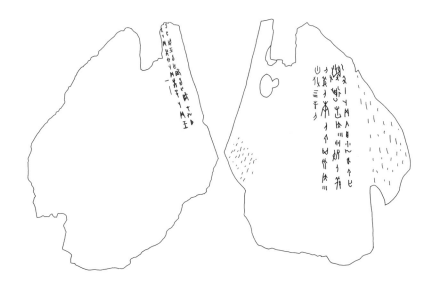

（9a）癸巳卜，貞：王旬亡𡆥。在九月。一

（9b）癸卯卜，貞：王旬亡𡆥。

(9c)［癸］丑卜，貞：［王］旬亡𡆥。

｛乙丑王卜，貞：舍巫九备，余乍障，啓告侯、田册歔方、𢀛方、羌方、彎方，余其比侯、田甾戋四邦方。｝

《合集》36528［黄組］

這版胛骨正面沿對邊骨條有三條九月癸巳到癸丑的卜旬辭。反面扇部有一條刻辭，缺刻横畫，從卜旬辭在胛骨上的一般布局來看，反面刻辭應該是習刻辭。《合集》36511 等與該習刻辭内容相近，應該是與戰争相關的占卜。

(10) 丁卯王卜，貞：今囚巫九备，余其比多田于多伯正盂方伯炎。重衣(卒)翌日步，亡𢦔自上下于㝬(徹)①示，余受又又。不皆戋，［𠂤(肩)］告於兹大邑商，亡徝在𡆥。［王占曰］：引吉。在十月。遘大丁翌。一

《合集》36511［黄組］

　　黄組胛骨上的卜辭基本沿對邊與臼邊布局。占卜時一般先沿對邊自下而上，再沿臼邊自下而上依次進行。對邊部位卜辭一般在兆幹外側刻寫，沿兆幹起刻。臼邊部位卜辭一般在兆幹内側刻寫，沿臼邊起刻。卜辭的刻寫行款一般爲逆骨臼方向竪行。頸扇交界部位對邊與臼邊之間的鑽鑿一般在臼邊最下一個鑽鑿之前使用。胛骨正面或反面近臼邊及骨扇部位一般用於刻寫干支表或其他記事刻辭，偶有施加鑽鑿，即甲骨上的記事刻辭及習刻辭刻寫在不用於占卜的部位。②

三、黄組胛骨上的占卜形式

　　黄組胛骨主要有只卜一次和三版一套兩種占卜形式。

---

①　陳劍：《釋甲骨金文的"徹"字異體——據卜辭類組差異釋字之又一例》，《出土文獻與古文字研究》第 7 輯，第 1—19 頁，上海古籍出版社，2018 年。

②　李學勤"甲骨學課程·第十二講·歷組甲骨"，2007 年 12 月 26 日。

（一）只卜一次

1. 黃組胛骨軍事、天氣辭,通常用兩辭對貞的形式進行占卜,一辭一卜,兆序數每組一、二遞增

（11a）弗戋。吉。二

（11b）不雉衆。王占曰:引吉。一

（11c）其雉衆。吉。二

（11d）壬申卜,在攸,貞:右牧冀告啓,王其呼戌比周①伐,弗每（悔）,利。一

（11e）[弗]利。[二]

《合集》35345[黄組]

這版胛骨對邊骨條部位刻有三組軍事卜辭。第一組（11a）卜辭對貞戰爭的結果是否會戋,第二組卜辭（11b）（11c）對貞是否雉衆,第三組卜辭（11d）（11e）對貞是否利。每組對貞兆序數一、二遞增。

（12a）戊午卜,在㶇,貞:今夕自不屃。[一]

（12b）其屃。二

（12c）己未卜,在㶇:今夕自不屃。一

（12d）其屃。二

《合集》36437+《輯佚》734②[黄組]

這版胛骨對邊骨條部位刻有兩組軍事卜辭。兩組卜辭對貞自屃,每組對貞兆序數一、二遞增。

（13a）癸未…戌卒…□□倸… [一]

（13b）弜改③。二

《合集》39465[黄組]

---

① 李學勤:《帝辛征夷方卜辭的擴大》,《中國史研究》2008 年第 1 期,第 20 頁。

② 蔡哲茂:《〈殷墟甲骨輯佚〉新綴三則》,第三則,先秦史研究室網站,2008 年 11 月 19 日。

③ 沈培:《甲骨文"巳"、"改"用法補議》,李宗焜主編:《古文字與古代史》第 4 輯,第 37—64 頁,中研院歷史語言研究所,2015 年。

這版胛骨對邊骨條部位刻有一組軍事卜辭。第一辭殘缺,兆序可能是一,
第二辭是表確認的對貞卜辭"弜改",兆序辭爲二。這組對貞卜辭兆序數
一、二遞增。

　　　　(14a) 屯(蠢)①盂…嘼盂…田甾,正。一
　　　　(14b) 弜正。二

　　　　　　　　　　　　　　　　　　　　　　《合集》36512[黄組]

這版胛骨對邊骨條部位刻有一組軍事卜辭。第一辭與軍事相關,兆序
爲一,第二辭對貞"弜正",兆序辭爲二。這組對貞卜辭兆序數一、二
遞增。

　　　　(15a) 癸丑卜,貞:今歲亡大水。一
　　　　(15b) 其又大水。二
　　　　(15c) 癸亥卜,貞:及茲月又雨。一
　　　　(15d) 于生月又雨。二
　　　　(15e) 己卯卜,貞:今日多雨。[一]

　　　　　　　　　　　　　　　　　　《英藏》2588+2593②[黄組]

這版胛骨對邊骨條部位刻有三組天氣卜辭。第一組卜辭(15a)(15b)對貞
今歲有無大水,第二組卜辭(15c)(15d)兩項選貞茲月還是生月有雨,第三
組卜辭(15e)對貞是否多雨。每組對貞兆序數一、二遞增。

　　　　(16a) 戊子卜,[貞]:今日不雨。茲孚。一
　　　　(16b) 其雨。二

　　　　　　　　　　　　　《合集》38130(《國博》247)[黄組]

這版胛骨對邊骨條部位刻有一組天氣卜辭。這組卜辭對貞是否下雨,兆
序數一、二遞增。

---

① 　蔣玉斌:《釋甲骨金文的"蠢"兼論相關問題》,《復旦學報》2018 年第 5 期,第 118—138 頁。
② 　門藝:《殷墟黃組甲骨刻辭的整理與研究》,綴合第 83 組。

(17a) 壬午卜，貞：今夕延雨。一

(17b) 貞：不延雨。茲孚。二

《合補》11646［黄組］

這版胛骨對邊骨條部位刻有一組天氣卜辭。這組卜辭對貞是否延雨，兆序數一、二遞增。

(18a) 戊午卜，貞：今日㬎。［一］

(18b) 妹㬎。二

(18c) 戊辰卜，貞：今日不雨。一

(18d) 其雨。二

(18e) 辛未卜，貞：今日不雨。茲孚。一

(18f) 其雨。［二］

(18g) 壬午卜，貞：今日不雨。茲孚。一

(18h) 其雨。［二］

《合補》11643［黄組］

這版胛骨對邊骨條部位刻有四組天氣卜辭。第一組(18a)(18b)卜辭對貞今日是否㬎，第二至四組(18c)至(18h)卜辭對貞今天是否下雨，每組對貞卜辭兆序數一、二遞增。

(19a) 惠…　二

(19b) 其一牛。一

(19c) 其二牛。二

(19d) ［其］三牛。［三］

《合集》37285［黄組］

這版胛骨對邊骨條部位刻有一組祭祀卜辭。其中第二組卜辭(19b)至(19d)選貞祭祀所用祭牲牛的數目，選項數與兆序數相同，逐辭遞增。

(20a) 惠□。一

(20b) 惠庚。二

(20c) 惠辛。三

《合集》39417［黃組］

這版胛骨對邊骨條部位刻有一組祭祀卜辭。其中第一組卜辭選貞舉行祭祀的日期，選項數與兆序數相同，逐辭遞增。

(21a) 乙巳卜，在兮：惠丁未纛（敦）衆。一
(21b) 惠丙午纛（敦）衆。二

《合集》35343（《甲編》2572＋）［黃組］

這版胛骨對邊骨條部位刻有一組軍事卜辭。這組卜辭選貞敦衆的日期，選項數與兆序數相同，逐辭遞增。

黃組胛骨關於軍事、天氣的占卜，多用對貞形式。兩條對貞卜辭，一辭一卜，兆序數一、二遞增。關於祭祀、軍事的占卜，有用選貞的形式進行占卜，一辭一卜，兆序數同於選項數，逐辭遞增。

2. 一辭一卜，兆序數爲一

黃組胛骨關於王省、王遊、王步、王田等辭，一辭一卜，整版兆序數爲一。

(22a) 乙未卜，［貞：王］省，往來［亡災］。一
(22b) 丁未卜，貞：王省，往來亡災。一
(22c) □□卜，貞：王［省］，往來亡災。［一］

《合集》36366［黃組］

這版胛骨對邊骨條部位刻有三天的王省卜辭。兆序數皆爲一。

(23a) 丁丑卜，貞：［王］遊，往來亡災。一
(23b) 辛巳卜，貞：王遊，往來亡災。一
(23c) 丁亥卜，貞：王遊，往來亡災。一
(23d) 壬辰卜，貞：王遊，往來亡災。一
(23e) 辛丑卜，貞：王遊，往來亡災。［一］
(23f) …災。

《綴彙》668［黃組］

這版胛骨對邊骨條部位刻有六天的王遊卜辭。兆序數皆爲一。①

  (24a) 戊辰卜，貞：王遊于𥥅，往來亡災。在二月。一

  (24b) 己巳卜，貞：王遊于𥥅，往來亡災。一

  (24c) 甲申卜，貞：王田于潢麓，往來亡災。兹孚。隻犴十
麋三。一

  (24d) 戊寅卜，貞：王遊于𥥅，往來亡災。[一]

  (24e) □□卜，貞：王[遊]于𥥅，[往]來亡災。[一]

《合補》11264[黄組]

這版胛骨對邊骨條部位刻有五天的王遊、王田卜辭。兆序數皆爲一。

  (25a) 丙⋯淮⋯步⋯　[一]

  (25b) 庚寅王卜，在𩰍𩰍，貞：𦏚夢，亡災。一

  (25c) 壬辰王卜，在𩰍，貞：其至于𤔲雚祖甲𩰍，往來亡
災。一

  (25d) 甲午王卜，在𩰍𩰍，貞：今日步于𤔲，亡災。在十月
二。唯十祀肜。一

  (25e) 丁⋯在⋯𩰍⋯今日⋯从⋯往來亡災。在正月。

  (25f) 己亥王卜，在春𩰍，貞：今日步于淶，往來亡災。一

《英藏》2563[黄組]

這版胛骨對邊骨條部位刻有六天王行程的卜辭。兆序數皆爲一。

  (26a) 戊申[王卜，貞：田]□，往來[亡災。王占曰]：吉。兹
孚。[隻]⋯一

  (26b) 辛亥王卜，貞：田榆，往來亡災。王占曰：吉。一

  (26c) 壬子王卜，貞：田寏，往來亡災。一

  (26d) 戊午王卜，貞：田㟋，往來亡災。王占曰：大吉。隻犴

---

① 門藝已經指出從一些殘留有兆序的甲骨片來看，王迍兆序均爲一，參見門藝：《殷墟黄組卜
辭的整理與研究》，第 134 頁。

五。〔麇二〕。一

(26e) □酉王卜，貞：[田]□，往來[亡災。王]占[曰：吉。]

《合集》37462[黃組]

這版胛骨對邊骨條部位刻有五天的田獵卜辭。兆序數皆爲一。

(27a) 乙巳卜，在□，[貞]：王田𥝲，亡…兕廿又…[王]來正人[方]。一

(27b) 丙午卜，在商，貞：今日步于樂，亡災。一

(27c) 己酉卜，在樂，貞：今日王步于喪，亡災。一

(27d) 庚戌卜，在喪，貞：今日王步于黍，亡災。一

(27e) 辛亥卜，在黍，貞：今日王步于蠢，亡災。一

(27f) 甲寅卜，在蠢，貞：今日王步于莫，亡災。一

(27g) 乙[卯]卜，在莫，貞：王田師東，往來亡災。茲孚。隻鹿六犴十。一

(27h) 丙辰卜，在莫，貞：今日王步于𥝲，亡災。一

(27i) 癸…乡日…[王]步…亡災。

《綴彙》687(《中歷藏》1794＋)[黃組]

這版胛骨對邊骨條部位刻有九天的田獵、步卜辭。兆序數皆爲一。

黃組胛骨受年卜辭，兆序數爲一。

(28a) 己巳王卜，貞：[今]歲商受[年]。王占曰：吉。一

(28b) 東土受年。一

(28c) 南土受年。吉。

(28d) 西土受年。吉。[一]

(28e) 北土受年。吉。

《合集》36975[黃組]

這版胛骨對邊骨條部位刻有受年卜辭，兆序數皆爲一。

黃組胛骨“大邑商公宮卒茲月亡㱃”的占卜，兆序數爲一。

（29a）癸巳卜，在黄林𣊏…大邑商公宮卒[兹月亡𡆥。寧]。一

（29b）壬戌卜，貞：在獄，大邑商公宮卒兹月亡𡆥。寧。一

（29c）辛卯卜，貞：在獄，大邑商公宮卒兹月亡𡆥。寧。一

（29d）辛酉卜，貞：在獄，大邑商公宮卒兹月亡𡆥。寧。一

（29e）辛卯卜，貞：在獄，大邑商公宮卒兹月亡𡆥。寧。[一]

（29f）□□卜，貞：在[獄]，大邑商[公]宮卒兹[月]亡𡆥。
寧。[一]

《綴彙》399（《中歷藏》1893）[黄組]

這版胛骨對邊骨條部位刻有"大邑商公宮卒兹月亡𡆥"卜辭，兆序數皆爲一。

黄組胛骨"今夕自亡𡆥"的占卜，兆序數爲一。

（30a）甲[申卜，貞]：今[夕自亡]𡆥，[寧]。一

（30b）乙酉卜，貞：今夕自亡𡆥，寧。一

（30c）丙戌卜，貞：今夕自亡𡆥，寧。一

（30d）丁亥卜，貞：今夕自亡𡆥，寧。一

（30e）戊子卜，貞：今夕自亡𡆥，寧。一

（30f）[己丑]卜，貞：[今夕]自亡[𡆥]，寧。一

《合集》36459[黄組]

這版胛骨對邊骨條部位刻有"今夕自亡𡆥"卜辭，兆序數皆爲一。黄組胛骨這種"今夕師亡憂"的占卜特徵是：干支日相連續，一版之内每辭只卜一次，兆序數皆爲一。[①]

黄組胛骨"干支卜"辭，整版兆序爲一。例如：

（31a）甲戌卜。一

（31b）乙亥卜。一

（31c）丙子卜。一

---

① 門藝指出卜夕一天一辭，是王或軍隊出行在外時的一種非常態的例行占卜，所占卜的情況大概是夜間的安全。門藝：《殷墟黄組卜辭的整理與研究》，第62—63頁。

(31d) 丁丑卜。一

(31e) 戊寅卜。一

(31f) 己卯卜。一

《合補》13086［黄組］

這版胛骨對邊骨條部位刻有"干支卜"辭，兆序數皆爲一。

(32a) 乙□［卜］。一

(32b) 丙戌卜。一

(32c) 丁亥卜。一

(32d) ［戊］子卜。［一］

《合補》13108［黄組］

這版胛骨對邊骨條部位刻有"干支卜"辭，兆序數皆爲一。

　　黄組胛骨這種"干支卜"辭的占卜特徵是：干支日相連續，一版之內每辭只卜一次，兆序數爲一。這與黄組胛骨上的"今夕自亡𢦏"辭占卜形式相同，應該是"卜夕"辭的簡辭。這種"干支卜"是前辭，很可能是"干支卜，貞：今夕自亡𢦏，寧"的前辭性簡辭。[①]

（二）成套占卜

黄組胛骨上的卜旬辭用三版一套的形式進行占卜。

　　(33a) 癸卯王卜，貞：旬亡𢦏。在二月。王占曰：大吉。甲辰祭祖甲𨤲陽甲。一

　　(33b) 癸丑王卜，貞：旬亡𢦏。在二月。王占曰：大吉。甲寅壹祖甲。一

　　(33c) 癸亥王卜，貞：旬亡𢦏。在三月。王占曰：大吉。甲子𨤲祖甲。一

　　(33d) 癸酉王卜，貞：旬亡𢦏。在三月。王占曰：大吉。一

---

① 門藝意識到"干支卜"簡辭可能與卜夕有關。"干支卜的日期是一天緊挨着一天的，有可能是卜夕之類，也有可能是其他。"門藝：《殷墟黄組甲骨刻辭的整理與研究》，第185頁。

（33e）癸未王卜，貞：旬亡𡆥。在三月。王占曰：大吉。甲
申彡上甲。一

《合補》11038［黃組］

這版胛骨對邊骨條部位刻有二月至三月癸未連續五旬的卜旬辭，辭末附
有㚸、壹、彡等周祭記錄，是成套卜旬辭的第一版。

（34a）癸酉［王卜，在］望，［貞：旬亡］𡆥。一
（34b）癸未王卜，在潡𬝫，貞：旬亡𡆥。王占曰：吉。在十
月，唯王遊西。一

《合集》36756［黃組］

這版胛骨對邊骨條部位刻有連續兩旬的卜旬辭，辭末附有隨行記錄，是成
套卜旬辭的第一版。

（35a）…王…
（35b）癸巳卜，在上𪊨，貞：王旬亡𡆥。在九月。一
（35c）癸卯卜，在上𪊨，貞：王旬亡𡆥。在十月。一
（35d）癸丑卜，在上𪊨，貞：王旬亡𡆥。在十月。一
（35e）癸亥卜，在上𪊨，貞：王旬亡𡆥。在十月。一
（35f）癸酉卜，在上𪊨，貞：王旬亡𡆥。在十月一。一
（35g）癸未卜，在上𪊨，貞：王旬亡𡆥。在十月又一。一
（35h）癸巳卜，在上𪊨，貞：王旬亡𡆥。在十月又一。一

《合集》36846［黃組］

這版胛骨對邊骨條部位刻有九月癸未到十一月癸巳連續八旬的卜旬辭，
前辭記有占卜地點，是成套卜旬辭的第一版。

（36a）癸卯卜，［貞：王］旬亡［𡆥］。在…　一
（36b）癸丑卜，貞：王旬亡𡆥。一
（36c）癸亥卜，貞：王旬亡𡆥。一
（36d）癸酉卜，貞：王旬亡𡆥。一

(36e) 癸未卜，貞：王旬亡畎。一

《合集》39155[黃組]

這版胛骨對邊骨條部位刻有癸卯至癸未連續五旬的卜旬辭，是成套卜旬辭的第一版。

(37a) 癸丑王卜，貞：旬亡畎。在上䰜。二

(37b) 癸亥王卜，貞：旬亡畎。在上䰜。二

(37c) 癸酉王卜，貞：旬亡畎。在上䰜。二

(37d) 癸未王卜，貞：旬亡畎。在上䰜。二

(37e) 癸巳王卜，貞：[旬]亡畎。[在]上䰜。二

《合補》11256[黃組]

這版胛骨對邊骨條部位刻有癸丑至癸巳連續五旬的卜旬辭，辭末附有占卜地點，是成套卜旬辭的第二版。

(38a) 癸卯[王卜]，貞：旬亡[畎]。二

(38b) 癸丑王卜，貞：旬亡畎。二

(38c) 癸亥王卜，貞：旬亡畎。二

(38d) 癸酉王卜，貞：旬亡畎。二

(38e) 癸未王卜，貞：旬亡畎。二

(38f) 癸巳王卜，貞：旬亡畎。二

《合集》39145[黃組]

這版胛骨對邊骨條部位刻有癸卯至癸巳連續六旬的卜旬辭，是成套卜旬辭的第二版。

(39a) 癸巳王卜，貞：旬亡畎。王[占曰：引吉]。在齊𫑡。唯王來正人方。三

(39b) 癸卯王卜，貞：旬亡畎。三

(39c) 癸丑王卜，貞：旬亡畎。三

(39d) 癸亥王卜，貞：旬亡畎。[三]

(39e) 癸酉王卜，貞：旬亡畎。三

(39f) 癸未王卜，[貞]：旬亡畎。[王占曰：吉]。三

《綴彙》662[黃組]

這版胛骨對邊骨條部位刻有癸巳至癸未連續六旬的卜旬辭，辭末附商王正人方途中的占卜地點，爲成套卜旬辭的第三版。

(40a) 癸亥王卜，貞：旬亡畎。王占曰：引吉。在矗陳。三

(40b) 癸酉王卜，貞：旬亡畎。王占曰：引吉。在雇陳。三

(40c) 癸未王卜，貞：旬亡畎。王占曰：吉。三

(40d) 癸巳王卜，貞：旬亡畎。三

(40e) 癸卯王卜，貞：旬亡畎。三

(40f) 癸丑王卜，貞：旬亡畎。三

《英藏》2538[黃組]

這版胛骨對邊骨條部位刻有癸亥至癸丑連續六旬的卜旬辭，辭末附有行軍途中的占卜地點，是成套卜旬辭的第三版。

黃組胛骨"癸某王卜，貞：旬亡憂"通常出現在骨臼在右的胛骨上，"癸某卜，(某，)貞：王旬亡憂"通常出現在骨臼在左的胛骨上。①

(41) 癸丑王卜貞：酒翌日自上甲至于多毓(戚)，卒亡徣自
　　畎。王占曰：引吉。在十月。唯王九祀。一　《拾遺》459[黃組]

這版胛骨對邊骨條下部刻有一條祭祀卜辭，占卜酒翌祭上甲至多戚，兆序數爲一。

(42) 癸巳王卜貞：其酒彤日自[上甲至]于多毓(戚)，亡徣
　　自畎。在四[月。唯]王四祀。三　　　　　《契合》332[黃組]

這版胛骨對邊骨條下部刻有一條祭祀卜辭，占卜酒彤祭上甲至多戚，兆序

----

① 　王親卜旬均用骨，且均爲右胛骨，而非王親卜的或用龜腹甲，或用骨，用骨則用左胛骨。門藝：《殷墟黃組卜辭的整理與研究》，第47頁。趙鵬：《黃組胛骨鑽鑿布局、兆序排列及相關問題》，《南方文物》2019年第3期，第139—149頁。

數爲三。

（43）癸亥王卜，貞：今卣巫九备，其酒肜日自上甲至于多毓
（戚），卒亡䰜在㕎。在十月又二。王占曰：大吉。唯王二祀。三

　　　　　　　　　　　　　　　　　《綴彙》665［黃組］

這版胛骨對邊骨條下部刻有一條祭祀卜辭，占卜酒肜祭上甲至多戚，兆序
數爲三。

　　黃組胛骨很少用於占卜祭祀。以上這三版胛骨，每版只有一條卜辭。
《拾遺》459可以確定反面對邊骨條中下部只有一個鑽鑿。其餘兩版即使
沒有反面信息，也可以確定是按《拾遺》459的鑽鑿布局來進行占卜的。
《拾遺》459兆序數爲一，其餘兩條卜辭兆序數爲三，很可能是用三版一套
的形式進行占卜。黃組胛骨上這種鑽鑿布局的祭祀類占卜，很可能是臨
時找來一版胛骨現施加鑽鑿，現進行占卜，具有臨時性。

　　黃組胛骨的占卜形式有只卜一次和三版一套。關於軍事、天氣的占
卜，多用對貞的形式進行占卜，一辭一卜，兆序數一、二遞增。關於祭祀、
軍事的占卜，有用選貞的形式進行占卜，一辭一卜，兆序數同於選項數，逐
辭遞增。王省、王游、王步、王田、受年、大邑商公宮卒兹月亡㕎、今夕自亡
㕎、干支卜辭，一辭一卜，整版兆序數爲一。黃組胛骨上的"干支卜"辭很
可能是"干支卜，貞：今夕自亡㕎，寧"的前辭性簡辭。這種占卜形式體現
了商後期占卜規則。卜旬辭基本用三版一套的形式進行占卜。還有少數
一版胛骨施加一個鑽鑿，用三版一套的形式進行占卜的祭祀類卜辭。

　　綜上，黃組胛骨反面以只沿對邊一列鑽鑿布局爲主，也有一些沿對邊
一列臼邊半列鑽鑿布局。黃組使用胛骨進行占卜的三版一套卜旬辭基本
在只沿對邊一列的鑽鑿布局上進行，沿對邊一列臼邊半列鑽鑿布局的胛
骨多用於占卜王遊、王步等出行類占卜。

　　黃組胛骨上的卜辭基本沿對邊與臼邊布局。記事刻辭及習刻辭刻寫
在不用於占卜的部位。

　　黃組胛骨的占卜形式有只卜一次和三版一套。

附表

黃組胛骨鑽鑿布局表

材料	對邊	臼邊	號　碼
反面	1 個	0	拾遺 459 *
		0	B12690、B12916、35343（甲 2572 ＋ 甲 2691）、35641（歷 1821）、38025、39405、41852（不列顛 1590）、Y2548、Y2569、Y2570、Y2571、Y2576、國博 262、契合 158、契合 328、契合 332、歷 1797
		半列	殷德昭（35412 ＋ 38260）、36429、36434、36446、36475（旅 2071）、36959＋ Y2536 ＋ 36896、37434、37795、39195、Y2563、Y2591、綴彙 266
	一列	因殘斷或缺反面信息不明	B10943、B10945、B10958、B10963、B10964、B10970、B10976、B10987、B10999、B11067、B11121、B11228、B11232、B11239、B11245、B11256、B11257、B11263、B11308、B11315、B11326、B11468、B11473、B11495、B11497、B11508、B11571、B11594、B11595、B11606、B11613、B11621、B11622、B11637、B11646、B12675、B12689、B12686、B12687、B12711、B12717、B12719、張宇衛（B12720＋上博 2426・682）、B12722、B12726、B12729、B12742、B12752、B12761、B12772、B12786、B12794、B12799、B12804、B12811、B12812、B12820、B12827、B12828、B12829、B12849、B12887、B12921、B12922、B12924、B12927、B12929、B12954、B12981、B12994、B13079、B13085、B13086、B13097、B13108、B13112、B13113、B13427、B13428、B13432、B13435、B13446、B13448、27746、8359＋36417、35345、35344、35346、31798、35347、D941、35354、35399、35402、35414、殷德昭（35418 ＋ 36928 ＋ B11039）、35426、35523、35525、35528、35530、35574、35576、35581、35589、35644、35646、35648、殷德昭（35652＋B11897）、殷德昭（35655 ＋ 35704）、35656、35657、35662、35695、35696、35706、35742、35748、35749、35757、綴興 52（35759 ＋ 37961）、35885、35886、35891、36123、36124、36125、36126、36169、36183、蔣玉斌（36174 ＋ 36178 ＋ 37142）、36194、36315、36317、36346、36350、36352、36361、36363、36366、36376、36377、36378、36380、36387、36397、36398、36400、36407、36414＋36721、36424、36425、36426、36427、36428、殷德昭（36430＋40895＋輯佚 684）、36431、蔡哲茂（36432＋輯佚 700）、36435、蔣玉斌（36436＋36447＋B2208）、蔡哲茂（36437＋輯佚 734）、36512、36396、36403、36441、36442、36444、36445、36456、綴興 109（36457＋36474＋36818＋36460＋B12282）、

材料	對邊	臼邊	號　碼
反面	一列	因殘斷或缺反面信息不明	36458、36459、36461、36478、36480、36482、36483、36484、36487、36489、36493、36496、36498、36505、36507、36509、36511、36513、36515、36516、36517＋36927、36518、36522、36525、36528、36529、36530、36536、36537、36552、孫亞冰（36555＋B11115＋36830＋前2.9.6）、36561、36592、36593、36594、36595、36596、36597、36598、36603、殷德昭（36609＋Y2622）、36610、36611、36614、36621、36630＋36938、36631、36633、36634、36640、36641、36642、36643、36644、36647、36649、36651、36653、36655、36656、36657、36658、36659、36662、36663、36664、36666、36667、36671、36672、36674、36676、36677、36680、36681、36682、36683、36685＋旅1958、36686、36687、綴興123（36639＋36701）、36698、36699、36703、36733、36734、36743、36751、36756、綴興87（36757＋36782＋輯佚附錄67）、36758、36760、殷德昭（36774＋36779＋36895）、36783、36784、36785、36794、36795、36805、36813＋燕109、36819、36820＋36917、36821、36823、36824、36846、36851、36853、36872、36901、36902、36903、36910、36909、36911、36923、36940、36945、36946、36974、36975、36976、36977、36986、蔣玉斌（36988＋36985＋37467）、36992、37139、37285、37364、37376、37379、37380、37385、37393、37408、37411、綴興99（37416＋37499＋巴黎25）、37419、37421、37422、37426、37460、37461、37462、37464、37471、37472、蔡哲茂（37474＋37767＋輯佚729）、37476、37481、37485、37486、37489、37490、37494、37495、37497、37498、綴興136（37500＋37724）、37501、綴興75（37502＋Y2539）、37511、37514、37520、37531、37577、37579、37581、37590、37594、37598、蔡哲茂（37600＋存補3・27・1）、37606、37619、37620、37621、37623、37624、37626、37640、37645、37646、37647、37649、37651、37655、37660、37662、37664、37667、37678、37707、37710、37712、37714、37722、37728、37729、37742、37745、37746、37751、37752、37753、37758、37777、37785、37786、37788、37801、37804、37807、37808、37836、37839、37843、37844、37845、37849、37850、37852、37854、37856、37861、37863、37865、37868、37873、37876、37879、37881、綴興103（37883＋京津5510）、37886、37887、37888、37889、37890、綴興37（37892＋37907＋39330）、37894、37896、37897、殷德昭（37900＋B11225）、37901、37902、37905、37909、37910、37911、37912、37915、37916、37920、37924、37925、綴興91（37928＋B12715）、37930、綴興96（37933＋39278）、37935、37936、37943、綴興67（37944＋上博64962）、37945、37946、37947、37948、拼四918（37950＋B12355＋B12699＋B13034）、37951、37952、37954、37955、37956、37957、37959、37962、37966、37968＋39127、37971、

材料	對邊	臼邊	號　　碼
反面	一列	因殘斷或缺反面信息不明	37972、37975、37978、37980、37981、37983、37986、37987、37990、37992、37996、38005＋38023、38006、38009、38012、38013、38015、38016、38017、38018、38020、38022、38024、蔡哲茂（38026＋B11576）、38029、38034、38036、38047、38049、38051、蔡哲茂（38055＋B11524）、蔡哲茂（38061＋掇三 142）、蔡哲茂（38062＋前 3・11・6＋蘇德美日 412）、38070、38107、林宏明 526（38108＋旅 2203）、38109、38111、38114、38118、38119、林宏明 593（38120＋38136）、38126、38128、38130、蔡哲茂（38132＋輯佚附錄 78）、38133、38134、38135、38137、38140、38141、38146、38149、38160、38165、38166、38172、38178、38179、38186、38189、38191、38193、38194、38197、38200、38212、38215、38243、綴興 50（38246＋輯佚 943）、38276、38280、38289、殷德昭（38302＋B10952＋B12606）、38305、38727、38729、38731＋37860、38765、38946、38947、綴興 53（38948＋上博 2426・1435）、綴興 171（38954＋笏二 1034）、38957、38970、38976、38979、38980、38981、38982、38983、38984、38985、38986、38988、綴興 115（38989＋簠雜 8）、38991、38992、38993、38995、38996、38997、38998、38999、39000、39001、39003、39004、39006、39007、39008、39073、39075、39076、39077、林宏明 598（39079＋山本竟山 41）、39080、39081、39082、39084、39085、綴興 47（39087＋京人 2899）、39088、39089、39090、39092、39093、39098、39100、39102、39105、39106、39107、39108、39109、39110、39113、39114、39115、39117、39118、39119、39120、39121、39122、39124、39126、39128、39129、39130、39131、39145、39146、39148、39150、39151、39152、39153、39155、綴興 68（39157＋B12939）、39159、39162、39165、39166、39167、39168、39170、39196、綴興 154（39198＋旅 2123＋B12890）、39200、綴興 150（39201＋B12857）、39202、39203、39207、39208、39209、39210、39212、綴興 94（39214＋上博 2426・680）、39219、39220、39224、39225、39226、39228、39229、39234、39235、39236、39239、39242、39244、39245、39246、39247、39248、39249、39252、39253、39254、39256、39258、39261、39264、39266、39267、39269、39272、39273、39274、39275、39276、39277、39279、39280、39281、39282、39283、39284、39292、39295、39296、39297、39298、39300、39301、39302、39306、綴興 66（39307＋北珍 1321）、39308、39309、39310、趙鵬（39311＋39074）、39312、39313、39314、39315、39316、39318、39319、39320、39322、39323、39324、39333、39334、39340、39342、39343、39344、39345、39346、39347、39348、39350、39355、39356、39357、39358、39359、39360、39361、綴興 108（39363＋39384＋B12572）、39364、39366、39377、39378、39379、39382、林宏明（39383＋旅 2132）、39386、

材料	對邊	日邊	號　　碼
反面	一列	因殘斷或缺反面信息不明	39387、39388、39389、39390、39391、39392、39393、39397、39398、39399、39402、39403、39406、39408、39411、39412、39415、39416、39417、39438、39455、39465、39466、41703、41749、41774、41842、41848、41853、41858、41921、41922、41924、41930、41935、41940、41945、41956、Y2504、Y2507、Y2510、Y2523、Y2538、Y2519、Y2522、Y2524、Y2532、Y2533、Y2540、Y2543、Y2544、Y2545、Y2546、Y2551、Y2552、Y2555、Y2565、Y2557、Y2558、Y2560、Y2566、Y2567、Y2573、Y2576、Y2581、Y2589、Y2591、Y2592、Y2613、Y2623、Y2628、Y2631＋B12597、Y2634、Y2635、Y2636、Y2637、Y2638、Y2639、Y2640、Y2641、Y2642、Y2643、林宏明721（Y2646＋笏二1250）、Y2647、Y2648、Y2649、Y2651、Y2654、Y2655、Y2656、Y2659、Y2662、綴興129（Y2663＋虛370）、Y2664、Y2665、Y補59、安散44、北珍714、北珍1315、北珍1317、北珍1325、北珍1335、北珍1336、北珍1342、北珍1343、北珍1344、北珍1355、北珍1357、北珍1373、北珍1853、北珍1876、北珍1879、北珍1885、洹寶12、輯佚677、輯佚689、輯佚691、輯佚698、輯佚699、輯佚953、歷1781、歷1810、歷1846、歷1906、旅2126、旅2194、旅2199、上博2426·1531、史購271、史購272、史購273、史購274、拼集63（37448＋B11323）、拼續339（35493＋35586）、拼續341（37875＋37922＋37929＋B12871）、拼續342（39101＋39147）、拼續346（36638＋39367）、拼續349（39396＋Y2629）、契合132（36620＋37926）、契合134（38975＋39237）、契合135（39096＋39260）、契合136（39227＋39293）、契合137（39204＋39305）、契合138（39271＋B12882）、契合139（39354＋39381＋39372）、契合140（39353＋39380）、契合141（39375＋39407）、契合143（36454＋B12534）、契合144（35663＋B11472）、契合147（39099＋39321＋39291）、契合148（39072＋B12791＋明續2740）、契合149（39371＋39373＋存1·2646）、契合150（Y2652＋B13004）、契合151（B12703＋輯佚686＋北珍1383）、契合156（36455＋國博258）、契合157（36787＋39259＋39097）、契合159（38977＋明續2754）、契合160（B12838＋北珍1348＋北珍1351）、契合161（35897＋京人2924）、契合162（39005＋北珍1371）、契合164（39158＋B12659）、契合167（39251＋存補6·399·2）、契合168（39163＋天理618）、契合187（Y2528＋41748）、契合192（39215＋Y2537）、契合211（39218＋東文研B0928）、契合225（37917＋39331＋B13088）、契合262（B12899＋珠239）、契合269（B12733＋Y2624＋北圖1606）、契合304（36450＋B12434）、契合305（35541＋36894＋上博2426·1373）、契合318（36941＋輯佚681＋36960）、契合322（B12769＋北珍1352）、契合327（37496＋

材料	對邊	臼邊	號　碼
反面	一列	因殘斷或缺反面信息不明	37776＋37661＋史購 279）、契合 330（39341＋39404＋北珍 1393）、契合 333（36767＋37718＋續存上 2384）、契合 346（37995＋B6895＋38010）、上博 34502・3、上博 48709・1、殷文 13・7、綴彙 23（35699＋35887＋38306）、綴彙 25（35424＋35534）、綴彙 68（35661＋35705＋39178）、綴彙 76（35422＋37846）、綴彙 80（37851＋37864）、綴彙 134（37942＋中島 B52 正）、綴彙 263（36347＋36355）、綴彙 271（36968＋Y2564）、綴彙 277（B12712＋B11471）、綴彙 285（35423＋Y2505）、綴彙 293（B11652＋36739）、綴彙 300（37364 上半＋37365）、綴彙 322（37605＋B11290）、綴彙 334（36394＋Y2559）、綴彙 386（37999＋B11588＋前 3・7・4）、綴彙 399（36541＋36544＋36547＋Y2529）、綴彙 423（B11542＋B11619）、綴彙 423（B11542＋B11619）、綴彙 458（37965＋39255）、綴彙 477（38001＋38058）、綴彙 590（39156＋39317）、綴彙 610（35577＋35582）、綴彙 657（37997＋B11517＋B11610＋38011＋Y2586）、綴彙 658（38004＋38035＋B11592＋B11601＋B11575）、綴彙 662（36488＋36803）、綴彙 663（39365＋39394＋輯佚 692）、綴彙 664（36497＋36499＋36502）、綴彙 665（35432＋37835）、綴彙 666（39125＋39250）、綴彙 668（36395＋B11107）、綴彙 670（38978＋39154）、綴彙 671（36684＋36700＋36652）、綴彙 672（39400＋39401）、綴彙 674（39078＋39211）、綴彙 677（36675＋36694）、綴彙 678（36632＋36759）、綴彙 679（36648＋37463）、綴彙 680（36885＋37885）、綴彙 682（Y2588＋Y2593）、綴彙 684（38987＋39187）、綴彙 685（37428＋37784）、綴彙 687（36501＋36752＋37410＋36772）、綴彙 690（39002＋39221）、綴彙 691（37979＋39199）、綴彙 692（38953＋39112＋38959）、綴彙 693（39216＋39270）、綴彙 694（39337＋39395）、綴彙 695（39217＋39268）、綴彙 696（B11000＋B11043）、綴彙 697（39222＋39265）、綴彙 698（39104＋39133）、綴彙 699（37789＋37798）、綴彙 702（36654＋36724）、綴彙 704（39111＋39223）、綴彙 706（37378＋37725）、綴彙 707（36372＋36381）、綴彙 708（38228＋35395）、綴彙 709（37599＋37747）、綴彙 721（37654＋37659）、綴彙 724（39351＋39376）、綴彙 750（36673＋36834）、綴彙 751（38990＋39292）、綴彙 752（37459＋37833）、綴彙 753（B12917＋B11032）、綴彙 890（36464＋41747＋36462＋36463）、綴彙 893（B11309＋36969＋36492）、綴集 5（Y2512＋2513）、綴集 45（36645＋37452）、綴集 61（35585＋35649＋35700）、綴集 146（36399＋36944）、綴集 147（36646＋37492）、綴集 243、綴集 254（41946＋Y2630＋Y2632）、綴集 256（36542＋36543）、綴集 308（36556＋36914）、綴集 351（38950＋39197）、拼續 340（37932＋B12848）、拼續 347（36406＋

材料	對邊	臼邊	號　　碼
反面	一列	因殘斷或缺反面信息不明	36678)、綴續 368(38019＋B11620)、綴續 373(37362＋37455)、綴續 374(38044＋虛 2333)、綴續 375(37998＋38002)、綴續 377(37363＋37572)、綴續 389(B11001＋B11293)、綴續 392(39160＋B12826)、綴續 403(37595＋B13055)、綴續 406(39241＋存 1・2476)、綴續 414(37988＋北珍 1872)、綴續 415(39304＋人 B2895)、綴續 419(B11490＋B11550＋B11626)、綴續 425(37400＋37575)、綴續 427(39086＋京 5513)、綴續 429(38027＋B3386)、綴續 432(38116＋38147)、綴續 438(39231＋39303)、綴續 441(39169＋山本 12)、綴續 454(36679＋東文庫 551)、綴續 461(39263＋北大 1・11・1)、綴續 491(39233＋39299)、綴續 498(36692＋36740)、綴續 503(38127＋京 4989)、綴續 519(38148＋B11651)、綴續 522(39083＋B12723)、綴續 523(38038＋京 5630)、綴續 526(38000＋38008)、綴續 529(37918＋存補 6・399・1)、綴續 534(36439＋史購 289(p・2・0025))、綴續 538(36788＋36807)、綴續 539(38021＋人 B2965)
正面	骨扇	整齊	38082

黃組胛骨鑽鑿布局材料表

材　　料	號　　碼
胛骨反面	B12690、B12916、35343(甲 2572＋甲 2691)、殷德昭(35412＋38260)、35641(歷 1821)、36429、36434、36446、36959＋Y2536＋36896、37434、37795、38025、39195、39405、Y2548、Y2563、Y2569、Y2570、Y2571、Y2576、Y2591、契合 328(Y2578 正＋B11631＋蘇德美日 415＋史購 296＋俄藏 196)
骨扇下部	38082

第八節　村北系胛骨鑽鑿布局與占卜形式小結

一、村北系胛骨鑽鑿布局的演進

村北系胛骨反面鑽鑿布局的發展演進以賓出類爲界分爲前後兩個時期。

（一）村北系前期

村北系胛骨鑽鑿布局，師賓間類、賓組一類、典賓類爲前期，其核心特徵爲骨首骨頸部位獨立布局。

骨首骨頸部位，師賓間類有三列、兩列、一列＋和單個四種類型，以三列圓鑽包攝長鑿爲主要布局類型。賓組一類和典賓類有三列、兩列和單個三種鑽鑿布局，以單個鑽鑿和兩列鑽鑿爲主要布局類型。

骨首骨頸部位兩列或三列布局時，頸扇交界部位鑽鑿較爲密集，一般與骨頸部位鑽鑿渾爲一體。典賓類最爲密集。骨首骨頸部位單個鑽鑿時，頸扇交界部位沒有或有極稀疏鑽鑿。

1. 三列鑽鑿布局

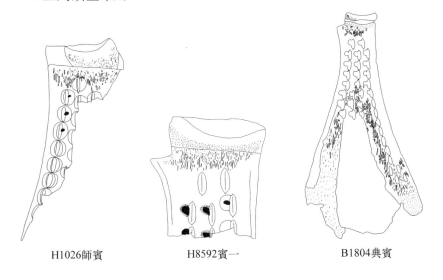

H1026師賓　　　　　H8592賓一　　　　　B1804典賓

2. 兩列鑽鑿布局

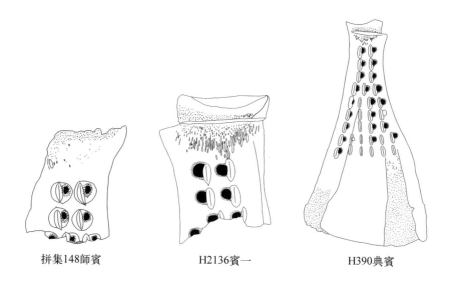

拼集148師賓　　　　H2136賓一　　　　H390典賓

3. 單個鑽鑿布局

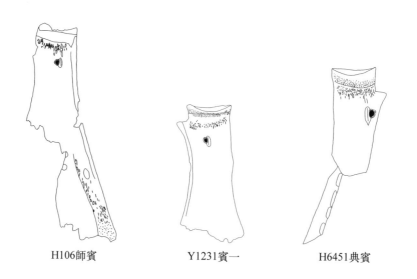

H106師賓　　　　Y1231賓一　　　　H6451典賓

4. 頸扇交界部位鑽鑿較密集

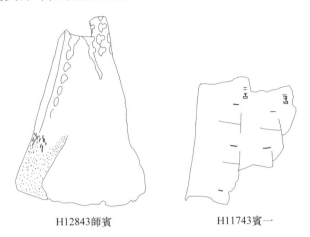

H12843師賓　　　　　　　H11743賓一

師賓間類、賓組一類、典賓類在胛骨鑽鑿布局方面有着明顯的繼承與發展的關係，屬同一個占卜思路或占卜體系。

（二）前後期的過渡階段

賓出類爲前後期鑽鑿布局的過渡階段。既有少數骨首骨頸部位的單個鑽鑿布局，也有骨首骨頸部位兩列（更可能是沿對邊一列曰邊半列）的鑽鑿布局。頸扇交界部位鑽鑿只有稀疏的幾個。

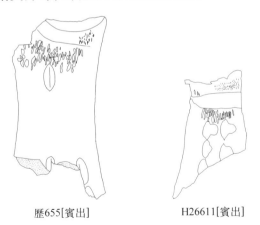

歷655[賓出]　　　　　　　H26611[賓出]

村北系前期及過渡期，鑽鑿可能是在甲骨整治後即施加完成。

（三）村北系後期

村北系胛骨鑽鑿布局，出組二類、何組、黃組爲後期，其核心特徵爲沿骨邊布局。

　　出組二類、何組、黃組胛骨反面主要有沿對邊一列臼邊半列與只沿對邊一列兩種鑽鑿布局。對邊部位一般有 8 個左右鑽鑿，臼邊部位一般有 3 個左右鑽鑿，其下有時綴有一行 2 個鑽鑿。這種鑽鑿布局也可以看作是沿臼邊一列 4 個，頸扇交界部位 1 個鑽鑿。出組二類、何組以沿對邊一列、臼邊半列爲主要鑽鑿布局類型，黃組以只沿對邊一列爲主要鑽鑿布局類型。黃組胛骨上只沿對邊一列鑽鑿布局，最上一個鑽鑿一般在骨頸中部或稍偏下位置。

　　1. 沿對邊一列、臼邊半列

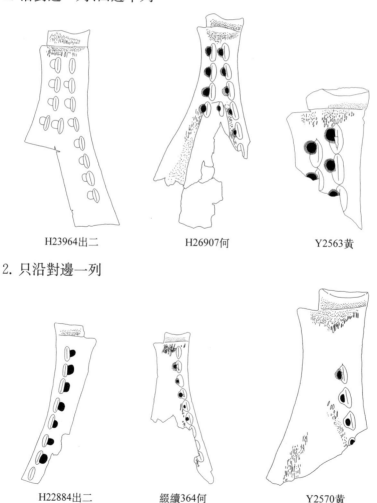

H23964出二　　　　　　H26907何　　　　　　Y2563黃

　　2. 只沿對邊一列

H22884出二　　　　　　綴續364何　　　　　　Y2570黃

出組二類、何組、黃組在胛骨鑽鑿布局方面有着明顯的繼承與發展的關係。

村北系後期，胛骨沿對邊一列白邊半列或只沿對邊一列鑽鑿布局，基本是在胛骨交付到占卜機構整治後即按既定布局施加完成。有個別對邊只有一個鑽鑿的，不排除是有了占卜事件，確定了占卜次數，臨時施加鑽鑿。

村北系胛骨反面鑽鑿布局，前期的師賓——賓一——典賓發展脈絡很清晰。賓出類承典賓而起出組二類。後期出二——何組——黃組發展脈絡也很清晰。

二、師組、屮類與師歷間類、師賓間類胛骨鑽鑿布局比較

(一) 師組、屮類與師歷間類胛骨鑽鑿布局比較

1. 骨首骨頸部位單個鑽鑿

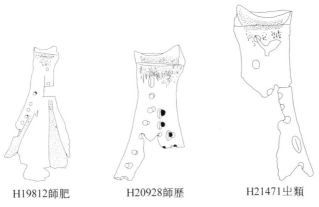

H19812師肥　　　H20928師歷　　　H21471屮類

2. 骨首骨頸部位兩列鑽鑿布局

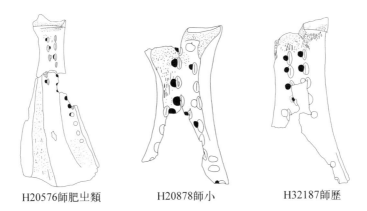

H20576師肥屮類　　　H20878師小　　　H32187師歷

3. 複合布局區

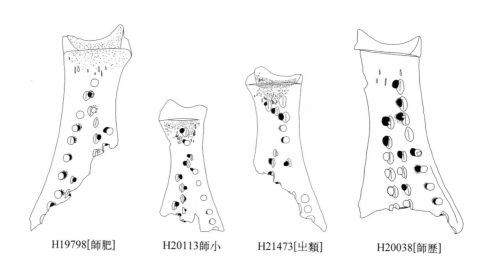

H19798[師肥]　　　H20113師小　　　H21473[屮類]　　　H20038[師歷]

4. 對邊骨條部位一列小圓鑽（見上圖《合集》20576）

師組、屮類與師歷間類胛骨頸扇交界部位單個、兩列以及複合鑽鑿布局類型與風格類似。對邊骨條處有一列小圓鑽也比較類似。二者的鑽鑿布局有着較高的一致性，關係應該較爲密切，屬同一個占卜思路或占卜體系。

（二）師組與師賓間類胛骨鑽鑿布局比較

1. 三列鑽鑿布局

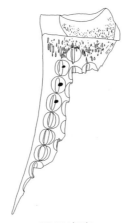

H1026師賓

2. 兩列鑽鑿布局

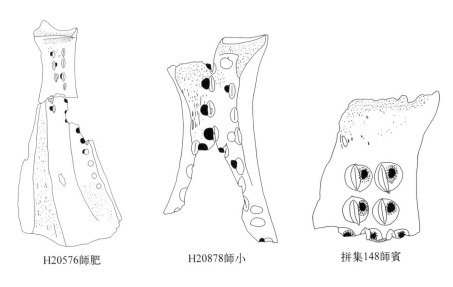

H20576師肥　　　H20878師小　　　拼集148師賓

3. 單個鑽鑿布局

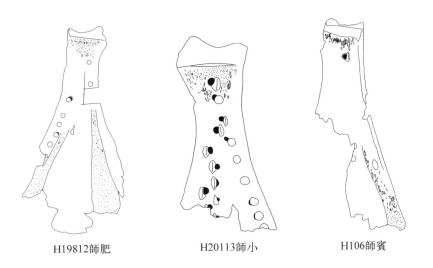

H19812師肥　　　H20113師小　　　H106師賓

　　師組胛骨骨首骨頸部位基本爲單個或兩列鑽鑿布局，師賓間類以三列圓鑽包含長鑿爲主要鑽鑿布局。師賓間類胛骨兩列鑽鑿布局比師組更密集有序，單個鑽鑿布局比師組更簡明。兩組胛骨的鑽鑿布局風格差異比較大。

　　從鑽鑿布局來看,村中南系的歷組與師組的關係更近,呈現出明顯的繼承與發展的關係。村北系的師賓間類與師組多呈現突變的狀態。由此推定,在占卜機構中,最起碼那些負責設定鑽鑿布局的人:村中南一系的師歷、歷、無名是直接從師組承繼而來;村北一系從師賓間類開始,或者是由師組以外一些人設定,或者由師組中的一些設定者大膽革新,另外設定的。因此,不排除村北系的師賓間類是武丁中期以後,由於政治、神權、王權的發展,商王武丁對占卜進行革新,或者將原有機構一分爲二,分立出村北系,並在村北系進行較大革新;或者是在村北另外建立一支新的占卜機構。這支占卜機構在貞人構成、刻手刻寫字體、占辭、文例、單個鑽鑿形態以及鑽鑿布局等方面都進行了較大的革新,並發展綿延成村北占卜系統。當然,這種占卜機構的分立,不影響各組卜辭的同時共存或先後接續關係。或者説,村中南系屬於傳統的神權體系,村北系是武丁在王權穩固後建立的、更便於王自己掌控的王權與神權相結合的占卜集團。

　　村中南系歷組一類、村北系賓出類開始出現沿對邊一列臼邊半列的鑽鑿布局。從甲骨分期來看,村南系較早出現沿對邊一列臼邊半列的鑽鑿布局,或者説,在鑽鑿布局的發展方面,是村南系影響了村北系。

三、村北系胛骨卜辭布局的演進

　　村北系師賓間類、賓組一類、典賓類、賓出類胛骨正面骨扇部位刻有豎行向下的完整卜辭。師賓間類、賓組一類在頸扇交界部位有與之對應的指示辭,典賓類在對邊骨條部位以及正面或反面的頸扇交界部位有與之對應的指示辭。這些指示辭指示出該條卜辭占卜所使用的卜兆。邊面對應、頸扇對應的胛骨因骨扇部位要刻寫完整卜辭,一般不再施加鑽鑿。

　　賓出類胛骨卜辭布局,既有對骨首的獨立使用,頸扇對應、邊面對應等前期卜辭布局特徵,又有沿對邊、臼邊依次排列的後期布局趨勢。

　　出組二類、何組、黃組胛骨上的卜辭基本沿對邊與臼邊布局。占卜時一般先沿對邊自下而上,出組二類沿臼邊自上而下或自下而上皆可見,何組、黃組基本沿臼邊自下而上。頸扇交界部位對邊與臼邊之間的鑽鑿一般在臼邊最下一個鑽鑿之前使用。

出組二類偶有對貞或選貞的一組卜辭,首辭的内容比較詳細,字數較多,骨條部位的刻寫空間不足,會在兆幹内側刻寫,向骨臼方向豎行。這種布局應該是受到歷組二類胛骨卜辭布局的影響。少數骨首部位刻寫卜辭,是受賓組卜辭布局的影響。

出組二類、何組、黄組胛骨正面骨扇下部偶爾施加鑽鑿,其反面的卜兆周圍逆骨臼方向刻寫該卜兆的完整卜辭。出組二類胛骨骨扇部位有截鋸棄用現象。何組胛骨正面骨扇部位多用於習刻。黄組胛骨正面或反面近臼邊及骨扇部位一般用於刻寫干支表或其他記事刻辭,即甲骨上的記事刻辭及習刻辭刻寫在不用於占卜的部位。

四、村北系胛骨占卜形式的演進

村北系占卜形式以賓出類爲界分爲前後兩個時期。

(一) 村北系前期

村北系前期包括師賓間類、賓組一類、典賓類,通常用一辭多卜及異版成套的形式占卜。骨首骨頸部位單個鑽鑿時,基本用異版成套的形式進行占卜。骨首骨頸部位兩列和三列鑽鑿時,可以用異版成套,也可以用一辭多卜的形式進行占卜。用一辭多卜占卜時,鑽鑿可以按行或按列使用。按行使用時,可見使用一行到四行不等,呈現出的占卜次數與鑽鑿布局及使用鑽鑿的行數有關。按列使用時,一般使用一列中相連續的幾個鑽鑿。

(二) 前後期的過渡階段

前後期的過渡階段爲賓出類,其占卜祭祀、軍事、農事、徵集、疾病、卜旬等多用三版一套的形式進行占卜。卜夕辭很可能是一辭一卜。

(三) 村北系後期

村北系後期包括出組二類、何組、黄組,基本用一辭一卜和三版一套的形式占卜。同一天就同一事件不同環節焦點的占卜一辭一卜,兆序數遞增。出行、田獵、卜夕辭等只卜一次,兆序數通常爲一。卜旬辭三版一套。

村北系胛骨上的占卜形式，從師賓間類到典賓類多一辭多卜。賓出類基本爲三版一套的占卜。出組二類、何組、黄組基本一辭一卜。

村中南系胛骨上的占卜形式，師歷間類多一辭多卜。歷組一類、歷組二類基本爲三版一套的占卜。村中南系更早地使用三版一套的形式進行占卜。歷無、無名、無晚基本一辭一卜，不刻寫兆序數或兆序數基本爲一。村北系與村中南系基本同時從多卜轉變爲一卜。

村中南系歷組一類開始出現同一天就同一事件不同環節焦點的占卜沿骨邊布局，用三版一套的形式占卜。村北系出組二類開始出現這種構成與布局的占卜，用一辭一卜，兆序數遞增的形式。兩組胛骨在卜辭的布局、占卜設定上基本相同。就這種形式的占卜來說，村中南系產生在先，而且影響了村北系。南北兩系既各自發展，又相互影響。

第四章　非王胛骨鑽鑿布局與占卜形式

殷墟非王胛骨反面鑽鑿布局按照子組、午組、婦女、劣體、圓體幾個類別進行整理研究。

第一節　子組胛骨鑽鑿布局與占卜形式

一、子組胛骨鑽鑿布局

子組胛骨鑽鑿布局主要分布在胛骨反面的骨首骨頸、對邊、頸扇交界及正面的骨扇下部。

（一）骨首骨頸部位

子組胛骨骨首骨頸部位缺乏反面材料，從正面卜辭及卜兆推斷，可能有兩列鑽鑿。

《合集》21708＋骨頸部位可能有兩列鑽鑿。結合卜辭與鑽鑿的對應關係及占卜選用鑽鑿的順序來看，這版胛骨的鑽鑿很可能是在整治後即施加完成。

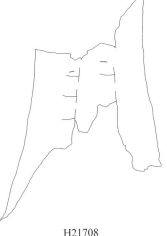

H21708

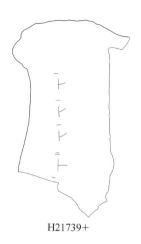

H21739+

　　《合集》21739＋骨頸部位靠臼邊一列鑽鑿，但不能確定骨首骨頸部位的整體情況。結合卜辭與鑽鑿的對應關係及占卜選用鑽鑿的順序來看，這版胛骨的鑽鑿很可能是在整治後即施加完成。

　　（二）沿對邊骨條及頸扇交界部位

　　1. 頸扇交界部位以下基本都會有沿對邊一列鑽鑿

　　《英藏》1900 頸扇交界部位以下沿對邊骨條一列鑽鑿，與骨首部位明顯分開布局。

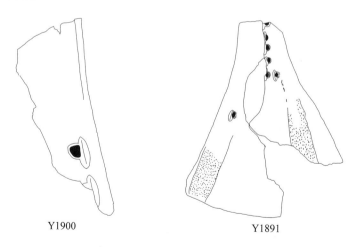

Y1900　　　　　　　　　　　Y1891

　　《英藏》1891 骨頸中部一列鑽鑿，對邊骨條中下部 1 個鑽鑿，對邊與骨頸部位鑽鑿分開布局。結合卜辭與鑽鑿的對應關係及占卜使用鑽鑿的順序,這版胛骨上的鑽鑿可能在整治後即施加,也不排除確定了占卜事件後在對邊骨條下部、骨頸部位臨時施加鑽鑿的可能性。

2. 頸扇交界處鑽鑿較少

《英藏》1915 頸扇交界部位 2 個鑽鑿。

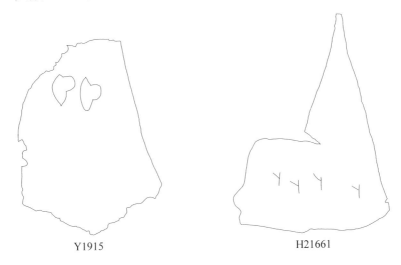

Y1915　　　　　　　　　　　　H21661

(三) 正面骨扇部位

子組胛骨正面骨扇部位施加鑽鑿的材料很少,基本稀疏有序。

《合集》21661 正面骨扇下部有四列鑽鑿。結合卜辭與鑽鑿的對應關係及占卜使用鑽鑿的順序,這版胛骨上的鑽鑿可能在整治後即施加,也不排除確定了占卜事件後臨時施加鑽鑿的可能性。

子組胛骨反面材料很少,從目前可見的幾版反面和一些正面卜辭、卜兆推斷反面鑽鑿布局大致如下:骨首骨頸部位似有兩列鑽鑿布局。沿對邊骨條部位有一列或單個鑽鑿,有與骨頸部位鑽鑿分開布局的情況。頸扇交界部位可見稀疏鑽鑿。正面骨扇下部鑽鑿材料很少,基本稀疏有序。子組胛骨上的鑽鑿可能是胛骨整治後即施加完成,也不排除確定了占卜事件後臨時施加鑽鑿的可能性。

二、子組胛骨上的占卜形式

子組胛骨有一辭一卜、一辭兩卜、兩辭一套等占卜形式。

(1a) …唯若。二

(1b) 乙亥子卜：來己酒羊妣己。一

《合集》21547[子組]

這版胛骨(1b)辭占卜用羊酒祭妣己，一辭一卜，兆序數爲一。

(2a) 丁卯卜…叀…　一

(2b) 己巳卜：祖乙咎，受又。一

(2c) 父辛咎。一

《合集》21542[子組]

這版胛骨(2b)(2c)兩辭選貞施加災害的祖先神是祖乙還是父辛，兆序數皆爲一。

(3a) 丙子卜：钔于二妣己于妣丁子丁。

(3b) 戊寅卜：盍①牛于妣庚。三

(3c) 戊寅卜：盍三羊。三

(3d) 戊寅卜：褒白豕卯牛于妣庚。三

(3e) 癸丑子卜：豕歸。一

《英藏》1891[子組]

這版胛骨(3b)至(3d)辭占卜祭祀妣庚的用牲法及祭牲種類、數目，兆序數皆爲三。

(4a) 庚寅余卜貞：人歸。

(4b) 人不歸。

(4c) 壬辰余卜貞：敫至今。一

(4d) 癸巳余卜貞：弗奉敫。

(4e) 印弗奉。

---

① 裘錫圭：《釋殷虛卜辭中的"𣥺""𤴙"等字》，《第二屆國際中國古文字學研討會論文集》，第73—94頁；《裘錫圭學術文集·甲骨文卷》，第391—403頁。

(4f) 癸巳余卜貞：印羍。

(4g) 弗隻。一

(4h) 乙未余卜：羍敤。

(4i) 丙申余卜：印羍敤。

(4j) 丁酉余卜：羍敤。

(4k) 丁酉余卜：亘至敤。

(4l) 辛丑余卜：印羍敤。一

(4m) □申余［卜］：□羍［敤］。

《拼集》25［子組］

這版胛骨刻寫行款爲向骨臼豎行。整版兆序數爲一。

(5a) 乙巳冊卜：丁來自正，侃子。二

(5b) 乙巳冊卜：丁來自正，侃子。三

(5c) 乙巳［冊卜］：丁來自［正］，侃子。二

《綴彙》180［子組］

這版胛骨(5a)(5b)兩辭爲成套卜辭的第二、三兩卜，占卜丁來自正，侃子。刻寫行款爲逆骨臼豎行。

(6a) 戊寅子卜：丁歸在自人。二

(6b) 戊寅子卜：丁歸在川人。二

(6c) 癸巳子卜：于颢月又岀。二

《合集》21661［師小字］

這版胛骨(6a)(6b)兩辭選貞丁歸在師人還是在川人，(6c)辭占卜有岀，一辭一卜，兆序數皆爲二。

(7a) 二

(7b) 己丑子卜貞：小王固田夫。二

《合集》21546(《卡内基》13)［子組］

這版胛骨占卜田獵，兩條卜辭兆序數皆爲二。

(8a) 丙子子卜：朕…

(8b) 丁丑子卜：亡歸受。一

(8c) 丁丑子卜：唯田隻。二

《合集》21658[子組]

這版胛骨(8b)(8c)兩辭是同一日的占卜，一辭一卜。

(9a) 丁未卜…秉月…事。一

(9b) 辛巳子卜貞：夢亞雀肇①余刀，若。二

《合集》21623[子組]

這版胛骨(9a)辭占卜秉月有事，一辭一卜，兆序數爲一。(9b)辭占卜夢見亞雀贈送刀，一辭一卜，兆序數爲二。

(10a) 丙子䰞卜：我畜若兹。一

(10b) 丙子䰞卜：我畜若兹。二

(10c) 丙子䰞卜：亡侃在來。一

(10d) 丙子䰞卜：我又侃在來。一

(10e) 戊寅卜，䰞：我入唯侃。一

《合補》6830[子組]

這版胛骨(10a)(10b)兩辭一套占卜我畜，一辭一卜，兆序數遞增。(10c)(10d)兩辭對貞我有無侃，一辭一卜，兆序數皆爲一。

　　子組胛骨占卜内容涉及祭祀、軍事、田獵、夢幻、災禍等。如果用對貞、選貞的形式占卜，兆序數相同。可能存在相關占卜兆序數遞增的情況。有兩卜或三卜的成套卜辭，可能存在異版成套占卜。兆序數一般在三以内。

---

① 丁山：《甲骨文所見氏族及其制度》，第126—127頁，中華書局，1988年。方稚松：《殷墟甲骨文五種記事刻辭研究》，首都師範大學2007年博士學位論文，指導教師：黄天樹；第45—61頁，綫裝書局，2009年。方稚松：《談談甲骨金文中的“肇”字》，《中原文物》2012年第6期，第52—59頁。

綜上，子組胛骨反面材料很少，目前可以確定存在骨首骨頸部位兩列鑽鑿，沿對邊骨條部位有一列或單個鑽鑿，正面骨扇下部鑽鑿稀疏有序。

子組胛骨占卜形式有一辭一卜、多卜，同版內的多辭一套，也可能存在異版成套。兆序數一般在三以內。

附表

子組胛骨鑽鑿布局表

材料	部 位	疏密	號 碼
反面	骨首骨頸	1 列	Y1891
		2 列	B6830、21831、拼集 25
	頸扇交界	稀疏	Y1891、Y1915
正面	骨扇	整齊	21661、Y1891

子組胛骨鑽鑿布局材料表

材 料	號 碼
胛骨反面	B6830（21739＋D970）、21831、21661、拼集 25（21708＋Y1903）、Y1891
骨扇下部	21661、Y1891
無反面或殘斷不明	B6827（21671）、B6837（Y1900＋Y1901）、D968、21526（旅 8）、21527、21534、21538、21542、21546（卡 13）、21547、21549、21562、21565、21573、21574、21587、21595、21596、21605、21607、21623、21624、21630、21631、21636（歷 1320）、21642、21643、21645（北圖 2294）、21646、21647、21648、21651、21657、21658、21659、21662、21664、21672、21673、21676、21679、H21704＋21740、21709、21717、21736、21754、21757、21759、21783、21784、21796、21797、21825、21826、21834、21852、35119＋京人 2482、40878、Y1906、Y1912、Y1915、綴彙 152（21781＋21811＋Y1913）、綴彙 180（21734＋21735＋Y1896）、綴集 226（22403＋Y1914）

第二節　午組胛骨鑽鑿布局與占卜形式

一、午組胛骨鑽鑿布局

午組多用龜腹甲進行占卜，少用胛骨。胛骨鑽鑿布局主要分布在胛骨反面的骨首骨頸、對邊、頸扇交界及正面的骨扇下部。

（一）骨首骨頸部位

午組胛骨骨首骨頸部位有兩列鑽鑿布局，有時鑽鑿布局較凌亂。

《村中南》377 骨頸反面可能有兩列鑽鑿。

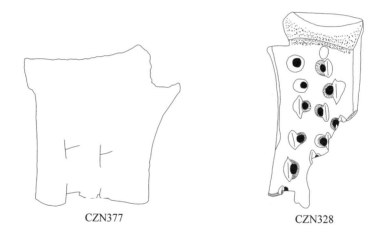

CZN377　　　　　　　CZN328

《村中南》328 反面骨首骨頸部位鑽鑿較凌亂，灼燒方向不定。結合卜辭與鑽鑿的對應關係不排除這版胛骨有確定了占卜事件後臨時施加鑽鑿的可能性。

（二）沿對邊骨條及頸扇交界部位

1. 頸扇交界部位以下基本都會有沿對邊一列鑽鑿

《村中南》460 頸扇交界部位以下沿對邊骨條一列小圓鑽兼有長鑿，頸扇交界部位中部有一列 4 個小長鑿。灼燒方向不定，有對灼傾向。從這版胛骨上單個鑽鑿形態及鑽鑿分布來看,不排除有臨時施加某一部位鑽鑿的可能性。

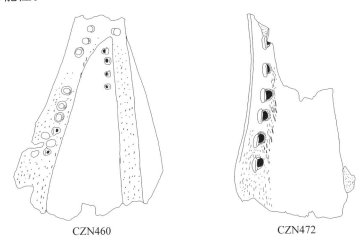

CZN460　　　　　　　　CZN472

《村中南》472 沿對邊骨條有一列長鑿。

《村中南》350 反面沿對邊骨條部位有一列 9 個圓鑽並長鑿。結合卜辭與鑽鑿的對應關係及占卜時使用鑽鑿的順序來看,該版鑽鑿有可能是在整治後即施加完成。

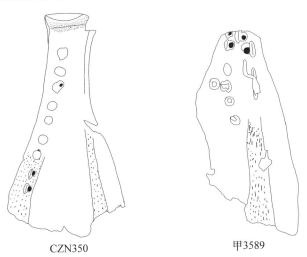

CZN350　　　　　　　　甲3589

2. 頸扇交界處鑽鑿較爲密集混亂

《合集》34496(《甲編》3589)頸扇交界部位鑽鑿較爲密集,灼燒方向不定。

《合集》22062（《乙編》8670）頸扇交界部位鑽鑿較爲密集。結合卜辭與鑽鑿的對應關係及占卜使用鑽鑿的順序,這版胛骨上的鑽鑿可能在整治後即施加,也不排除確定了占卜事件後在對邊骨條、骨頸部位臨時施加鑽鑿的可能性。

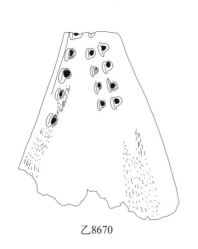
乙8670

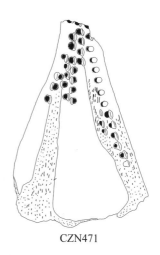
CZN471

《村中南》471頸扇交界部位鑽鑿較爲密集,灼燒方向不定。從這版胛骨上單個鑽鑿形態及鑽鑿分布來看,鑽鑿有可能是在整治後即施加完成,但也不排除臨時施加某一部位或某幾個鑽鑿的可能性。

（三）正面骨扇部位

午組胛骨正面骨扇部位有稀疏有序鑽鑿。

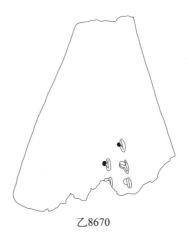
乙8670

《合集》22062(《乙編》8670)正面骨扇下部有兩列稀疏整齊的鑽鑿。

《村中南》470 正面骨扇下部有二列 6 個鑽鑿。

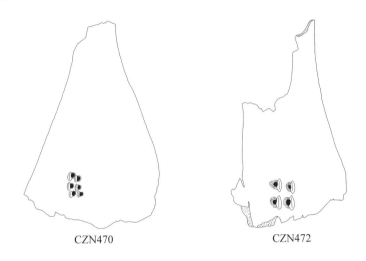

CZN470　　　　　　　　　　CZN472

《村中南》472 正面骨扇下部有二列 4 個鑽鑿。

從《村中南》470、472 正面骨扇部位施加鑽鑿未刻寫卜辭，且鑽鑿排列的有序性來看，可能是胛骨整治後即施加完成。

午組胛骨反面材料較少，骨首骨頸部位有兩列或較凌亂鑽鑿布局。沿對邊骨條部位有一列圓鑽或長鑿。頸扇交界部位鑽鑿較爲密集，與骨首骨頸部位渾爲一體。灼燒方向不定。正面骨扇下部有較稀疏整齊的鑽鑿布局。午組胛骨鑽鑿可能是整治後即施加完成，也有確定了占卜事件後臨時施加某一部位或某幾個鑽鑿的可能性。

二、午組胛骨上的占卜形式

午組胛骨多用一辭多卜的形式進行占卜，或有異版成套的占卜。

（一）一辭多卜

（1a）丙戌卜：桒（禱）于四示。一二三四

（1b）牢又𢀸于入乙。一二

《合集》22062(《乙編》8670)〔午組〕

這版胛骨(1a)辭占卜禱於四示,使用頸扇交界部位對邊與臼邊之間一列至少4個鑽鑿,兆序數自下而上縱排。(1b)辭占卜用牢與凶祭祀入乙,使用臼邊一列至少2個鑽鑿,兆序數爲自下而上依次縱排。

(2a) 己酉卜:焚每。二月。庚用。之夕雨。一二

(2b) 叀翌庚[焚]每,之夕雨。四

(2c) 庚戌卜:戠(待),弜焚。用。二告

(2d) 丙辰卜:雨。今日。一

《村中南》350[午組]

這版胛骨(2a)辭占卜焚每,使用對邊骨條最下2個鑽鑿,兆序數一二,自上而下排列。(2b)兆序數爲四。

(二) 成套占卜

午組胛骨可能存在異版成套占卜。

(3a) 甲子卜:克女。十月。二

(3b) 庚子…余克…　二

(3c) 辛酉卜:天。二

《綴集》310[午組]

這版胛骨占卜可能與祭祀有關,一辭一兆,兆序數皆爲二,可能是異版成套胛骨的第二版。

午組胛骨的祭祀、求雨等辭,一般一辭一卜、二卜、三卜、四卜,多按列使用鑽鑿進行占卜。可能有異版成套占卜。

綜上,午組胛骨骨首骨頸部位有兩列或較凌亂鑽鑿布局。對邊骨條有一列圓鑽或長鑿。頸扇交界部位鑽鑿較密集,灼燒方向不定。正面骨扇下部鑽鑿稀疏有序。

午組胛骨可見一辭多卜,多爲二、三、四卜等。

附表

午組胛骨鑽鑿布局表

材料	部　位	疏密	號　　　碼
反面	骨首骨頸	2列	村中南 299、村中南 377
		凌亂	村中南 328、
	對邊骨條	1列	22062、蔣玉斌（22086＋22087 反＋B6884）、村中南 460、村中南 471、村中南 472
	頸扇交界	密集	22062、22184（歷 1322）、34496（甲 3589）、村中南 328、村中南 460、村中南 470
正面	骨扇	整齊	蔣玉斌（22086＋22087 反＋B6884）、22062、34496（甲 3589）、村中南 460、村中南 470、村中南 472

沿對邊一列	村中南 350

午組胛骨鑽鑿布局材料表

材　料	號　　　碼
胛骨反面	22062、蔣玉斌（22086＋22087 反＋B6884）、22184（歷 1322）、34496（甲 3589）、村中南 299、村中南 328、村中南 377、村中南 460、村中南 471、村中南 472
骨扇下部	蔣玉斌（22086＋22087 反＋B6884）、22062、34496（甲 3589）、村中南 460、村中南 470、村中南 472
無反面或殘斷不明	B6934（22468＋22488）、22062（乙 8670）、蔣玉斌（22086＋22087 反＋B6884）、22087、22112（甲 3609）、22116、22160（甲 3598）、22184（歷 1322）、22399、T2556、W1664、村中南 320、村中南 324、村中南 358、村中南 405、村中南 414、村中南 507、綴集 310（22329＋22453）

附：一、婦女類胛骨鑽鑿布局與占卜形式

（一）婦女類胛骨鑽鑿布局

婦女類胛骨反面骨首骨頸部位有較凌亂鑽鑿布局。

《合集》21254（《甲編》2342）反面骨首骨頸部位鑽鑿布局較爲凌亂，類似複合布局區。從單個鑽鑿形態及鑽鑿排列較凌亂來看，不排除臨時施加鑽鑿的可能性。

（二）婦女類胛骨占卜形式：一辭多卜

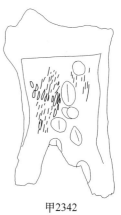

甲2342

(1a) 辛巳卜，貞…亡囚。三月。[一]二三

(1b) □子卜，貞：□卽亡囚。

《合集》22407[婦女]

這版胛骨(1a)辭可能是占卜禦祭無憂，使用沿對邊一列中的 3 個鑽鑿，兆序數一至三自下而上依次縱排。

婦女類胛骨鑽鑿有較凌亂布局，不排除占卜前臨時施加鑽鑿的可能性。占卜形式一般在三卜以内，對邊骨條部位可見按列使用鑽鑿進行占卜。

附表

婦女類胛骨鑽鑿布局表

材料	部　位	疏密	號　　　碼
反面	骨首骨頸	凌亂	21254

婦女類胛骨鑽鑿布局材料表

材　料	號　　　碼
胛骨反面	21254（甲 2342）
無反面或殘斷不明	B6937、22407、村中 476

二、劣體類胛骨占卜形式

　　因缺乏劣體類胛骨反面圖像資料,鑽鑿布局暫缺。正面骨扇部位有稀疏有序鑽鑿布局(H21872,圓劣同版)。

H21872

　　劣體類胛骨占卜有一辭一卜。

　　　　(1) 己亥貞:我多臣求見。一　　　　　　　　《合集》21872[劣體]

(1) 辭殘斷,可能一辭一卜。

三、圓體類胛骨鑽鑿布局與占卜形式

(一) 圓體類胛骨鑽鑿布局

圓體類胛骨反面鑽鑿有骨首骨頸部位有兩列布局。

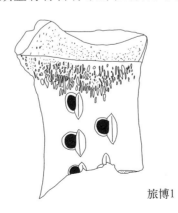

旅博1

《旅博》1 反面有兩列鑽鑿,灼燒均在向骨臼一側。

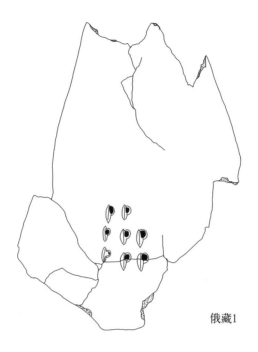

俄藏1

《俄藏》1 胛骨正面骨扇下部三列 8 個鑽鑿。

(二)圓體類胛骨占卜形式

圓體類胛骨存在一辭一卜或多卜的占卜。

    (1a) 癸卯：己妣及□□祝王。

    (1b) 口(兄)戉。三

    (1c) 癸卯：兄及。三

    (1d) 癸卯：戉及。四

    (1e) 乙巳卜：禦兄盅①牛。三

    (1f) 丁未：盅牛兄戉。二

    (1g) 三

---

① 裘錫圭：《釋殷虚卜辭中的"𡊬""𡊬"等字》,《裘錫圭學術文集·甲骨文卷》,第 73—94 頁,
2012 年。

(1h) 四

《俄藏》1［圓體］

這版胛骨(1c)(1d)可能爲同版内的多辭一套，(1e)可能一辭一卜。不排除(1d)(1g)爲一辭兩卜。

(2) 戊寅卜：于來庚寅酒盂三羊于妣庚，曹伐二十罍三十牢三十及三瓜(夫)①。一　　　　　　《子合》671［圓體］

(3) 戊寅卜貞：三卜用。盂三羊曹伐二十罍三十牢三十及三瓜(夫)于妣庚。三

《旅藏》1［圓體］

以上(2)(3)兩條卜辭占卜用盂三羊、曹二十伐、三十罍、三十牢、三個男性祭牲祭祀妣庚，可能爲異版成套占卜的第一、第三兩卜。

(4) 戊寅卜：燎白豕卯牛于妣庚。三　　《英藏》1891［圓體］
(5) 戊寅卜：燎白豕卯牛。二　　　　《英藏》1912［圓體］

以上(4)(5)兩條卜辭占卜燎白豕卯牛祭祀妣庚，可能爲異版成套占卜的第二、第三兩卜。

圓體類胛骨可能有一辭一卜、多卜或成套占卜，基本在四卜之内。

附表

圓體類胛骨鑽鑿布局表

材料	部　位	疏密	號　　　碼
反面	骨首骨頸	兩列	旅藏 1
	對邊	一列	Y1912
正面	骨扇	稀疏	21872、俄藏 1

---

① 陳劍：《釋"瓜"》，《出土文獻與古文字研究》第 9 輯，第 66—103 頁。

第三節　非王胛骨鑽鑿布局與
占卜形式小結

　　非王胛骨鑽鑿大致兩列布局。子組、劣體、圓體比較有序，午組、婦女類稍顯凌亂。鑽鑿可能在整治後即施加完成，不排除有確定占卜事件後臨時施加某一部位或某幾個鑽鑿的可能性。

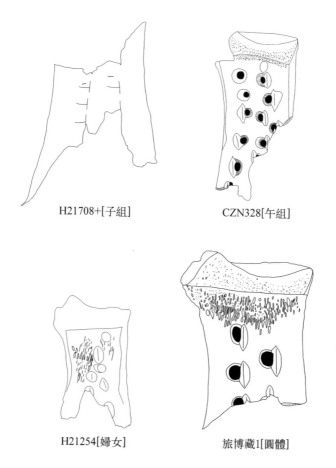

H21708+[子組]　　　　　　CZN328[午組]

H21254[婦女]　　　　　旅博藏1[圓體]

　　非王胛骨占卜一般一辭多卜，多在三卜以內，可能存在異版成套。

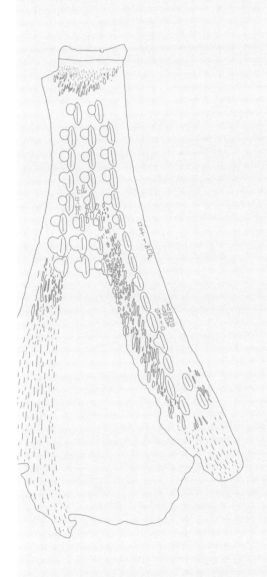

殷墟有字甲骨

鑽鑿布局與

占卜形式探研

下

趙鵬 著

上海古籍出版社

第五章　師組腹甲鑽鑿布局與
占卜形式

　　殷墟龜腹甲占卜的重要參照在千里路，這是由龜腹甲的天然骨骼構成（即形態）決定的。鑽鑿布局通常以千里路爲軸左右對稱分布（有例外）、灼燒點通常在鑽鑿近千里路一側（師組、非王、何組、黃組等有例外）。對於龜腹甲上卜辭刻寫行款的描述，我們不贊同用"左行"或"右行"（除"子組"卜辭以外）。因爲卜辭行款的左右通常與所在龜腹甲的左右有密切關係。脫離了龜腹甲的左右來談卜辭刻寫行款的左右，意義不大。描寫龜腹甲上卜辭的行款用"内行"或"外行"更能體現占卜刻寫時千里路的重要參照作用。

　　對龜腹甲進行鑽鑿布局分類研究，有必要依據鑽鑿在龜腹甲上的布局規律將龜腹甲劃分出主體區。龜腹甲的主體區主要指兩腋凹折點連綫、兩腋凹折點到下劍縫近原邊點連綫及下劍縫所形成的大致長方形區域。

　　龜腹甲的前甲和後甲部位由於鑽鑿的分布特徵，在其内部也可以進行再分區。根據鑽鑿在前、後甲部位的分布規律，把前甲分爲三個區域，後甲分爲兩個區域。

　　前甲部位鑽鑿的三個分區：1. 主體區。由千里路、舌下縫、中甲下部齒縫頂點到腋凹

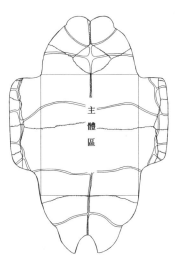

腹甲主體區示意圖

折點連綫、腋凹折點垂直於舌下縫綫,這四條綫所形成的大致正方或長方形區域。2. 近腋凹區。主體區上部由上舌縫、內舌縫、中甲下部齒縫頂點到腋凹折點連綫、前甲腋凹折點上部原邊所形成的大致三角形或梯形區域。3. 近甲橋區。主體區兩側到腹橋縫的大致長方形區域。前甲主體區的鑽鑿布局一般比較整齊,近腋凹區與近甲橋區的鑽鑿個數和長短一般隨空間大小和形狀變化。

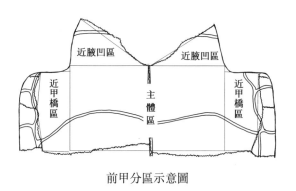

前甲分區示意圖

後甲部位鑽鑿的兩個分區:1. 主體區。由千里路、下劍縫、後甲下部原邊向上大致垂直舌下縫、舌下縫,這四條綫所形成的大致長方形區域。2. 近甲橋區。主體區兩側到後甲腹橋縫的大致梯形區域。後甲主體區的鑽鑿布局一般比較整齊,近甲橋區的鑽鑿個數一般隨空間大小和形狀而變化。

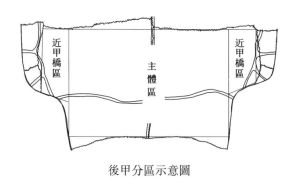

後甲分區示意圖

龜腹甲主體區的劃分主要有兩點考慮:一是鑽鑿布局層面。龜腹甲施加鑽鑿基本以齒縫片爲單位進行布局。如 HD438,各齒縫片以齒縫爲界，即以齒縫片爲單位，分別進行各自的鑽鑿布局。這版前甲與後甲部位都是主體三列鑽鑿布局，但行距與列距不同，前甲距離稍大，較疏朗。後甲距離較小，較密集。能很好地體現出鑽鑿在各自的齒縫片内進行布局排列。主體區的鑽鑿通常按列布局且排列整齊。如 H6952，後甲部位每列鑽鑿的寬度、風格更爲接近。若按行則區別較明顯。對於前甲和後甲來説，主體區是施加鑽鑿最先要考慮的部位，很可能是先施加的，然後再考慮非主體區的鑽鑿布局。非主體區的鑽鑿布局具有不穩定性，會根據所在區域的形狀或大小來施加，有時甚至會改變鑽鑿的尺寸。如《乙編》4701，龜腹甲前甲部位反面，近腋凹區右側 2 個鑽鑿，左側 1 個鑽鑿，可能是受所在區域的大小、形狀的影響，且與主體的鑽鑿不在一列上或略有參差。近甲橋區雖然也同於主體區一列 4 個鑽鑿，但受齒縫的影響，每個鑽鑿都較主體區要短小。何類、黃類近甲橋區長鑿在内，灼燒在外（如《甲編》3914）。這種改變，可以使近甲橋部位的長鑿在相對平整的面上施加，規避掉了弧度較大的部位，減小了施加鑽鑿的難度。總之，殷墟龜腹甲，主體區鑽鑿布局排列是相對穩定的。非主體區具有不確定性：或者鑽鑿數目不確定，或者排列不整齊，或者鑽鑿大小會改變，或者鑿灼相對方向的改變，是比較容易發生變化的區域。雖然非主體區的鑽鑿個數具有不確定性，但也可以幫助判斷鑽鑿布局類型。如：龜腹甲殘片，首甲 4 個及以上鑽鑿，中甲 3 個及以上鑽鑿，前甲近腋凹區 4 個及以上鑽鑿，前甲近甲橋區 3 個及以上鑽鑿，後甲近甲橋區 3 個及以上鑽鑿，尾甲上行 3 個鑽鑿，甲橋中上或中下部 3 個及以上鑽鑿等。出現其中一種情況，大致可斷定所在龜腹甲爲 30 釐米以上的大龜腹甲，很可能是主體三列及以上鑽鑿布局。尾甲如果是兩行，且上行 2 個，下行 1 個鑽鑿，其所在很可能是中型龜腹甲，很可能是主體兩列鑽鑿布局。二是占卜層面，龜腹甲上有先使用主體區占卜，再使用非主體區占卜的情況。如黃組龜腹甲上的卜夕辭《大系》44473（H36550＋36553），先使用主體區自下而上，先右後左，從内向外，很規律地占卜刻寫了乙酉至甲辰 20 天的卜夕辭。再使用近甲橋區自下而上，先右後左占卜刻寫了乙巳至壬子 8 天的卜夕辭。

　　龜腹甲鑽鑿布局可分爲稀疏、密集兩個類別。稀疏型鑽鑿布局根據其分布特徵劃分小類，密集型鑽鑿布局按列進行分類。密集鑽鑿布局首甲、中甲、甲橋、尾甲鑽鑿數目變化較大、按列排布的現象不鮮明，主體區更適合作爲確定列數的參考區。另外，腋跨連綫一列的鑽鑿有時很難確定其在主體區還是近甲橋區，所以，真正可以確定列數的最核心部位是後甲兩跨凹連綫以下區域鑽鑿的列數。

　　當然，在討論一版龜腹甲上具體鑽鑿布局的時候，要全面考慮首甲、中甲、甲橋以及尾甲部位的鑽鑿情況，這裏只是未把這些部位的鑽鑿排列納入按列分類的名稱中來。

　　研究龜腹甲主體區鑽鑿布局還需要規定行列的次第。本書把行第按照自上而下的次序排列，即最上爲第一行，其次向下遞增爲第二行、第三行等。列次按照從内向外的次序排列，即近千里路一列爲第一列，其次向外遞增爲第二列、第三列等。標示鑽鑿位置時，列數在前，行數在後。如下圖表示出

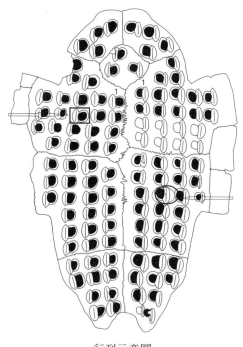

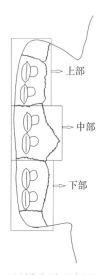

行列示意圖　　　　　　　　　　甲橋分區示意圖

的兩個鑽鑿的位置爲前甲主體區反面左側第三列第二行(3,2)和後甲主體區反面右側第二列第三行(2,3)。

甲橋部位以中間兩道齒縫分爲三個部分：上部、中部、下部。各部分鑽鑿數目依各部分大小而定。

師組龜腹甲反面鑽鑿布局主要按照師組肥筆類、師組小字類進行整理研究，附帶論及𡆀類、師歷間類鑽鑿布局與占卜形式。

第一節　師組肥筆類腹甲鑽鑿布局與占卜形式

一、師組肥筆類腹甲鑽鑿布局

師組肥筆類腹甲反面鑽鑿布局多爲密集型，也有稀疏型。

（一）密集型

師組肥筆類腹甲密集型布局主要有主體三列和主體兩列兩種。

1. 主體三列密集布局

《合集》20017(《乙編》409＋)前甲反面右側近腋凹區一行 2 個鑽鑿，主體區三行三列 9 個鑽鑿，爲主體三列鑽鑿布局。

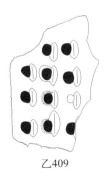

乙409

《合集》20303＋20287＋R44117(《乙編》27＋)①中甲 4 個鑽鑿。前甲反面左側近腋凹區 2 個鑽鑿，主體區三列鑽鑿。爲主體三列鑽鑿布局。

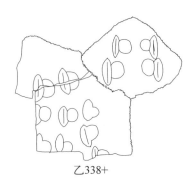

乙338+

2. 主體兩列密集布局

《合集》21477(《甲編》3575)首甲反面右側 1 個鑽鑿，左側無鑽鑿。中甲 1 個鑽鑿。前甲左右近腋凹區各 1 個鑽鑿，主體區兩列 4 個鑽鑿，前甲反面右側近中甲部位有一個小圓鑽。後甲左右主體區各兩列鑽鑿，反面左側最下一行近原邊一個鑽鑿(2,3)爲圓鑽包攝長鑿。該版整體爲主體

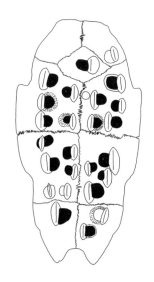

---

① 蔣玉斌：《蔣玉斌甲骨綴合總表》，第 90 組。

兩列鑽鑿布局。近千里路一列長鑿，因爲距離千里路太近，未留出灼燒空間，所以灼燒在長鑿外側。

　　《合集》21148(《乙編》412)後甲反面右側主體區兩列三行 6 個鑽鑿，爲主體兩列鑽鑿布局。近千里路一列灼燒在長鑿外側。

乙412

T643

　　《屯南》643 後甲反面右側主體區兩列 8 個鑽鑿，爲主體兩列鑽鑿布局。師組肥筆類龜腹甲另有較凌亂布局，如《合集》22274(《甲編》3576)。

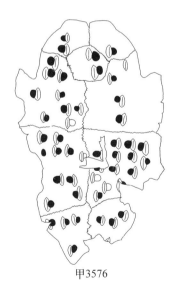

甲3576

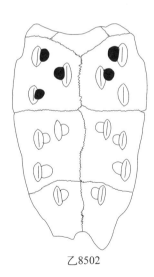

乙8502

（二）稀疏型

　　《合集》20624(《乙編》8502)前甲 3 個鑽鑿，後甲兩列，一列 1 個，一列

2 個鑽鑿,尾甲 1 個鑽鑿,稀疏布局。

　　師組肥筆類龜腹甲有稀疏和密集兩種鑽鑿布局類型。密集型鑽鑿布局有主體三列和主體兩列兩種。另有較爲凌亂的鑽鑿布局。近千里路一列、近腋凹、近跨凹鑽鑿有灼燒在長鑿外側的情況。龜腹甲反面個別有小圓鑽及圓鑽包攝長鑿,這在龜腹甲上極少見。師組肥筆類龜腹甲從卜辭與鑽鑿的對應關係、占卜使用鑽鑿的位置、次數以及多有鑽鑿對應的正面部位不刻寫卜辭的情況來看,鑽鑿可能在腹甲整治後即施加完成,占卜時臨時選擇其上的一個或幾個鑽鑿。

二、師組肥筆類腹甲上的占卜形式

　　師組肥筆類腹甲主要用一辭多卜的形式占卜。

　　　　(1) 己未卜,犬:屮子己豕。一二　　　　　　《拼四》927[師肥]

這條卜辭使用左前甲最下一行 2 個鑽鑿,占卜用豕侑祭子己,兆序數一、二,從內向外橫排。

　　　　(2a) 戊午卜,犬:屮祖乙母妣己一羊二豕。一二
　　　　(2b) 屮祖丁母妣己豕。一
　　　　(2c) 戊寅卜,[犬]:屮二宰父乙。二
　　　　(2d) 戊寅卜,犬:屮宰父乙。三

　　　　　　　　　　　　　　　　　　　　　《合集》19931[師肥]

這版腹甲(2a)辭使用右前甲最上一行 2 個鑽鑿,占卜用一羊二豕侑祭妣己,兆序數一、二從內向外橫排。(2c)(2d)兩辭使用右前甲最下一行的 2 個鑽鑿,選貞侑祭父乙的祭牲數目,兆序數二、三遞增。不排除一辭一卜,兆序數遞增的情況。

　　　　(3a) 戊申卜,王:令庚追方。一
　　　　(3b) …庚追方。二

　　　　　　　　　　　　《合集》20462(《甲編》243)[師肥]

這兩條卜辭(3a)辭使用左後甲近跨凹的 1 個鑽鑿,兆序數爲一,(3b)辭使用左後甲最下一行近千里路 1 個鑽鑿,兆序數爲二,但因腹甲殘斷,不能確定是否是同版内的兩辭一套兩卜,占卜令庚追及敵方。

(4) □申卜,王:夢,允大甲降。四五

《合集》19829(《甲編》473＋)[師肥]

這條卜辭使用左後甲最上一行 2 個鑽鑿,占卜王夢,果然是大甲降下災禍。兆序數四、五從内向外橫排,至少占卜了五次。

(5a) 戊午卜,犬:令敉伯𢦏鬱①。一二
(5b) 戊午卜,犬:令敉匕(比),擒。四

《合集》20017(《乙編》409＋)[師肥]

這版腹甲占卜内容與軍事有關,(5a)辭使用左前甲最下一行近千里路的 2 個鑽鑿,兆序數一、二從内向外橫排,(5b)辭兆序數爲四,或至少四卜,或爲兆序數遞增。

(6) 丁未卜:甫令罟。一二　　　　　《合集》20234[師肥]

這條卜辭使用一行至少 2 個鑽鑿占卜甫令罟,至少兩卜。

(7a) 乙丑,王:柞鬱方。一
(7b) 乙丑,王:方晨鬱。一
(7c) 己巳卜,王:方品。
(7d) □辰卜:王即紳出。一

《合集》20624(《乙編》8502)[師肥]

這版腹甲與軍事戰爭有關,(7a)(7b)(7d)辭兆序數爲一,反面爲稀疏型鑽鑿布局,不排除是異版成套占卜的第一卜。

師組肥筆類龜腹甲占卜祭祀、軍事、夢幻、災害、人物事類、生育等内容,多用一辭多卜的形式進行占卜。占卜通常使用一行或一行内的一個

---

① 王子楊:《甲骨文"梵(鬱)"的用法》,《文史》2016 年第 3 輯,第 43—56 頁。

或幾個鑽鑿。稀疏型鑽鑿布局整版兆序爲一,可能是成套卜辭,也可能是只卜一次。

綜上,師組肥筆類龜腹甲有稀疏和密集兩種鑽鑿布局類型。密集型鑽鑿布局有主體三列和主體兩列兩種。另有較凌亂鑽鑿布局。

師組肥筆類龜腹甲多用一辭多卜的形式進行占卜,可能有異版成套占卜。

附表

師肥腹甲鑽鑿布局表

類 型		號 碼	首甲	中甲	前 甲	後 甲	尾 甲
密集型	三列	20017			2+3×3		
		20303+20287+R44117		2	3×3		
		20351					3
		22274	1外	2外	右:7(3外) 左:12(4外)	右:3+4×2+5(2外) 左:2+4×2+5(3外)	左:2 右:3+1
	兩列	21148				3外×2	
		21477	1左	1	2外+3	左:2外+2 右:3外+3	左:1 右:2
		村中南316			4×2		
稀疏型		20624			1(外)+2	2	1

師肥腹甲鑽鑿布局材料表

類　型		片　號
密集型	三列	20017（乙 409＋乙 169）、20244、20351（乙 413）、22274（甲 3576）、蔣玉斌 19785＋19911＋22527＋21382（甲 225＋甲 284＋甲 250＋甲 287）、蔣玉斌 20303＋20287＋R44117（乙 27＋乙 338＋R44117）、陳逸文 21187＋1・0・0520（甲釋 7＋1・0・0520）
	兩列	20043（乙 115）、21148（乙 412）、21477（甲 3575）、T643、村中南 316
稀疏型		20624（乙 8502）

第二節　師組小字類腹甲鑽鑿
布局與占卜形式

一、師組小字類腹甲鑽鑿布局

師組小字類腹甲反面鑽鑿布局多爲密集型，也有稀疏型。

（一）密集型

密集型有主體三列與主體兩列密集鑽鑿布局。

1. 主體三列密集布局

《合集》20398（《屯南》4513＋4518）腹甲左右兩部分的鑽鑿不對稱分布。首甲反面右側 1 個鑽鑿。中甲 2 個鑽鑿。前甲反面右側近腋凹區 1 行 2 個鑽鑿，主體區三列 9 個鑽鑿，近甲橋區兩列，一列 3 個，一列 1 個鑽鑿；左側近腋凹區一行 2 個鑽鑿，主體區第一列 2 個鑽鑿，第二、三列各 3 個鑽鑿，近甲橋區 1 個鑽鑿。後甲

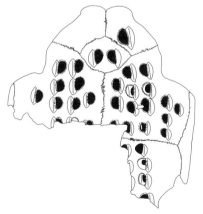

T4513＋

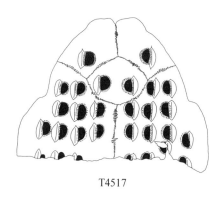

T4517

部位三列鑽鑿。爲主體三列鑽鑿布局。

《屯南》4517 腹甲左右兩部分的鑽鑿基本對稱分布。首甲左右各 1 個鑽鑿,中甲 2 個鑽鑿。前甲左右近腋凹區各 1 行 2 個鑽鑿,主體區反面右側三列 9 個鑽鑿,左側近千里路一列 2 個鑽鑿,其餘兩列各 3 個鑽鑿,近甲橋區各一列 2 個鑽鑿。爲主體三列鑽鑿布局。

《村中南》319 腹甲左右兩部分的鑽鑿不對稱分布。首甲反面左側 1 個鑽鑿。中甲 1 個鑽鑿。前甲反面左側近腋凹區 1 個鑽鑿,主體區三列 8 個鑽鑿。後甲主體區各三列鑽鑿,反面右側近千里路一列 5 個鑽鑿,其餘兩列每列 4 個鑽鑿;左側主體區三列,每列 3 個鑽鑿;近甲橋區各 1 個鑽鑿。尾甲三列 4 個鑽鑿。爲主體三列鑽鑿布局。

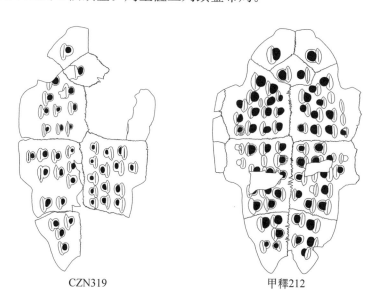

CZN319　　　　甲釋212

《合集》22425(《甲釋》212)腹甲左右兩部分的鑽鑿基本對稱分布。首甲左右各 1 個鑽鑿。中甲 2 個鑽鑿。前甲左右近腋凹區各 2 個鑽鑿,主體區各三列 9 個鑽鑿,近甲橋區各一列 3 個鑽鑿,其中,反面左側主體區第一行第二、三列之間夾 1 個小長鑿。後甲主體區各三列鑽鑿,中間一列 5 個鑽鑿,旁邊兩列,每列 4 個鑽鑿,近甲橋區各一列 2 個鑽鑿。尾甲左右各 5 個鑽鑿。爲主體三列鑽鑿布局。有灼燒在長鑿外側:前甲反面右側中甲下面近千里路 1 個鑽鑿、前甲反面左側腋凹下面近緣邊 1 個鑽鑿、後甲反面兩側近甲橋區一列 2 個、後甲兩側近千里路一列最下面 1 個鑽鑿、尾甲反面兩側近千里路一列最下一個鑽鑿,以上 9 個鑽鑿灼燒在長鑿外側。

《合集》7997(《甲編》3095)尾甲反面右側一行 3 個,左側一行 2 個鑽鑿。按龜腹甲各部位尺寸比例推斷,應爲主體三列鑽鑿布局。

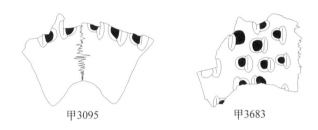

甲3095　　　　　　　甲3683

《合集》20685(《甲編》3683)後甲主體區三列以上鑽鑿,爲主體三列鑽鑿布局。其中近千里路一列 3 個,中間一行 4 個,7 個灼燒在長鑿外側。

2. 主體兩列密集布局

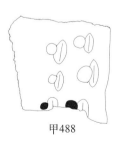

甲488

《合集》19920(《甲編》488)後甲兩列,每列 3 個鑽鑿,爲主體兩列鑽鑿布局。

《合集》20268（《甲編》207）後甲主體區兩列，近千里路一列 3 個，近原邊一列 2 個鑽鑿，爲主體兩列鑽鑿布局。

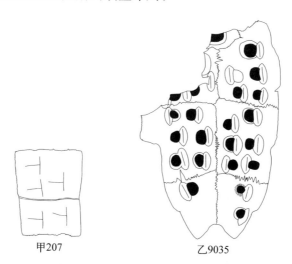

甲207　　　　　　　乙9035

《合集》20870（《乙編》9035）前甲反面右側近腋凹區 1 個鑽鑿，主體區兩列 4 個鑽鑿。後甲左右兩側各兩列，每列 3 個鑽鑿，爲兩列鑽鑿布局。其中前甲反面右側近千里路一列最上 1 個鑽鑿、前甲反面左側近千里路一列 2 個鑽鑿、後甲反面右側最下一行 2 個鑽鑿、後甲反面左側第一列 3 個鑽鑿，第二列下 2 個鑽鑿，共 10 個鑽鑿灼燒在長鑿外側。

（二）稀疏型

師組小字類腹甲稀疏鑽鑿布局多爲單環稀疏型。

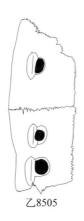

乙8505

《合集》20472(《乙編》8505)前甲反面左側 1 個鑽鑿,後甲反面左側一列 2 個鑽鑿,爲單環稀疏型鑽鑿布局。

《合集》20556(《乙編》79)首甲無鑽鑿。中甲殘缺。前甲左右各 1 個鑽鑿,爲首甲中甲無鑽鑿單環稀疏型布局。

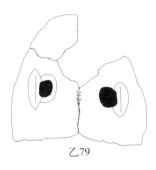
乙79

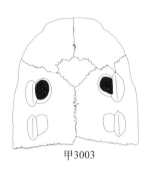
甲3003

《合集》20731(《甲編》3003)首甲中甲無鑽鑿,前甲左右各一列 2 個鑽鑿,爲首甲中甲無鑽鑿單環稀疏型布局。

《合集》20163＋20475＋乙補＋乙補 84＋廣東省文物商店 2[①](《乙編》129)首甲殘缺。中甲無鑽鑿。前甲左右近腋凹區各 1 個鑽鑿,後甲反面左側一列 2 個鑽鑿,爲單環稀疏型鑽鑿布局。

師組小字類龜腹甲有稀疏和密集兩種鑽鑿布局。密集型鑽鑿布局千里路左右兩側鑽鑿數目與位置有一些不對稱分布,有主體三列和主體兩列兩種,也有稍凌亂布局。鑽鑿多灼燒在長鑿內側,也有些灼燒在長鑿外側的情況。稀疏型鑽鑿布局主要爲首甲中甲無鑽鑿的單環稀疏型。結合龜腹甲上卜辭與鑽鑿的對應關係、占卜時使

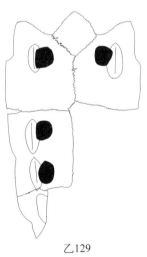
乙129

用鑽鑿的順序與個數,師組小字類龜腹甲上的鑽鑿很可能是在整治後即施加完成。占卜時選擇其上的一個或幾個鑽鑿進行灼燒。

---

① 蔣玉斌:《甲骨舊綴之新加綴》,第 1 組,先秦史研究室網站,2014 年 12 月 25 日。

二、師組小字類腹甲上的占卜形式

　　師組小字類腹甲主要用一辭多卜的形式進行占卜，也有用同版内的多辭一套和異版成套的形式進行的占卜。

　　　　(1a) 辛酉卜，王：祝于妣己迺取祖丁。一二
　　　　(1b) 辛酉卜，王：弓祝于妣己。一二

　　　　　　　　　　　　《合集》19890(《甲編》3045)[師小字]

這版腹甲反面爲主體三列鑽鑿布局，(1a)(1b)兩辭左右對稱布局，使用左右前甲近腋凹區一行2個鑽鑿，對貞是否祭祀妣己，兆序數一、二從内向外横排。

　　　　(2a) 丙午卜，犬：屮大丁牡。用。一二
　　　　(2b) 乙巳卜，犬：屮大乙母妣丙一牝。不。一
　　　　(2c) 乙巳卜，犬：屮卜(外)丙呼(?)。一
　　　　(2d) □□卜，犬：屮…宰。不。二
　　　　(2e) □□[卜]，犬：…一牛。用。三

　　　　　　　　　　　　《合集》19817(《甲編》196＋)[師小字]

這版腹甲反面爲主體三列鑽鑿布局，(2a)辭使用右前甲自下而上第二行的2個鑽鑿占卜用牡侑祭大丁，兆序數一、二從外向内横排。(2b)至(2d)使用右前甲第二行3個鑽鑿，選貞祭牲種類，兆序數從一至三逐辭遞增，從内向外横排。(2c)至(2e)辭不排除一辭一兆的可能性。

　　　　(3a) 丁未[卜]，犬：屮咸戊牛。不。一二
　　　　(3b) 丁未卜，犬：屮咸戊學戊呼(?)。一
　　　　(3c) 丁未卜，犬：屮咸戊。一
　　　　(3d) 丁未卜，犬：屮學戊。不。一
　　　　(3e) 壬寅卜，犬：司叀羊。不。二

　　　　　　　　　　　　　　《合補》6570[師小字]

這版腹甲反面應該爲主體三列鑽鑿布局，(3a)辭使用左尾甲最上一行外

側 2 個鑽鑿,占卜用牛侑祭咸戊,兆序數一、二從内向外橫排。(3b)至
(3e)使用左尾甲部位其他 4 個鑽鑿,(3b)至(3d)三辭選貞祭祀對象,(3e)
占卜祭牲種類。皆一辭一兆,兆序數皆爲一。

(4a) 乙卯卜,自:一羊父乙。不。一

(4b) 二羊父乙。不。五月。一

《合集》19932(《甲編》3046＋)[師小字]

這版腹甲反面應該爲主體三列鑽鑿布局,這版腹甲(4a)(4b)辭使用左前
甲近腋凹區一行 2 個鑽鑿,選貞祭祀父乙所用祭牲羊的數目是一還是二,
一辭一兆,兆序數皆爲一。

(5) 庚寅卜,延:王品司癸巳。不。二月。三

《合集》20276(《甲編》241)[師小字]

這條卜辭使用左後甲最上 1 個鑽鑿,占卜王在癸巳日祭祀司癸,一辭一
兆,兆序數爲三,可能是成套卜辭的第三卜。

(6a) 己未卜…南…二牛。二二告三

(6b) 己巳卜:又… 一

(6c) 又南庚牢。四

《村中南》318[師小字]

這版腹甲反面爲主體三列鑽鑿布局,(6a)辭占卜祭祀,可見一辭兩兆,兆
序數二、三。(6c)辭一兆,兆序數爲四。

(7a) 辛酉卜:又祖乙三十宰。一二

(7b) 辛酉卜:又祖乙二十宰。一二

(7c) 甲子卜:酒丁中卯。

(7d) 甲子卜:酒大戊卯。三

(7e) 甲子卜,夨:酒卜(外)丙卯。四五

(7f) 癸未卜,夨:酒卯父甲。一二三

《合集》19838(《屯南》4517)[師小字]

這版腹甲反面爲主體三列鑽鑿布局,(7a)(7b)兩辭使用中甲及左右前甲近腋凹區各2個鑽鑿,選貞用宰祭祀祖乙的祭牲數,兆序數一、二從外向內橫排。(7c)至(7e)辭選貞祭祀對象是丁中、大戊還是外丙。其中(7c)可能使用右前甲主體區最上一行近千里路兩個鑽鑿,(7d)辭使用右前甲主體區最上一行外側1個鑽鑿占卜,兆序數爲三,(7e)辭使用右前甲主體區第二行近千里路一行2個鑽鑿,兆序數四五從內向外橫排。可能是成套占卜的第四、五兩卜。(7c)至(7e)很可能一辭一卜或兩卜,兆序數逐辭遞增。(7f)辭使用左前甲第二行3個鑽鑿占卜祭祀父甲,兆序數一至三從內向外橫排。

　　　　(8a) 戊辰卜:啓在□。

　　　　(8b) 不啓。一

　　　　(8c) 戊辰卜:彝鬚行𠂤入。己巳。三

　　　　(8d) 弜𠂤。三

　　　　(8e) 辛未卜:戠(䵼)①屯用大乙、大丁、大甲、祖乙。三

　　　　(8f) 辛未卜:于九示戠(䵼)屯。不。三

　　　　(8g) 辛未卜:今日辛戠(䵼)屯。

　　　　(8h) 于壬戠(䵼)屯。不。三

　　　　(8i) 辛未卜:于癸。

　　　　(8j) 辛未卜:來辛戠(䵼)屯。不。

　　　　(8k) 癸酉卜:即祊上甲戠(䵼)屯用。甲戌。三

　　　　(8l) 癸酉卜:即宗戠(䵼)屯。

　　　　　　　　　　　　　　　　《村中南》319[師小字]

這版腹甲反面爲主體三列鑽鑿布局,(8a)(8b)兩辭是對貞啓的第一卜。(8c)(8d)兩辭是對貞𠂤的第三卜。(8e)至(8l)辭是占卜伐屯的第三卜。

　　　　(9) 甲寅卜:又祖乙三牢。不。四　《合集》22175[師小字]

---

① 王子楊:《甲骨文字形類組差異現象研究》,第315—318頁。

這條卜辭使用右後甲最上一行近原邊 1 個鑽鑿，占卜用三牢侑祭祖乙，
兆序數爲四，可能是成套占卜的第四卜或相關占卜兆序數逐辭遞增
到四。

(10a) 戊寅卜：于癸舞雨。不。一

(10b) 辛巳卜：奏岳从雨。从。不。三月。六

(10c) 乙酉卜：于丙奏岳从。用。不雨。二三

(10d) 四月乙未卜：其雨丁。不。一

(10e) 乙未卜：翌丁不其雨。允不。一

(10f) 乙未卜：丙申舞。四月。二

(10g) 乙未卜：于丁出舞。二

(10h) 丙申卜：入岳。二

(10i) 辛丑卜：奏燮从甲辰厄雨小。四月。三

(10j) 丁未卜：令屈屈（犯）[1]㘞𩵋　一二三

(10k) 癸丑卜：又小卜辛。一

(10l) 叀今日用小卜辛羊。一

(10m) 正日又小卜辛羊豕。一

(10n) 癸丑：又小卜辛羊豕。一

(10o) 癸丑卜：又小卜辛羊豕。二

(10p) 叀豕。一

《屯南》4513＋4518［師小字］

這版腹甲反面爲主體三列鑽鑿布局，(10c)辭使用左後甲最上一行鑽鑿占
卜丙日奏岳求雨，可見兆序數二、三，可能一辭三卜。（10d）（10e）辭使用
左右前甲近腋凹區内側 1 個鑽鑿，對貞丁日是否下雨，兆序數爲一，一辭
一卜。（10f）（10g）使用左右前甲近腋凹區外側 1 個鑽鑿，選貞舞雨的日期

---

① 陳劍：《尋"詞"推"字"之一例：試說殷墟甲骨文中"犯"、"圍"兩讀之字》，《中國文字》總第 4
期，第 71—116 頁，2020 年。

是丁日,還是丙申日,一辭一卜,兆序數爲二。乙未日求雨的占卜對貞與選貞兆序數遞增。(10j)辭使用左前甲最下一行 3 個鑽鑿,占卜與軍事相關事類,兆序數爲一至三從内向外横排。(10k)辭至(10p)辭是一組侑祭小卜辛的占卜。(10k)使用左前甲主體區最上一行近千里路 1 個鑽鑿。(10l)(10m)使用右前甲主體區第二行最外側 2 個鑽鑿,選貞侑祭小卜辛的日期是今日,還是正日。(10n)(10o)使用左前甲近千里路一列第 2 個鑽鑿與右前甲主體區第一行最外側 1 個鑽鑿,兆序數分别爲一、二,是同版内的兩辭一套兩卜。

> (11a) 甲午卜,延:亡爾抑。① 二
>
> (11b) 甲午卜,延:由爾抑。十月。二
>
> 《屯南》4310[師小字]

這組卜辭爲成套腹甲的第二版,反面爲稀疏型鑽鑿布局。

> (12a) 辛酉卜:七月大方不其來昷(犯)。一
>
> (12b) 丙子卜:小方不其昷(犯)。今八月。允不。一
>
> (12c) 丁丑卜,延:弓令人。一
>
> (12d) 丁丑卜,延:令[人]出至庚辰。不。八月。一
>
> 《醉古》162(《乙編》129+)[師小字]

這版腹甲反面爲首甲中甲無鑽鑿單環稀疏型鑽鑿布局,占卜方犯,整版兆序數爲一,反面爲稀疏型鑽鑿布局,可能是成套腹甲的第一版,也可能一辭一卜。

> (13) 辛丑卜,夫:令嗇求方。一二   《屯南》604[師小字]

這條卜辭占卜軍事戰争,一辭兩卜,兆序數爲一、二。

> (14) 癸酉卜,王,貞:自今癸酉至于乙酉邑人其見方抑,不
>
> 其見方執。一月。三   《合集》799(《史購》1)[師小字]

---

① 李學勤:《關於自組卜辭的一些問題》,《古文字研究》第 3 輯,第 32—42 頁,中華書局,1980 年。

這條卜辭占卜邑人遇見敵方,可見兆序數爲三。

　　　(15) 乙卯卜,王:夐戻🎵。[一]二三　二告

　　　　　　　　　　　　　　　　　《合集》3430[師小字]

這版腹甲反面爲主體三列鑽鑿布局,這條卜辭使用右前甲最下一行 3 個鑽鑿占卜夐戻,一辭三卜,兆序數一至三從內向外橫排。

　　　(16a) 甲戌卜,貞:奓麂,不其隻抑。一
　　　(16b) 甲戌卜,貞:奓麂,其隻抑。一

　　　　　　　　　　　　　　　　　《拼五》1188[師小字]

這組卜辭使用中甲部位的 2 個鑽鑿,對貞奓麂是否隻,一辭一卜,兆序數爲一。

　　　(17) □午卜:令甫[逐]鹿,擒。十月。一

　　　　　　　　　　　　　　　　　《合集》28359[師小字]

這條卜辭占卜命令甫追逐鹿,一辭一卜,兆序數爲一。

　　　(18) 辛丑卜:婦鼠不其妫。一　　　《合集》14062[師小字]

這條卜辭使用左後甲近跨凹 1 個鑽鑿,占卜婦鼠生育,不會生男孩,一辭一卜,兆序數爲一。

　　　(19a) 步。二
　　　(19b) 戠(待),弓步。二

　　　　　　　　　　　　《合集》21242(《甲編》475)[師小字]

這版腹甲(19a)辭占卜步,(19b)辭占卜等待不要步,一辭一卜,兆序數爲二。

　　　(20a) 壬辰卜:五月癸巳雨,乙巳亦雨。一
　　　(20b) □亥卜⋯雨⋯不。一

　　　　　　　　　　　　　　　　　《合集》20943[師小字]

這兩條卜辭,使用中甲部位 2 個鑽鑿,(20a)辭占卜癸巳雨,(20b)辭占卜雨,一辭一卜,兆序數爲一。

(21) 戊戌卜,延:延令夫,弜爰,若。三

《合集》20165(北圖 2267)[師小字]

這條卜辭使用右後甲近跨凹 1 個鑽鑿,占卜令夫做事,一辭一卜,兆序數爲三。

(22a) 十一月癸丑貞:旬。一

(22b) 十一月癸亥貞:旬。庚午屮見方。受。二

(22c) 癸未貞:旬。二月。二

《合集》21312(《乙編》403)[師小字]

這版腹甲反面爲主體三列鑽鑿布局。(22b)(22c)兩辭可能是成套卜辭的第二卜,(22a)可能是另一套卜旬辭的第一卜。

(23a) 戊子卜,貞:今夕亡[凶]。二

(23b) 戊子卜,貞:今夕又凶。二

(23c) 己丑卜,貞:今夕亡凶。庚寅雨,中日既。二

(23d) 己丑卜,貞:今夕又凶。二

《合集》21302[師小字]

這版腹甲反面爲單環稀疏型鑽鑿布局,正面爲卜夕辭,整版兆序數爲二,可能是異版成套占卜的第二版。

(24a) 乙卯卜,王,貞:令遁取晤。一月。一

(24b) 乙卯[卜],王,貞:弜唯西取晤,呼西出目。一月。一

(24c) 一

(24d) 丁卯卜,王,貞:凶不余□。一

《英藏》1781[師小字]

這版腹甲(24a)(24b)兩辭對貞是否令遁取晤,一辭一卜,兆序數爲一,反

面爲單環稀疏型鑽鑿布局,可能是異版成套占卜的第一卜,也可能是只卜一次。

　　師組小字類龜腹甲占卜祭祀、軍事、田獵、生育、出行、天氣、疾病、卜旬、卜夕、人物事類等内容,有用一辭一卜、一辭多卜(多見兩卜、三卜)、同版内兩辭一套占卜。主體三列密集布局的龜腹甲,通常選用其上的一個、兩個或多個鑽鑿進行占卜,也有某一部分或區域用於異版成套占卜的。稀疏型鑽鑿布局多整版兆序相同,可能多用於異版成套占卜。可能有相關占卜一辭一兆,兆序數遞增的占卜形式。

　　綜上,師組小字類龜腹甲有密集型和稀疏型兩種鑽鑿布局。

　　師組小字類龜腹甲占卜有一辭一卜、一辭多卜(多見兩卜、三卜)、同版内兩辭一套的形式進行占卜。稀疏型鑽鑿布局多整版兆序相同,可能是異版成套占卜。

附表

師小字腹甲鑽鑿布局表

鑽鑿布局類型		號　碼	首甲	中甲	前　甲	後　甲	尾　甲
密集型	三列	7997					3
		16670			4×	5×	
		19817			4×3		
		19890		2	2+		
		19932		2	2+3×		
		20020		2	1+3×		
		20024					3
		20398	右:1	2	右:2+3× 3+3+1 左:2+2+ 3+3+2	×3	

鑽鑿布局類型		號 碼	首甲	中甲	前 甲	後 甲	尾 甲
密集型	三列	20608			1+2×	4×	
		20616			3×		
		20685			3×4		
		20944+20985+21318					3+2+1
		21001					2+2+1
		21035					3+1
		21055+21153			1+4×3+4		
		21242			3+4+2		
		21285				3×	
		21306				5×3	
		21312			3+3×3+3		
		21481				3+4×2?	
		22153				3×	
		22192	1	1	3+3×		
		22425	1	2	2+3×3+3	4+5+4+2	右：2+2+1 左：2+1+2
		T4517	1	2	右：2+3×3+2 左：2+2+3×2+2		
		Y1767				4×3	
		村中南 317				4×3	

鑽鑿布局類型		號 碼	首甲	中甲	前 甲	後 甲	尾 甲
密集型	三列	村中南 318				右：4×3+1 左：4+3×2	2+1
		村中南 319	1	1	1+3+2+3	右：5＋4＋4+1 左：3×3+1	2+1+1
		村中南 322					2×2
		綴彙 170 拼集 31					3+2+1
		7837＋20540+21768		2		3×	
		綴彙 482（21290＋21492＋甲 3055）		2	1+3×3+		
		綴集 236（20098＋20100）					3+2+1
	兩列	19920				3×2	
		20268			3+2		
		20567			1+2		
		20866＋20900+21000				3×2	2
		20870		1	1+2×2	3×2	右：2 左：1

續　表

鑽鑿布局類型	號　碼	首甲	中甲	前　甲	後　甲	尾　甲
稀疏型	20472			1	2	
	20163＋乙補5＋20475＋乙補84＋廣東省文物商店2			1	2	1
	20556			1		
	20651				2	
	20731	0	0	2		
	20805				2	
	20810			2		
	20813			1		
	20827				2	
	21106			2		
	21302			2	2	

師小字腹甲鑽鑿布局材料表

類　型		片　　　號
密集型	三列	綴彙170拼集31(2402＋19976＋21172)、7997(甲3095)、16670(甲3177)、19817(甲釋5)、19890(甲3045)、19932(甲3046＋甲3052)、20020、20024、20608(甲3013＋3019)、20616(甲213)、20685(甲3683)、20944(甲272)、21001、21035(甲3004)、蔣玉斌(21055＋21153)、21242(甲475)、21285(掇二188)、21306(乙105＋)、21312(乙403)、21481(乙56)、22153(甲3365)、22192(乙8899)、22425(甲釋212)、20398(T4513＋4518)、T4517、Y1767、村

類　型		片　　　號
密集型	三列	中南 317、村中南 318、村中南 319、村中南 322、綴彙 482(21290＋21492＋甲 3055)、綴集 112(2558＋13349＋15147＋22237)、綴集 236(20098＋20100)
	兩列	19920(甲 488)、20268(甲 207)、20567(甲 461)、蔣玉斌(20866＋20900＋21000)、20870(乙 9035)
稀疏型		20472(乙 8505)、20556(乙 79＋159)、20651(乙 98)、20731(甲 3003)、20805(乙 474)、20810(甲 260)、20813(甲 236)、20827(甲 462)、21106(甲 249)、21302、T4310、Y1781、蔣玉斌(20163＋乙補 5＋20475＋乙補 84＋廣東省文物商店 2)

附：師組腹甲鑽鑿布局與占卜形式小結

師組龜腹甲有稀疏型和密集型兩種鑽鑿布局類型。密集型鑽鑿布局左右兩側在鑽鑿數目與位置分布上有不對稱的情況，可以分爲主體三列和主體兩列兩種，有較凌亂鑽鑿布局。稀疏型鑽鑿布局主要爲單環稀疏型。鑽鑿多灼燒在長鑿內側，也有灼燒在長鑿外側的情況。

師組龜腹甲占卜形式主要爲一辭多卜，可能有異版成套占卜。

附：𡆥類腹甲鑽鑿布局與占卜形式

一、𡆥類腹甲鑽鑿布局

𡆥類腹甲反面可見密集型鑽鑿布局。

1. 主體三列及以上密集布局

《村中南》341 腹甲反面首甲左右各 1 個鑽鑿，中甲 2 個鑽鑿，前甲反面左側近腋凹區 3 個鑽鑿，主體區三列 9 個鑽鑿，近甲橋區兩列，一列 3 個，一列 2 個鑽鑿。後甲反面左側三列鑽鑿，近千里路一列 5 個鑽鑿，近原邊一列 5 個鑽

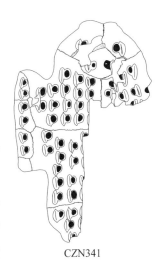

CZN341

鑿,中間一列 4 個鑽鑿,近跨凹區一列 2 個鑽鑿,鑽鑿排列不甚整齊。尾甲左側三行,上行 3 個,中行 2 個,下行 1 個鑽鑿。甲橋部位上、中、下部各 2 個鑽鑿。整版爲主體三列密集型鑽鑿布局。

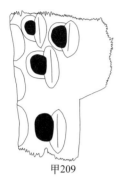

甲209

2. 主體兩列密集布局

《合集》20348(《甲編》209)後甲反面右側主體區兩列,每列 3 個鑽鑿,近甲橋區 1 個鑽鑿,爲主體兩列鑽鑿布局。

屮類腹甲有三列或兩列密集型鑽鑿布局。結合卜辭與鑽鑿的對應關係、占卜選擇鑽鑿的位置及個數來看,鑽鑿應該是在甲骨整治後即施加完成,占卜時選擇一個或幾個鑽鑿進行灼燒。

二、屮類腹甲上的占卜形式

屮類腹甲主要用成套和一辭多卜的形式占卜。

(1a) 甲申卜:邲雀父乙一牛。用。一。《村中南》341[師賓]

(1b) 甲申卜,貞:雀不囚(殟)。七月。允不。五

　　　　　　　　　　　　　　　　《村中南》341[師歷]

(2a) 甲申卜,貞:雀不囚(殟)。七月。允不。一

　　　　　　　　　　　　　　　　《村中南》342[師歷]

(2b) 甲申卜,貞:雀其囚(殟)。不。五《村中南》342[師歷]

(2c) 丙戌卜:又﹨大丁五牢。六　　　《村中南》342[屮類]

(2d) 庚寅卜,貞:屮祖辛五牢。用。辛卯。一

　　　　　　　　　　　　　　　　《村中南》342[屮類]

(1c) 貞:屮祖丁三牢。不。一二　　《村中南》341[屮類]

(1d) 丙申卜,貞:屮祖丁五牢。用。丁酉。三

　　　　　　　　　　　　　　　　《村中南》341[屮類]

(2e) 貞:三牢祖丁。不。三　　　　《村中南》342[屮類]

(2f)　［丙］申卜，貞：［屮］祖丁五牢，［用］。丁酉。

《村中南》342［屮類］

(1e)　己未卜：屮大庚二牢。不。五　　《村中南》341［屮類］

(1f)　己未貞：弜屮大庚。用。六　　　《村中南》341［屮類］

(2g)　己未卜，貞：叔弜屮大庚。用。五　《村中南》342［屮類］

(1g)　辛酉卜：于十一月立人。二　　《村中南》341［師小字］

(1h)　辛酉卜：于十二月立人。一　　《村中南》341［師小字］

(1i)　辛酉卜：于曰五月立人。一二　《村中南》341［師小字］

(1j)　辛□［卜，貞］：王出，若。九月。［一］二三四

《村中南》341［屮類］

(1k)　辛酉卜… 　一二三［四］　　　《村中南》341［屮類］

(1l)　戊辰卜，貞：夫亡囚（殟）。七月。《村中南》341［師賓］

《村中南》341 與 342 是基本同時占卜相關內容的兩版腹甲。(1b)與(2a)兩辭是異版成套占卜的第一、第五卜。(1c)與(2e)兩辭成套三卜侑祭祖丁，一辭兩兆，兆序數爲一、二，一辭一兆，兆序數爲三。(1f)與(2g)兩辭成套二卜不要侑祭大庚，一辭一兆，兆序數分別爲五、六。(1g)(1h)(1i)選貞立人的時間是十一月、十二月還是五月。(1g)(1i)兩辭，一辭兩兆，兆序數皆爲一、二。

　　屮類腹甲占卜祭祀、人物等辭基本用多卜的形式，或一辭多卜，或多辭一套。

　　綜上，屮類腹甲可見密集型鑽鑿布局。占卜形式上基本用多卜，或一辭多卜，或多辭成套。

附表

屮類腹甲鑽鑿布局表

鑽鑿布局類型		號　碼	首甲	中甲	前甲	後甲	尾甲	甲橋
密集型	三列	村中南 341	1	2	3＋4×3＋2	5＋4＋5＋2	3＋2＋2	2＋2＋2

續　表

鑽鑿布局類型		號　碼	首甲	中甲	前甲	後甲	尾甲	甲橋
密集型	三列	村中南 342		2		6＋6＋5＋2×3	3＋2＋2	＋2
	兩列	20348				2×3＋1		

屮類腹甲鑽鑿布局材料表

類　型		片　　號
密集型	三列	村中南 341、村中南 342
	兩列	20348（甲 209）

附：師歷間類腹甲鑽鑿布局與占卜形式

一、師歷間類腹甲鑽鑿布局

師歷間類腹甲反面鑽鑿布局主要有密集型與稀疏型。

（一）密集型

師歷間類腹甲密集型鑽鑿布局有主體三列與主體兩列密集布局。

1. 主體三列密集布局

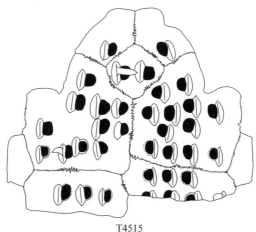

T4515

　　《屯南》4515腹甲左右兩部分的鑽鑿大致對稱分布。首甲左右各1個鑽鑿。中甲2個鑽鑿,灼燒在長鑿右側。前甲較凌亂布局,反面右側近腋凹區2個鑽鑿,主體區三列,近千里路一列2個,其餘兩列,每列3個鑽鑿,近甲橋區一列2個鑽鑿。左側近腋凹區1個鑽鑿,主體區三列,近千里路一列2個,中間一列3個,左側一列2個鑽鑿,近甲橋區一列2個鑽鑿。後甲左右主體區各三列鑽鑿。爲主體三列密集鑽鑿布局。

　　《屯南》4516腹甲左右兩部分的鑽鑿對稱分布。首甲左右各1個鑽鑿。中甲2個鑽鑿。前甲反面左右近腋凹區各2個鑽鑿,主體區各三列,近千里路一列3個鑿,第二列2個,第三列3個鑽鑿,近甲橋區各1個鑽鑿。爲主體三列鑽鑿布局,灼燒均在長鑿內側。

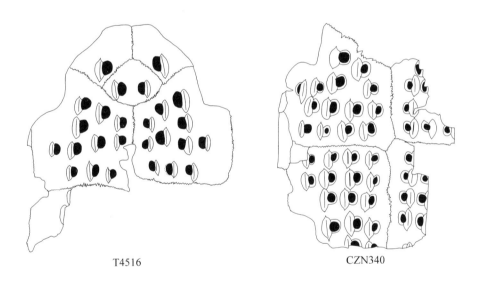

T4516　　　　　　　　　　　　　　CZN340

　　《村中南》340腹甲左右兩部分的鑽鑿,前甲反面左側較完整,近腋凹區2個鑽鑿,主體區三列,近千里路一列3個,第二列2個,第三3個鑽鑿,較凌亂布局,近甲橋區兩列,一列3個,一列1個鑽鑿,灼燒在長鑿外側。後甲反面左側主體區三列,近千里路2列,每列5個,近原邊一列4個鑽鑿,近甲橋區一列2個。爲主體三列鑽鑿布局,灼燒均在長鑿內側。

2. 主體兩列密集布局

《合集》30457 前甲左側近腋凹區 1 個鑽鑿，主體區兩列，近千里路一列 2 個，近原邊一列 1 個鑽鑿。爲主體兩列鑽鑿布局。灼燒均在長鑿內側。

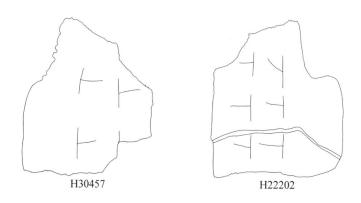

H30457　　　　　　　　　　H22202

《合集》22202 前甲右側近腋凹區一行 2 個鑽鑿，主體區二列二行 4 個鑽鑿。爲主體兩列鑽鑿布局。灼燒均在長鑿內側。

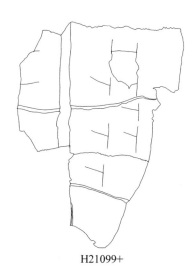

H21099+

《合集》21099＋後甲右側兩列 8 個鑽鑿。尾甲至少有 1 個鑽鑿。爲主體兩列鑽鑿布局。灼燒均在長鑿內側。

（二）稀疏型

師歷間類腹甲可見首甲中甲無鑽鑿的單環稀疏型鑽鑿布局。

《合集》20594＋腹甲左右兩部分的
鑽鑿對稱分布。前甲後甲反面左右各一
列２個鑽鑿。爲首甲中甲無鑽鑿的單環
稀疏型鑽鑿布局。灼燒均在長鑿內側。

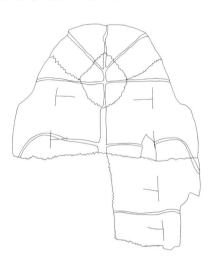

師歷間類龜腹甲鑽鑿布局有密集型
和稀疏型。密集型主要爲兩列和三列布
局。稀疏型主要爲首甲中甲無鑽鑿的單
環稀疏型鑽鑿布局。主體三列密集布局
前甲較凌亂布局，有灼燒在長鑿外側的
情況。類似於師組腹甲鑽鑿布局。結合
卜辭與鑽鑿的對應情況以及使用鑽鑿的
順序來看，鑽鑿很可能在龜腹甲整治後即施加完成。

二、師歷間類腹甲上的占卜形式

師歷間類腹甲主要占卜形式爲異版成套，也有一辭多卜。

（一）一辭多卜

（1）癸未卜：不雨。允不。一二　　　　《合集》21099［師歷］

這條卜辭使用左尾甲最下一行２個鑽鑿，一辭兩卜，占卜不雨。這版其餘
卜辭爲成套占卜第三卜。

（二）成套占卜

師歷間類腹甲存在異版成套占卜。

（2）甲戌卜…大甲…　六　　　　　　　《合補》6551［師歷］

這條卜辭爲第六卜。

（3a）甲子卜：令□以旅田彎。五

(3b) 壬午卜：令般比侯告。五

《拼四》930［師歷］

(4) □□卜：［令］般［比］侯告。二　　《合集》20058［師歷］

以上兩版爲異版成套腹甲的第二、第五兩版。

(5a) 戊寅卜：歸在乎止。四

(5b) 壬午卜：屮戎在斷東北隻。四

(5c) 弗隻。四

(5d) 乙酉卜：丙戌步易日。四

(5e) 不易日。四

(5f) 丙戌［卜］：丁亥步易日。十月。在折。四

《合集》20594＋20779＋20265①［師歷］

這版腹甲爲異版成套腹甲的第四卜。

(6a) 丁酉卜：今生十月王章徦，受又。五

(6b) 弗受［又］。五

(6c) 己亥卜：王章徦今十月，受又。五

(6d) 弗受又。五

(6e) 庚子卜：伐歸，受又。八月。五

(6f) 弜伐歸。五

(6g) 壬子卜，貞：步，自亡囚。五

(6h) 屮囚。五

《屯南》4516［師歷］

這版腹甲爲異版成套腹甲的第五卜。

(7a) 乙酉卜：王入商。在㘑。七

(7b) 庚寅卜：王入。七

---

① 蔣玉斌：《蔣玉斌甲骨綴合總表》，第162組。

(7c) 弜[入]。七

(7d) 辛卯卜：王入。七

(7e) 弜入。七

(7f) 乙未卜：王入今三月。七

(7g) 于四月入。七 三告

(7h) 癸亥貞：王在𤔲，亡𡆥。七

(7i) 壬寅：雨。七

(7j) 子妥不死。三

(7k) 其死。三

《屯南》4514[師歷]

以上這版腹甲(7a)至(7i)爲異版成套腹甲的第七卜。(7j)(7k)對貞子妥是否死，兆序數爲三，可能是相關事件的第三卜。

　　師歷間類腹甲主要占卜形式爲異版成套，也可見一辭多卜。

　　綜上，師歷間類龜腹甲鑽鑿布局有密集型和稀疏型。密集型主要爲兩列和三列布局。稀疏型主要爲首甲中甲無鑽鑿的單環稀疏型鑽鑿布局。主體三列密集布局前甲較凌亂，有灼燒在長鑿外側的情況。類似於師組腹甲鑽鑿布局。

　　師歷間類腹甲主要占卜形式爲異版成套，也可見一辭兩卜。

附表

師歷腹甲鑽鑿布局表

鑽鑿布局類型		號　碼	首甲	中甲	前　甲	後甲	尾甲	甲橋
密集型	三列	20500				3＋4＋4		
		33309				×3	2＋1＋	
		33955			2＋2＋2＋3＋1			

續　表

鑽鑿布局類型		號　碼	首甲	中甲	前　甲	後甲	尾甲	甲橋
密集型	三列	T4515	1	2	右 2＋2＋3＋3＋2 左 1＋2＋3＋2＋1＋2	×3		
		T4516	1	2	2＋3＋4＋1			
		村中南 340			2＋3＋2＋3＋3	5×3＋2		
	兩列	20262			1＋2＋			
		21006			2＋2×2			
		21099				3×2	1	
		22202			2＋2×2			
		30457			1＋2			
稀疏型	單環稀疏型	20058			2			
		20594			2	2		
		22299				2		

師歷腹甲鑽鑿布局材料表

類　型		片　　　號
密集型	三列	20500（甲 206）、33309、33955（乙 8509）、T4515、T4516、村中南 340
	兩列	20262（甲 483）、21006、21099＋27072、22202、30457
稀疏型	單環稀疏	20058（甲 186）、20594＋20779＋20265、拼四 930（22299＋22473＋京人 3144）
因殘斷或缺反面信息不明		20323、20516、20518、20525、20529＋B6932＋京人 2992、20907（甲 242）、21099 部分、33175

第六章　村北系腹甲鑽鑿布局與占卜形式

殷墟王卜辭中龜腹甲主要用於村北系甲骨占卜，其鑽鑿布局主要按照師賓間類、戊類、賓組一類、典賓類、賓出類、出組二類、何組、黃組幾個類別進行整理研究。

第一節　師賓間類腹甲鑽鑿布局與占卜形式

一、師賓間類腹甲鑽鑿布局

師賓間類腹甲反面鑽鑿布局多爲密集型，也有稀疏型。

（一）密集型

師賓間類腹甲密集型鑽鑿布局有主體兩列和三列兩種類型。

1. 主體三列密集布局

《合集》8984（《乙編》4718）腹甲左右兩部分的鑽鑿對稱分布。首甲左右各 1 個鑽鑿。中甲 2 個鑽鑿。前甲左右近腋凹區各 2 個鑽鑿，主體區

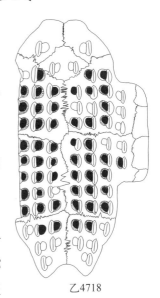

乙4718

各三行三列 9 個鑽鑿,近甲橋區各一列 3 個鑽鑿。後甲左右主體區各三列五行 15 個鑽鑿,近甲橋區各一列 2 個鑽鑿。尾甲左右各三行鑽鑿,上行 3 個,中行 2 個,下行 1 個鑽鑿,爲主體三列鑽鑿布局,灼燒均在長鑿內側。結合這版腹甲上卜辭與鑽鑿的對應關係、占卜時使用鑽鑿的部位和個數來看,鑽鑿應該是甲骨整治後即按照一定的布局施加完成,占卜時選用其上的一個或兩個鑽鑿進行灼燒。

2. 主體兩列密集布局

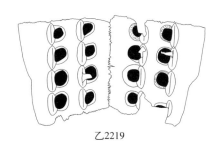

乙2219

《合集》11511(《乙編》2219)後甲左右各兩列四行 8 個鑽鑿,爲主體兩列鑽鑿布局。

(二) 稀疏型

師賓間類腹甲稀疏型鑽鑿布局基本爲單環稀疏型。

《合集》5793(北圖 2247)後甲反面右側一列 2 個鑽鑿,爲稀疏型鑽鑿布局。

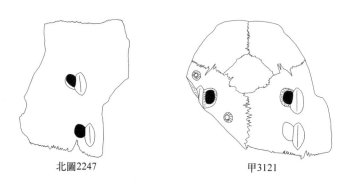

北圖2247   甲3121

《合集》12964(《甲編》3121＋)首甲、中甲無鑽鑿。前甲左右各一列 2 個鑽鑿,反面左側 2 個穿孔。爲首甲中甲無鑽鑿的稀疏型鑽鑿布局。這版腹甲從卜辭與鑽鑿的對應關係、鑽鑿布局的整齊性來看,鑽鑿很可能是在整治後即按照一定的布局施加完成。

師賓間類龜腹甲有稀疏和密集兩種鑽鑿布局類型。密集型鑽鑿布局有主體三列和主體兩列兩種。稀疏型可見單環稀疏型,有首甲中甲無鑽鑿單環稀疏型布局。灼燒在長鑿內側。鑽鑿基本在整治後即按照一定布局施加完成。

與師組相比,師賓間類龜腹甲上鑽鑿的行列布局明顯更加整齊。

二、師賓間類腹甲上的占卜形式

師賓間類腹甲主要占卜形式爲多卜,或有一卜。多卜主要有一辭多卜、異版成套以及一版内的多辭一套占卜。

(一) 一辭一卜或多卜

(1a) 庚寅卜:辛卯奏舞雨。一

(1b) [壬]辰奏[舞]雨。

(1c) 庚寅卜:癸巳奏舞雨。一

(1d) 庚寅卜:甲午奏舞雨。一

《合集》12819(《甲編》3069)[師賓]

這版腹甲從龜腹甲各部位比例及現存尾甲部位的鑽鑿布局推斷很可能是主體三列密集布局。(1a)使用尾甲部位第一行近千里路 1 個鑽鑿,(1c)(1d)分別使用左右尾甲最下 1 個鑽鑿,選貞奏舞雨的日期,兆序數皆爲一。

(2) 丙寅卜:屮于成宰五。一月。一二　《英藏》15+①[師賓]

這版腹甲(2)辭使用右前甲主體區最上一行 2 個鑽鑿占卜用五宰侑祭成,一辭兩卜,兆序數一、二從内向外橫排。

---

① 《旅藏》1140+《英藏》15,林宏明:《甲骨新綴第 522—530 例》,第 530 例,先秦史研究室網站,2014 年 10 月 19 日。

（3）［庚］午卜：方禘三豕业犬卯于土（社）宰粲（禱）雨。二
月。一二三四　　　　　　　　　　　　　　　《天理》15［師賓］

這版腹甲爲主體三列鑽鑿布局。（3）辭至少使用左前甲近腋凹區1個及
主體區最上一行3個鑽鑿，占卜祭祀社禱雨，至少一辭四卜，兆序數一至
四自上而下，從外向內依次排列。

（4a）庚申卜：呼取犹夠。一二
（4b）弓呼取犹夠。一二

　　　　　　　　　　　　《合集》117（《甲編》3022＋）［師賓］

這兩條卜辭分別使用左右尾甲近千里路一列各2個鑽鑿，對貞是否徵取
犹夠，一辭兩卜，兆序數一、二自上而下縱排。

（5a）丁卯卜，曰：黑任业畐（犯）歸。允畐（犯）。一二
（5b）丁卯卜：歸人弗畐（犯）黑任。一二

　　　　　　　　　　　　《拼三》803（北圖2654＋）［師賓］

這版腹甲爲主體三列鑽鑿布局。以上兩條卜辭分別使用左右尾甲最下一
行2個鑽鑿，選貞黑任與歸的戰事，一辭兩卜，兆序數一、二從內向外
橫排。

（6a）□辰卜：疋隻羌。十月。一二三
（6b）□辰卜：疋隻畐（犯）羌，其戋。一二三

　　　　　　　　　　　　《合集》191（《甲編》3067＋）［師賓］

這版腹甲爲主體三列鑽鑿布局，以上兩條卜辭分別使用尾甲最上一行3
個鑽鑿，占卜獲羌，一辭三卜，兆序數一至三從外向內橫排。

（7a）丁卯卜：令嫩以人田于燊。十一月。［一二］三
（7b）丁卯卜：弓令嫩以人田于燊。十一月。［一］二三

　　　　　　　　　　　　　　　　　《合集》1022［師賓］

這版腹甲爲主體三列鑽鑿布局。（7a）（7b）兩條卜辭分別使用前甲主體區

第二行 3 個鑽鑿,對貞命令嫩帶領人田,一辭三卜,兆序數一至三從內向外橫排。

(8a) 乙卯卜,貞:今我不其受年。[一]二三

(8b) 庚辰卜,王,貞:方其大出。十二月。[允]大[出]。[一]二三

《天理》641[師賓]

這版腹甲爲主體三列鑽鑿布局。(8a)辭使用右前甲第二行 3 個鑽鑿,占卜我不受年,(8b)辭使用右前甲最下一行 3 個鑽鑿,占卜方大出。兆序數一至三從內向外橫排。

(9) …洹不次。[一]二三　《合集》8317(《旅藏》266)[師賓]

這條卜辭占卜洹水氾濫,兆序數一至三從內向外橫排。

(10) 乙亥卜:繼以。一二三四

《合集》9086(《乙編》5257)[師賓]

這版腹甲爲主體兩列鑽鑿布局。(10)辭最少使用右後甲部位二行 4 個鑽鑿,占卜繼以,一辭四卜,兆序數一至四從內向外、自上而下排列。

(11) 庚寅卜:今生一月方其亦出告。四

《合集》6673(《甲編》3066)[師賓]

這版腹甲爲主體三列鑽鑿布局。(11)辭占卜報告與敵方有關的軍事情報,目前可見使用左前甲最外一列第 2 個鑽鑿,至少一辭四卜。

(12) …來歲[受年]。一二三四五 不✦ 六七八

《合集》11511(《乙編》2219)[師賓]

這版腹甲爲主體兩列鑽鑿布局。(12)辭使用右後甲部位全部四行 8 個鑽鑿,占卜來歲受年,一辭八卜,兆序數一至八從內向外,自上而下依次排列。

(13a) 壬午卜,王:其逐在萬鹿,隻。允隻五。一二 二告

（13b）壬午卜，王：弗其隻在萬鹿。一二

《醉古》70）+《合集》10951（《乙編》3209+）①［師賓］

這版腹甲主體三列鑽鑿布局。（13a）（13b）兩辭使用尾甲最上一行 2 個鑽鑿，對貞是否捕獲在萬地的鹿，一辭二卜，兆序數一、二從外向內橫排。

　　師賓間類腹甲主體三列或兩列密集鑽鑿布局時，通常用一辭多卜的形式進行占卜。占卜時通常使用某一行上的全部鑽鑿，則占卜的次數由一行內鑽鑿的個數決定。也有使用多行鑽鑿進行占卜的情況，則體現出分區占卜的迹象，即占卜的次數由一個區域內或某幾行鑽鑿的個數決定。也有按列使用鑽鑿進行占卜的情況。

　　（二）成套占卜

　　1. 一版內的多辭一套

（14a）戊辰卜：雀以象。一

（14b）戊辰卜：雀不其［以象］。一

（14c）戊辰卜：雀以象。二

（14d）戊辰卜：雀不其以象。二

（14e）己巳卜：雀以夒。十二月。一二

（14f）己巳卜：雀不其以夒。一二

《合集》8984（《乙編》4718）［師賓］

這版腹甲爲主體三列鑽鑿布局，占卜時基本按複環稀疏型鑽鑿布局來使用。（14a）（14b）使用後甲左右第三行第二個鑽鑿（2,3），對貞雀納貢象，兆序數爲一，（14c）（14d）使用前甲最下一行中間 1 個鑽鑿（2,3），對貞雀納貢象，兆序數爲二。（14a）（14c）、（14b）（14d）是同版的兩辭一套兩卜。（14e）（14f）兩辭使用尾甲最上一行 2 個鑽鑿，對貞雀納貢夒，一辭兩卜，兆序數一、二從外向內橫排。

---

① 張惟捷：《甲骨新綴第二十六則》，先秦史研究室網站，2013 年 4 月 26 日。

(15a) 丁巳卜,王：余弓彡。一二
(15b) 丁巳卜,王：余彡。一二
(15c) 丁巳卜,王：余弓彡。三
(15d) 丁巳卜,王：余[彡]。三
(15e) 丁巳卜,王：余弓彡。四五
(15f) 丁巳卜,王：余彡。四五
(15g) 戊午卜：小臣妫。十月。一二三四
(15h) 戊午卜：小臣妫。[一]二三四

《合集》585(《乙編》826＋)[師賓]

這版腹甲爲主體三列鑽鑿布局。(15a)至(15f)辭爲丁巳日正反對貞余要不要彡。(15a)(15b)辭使用後甲左右最下一行外側1個鑽鑿(3,5)與第三列第三行1個鑽鑿(3,3),兆序數一、二自下而上排列,(15c)(15d)使用前甲左右最下一行第三個鑽鑿(3,3),兆序數爲三。(15e)(15f)使用前甲左右近腋凹區一行2個鑽鑿,兆序數四、五從外向内横排。正反對貞皆爲三辭一套五卜。這套卜辭基本按首甲中甲無鑽鑿複環稀疏型鑽鑿布局常用的占卜形式來進行占卜。(15g)、(15h)使用前甲第三行4個鑽鑿,兩辭同貞小臣有好的生育結果,一辭四卜,兆序數一至四從外向内横排。

因受材料信息影響,在現有師賓間類龜腹甲上暫時未發現複環稀疏型鑽鑿布局。以上(14)(15)兩版龜腹甲都是主體三列密集鑽鑿布局按照複環稀疏型鑽鑿布局來使用,這種現象至少説明以下幾點：第一,整版鑽鑿是在整治後即施加完成。第二,師賓間類龜腹甲已經有複環稀疏的占卜形式。第三,見於賓組一類及典賓類的複環稀疏型鑽鑿布局可能是在這種占卜形式的影響下産生的。當然也存在另一種可能性：在師賓間類與賓組一類共存階段,師賓間類受賓組一類複環稀疏型鑽鑿布局占卜形式的影響而使用這種占卜形式。

(16a) 壬午卜：魯妫。一

(16b) 壬午卜：魯不其妣。五月。一

(16c) 魯妣。允妣，延囚（殯）。二

(16d) 魯不其妣。二

(16e) 壬午卜：台子妣。一

(16f) 壬午卜：台子不其妣。允不。一

(16g) 台子妣。二

(16h) 台子不其妣。二

《合集》22102（《甲編》3000）[師賓]

這版腹甲按首甲中甲無鑽鑿單環稀疏型鑽鑿布局使用。(16a)(16b)使用前甲近腋凹區 1 個鑽鑿，對貞魯是否會有好的生育結果，兆序數爲一。(16c)(16d)使用前甲左右最下一行外側 1 個鑽鑿，對貞魯是否會有好的生育結果，兆序數爲二。以上占卜兩辭一套兩卜。(16e)(16f)使用後甲近跨凹 1 個鑽鑿，對貞台子是否會有好的生育結果，兆序數爲一。(16g)(16h)使用後甲最下一行外側 1 個鑽鑿，對貞台子是否會有好的生育結果，兆序數爲二。以上占卜兩辭一套兩卜。

(17a) 癸酉卜：乙亥不風。[一]二

(17b) 乙亥唯其風。[一]二

(17c) 庚申卜：黍，受年。一

(17d) 庚申卜：弜黍。

(17e) 庚申卜：我受黍年。二

(17f) [庚申]卜：我[不]其受黍年。十二月。

《合集》10020（《甲編》2999＋）[師賓]

這版腹甲可能爲複環稀疏型鑽鑿布局的截鋸甲骨。(17a)(17b)兩辭使用尾甲部位的一行 2 個鑽鑿，對貞乙亥日是否風，兆序數一、二從內向外橫排。(17c)(17d)使用後甲最下一行中間 1 個鑽鑿，對貞種黍是否受年，兆序數爲一。(17e)(17f)使用後甲最下一行最外側 1 個鑽鑿，對貞我是否受黍年，兆序數爲二。

師賓間類腹甲同版內多辭一套的占卜,可能在稀疏型或密集型鑽鑿布局的腹甲上進行。但即使所用腹甲反面爲密集型鑽鑿布局,也基本按首甲中甲無鑽鑿的稀疏型鑽鑿布局來使用。

2. 異版成套

(18a) 甲申卜:乙酉业祖乙三宰酚三十牛。一

(18b) 丙戌… 一

《合集》1513[師賓]

從龜腹甲各部位比例推斷,這版腹甲爲單環稀疏型鑽鑿布局。(18a)辭使用左後甲近跨凹 1 個鑽鑿,占卜侑祭祖乙,兆序數爲一。(18b)辭殘斷,使用左後甲最下 1 個鑽鑿,兆序數爲一。很可能是異版成套腹甲的第一版。

(19a) 甲辰卜,王:自今至己酉雨。允雨。一

(19b) 甲辰卜,王:翌丁未雨。一

《合集》12964(《甲編》3121＋)[師賓]

這版腹甲爲首甲中甲無鑽鑿單環稀疏型鑽鑿布局。兩辭使用左右前甲近腋凹 1 個鑽鑿,占卜下雨的日期,一辭一卜,兆序爲皆爲一。很可能是異版成套腹甲的第一版。

(20a) 癸未卜:雀不其來射。一

(20b) 癸未卜:今一月雀亡其至。一 二告

《合集》5793(北圖 2247)[師賓]

這版腹甲爲單環稀疏型鑽鑿布局。使用左後甲的 2 個鑽鑿占卜雀納貢之事,兆序數皆爲一,可能是異版成套腹甲的第一版。

(21a) 壬申[卜,貞:雀]克[戋]敖。二

(21b) 壬申卜,貞:[雀]弗其[克]戋敖。二

(21c) 癸丑卜:𤔔其克憂。二

(21d) 癸丑卜:𤔔弗克憂。二

(21e) 乙卯卜：乍弜奉𢍺。貞：𢍺不亦(夜)來。二

(21f) 乙卯…𢍺其[亦(夜)]來。二

《合集》53＋4673＋22482＋7024＋19193＋《山東》226①[師賓]

這版腹甲可能按複環稀疏型鑽鑿布局來使用,占卜雀與敖、𢍺與𢍺等戰爭的情況,一辭一兆,整版兆序數皆爲二,是異版成套腹甲的第二版。

師賓間類龜腹甲占卜祭祀、軍事、納貢、田獵、農業、天氣、疾病、生育等內容。師賓間類龜腹甲主體三列或兩列密集鑽鑿布局時,多用一辭多卜的形式進行占卜。多按行,也有按列使用鑽鑿進行占卜。按行使用鑽鑿進行占卜,即使用卜辭所在的一行、兩行或多行鑽鑿,占卜的次數由使用鑽鑿的行數及每行鑽鑿的個數決定,呈現出二卜、三卜、四卜,也有八卜、十二卜等。按行使用鑽鑿進行占卜體現了占卜分區的思想以及占卜的預設性,即占卜前先確定了要使用某一行或某幾行鑽鑿。首甲中甲無鑽鑿的稀疏型鑽鑿布局或密集布局按該型鑽鑿布局使用龜腹甲占卜時,多用成套的形式進行占卜。成套占卜有同版內的兩辭或三辭一套的二卜或五卜,也有異版成套占卜。成套占卜也體現了占卜的預設性。

綜上,師賓間類龜腹甲有稀疏型和密集型兩種鑽鑿布局類型。密集型鑽鑿布局有主體三列和主體兩列兩種。稀疏型有首甲中甲無鑽鑿單環稀疏型布局。師賓間類腹甲鑽鑿布局比師組更嚴整。

師賓間類龜腹甲主體三列或兩列密集鑽鑿時,多用一辭多卜的形式進行占卜。首甲中甲無鑽鑿的稀疏型鑽鑿布局或密集布局按該型使用時,多用一版內的多辭一套或異版成套的形式進行占卜。

---

① 蔣玉斌:《甲骨舊綴之新加綴》,第6組。

附表

師賓腹甲鑽鑿布局表

鑽鑿布局類型		號　碼	首甲	中甲	前　甲	後　甲	尾　甲
密集型	三列	B3412＋Y970		2	1＋3×3		
		191＋					3＋2×2
		520					3＋2
		585	2	4	2＋3×3＋3	5×3＋2	右：3＋2＋2 左：3＋2＋1
		7063				×3	2＋1
		8984	1	2	2＋3×3＋3	5×3＋2	3＋2＋1
		9336					3＋2
		9359					3＋2
		9373					3＋2＋1
		10950	1	2	1＋3×3＋3	5×3＋2	2＋1
		10951	1	2	1＋3×3＋3	5×3＋2	2＋1
		15351			2＋3×3＋		
		W142				5×3＋2？	
		醉古 70				5×3＋2	
	兩列	9086				3×2	
		11511				4×2	
		12853				3＋2	
		22219				4×2	

續　表

鑽鑿布局類型		號碼	首甲	中甲	前　甲	後　甲	尾　甲
稀疏型	首甲中甲無鑽鑿	12964	0	0	2		
		22102	0	0	2	2	1
	首甲中甲缺失	6842				2	
		8425				2	
		10020					2+1
		5793				2	
		16226				2	
		19997			2		
		Y191			2+1+2		

師賓腹甲鑽鑿布局材料表

類　型		片　　號
密集型	三列	B3412＋Y970、蔣玉斌(53＋4673＋22482＋7024＋19193＋山東 226)、陳逸文 191(甲 3067＋3071)＋4・0・0220、520、585(乙 826)、673、1022、6673(甲 3066)、7063(甲 3073)、8984(乙 4718)、9336(甲 3006)、9359(甲 2974)、9373(甲 3044)、10950(丙 323)、10951(乙 3208)、15351(乙 5823)、L15、W142、醉古 70(5332[乙 3210]＋10313[乙 3209])
	兩列	9086(乙 5257)、11511(乙 2219)、22219
稀疏型		5793(北圖 2247)、6842、8425、10020(甲 2999)、12853(乙 8689)、12964(甲 3121＋3128)、16226、19997、22102(甲 3000)、Y191
因殘斷或缺反面信息不明		B503、B3391、B3837、B5979、117(甲釋 156,甲 3022＋甲 3070＋甲 3107)、195、1513、3227、4115、4163、4305、孫亞冰 4324＋4325＋4342、9332、9593、10035、10138、10154、10197、10374、11959、12506、12819、13733、13892、14903、15299、16216、16301、17081、18704、19369、19852、L641、T4511、蔣玉斌 W391＋W442＋W383、Y1313、Y1568、旅藏 1140＋Y15、拼集 37(5330＋10494)、拼續 449(4173＋B2793＋北珍 2341)、拼三 803(7030[北圖 2654]＋7049[甲 3104])、綴彙 531(B1265[甲 208]＋甲 217＋B1266[甲 233])、綴集 278(4674＋山本竟山舊藏拓 40)、綴集 345(7028＋40082＋Y1813＋庫 1556)、綴續 383(B2170＋B2178)

附：戌類腹甲鑽鑿布局與占卜形式

一、戌類腹甲鑽鑿布局

戌類腹甲反面可見密集型鑽鑿布局。

1. 主體三列密集布局

《合集》423＋（《乙編》1045）腹甲反面首甲左右各 1 個鑽鑿。中甲殘缺。前甲反面右側近腋凹區 1 個鑽鑿，主體區三列三行 9 個鑽鑿，近甲橋區一列 3 個鑽鑿。後甲左右主體區各三列五行 15 個鑽鑿，近跨凹區各一列 2 個鑽鑿。整版爲主體三列密集型鑽鑿布局。

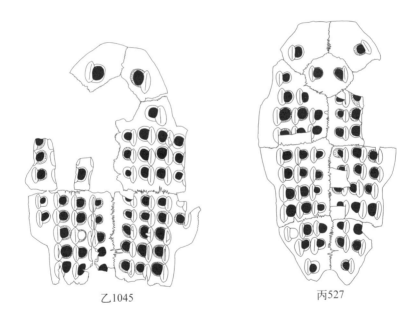

乙1045　　　　　　　丙527

《合集》11892（《丙編》527）腹甲反面首甲左右各 1 個鑽鑿。中甲 2 個鑽鑿。前甲反面左側近腋凹區 2 個鑽鑿，主體區各三列兩行 6 個鑽鑿。後甲左右主體區各三列四行 12 個鑽鑿。尾甲左右各三行，上行 3 個，中行 2 個，下行 1 個鑽鑿。整版爲主體三列密集型鑽鑿布局。

2. 主體兩列密集布局

《醉古》140(《乙編》5090)首甲反面左側 1 個鑽鑿。
前甲反面左側近腋凹區 1 個鑽鑿,主體區二列二行 4
個鑽鑿。爲主體兩列密集鑽鑿布局。

戌類腹甲有三列及兩列密集型鑽鑿布局。

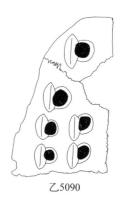

乙5090

二、戌類腹甲上的占卜形式

戌類腹甲主要用一辭多卜的形式占卜。

(1a) 乙未[卜:用羌]于[成]。

(1b) 乙未卜:弓用羌于成。一

(1c) 翌乙未不雨。一二三四

(1d) [翌丁]酉其雨。[一二三]四

(1e) 不雨。一二三四

(1f) [翌戊]戌雨。[一]二[三]四

(1g) 翌戊戌不雨。一二三[四]

(1h) 翌己亥其雨。一二三四

(1i) [翌己]亥不雨。一二三四

(1j) 翌庚子其雨。一二三四

(1k) 翌庚子不雨。一二三[四]

(1l) 翌辛丑其雨。一二三

(1m) 翌辛丑不雨。一二三

(1n) 翌壬寅其[雨]。一二三

(1o) 翌壬寅[不]雨。一二三

(1p) [翌]癸卯其[雨]。

(1q) 翌癸卯不雨。

《合集》423(《乙編》1045＋)[戌類]

這版腹甲主體三列鑽鑿布局。左右對貞是否下雨,占卜刻寫順序自上而

下,(1c)至(1k)使用前甲兩腋凹連綫以下三行,後甲最上兩行,每行 4 個鑽鑿,一辭四卜,兆序數一至四從內向外橫排。(1l)至(1o)使用後甲最下三行,每行 3 個鑽鑿,一辭三卜,兆序數一至三從內向外橫排。這版腹甲按行使用鑽鑿進行占卜。

(2a) 乙未卜,韋,貞:雨。一二三[賓一]

(2b) 貞:不其雨。一二三[賓一]

(2c) 丁酉貞:其雨。一二三[戌類]

(2d) 丁酉貞:不其雨。一二三[戌類]

(2e) 戊戌貞:其雨。一二三[戌類]

(2f) [不]其雨。[一]二三[戌類]

(2g) 己酉卜,韋:其雨。一二三[賓一]

(2h) 不其雨。一二三[賓一]

(2i) 庚戌卜,韋:其雨。一二三[賓一]

(2j) 不其雨。一二[三][賓一]

(2k) 辛亥卜,韋:其[雨]。一二三[賓一]

(2l) 一二[三][賓一]

(2m) 壬子卜:其雨。一二三[賓一]

(2n) 壬子卜:不雨。一二[三][賓一]

　　　　　　　　《合集》11892(《乙編》878+)[戌類·賓一]

這版腹甲主體三列鑽鑿布局。左右對貞是否下雨,兩跨凹連綫以下爲戌類字體,以上爲賓組一類字體。占卜刻寫順序自下而上,一辭三卜,每辭使用卜辭所在一行的 3 個鑽鑿占卜,兆序數從內向外橫排。這版腹甲按行使用鑽鑿進行占卜。

(3a) 壬寅卜,內,貞:及今夕雨。一二三四五六[賓一]

(3b) 貞:弗其及今夕雨。一二三四[戌類]

　　　　　　　　《綴彙》824(《乙編》2713+)[戌類·賓一]

這版腹甲爲主體三列鑽鑿布局。腹甲左右對貞是否下雨,(3a)辭爲賓組一類字體，使用右首甲部位 3 個鑽鑿、中甲右側 1 個鑽鑿、前甲近腋凹區外側 2 個鑽鑿，共 6 個鑽鑿，一辭六卜，兆序數一至六從內向外、自上而下排列。（3b)辭爲戌類字體，使用左首甲部位 3 個鑽鑿、中甲左側 1 個鑽鑿，共 4 個鑽鑿，一辭四卜，從內向外、自上而下排列。這版腹甲分區使用鑽鑿進行占卜。

（4a）丁酉貞：其雨。一二三

（4b）丁酉貞：不其雨。一二三

《醉古》107(《乙編》5528＋)〔戌類〕

這版腹甲爲主體三列鑽鑿布局。左右對貞是否下雨，分別使用左右尾甲最下兩行 3 個鑽鑿，一辭三卜，兆序數一至三從內向外自上而下依次排列。這版腹甲按行使用鑽鑿進行占卜。

戌類腹甲占卜內容基本爲對貞是否下雨，使用卜辭所在的一行或多行形成的一個區域的鑽鑿進行占卜，呈現出一辭三卜、四卜或六卜。

綜上，戌類腹甲多爲三列密集型鑽鑿布局，也有兩列密集型鑽鑿布局，基本使用一行或兩行鑽鑿進行一辭多卜形式的占卜，占卜的次數由一行或兩行鑽鑿的個數決定，即多呈現三、四、六卜。

附表

戌類腹甲鑽鑿布局表

鑽鑿布局類型		號　碼	首甲	中甲	前甲	後甲	尾甲	甲橋
密集型	三列	423＋	1		1＋3×3＋3	5×3＋2		
		1633	1	2	1＋3×3			
		11892	1	2	1＋3×3	4×3	3＋2＋1	
		12342	1	2	1＋3×3＋3			
		12448 甲			1＋3×3			

續　表

鑽鑿布局類型		號　碼	首甲	中甲	前甲	後甲	尾甲	甲橋
密集型	三列	12448乙			1+3×3			
		綴彙 821			1+3×3+3			
		綴彙 824	3	2	2+3×3+3			
		醉古 65				4×3		
		醉古 107					3+2+1	
		醉古 284				5×3+2		
		醉古 366			2+2×3	×3		
	兩列	醉古 140	1		1+2×2			

戊類腹甲鑽鑿布局材料表

		片　　　號
密集型	三列	423+B260(乙 1045+2637+3711+4049+4141+4144+7577+8190)、1633(乙 4194)、11892(丙 527)、12342(乙 6947+7634+7689)、12448(乙 2519)、12448(乙 3131)、綴彙 821(12447+乙補 956+乙補 1333+乙補 2101+乙 3562+乙 1082+乙補 840)、綴彙 824(12160[乙 2713]+乙 7354+乙 7503)、醉古 65(12449[乙 2611+6828+3009+6935+6937]+乙補 5924)、醉古 107(11923[乙 5530+6051+6361]+乙 5528)、醉古 284(12446 甲+B3657+20864+乙補 95+乙補 2597+乙 490 倒+乙 6347+乙 6336 倒+合集 12446 乙部分+乙 491)、醉古 366(12367[乙 6068]+乙 5136+乙 5195)
	兩列	醉古 140(3695[乙 5090]+乙補 4787)

第二節　賓組一類腹甲鑽鑿
布局與占卜形式

一、賓組一類腹甲鑽鑿布局

賓組一類腹甲反面鑽鑿布局有密集型、稀疏型和稀疏密集混合型。

（一）密集型

賓組一類腹甲密集型鑽鑿布局有主體三列及以上密集布局與主體兩列密集布局。

1. 主體三列及以上密集布局

《合集》685（《乙編》6405）腹甲左右兩部分的鑽鑿對稱分布。首甲左右各 2 個鑽鑿。中甲 2 個鑽鑿。前甲左右近腋凹區各 1 個鑽鑿，主體區各三行三列 9 個鑽鑿，近甲橋區各一列 2 個鑽鑿。後甲反面右側主體區三列五行 15 個鑽鑿，近甲橋區一列 2 個鑽鑿。左側三列，近千里路一列 4 個，其餘兩列，每列 5 個鑽鑿。尾甲左右各三行，上行 3 個，中行 2 個，下行 2 個鑽鑿。爲主體三列鑽鑿布局，灼燒均在長鑿內側。

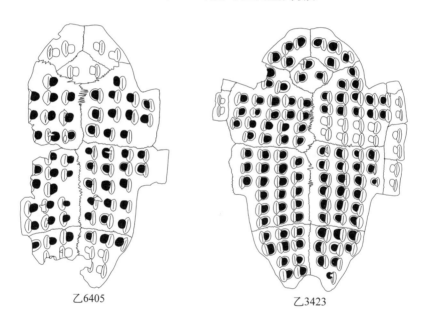

乙6405　　　　　　　　乙3423

《合集》151（《乙編》3423）腹甲左右兩部分的鑽鑿基本對稱分布。首甲左右各 4 個鑽鑿。中甲 3 個鑽鑿。前甲左右近腋凹區各 3 個鑽鑿，主體區各三列四行 12 個鑽鑿，近甲橋區各兩列，一列 4 個，右側另一列 2 個，左側另一列 3 個鑽鑿。後甲反面右側主體區三列六行 18 個鑽鑿，左側近千里路一列 5 個鑽鑿，其餘兩列，每列 6 個鑽鑿，近甲橋區各一列 3 個鑽鑿。

尾甲左右各四行鑽鑿,上兩行每行 3 個鑽鑿,第三行 2 個,最下一行,反面右側 1 個,左側 2 個鑽鑿。甲橋部位上中下各 2 個鑽鑿。爲主體三列鑽鑿布局,灼燒均在長鑿內側。

2. 主體兩列密集布局

賓組一類腹甲主體兩列鑽鑿布局有近甲橋區無鑽鑿與近甲橋區有鑽鑿兩種類型。

(1) 近甲橋區無鑽鑿

《合集》6572(《丙編》171)腹甲左右兩部分的鑽鑿對稱分布。首甲左右各 1 個鑽鑿。中甲 1 個鑽鑿。前甲左右近腋凹區各 1 個鑽鑿,主體區各兩列兩行 4 個鑽鑿。後甲左右主體區各兩列三行 6 個鑽鑿。尾甲左右各一行 2 個鑽鑿。爲主體兩列近甲橋區無鑽鑿布局。灼燒均在長鑿內側。這是主體兩列近甲橋區無鑽鑿的典型布局。

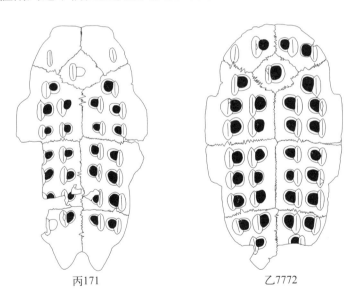

丙171　　　　　　　　　　　　　乙7772

《合集》5096(《乙編》7772)腹甲左右兩部分的鑽鑿對稱分布。首甲左右各 2 個鑽鑿。中甲 1 個鑽鑿。前甲左右近腋凹區各 1 個鑽鑿,主體區各兩列兩行 4 個鑽鑿。後甲左右主體區各兩列三行 6 個鑽鑿。尾甲左右各兩行,上行 2 個,下行 1 個鑽鑿。爲主體兩列近甲橋區無鑽鑿布局。灼燒均在長鑿內側。

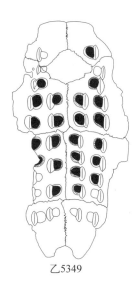

乙5349

《合集》6577(《乙編》5349 反)腹甲左右兩部分的鑽鑿基本對稱分布。首甲左右各 1 個鑽鑿。中甲無鑽鑿。前甲左右近腋凹區各 2 個鑽鑿,主體區各兩列兩行 4 個鑽鑿。後甲反面右側主體區兩列四行 8 個鑽鑿,左側近千里路一列 3 個鑽鑿,近原邊一列 4 個鑽鑿。尾甲左右各一行 2 個鑽鑿。爲主體兩列近甲橋區無鑽鑿布局。灼燒均在長鑿內側。

(2) 近甲橋區有鑽鑿

《合集》775(《丙編》541)腹甲左右兩部分的鑽鑿對稱分布。首甲左右各 2 個鑽鑿。中甲 1 個鑽鑿。前甲左右近腋凹區各 1 個鑽鑿,主體區各兩列兩行 4 個鑽鑿,近甲橋區各一列 2 個鑽鑿。後甲左右主體區各兩列三行 6 個鑽鑿,近甲橋區各 1 個鑽鑿。尾甲左右各兩行鑽鑿,上行 2 個,下行 1 個鑽鑿(左尾甲第一行少一個鑽鑿)。爲主體兩列近甲橋區有鑽鑿布局。灼燒均在長鑿內側。這是主體兩列近甲橋區有鑽鑿的典型布局。

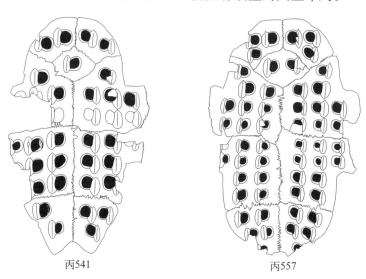

丙541　　　　　　　　　丙557

《合集》3481(《丙編》557)腹甲左右兩部分的鑽鑿對稱分布。首甲左右各 3 個鑽鑿。中甲 2 個鑽鑿。前甲左右近腋凹區各 1 個鑽鑿,主體區各兩列三行 6 個鑽鑿,近甲橋區各一列 2 個鑽鑿。後甲左右主體區各兩列四行 8 個鑽鑿,近甲橋區各一列 2 個鑽鑿。尾甲左右各三行,上兩行各 2 個,下行 1 個鑽鑿。爲主體兩列近甲橋區有鑽鑿布局。灼燒均在長鑿內側。

(二) 稀疏型

賓組一類腹甲稀疏型鑽鑿布局有單環稀疏型與複環稀疏型兩種類型。

1. 單環稀疏型鑽鑿布局

賓組一類單環稀疏型鑽鑿布局有首甲中甲無鑽鑿與首甲中甲有鑽鑿兩種類型。

(1) 首甲中甲無鑽鑿單環稀疏型鑽鑿布局

《合集》2498(《丙編》365)腹甲左右兩部分的鑽鑿對稱分布。首甲、中甲無鑽鑿。前甲左右各一列 2 個鑽鑿。後甲左右各一列 2 個鑽鑿。尾甲左右各 1 個鑽鑿。爲首甲中甲無鑽鑿單環稀疏型鑽鑿布局。灼燒均在長鑿內側。這是首甲中甲無鑽鑿單環稀疏型的典型布局。

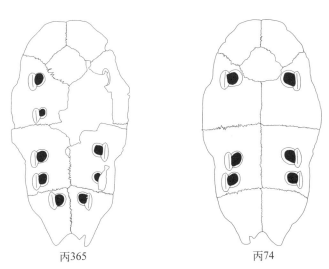

丙365　　　　丙74

《合集》14210(《丙編》74)腹甲左右兩部分的鑽鑿對稱分布。首甲、中甲無鑽鑿。前甲左右近腋凹區各 1 個鑽鑿。後甲反面左右各一列 2 個鑽鑿。尾甲無鑽鑿。是首甲中甲無鑽鑿單環稀疏型鑽鑿布局的變式。

　　《合集》10184(《丙編》370 反)腹甲左右兩部分的鑽鑿對稱分布。首甲、中甲無鑽鑿。前甲左右近腋凹區各 1 個鑽鑿。後甲左右各 1 個鑽鑿。尾甲無鑽鑿。是首甲中甲無鑽鑿單環稀疏型鑽鑿布局的變式。

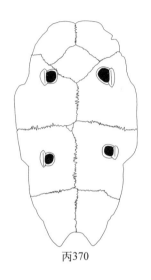
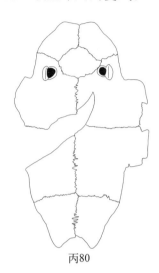

丙370　　　　　　　　丙80

　　《合集》10656(《丙編》80 反)腹甲左右兩部分的鑽鑿對稱分布。首甲、中甲無鑽鑿。前甲左右近腋凹區各 1 個鑽鑿。後甲、尾甲、甲橋皆無鑽鑿。是首甲中甲無鑽鑿單環稀疏型鑽鑿布局的變式。

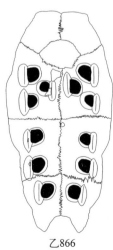

乙866

　　以上首甲中甲無鑽鑿單環稀疏型鑽鑿布局的變式,鑽鑿很可能是在確定了占卜事件與占卜形式後才臨時施加上去的。

　　《合集》203(《乙編》866)腹甲左右兩部分的鑽鑿對稱分布。首甲、中甲無鑽鑿。前甲左右各兩列鑽鑿,近千里路一列 1 個鑽鑿,近原邊一列 2 個鑽鑿。後甲左右各一列 2 個鑽鑿。尾甲左右各 1 個鑽鑿。爲首甲中甲無鑽鑿單環稀疏型鑽鑿布局。中甲下千里路左右兩側的 2 個鑽鑿灼燒在長鑿外側,其餘灼燒均在長鑿內側。是首甲中甲無鑽鑿單環稀疏型鑽鑿布局的變式。

（2）首甲中甲有鑽鑿單環稀疏型鑽鑿布局

《合集》9735（《乙編》3287 反）腹甲左右兩部分的鑽鑿對稱分布。首甲左右各 1 個鑽鑿。中甲 1 個鑽鑿。前甲左右各一列 2 個鑽鑿。後甲左右各一列 2 個鑽鑿。尾甲左右各 1 個鑽鑿。爲首甲中甲有鑽鑿單環稀疏型鑽鑿布局。灼燒均在長鑿內側。這是首甲中甲有鑽鑿單環稀疏型的典型布局。

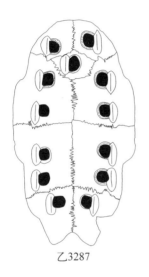 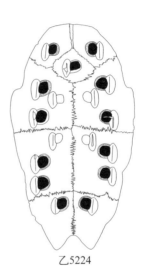

乙3287 乙5224

《合集》122（《乙編》5224 反）腹甲左右兩部分的鑽鑿對稱分布。首甲左右各 1 個鑽鑿。中甲 1 個鑽鑿。前甲左右各兩列鑽鑿，近千里路一列 1 個鑽鑿，近原邊一列 2 個鑽鑿。後甲左右各兩列鑽鑿，近千里路一列 1 個鑽鑿，近原邊一列 2 個鑽鑿。尾甲左右各 1 個鑽鑿。後甲、尾甲部位的鑽鑿呈圓形布局。灼燒均在長鑿內側。是首甲中甲無鑽鑿單環稀疏型鑽鑿布局的變式。這是首甲中甲有鑽鑿 8 字型（或下圓形）單環稀疏型的典型布局。

2. 複環稀疏型鑽鑿布局

賓組一類複環稀疏型鑽鑿布局基本首甲中甲無鑽鑿。

《合集》5637（《丙編》6)腹甲左右兩部分的鑽鑿對稱分布。首甲、中甲無

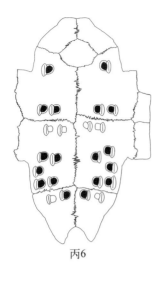

丙6

鑽鑿。前甲左右近腋凹區各 1 個鑽鑿,舌下縫上側各一行 2 個鑽鑿。後甲左右舌下縫下側各一行 2 個鑽鑿,跨凹內側各兩列鑽鑿,中間一列 2 個,近原邊一列 3 個鑽鑿。尾甲左右各一行 2 個鑽鑿。爲複環稀疏型鑽鑿布局。灼燒均在長鑿內側。

《合集》904(《丙編》331)腹甲左右兩部分的鑽鑿對稱分布。首甲、中甲無鑽鑿。前甲左右近腋凹區各 1 個鑽鑿,舌下縫上側各一行 2 個鑽鑿。後甲左右跨凹內側各兩列,每列 2 個鑽鑿。尾甲左右各一行 2 個鑽鑿。爲複環稀疏型鑽鑿布局。灼燒均在長鑿內側。

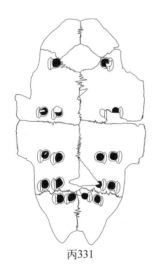

丙331

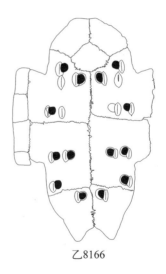

乙8166

《合集》946(《乙編》8166)腹甲左右兩部分的鑽鑿對稱分布。首甲、中甲無鑽鑿。前甲左右近腋凹區各 1 個鑽鑿,中甲下側各一行 2 個鑽鑿,舌下縫上側各一行 2 個鑽鑿。後甲左右跨凹內側各兩列鑽鑿,中間一列 1 個鑽鑿,近原邊一列 2 個鑽鑿。尾甲左右各 1 個鑽鑿。爲複環稀疏型鑽鑿布局。灼燒均在長鑿內側。

《合集》150(《丙編》397)腹甲左右兩部分的
鑽鑿對稱分布。首甲、中甲無鑽鑿。前甲左右
近腋凹區各 1 個鑽鑿,舌下縫上側各一行 2 個
鑽鑿。後甲左右跨凹內側各兩列鑽鑿,中間一
列 2 個鑽鑿,近原邊一列 3 個鑽鑿。尾甲左右
各一行 2 個鑽鑿。爲複環稀疏型鑽鑿布局。灼
燒均在長鑿內側。

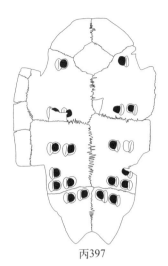

丙397

（三）稀疏密集混合型

《合集》6945(《丙編》177 反)腹甲左右兩部
分的鑽鑿對稱分布。首甲左右各 1 個鑽鑿。中
甲 2 個鑽鑿。前甲左右近腋凹區各 1 個鑽鑿,中甲下側各一行 2 個鑽鑿,
舌下縫上側各一行 2 個鑽鑿。後甲左右舌下縫下側各一行 2 個鑽鑿,跨
凹內側各兩列,每列 3 個鑽鑿。尾甲左右各一行 2 個鑽鑿。可以看作首
甲中甲密集與前甲、後甲複環稀疏混合型鑽鑿布局。灼燒均在長鑿內側。

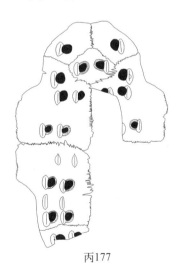

丙177

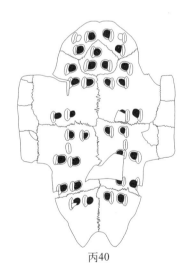

丙40

《醉古》260(《丙編》40)腹甲左右兩部分的鑽鑿對稱分布。首甲左右
各 3 個鑽鑿。中甲 3 個鑽鑿。前甲左右近腋凹區各 1 個鑽鑿,中甲下側各
一行 2 個鑽鑿,舌下縫上側各一行 2 個鑽鑿。後甲左右舌下縫下側各二

行,一行2個,一行1個鑽鑿,跨凹內側各兩列,每列2個鑽鑿。尾甲左右各一行2個鑽鑿。可以看作首甲中甲密集與前甲、後甲、尾甲複環稀疏混合型鑽鑿布局。灼燒均在長鑿內側。

《合集》110(《乙編》5348)腹甲左右兩部分的鑽鑿對稱分布。首甲、中甲無鑽鑿。前甲左右近腋凹區各1個鑽鑿,中甲下側各一行2個鑽鑿,舌下縫上側各一行2個鑽鑿。後甲左右舌下縫下側各兩行,每行3個鑽鑿,跨凹內側各兩列,每列3個鑽鑿。尾甲殘斷。可以看作後甲上部密集與首甲、中甲、前甲、後甲下部複環稀疏混合型鑽鑿布局。灼燒均在長鑿內側。

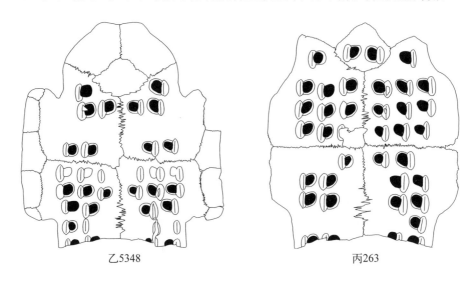

乙5348　　　　　　　　　丙263

《合集》7768(《丙編》263反)腹甲左右兩部分的鑽鑿對稱分布。中甲2個鑽鑿。前甲左右近腋凹區各1個鑽鑿,主體區各三列三行9個鑽鑿。後甲反面右側舌下縫下側一行2個鑽鑿,左側1個鑽鑿;跨凹內側兩列鑽鑿,右側中間一列3個,近原邊一列4個鑽鑿,左側二列,每列3個鑽鑿。尾甲殘斷。可以看作中甲前甲密集與後甲複環稀疏混合型鑽鑿布局。灼燒均在長鑿內側。

《合集》10344(《丙編》87)腹甲左右兩部分的鑽鑿對稱分布。首甲左右各2個鑽鑿。中甲2個鑽鑿。前甲左右近腋凹區各1個鑽鑿,舌下縫上側各一行3個鑽鑿,近甲橋區各兩列,每列3個鑽鑿。後甲左右主體區各三列五行 15 個鑽鑿,近跨凹區各一列 3 個鑽鑿。尾甲左右各四行,上行 3 個鑽鑿,中間兩行,每行 2 個鑽鑿,下行 1 個鑽鑿。可以看作首甲、中甲、部分前甲、後甲、尾甲密集與部分前甲複環稀疏混合型鑽鑿布局。灼燒均在長鑿內側。

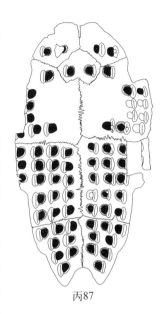

丙87

稀疏密集混合型布局龜腹甲上的鑽鑿應該不是一次施加完成的。密集部分在整治後即施加,稀疏部分在有了占卜事件及占卜形式後臨時施加的可能性比較大。

賓組一類龜腹甲鑽鑿布局有密集型、稀疏型與稀疏密集混合型三種類型。密集型鑽鑿布局有主體三列和主體兩列兩種類型。主體兩列鑽鑿布局有近甲橋區無鑽鑿與近甲橋區有鑽鑿兩種類型。稀疏型有單環稀疏型與複環稀疏型兩種。單環稀疏型鑽鑿布局有首甲中甲無鑽鑿與首甲中甲有鑽鑿兩種布局類型。首甲中甲有鑽鑿布局為 0 字型與 8 字型。首甲中甲無鑽鑿單環稀疏型鑽鑿布局有諸多變式。稀疏密集混合型鑽鑿布局主要是首甲中甲有鑽鑿、前甲密集、後甲密集、尾甲密集與複環稀疏布局相混合的類型。灼燒在長鑿內側。

從卜辭與鑽鑿的對應關係及鑽鑿布局來看,首甲中甲無鑽鑿單環稀疏型鑽鑿布局的變式和稀疏密集混合型鑽鑿布局的稀疏部分可能是在有了占卜事件、確定了占卜次數後臨時施加的鑽鑿。其餘布局類型的鑽鑿基本在腹甲整治後即按照一定的布局施加完成。

二、賓組一類腹甲上的占卜形式

賓組一類腹甲主要占卜形式為多卜,或有一卜。多卜主要有一辭多卜、異版成套以及同版內的多辭一套占卜,也有同貞卜辭。

(一) 主體三列密集鑽鑿布局腹甲的占卜形式

(1a) 己丑卜,殻,貞:肏于丘商。四月。一

(1b) 貞：弓餔胾于丘商。一

(1c) 己丑卜，殼，貞：王夢，唯祖乙。一

(1d) 貞：王夢，不唯祖乙。一

(1e) 己丑卜，殼，貞：王夢，唯祖乙。一

(1f) 貞：王夢，不唯祖乙。一

(1g) 翌辛卯㞢于祖辛。一

(1h) 貞：㞢于祖辛三宰。一

(1i) 㞢于祖辛宰。一

(1j) 一牛于祖辛。一

(1k) 翌辛㞢于祖辛一牛。一

(1l) 貞：于祖辛㞢。一二

(1m) 㞢于祖乙。一二 二告

(1n) 㞢于示壬二牛。一

(1o) 壬辰卜，殼：㞢于示壬宰。二

(1p) 甲午卜，爭：于河。一二三四五

(1q) 甲午卜，爭：弓于河。一二三四五六

(1r) 壬寅卜，殼，貞：河㞢（害）王。一二三四

(1s) 壬寅卜，殼，貞：河弗㞢（害）王。一二三四

(1t) 壬寅卜，殼，貞：不雨，唯茲商㞢乍囚。一二三四五六

(1u) 貞：不雨，不唯茲商㞢乍囚。一二三四五

(1v) 癸卯卜，殼：翌甲辰㞢于上甲十牛。一二〔三〕

(1w) 翌甲辰㞢于上甲十牛。四五六

《醉古》153（《乙編》5265＋）〔賓一〕

這版腹甲，(1a)(1b)兩辭使用後甲部位第三列第三行 1 個鑽鑿(3,3)，對貞要不要胾於丘商，兆序數爲一。(1c)至(1f)辭爲兩組同貞卜辭，(1c)(1d)兩辭使用前甲最下一行外側 1 個鑽鑿，(1e)(1f)兩辭使用尾甲最上一行近千里路 1 個鑽鑿，兩組卜辭對貞王夢是祖乙施害，兆序數皆爲一。

(1p)(1q)使用前甲主體區第二行 4 個和第一行外側 2 個鑽鑿,兩辭對貞要不要祭祀河,一辭五卜或六卜,兆序數一至五或六從内向外、自下而上排列。(1r)(1s)使用後甲第二行 4 個鑽鑿,兩辭對貞河是否施害商王,一辭四卜,兆序數一至四從内向外横排。(1t)辭使用右尾甲最上一行外側 2 個鑽鑿和其下 4 個鑽鑿,(1u)使用左尾甲最上一行近原邊一側 1 個鑽鑿和其下 4 個鑽鑿,兩辭對貞不雨,商是否有憂患,一辭五卜,一辭六卜,兆序數一至五、六從内向外、自上而下排列。(1v)(1w)兩辭一套六卜下一個甲辰日用十牛侑祭上甲,(1v)辭使用左後甲最上一行第二至四鑽鑿。(1w)使用左前甲近甲橋區一列 2 個鑽鑿和主體區第一行外側 1 個鑽鑿,一辭三卜,兆序數四至六自下而上從外向内排列。這版腹甲有選用一行内的一個或幾個鑽鑿占卜、按行和分區使用鑽鑿進行占卜。

(2a) 己未卜,争,貞:來甲子酒彡,正。十月。二

(2b) 貞:來甲子酒彡,弗其正。二

(2c) {翌[辛]酉乇,正}。一二

(2d) {貞:翌辛酉乇,弗正}。一二

(2e) {壬戌卜,亘}:[帝]若齒。{[王]占曰:弗若}。一二三四[五]二告六七八九小告十一二

(2f) 貞:帝弗若齒。一[二三]四五六七八九十一二

(2g) {辛未卜,宁},貞:于父乙宁。一 二告 二三四

(2h) 弓于父乙宁。一二三四

(2i) {己卯卜,争}:翌庚辰不其易日。一二三四

(2j) {貞:翌庚辰其雨。}一二三

(2k) {翌庚辰不雨。}一二三

(2l) {□午卜,亘}:弓𠤪婦,贏①。{王占曰:鬼}。二 小告

(2m) {辛□卜,争}:婦𠤪𡆥。一

---

① 王藴智:《贏字探源》,《追尋中華古代文明的蹤迹——李學勤先生學術活動五十年紀念文集》,第 7—13 頁,復旦大學出版社,2002 年。

(2n) 乍廳。一二三 小告 四

(2o) 于四廳。一二 小告 三四五六

(2p) 弓四廳。一二三四五六

《綴彙》237＋(《乙編》900＋)①[賓一]

這版腹甲,(2a)(2b)兩辭使用前甲近腋凹區 1 個鑽鑿,對貞下一個甲子酒彡祭,是否合適,兆序數爲二,爲成套卜辭的第二卜。賓組一類腹甲近腋凹區一個鑽鑿很可能用異版上的多辭一套的占卜形式。(2e)(2f)兩辭使用後甲上兩行及前甲最下行 12 個鑽鑿,對貞帝是否使䧹順利,一辭十二卜,兆序數一至十,再至二從内向外、自下而上排列。(2g)(2h)兩辭使用前甲主體區及近甲橋區第一行 4 個鑽鑿,對貞要不要迎接父乙,一辭四卜,兆序數一至四從内向外横排。(2j)(2k)兩辭使用首甲部位 2 個、中甲 1 個鑽鑿,對貞下一個庚辰日是否下雨,一辭三卜,兆序數一至三從内向外、自上而下排列。(2o)(2p)兩辭使用後甲最下兩行 6 個鑽鑿,對貞要不要四廳,一辭六卜,兆序數一至六從内向外、自上而下排列。這版腹甲基本按行或分區使用鑽鑿進行占卜。

(3a) 一二

(3b) 貞：方其大即戎。{王占曰：叀既}。一二

(3c) {乙巳卜,㱿},貞：𠂤𤔲化𢦏方。{王占曰：其不戎,其唯庚}。一二三四五六七八九十

(3d) 𠂤𤔲化弗其𢦏。一二三 二告 四五六七八

(3e) 丁未卜,争,貞：𠂤𤔲化亡囚。十一月。一二三四 二告 五六七八 二告 九十一二三四五

---

① 《綴彙》237{《合集》2273＋《乙編》900＋《乙編》2299＋《乙編》7156＋《乙補》0794＋《乙補》795＋《乙補》5733＋《乙補》764＋《乙補》786}＋《乙編》916＋《乙補》541＋《乙補》2175-反：《綴彙》237(《合集》2273＋《乙編》901＋《合集》819＋《乙編》7157＋《乙補》765＋《乙補》787＋《乙補》796＋《乙補》1914)＋《乙補》542＋《乙補》2176,林宏明：《甲骨新綴第 688—693 例》,第 693 例,先秦史研究室網站,2016 年 7 月 28 日。

(3f) 貞：卣正化其虫因。一二三四五六七八九十

(3g) 呼入𠦪事。一

(3h) 貞：弓𡚬于𢦔。一二三四五六七八九十

(3i) 貞：弓𡚬号于𢦔。一二三四五 二告 六七

(3j) 貞：祖丁若小子盒。一二三四五六

(3k) 貞：祖丁弗若小子盒。一二 二告 三四五六

(3l) 貞：小子虫盒。一 二告 二三四五六七

(3m) 貞：小子亡盒。一二三 二告 四五六

《合集》151(《乙編》3422)［賓一］

這版腹甲,(3b)辭使用左前甲近腋凹區外側 2 個鑽鑿,占卜敵方大規模興起戰事,一辭兩卜,兆序數一、二從内向外排列。(3c)(3d)兩辭對貞卣正化是否會戰勝敵方,(3c)辭使用右後甲最上兩行 7 個鑽鑿和右前甲最下一行内側 3 個鑽鑿,一辭十卜,兆序數一至十。(3d)辭使用左後甲最上兩行 8 個鑽鑿,一辭八卜,兆序數一至八。兩辭兆序數從内向外、自下而上排列。(3e)使用右前甲主體區及近甲橋區最上三行 15 個鑽鑿。(3f)使用左前甲主體區及近甲橋區第一、第二兩行 10 個鑽鑿,兩辭對貞卣正化有無憂患,一辭十卜,兆序數一至十從内向外、自上而下排列。(3g)辭占卜呼入𠦪事,使用右前甲近甲橋區内側最下 1 個鑽鑿。一辭一卜,兆序數一。(3h)(3i)兩辭對貞弓𡚬是否在𢦔,(3h)辭使用右後甲第三至五行的 10 個鑽鑿,一辭十卜,兆序數一至十從内向外,先第四行,再第三行,再第五行。(3i)辭使用後甲部位第三、四行 7 個鑽鑿,一辭七卜,兆序數一至七從内向外,自下而上排列。(3j)(3k)兩辭對貞祖丁是否若小子盒,使用後甲最下一行以及尾甲最上一行 6 個鑽鑿,一辭六卜,兆序數一至六從内向外、自上而下排列。(3l)(3m)對貞小子有無盒,使用尾甲部位的最下三行 7 或 6 個鑽鑿,一辭七卜,一辭六卜,兆序數一至七或六,從内向外、自上而下排列。這版腹甲基本按行或分區使用鑽鑿進行占卜。

(4a) 弓虫于祖庚。一

(4b) 己巳卜，爭，貞：王往，若。一二[三]四 二告 五

(4c) 貞：王弓往，不若。一二三四五

(4d) …今日來，唯父乙。一二三四[五]六七八九

(4e) 今日來，不唯父乙。一 二告 二三四五六七八九

(4f) 貞：其虫來婡自西。一[二三四]五

(4g) 貞：亡來婡自西。一二三 二告 四五

(4h) 貞：呼元來。[一二]三

(4i) 貞：盾①再卨孚。一二三四五

(4j) 貞：衛以寇。一二三四五六 二告 七

(4k) ﹛壬申卜，古：衛弗其以寇﹜。一二三四五 二告 六

(4l) 貞：其虫匚。[一]二三四五六七八九[十]

(4m) 貞：弓虫匚。一二三四五六

(4n) 貞：陕其凶（殞）。一二 二告 三四五六七八

(4o) 貞：陕不凶（殞）。一二三 二告 四五六七八

《合集》556＋（《乙編》1347＋）②[賓一]

這版腹甲，(4a)辭使用左前甲近腋凹區内側 1 個鑽鑿，占卜侑祭祖庚，兆序數爲一。(4b)(4c)兩辭使用前甲主體區及近甲橋區第一行 5 個鑽鑿，對貞王是否出行，是否會順利，一辭五卜，兆序數一至五從内向外横排。(4d)(4e)兩辭使用前甲主體區及近甲橋區第二、第三行 9 個鑽鑿，對貞今日來，是否父乙造成的，一辭九卜，兆序數一至九從内向外、自上而下排列。(4f)(4g)兩辭使用前甲最下一行 5 個鑽鑿，對貞有無從西方來犯的消

---

① 林澐：《説干、盾》，《古文字研究》第 22 輯，第 93—95 頁，中華書局，2000 年。《林澐學術文集》(二)，第 175—176 頁，科學出版社，2008 年。

② 《合集》7427 正＋《合集》556＋《合集》19642＋《乙編》5732＋《乙編》5937＋《乙補》5164＋《乙補》5261＋《乙編》8627 -反：《合集》7427＋《合集》556 反＋《合集》19642＋無拓本＋無拓本＋無拓本＋《合集》7059，林宏明：《甲骨新綴第 849—850 例》，第 849 例，先秦史研究室網站，2019 年 6 月 6 日。

息,一辭五卜,兆序數一至五從內向外橫排。(4h)辭占卜呼元做事,使用右後甲最上一行外側 3 個鑽鑿,可見兆序數三。(4i)辭使用右後甲第二行5 個鑽鑿,占卜冊再冊,一辭五卜,兆序數一至五從內向外橫排。(4j)(4k)兩辭對貞衛是否帶來寇,(4j)辭使用右後甲第三、四兩行 7 個鑽鑿,一辭七卜,兆序數一至七從內向外、自上而下排列。(4k)辭刻寫在腹甲反面,沿千里路及下劍縫刻寫,使用右後甲最下兩行 6 個鑽鑿,一辭六卜,兆序數一至六從內向外、自上而下排列。(4l)(4m)兩辭對貞是否侑祭祊祭。(4l)辭使用左後甲第一、第二行 10 個鑽鑿,一辭十卜,兆序數一至十從內向外、自上而下排列。(4m)辭使用左後甲第三、四行 6 個鑽鑿,一辭六卜,兆序數一至六從內向外、自上而下排列。(4n)(4o)對貞陟是否殞,使用尾甲部位全部三行 8 個鑽鑿,一辭八卜,兆序數一至八從內向外、自上而下排列。這版腹甲按行或分區使用鑽鑿進行占卜。

(5a) 貞:侯以卩(肩)芻。允以。一二三

(5b) 己未卜,爭,[貞:我]受年。一二三四 二告 五六七八九

(5c) 己未卜,爭,貞:麦齊亡田。[一]二三[四]五[六]七八

(5d) {壬戌卜,㱿,貞:王庿旦}。一二三四五 三告[①]七八

《合集》98(《乙編》513+)[賓一]

這版腹甲,(5a)辭使用右後甲部位的第三行 3 個鑽鑿,占卜侯帶來肩芻,一辭三卜,兆序數一至三,從內向外橫排。(5b)辭使用右後甲部位第四至六行 9 個鑽鑿,占卜我受年,一辭九卜,兆序數一至九從內向外、自上而下排列。(5c)辭使用尾甲部位全部四行 8 個鑽鑿,占卜麦齊無憂,一辭八卜,兆序數一至八從內向外、自上而下排列。(5d)辭刻寫在反面,使用右後甲部位最上兩行 7 個鑽鑿,一辭八卜,兆序數一至八從內向外、自下而上排列。這版腹甲基本按行或分區使用鑽鑿進行占卜。

_____

① 兆序數五、七相連,疑漏刻六,這條卜辭兆序數應爲一至七。

(6a) 辛卯卜，爭：弓呼取奠女子。一二

(6b) 辛卯卜，爭：呼取奠女子。一二

(6c) …呼取奠女子。一二三四

(6d) 辛卯卜，內，貞：王㞢乍囚。一二三四 二告 五六七八

(6e) 辛卯卜，爭，貞：王亡乍囚。一二三

(6f) 辛卯卜，爭，貞：甲酒奭。一二三四

(6g) 庚子卜，㱿，貞：令子商先涉羌于河。七月。一二三四
五六七八

(6h) 庚子卜，㱿，貞：弓令子商先涉羌于河。一二三四五六七八

(6i) 辛丑卜，爭，貞：取子卬。一二三

(6j) 辛丑卜，爭，貞：弓取子卬。一二三

《合集》536(《乙編》4736＋)［賓一］

這版腹甲，(6a)(6b)兩辭使用尾甲最上一行 2 個鑽鑿，對貞要不要取奠女子，一辭兩卜，兆序數一、二從外向內橫排。(6c)與(6b)爲同貞卜辭，使用左後甲部位第二行的 4 個鑽鑿，一辭四卜，兆序數一至四從外向內橫排。(6d)(6e)兩辭是由不同貞人占卜的對貞王有無憂患，(6d)辭使用右後甲部位最上兩行 8 個鑽鑿，一辭八卜，兆序數一至八從外向內、自上而下排列。(6e)辭使用左後甲部位第三行 3 個鑽鑿，一辭三卜，兆序數一至三從外向內橫排。(6f)辭使用左後甲最上一行 4 個鑽鑿，一辭四卜，兆序數一至四從外向內橫排。(6g)(6h)兩辭對貞要不要命令子商先涉羌，使用前甲最下兩行 8 個鑽鑿，一辭八卜，兆序數一至八從外向內、自下而上排列。(6i)(6j)兩辭使用後甲最下一行 3 個鑽鑿，對貞徵取子卬的物品，一辭三卜，兆序數一至三從外向內橫排。這版腹甲基本按行使用鑽鑿進行占卜。

(7a) 戊申卜，宁，貞：卜(外)①亡囚。{王占曰…}一二三四

---

① 張玉春：《説外》，《東北師範大學學報》1984 年第 5 期，第 98—106 頁。

五六七八九 二告 十一

　　(7b) 戊[申]卜，宁，貞：殷亡囚。一二三[四]五 二告 六七
八九十一二

　　(7c) 貞⋯囚。一二三四[五六]七八九十一二

　　(7d) ⋯出囚。[一]二二告三 二告 四五二告六七八九不𢆶
十二①二

　　(7e) 貞：兆以。一二三 二告 四

　　(7f) ⋯其以。一二三 二告 四

　　(7g) 貞：周弗亡囚。{王占曰：其出⋯}　一二三四五六 二
告 七八

　　(7h) 貞：周弗其出囚。七月。一二 二告 三四五六七八九

　　(7i) {戊申卜，殸：叀丁囚。叀丁}。三

《合集》590(《乙編》3081＋)[賓一]

這版腹甲，(7a)(7b)兩辭使用前甲主體區及近甲橋區三行 11 或 12 個鑽
鑿，選貞外還是殷無憂，一辭十二卜，兆序數一至十，再至一或二從內向
外、自上而下排列。(7c)(7d)對貞或選貞憂患，使用前甲最下一行、後甲
最上兩行 12 個鑽鑿，一辭十二卜，兆序數一至十，再至二從內向外、自上
而下排列。(7e)(7f)兩辭使用後甲部位第三行 4 個鑽鑿，對貞兆是否帶來
物品，一辭四卜，兆序數一至四從內向外橫排。(7g)(7h)兩辭使用後甲部
位最下三行 8 或 9 個鑽鑿，對貞周有無憂患，一辭八卜，一辭九卜，兆序數
一至八或九從內向外、自上而下排列。這版腹甲多分區使用鑽鑿進行
占卜。

　　(8a) 貞：唯客。一

　　(8b) 唯客。二

　　(8c) 豕其出不若。一月。三

---

① 當爲“一”的誤刻。

（8d）辛亥卜，内，貞：今一月帝令雨。四日甲寅夕向乙卯帝允令雨。一二三四五

（8e）辛亥卜，内，貞：今一月［帝］不其令雨。一 二告 二三四五

（8f）辛亥卜，内，貞：禘于北方曰勹，風曰殳，桒（禱）年。一月一二三 二告 四

（8g）辛亥卜，内，貞：禘于南方曰髟，風夷，桒（禱）年。一月。一二三 二告 四

（8h）貞：禘于東方曰析，風曰劦，桒（禱）年。一二三四

（8i）貞：禘于西方曰彝，風曰韦，桒（禱）年。一二三四

（8j）癸□卜，内，貞：□亡不若。一二三四

（8k）辛亥卜，内：生二月戋㞢圣。一 二告 二三四

（8l）戋亡其圣。一二三四

（8m）王其往逐兔于麓，［隻］。一二三

（8n）王其往逐兔于麓，不其隻。一二三

（8o）貞：豕其㞢不若。一二

《醉古》73＋（《乙編》4548＋）①［賓一］

這版腹甲，（8a）辭使用右前甲近腋凹區 1 個鑽鑿，占卜有不好的事情，兆序數爲一。（8b）辭使用右後甲第三行第三列 1 個鑽鑿，占卜不好的事情，一辭一卜，兆序數二，（8a）（8b）爲同版内的兩辭一套兩卜。（8c）使用左前甲近腋凹區 1 個鑽鑿，占卜豕有不順利，兆序數爲三，可能爲異版成套的第三卜。（8d）（8e）使用中甲各 1 個鑽鑿，前甲主體區最上一行 3 個鑽鑿，近甲橋區最上 1 個鑽鑿，占卜這個一月帝命令下雨，一辭五卜，兆序數一至五自上而下，從内向外排列。（8f）（8g）使用前甲主體區與近甲橋區第二行 4 個鑽鑿，選貞禘祭北方風還是南方風祈禱好年成，一辭四卜，兆序數一至四從内向外橫排。（8h）（8i）使用前甲部位最下一行 4 個

---

① 《醉古》73＋《合集》13034＋《合集》13485＋《乙編》5012＋北圖 1514，林宏明：《甲骨新綴第487 例》，先秦史研究室網站，2014 年 6 月 4 日。

鑽鑿,選貞禘祭東方風還是西方風,一辭四卜,兆序數一至四從內向外橫排。(8j)使用左後甲部位最上一行 4 個鑽鑿,占卜没有不順利。一辭四卜,兆序數一至四從內向外橫排。(8k)(8l)使用後甲部位第二行 4 個鑽鑿,對貞戈有無聖,一辭四卜,兆序數一至四從內向外橫排。(8m)(8n)使用尾甲最上一行 3 個鑽鑿,對貞王前往追逐鹿,是否會擒獲,一辭三卜,兆序數一至三從內向外橫排。(8o)使用左前甲(2,3)(3,3)兩個鑽鑿,占卜豕有不順。與(8c)爲兩辭一套三卜。這版腹甲基本按行使用鑽鑿進行占卜。

(9a)　貞:其屮來婄自洗。一二[三]二告 [四]五

(9b)　貞:亡來婄自洗。一二三四

(9c)　貞:使人于妻。一二 二告 三四五

(9d)　貞:王肱贏。一二三四五

(9e)　貞:王肱不[其]贏。一二三四[五]

(9f)　貞:祖丁讀①父乙蠱(害)[王]。一二三四五

(9g)　[貞]:祖丁弗[讀]父[乙]蠱(害)王。一二 二告 三四[五]

(9h)　南庚讀父乙蠱(害)王。一二三[四]五

(9i)　貞:南庚弗讀父乙蠱(害)王。一二[三四五]

(9j)　貞:允舌王。一 二告 二三

《合集》5532＋(《乙編》1037＋)②[賓一]

這版腹甲,(9a)(9b)使用前甲兩腋凹連綫下一行 5 個鑽鑿,對貞有無不好

---

① 何樹環:《金文"叀"字別解——兼及"惠"》,《政大中文學報》,總第 17 期,第 223—265 頁,2012 年。黃天樹:《禹鼎釋文補釋》,張光裕、黃德寬主編:《古文字學論稿》,第 64—67 頁,安徽大學出版社,2008 年 4 月;《黃天樹甲骨金文論集》,第 413—414 頁,學苑出版社,2014 年 8 月。楊安:《"助"、"叀"考辨》,《中國文字》新三十七期,第 155—170 頁,藝文印書館,2011 年 12 月。

② 《合集》5532 正＋《乙補》6642＋《合集》2323＋《乙補》6147＋《合集》15930＋《乙補》2275＋《乙補》2621＋《乙補》2277 -反:《合集》5532 反＋《乙補》2111＋《合集》15930,楊熠:《甲骨試綴第 31—46 則(附補綴二則)》,第八則補綴,先秦史研究室網站,2018 年 9 月 22 日。

的消息從洗地傳來。(9c)使用右前甲兩腋凹連綫下第二行 5 個鑽鑿,占卜派人到畫地。(9d)(9e)使用前甲兩腋凹連綫下第三行 5 個鑽鑿,對貞王的胳膊是否會好轉。(9f)(9g)使用前甲最下一行 5 個鑽鑿,占卜祖丁是否協助父乙。(9h)(9i)使用後甲部位最上一行 5 個鑽鑿,對貞南庚是否會協助父乙施害於王。一辭五卜,以上卜辭的兆序數一至五或四從內向外橫排。這版腹甲基本按行使用鑽鑿進行占卜。

(10a) 貞:甫不其[受]黍年。一二[三四]五六七[八]九十一

(10b) 甲戌卜,宁,貞:甫受黍年。一二三四五六七 二告 八

[九]十 二告 一二 二告 三四五

《合集》10022(《乙編》3652＋)①[賓一]

這版腹甲,(10a)使用右前甲部位兩腋凹連綫以下三行 11 個鑽鑿,一辭十一卜,兆序數一至十,再至一,從內向外自上而下排列。(10b)使用中甲、左前甲最上四行 15 個鑽鑿,一辭十五卜,兆序數一至十,再至五,從內向外自上而下排列。這版腹甲基本分區使用鑽鑿進行占卜。

(11a) 乙未卜,永:其雨。一二三

(11b) 不其雨。一二三

(11c) 丙申卜,永:其雨。一二三

(11d) 不其雨。一二三

(11e) 辛亥卜,永:其雨。一二三

(11f) 不其雨。一二三

(11g) 壬子卜,永:雨。一二三

(11h) 不。一二三

《合集》11893(《乙編》3398)[賓一]

這版腹甲對貞是否下雨,基本使用一行 3 個鑽鑿,一辭三卜,兆序數一至

---

① 《合集》10022＋《乙編》6621＋《乙補》5657 ＋《乙補》5676,林宏明:《甲骨新綴第 638—648 例》,第 648 例,先秦史研究室網站,2016 年 5 月 7 日。

三從内向外横排。這版腹甲基本按行使用鑽鑿進行占卜。爲了避免卜辭集中在近千里路區或近原邊部位,刻寫時采取了相間刻寫(即上下相臨的兩條卜辭,一條從千里路起刻,另一條從原邊起刻)的卜辭布局。

(12) 貞:虧呼雀酒于河五十牛。一二三四五

《合集》1140(《乙編》5155＋)[賓一]

這版腹甲,(12)辭使用近甲橋部位一列 5 個鑽鑿,占卜呼雀用五十牛酒祭河,一辭五卜,兆序數一至五自下而上縱排。

(13) 丁未[卜],王,貞:余不餲隻獋。六月。一二三四五

《合集》6943(《乙編》2915＋)[賓一]

這版腹甲,(13)辭使用右甲橋部位一列 5 個鑽鑿,占卜捕獲獋,一辭五卜,兆序數一至五自下而上縱排。

(14) 癸丑卜,内,貞:五十羌… [一]二三四五六

《合集》309＋(《乙編》629＋)[①][賓一]

這版腹甲,(14)辭使用右甲橋部位一列 6 個鑽鑿,占卜用五十個羌人祭祀,一辭六卜,兆序數一至六自上而下縱排。

(15) 貞:自今至于戊寅不其雨。一 二告 二三四五六

《合集》14721(《乙編》2596)[賓一]

這版腹甲,(15)辭使用左甲橋部位一列 6 個鑽鑿,占卜從今天到戊寅日不下雨,一辭六卜,兆序數一至六自下而上縱排。

(16a) 貞:周冤。一

(16b) 弗其龡。一

(16c) 庚午卜,疠,貞:周龡冤。二

----

① 《合集》309＋《合集》311＋《合集》13969＋《合集》416＋《合補》4060﹣反:《合集》309＋《合集》13969＋《合集》416,林宏明:《甲骨新綴第 664—671 例》,第 671 例,先秦史研究室網站,2016 年 7 月 19 日。

（16d）貞：周弗其夒冤。二

《合集》110（《乙編》5347）［賓一］

這版腹甲反面爲首甲、中甲、前甲、後甲下部複環稀疏與後甲上部三列密集混合型鑽鑿布局，整版占卜按複環稀疏型鑽鑿布局的占卜形式使用。（16a）（16b）使用前甲最下一行中間 1 個鑽鑿，兆序數爲一，（16c）（16d）使用後甲第三行中間 1 個鑽鑿，兆序數爲二，兩組對貞周是否冤夒，兩辭一套兩卜。

　　賓組一類腹甲主體三列密集型鑽鑿布局，占卜内容有祭祀、軍事、納貢、田獵、農業、疾病、憂患等，使用的占卜形式多爲一辭多卜，也有一辭一卜，占卜多使用卜辭所在的一行、兩行或多行鑽鑿，當占卜使用多行鑽鑿時，會體現出分區占卜的趨勢。近腋凹區的一個鑽鑿通常單獨使用，這個部位有異版成套的占卜形式。甲橋部位的鑽鑿可以與前甲或後甲的主體區成行使用，也可以單獨成列使用。天氣辭多使用一行鑽鑿三卜。

（二）主體兩列密集鑽鑿布局腹甲的占卜形式

（17a）｛今二月㞢至｝。一二　二告

（17b）｛亡其至｝。一二

（17c）貞：王夆（遭）①戈人。一

（17d）貞：王弗夆（遭）戈人。一

（17e）貞：今王其歙。一二三四

（17f）貞：亡來風。一二　二告　三

（17g）⋯其娩，妨。一［二三］四五

（17h）｛丁巳卜，爭：疾奉，㞢于父庚。｝一

（17i）于父甲。一

（17j）于父辛。一

（17k）㞢妣庚瓜（夫）。一

（17l）弓瓜（夫）。一

---

① 　陳劍：《釋造》，《出土文獻與古文字研究》第 1 輯，第 55—100 頁；氏著：《甲骨金文考釋論集》，第 127—176 頁。

(17m) 二瓜(夫)。一

(17n) 马二瓜(夫)。一

(1o) 三瓜(夫)。一

(17p) 马三。一

(17q) 四瓜(夫)。二

(17r) 马四。三

(17s) 马五。二

(17t)〔疾奉。马畐钔于父辛〕。

(17u)〔马钔于父辛〕。

(17v)〔祖丁盐(害)王〕。

(17w)〔祖丁弗盐(害)王〕。

《合集》775(《乙編》888＋)〔賓一〕

這版腹甲反面是近甲橋區有鑽鑿主體兩列密集布局。(17a)(17b)兩辭刻寫在腹甲反面,使用首甲部位的 2 個鑽鑿,對貞是否有至,一辭兩卜,兆序數一、二從內向外排列。(17c)(17d)兩辭使用前甲近腋凹區的 1 個鑽鑿,對貞王是否會遭遇戈族人,兆序數爲一。(17e)辭使用中甲及右前甲主體區最上一行 3 個鑽鑿,占卜王歆,一辭四卜,兆序數一至四自上而下、從內向外排列。(17f)辭占卜無來風,使用左前甲主體區最上一行 3 個鑽鑿,一辭三卜,兆序數一至三從內向外排列。(17g)辭使用右後甲部位前兩行至少 5 個鑽鑿,占卜有好的生育結果,一辭五卜,兆序數一至五從內向外、自上而下排列。(17h)至(17j)辭選貞疾患,向父庚、父甲、父辛舉行禦祭,(17h)卜辭刻寫在腹甲反面,使用左後甲近千里路最上 1 個鑽鑿,(17i)辭使用左後甲第二行近千里路 1 個鑽鑿,(17j)辭使用左後甲第二列第二行 1 個鑽鑿,兆序數皆爲一。(17k)至(17s)辭選貞侑祭妣庚的祭牲數,及其對貞,使用兩跨凹連綫以下的三行鑽鑿,兆序數一或二。(17t)至(17w)刻寫在腹甲反面,對應兆序不明。這版腹甲多用 1 個鑽鑿進行占卜,也有分區使用鑽鑿進行占卜。

(18a) 丙戌卜,争,貞:父乙多子。一 二告 二三四五六

(18b) 丁亥卜,内,貞:子商㞢[鼀]在囚。一二三四五 二告 六七

(18c) 丁亥卜,内,貞:子商亡[鼀]在囚。一 二告 二三四五六

(18d) 翌辛卯𡧊三牛。一二

(18e) 貞:弓。一二三

《合集》2940(《乙編》4952+)[賓一]

這版腹甲反面爲近甲橋區無鑽鑿主體兩列密集布局。(18a)辭占卜父乙多子,使用右後甲部位三行 6 個鑽鑿,一辭六卜,兆序數一至六從内向外、自上而下排列。(18b)(18c)對貞子商有無鼀,使用首甲、中甲、前甲部位的三行 7 個或 6 個鑽鑿,一辭七卜,一辭六卜,兆序數一至七或六從内向外、自上而下排列。(18d)辭使用左後甲部位第一行 2 個鑽鑿,一辭兩卜,兆序數一、二從内向外横排。(18e)使用尾甲部位兩行 3 個鑽鑿,一辭三卜,兆序數一至三從内向外、自上而下排列。這版腹甲基本分區使用鑽鑿進行占卜。

(19a) 癸未卜,古,貞:黄尹保我事。一二三四五六七八九十

(19b) 貞:黄尹弗保我事。一二三 二告 四五六 不 七八九十

(19c) 貞:𢀛以㞢取。一 二告 二三四五六七八九

(19d) 貞:𢀛弗其以㞢取。一二三四五六 不 七八九

《合集》3481(《乙編》1172+)[賓一]

這版腹甲反面爲近甲橋區有鑽鑿主體兩列密集布局。(19a)(19b)兩辭使用首甲、中甲、前甲近腋凹區、主體區第一行 10 個鑽鑿,對貞黄尹是否保我事,一辭十卜,兆序數一至十從内向外、自上而下排列。(19c)(19d)兩辭使用兩跨凹連綫以下的所有 9 個鑽鑿,對貞𢀛是否帶回徵取的物品,一辭九卜,兆序數一至九從内向外、自上而下排列。這版腹甲分區使用鑽鑿進行占卜。

(20a) 甲辰卜,争:翌乙巳𡧊于土(社)牛。一

(20b) 貞:宰。一

(20c) 𡧊一羊。一二

（20d）寰于蜀，叀羊出豚。一二

（20e）寰于土（社），叀羊出豚。一二

（20f）寰于蜀一豕。一二

（20g）祓于東。一二

（20h）弜祓于東。一二

（20i）貞：祓于西北。一二

（20j）弜祓于西北。一二

（20k）貞：祓于南。一二

（20l）弜祓于南。一二

《合集》14395（《乙編》4733）［賓一］

這版腹甲反面爲近甲橋區無鑽鑿主體兩列密集布局。（20a）（20b）使用近腋凹區 1 個鑽鑿，選貞燎祭社的祭牲種類是牛還是宰，兆序數爲一。（20c）使用中甲部位 1 個鑽鑿，占卜燎一羊祭祀，兆序數爲一。（20d）使用左前甲主體區第一行 2 個鑽鑿，一辭兩卜，兆序數一、二從内向外橫排。（20e）使用右前甲最下一行 2 個鑽鑿，一辭兩卜，兆序數一、二從内向外橫排。（20f）使用左前甲最下一行 2 個鑽鑿，一辭兩卜，兆序數一、二從内向外橫排。（20g）（20h）兩辭使用後甲第一行 2 個鑽鑿，對貞要不要祓於東，一辭兩卜，兆序數一、二從内向外橫排。（20i）（20j）兩辭使用後甲第二行 2 個鑽鑿，對貞要不要祓於西北，一辭兩卜，兆序數一、二從内向外橫排。（20k）（20l）兩辭使用後甲最下一行 2 個鑽鑿，對貞要不要祓於南，一辭兩卜，兆序數一、二從内向外橫排。這版腹甲按行使用鑽鑿進行占卜，一辭的卜數爲一行的鑽鑿數。

（21a）己亥卜，宾：出于上甲五牛。一

（21b）出于上甲五牛。二　二告

（21c）庚子卜，殻，貞：年出蚩（害）。五月。一二三　二告　四

（21d）庚子卜…年…　一二三四

（21e）貞：令雀西延贏。一二

（21f）貞：雀出（堪）王事。一 二告 二

《合集》10125（《國博》25）［賓一］

這版腹甲反面爲近甲橋區無鑽鑿主體兩列密集布局。（21a）（21b）兩辭使用左右前甲最下一行近原邊 1 個鑽鑿，占卜用五牛侑祭上甲，兆序數一、二遞增，兩辭一套兩卜。（21c）辭使用左首甲、左前甲上兩行 4 個鑽鑿，占卜年有害，一辭四卜，兆序數一至四自上而下、從外向內排列。（21d）使用左後甲最下一行、尾甲最上一行 4 個鑽鑿，占卜年成，一辭四卜，兆序數一至四從外向內、自上而下排列。（21e）辭使用後甲部位最上一行 2 個鑽鑿，一辭兩卜，兆序數一二從外向內橫排。（21f）辭使用後甲部位第二行 2 個鑽鑿，占卜雀勝任王事，一辭兩卜，兆序數一二從外向內橫排。這版腹甲按行和分區使用鑽鑿進行占卜。

（22a）丙寅卜，內：翌丁卯王步，易日。一二

（22b）翌丁卯王步，不其易日。一 二告

（22c）貞：翌戊辰王步易日。一二 二告

（22d）翌戊辰弓步。一二 二告

（22e）□□卜，殼，貞：翌己巳步于卒。一二

（22f）貞：于庚午步于卒。一二

（22g）貞：呼乍圖于專。一

（22h）弓乍圖于專。一

（22i）丙寅卜，爭，貞：我亡囚。一二三四

（22j）貞：我亡囚。五六七八

（22k）貞：卒亡肇敆。一二

（22l）丁卯卜，殼，貞：我自亡肇敆。一二

《合集》11274（《乙編》811）［賓一］

這版腹甲反面爲近甲橋區有鑽鑿主體兩列密集鑽鑿布局。（22a）辭使用左首甲部位 1 個鑽鑿，（22b）辭使用中甲和右首甲 2 個鑽鑿，兩辭對貞下一個丁卯日王步是否會出太陽。（22c）使用右後甲部位第二行 2 個鑽鑿，

(22d)使用右後甲部位最下一行 2 個鑽鑿,對貞下一個戊辰日王要不要出行,一辭兩卜,兆序數一、二從內向外橫排。(22e)使用右後甲部位最上一行 2 個鑽鑿,占卜下一個己巳日王行至卒地,一辭兩卜,兆序數一、二從內向外橫排。(22f)使用左後甲部位最下一行 2 個鑽鑿,占卜下一個庚午日王行至卒地,一辭兩卜,兆序數一、二從內向外橫排。(22g)(22h)兩辭使用近腋凹部位的 1 個鑽鑿,對貞要不要在專地作圍,兆序數爲一。(22i)(22j)使用左右前甲主體區 8 個鑽鑿,占卜我沒有憂患,(22i)辭兆序數一至四,(22j)辭兆序數五至八,先右後左、從內向外、自下而上排列,兩辭一套八卜。這版腹甲按行或分區使用鑽鑿進行占卜。

(23a) 王夢,唯囚。一

(23b) 王夢,不唯囚。一

(23c) 貞：若王。一二三 二告 四

(23d) 弗若王。一二三四

(23e) 貞：王往出,示若。一二三四五

(23f) 貞：王弓出… 一二三四五

(23g) 貞：衍(延)出。一二 二告 三四五

(23h) 貞：弓衍(延)出。一二三四

《合集》5096(《乙編》7771)〔賓一〕

這版腹甲反面爲近甲橋區無鑽鑿主體兩列密集布局。(23a)(23b)兩辭使用近腋凹區的 1 個鑽鑿,對貞王夢是否有憂患,兆序數爲一。(23c)(23d)兩辭使用後甲部位上兩行的 4 個鑽鑿,對貞是否使王順利,一辭四卜,兆序數一至四,從內向外、自上而下排列。(23e)(23f)兩辭對貞王要不要出行,使用跨凹連綫以下的所有三行 5 個鑽鑿,一辭五卜,兆序數一至五,從內向外、自上而下排列。(23g)辭使用中甲及右前甲主體區 5 個鑽鑿,(23h)辭使用左前甲主體區兩行 4 個鑽鑿,兩辭對貞要不要繼續出行,一辭五卜,一辭四卜,兆序數一至五或四,從內向外、自上而下排列。這版腹甲基本分區使用鑽鑿進行占卜。

　　(24a) 呼阦弋(代)①兆。一二　二告　三

　　(24b) 弓呼阦弋(代)兆。一二三

　　(24c) 王其逐鹿於嗇，魯。﹛之日不田，風﹜。一二三四

　　(24d) 弓逐鹿，不其魯。一二三四

　　　　　　　　　　　《合集》10937(《乙編》7490)［賓一］

這版腹甲反面爲近甲橋區無鑽鑿主體兩列密集布局。(24a)(24b)兩辭使用前甲部位近腋凹及主體區第一行 3 個鑽鑿，對貞要不要呼阦代兆做事，一辭三卜，兆序數一至三從內向外、自上而下排列。(24c)(24d)兩辭使用前甲最下一行和後甲最上一行的 4 個鑽鑿，對貞王要不要逐鹿，一辭四卜，兆序數一至四從內向外、自上而下排列。這版腹甲基本分區使用鑽鑿進行占卜。

　　(25a) 辛巳［卜］，宂，貞：立人。一二　二告　三四五

　　(25b) 辛［巳卜］，宂，貞：弓立人。一二三四五

　　(25c) 辛巳卜，宂，貞：叀翌甲申立人。一二三四

　　(25d) 辛巳卜，宂，貞：弓唯翌甲申立人。一二三四　二告

　　(25e) 壬辰卜，爭，貞：其虣②，隻。九月。一二三四五六七

　　(25f) 壬辰卜，爭，貞：其虣，弗其隻。一二三　二告　四五六

　　　　　　　　　　　《醉古》151(《乙編》6696＋)［賓一］

這版腹甲反面爲近甲橋區無鑽鑿主體兩列密集布局。(25a)(25b)兩辭使用兩跨凹連綫以下的所有三行 5 個鑽鑿，對貞要不要立人，一辭五卜，兆序數一至五從外向內、自上而下排列。(25c)(25d)兩辭使用後甲最上兩行 4 個鑽鑿，對貞是否在下一個甲申日立人，一辭四卜，兆序數一至四從外向內、自下而上排列。(25e)(25f)使用首甲、中甲、前甲部位四行 7 或 6

---

①　裴錫圭：《釋“柲”》，《古文字研究》第 3 輯，第 7—31 頁；氏著：《古文字論集》，第 17—34 頁；《裴錫圭學術文集・甲骨文卷》，第 51—71 頁。

②　裴錫圭：《説“玄衣朱襮裣”——兼釋甲骨文“虣”字》，《文物》1976 年第 12 期，第 75—76 頁；《古文字論集》，第 350—352 頁；《裴錫圭學術文集・金文及其他古文字卷》，第 3—5 頁。

個鑽鑿,對貞麑是否能捕獲,一辭七卜,一辭六卜,兆序數一至七或六從外向內、自下而上排列。這版腹甲分區使用鑽鑿進行占卜。

(26a) 辛酉卜,殼:翌壬戌不雨,之日夕雨,不延。一 二告

(26b) 辛酉卜,殼:翌壬戌其雨。一

(26c) 壬戌卜,殼:翌癸亥不雨。癸亥雨。一

(26d) 丙寅卜,殼:翌丁卯不雨。一

(26e) 丙寅卜,殼:翌丁卯其雨。丁卯允雨。一

(26f) 乙亥卜,殼:翌丙子不雨。一

(26g) 乙亥卜,殼:翌丙子其雨。一

(26h) 丙子卜,殼:翌丁丑不雨。一

(26i) 翌丁丑其雨。一

(26j) 丁丑[卜,殼]:翌戊寅既雨。一

《綴彙》218(《乙編》621＋)[賓一]

這版腹甲反面爲主體兩列密集型鑽鑿布局。(26a)(26b)使用前甲近腋凹區1個鑽鑿,對貞下一個壬戌日是否下雨,兆序數爲一。(26c)使用右前甲最下一行外側1個鑽鑿,占卜下一個癸亥日不下雨,兆序數爲一。(26d)(26e)使用前甲最下一行近千里路1個鑽鑿,對貞丁卯日是否下雨,兆序數爲一。(26f)(26g)使用前甲主體區第一行近千里路1個鑽鑿,對貞丙子日是否下雨,兆序數爲一。(26h)(26i)使用前甲主體區第一行近原邊1個鑽鑿,對貞丁丑日是否下雨,兆序數爲一。(26j)使用前甲主體區第二行近原邊1個鑽鑿,占卜戊寅日下雨,兆序數爲一。這版腹甲使用1個鑽鑿進行占卜。

(27a) 戊辰卜,爭,貞:其雨。一

(27b) 貞:不雨。一

(27c) 庚午卜,內:屯呼步。八月。一二

(27d) 庚午卜,內,貞:王㫃乍邑在茲,帝若。一二三四

(27e) 庚午卜,內,貞:王乍邑,帝若。八月。一二 二告 三四

(27f) 貞:王乍邑,帝若。八月。一二三四五

（27g）貞：［王］丂乍邑，帝若。一二三四五

《合集》14201（《乙編》1947＋）［賓一］

這版腹甲反面爲近甲橋區無鑽鑿主體兩列密集布局。（27a）使用中甲部位1個鑽鑿，（27b）使用左首甲部位1個鑽鑿，對貞是否下雨，兆序數爲一。（27c）辭使用右前甲最下一行2個鑽鑿，占卜屯呼步，一辭兩卜，兆序數一、二從外向内排列。（27d）（27e）兩辭使用後甲部位最上兩行4個鑽鑿，對貞王要不要作邑，一辭四卜，兆序數一至四從内向外，自上而下排列。（27f）（27g）兩辭使用後甲最下一行和尾甲全部三行5個鑽鑿，對貞王要不要作邑，一辭五卜，兆序數一至五從外向内，自上而下排列。（27d）與（27g）、（27e）與（27f）爲同貞卜辭。這版腹甲按行、分區使用鑽鑿進行占卜。

（28a）其丂令以。一二三四五

（28b）甲辰卜，宁… 一二［三］

（28c）甲辰卜，宁，貞… 一二三四五 二告 六［七］

（28d）甲辰卜，貞：今日… 一 不𤰕 二三四五［六］

（28e）甲辰卜，宁，貞：今日丂呼雀步… 一二三四 二告 五六七［八］

《合集》4121（《乙編》5078＋）［賓一］

這版腹甲反面爲近甲橋區無鑽鑿主體兩列密集布局。（28a）辭使用右首甲、右前甲、右後甲第一行近原邊一側5個鑽鑿，占卜命令帶來人或物，一辭五卜，兆序數一至五自上而下縱排。（28b）辭至少使用右後甲下兩行近原邊一側2個鑽鑿，卜辭殘斷，一辭兩卜，兆序數一、二自上而下縱排。（28c）辭使用中甲、右前甲、右後甲近千里路一側可能7個鑽鑿，卜辭殘斷，一辭七卜，兆序數一至七自上而下縱排。（28d）辭使用左前甲、左後甲近千里路一側的可能六個鑽鑿，卜辭殘斷，一辭六卜，兆序數一至六自上而下縱排。（28e）辭使用左首甲、左前甲、左後甲近原邊一側的可能8個鑽鑿，占卜今天呼令雀做事，一辭八卜，兆序數一至八自上而下縱排。這版腹甲按列使用鑽鑿進行占卜。

（29a）辛未卜，宁，貞：曰舀正化來。[一]二三四五六七八九十一二三四五六

（29b）貞：丂曰舀正化來。{王占曰：虫來。}一二三四　二告五六七八九[十一]二

《合集》4178＋（《乙編》3124＋）①[賓一]

這版腹甲反面爲近甲橋區無鑽鑿主體兩列密集布局。（29a）辭使用右腹甲所有兩列 16 個鑽鑿，（29b）辭可能使用左首甲、左前甲、左後甲上兩行至少 12 個鑽鑿，對貞要不要讓舀正化來，一辭十六卜，一辭十二卜，兆序數一至十再至六或二自上而下、從內向外排列。這版腹甲分區使用鑽鑿進行占卜。

（30a）乙亥卜，殼，貞：雀出乍田。一二三四

（30b）乙亥卜，殼，貞：雀亡乍田。一二三四

（30c）乙亥卜，內，貞：今乙亥子商靐（敦）基方，弗其戈。一二　二告

（30d）今乙亥子商靐（敦）[基]方，弗其戈。三

《合集》6577（《乙編》5349）[賓一]

這版腹甲反面爲近甲橋區無鑽鑿主體兩列密集鑽鑿布局。（30a）（30b）兩辭使用前甲主體區、後甲上兩行近千里路一側 4 個鑽鑿，對貞雀有無作憂，一辭四卜，兆序數一至四自上而下縱排。（30c）使用左前甲近原邊一側 2 個鑽鑿，（30d）使用左後甲最上一行外側 1 個鑽鑿，占卜今天乙亥日子商靐基方，不會戰勝，兩辭兆序數一至三自上而下縱排，兩辭一套三卜。這版腹甲按列使用鑽鑿進行占卜。

賓組一類腹甲主體兩列密集型鑽鑿布局，占卜內容有祭祀、出行、田獵、夢幻、人物事類等，使用的占卜形式多爲一辭多卜，占卜多使用卜辭所

---

① 《合集》4178＋《乙編》3268＋《乙編》3923＋《乙補》675＋《乙補》2074＋《乙補》2750＋《乙補》6328＋《乙補》6735＋《乙補》2704－反：《乙編》3124＋《合集》4178＋《乙補》2834，林宏明：《甲骨新綴第 688—693》，第 692 例，先秦史研究室網站，2016 年 7 月 28 日。

在的一行、兩行或多行鑽鑿，當占卜使用多行鑽鑿時，會體現出分區占卜的趨勢。近甲橋區無鑽鑿主體兩列密集鑽鑿布局的特色占卜是按列使用鑽鑿進行占卜。

（三）複環稀疏型鑽鑿布局腹甲的占卜形式

（31a）甲午卜，宁，貞：今日出于妣甲一牛。一

（31b）甲午卜，宁，貞：今日出于妣甲二牛，正。一

（31c）貞：唯媚蠱。一 二告 二〔三〕

（31d）不唯媚蠱。一二三 二告

（31e）｛癸未卜，内，貞：示左｝。一二三四

（31f）｛貞：示弗左｝。一二 二告 三四

（31g）貞：呼取。一二 小告

（31h）貞：呼先酒褻上甲，王迺… 　一二

（31i）貞：王于辛丑入，若。一二

（31j）｛貞：王歸易日｝。一

（31k）｛不其易日｝。一

（31l）丙寅卜，爭，貞：王弓卒（猝）①歸。一二三

《醉古》310＋（《乙編》3424＋）②〔賓一〕

這版腹甲，(31a)(31b)兩辭使用近腋凹部位的 1 個鑽鑿，占卜侑祭妣甲用牛的數目，兆序數爲一。(31c)(31d)兩辭使用中甲與前甲主體區最上一行 3 個鑽鑿，對貞媚蠱，一辭三卜，兆序數一至三自上而下、從内向外排列。(31e)(31f)兩辭使用前甲最下一行和後甲最上一行 4 個鑽鑿，對貞示是否左，一辭四卜，兆序數一至四從内向外、自下而上排列。(31g)使用右後甲部位第二行 2 個鑽鑿，占卜呼令取物，一辭兩卜，兆序數一、二從内向

---

① 裘錫圭：《釋殷墟卜辭中的"卒"和"裇"》，《中原文物》1990 年第 3 期，第 8—16 頁；《裘錫圭學術文集·甲骨文卷》，第 362—376 頁。

② 《醉古》310＋《乙編》3447 -反；《合集》1191＋無號甲，林宏明：《甲骨新綴第 768—775 例》，第 772 例，先秦史研究室網站，2018 年 1 月 3 日。

外排列。(31h)使用右後甲部位第四行 2 個鑽鑿,占卜酒燎上甲,兆序數一辭兩卜,一、二從內向外橫排。(31i)使用左後甲第四行 2 個鑽鑿,占卜王在辛丑日進入,一辭兩卜,兆序數一、二從內向外橫排。(31j)(31k)兩辭使用尾甲一行近千里路 1 個鑽鑿,對貞王歸是否易日,兆序數爲一。(31l)辭使用左後甲最下一行 2 個和左尾甲最上一行外側 1 個鑽鑿,占卜王不要立刻歸來,一辭三卜,兆序數一至三自下而上、從內向外排列。這版腹甲基本按行使用鑽鑿進行占卜。

(32a) 乙卯卜,爭,貞:旨戋羅。{王占曰:吉,戋}。一二三四

(32b) 貞:旨弗其戋羅。一二三四

(32c) 辛酉卜,內,貞:往西多紲其以王伐。一 二告

(32d) 貞:往西多紲不其以伐。一

(32e) 貞:往西多紲其以王[伐]。二三

(32f) 往西多紲不其以伐。二三

(32g) 貞:祖乙奇①王。一二

(32h) 祖乙弗其奇王。一 二告 二

(32i) 貞:祖乙奇王。一二

(32j) 一二

(32k) 翌乙亥喪呼子商妝(殺)。一

(32l) 貞:專。一

(32m){貞:取}。

(32n){弓取}。

《合集》880(《乙編》5395)[賓一]

這版腹甲,(32a)(32b)兩辭對貞旨是否能戰勝羅,使用後甲部位第三行 2 個,第四行外側 1 個,第五行內側 1 個鑽鑿,一辭四卜。(32c)至(32f)對貞往西,多紲是否帶來人牲。(32c)(32d)兩辭使用前甲近腋凹區 1 個鑽鑿,

① 方稚松:《甲骨文"奇""亏"詞義辨析》,《中國國家博物館館刊》2019 年 12 期,第 22—32 頁。

兆序數爲一。(32e)(32f)兩辭使用前甲最下一行 2 個鑽鑿,兆序數二、三從外向內排列。以上爲兩辭一套三卜。(32g)(32h)兩辭使用前甲主體區第一行 2 個鑽鑿,對貞祖乙是否旁王,一辭兩卜,兆序數一、二從內向外橫排。(32i)使用左尾甲一行 2 個鑽鑿,占卜祖乙旁王,一辭二卜,兆序數一、二從內向外排列。(32g)(32i)辭爲同貞卜辭。(32k)使用右後甲最下一行外側 1 個鑽鑿,占卜下一個乙亥日呼令子商殺牲,兆序數爲一。(32m)(32n)兆序所屬不明確。這版腹甲多按行使用鑽鑿進行占卜。

(33a) 庚辰卜,宁,貞:朕芻于鬥。一

(33b) 貞:朕芻于丘剢。一

(33c) 貞:朕芻于鬥。二

(33d) 貞:朕芻于丘剢。二

(33e) 辛巳卜,內,貞:般往來亡囚。〔王占曰:亡囚〕。一

(33f) 般其㞢囚。一

(33g) 貞:亞往來亡囚。一

(33h) 亞其㞢囚。一

(33i) 〔壬辰卜,爭〕,貞:翌乙未其袞。〔王占曰:雨〕。一二

(33j) 翌乙未㫗卒(猝)袞。一二

《合集》152(《乙編》1101＋)〔賓一〕

這版腹甲,(33a)(33b)使用前甲近腋凹處 1 個鑽鑿,選貞芻的地點在鬥還是丘剢,兆序數爲一。(33c)(33d)使用前甲最下一行 1 個鑽鑿,兆序數爲二。(33a)與(33c)、(33b)與(33d)兩辭一套兩卜。(33e)使用右後甲近跨凹處 1 個鑽鑿,(33f)使用左後甲最下一行外側 1 個鑽鑿,兩辭對貞般有無憂患,兆序數皆爲一。(33g)使用左後甲近跨凹 1 個鑽鑿,(33h)使用右後甲最下一行外側 1 個鑽鑿,兩辭對貞亞往來有無憂患,兆序數皆爲"一。"(33i)(33j)使用前甲主體區最上一行 2 個鑽鑿,對貞下一個乙未日要不要舉行燎祭,一辭兩卜,兆序數一、二從內向外排列。這版腹甲多選擇一兩個鑽鑿進行占卜。

(34a)｛乙酉卜，爭｝，貞：㞢來舟。一二三四　二告

(34b) 㞢不其來舟。一二三四

(34c) 丙子卜，古，貞：今十一月不其雨。一二三四五

　　　　《合集》11462（《乙編》1151＋）[①][賓一]

這版腹甲，(34a)(34b)兩辭對貞㞢是否來舟，(34a)辭使用左前甲最下一行2個和左後甲最上一行2個鑽鑿，(34b)辭使用右後甲最下一行2個，右尾甲一行2個鑽鑿，兩條卜辭對貞㞢是否來舟，一辭四卜，兆序數一至四從內向外，自上而下排列。(34c)辭使用左甲橋部位的一列5個鑽鑿，占卜今十一月不下雨，一辭五卜，兆序數一至五自上而下縱排。這版腹甲按行、按列或者可以說是分區使用鑽鑿進行占卜。

(35a) 庚子卜，爭，貞：西使旨亡囚，㞢（堪）。｛王占曰：其唯丁引戋｝。一

　　(35b) 庚子卜，爭，貞：西使旨其㞢囚。一　二告

　　(35c) 貞：西使旨亡囚，㞢（堪）。二

　　(35d) 西使旨其㞢囚。二

　　(35e) 貞：旨亡囚。三　二告

　　(35f) 旨其㞢囚。三

　　(35g) 旨亡囚。四

　　(35h) 其㞢囚。四　不

　　(35i) 旨亡囚。五　不

　　(35j) 其㞢囚。五

　　　　　　　《合集》5637（《乙編》4506＋）[賓一]

這版腹甲反面爲複環稀疏型鑽鑿布局，占卜時按首甲中甲無鑽鑿單環稀疏型鑽鑿布局來進行占卜。(35a)(35c)(35e)(35g)(35i)，(35b)(35d)

---

① 《合集》11462＋無號碎甲兩片＋《乙編》8450－反；《合集》11462，林宏明：《甲骨新綴第761—767例》，第767例，先秦史研究室網站，2017年12月24日。

(35f)(35h)(35j)分別使用左右腹甲外側一列 5 個鑽鑿，一辭一兆，爲同版內的五辭一套五卜，左右對貞西使旨有無憂患。

> (36a) 甲辰卜，殼，貞：翌乙巳出于父乙宰。用。二
>
> (36b) 貞：咸𡵂于帝。二
>
> (36c) 貞：大甲𡵂于咸。二
>
> (36d) 貞：咸不𡵂于帝。二
>
> (36e) 貞：大甲不𡵂于咸。二
>
> (36f) 甲辰卜，殼，貞：下乙𡵂于咸。二　小告
>
> (36g) 貞：下乙不𡵂于咸。二
>
> (36h) 貞：大［甲］𡵂于帝。二
>
> (36i) 貞：下乙［𡵂］于帝。二
>
> (36j) 貞：大甲不𡵂于帝。二
>
> (36k) 貞：下乙不𡵂于帝。二
>
> 《醉古》260＋(《乙編》2293＋)[①]［賓一］

這版腹甲，(36b)(36c)兩辭使用前甲主體區第一行近千里路 1 個鑽鑿。其餘卜辭分別使用外側 1 個鑽鑿，對貞、選貞某位近世祖先賓帝或咸的占卜，整版兆序數基本爲二，是整版兆序數基本相同的成套腹甲的第二版。

> (37a) 辛丑卜，殼，貞：今日子商其鱻(敦)基方缶，戋。五月。三
>
> (37b) 辛丑卜，殼，貞：今日子商其鱻(敦)基方缶，弗其戋。三
>
> (37c) 壬寅卜，殼，貞：自今至于甲辰［子］商弗其［戋］基方。三
>
> (37d) 壬寅卜，殼，貞：自今至于甲辰子商戋基方。三
>
> (37e) 壬寅卜，殼，貞：尊雀叀𡫫鱻(敦)基方。三
>
> (37f) 壬寅卜，殼，貞：子商不䂃戋基方。三
>
> (37g) 貞：自今壬寅至于甲辰子商戋基方。六

---

① 《合集》1402 正＋《乙補》1708＋《乙補》1635＋無號甲＋《乙補》6946 - 反：《合集》1402 反，楊熠：《甲骨試綴第 48—55 則》，第 48 則，先秦史研究室網站，2018 年 11 月 8 日。

(37h) 壬寅卜，殻，貞：曰子商**[①]**癸羍。五月。三

(37i) 甲辰卜，殻，貞：翌乙巳曰子商羍，至于丁未祡。三

(37j) 曰：**甲羍。三

(37k) 曰：子商于乙羍。三

(37l) 貞：曰子商至于出成乍山，祡。三

(37m) 马曰子商至于出成乍山，祡。三

《合集》6571（《乙編》2218＋）［賓一］

這版腹甲對貞或選貞與基方的一場戰爭，整版兆序數皆爲三，爲異版成套腹甲的第三版。

賓組一類腹甲複環稀疏型鑽鑿布局，占卜内容有祭祀、軍事、出行、田獵、人物事類等，使用的占卜形式多爲一辭多卜，占卜多使用卜辭所在的一行或多行鑽鑿。因複環稀疏鑽鑿布局，一行多 2 個鑽鑿，使用一行鑽鑿時，多一辭兩卜。當占卜使用多行鑽鑿時，會體現出分區占卜的趨勢，多三至六卜。複環稀疏型鑽鑿布局的占卜形式多一卜、二卜，特色占卜是一版内的多辭一套或異版成套。

（四）單環稀疏型鑽鑿布局腹甲的占卜形式

(38) 癸未卜，宕，貞：今日褮。一二三四 不** 五 二告 六七 不**

《合集》15556［賓一］

這版腹甲反面爲首甲中甲有鑽鑿的單環稀疏型鑽鑿布局。這條卜辭使用右腹甲及中甲部位一列 7 個鑽鑿，占卜今天舉行燎祭，一辭七卜，兆序數一至七自上而下縱排。這版腹甲按列或分區使用鑽鑿進行占卜。

(39a) 甲午卜，延，貞：東土受年。一二三 二告 四五六七

(39b) 甲午卜，延，貞：東土不其受年。一二三四 二告 五六

《合集》9735（《乙編》3287）［賓一］

<hr />

① 方稚松：《釋〈合集〉6571 中的"**"——兼談占辭中"見"的含義》，《古文字研究》第 32 輯，第 75—82 頁，中華書局，2018 年。

這版腹甲反面爲首甲中甲有鑽鑿單環稀疏型鑽鑿布局。(39a)辭使用右腹甲及中甲一列 7 個鑽鑿,(39b)辭使用左腹甲一列 6 個鑽鑿,對貞東土是否受年,一辭七卜,一辭六卜,兆序數一至七或六自上而下縱排。這版腹甲按列或分區使用鑽鑿進行占卜。

> (40a) 戊午卜,古,貞:今來羌于 … [一]二三四五
> (40b) 戊午卜,古… 　一二[三四五]

> 《合集》255(《乙編》7180＋)[賓一]

這版腹甲反面爲首甲中甲無鑽鑿單環稀疏型鑽鑿布局。兩辭分別使用左右腹甲各一列 5 個鑽鑿,對貞今日是否來羌,一辭五卜,兆序數一至五自上而下縱排。這版腹甲按列或分區使用鑽鑿進行占卜。

> (41a) 丁亥卜,殼,貞:㐁^①亡囚,出(堪)王事。{王占曰:出[求(谷)]。}一二三四五
> (41b)[丁亥卜],殼,貞:㐁… [一]二[三四五]

> 《合集》5446(《乙編》487＋)[賓一]

這版腹甲反面爲首甲中甲無鑽鑿單環稀疏型鑽鑿布局,或按此鑽鑿布局來使用。兩辭分別使用左右腹甲單側一列 5 個鑽鑿,對貞㐁有無憂患,兆序數一至五自上而下縱排。這版腹甲按列或分區使用鑽鑿進行占卜。

> (42a) 丁亥卜,古,貞:庙畟于滴。{王占曰:弓畟。}一二三四五
> (42b) 庙不畟于滴。一二

> 《合集》8310(《乙編》7336)[賓一]

這版腹甲反面爲首甲中甲無鑽鑿單環稀疏型鑽鑿布局。(42a)(42b)兩辭對貞庙是否畟於滴,(42a)辭使用右腹甲一列 5 個鑽鑿,一辭五卜,兆序數一至五自上而下縱排。這版腹甲按列或分區使用鑽鑿進行占卜。

---

① 陳劍:《殷墟卜辭的分期分類對於甲骨文字考釋的重要性》,收入《甲骨金文考釋論集》,第402—404 頁。

（43a）貞：自𡚬其屮𡆥。一二三

（43b）□□卜，爭，貞：自𡚬亡𡆥。［一]二三

《合集》3438＋（《乙編》3246）①［賓一]

這版腹甲反面爲單環稀疏型鑽鑿布局。（43a）（43b）兩辭使用前甲一列 2 個及後甲最上 1 個鑽鑿，對貞師𡚬有無憂患，一辭三卜，兆序數一至三自上而下縱排。這版腹甲按列或分區使用鑽鑿進行占卜。

（44a）庚申卜，宂，貞：叀鼄。一二三

（44b）庚申卜，宂，貞：弓唯鼄。一二三　二告

《合集》18353（《乙編》4644＋）［賓一]

這版腹甲反面爲首甲中甲有鑽鑿的單環稀疏型鑽鑿布局，占卜按首甲中甲無鑽鑿單環稀疏型鑽鑿布局變式使用。兩辭使用前甲部位 2 個鑽鑿及後甲部位的最上 1 個鑽鑿，對貞是否鼄，一辭三卜，兆序數一至三自而下縱排。這版腹甲按列或分區使用鑽鑿進行占卜。

（45a）貞：王夢攸，唯𡆥。一

（45b）王夢攸，不唯𡆥。一

（45c）貞：唯𡆥。一

（45d）貞：婌雍𫉬。一二

（45e）婌雍𫉬。三

（45f）貞：婌雍𫉬。四五

（45g）貞：弓婌雍𫉬。一二三四五

《合集》122（《乙編》5224）［賓一]

這版腹甲反面爲首甲中甲有鑽鑿的 8 字形單環稀疏型鑽鑿布局，占卜按首甲中甲有鑽鑿單環稀疏型鑽鑿布局使用。（45a）（45b）使用前甲近腋凹部位 1 個鑽鑿，對貞王夢見雲開是否有憂，兆序數爲一。（45c）使用右後

---

① 《乙編》3246＋《合集》3438＋《乙補》2219＋《乙補》2221，史語所庫房記録，網址：https://ndweb.iis.sinica.edu.tw/archaeo2_public/System/Artifact/Detail_BB.jsp? ano＝9844。

甲近跨凹 1 個鑽鑿。(45a)(45c)兩辭爲同貞占卜。(45d)使用右首甲部位 1 個鑽鑿和中甲部位 1 個鑽鑿,兆序數一、二從外向內排列。(45e)使用右前甲最下 1 個鑽鑿,兆序數爲三。(45f)辭使用右後甲最下 1 個鑽鑿和尾甲 1 個鑽鑿,兆序數四、五從外向內排列。(45d)至(45f)爲三辭一套五卜。(45g)辭使用左首甲 1 個鑽鑿,左前甲最下 1 個鑽鑿,左後甲一列 2 個鑽鑿和尾甲 1 個鑽鑿,一辭五卜,兆序數一至五自上而下縱排。(45d)(45e)與(45f)對貞。這版腹甲基本分區使用鑽鑿進行占卜。

> (46a) 乙巳卜,宁,貞:旲隻羌。一月。一
>
> (46b) 乙巳卜,宁,貞:旲不其隻羌。一
>
> (46c) 貞:旲隻羌。二三四
>
> (46d) 貞:旲不其隻羌。二三四
>
> 《合集》203(《乙編》865)[賓一]

這版腹甲爲首甲中甲無鑽鑿單環稀疏型鑽鑿布局。正面對貞旲是否獲羌,因前甲近舌下縫一個鑽鑿用於占卜其他事情,故采用二辭一套的形式進行占卜。(46a)(46b)使用前甲近腋凹處 1 個鑽鑿,兩辭對貞旲是否獲羌,兆序數爲一。(46c)(46d)使用後甲一列 2 個鑽鑿和尾甲 1 個鑽鑿,兩辭對貞旲是否獲羌,兆序數二至四自上而下縱排。(46a)與(46c)、(46b)與(46d)兩辭一套四卜。這版腹甲基本分區使用鑽鑿進行占卜。

> (47a) 辛卯卜,㱿,貞:其莫。三月。四
>
> (47b) 辛卯卜,㱿,貞:不莫。四
>
> (47c) 壬辰卜,貞:亘亡囚。三
>
> (47d) 貞:亘其出囚。三月。三 二告
>
> 《合集》10184(《乙編》2443＋)[賓一]

這版腹甲反面爲首甲中甲無鑽鑿單環稀疏鑽鑿布局的變式,只腋凹、跨凹部位四個鑽鑿。(47a)(47b)使用前甲近腋凹區 1 個鑽鑿,兩辭對貞是否艱,爲異版成套占卜的第四卜。(47c)(47d)使用後甲近跨凹區 1 個鑽鑿,兩辭對貞亘有無憂患,爲異版成套占卜的第三卜。

（48a）己卯卜，殼，貞：我其鹵，𤲃。一

（48b）己卯卜，殼，貞：弗其𤲃。一

《合集》10655（《乙編》2235）［賓一］

（49a）貞：我其鹵，𤲃。五　二告

（49b）己卯卜，殼，貞：弗其𤲃。五

《合集》10656（《乙編》2891＋）［賓一］

這兩版腹甲反面爲首甲中甲無鑽鑿單環稀疏鑽鑿布局的變式，只腋凹部位兩個鑽鑿。兩版對貞我設陷，是否有擒獲。兩版爲異版成套腹甲的第一、五兩卜。

（50a）𢓊于東，屮鹿。｛王占曰：之屮隻鹿一豕一｝。一

（50b）貞：𢓊，亡其鹿。一

（50c）貞：屮鹿。二

（50d）亡其鹿。二　二告

《合集》10910（《乙編》7639＋）［賓一］

這版腹甲反面爲首甲中甲有鑽鑿單環稀疏鑽鑿布局，按首甲中甲無鑽鑿單環稀疏型鑽鑿布局的變式4個鑽鑿布局來使用。對貞在東方𢓊，有無鹿，使用近跨凹、腋凹部位的4個鑽鑿，（50a）（50c），（50b）（50d）爲同版內兩辭一套兩卜。

（51a）戊申卜，爭，貞：婦好不延屮疾。一

（51b）［貞］：婦好其延屮疾。一　二告

（51c）貞：婦好不延屮疾。二

（51d）婦好其延屮疾。二

（51e）癸未［卜，殼］，貞：婦妌屮子。二月。一二

（51f）貞：婦妌女（毋）其屮子。一二

《合集》13931（《乙編》4703＋）［賓一］

這版腹甲反面爲單環稀疏型鑽鑿布局。（51a）至（51d）辭對貞婦好的疾病是否會繼續下去，使用腋凹與跨凹部位4個鑽鑿，（51a）（51c），（51b）（51d）兩辭一套兩卜。（51e）（51f）辭對貞婦妌是否有子，使用後甲最下1個鑽鑿

和尾甲 1 個鑽鑿，一辭兩卜。這版腹甲分區使用鑽鑿的形式進行占卜。

> (52a) 丙辰卜，殼，貞：帝唯其終茲邑。二
>
> (52b) 貞：帝弗終茲邑。二月。二
>
> (52c) 貞：帝唯其終茲邑。二
>
> (52d) 貞：帝弗終茲邑。二
>
> (52e) 翌庚申煑于黃奭。二
>
> (52f) 貞：我舞，雨。二
>
> 《合集》14209(《乙編》7171)［賓一］
>
> (53a) 丙辰卜，殼，貞：帝唯其終茲邑。四
>
> (53b) 貞：帝弗終茲邑。二月。四
>
> (53c) 貞：帝唯其終茲邑。四
>
> (53d) 貞：帝弗終茲邑。四
>
> (53e) 翌庚申煑于黃奭。四
>
> (53f) 貞：我舞，雨。四
>
> 《合集》14210(《乙編》4534)［賓一］

這兩版腹甲反面爲首甲中甲無鑽鑿單環稀疏鑽鑿布局的變式，腋凹部位一個鑽鑿，後甲一列兩個鑽鑿。(a)至(d)辭對貞帝是否終茲邑，整版兆序數相同，是異版成套占卜腹甲的第二、四兩版。

> (54a) 庚午卜，宁，貞：戔以嚚芻。一
>
> (54b) 貞：戔弗其以嚚芻。一 二告
>
> (54c) 貞：戔以嚚芻。二
>
> (54d) 戔弗其以嚚芻。二
>
> (54e) 于九山［褒］。一［二］
>
> (54f) 弜于九山褒。一二
>
> 《合集》96＋乙補 1877(《乙編》2260＋)[1]［賓一］

---

[1]　林宏明：《甲骨新綴第 707—712 例》，第 710 例，先秦史研究室網站，2015 年 8 月 16 日。

這版腹甲反面爲單環稀疏型鑽鑿布局。(54a)與(54c)、(54b)與(54d)使用近腋凹和近跨凹部位的1個鑽鑿,對貞戈是否會帶來尠芻,爲兩辭一套兩卜。(54e)(54f)使用後甲最下1個鑽鑿和尾甲1個鑽鑿,對貞是否燎祭九山,兆序數一、二自上而下排列。這版腹甲按分區使用鑽鑿的形式進行占卜。

(55a) 丁未卜,爭,貞:𢆶正化受又。{王占曰:唯甲見戊戈}。二

(55b) 丁未卜,爭,貞:𢆶正化弗其受又。二

(55c) 貞:方其戈我史。{王占曰:吉。唯其亡工,叀其值。}二

(55d) 貞:方弗戈我史。二

(55e) 貞:我史其戈方。二　二告

(55f) 我史弗其戈方。二

(55g) 貞:卬亡𡆥。二

(55h) 貞:卬其㞢𡆥。二

(55i) 往西多絴王伐。

《合集》6771(《乙編》7764＋)[賓一]

這版腹甲反面爲首甲中甲無鑽鑿單環稀疏型鑽鑿布局。(55a)(55b)兩辭使用前甲近腋凹區1個鑽鑿,對貞𢆶正化是否受又。(55c)(55d)兩辭使用前甲最下1個鑽鑿,對貞敵方是否戰勝我史。(55e)(55f)兩辭使用後甲近跨凹1個鑽鑿,選貞我史是否戰勝敵方。(55g)(55h)兩辭使用後甲最下一個鑽鑿,對貞卬有無憂患。整版兆序數爲二,是異版成套腹甲的第二版。

　　賓組一類腹甲單環稀疏型鑽鑿布局,占卜內容有祭祀、軍事、出行、田獵、人物事類等,使用的占卜形式多爲一辭多卜。首甲中甲有鑽鑿的單環稀疏型鑽鑿布局多兩辭對貞,特色是按列使用鑽鑿進行占卜,一辭七卜,一辭六卜。首甲中甲無鑽鑿的單環稀疏型鑽鑿布局多一辭五卜或三卜,特色占卜是一版內的多辭一套或異版成套占卜。

　　(五) 稀疏密集混合型鑽鑿布局腹甲的占卜形式

　　　(56a) {呼雀往于帛}。一二三

(56b)｛弓呼雀往于帛｝。一二三

(56c) 辛亥卜，㱿，貞：王叀易伯㽎比。四

(56d) 辛亥卜，㱿，貞：王弓唯易伯㽎比。四

(56e) 貞：王叀侯告比正人。六月。四

(56f) 貞：王弓唯侯告比。四

(56g) 己巳卜，㱿，貞：我受年。四

(56h) 貞：我不其受年。四

《合集》6460（《乙編》1859＋）［賓一］

這版腹甲反面爲首甲密集與前甲後甲尾甲單環稀疏混合型鑽鑿布局。
(56a)(56b)兩辭刻寫在反面，使用首甲、中甲部位3個鑽鑿，對貞要不要呼
雀往於帛，一辭三卜，兆序數一至三自下而上、從内向外排列。(56c)(56d)
兩辭使用前甲近腋凹區1個鑽鑿，對貞王是否配合易伯㽎。(56e)(56f)使用
前甲最下1個鑽鑿，對貞王是否比侯告正人方。(56g)(56h)兩辭使用後甲
近腋凹1個鑽鑿，對貞我是否受年。整版兆序數爲四，爲成套腹甲的第四
版。這版鑽鑿密集布局的首甲、中甲部位用一辭多卜的形式進行占卜。前
甲、後甲按首甲、中甲無鑽鑿的單環稀疏布局使用異版成套的形式進行占卜。

(57a) 貞：屮來自西。一二三四五六

(57b) 亡其來自西。一二三四五六

(57c) 乙巳卜，爭，貞：今日酒伐，改。｛王占曰：不坐，若茲
卜。其先于甲酒咸迺唯甲迺｝。一

(57d) 子安①屮𢍏（害）。一

(57e) 子安亡𢍏（害）。二

(57f) 子安屮𢍏（害）。一

(57g) 子安亡𢍏（害）。二

(57h) 壬辰卜，貞：𡚤屮（堪）王事。一

① 陳劍：《説"安"字》，收入《甲骨金文考釋論集》，第107—123頁。

(57i) 何弗其出(堪)王[事]。一

《合集》975(《乙編》3471)[賓一]

這版腹甲首甲中甲密集與前甲、後甲、尾甲單環稀疏混合型。(57a)(57b)兩辭使用首甲、中甲部位的 6 個鑽鑿,對貞是否有從西方來的消息,一辭六卜,兆序數一至六從內向外自上而下排列。(57c)辭使用右前甲近腋凹部位的 1 個鑽鑿,占卜今日酒祭,一辭一卜,兆序數爲一。(57d)至(57g)辭使用前甲最下 1 個鑽鑿和尾甲部位 1 個鑽鑿,對貞有無災害。(57d)與(57e)、(57f)與(57g)對貞,兆序數遞增。(57d)與(57f)、(57e)與(57g)同貞。密集部分一辭多卜,稀疏部分用同版內的同貞占卜。

　　賓組一類稀疏密集混合型鑽鑿布局,密集鑽鑿部分多用一辭多卜,稀疏鑽鑿部分多用成套的形式進行占卜。

　　賓組一類龜腹甲占卜祭祀、軍事、納貢、田獵、農業、天氣、疾病、夢幻、生育、憂患、人物事類等內容。密集型鑽鑿布局多按行、按列或分區使用鑽鑿進行多卜形式的占卜。按行占卜有用一行、兩行或多行的鑽鑿進行占卜,使用多行鑽鑿時趨向於分區占卜。近甲橋區無鑽鑿的主體兩列鑽鑿布局的特色占卜形式是按列使用鑽鑿進行占卜或分區占卜。首甲中甲有鑽鑿的單環稀疏型鑽鑿布局特色占卜形式基本爲按列使用鑽鑿占卜,一辭七卜,一辭六卜。複環稀疏型鑽鑿布局一行多爲一、兩個鑽鑿,占卜形式多一卜、兩卜。首甲中甲無鑽鑿的單環稀疏型或複環稀疏型鑽鑿布局特色占卜形式基本爲一辭五卜,或一版內的多辭一套多卜,或異版成套占卜。按行、按列、分區使用鑽鑿進行占卜以及成套占卜都體現了占卜的預設性,即在占卜之前即決定了占卜所要使用鑽鑿的位置或區域、個數(即占卜的次數)及灼燒鑽鑿的次序。有跨鑽鑿布局模式的占卜,如上舉(35)(44)(45)(50)等。

　　綜上,賓組一類龜腹甲鑽鑿布局有密集型、稀疏型與稀疏密集混合型三種類型。

　　賓組一類有一辭多卜、一版內的多辭一套占卜或異版成套占卜。

附表

賓一腹甲鑽鑿布局表

鑽鑿布局類型		號 碼	首甲	中甲	前甲	後甲	尾甲	甲橋
密集型	三列	97＋			×3	5×3＋3		
		98				5＋6×2＋2	3＋2＋2＋1	
		140	4	4	4＋4×4＋4	×3＋		1＋2＋2
		151	4	3	3＋4×3＋4×2	6×3＋3	3×2＋2＋2/1	0
		190	2	2	1＋4×3	5×3		0
		309＋			4＋4×3＋4	殘		2＋2＋2
		462			2＋4×3＋4			
		536			2?＋3×3＋3	5×3＋2	2＋2	
		556＋7427	4	4	3＋4×3＋4	6×3＋2	3＋2＋2＋1	1＋2＋2
		587					3＋2＋2＋1	
		590			1＋4×3＋3	6×3＋3		
		685	2	2	1＋3×3＋2	5×3＋2	3＋2＋2	0
		718	2	2	3＋2×	4×		
		880	3	2	1＋3×3＋2	2×3＋3×2	3×2	
		905	4	4	2＋4×3＋4	6×3＋3		1＋

鑽鑿布局類型		號　碼	首甲	中甲	前甲	後甲	尾甲	甲橋
密集型	三列	945	4	2	3＋4×3＋4	6×3＋3	3＋3＋2＋2	
		946	4	2	3＋4×3＋4	6×3＋3	3＋3＋2＋2	
		1052			2＋3×3＋3			
		1140			＋4＋3×2＋3	×3＋2		
		1744	4	4	3＋			
		1821＋	4	4	3＋4×3＋4/3	5×3＋2	3＋	1＋2＋2
		2431			×4＋4	＋3		
		2652	3	3	3＋4×3＋4			
		3061		2	2＋3×3＋3	5＋6＋5＋3		
		3195＋		3	2＋4×3＋3	5×3		
		3217＋				6×3＋3	3＋2＋2＋1	
		3590				5×3＋2		2＋2＋1
		4141				2＋4×2		
		4499	3	2	2＋4×3＋3	×3		
		4814	1	2	2＋3×3＋3	5×3＋2	2＋	
		5057				6×3＋3		

續　表

鑽鑿布局類型		號碼	首甲	中甲	前甲	後甲	尾甲	甲橋
密集型	三列	5447＋	4	3	1＋4×3＋	6×3＋3		3＋3＋2＋1
		5532		3	2＋4×3＋4	6×3＋3		2＋2＋2
		5658	3	4	2＋4×3＋4	6×3＋3	3＋2＋	0＋1＋2
		6573＋	1		1＋3×3	5＋5＋4	2＋1	
		6664			＋4×4＋4	6×3＋3	3＋3＋2＋2	＋2＋2
		6894			＋4×3＋3			
		6904		2	3＋×3			
		6943	2	4	3＋4×3＋3	6×3＋3		1＋2＋2
		6946	2	2	1＋3＋1	4×3＋2		
		6947	2	2	1＋3×3＋3	5×3＋2	3＋2＋1	0
		6948	2	2	1＋4×3＋3			
		6952			×3＋	6×3＋3	3＋2＋2＋1	
		7076	2	2	1＋4×3＋4	3×4＋3×3		
		8119	3	3	2＋			
		9251	3	2	3＋2×2＋2			
		9507				6×3＋	3×2＋	
		10022	4	3	2＋4×3＋4			

鑽鑿布局類型		號　碼	首甲	中甲	前甲	後甲	尾甲	甲橋
密集型	三列	10351				×3		
		10848					2+2+1	
		10859	4	3	2+			
		10936	3	3	3＋3×3＋3	4×3＋2	3＋2＋2＋1	
		10938	4	4	3＋4×3＋4			
		11596	3		1＋4×3＋4			
		11893	0	0	2＋2×3	4×3	3＋2＋1	
		11940				5×3＋2	2＋1	
		12464	4					
		12883	2	4	3+			
		13624	4	4	2＋4×4＋			
		14107				4×3＋3×3＋2		
		14161		4	2＋4×3＋4	6×3＋3	3＋2＋2＋1	
		14211	4	4	2＋4×3＋4			
		14721						2＋2＋2
		14732	1	1	1＋3×3＋	右：1＋3＋4＋ 左：4×2＋	2＋1	

續　表

鑽鑿布局類型		號　碼	首甲	中甲	前甲	後甲	尾甲	甲橋
密集型	三列	16026	3	2	2+3×			
		16462			×3	×3		
		契合 107	3	2	2+3×3+	4×3+1	3+2+1	
		綴彙 237	2	2	1+3×3+3	5×3+2	3+	
		綴彙 541	0	2	1+2+3+4	6+5+5	2+1	0
		綴彙 827			×4	6×4+3	3+3+2+2	
		綴彙 940			+4×?+4			2+2+2
		綴彙 1016	4	3	2+4×3+4			
		綴彙 1017	4	2	3+?×3+			
		醉古 28				6×3+3	3+2+2+1	
		醉古 73			?×3+	5×3+2	3+2+?	
		醉古 124	4	4	3+?×3+			
		醉古 153			+3×3+2	5×3+2	3+2+2	1+2+2
		醉古 345	4	3	3+4×3+4	6×3+3	3+2+2+1	1+2+2
		醉古 350	2	2	2+3×3+2	4×2+3×3		0
		醉古 382	3	2	2+×3+	×3		

鑽鑿布局類型			號　碼	首甲	中甲	前甲	後甲	尾甲	甲橋
密集型	兩列	近甲橋無	722	1	1	1+2×2	3×2	2+1	
			728+	1	1	2+2	3×2		
			1531	1	1	1+2×2	3×2	2+1	
			2940	1	1	1+2×2	3×2	2+1	
			3665				3×2		
			4121	1	1	1+2×2	3×2		
			4178	1	1	1+2×2	3×2	2+1	
			5096	2	1	1+2×2	3×2	2+1	
			6572	1	1	1+2×2	3×2	2	
			6577	1	0	1+2×2	4×2	2	
			8661			右：1+2×2 左：1+2	左：1+2		
			10125	1		1+2×2	3×2	2+1	
			10937	1	1	1+2×2	3×2	2+1	
			11274	1	1	1+2×2	3×2	2+1	
			12869	2	1	1+2×2	3×2		
			14153	0		×2	3×2		
			14201	1	1	1+2×2	3×2	2+1	
			14364			1+2×2			
			14395	1	1	1+2×2	3×2	2+1	
			19269+	1	0	2+1+3+2			

鑽鑿布局類型			號 碼	首甲	中甲	前甲	後甲	尾甲	甲橋
密集型	兩列	近甲橋無	綴彙 218	0	0	1+3×2		1	
			醉古 101	1	1	1+2×2			
			醉古 151	1	1	1+2×2	3×2	2+1	
		近甲橋有	775	2	1	1+2×2+2	3×2+1	2+1	
			3481	3	2	1+3×2+2	4×2+2	2+2+1	
			6928	1	1	右：1+2×2+1 左：1+2×2+2	3×2+1	2+	
			醉古 43			1+2×2+2	3×2	2+2+1	
稀疏型	單環	首中無	203	0	0	1+2	2	1	
			255	0	0	2	2		
			894	0	0	2	2		0
			1100	0	0	2	2	1	
			2498	0	0	2	2	1	
			5440	0	0	2			
			5446			2	2	1	
			6619	0		2+4			
			6771	0	0	2	2	1	0
			6959	0		1+1+1	2		
			8310	0	0	2	2	1	

續　表

鑽鑿布局類型			號　碼	首甲	中甲	前甲	後甲	尾甲	甲橋
稀疏型	單環	首中無	10184	0	0	1	1	0	
			10655	0	0	1			
			10656	0	0	1	0	0	0
			11483	0	0	2	2		
			14209	0	0	1	2	0	
			14210	0	0	1	2	0	
		首中有 0字型	2355	1	1	2	2	1	
			2388	1	1	2	2		
			2779＋	1		2			
			6460	2	1	2	2		
			9735	1	1	2	2	1	
			9738	1		2	2		
			9745	1	0	2	2	1	
			9788	1	1	2	2		
			10910	1	1	2	2	1	
			13931	1	1	2	2	1	
			15556	1	1	2	2	1	
			16989	1		2			
			18353	1	1	2	2	1	

鑽鑿布局類型				號　碼	首甲	中甲	前甲	後甲	尾甲	甲橋
稀疏型	單環	首中有	8字型	122	1	1	1+2	1+2	1	
				768	1	1	2	1+2	1	
				1623+	1	1	1+2	左：1+2	1	
				9743	1	1	右：1 左：2	1+2	2+1	
		首中不明		B1183				2		
				96+			2	2	1	
				3438			2	2	1	
				4177				2		
				4883			2			
				8440				2		
				12310			2			
				12817				2		
				16789			1			
	複環	首中無		150	0	0	1+2	2+3	2	0
				152	0	0	1+2+2	2+3×2	2	0
				772	0	0	1+1+1	1+2+3		
				904	0	0	1+2	2+2	2	
				946	0	0	1+2+2	1+2	1	0
				1583				2		

鑽鑿布局類型			號　碼	首甲	中甲	前甲	後甲	尾甲	甲橋
稀疏型	複環	首中無	1692			1+2			
			2190	0	0	1+2+2			
			3483	0	0	1+			
			5637	0	0	1+2	2+2+3	2	0
			6571	0	0	1+2	2+2+3	2	
			9259	0	0	2+2	2+2+3		
			10346	0	0	1+2+2	2+2+3	2	
			12921	0	0	1+2+2	2+1+2	1	
			13697	0	0	2+2	2+2+3		
			綴彙 239	0	0	1+2+2	2+2+3	1	
			醉古 310	0	2	1+2+2	2+4×2	2	0
		首中不明	7240+				2+2+3	2	
			11462		2	2+2+2	2+2+2	2	1+2+2
			醉古 338			1+2+2			
稀疏密集混合型			110	0	0	1+2+2	2+3×2		
			6945	1	2	1+2+2	2+3+3	2	
			7768		2	1+3×3	2+3+4		
			10344	2	2	1+3+3×2	5×3+3	3+2+2+1	
			醉古 260	3	3	1+2+2	2+1+2+2	2	

賓一腹甲鑽鑿布局材料表

			片　　號
密集型	三列		97＋（乙 7927）、98（丙 488）、140（丙 421）、151（乙 3423）、190（丙 121）、309＋（乙 919）、462（乙 8014）、536（丙 264）、556＋7427（乙 5289）、587（乙 3001）、590（丙 173）、685（乙 6405）、718（乙 8586）、880（乙 5396）、905（丙 632）、945（丙 343）、946（乙 8166）、1052（丙 426）、1140（丙 432）、1744（乙 2980）、1821＋（丙 437）、2431（乙 2098）、2652（丙 254）、3061（丙 310）、3195＋（乙 8417）、3217＋（乙 703）、3590（乙 5874）、4141（丙 531）、4499（乙 3768）、4814（乙 2262）、5057（乙 7894）、5447＋（乙 2882）、5532（丙 384）、5658（丙 150）、6573＋（乙 5582）、6664（丙 115）、6894、6904、6943（丙 306）、6946（丙 262）、6947（丙 305）、6948（丙 250）、6952（乙 4694）、7076（丙 622）、8119（乙 1411）、9251（乙 511）、9507（乙 2331）、10022（乙 6519）、10351、10848（乙 2904）、10859（乙 3128）、10936（乙 6274）、10938（乙 6236）、11596（乙 5901）、11893（乙 3398）、11940（丙 532）、12464（乙 2812）、12883（乙 4742）、13624（丙 600）、14107（乙 4251）、14161（丙 522）、14211（丙 215）、14721（乙 2597）、14732（丙 116）、16026（乙 8312）、16462（乙 837）、契合 107（乙 742）、綴彙 237（丙 219＋）、綴彙 541（乙 2462＋）、綴彙 827（乙 7464）、綴彙 940（乙 2626）、綴彙 1016（乙 5579＋）、綴彙 1017（乙 7853＋）、醉古 28（丙 485）、醉古 73（乙 4548）、醉古 124（丙 440）、醉古 153（丙 204）、醉古 345（乙 8202）、醉古 350（丙 124）、醉古 382（乙 3582）
	兩列	近橋無	722（丙 586）、728＋（丙 512＋）、1531（丙 389）、2940（丙 552）、3665（乙 6572）、4121（丙 491）、4178（丙 138）、5096（乙 7772）、6572（丙 171）、6577（乙 5349）、8661（北圖 2653）、10125、10937（乙 7491）、11274（乙 812）、12869（乙 2001）、14153（丙 530）、14201（丙 93）、14364（乙 4967）、14395（乙 4734）、19269＋（乙 7388）、綴彙 218（乙 5278）、醉古 101（乙 4861＋）、醉古 151（乙 6696）
		近橋有	775（丙 541）、3481（丙 557）、6928（丙 308）、醉古 43（乙 2105＋）
稀疏型	單環	首中無	203（乙 866）、255（丙 466）、894（丙 344）、1100（丙 355）、2498（丙 365）、5440（乙 8210）、5446（丙 620）、6619（乙 3176）、6771（丙 77）、6959（丙 119）、8310（乙 7337）、10184（丙 370）、10655（乙 2235）、10656（丙 80）、11483（丙 60）、14209（丙 72）、14210（丙 74）
		首中有 / 0	2355（乙 7144）、2388（乙 6960）、2779＋（乙 4993）、6460、9735（乙 3287）、9738、9745（乙 3925）、9788（丙 11）、10910（丙 287）、13931（丙 190）、15556、16989（乙 8062）、18353（丙 402）
		首中有 / 8	122（乙 5224）、768（乙 6704）、1623＋（丙 484）、9743（丙 279）

續　表

			片　　　號
稀疏型	單環	首中不明	B1183、96＋（丙 185）、3438（乙 3522）、4177（乙 6393）、4883、8440（北圖 2336）、12310（乙 6418）、12817（乙 5697）、16789（乙 7392）
	複環	首中無	150（丙 397）、152（丙 129）、772（乙 5248）、904（丙 331）、946（乙 8166）、1583（乙 3561）、1692（乙 2326）、2190（乙 7422）、3483（乙 2942）、5637（丙 6）、6571（丙 303）、9259（乙 4597）、10346（丙 292）、12921（乙 6752）、13697（乙 3583）、綴彙 239（丙 218）、醉古 310（乙 3424）
		首中不明	7240＋（乙 3693）、11462（丙 380）、醉古 338（乙 7743）
疏密混合型			110（乙 5348）、6460（丙 626）、6945（丙 177）、7768（丙 263）、10344（丙 87）、醉古 260（丙 40）
因殘斷或缺反面信息不明			2579＋乙補 6269

第三節　典賓類腹甲鑽鑿
布局與占卜形式

一、典賓類腹甲鑽鑿布局

典賓類腹甲反面鑽鑿布局有密集型、稀疏型和稀疏密集混合型。

（一）密集型

典賓類腹甲密集型鑽鑿布局有主體三列及以上密集布局與主體兩列密集布局。

1. 主體三列及以上密集布局

《合集》14022（《丙編》348）腹甲左右兩部分的鑽鑿對稱分布。首甲左右各 3 個鑽鑿。中甲 2 個鑽鑿。前甲左右近腋凹區各 2 個鑽鑿，主體區各

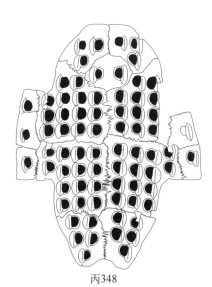

丙348

三列三行 9 個鑽鑿,近甲橋區一列 3 個鑽鑿。後甲左右主體區各三列四行 12 個鑽鑿,近甲橋區各一列 2 個鑽鑿。尾甲左右各三行鑽鑿,上兩行每行 2 個,下行 1 個鑽鑿。甲橋上中下部各 1 個鑽鑿。爲主體三列鑽鑿布局,灼燒均在長鑿內側。

　　《合集》1677(《乙編》5313)腹甲左右兩部分的鑽鑿對稱分布。首甲左右各 2 個鑽鑿。中甲 2 個鑽鑿。前甲左右近腋凹區各 1 個鑽鑿,主體區各三列三行 9 個鑽鑿,近甲橋區各一列 3 個鑽鑿。後甲左右主體區各三列五行 15 個鑽鑿,近甲橋區各一列 2 個鑽鑿。尾甲左右各三行鑽鑿,上行 3 個,中行 2 個,下行 1 個鑽鑿。爲主體三列鑽鑿布局,灼燒均在長鑿內側。

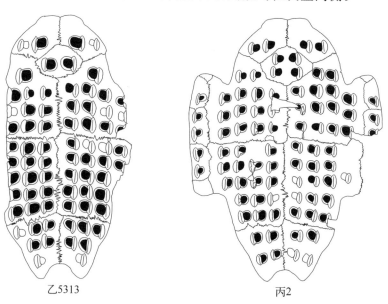

乙5313　　　　　　　　　　　　丙2

　　《合集》6834(《丙編》2)腹甲左右兩部分的鑽鑿基本對稱分布。首甲左右各 2 個鑽鑿。中甲 4 個鑽鑿。前甲左右近腋凹區各 2 個鑽鑿,主體區各三列三行 9 個鑽鑿,近甲橋區各一列 3 個鑽鑿。後甲反面右側主體區三列五行 15 個鑽鑿,近甲橋區 1 個鑽鑿;左側三列,中間一列 4 個,左右兩側各一列 5 個鑽鑿,近甲橋區一列 3 個鑽鑿。尾甲左右各兩行,每行 2 個鑽鑿。甲橋上部 1 個,中、下部各 2 個鑽鑿。爲主體三列鑽鑿布局,灼燒均在長鑿內側。

　　《合集》17397(《丙編》518)腹甲左右兩部分的鑽鑿對稱分布。首甲左右各 3 個鑽鑿。中甲 3 個鑽鑿。前甲左右近腋凹區各 1 個鑽鑿,主體區各三列四行 12 個鑽鑿,近甲橋區各一列 4 個鑽鑿。後甲左右主體區各三列五行 15 個鑽鑿,近甲橋區各一列 3 個鑽鑿。尾甲左右各三行鑽鑿,上行 3 個,中、下行各 2 個鑽鑿。甲橋上部 1 個,中、下部各 2 個鑽鑿。爲主體三列鑽鑿布局,灼燒均在長鑿內側。

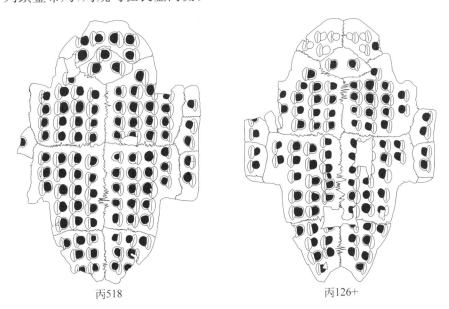

丙518　　　　　　　　　　　丙126+

　　《醉古》197(《丙編》126＋)腹甲左右兩部分的鑽鑿對稱分布。首甲左右各 4 個鑽鑿。中甲 2 個鑽鑿。前甲左右近腋凹區各 1 個鑽鑿,主體區各三列四行 12 個鑽鑿,近甲橋區各一列 2 個鑽鑿。後甲反面左右主體區各三列鑽鑿,右側近千里路兩列,每列 6 個鑽鑿,近原邊一列 5 個鑽鑿;左側近千里路一列 6 個鑽鑿,近原邊兩列,每列 5 個鑽鑿,近甲橋區各一列 2 個鑽鑿。尾甲左右各四行鑽鑿,上行 3 個,中間兩行,每行 2 個,下行 1 個鑽鑿。甲橋部位上部殘缺,中、下部各 2 個鑽鑿。爲主體三列鑽鑿布局,灼燒均在長鑿內側。

《合集》903(《丙編》198)腹甲左右兩部分的鑽鑿對稱分布。首甲左右各 3 個鑽鑿。中甲 4 個鑽鑿。前甲左右近腋凹區各 2 個鑽鑿,主體區各三列四行 12 個鑽鑿,近甲橋區各一列 4 個鑽鑿。後甲左右主體區各三列六行 18 個鑽鑿,近甲橋區各一列 3 個鑽鑿。尾甲左右各四行鑽鑿,上兩行每行 3 個,中行 2 個,下行 1 個鑽鑿。甲橋部位上、中、下部各 2 個鑽鑿。爲主體三列鑽鑿布局,灼燒均在長鑿內側。

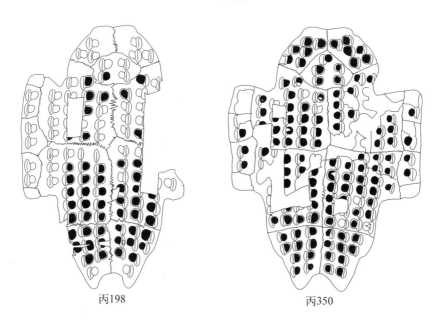

丙198　　　　　　　丙350

《合集》974(《丙編》350)腹甲左右兩部分的鑽鑿對稱分布。這版腹甲主體區前後甲部位同側的腋跨連綫上分別有一列鑽鑿,考慮到該版腹甲後甲部位兩跨凹連綫以下有四列鑽鑿,將這版腹甲處理爲四列鑽鑿布局。其上首甲左右各 6 個鑽鑿。中甲 5 個鑽鑿。前甲左右近腋凹區各兩行,上行 2 個,下行 3 個鑽鑿,主體區各四列四行 16 個鑽鑿,近甲橋區各一列 4 個鑽鑿。後甲右側主體區四列七行 28 個鑽鑿,左側四列六行 24 個鑽鑿,近甲橋區各一列 3 個鑽鑿。尾甲左右各四行鑽鑿,上兩行每行 3 個,下兩行每行 2 個鑽鑿。甲橋部位上、中、下各 2 個鑽鑿。爲主體三列及以上鑽鑿布局，灼燒均在長鑿内側。

《合集》709（《丙編》335）腹甲左右兩部分的鑽鑿對稱分布。首甲左右各 4 個鑽鑿。中甲 4 個鑽鑿。前甲左右近腋凹區各 3 個鑽鑿，主體區各三列四行 12 個鑽鑿，近甲橋區各二列每列 4 個鑽鑿。後甲左右主體區各三列六行 18 個，近甲橋區各兩列，每列 3 個鑽鑿。尾甲左右各四行鑽鑿，上兩行每行 3 個、中行 2 個、下行 1 個鑽鑿。甲橋部位上、中、下部各 2 個鑽鑿。爲主體三列鑽鑿布局，灼燒均在長鑿内側。

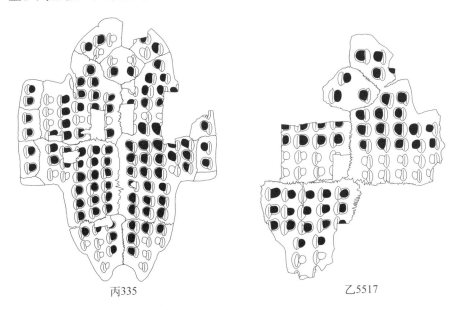

丙335　　　　　　　　　　　　乙5517

《合集》2618（《乙編》5517＋）腹甲左右兩部分的鑽鑿對稱分布。首甲左右各 4 個鑽鑿。中甲 3 個鑽鑿。前甲左右近腋凹區各兩行，上行 2 個、下行 3 個鑽鑿，主體區各三列四行 12 個鑽鑿，近甲橋區各兩列，每列 4 個鑽鑿。後甲左右主體區各三列六行 18 個鑽鑿，近甲橋區各兩列，每列 3 個鑽鑿。爲主體三列鑽鑿布局，灼燒均在長鑿内側。

《合集》9741（《丙編》332）腹甲左右兩部分的鑽鑿對稱分布。首甲左右各 4 個鑽鑿。中甲 4 個鑽鑿。前甲左右近腋凹區各 3 個鑽鑿，主體區各三列四行 12 個鑽鑿，近甲橋區各兩列，每列 4 個鑽鑿。後甲主體區左右

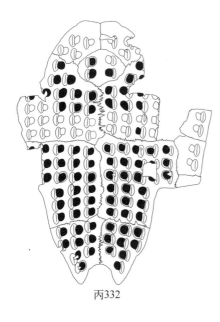

丙332

各三列六行 18 個鑽鑿,近甲橋區各兩列,每列 3 個鑽鑿。尾甲左右各四行鑽鑿,上兩行每行 3 個,中行 2 個,下行 1 個鑽鑿。甲橋部位上部殘缺,中、下部各 2 個鑽鑿。爲主體三列鑽鑿布局,灼燒均在長鑿內側。

《合集》811(《丙編》312)腹甲左右兩部分的鑽鑿對稱分布。首甲左右各 6 個鑽鑿。中甲 4 個鑽鑿。前甲左右近腋凹區各三行鑽鑿,上行 1 個,中行 2 個,下行 3 個鑽鑿,主體區各三列四行 12 個鑽鑿,近甲橋區各二列,每列 4 個鑽鑿。

後甲主體區反面右側三列七行 21 個鑽鑿,左側三列六行 18 個鑽鑿;近甲橋區兩列鑽鑿,右側一列 4 個,一列至少 3 個鑽鑿,左側每列 3 個鑽鑿。尾甲左右各五行鑽鑿,上兩行每行 3 個,中間兩行每行 2 個,下行 1 個鑽鑿。甲橋部位上部 1 個,中、下部各 2 個鑽鑿。爲主體三列鑽鑿布局,灼燒均在長鑿內側。

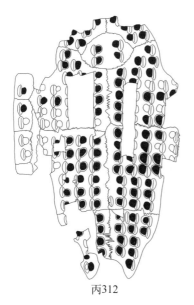

丙312

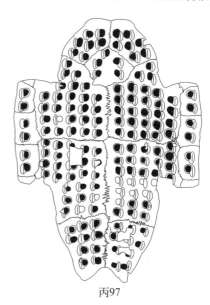

丙97

《合集》376(《丙編》97)腹甲左右兩部分的鑽鑿對稱分布。首甲左右各 7 個鑽鑿。中甲 5 個鑽鑿。前甲反面右側近腋凹區 3 個鑽鑿,主體區三列五行 15 個鑽鑿,近甲橋區兩列,一列 5 個,一列 4 個鑽鑿;左側近腋凹區三行 6 個鑽鑿,主體區三列四行 12 個鑽鑿,近甲橋區兩列,每列 4 個鑽鑿。後甲主體區反面右側三列七行 21 個鑽鑿,左側三列六行 18 個鑽鑿;近甲橋區各兩列,每列 4 個鑽鑿。尾甲左右各四行鑽鑿,上兩行每行 3 個,下兩行每行 2 個鑽鑿。甲橋部位上、中、下部各 2 個鑽鑿。爲主體三列鑽鑿布局,灼燒均在長鑿內側。

典賓類大龜腹甲主體三列及以上密集布局,前甲部位的鑽鑿布局有把兩腋凹連綫以下部位作爲一個布局區的現象。後甲部位的鑽鑿布局有以兩跨凹連綫分爲上下兩個小區域分別進行布局,形成兩個布局區的現象(如《合集》709、2618、9741、811、376)。考慮到殷墟龜腹甲整體鑽鑿布局情況,還是將這類鑽鑿布局納入"按列"分類的整體體系當中,且把確定列數的依據定爲後甲兩跨凹連綫至下劍縫間鑽鑿的列數。

《合集》14659(《丙編》184)腹甲左右兩部分的鑽鑿對稱分布。這版腹甲上施加鑽鑿的過程也可以討論。從鑽鑿布局來看,首甲部位左右各三行鑽鑿,上行 3 個,中行 2 個,下行 1 個,爲一個布局區。尾甲部位左右各五行鑽鑿,上行 5 個鑽鑿,中間兩行每行 4 個鑽鑿,下兩行每行 3 個鑽鑿,爲一個布局區。前甲近腋凹區左右各四行鑽鑿,第一行 1 個,第二行 2 個,第三行 3 個,第四行 4 個鑽鑿,爲一個布局區。中甲、前甲第五行以下至下劍縫以上爲一個按列的布局區:近千里路一列 14 個鑽鑿,從內向外,第二列 11 個鑽鑿,第三列 9 個鑽鑿,第四、第五列 10 個鑽鑿,第 6 列 8 個鑽鑿,前甲近橋腹縫一列 3 個鑽鑿。爲主體三列及以上鑽鑿布局,灼燒均在長鑿內側。

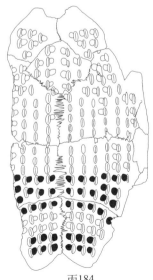

丙184

這版腹甲的龜種學界多有討論。① 從史語所考古資料數位典藏系統網站上的照片來看，反面較平滑。龜甲進入占卜機構以後，就施加了滿滿的 200 個鑽鑿。尾甲三行鑽鑿，後甲兩跨凹連綫以下兩三行鑽鑿都用於占卜灼燒。但正面溝壑縱橫的紋理並不適宜刻寫卜辭，可能是這個原因就放棄了對這版腹甲的使用。

2. 主體兩列密集布局

典賓類腹甲主體兩列鑽鑿布局有近甲橋區無鑽鑿與近甲橋區有鑽鑿兩種類型。

（1）近甲橋區無鑽鑿

《合集》2415（《乙編》5407）腹甲左右兩部分的鑽鑿對稱分布。首甲左右各 1 個鑽鑿。中甲 1 個鑽鑿。前甲左右近腋凹區各 1 個鑽鑿，主體區各兩列兩行 4 個鑽鑿。後甲左右各兩列三行 6 個鑽鑿。尾甲左右各兩行鑽鑿，上行 2 個，下行 1 個鑽鑿。爲主體兩列近甲橋區無鑽鑿布局。灼燒均在長鑿

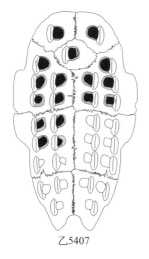

乙5407

---

① 張旭：《背甲形態的整理與研究》，第 9 頁，首都師範大學 2018 年碩士學位論文，指導教師：黃天樹。

內側。這是主體兩列近甲橋區無鑽鑿的典型布局。

　　《合集》116(《乙編》1053)腹甲左右兩部分的鑽鑿對稱分布。首甲左右各 1 個鑽鑿。中甲 1 個鑽鑿。前甲與後甲左右各兩列鑽鑿,近千里路一列 1 個,近原邊一列 2 個鑽鑿。尾甲左右各 1 個鑽鑿。爲主體兩列近甲橋區無鑽鑿布局。灼燒均在長鑿內側。

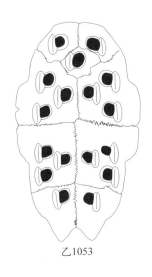 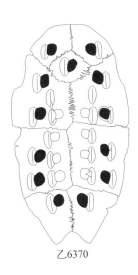

乙1053　　　　　　　　　　乙6370

　　《合集》1107(《乙編》6370)腹甲左右兩部分的鑽鑿對稱分布。首甲左右各 1 個鑽鑿。中甲 1 個鑽鑿。前甲左右近腋凹區各 1 個鑽鑿,主體區各兩列,近千里路一列 2 個,近原邊一列 1 個鑽鑿。後甲左右各兩列鑽鑿,近千里路一列 3 個,近原邊一列 2 個鑽鑿。尾甲左右各 1 個鑽鑿。爲主體兩列近甲橋區無鑽鑿布局。灼燒均在長鑿內側。

　　《醉古》55(《丙編》363＋)腹甲左右兩部分的鑽鑿對稱分布。首甲左右各 1 個鑽鑿。中甲 1 個鑽鑿。前甲左右近腋凹區各 1 個鑽鑿;主體區右側二列二行 4 個鑽鑿;左側兩列,近千里路一列 2 個,近原邊一列 1 個鑽鑿。後甲左右各兩列三行 6 個鑽鑿。尾甲左右各兩行,上行 2 個,下行 1 個鑽

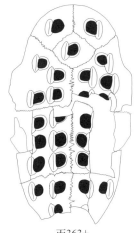

丙363＋

鑿。爲主體兩列近甲橋區無鑽鑿布局。

　　《綴彙》467(《乙編》4426＋)腹甲左右兩部分的鑽鑿基本對稱分布。首甲反面右側無鑽鑿,左側1個鑽鑿。中甲1個鑽鑿。前甲左右近腋凹區各1個鑽鑿,主體區各兩列兩行4個鑽鑿。後甲左右各兩列三行6個鑽鑿。爲主體兩列近甲橋區無鑽鑿布局。

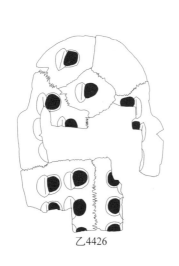

乙4426

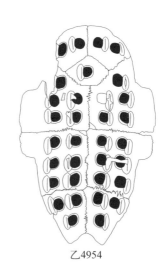

乙4954

　　《合集》5480(《乙編》4954＋)腹甲左右兩部分的鑽鑿對稱分布。首甲左右各2個鑽鑿。中甲1個鑽鑿。前甲左右近腋凹區各1個鑽鑿,主體區各兩列兩行4個鑽鑿。後甲左右各兩列三行6個鑽鑿。尾甲左右各兩行鑽鑿,上行2個,下行1個鑽鑿。爲主體兩列近甲橋區無鑽鑿布局。

　　(2) 近甲橋區有鑽鑿

　　《合集》822(《乙編》7798)腹甲左右兩部分的鑽鑿對稱分布。首甲左右各2個鑽鑿。中甲1個鑽鑿。前甲左右近腋凹區各1個鑽鑿,主體區各兩列兩行4個鑽鑿,近甲橋區各一列2個鑽鑿。後甲主體區左右各兩列三行6個鑽鑿,近甲橋區各1個鑽鑿。尾甲左右各兩行鑽

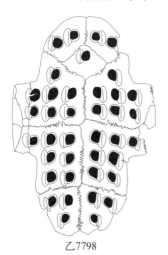

乙7798

鑿,上行2個,下行1個鑽鑿。爲主體兩列近甲橋區有鑽鑿布局。灼燒均
在長鑿內側。是主體兩列近甲橋區有鑽鑿的典型布局之一。

《契合》238(《乙編》4480＋)腹甲左右兩部分的鑽鑿對稱分布。首甲
左右各2個鑽鑿。中甲一列2個鑽鑿。前甲左右近腋凹區各1個鑽鑿,主
體區兩列兩行4個鑽鑿,近甲橋區各一列2個鑽鑿。後甲主體區左右各
兩列三行6個鑽鑿,近甲橋區各1個鑽鑿。尾甲左右各三行鑽鑿,上兩行
每行2個,下行1個鑽鑿。爲主體兩列近甲橋區有鑽鑿布局。灼燒均在
長鑿內側。

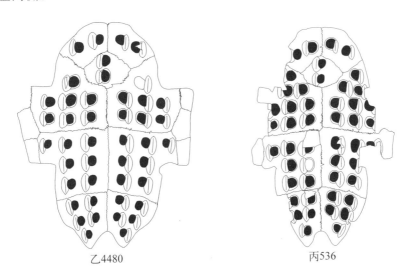

乙4480　　　　　　　　　　　　丙536

《合集》14468(《丙編》536)腹甲左右兩部分的鑽鑿對稱分布。首甲左
右各2個鑽鑿。中甲一列2個鑽鑿。前甲左右近腋凹區各3個鑽鑿,主體
區各兩列兩行4個鑽鑿,近甲橋區各一列2個鑽鑿。後甲主體區左右各
兩列三行6個鑽鑿,近甲橋區1個鑽鑿。尾甲左右各三行鑽鑿,上兩行每
行2個,下行1個鑽鑿。爲主體兩列近甲橋區有鑽鑿布局。灼燒均在長
鑿內側。

《醉古》66(《乙編》3336＋)腹甲左右兩部分的鑽鑿對稱分布。首甲左
右各3個鑽鑿。中甲一列2個鑽鑿。前甲左右近腋凹區各1個鑽鑿,主體
區各兩列兩行4個鑽鑿,近甲橋區各一列2個鑽鑿。後甲主體區左右各

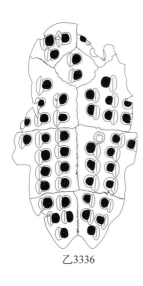

乙3336

兩列四行 8 個鑽鑿,其中右側第一列第一行可能是一個圓鑽,近甲橋區各 1 個鑽鑿。尾甲左右各三行鑽鑿,上兩行每行 2 個,下行 1 個鑽鑿。爲主體兩列近甲橋區有鑽鑿布局。灼燒均在長鑿內側。

《合集》4735(《乙編》3427)腹甲左右兩部分的鑽鑿對稱分布。首甲左右各 2 個鑽鑿。中甲一列 2 個鑽鑿。前甲左右近腋凹區各 3 個鑽鑿,主體區各兩列兩行 4 個鑽鑿,近甲橋區各一列 2 個鑽鑿。後甲主體區左右各兩列四行 8 個鑽鑿,近甲橋區各 1 個鑽鑿。尾甲左右各三行鑽鑿,上兩行每行 2 個,下行 1 個鑽鑿。爲主體兩列近甲橋區有鑽鑿布局。灼燒均在長鑿內側。是主體兩列近甲橋區有鑽鑿的典型布局之一。

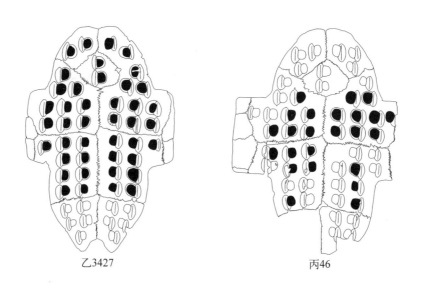

乙3427　　　　　　　　　　丙46

《合集》270(《丙編》46)腹甲左右兩部分的鑽鑿基本對稱分布。首甲左右各 3 個鑽鑿。中甲一列 2 個鑽鑿。前甲左右近腋凹區各 3 個鑽鑿,主體區各兩列兩行 4 個鑽鑿,近甲橋區各兩列,一列 2 個,一列 1 個鑽鑿。後甲主體區右側兩列，一列 3 個，一列 4 個鑽鑿，左側兩列四行 8 個鑽鑿，近甲橋區各一列 2 個鑽鑿。尾甲左右各兩行，每行 2 個鑽鑿。爲主體兩列近甲橋區有鑽鑿布局。灼燒均在長鑿內側。

《合集》456(《丙編》503)腹甲左右兩部分的鑽鑿對稱分布。首甲左右各 3 個鑽鑿。中甲 2 個鑽鑿。前甲左右近腋凹區各 2 個鑽鑿，主體區各兩列三行 6 個鑽鑿，近甲橋區各一列 3 個鑽鑿。後甲左右主體區各兩列四行 8 個鑽鑿，近甲橋區各 1 個鑽鑿。尾甲左右各三行鑽鑿，上兩行每行 2 個，下行 1 個鑽鑿。爲主體兩列近甲橋區有鑽鑿布局。灼燒均在長鑿內側。

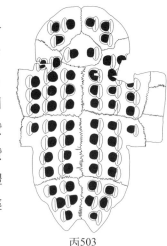

丙503

（二）稀疏型

典賓類腹甲稀疏型鑽鑿布局有單環稀疏型與複環稀疏型兩種類型。

1. 單環稀疏型鑽鑿布局

典賓類單環稀疏型鑽鑿布局有首甲中甲無鑽鑿與首甲中甲有鑽鑿兩種類型。

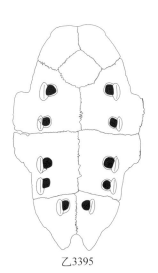

乙3395

（1）首甲中甲無鑽鑿單環稀疏型鑽鑿布局

《合集》3238(《乙編》3395)腹甲左右兩部分的鑽鑿對稱分布。首甲中甲無鑽鑿。前甲左右各一列 2 個鑽鑿。後甲左右各一列 2 個鑽鑿。尾甲左右各 1 個鑽鑿。爲首甲中甲無鑽鑿單環稀疏型鑽鑿布局。灼燒均在長鑿內側。這是首甲中甲無鑽鑿單環稀疏型的典型布局。

《合集》3945(《乙編》6878)腹甲左右兩部分的鑽鑿對稱分布。首甲中甲無鑽鑿。前甲左右各一列 2 個鑽鑿。後甲左右各 1 個鑽鑿。尾甲無

鑽鑿。爲首甲中甲無鑽鑿單環稀疏型鑽鑿布局的變式。灼燒均在長鑿
內側。

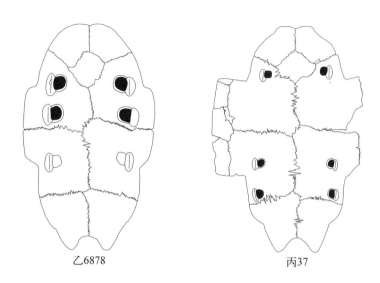

乙6878　　　　　　　　丙37

《合集》9523（《丙編》37 反）腹甲左右兩部分的鑽鑿對稱分布。首甲中
甲無鑽鑿。前甲左右近腋凹區各 1 個鑽鑿。後甲左右各一列 2 個鑽鑿。
尾甲無鑽鑿。爲首甲中甲無鑽鑿單環稀疏型鑽鑿布局的變式。灼燒均在
長鑿內側。

（2）首甲中甲有鑽鑿單環稀疏型鑽鑿布局

首甲中甲有鑽鑿單環稀疏型鑽鑿布局有兩
種，一種是“0”字型，一種是“8”字型。

《合集》9013（《乙編》2684）腹甲左右兩部分的
鑽鑿對稱分布。首甲左右各 1 個鑽鑿。中甲 1 個
鑽鑿。前甲左右各一列 2 個鑽鑿。後甲左右各一
列 2 個鑽鑿。尾甲左右各 1 個鑽鑿。爲首甲中甲
有鑽鑿單環稀疏型鑽鑿布局。灼燒均在長鑿內
側。這是首甲中甲有鑽鑿單環稀疏“0”字型的典
型布局。

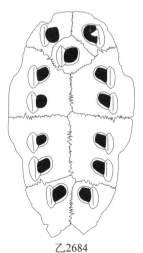

乙2684

《合集》1868(《乙編》3289)腹甲有畸形,左右兩部分的鑽鑿基本對稱分布。首甲反面右側因受形狀及尺寸的影響無鑽鑿,左側1個鑽鑿。中甲1個鑽鑿。前甲左右各一列2個鑽鑿。後甲左右各一列2個鑽鑿。尾甲左右各1個鑽鑿。灼燒均在長鑿内側。

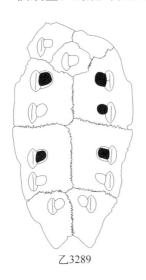 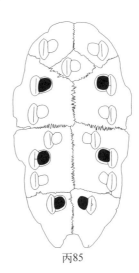

乙3289　　　　　　　　　　　　　丙85

《合集》9002(《丙編》85反)腹甲左右兩部分的鑽鑿基本對稱分布。首甲反面左右各1個鑽鑿。中甲1個鑽鑿。前甲左右各一列2個鑽鑿。後甲左右各兩列,近千里路一列1個,近原邊一列2個鑽鑿。尾甲左右各1個鑽鑿。後甲尾甲鑽鑿呈圓形排布。爲首甲中甲有鑽鑿單環稀疏"8"字形(或下圓形)典型鑽鑿布局。灼燒均在長鑿内側。

2.複環稀疏型鑽鑿布局

典賓類複環稀疏型鑽鑿布局基本首甲中甲無鑽鑿。

《醉古》31(《乙編》1990+)腹甲左右兩部分的鑽鑿對稱分布。首甲中甲無鑽鑿。前甲左右近腋凹區各1個鑽鑿,中甲下側左右各一行2個鑽鑿,舌下縫上側各一行2個鑽鑿。後甲左右舌下縫下側各一行

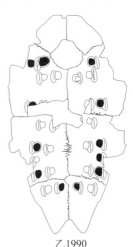

乙1990

2個鑽鑿,跨凹内侧各兩列鑽鑿,居中一列2個,近原邊一列3個鑽鑿。尾甲左右各一行2個鑽鑿。爲複環稀疏型典型鑽鑿布局。灼燒均在長鑿内侧。

《醉古》33(《丙編》23+)腹甲左右兩部分的鑽鑿對稱分布。首甲中甲無鑽鑿。前甲左右近腋凹區各1個鑽鑿,中甲下側各1個鑽鑿,舌下縫上側各1個鑽鑿。後甲反面左右跨凹内侧各兩列鑽鑿,居中一列1個,近原邊一列2個鑽鑿。尾甲左右各1個鑽鑿。灼燒均在長鑿内侧。

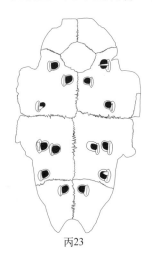 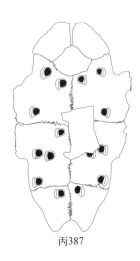

丙23　　　　　　　　　丙387

《合集》9472(《丙編》387)腹甲左右兩部分的鑽鑿對稱分布。首甲中甲無鑽鑿。前甲左右近腋凹區各1個鑽鑿,中甲下側各1個鑽鑿,舌下縫上側各1個鑽鑿。後甲左右舌下縫下側各1個鑽鑿,跨凹内侧各兩列鑽鑿,居中一列1個,近原邊一列2個鑽鑿。尾甲左右各1個鑽鑿。爲複環稀疏型典型鑽鑿布局。灼燒均在長鑿内侧。

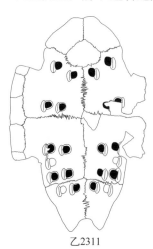

乙2311

《綴彙》235(《乙編》2311+)腹甲左右兩部分的鑽鑿對稱分布。首甲中甲無鑽鑿。前甲左右近腋凹區各1個鑽鑿,中甲下各1個鑽鑿,舌下縫上側各一行2個鑽鑿。後甲左右跨凹内侧各兩列鑽鑿,居中一列2個,近原邊一列3個鑽鑿。尾甲左右各一行2個鑽鑿。爲複環稀疏型典型鑽鑿布局。灼燒均在長鑿内側。爲複環稀疏型典型鑽鑿布局。

《合集》12648(《乙編》6299 反)腹甲左右兩部分的鑽鑿對稱分布。首甲中甲無鑽鑿。前甲左右近腋凹區各 1 個鑽鑿,舌下縫上側各一行 2 個鑽鑿。後甲左右舌下縫下側各一行 2 個鑽鑿,跨凹内側各兩列鑽鑿,居中一列 2 個,近原邊一列 3 個鑽鑿。尾甲左右各一行 2 個鑽鑿。灼燒均在長鑿内側。

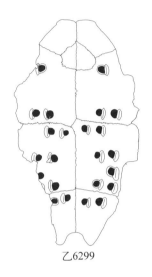

乙6299

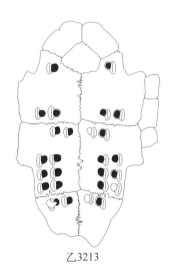

乙3213

《合集》13505(《乙編》3213)腹甲左右兩部分的鑽鑿對稱分布。首甲中甲無鑽鑿。前甲左右近腋凹區各 1 個鑽鑿,舌下縫上側各一行 2 個鑽鑿。後甲左右舌下縫下側各一行 2 個鑽鑿,跨凹内側各兩列,每列 3 個鑽鑿。尾甲左右各一行 2 個鑽鑿。爲複環稀疏型典型鑽鑿布局。灼燒均在長鑿内側。

《合集》721(《丙編》48)腹甲左右兩部分的鑽鑿對稱分布。首甲無鑽鑿。中甲 2 個鑽鑿。前甲左右近腋凹區各 1 個鑽鑿,主體區第一行各 3 個鑽鑿,其下左右近千里路各 1 個鑽鑿,舌下縫上側各一行 2 個鑽鑿。後甲左右舌下縫下側各 1 個鑽鑿,跨凹内側各兩列,每列 3 個鑽鑿。尾甲左右各 1 個

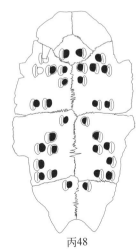

丙48

鑽鑿。爲複環稀疏型鑽鑿布局。灼燒均在
長鑿內側。

　《合集》924(《丙編》183＋)腹甲左右兩部
分的鑽鑿對稱分布。首甲無鑽鑿。中甲2個
鑽鑿。前甲左右近腋凹區各1個鑽鑿,中甲下
側各兩列兩行4個鑽鑿,舌下縫上側各一行3
個鑽鑿。後甲左右舌下縫下側各一行2個鑽
鑿,跨凹內側各兩列鑽鑿,居中一列3個,近原
邊一列4個鑽鑿。尾甲左右各1個鑽鑿。爲
複環稀疏型鑽鑿布局。灼燒均在長鑿內側。

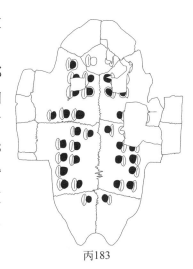

丙183

（三）稀疏密集混合型

　《合集》975(《乙編》3472)腹甲左右兩部分的鑽鑿對稱分布。首甲中
甲爲密集型鑽鑿布局。首甲左右各4個鑽鑿。中甲4個鑽鑿。前甲、後
甲左右各一列2個鑽鑿。尾甲左右各1個鑽鑿。可以看作首甲、中甲密
集與前甲、後甲、尾甲單環稀疏混合型鑽鑿布局。灼燒均在長鑿內側。

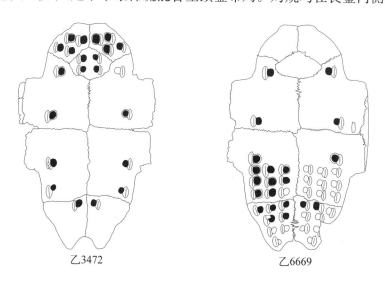

乙3472　　　　　　　乙6669

　《合集》3979(《乙編》6669)腹甲左右兩部分的鑽鑿對稱分布。首甲中
甲無鑽鑿。前甲左右各一列2個鑽鑿。後甲分爲兩部分,上部一個屬於

上面稀疏鑽鑿布局，下部分左右各三列，每列 3 個鑽鑿。尾甲左右各四行，上行 3 個，中間兩行每行 2 個，下行 1 個鑽鑿。可以看作首甲中甲無鑽鑿單環稀疏與後甲下半、尾甲三列密集混合型鑽鑿布局。灼燒均在長鑿內側。

典賓類龜腹甲鑽鑿布局有密集型、稀疏型與稀疏密集混合型三種類型。密集型鑽鑿布局有主體三列和主體兩列兩種類型。主體兩列鑽鑿布局有近甲橋區無鑽鑿與近甲橋區有鑽鑿兩種類型。稀疏型有單環稀疏型與複環稀疏型兩種。單環稀疏型鑽鑿布局有首甲中甲無鑽鑿與首甲中甲有鑽鑿兩種布局類型。首甲中甲有鑽鑿布局主要有 0 字型和 8 字型。稀疏密集混合型鑽鑿布局主要是部分稀疏部分密集的混合類型。灼燒在長鑿內側。從卜辭與鑽鑿的對應關係及鑽鑿布局來看，首甲中甲無鑽鑿單環稀疏型鑽鑿布局的變式和稀疏密集混合型鑽鑿布局的稀疏部分可能是在有了占卜事件、確定了占卜次數後臨時施加的鑽鑿。其餘布局類型的鑽鑿基本在腹甲整治後即按照一定的布局施加完成。

二、典賓類腹甲上的占卜形式

典賓類腹甲主要占卜形式爲多卜，或有一卜。多卜主要有一辭多卜、異版成套以及同版的多辭一套占卜，也有同貞卜辭。

（一）主體三列密集鑽鑿布局腹甲的占卜形式

典賓類主體三列密集鑽鑿布局的腹甲占卜形式多用一行、兩行鑽鑿，當使用鑽鑿爲三行或三行以上時，呈現出分區占卜的特徵。也有一卜、兩卜。

（1a）壬辰卜，殼，貞：于王矢。一

（1b）虫王矢伐五卯宰。一二

（1c）貞：于王矢。一二

（1d）呼雀用三牛。一

（1e）二牛。一 二告

(1f) 敕于黃奭。一

(1g) 壬辰卜,殼,貞:雀戋祭。一二三

(1h) 壬辰卜,殼,貞:雀弗其戋祭。三月。二告

(1i)〔辛〕卯卜,爭,貞:翌壬令雀。一二 二告 三四

(1j){貞:㞢于🜚}。一二

(1k){弓㞢于🜚}。一二

(1l) 㞢于昌卅人。一

(1m) 貞:㞢于昌十人。一

(1n) 㞢王矢伐一卯宰。一

(1o) 㞢王矢伐三卯宰。一

(1p) 壬辰卜,殼:雀弗其戋祭。三月。一

(1q){王夢}。一二三

(1r){貞:王夢不唯}。一 二告 二三 二告

(1s) 己丑卜,爭,貞:亦呼雀褒于云犬。一二

(1t) 貞:弓呼雀褒于云犬。一二

(1u) 㞢于父乙。一

(1v) 貞:翌庚寅王告。一

(1w) 貞:王聑唯女(毋)告。一 二告

(1x){戊子卜,殼,}貞:王于甲午告。一

《合集》1051(《乙編》5317)[典賓]

這版腹甲卜辭自上而下如上。(1b)辭使用左前甲主體區最上一行近千里路2個鑽鑿,占卜用五個伐卯宰侑祭王矢,一辭兩卜,兆序數一、二從內向外橫排。(1a)與(1c)辭爲同版內的兩辭一套兩卜,分別使用左前甲近腋凹區內側一個鑽鑿和右前甲主體區近千里路一列第二個鑽鑿,占卜祭祀王矢。(1g)(1h)使用前甲最下一行3個鑽鑿,一辭最少三卜,兆序數一至三從內向外橫排。(1i)辭使用左前甲第三行4個鑽鑿,占卜下一個壬日命令雀,一辭四卜,兆序數一至四從內向外橫排。(1j)(1k)卜辭刻寫在反面,

使用後甲第一行近千里路 2 個鑽鑿,占卜侑祭🎋,一辭二卜,兆序數一至二從内向外橫排。(1p)辭使用左後甲第四行 3 個鑽鑿,占卜雀戰勝祭,一辭三卜,兆序數一至三從内向外橫排。(1q)(1r)卜辭刻寫在反面,使用後甲第五行 3 個鑽鑿,占卜王夢,一辭三卜,兆序數一至三從内向外橫排。(1s)(1t)兩辭至少使用後甲最下一行近千里路 2 個鑽鑿,占卜呼令雀燎祭云犬,至少一辭兩卜,兆序數一、二從内向外橫排。其他卜辭一辭一卜。這版腹甲上的卜辭多一卜、兩卜或使用一行鑽鑿的三卜、四卜。

(2a) 丙戌卜,方,貞:商其[莫]。一二 二告 三[四]

(2b) 貞:商莫。一二三[四]

(2c) 貞:叀疋來羌。用。一二三四

(2d) 貞:叀豈來羌。用。一二三四

(2e)｛亡疾｝。一二三四

(2f)｛弓立｝。一

(2g)｛立黍｝。一

(2h)｛己未卜｝,貞:[王]弓[立]黍。一二

(2i) 貞:王立黍。一二

(2j) 貞:㞢于妣己。一二

(2k)｛丁酉卜｝,貞:褒十牛。一二三

(2l) 貞:褒十牛上甲。四五六七

(2m) 生三月雨。一二三[四]五六七 二告

(2n) 貞:旬①剢于兹庿。一二三四五六

(2o) 旬剢于丗。一二三 二告 四五六七

《合集》232＋(《乙編》3069＋)②[典賓]

---

① 陳漢平:《古文字釋叢》,《考古與文物》1985 年第 1 期,第 105 頁;《屠龍絶緒》,第 74 頁,黑龍江教育出版社,1989 年。林澐:《釋旬》,《林澐學術文集(二)》,第 186—189 頁。

② 《綴彙》101＋《乙編》7886＋《合集》14034 -反;《合集》249＋《合集》232＋《合集》14034,林宏明:《甲骨新綴第 826—829 例》,第 828 例,先秦史研究室網站,2018 年 12 月 21 日。

這版腹甲（2a）（2b）兩辭使用前甲最下一行 4 個鑽鑿，對貞商戁，一辭四卜，兆序數一至四從内向外横排。（2c）（2d）兩辭使用後甲最上一行 4 個鑽鑿，選貞疋還是壹帶來羌人，一辭四卜，兆序數一至四從内向外横排。（2e）辭刻寫在反面，使用左後甲部位第二行 4 個鑽鑿，占卜無疾，（2f）至（2i）對貞立黍，（2f）（2g）使用後甲部位第三行近千里路 1 個鑽鑿，（2h）（2i）使用後甲部位第三行近跨凹一行 2 個鑽鑿，對貞王是否立黍。（2f）與（2h）、（2g）與（2i）爲同貞卜辭，使用後甲部位第三行鑽鑿占卜。（2j）辭使用右後甲最下一行近千里路 2 個鑽鑿，占卜侑祭姚己，一辭兩卜，兆序數一、二從内向外横排。（2n）辭使用右尾甲最下三行 6 個鑽鑿兆序數一至六從内向外、自上而下排列。（2o）辭使用左尾甲最下三行 7 個鑽鑿，兆序數一至七從内向外，先第三、第四行，再第二行。兩辭選貞苟芻的地點。

　　　　（3a）｛貞：呼比卯取屯于□｝。一二三 小告 四 二告 五六

　　　　（3b）｛貞：弓呼比卯｝。一二三四五 二告

　　　　（3c）辛未卜，㱿，貞：🦌告于祖乙。一

　　　　（3d）辛未卜，㱿，貞：弓🦌告于祖乙。一

　　　　（3e）壬寅卜，争，貞：吕出（堪）王事。一 二告 二 小告 三四五

　　　　（3f）壬寅卜，争，貞：吕弗其出（堪）王事。一二三 不🔱黿 四

五 二告

　　　　（3g）壬寅卜，㱿，貞：自今至于丙午雨。｛王占曰：唯今夕癸見[①]丁｝。一

　　　　（3h）壬寅卜，㱿，貞：自今至于丙午不其雨。一

　　　　　　　　　　　《合集》667（《乙編》828＋）［典賓］

這版腹甲（3a）（3b）兩辭刻寫在反面，使用首甲部位的 4 個鑽鑿和中甲部位的 2 或 1 個鑽鑿，對貞要不要呼令配合卯去某地取屯，一辭六卜，一辭五卜，兆序數一至六或五從内向外、自上而下排列。（3c）（3d）兩辭使用近腋凹區的

───────────

① 蔡哲茂：《釋殷卜辭的"見"字》，《古文字研究》第 24 輯，第 95—99 頁，中華書局，2002 年。

1個鑽鑿,對貞要不要⿰告於祖乙,一辭一卜,兆序數爲一。(3e)(3f)兩辭使用甲橋部位一列5個鑽鑿,對貞旨是不是能勝任王事,一辭五卜,兆序數一至五自上而下縱排。(3g)(3h)兩辭對貞壬寅到丙午日是否下雨,使用前甲最下一行近甲橋部位的1個鑽鑿。(3i)(3j)兩辭使用前甲最下一行近橋腹縫1個鑽鑿,對貞要不要向屮妻舉行禳除婦疾病與災禍的祭祀,一辭一卜,兆序數爲一。

(4a) 貞：共人呼伐𦏧。〔王占曰：吉。戋〕。三

(4b) 弖呼伐𦏧。三

(4c) 貞：祖乙㞢王。一二三

(4d) 貞：祖乙弗其㞢王。一二三

(4e) 貞：祖乙㞢王。四五

(4f) 貞：祖乙弗其㞢王。四五

(4g) 貞：成允左王。一二三四五六

(4h) 貞：成弗左王。一二 二告 三四五六

《醉古》326(《乙編》2139＋)〔典賓〕

這版腹甲(4a)(4b)使用近甲橋區1個鑽鑿,對貞征伐𦏧,爲成套占卜的第三卜。(4c)至(4f)對貞祖乙是否㞢王,(4c)(4d)使用後甲最上一行近千里路2個和前甲最下一行中間1個鑽鑿,(4e)(4f)使用前甲主體區最上一行近千里路2個鑽鑿,對貞成是否輔助王,(4c)與(4e)、(4d)與(4f)兩辭一套五卜。(4g)(4h)兩辭使用後甲部位第二行4個鑽鑿與第一行近甲橋部位的2個鑽鑿,對貞成是否左王。

(5a) 丙寅卜,宁,貞：于祖辛卯。一[二三]四五

(5b) 貞：于祖辛卯。一二三四

《合集》272(《乙編》7432＋)〔典賓〕

這版腹甲(5a)辭使用右後甲第三行4個鑽鑿及甲橋下部的1個鑽鑿,(5b)辭使用右後甲第一行4個鑽鑿,占卜向祖辛舉行禳除疾病與憂患的祭祀,兩辭爲同貞卜辭。

(6a) 己丑卜,殼,貞：⿰以𠫵其五百隹六。〔王占曰：吉〕。二

(6b) 貞：𢀛以夘，不其五百隹六。二

(6c){［王］比洗戜［伐］巴方}。(朱書)一二［三四］五［六］七
二告 八九十一

(6d){弓比洗戜伐巴方}。(朱書)一二三四五六七八 二告
九十一

(6e){貞：王比洗戜伐巴方，受业又}。一二三四五六七八
九十 二告

(6f){戊午卜，宕，貞：呼取牛百，以。王占［曰］：其以，其
至}。一二三四五六七八［九］十

《合集》93＋(《乙編》1913＋)①［典賓］

這版腹甲(6a)(6b)兩辭使用近腋凹區 1 個鑽鑿，對貞𢀛帶來夘，是否五
百零六。(6c)(6d)兩辭朱書寫於反面，使用前甲部位主體區第二、第三兩
列 8 個鑽鑿和近甲橋區一列 3 個鑽鑿，對貞配合洗戜征伐巴方，一辭十一
卜，兆序數一至十，再至一自上而下，從內向外排列。(6e)辭使用右後甲
部位近千里路兩列至少 10 個鑽鑿，占卜配合洗戜征伐巴方，最少一辭十
卜，兆序數一至十自上而下從內向外排列。(6f)辭使用左後甲部位近千
里路兩列 10 個鑽鑿，占卜取百牛，會帶來，一辭十卜，兆序數一至十自上
而下從內向外排列。(6c)(6e)爲同貞卜辭。

(7a) 戊申卜，宕，貞：王夢唯囚(憂)。一二三四

(7b) 丁巳卜，爭，貞：呼取何夘。一二三四五六七八九十一

(7c) 庚申卜，永，貞：{王占曰：吉。其□其唯乙出吉，唯癸
出业求(咎)。}一二三四五六七八九 二告

《合集》113＋(《乙編》736＋)②［典賓］

---

① 《合集》93＋《乙補》6291＋《乙補》6294 -反：《合集》93＋《合集》16276，林宏明：《甲骨新綴第
707—712 例》，第 707 例，先秦史研究室網站，2016 年 8 月 17 日。

② 《合集》17474＋《合集》15962＋《乙編》2516＋《乙編》3096＋《合集》113＋《合集》12253＋《乙
編》3584＋《合集》2027＋《乙編》4756＋《乙編》5080＋《乙編》5293＋《乙編》5345＋(轉下頁)

這版腹甲(7a)辭使用後甲最上一行 4 個鑽鑿,占卜王夢有憂患,一辭四卜,兆序數一至四從内向外横排。(7b)辭使用右前甲最下兩行及甲橋上部最下一個、中部最上一個鑽鑿,占卜取何芻,一辭十一卜,兆序數一至十,再至一從内向外自上而下排列。(7c)辭使用右後甲第三行 4 個鑽鑿,第二行近橋腹縫 2 個鑽鑿,右甲橋中部最下 1 個鑽鑿和下部 2 個鑽鑿,一辭九卜,兆序數一至九從内向外、自下而上排列。

(8a)｛癸酉卜,亙,｝貞:令兔歸,求(咎)我。｛王占曰:吉。其令。｝一 二告 二三四五六七八九十一二

(8b) 弜令兔歸。一二[三]四五六

(8c) 貞:翌庚辰王往出。一[二]三四五六

(8d) 乙巳卜,韋,貞:呼儕[禦]。一二三四五六七 二告 八九[戌類]

《合集》419+(《乙編》1211+)①[典賓]

這版腹甲(8a)(8b)兩辭使用右前甲最下一行、右後甲最上一行及對應甲橋部位的 12 個鑽鑿,對貞要不要命令兔歸,(8a)辭十二卜,兆序數一至十,再至二從内向外自上而下排列。(8b)辭一至六從内向外排列,左後甲最上一行卜兆爲(8d)辭犯兆。(8c)辭使用右後甲部位第二行的 6 個鑽鑿,占卜咎王,兆序數一至六從内向外横排。

(9a) 庚午卜,爭,貞:竿得舟。[一]二三四

(接上頁)《合補》5018+《合集》17717+《乙編》6082+《乙編》7116+《乙編》7209+《乙編》7213+《乙編》7946+《合集》12694+《乙補》387+《乙補》2931+《乙補》2946+《乙補》3690+《乙補》4001+《乙補》5238+《乙補》5907+《乙補》5943+《乙補》6173+《乙補》6822《乙補》6980+《乙補》6985-反:《合集》113+《合集》2027+《乙編》6678+《合集》12694+《乙補》2740+《乙補》3110+《乙補》4002+《乙補》6138+《乙補》6171+《乙補》6823+《乙編》3096。林宏明:《甲骨新綴第 614—622 例》,第 619 例,先秦史研究室網站,2016 年 3 月 30 日。

① 《合集》419+無號碎甲+《乙補》1832+《乙補》1921+《乙補》0494-反:《合集》419,楊熠:《甲骨試綴第 31—46 則(附補綴二則)》,先秦史研究室網站,2018 年 9 月 22 日,網址:http://www.xianqin.org/blog/archives/10920.html。

（9b）屰不其得舟。一

（9c）壬申卜，殼，貞：娩其［㞢來］娥。｛王占曰：其㞢來娥｝。
一二三四五六

（9d）貞：娩亡來娥。一二三四五

《合集》454＋（《乙編》496＋）①［典賓］

這版腹甲（9a）辭使用右前甲、右後甲近甲橋一列最下 4 個鑽鑿，一辭四卜，兆序數一至四從內向外橫排。（9b）辭至少使用左後甲第二行近橋腹縫 1 個鑽鑿，對貞屰是否得舟，（9c）（9d）兩辭使用甲橋部位一列 6 或 5 個鑽鑿，對貞娩是否有不好的消息，一辭六卜，一辭五卜，兆序數一至六或五自下而上縱排。

（10a）貞：呼去伯于娩。一二三　二告　四五六七八九十一

（10b）貞：呼去伯于娩。一二　二告　三四五六七八九十一

（10c）｛己卯卜，方｝，貞：王往于田。一二　二告　三

（10d）王弓往于田。一二三

（10e）｛貞：弓舖唯令｝。一二三四　二告　五六

（10f）｛弓令｝。一二三四五六

《合集》635（《乙編》4538）［典賓］

這版腹甲（10a）（10b）使用後甲第二行、第三行 11 個鑽鑿，占卜呼令去伯，一辭十一卜，兆序數一至十再至一，從內向外自上而下排列，兩辭同貞。（10c）（10d）兩辭使用後甲兩跨凹連綫以下近原邊一列 3 個鑽鑿，對貞王要不要前往田獵，一辭三卜，兆序數一至三自上而下縱排。（10e）（10f）兩辭使用跨凹連綫以下近千里路兩列 6 個鑽鑿，對貞要不要命令做事，一辭六卜，右側兆序數一至六，右側從內向外自上而下排列，左側自上而下從

---

① 《醉古》32＋《合補》5128＋《合集》3540＋《合集》11460 正＋《乙補》711＋R37978－反；《醉古》32—《合集》11460 反，林宏明：《甲骨新綴第 713—716 例（含 710 替換）》，第 710 例，先秦史研究室網站，2016 年 8 月 21 日。

內向外排列。

　　典賓類主體三列密集型鑽鑿布局，因文字刻寫得較大，卜兆密集，存在犯兆的現象。卜辭犯兆有犯自身卜辭之兆與犯他辭之兆兩種情況。卜辭刻寫在卜兆上，其兆枝上方没有空間刻寫兆序數，讓開所犯卜兆，在其旁側或下側的兆枝上方，刻寫兆序數，兆序數從一開始，接續到該占卜區域的所有卜兆結束。

　　　　(11a) 壬申卜，爭，貞：父乙㞢羌甲。一二　二告　三四五六七八九十一二三四五六七[八]九十一二[三]

　　　　(11b) 壬申卜，爭，貞：父乙弗㞢羌甲。一二三四[五六]七八九十[一二]三四五六[七八]九十一二[三]

　　　　(11c) 父乙㞢祖乙。一二三四五六七八九十一[二]三四

　　　　(11d) [父乙弗㞢祖乙]。一二三四[五]六七八九[十]一二三四

　　　　(11e) 父乙㞢南庚。一二三四五六七八九

　　　　(11f) 父乙弗㞢南庚。一二三四五六七　二告　八九

　　　　(11g) {貞：钔于父乙}。一二　二告　三四

　　　　(11h) {弜钔于父乙}。一二三四

　　　　(11i) {钔于父乙}。一二　二告　三四五六七

　　　　(11j) 一二三四五六七八

　　　　　　　　　　　　　《合集》1656＋(《乙編》747＋)①[典賓]

這版腹甲(11a)(11b)兩辭使用前甲部位第二至五行 22 個鑽鑿，對貞父乙是否㞢羌甲，兆序數兩個一至十再至二，從內向外自上而下排列。(11c)(11d)兩辭使用後甲部位上三行 14 個鑽鑿，對貞父乙是否㞢祖乙，兆序數一至十再至四，從內向外自上而下排列。(11e)(11f)兩辭使用後甲部位最下三行的 9 個鑽鑿，對貞父乙是否㞢南庚，一辭九卜，兆序數一至九，從內向外自上而下排列。(11e)辭犯自身卜辭第九個卜兆。(11g)(11h)、(11i)

---

① 《合集》1656＋出土登記號 13.0.4728 –《合集》1656 反，張惟捷：《甲骨新綴第十則》，先秦史研究室網站，2010 年 7 月 20 日。

(11j)對貞要不要向父乙舉行禦除疾病與災禍的祭祀,(11g)(11h)使用前甲近腋凹區第二行内側 1 個鑽鑿,一辭一卜。(11a)(11b)犯這兩條卜辭之兆。(11i)使用右尾甲部位最上一行外側一個鑽鑿,(11e)犯該辭之兆。

(12a) 己卯卜,古,貞:卒奉(逸)[①]芻自宩。王占曰:其唯丙戌卒㞢尾,其唯辛冡。一[二]三四五六

(12b) [己]卯卜,古,貞:奉(逸)芻自宩,弗其卒。{王占曰:其唯[丙]戌卒㞢若,尾,其唯辛冡}。一二二告三四五六

《合集》136+(《乙編》4293+)[②][典賓]

這兩條卜辭刻寫在尾甲部位,對貞是否抓捕逃逸的芻人,尾甲部位鑽鑿都被灼燒過,卜辭皆犯自身之兆,後甲最下兩行 6 個鑽鑿,刻寫了兆序數一至六從内向外自上而下排列,呈現出一辭六卜,且反面對應的後甲最下兩行鑽鑿附近,爲了標示出這組對貞卜辭的所用卜兆,刻寫了前辭與占辭。

(13a) 貞:唯父乙王。一二三四五六[七]八九十 二告 一二

(13b) 貞:不唯父乙王。[一二三]四五六[七八九]十一二 二告

(13c) 貞:婦好夢,不唯父乙。一二三

(13d) 貞:王,唯蠱。[一]二三四五六

(13e) 貞:王,不唯蠱。[一二]三四五六

(13f) 丙申卜,穷,貞:兔隻羌,其至于鬲。一二三四五六七八九十

---

① 趙平安:《戰國文字的"遊"與甲骨文"奉"爲一字説》,《古文字研究》第 22 輯,第 275—277 頁,中華書局,2000 年 7 月;《新出簡帛與古文字古文獻研究》,第 42—46 頁,商務印書館,2009 年;《文字·文獻·古史——趙平安自選集》,第 11—14 頁,中西書局,2017 年。王子楊:《甲骨文字形類組差異現象研究》,第 241—253 頁;同作者:《説甲骨文中的"逸"字》,《故宫博物院院刊》2011 年第 1 期,第 41—49 頁。

② 《合集》136+《合集》16291+《乙補》4082+《乙補》4078+《乙補》4083+《乙補》4087+《乙編》4295+《乙補》4116,林宏明:《甲骨新綴第 803—804 例》,第 803 例,先秦史研究室網站,2018 年 3 月 22 日。

(13g) 貞：兔隻[羌,弗其至]于禺。一二三[四]五六[七]八
二告 九十

《合集》201＋(《乙編》2335＋)[1][典賓]

這版腹甲(13a)(13b)兩辭使用前甲最下一行、後甲最上一行及對應的甲
橋中部 12 個鑽鑿,對貞是否父乙害王,一辭十二卜,兆序數一至十再至二
從內向外自上而下排列。(13c)辭使用右後甲第二行及甲橋 3 個鑽鑿,占
卜婦好做夢是否父乙的原因,一辭三卜,兆序數一至三從內向外排列。
(13d)(13e)兩辭使用後甲第四、第五兩行 6 個鑽鑿,對貞王☐是否蠱,一
辭六卜,兆序數一至六從內向外自上而下排列。(13f)(13g)兩辭使用後
甲最下一行及尾甲部位四行 12 個鑽鑿,對貞兔是否在禺地捕獲羌人,卜
辭刻寫在右後甲下部,犯自身卜辭所在的最上一行外側 2 個卜兆,兆序數
一至十從內向外自上而下排列。

(14a) 王弜唯洗戠比伐巴方,帝不我其[受]又。一二三四五
六七八 二告

(14b) 貞：王叀洗戠比伐巴方,帝受我又。[一二三四五]六
七[八九]十一

(14c) {貞：告}。

(14d) {貞：弜告}。

《合集》6473＋(《乙編》3787＋)[2][典賓]

這版腹甲(14a)(14b)兩辭,從界劃綫及(14b)兆序數來看,很可能是使用
後甲部位最上兩行 10 個和第三、第四兩行近千里路 2 個鑽鑿,兩條卜辭
對貞王要不要配合洗戠征伐巴方,上帝是否會福佑我,(14a)(14b)犯

---

① 《合集》201 正＋《乙補》1951＋《乙補》2013＋《乙編》2335＋《乙編》乙 7948＋《乙補》6388‐
反；《合集》201 反＋《乙編》7637＋《乙編》7949＋《乙補》1944,林宏明：《甲骨新綴第 849—
850 例》,第 850 例,先秦史研究室網站,2019 年 6 月 6 日。

② 《合集》6473＋《乙補》3454＋《乙補》3455‐反；《合集》6473,史語所庫房記錄,網址：https://
ndweb.iis.sinica.edu.tw/archaeo2_public/System/Artifact/Detail_BB.jsp? ano=6399。

(14c)(14d)之兆。(14c)(14d)有可能是使用後甲部位近千里路一列 3 個左右鑽鑿,對貞要不要告祭,一辭三卜或二卜。

以上(11)至(14),(11e)犯自身之兆及反面卜辭(11i)之兆,(12a)(12b)犯自身之兆,(13f)(13g)犯自身之兆,(14a)(14b)犯(14c)(14d)之兆。從所犯卜兆皆未刻兆序數來看,這些兆序是在卜辭刻寫完以後刻寫上去的。不能明確的是,判斷占卜結果時,是要考慮全部被灼燒鑽鑿的卜兆,還是只考慮刻有兆序數的卜兆。

　　(15a) 庚寅卜,宕,貞:今早王其步伐人。{王占曰:吉。叀己其伐。其弗伐,不吉}。一二三四五六七八九十一二三

　　(15b) 庚寅卜,宕,貞:今早王马步伐人。一二三四五六七八九十一二三[四五]六七八[九十一]

　　(15c) 呼比㲋斿。一二三四[五六]七八

　　(15d) 貞:戠在兹示,若。一二三四五六七

　　(15e) {甲子卜,宕:戠在兹示,若}。

　　(15f) {甲子卜,宕}。一二三

　　(15g) 辛卯卜,宕,貞:洗戠啓巴,王马唯之比。一二三四五六七

　　(15h) 辛卯卜,宕,貞:洗戠啓巴,王叀之比。五月。{王占曰:吉。洗戠…}　一二三四[五六]七[八九]十[一]二[三]

　　　　　　　《合集》6461＋(《乙編》3102)①[典賓]

這版腹甲(15a)使用右前甲部位四行 13 個鑽鑿,(15b)使用左前甲全部及左後甲第一行 21 個鑽鑿,對貞今早王要不要出行征伐,一辭十三卜,一辭可能二十一卜,兆序數從內向外自上而下排列。(15c)辭使用右前甲最下一行 4 個和右後甲最上一行 4 個鑽鑿,占卜配合㲋斿,一辭八卜,兆序數一至八從內向外自下而上排列。(15d)使用右後甲部位第二、第三兩行 7 個鑽鑿,占卜戠在兹示會順利,一辭七卜,兆序數一至七從內向外自下而

---

① 《合集》6461 正＋《乙補》2538＋《乙補》2741 倒-《合集》6461 反,楊熠:《甲骨試綴第 67—90 則》,第 77 則,先秦史研究室網站,2019 年 6 月 3 日。

上排列。(15e)是標示出(15d)卜兆的指示辭。(15f)使用右後甲最下兩行6個鑽鑿,可見兆序數一、二、三。(15g)辭刻寫在右後甲下部,犯反面(15f)卜辭的6個卜兆。(15g)使用尾甲部位三行7個鑽鑿,一辭七卜,兆序數一至七從内向外自下而上排列。(15h)辭使用後甲最下兩行6個鑽鑿和尾甲全部三行7個鑽鑿,一辭十三卜,兆序數一至十再至三從内向外自下而上排列。(15g)(15h)兩辭對貞洗戠作先鋒對巴方作戰,王是否配合。

典賓類腹甲主體三列密集型鑽鑿布局,可以選用一行中的一個或幾個鑽鑿進行占卜。也可以受鑽鑿布局影響,使用一整行鑽鑿進行占卜,使用一整行占卜時,卜數爲一行的鑽鑿數,多三卜、四卜、五卜、六卜,也有使用兩行鑽鑿進行占卜的,則卜數多爲十卜、十一卜、十二卜,使用三行及三行以上鑽鑿占卜時呈現出分區占卜的形式。

(二) 主體兩列密集鑽鑿布局腹甲的占卜形式

典賓類主體兩列密集鑽鑿布局,使用一行鑽鑿時,多兩卜、三卜。使用兩行鑽鑿時,即多四卜、五卜、六卜。使用三行及以上鑽鑿時,呈現出分區占卜形式。

(16a) {钔子守母庚小宰}。一

(16b) 亡來娃。一二

(16c) 貞:其㞢來娃。一 二三

(16d) 亡來娃。{王占曰:不吉。曰娃}。一二三

(16e) 呼比舟伯。一二三 二告

(16f) 勿呼比舟伯。一二三

(16g) 唯若。一二告二三

(16h) 酉妣己艮爪(夫)。一二

(16i) 盂羋酉艮爪(夫)。一 二告 二

《合集》716(《乙編》3387)[典賓]

這版腹甲爲近甲橋處有鑽鑿兩列密集鑽鑿布局。(16a)使用中甲右側一個鑽鑿,(16b)使用右首甲下1個鑽鑿和右前甲近腋凹區1個鑽鑿,一辭兩卜。

(16c)使用右首甲最上 1 個鑽鑿、中甲左側鑽鑿和右前甲近腋凹區 1 個鑽鑿,一辭三卜。(16d)使用右前甲近腋凹區下行 2 個鑽鑿,反面與其相承占辭的刻寫位置也可以説明這條卜辭中兆序數與卜辭的歸屬關係。(16b)(16d)兩辭同貞。(16e)(16f)使用前甲部位最下一行 3 個鑽鑿,對貞要不要配合丹伯,一辭三卜,兆序數一至三從内向外横排。(16g)辭使用右後甲部位第一行 3 個鑽鑿,占卜順利,一辭三卜,兆序數一至三從内向外横排。(16h)(16i)兩辭使用後甲部位第二行 2 個鑽鑿,占卜咠姒己的祭牲種類,一辭兩卜,兆序數一、二從内向外横排。這版龜腹甲主體區基本按行使用鑽鑿進行占卜。

(17a) 甲午卜,争,貞:翌乙未用羌。用。之日雈①。一

(17b) 甲午卜,争,貞:翌乙未勿酋用羌。二

(17c) {甲午卜,争}。

(17d) {乙未卜,殼}。一

(17e) 一

(17f) 貞:燹于土(社)。一二三

(17g) 屮于父乙。一二三

(17h) {匚帝}。一二三

(17i) {勿匚帝}。一二三

(17j) {呼目于河,屮來}。一二

(17k) {亡其來}。一

(17l) 乙未卜,宁,貞:以武舂。一二三

(17m) 貞:弗其以武舂。一二三

(17n) 以武舂。一二告二

(17o) 貞:翌乙未用羌。{王占曰:屮求{咎}勿其□}。三

(17p) 貞:呼取壴伐。一二

(17q) 屮于唐子伐。一

---

① 孫常敍:《畠隹一字形變説》,《古文字研究》第 19 輯,第 377—390 頁,1992 年;《孫常敍古文字學論集》,第 19—32 頁,東北師範大學出版社,1998 年;上海古籍出版社,2016 年。

（17r）貞：王夢唯囚。一 二告

（17s）不唯囚。一

（17t）貞：王其疾目。一二

（17u）貞：王弗疾目。一二

（17v）｛貞：今其言｝。一二三

（17w）｛弓祀｝。一二三

《合集》456（《乙編》1941＋）［典賓］

這版腹甲爲近甲橋處有鑽鑿兩列密集鑽鑿布局。（17a）（17b）兩辭使用前甲近腋凹部位的 2 個鑽鑿，犯自身近原邊之兆，（17a）可見兆序數一，（17b）可見兆序數二，對貞下一個乙未日要不要用羌祭祀。（17c）辭刻寫在反面左側上舌縫處，爲反面指示詞，目的在於標示（17a）鑽鑿所屬。（17f）辭占卜燎祭社，（17g）辭占卜侑祭父乙，使用前甲主體區第二行 3 個鑽鑿，一辭三卜，兆序數一至三從內向外橫排。（17h）（17i）使用前甲最下一行 3 個鑽鑿，對貞要不要匚帝，一辭三卜，兆序數一至三從內向外橫排。（17j）使用右後甲近千里路一列第二、三兩個鑽鑿，占卜呼目到河，有來，一辭兩卜，兆序數一、二自上而下排列。（17k）使用右後甲近原邊一列第三個鑽鑿，占卜無來，一辭一卜，兆序數爲一。（17l）（17m）兩辭使用後甲最上一行 3 個鑽鑿，對貞是否帶來武努，一辭三卜，兆序數一至三從內向外橫排。（17n）使用左後甲第二行鑽鑿，一辭兩卜，兆序數一、二從內向外橫排。（17l）（17n）兩辭同貞。（17o）使用右後甲近原邊一列第二個鑽鑿，兆序數爲三，與（17a）爲成套卜辭。結合（17a）的犯兆情況，這套兩辭三卜的成套卜辭，兆序二可能因犯兆原因未刻寫兆序數，但依然爲三卜的第二卜，（17p）辭使用左後甲第三行 2 個鑽鑿，占卜呼令取壬伐，一辭兩卜，兆序數一、二從內向外橫排。（17q）辭使用右後甲第四行近千里路 1 個鑽鑿，占卜用伐侑祭唐子，一辭一卜，兆序數爲一。（17r）（17s）使用後甲最下一行外側 1 個鑽鑿，對貞王夢是否有憂患，一辭一卜，兆序數爲一。（17t）（17u）兩辭使用尾甲最上一行 2 個鑽鑿，對貞王是否疾目，一辭兩卜，兆序數一、二從内向外橫排。(17v)(17w)使用尾甲下兩行 3 個鑽鑿,一辭三卜,兆序數一至三從内向外自上而下排列。這版腹甲上,主體區多按行使用鑽鑿進行占卜,也有選用一行或一列内的一個或兩個鑽鑿進行占卜,

> (18a) 貞:其雨。一二
>
> (18b) 貞:不其咎。{王占曰}。一二三
>
> (18c) 貞:多子逐,咎。一二
>
> (18d) 貞:唯南庚。一二三四
>
> (18e) 貞:不唯南庚。一二三四
>
> (18f) 貞:唯羌甲。一二
>
> (18g) 貞:不唯羌甲。一二
>
> (18h) 貞:唯祖庚。一二
>
> (18i) 貞:不唯祖庚。一二
>
> (18j) 貞:唯咸戊。一二
>
> (18k) 不唯咸戊。一二
>
> (18l) 貞:唯學戊。一二
>
> (18m) 貞:不唯學戊。一二
>
> (18n) 㞢于父甲。一
>
> (18o) 弓㞢。一

《合集》1822(《乙編》3476＋)〔賓一〕

這版腹甲爲近甲橋處無鑽鑿兩列密集鑽鑿布局。(18a)辭使用左首甲部位的一行 2 個鑽鑿,占卜下雨,一辭兩卜,兆序數一、二從内向外橫排。(18b)辭使用右首甲 2 個鑽鑿和右前甲近腋凹部位的 1 個鑽鑿,一辭三卜,兆序數一至三從内向外自上而下排列,(18c)辭使用中甲及左前甲近腋凹部位的 2 個鑽鑿,一辭兩卜,兆序數一、二從内向外橫排,(18b)(18c)兩辭對貞多子追逐獵物,有所擒獲。(18d)(18e)兩辭使用前甲主體區 4 個鑽鑿,對貞是否南庚,一辭四卜,兆序數一至四從内向外自上而下排列。(18f)(18g)兩辭使用後甲部位的最上一行 2 個鑽鑿,對貞羌甲,一辭兩卜,

兆序數一、二從內向外橫排。(18h)(18i)兩辭使用後甲部位第二行 2 個鑽鑿，對貞祖庚，一辭兩卜，兆序數一、二從內向外橫排。(18j)(18k)兩辭使用後甲部位第三行 2 個鑽鑿，對貞咸戊，一辭兩卜，兆序數一、二從內向外橫排。(18l)(18m)兩辭使用尾甲部位最上一行 2 個鑽鑿，對貞學戊，一辭兩卜，兆序數一、二從內向外橫排。(18n)(18o)兩辭使用尾甲部位最下 1 個鑽鑿，對貞要不要侑祭父甲，一辭一卜，兆序數爲一。這版腹甲上的主體區多按行使用鑽鑿進行占卜。

(19a) 貞：今五月娩。{王占曰：吉}。一

(19b) 辛丑卜，宁，貞：其于六月娩。一

(19c) 貞：今五月娩。一

(19d) 貞：其于六月娩。一　小告

(19e) 貞：今五月娩。二

(19f) 貞：其于六月娩。一

(19g) 呼取生芻于鳥。一二

(19h) 弜取生芻于鳥。一二　小告

(19i) {唯蔑}。一二

(19j) {不唯}。一二

《合集》116(《乙編》1052)［典賓］

這版腹甲爲近甲橋處無鑽鑿兩列密集鑽鑿布局。(19a)至(19f)辭使用前甲外側一列 2 個鑽鑿和後甲最上 1 個鑽鑿，選貞五月分娩還是六月分娩，(19c)(19e)兩辭爲兩辭一套兩卜，與(19a)同貞。(19b)(19d)(19f)爲同貞卜辭。(19g)(19h)兩辭使用後甲最下 1 個鑽鑿及尾甲 1 個鑽鑿，對貞要不要取生芻，一辭兩卜，兆序數一、二自下而上排列。(19i)(19j)使用中甲下和後甲內側 2 個鑽鑿，對貞要不要蔑，一辭二卜，兆序數一、二自上而下排列。

(20a) 丙申卜，殼，貞：［侯以］口（肩）芻。一二三四五六七八九十一

(20b)［丙］申卜，殼，貞：侯弗［其］以 口（肩）［蜀］。一 二告
二三四五六 二告 七八九一

(20c)｛丙申卜，殼。｝

(20d) 以。一 二告 二三四五

(20e) 弗其以。一二三［四］五

《合集》99＋（《乙編》4582＋）①［典賓］

這版腹甲爲近甲橋處無鑽鑿兩列密集鑽鑿布局。(20a)(20b)兩辭基本使
用兩跨凹連綫以上的所有鑽鑿，對貞侯帶來肩蜀，一辭十一卜，一辭九卜，
兆序數一至十再至一，先後甲上兩行兆序數一至四從內向外自上而下排
列，再前甲、中甲、首甲部位兆序數五至十再至一從內向外自下而上排列。
左首甲部位一個兆序，兆序數“一”可能爲“十”的誤刻，也可能爲另一辭的
占卜。② (20d)(20e)兩辭使用跨凹連綫以下三行 5 個鑽鑿，兆序數一至五
從內向外自上而下排列。(20a)與(20d)、(20b)與(20e)爲同貞卜辭。這
版腹甲以兩跨凹連綫爲界，分區占卜，一辭的卜數爲占卜區域的鑽鑿數。

(21a) 辛丑卜，宁，貞：�罘殼以羌。一 二告 二三四五

(21b) 貞：�罘殼不其以羌。一二三四五

(21c) 王马往田，不若。一二三

(21d) ｛王往田魯鹿。不魯｝。一 二告

(21e) 王其取祖乙馭，若。一二三四

《醉古》160(《乙編》5799＋)［典賓］

這版腹甲爲近甲橋處無鑽鑿兩列密集鑽鑿布局。(21a)(21b)使用前甲部
位的 5 個鑽鑿，對貞�與殼是否帶來羌人，一辭五卜，兆序數一至五從內
向外自上而下排列。(21c)辭使用右後甲部位兩行 3 個鑽鑿，一辭三卜，

① 《合集》8990 正＋《乙補》6752＋《合集》99＋《乙編》8445＋《乙編》6431 -反：《合集》8990 反，
　林宏明：《殷虛文字乙編新綴一例》，先秦史研究室網站，2009 年 9 月 8 日。

② 此蒙楊熠先生指出。

兆序數一至三從內向外自上而下排列。(21d)辭使用右後甲第一行近千里路 1 個鑽鑿。兩辭對貞商王不要前往田獵。(21e)使用左後甲上兩行的 4 個鑽鑿,占卜王祭祀祖乙,一辭四卜,兆序數一至四從內向外自上而下排列。這版腹甲基本分區占卜。

(22a) 貞:奉(逸)芻得。〔王占曰:吉。其得〕。一二三四五六七[八九]

(22b) 不其得。一二三四五六七八

《合集》133(《乙編》4728＋)[典賓]

這版腹甲爲近甲橋處無鑽鑿兩列密集鑽鑿布局。使用近千里路一列 8 或 7 個鑽鑿,對貞逃逸的芻人是否能捕得,一辭九卜,一辭八卜,兆序數一至九或八自上而下縱排。這版腹甲按列使用鑽鑿進行占卜,一辭的卜數爲一列鑽鑿數。

(23a)〔乙巳卜,爭〕,貞:[兔]以三十馬,允其奉羌。〔王占曰:其唯丁奉吉,其唯甲引吉,若〕。一 二告 二三四五六七八九十一二三四

(23b) 貞:兔三十馬,弗其奉羌。一二三四五六七八 二告九十一二

(23c) [貞:于]父乙钟。一

(23d) 弓于父乙钟。一

《合集》500(《乙編》3381)[典賓]

這版腹甲爲近甲橋處有鑽鑿兩列密集鑽鑿布局。(23a)(23b)兩辭使用中甲、前甲、後甲、尾甲部位的 14、12 個鑽鑿,對貞兔帶領三十馬,是否能抓獲羌人,一辭十四卜,一辭十二卜,兆序數一至十再至四或二從內向外自上而下排列。(23c)(23d)兩辭使用後甲第二行外側 1 個鑽鑿,對貞向父乙舉行禳除疾病與災禍的祭祀,一辭一卜,兆序數爲一。這版腹甲分區占卜。

(24a) 甲寅卜,永,貞:衛以寇,率用。一二三四五 二告 六

[七八]九十一二三 二告 四五六

（24b）貞：衛以寇，马率用。一二三四五六七八九十一二三四五

　　　　　　　　　《合集》555（《乙編》749）[典賓]

這版腹甲爲近甲橋處無鑽鑿兩列密集鑽鑿布局。兩辭使用千里路兩側的所有16或15個鑽鑿，對貞衛帶來的寇是否都使用，一辭十六卜，一辭十五卜，兆序數一至十再至六或五自上而下從内向外排列。這版腹甲分區占卜。

　　典賓類主體兩列密集型鑽鑿布局，因文字刻寫得較大，卜兆較密集，存在犯兆的現象。卜辭刻寫在被灼燒過的卜兆上，其兆枝上方没有空間刻寫兆序數，讓開所犯卜兆，在其旁側或上、下側的兆枝上方，刻寫兆序數，兆序數從一開始，接續到該占卜區域的所有卜兆結束。

　　（25a）貞：允不囚（殟）。〔王占曰：吉〕。王占：马囚（殟）。

一[二]三四五六七

　　（25b）戊辰卜，争，貞：允其囚（殟）。[一]二三四五六

　　（25c）貞：乩不囚（殟）。

　　（25d）貞：乩其囚（殟）。一二三四五六

　　（25e）{马…}

　　　　　　　　《合集》17084＋（《乙編》4697＋）①[典賓]

這版腹甲爲近甲橋處無鑽鑿兩列密集鑽鑿布局。（25a）（25b）兩辭使用首甲、中甲、前甲部位的所有四行7或6個鑽鑿，對貞允是否殟，一辭七卜，一辭六卜，兆序數一至七或六自上而下從内向外排列。（25c）（25d）兩辭使用後甲部位的6個鑽鑿，對貞允是否殟，卜辭刻寫在尾甲部位，可能犯（25e）辭的三個卜兆。

---

① 《合集》17105＋《乙編》6181＋《乙編》6591＋《乙補》275＋《乙補》5512＋《乙補》5716＋《乙補》5737＋《合集》17084＋《乙補》277＋《乙補》4746－反：《乙編》5506＋《乙編》6591＋《乙補》276＋《乙補》5513＋《乙補》5717，楊熠：《甲骨試綴五則》，先秦史研究室網站，2018年3月20日。

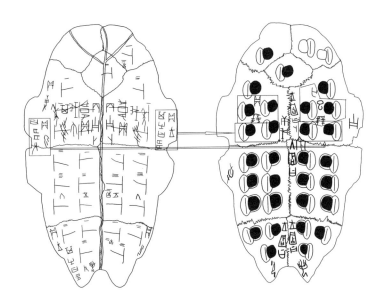

（26a）貞：事。一

（26b）丙子卜，韋，貞：我受年。〔王占曰〕。一二三 二告 四
五六

（26c）丙子卜，韋，貞：我不其受年。一二三四五六

（26d）〔貞：朋〕。

（26e）〔亡巳（改）朋。王占曰。〕

（26f）〔庚戌卜，宕，〕貞：王其虫日多。

（26g）貞：弓日多尹。〔王占曰。〕

（26h）貞：王其虫日多尹，若。〔王占曰：若〕。一二三

（26i）貞：孚。〔王占曰：孚〕。一 二告 二三

《合集》5611（《乙編》867）〔典賓〕

這版腹甲爲近甲橋處無鑽鑿兩列密集鑽鑿布局，（26a）使用左前甲近腋凹
部位 1 個鑽鑿。（26b）（26c）卜辭刻寫在前甲，犯反面（26d）（26e）及兩側
（26f）（26g）四辭之兆，使用後甲部位三行 6 個鑽鑿，對貞我是否受年，一辭
六卜，兆序數一至六從内向外自上而下排列。（26d）（26e）可能使用前甲

主體區第一行 2 個鑽鑿，占卜用朋。(26f)(26g)兩辭可能使用前甲主體區
第二行 2 個鑽鑿，對貞王要不要對多尹說。(26f)(26h)兩辭同貞。(26h)
(26i)兩辭使用尾甲部位二行 3 個鑽鑿，一辭三卜，兆序數一至三從內向外
自上而下排列。(26i)辭占卜孚。

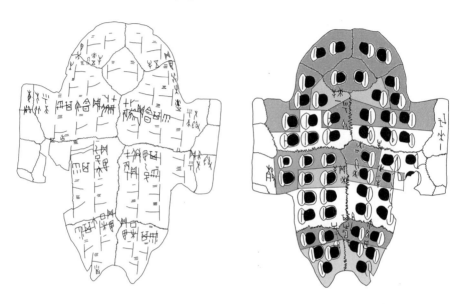

(27a) 貞：翌癸未燎五牛。一二三四五

(27b) 翌癸未弜燎五牛。一二三四五

(27c) ｛貞：燎牛｝。一二

(27d) ｛弜燎｝。

(27e) ｛燎一牛｝。一

(27f) ｛燎二牛｝。

(27g) ｛燎三牛｝。一

(27h) 呼求先从東得。一二三

(27i) 呼求先得。五

(27j) 貞：呼求先得。四［六七］八

(27k) ｛呼取｝。一

(27l) 甲辰卜，侼，貞：今日其雨。一二三四

(27m) 甲辰卜，伇，貞：今日不其雨。一二三 二告 四五

(27n) 甲辰卜，伇，貞：翌乙巳其雨。一二三四

(27o) 貞：翌乙巳不其雨。一二三四

(27p) 貞：翌丁未其雨。一二三

(27q) 貞：翌丁未不其雨。一二三 小告

(27r) ﹛其㞢匸于祖乙，不唯囚（憂）﹜。

(27s) ﹛㞢于祖乙﹜。二

《合集》12051（《乙編》2042＋）［典賓］

這版腹甲爲近甲橋處有鑽鑿兩列密集鑽鑿布局。(27a)(27b)兩辭使用首甲2個、中甲1個、前甲近腋凹處外側2個鑽鑿，對貞下一個癸未日要不要燎五牛，一辭五卜，兆序數一至五從內向外自上而下排列。(27c)使用右後甲第二行近千里路2個鑽鑿(1,2;2,2)，一辭二卜，可見兆序數二，應該是兆序數一、二從內向外橫排。(27d)辭使用左後甲第二行近千里路1個鑽鑿(1,2)。兩辭對貞要不要燎牛。(27e)辭使用右前甲近腋凹區第二行內側1個鑽鑿，一辭一卜，兆序數爲一。(27e＋)爲左前甲與(27e)對稱位置的卜兆，未刻寫卜辭，兆序數爲“一”，可能是(27e)的對貞卜辭。(27f)使用左後甲第二行第2個鑽鑿(2,2)，一辭一卜，因被犯兆未見兆序數。(27g)使用左後甲第一行近千里路1個鑽鑿(1,1)，一辭一兆，兆序數爲一。(27a)(27b)以及(27e)至(27g)選貞祭牲牛的數量。(27c)(27d)(27f)(27g)卜辭皆被犯兆。(27h)辭使用左前甲主體區第一行3個鑽鑿，兆序數一至三，(27i)使用右前甲主體區第一行外側1個鑽鑿，兆序數五。(27j)使用右後甲第一行3個及第二行外側1個鑽鑿，被(27n)犯兆，兆序數“六”“七”因犯兆未刻寫，可見四、八。(27k)辭使用右前甲主體區第一行近千里路1個鑽鑿(1,1)，一辭一卜，兆序數爲一，被(27l)犯兆。(27l)辭使用右前甲最下一行3個和第一行中間1個鑽鑿(2,1)，兆序數一至四從內向外，自下而上排列。(27m)辭使用左前甲最下一行3個鑽鑿和左後甲最上行外側2個鑽鑿，對貞今日是否下雨，一辭五卜，兆序數一至五從內向外自上而下排列。(27n)

(27o)兩辭使用後甲部位最下兩行 4 個鑽鑿,對貞乙巳日是否下雨,一辭四卜,兆序數一至四從內向外自上而下排列。(27n)辭下有刮削改刻的痕迹。(27p)(27q)兩辭使用尾甲部位最下兩行 3 個鑽鑿,對貞丁未日是否下雨,一辭三卜,兆序數一至三從內向外自上而下排列。(27l)至(27q)皆犯兆,(27r)(27s)兩辭使用尾甲部位最上一行 2 個鑽鑿,占卜侑祊祖乙,一辭兩卜,因被(27p)(27q)犯兆,未見兆序數。(27l)犯反面和右側卜辭之兆,(27m)犯左側卜辭之兆,(27n)至(27q)犯反面卜辭之兆。

從上面這版腹甲(27d)(27f)(27g)(27r)(27s)辭的卜兆所屬來看,因卜辭刻寫而呈現的犯兆,雖然有的卜辭沒有在兆枝上方刻寫兆序數,所犯的卜兆並沒有作廢,只是因書寫空間未刻寫兆序數而已,其卜兆仍然是判斷占卜的直接依據。

典賓類主體兩列密集鑽鑿布局,可以按行、按列、分區使用鑽鑿進行占卜。使用一行鑽鑿時,多兩卜、三卜。使用兩行鑽鑿時,即多四卜、五卜、六卜。使用三行及以上鑽鑿時,呈現出分區占卜形式。使用一列鑽鑿時,多七卜、六卜。使用兩列鑽鑿時,多十三卜、十二卜。也有同版內多辭一套的形式占卜。

(三)複環稀疏型鑽鑿布局腹甲的占卜形式

典賓類複環稀疏型鑽鑿布局,使用一行、兩行、三行鑽鑿,多見異版成套,也有同版內的多辭一套多卜。

(28a) 己丑卜,爭,貞:王其敠。一

(28b) 貞:勿敠。一

(28c) 貞:钔于妣庚。一二

(28d) 一二

(28e) 貞:其呼麥(來)豕从北。一

(28f) 戊戌卜,爭,貞:王歸奏玉,其伐。一

(28g) ｛貞:目不闲疾｝。[一]二三

(28h) ｛貞:目其闲疾｝。一二三

（28i）一二

（28j）其㞢聲，得。一二 二告

（28k）庚申卜，爭，貞：旨其伐㞢蠱羅。｛王占曰：吉。其伐唯丁｝。一二

（28l）旨弗其伐㞢蠱羅。一 二告 二

（28m）貞：雍芻于螽。一二三

（28n）貞：雍芻㫗于螽。一二三

（28o）一

（28p）王从□。一

（28q）翌…

（28r）翌…

《合集》6016（《乙編》4502＋）［典賓］

這版腹甲爲複環稀疏型鑽鑿布局。(28a)(28b)兩辭使用近腋凹部位的 1 個鑽鑿，對貞王要不要斅，一辭一卜，兆序數爲一。(28c)辭使用右前甲主體區第一行 2 個鑽鑿，占卜向妣庚舉行禦除疾病與災禍的祭祀，一辭兩卜，兆序數一、二從內向外橫排。(28d)辭未刻寫卜辭，可能是(28c)辭的對貞卜辭。(28e)辭占卜從北方來豕，(28f)辭占卜王歸奏玉，兩辭使用前甲最下一行外側 1 個鑽鑿，一辭一卜，兆序數爲一。(28g)(28h)兩辭使用後甲最上一行 2 個鑽鑿，前甲最下一行近千里路 1 個鑽鑿，對貞目是否㽼疾，一辭三卜，兆序數一至三從內向外自下而上排列。(28j)辭使用左後甲第二行 2 個鑽鑿，占卜㞢聲會獲得，一辭兩卜，兆序數一、二從內向外橫排。(28i)辭可能爲對貞卜辭，使用後甲部位第二行 2 個鑽鑿。(28k)(28l)兩辭使用後甲第三行 2 個鑽鑿，占卜旨是否伐，一辭兩卜，兆序數一、二從內向外橫排。(28m)(28n)兩辭使用後甲最下兩行 3 個鑽鑿，對貞雍芻要不要於螽，一辭三卜，兆序數一至三從內向外自上而上下排列。這版腹甲基本按行使用鑽鑿進行占卜。

（29a）貞：方禘一羌二犬卯一牛。一

（29b）貞：㫗方禘。一 二告

(29c) 庚申卜，殼，貞：袞于𣌭。〔王占曰：己雨〕。〔一二〕

(29d) 貞：于黄奭袞。一二　二告

(29e) 〔〔戊〕戌〔卜〕，爭〕，貞：王祼鼎虫伐。一二　二告

(29f) 王祼弜虫伐。一二

(29g) 庚戌卜，殼，貞：于河虫匚。一二　二告　三四

(29h) 庚戌卜，殼，貞：弜于河虫匚。三月。一二三四五六

(29i) 貞：其洗于姐。一二三四

(29j) 庚子卜，内：弜于姐。一二三四　二告

《合集》418(《乙編》2639＋)〔典賓〕

這版腹甲爲複環稀疏型鑽鑿布局。(29a)(29b)兩辭使用前甲近腋凹區的 1 個鑽鑿，對貞要不要方裼，一辭一卜，兆序數爲一。(29c)(29d)兩辭使用前甲最下一行 2 個鑽鑿，選貞燎祭的對象是𣌭還是黄奭，一辭兩卜，兆序數一、二從内向外横排。(29e)(29f)兩辭使用後甲最上一行 2 個鑽鑿，對貞是否伐祭，一辭兩卜，兆序數一、二從内向外横排。(29g)使用右後甲倒數第二、第三兩行 4 個鑽鑿，(29h)使用左後甲倒數第二至四行 6 個鑽鑿，兩辭對貞要不要侑祊於河，一辭四卜，一辭六卜，兆序數一至四或六從内向外自下而上排列。(29i)(29j)兩辭使用後甲最下一行、尾甲一行 4 個鑽鑿，對貞洗要不要到姐地，一辭四卜，兆序數一至四從内向外自上而下排列。這版腹甲基本按行使用鑽鑿進行占卜。

(30a) 貞：曹妣庚十反卯十宰。一

(30b) 〔其〕虫妣庚，虫彗①。一

(30c) 曹妣庚十反卯十宰。二

(30d) 其虫于妣庚，亡其彗。一

(30e) 貞：其虫來娭。一

(30f) 貞：亡來娭。一

---

① 裘錫圭：《殷墟甲骨文"彗"字補説》，《華學》第 2 輯，第 33—38 頁，中山大學出版社，1996 年；《裘錫圭學術文集·甲骨文卷》，第 422—430 頁。

（30g）貞：亡囚。一

（30h）其出囚。一

（30i）登射三百。一二三四

（30j）马登射三百。一二 二告 三四

《合集》698（《乙編》751）［典賓］

這版腹甲爲複環稀疏型鑽鑿布局。（30a）（30c）使用右前甲部位近原邊一側的2個鑽鑿，占卜用十叚十宰晢妣庚，兩辭一套兩卜。（30b）（30d）兩辭使用左前甲近原邊一側的2個鑽鑿，對貞侑祭妣庚，是否會好轉，兩辭對貞，一辭一卜，兆序數爲一。（30e）（30f）兩辭使用後甲第二行外側1個鑽鑿，對貞有無不好的消息。（30g）（30h）兩辭使用後甲最下一行近原邊1個鑽鑿，對貞有無憂患，以上四辭，一辭一卜，兆序數爲一。（30i）（30j）兩辭使用前甲、後甲近千里路一列4個鑽鑿，對貞要不要徵集三百個射手，一辭四卜，兆序數一至四自上而下縱排。這版腹甲有按列使用鑽鑿進行占卜、一辭一卜和兩辭一套兩卜的形式進行占卜。

（31a）辛酉卜，殼，貞：今早王比望乘伐下危*，受出又。一

（31b）辛酉卜，殼，貞：今早王马比望乘伐下危*，弗其受出又。一

（31c）貞：出犬于父庚卯羊。一

（31d）貞：祝以之疾齒，鼎赢。一

（31e）疾齒，赢。

（31f）不其赢。

（31g）辛酉卜，殼，貞：［王比洗戜］。一

（31h）貞：王马比洗戜。一

（31i）辛酉卜，殼，貞：王叀［洗］戜［比。一］

（31j）辛酉卜，殼，貞：王马唯洗戜比。一

（31k）｛唯父甲｝。一

（31l）｛唯父庚｝。一

(31m)｛不唯父庚｝。一

(31n)｛不［唯］父辛｝。一

《合集》6482(《乙編》2109＋)［典賓］

(32a) 辛酉卜，［㱿］，貞：今早王比望乘伐下危＊，受屮又。二

(32b) 辛酉卜，㱿，貞：今早王弜比望乘伐下危＊，弗其受屮又。二

(32c) 貞：屮犬于父庚卯羊。二

(32d) 祝以之疾齒，鼎贏。二　小告

(32e) 疾齒，贏。二

(32f) 不其贏。二

(32g) 辛酉卜，㱿，貞：王比洗戬。二

(32h) 辛酉卜，㱿，貞：王弜比洗戬。二

(32i) 辛酉卜，㱿，貞：王叀洗戬比。二

(32j) 辛酉卜，㱿，貞：王弜唯洗［戬比］。二

(32k)｛唯父甲｝。二

(32l)｛不唯父甲｝。二

(32m)｛唯父庚｝。二

(32n)｛不唯父庚｝。二

(32o)｛唯父辛｝。二　二告

(32p)｛不唯父辛｝。二

(32q)｛唯父乙｝。二

(32r)｛不唯父乙｝。二

《合集》6483(《乙編》1923＋)［典賓］

(33a) 辛酉卜，㱿，貞：今早王比望乘伐下危＊，受屮又。｛王占曰：其屮戠(異)[1]。王其唯戊屮戠(異)不吉。｝三

---

[1]　陳劍：《殷墟卜辭的分期分類對於甲骨文字考釋的重要性》，收入《甲骨金文考釋論集》，第414—427頁。

(33b)［辛］酉卜，殼，貞：今早［王］勿比望乘［伐］下危*，弗［其］受㞢又。三

(33c) 貞：㞢犬于父庚卯羊。三

(33d) 祝以之疾齒，鼎贏。三

(33e) 疾齒，贏。三

(33f) 不其贏。三

(33g) 貞：王比洗戠。三

(33h) 貞：王勿比洗戠。三

(33i) 辛酉卜，殼，貞：王叀洗戠比。三

(33j) 辛酉卜，殼，貞：王勿唯洗戠比。三

(33k)｛［唯父甲］｝。三

(33l)｛不唯父甲｝。三

(33m)｛唯父［庚］｝。三

(33n)｛不唯父庚｝。三

(33o)｛唯父辛｝。三

(33p)｛不唯父辛｝。三

(33q)｛唯父乙｝。三

(33r)｛不唯父乙｝。三

《合集》6484（《乙編》1907＋）［典賓］

(34a) 辛酉卜，殼，貞：今早王比望乘伐下危*，受㞢又。｛王占曰：丁丑其㞢戠（異），不吉。其唯甲㞢戠（異），吉。其唯辛㞢戠（異），亦不吉。｝四

(34b) 辛酉卜，殼，貞：今早［王］勿比望乘伐下危*，弗其受㞢又。四

(34c) 貞：㞢犬于父庚卯羊。

(34d) 祝以之疾齒，鼎贏。

(34e) 疾齒，贏。四

(34f) 辛酉卜，殼，貞：王比戠。四

(34g) 辛酉卜，㱿，貞：王叀洗戜比。四

(34h)［辛酉卜，㱿，貞：王㠯唯洗戜比］。四

(34i)｛唯父甲｝。

(34j)｛不［唯父甲］｝。

(34k)｛唯父庚｝。

(34l)｛不唯父庚｝。

(34m)｛唯父辛｝。

(34n)｛不唯父辛｝。

《合集》6485（《乙編》745＋）［典賓］

(35a) 辛酉卜，㱿，貞：今早王比望乘伐下危＊，受㞢又。｛王占曰：其㞢戠（異）。王其唯戊㞢戠（異）不吉。｝五

(35b) 辛酉卜，㱿，貞：今早王㠯比望乘伐下危＊，弗其受㞢又。五

(35c) 貞：㞢犬于父庚卯羊。

(35d) 祝以之疾齒，鼎嬴。

(35e) 疾齒，嬴。五

(35f) 貞：王比洗戜。五

(35g) 貞：王㠯比洗戜。五

(35h) 辛酉卜，㱿，貞：王叀洗戜比。五

(35i) 辛酉卜，㱿，貞：王㠯唯洗［戜比］。五

(35j)｛唯父甲｝。

(35k)｛不唯父甲｝。

(35l)｛唯父庚｝。

(35m)｛不唯父庚｝。

(35n)｛唯父辛｝。五

(35o)｛不唯父辛｝。五

(35p)｛［唯父乙］｝。

(35q)｛不[唯]父[乙]｝。

《合集》6486＋(《乙編》838＋)①[典賓]

以上五版爲整版兆序數相同的五版一套占卜。

　　典賓類複環稀疏型鑽鑿布局,受鑽鑿布局影響,使用一行鑽鑿時多一卜、兩卜,使用兩行鑽鑿時多四卜,使用三行以上鑽鑿時,多五卜、六卜。也可見按列使用鑽鑿。多見整版兆序數相同的異版成套占卜,多五版一套。也可見同版内的多辭一套多卜,多爲五卜,或在五卜之内。

(四) 單環稀疏型鑽鑿布局腹甲的占卜形式

　　單環稀疏型鑽鑿布局首甲中甲有鑽鑿與首甲中甲無鑽鑿的占卜形式有所不同。

　　典賓類首甲中甲有鑽鑿的單環稀疏型鑽鑿布局腹甲的占卜形式,有使用一行 1 個鑽鑿一卜,有分區兩卜、三卜、四卜、五卜、六卜、七卜、八卜等。有同一版上的同貞卜辭。特色是按列使用鑽鑿進行占卜。按列使用鑽鑿占卜時,因中甲部位鑽鑿通常施加在右側,灼燒在長鑿内側時,鑿灼的相對位置與右側一致。所以中甲位置的鑽鑿通常與右側爲一個整體,也就形成了首甲中甲有鑽鑿單環稀疏型鑽鑿布局按列使用鑽鑿進行對貞時,右側比左側多一個卜兆。這是受龜腹甲的形態與鑽鑿布局雙重影響的結果。

　　(36a) 丙辰卜,㲉,貞：今早我其自來。｛王占曰：吉。其自來｝。一二三四五六七八

　　(36b) 丙辰卜,㲉,貞：今早我不其自來。一二三四五六七

《合集》4769(《乙編》6748)[典賓]

這版腹甲爲首甲中甲有鑽鑿單環稀疏型鑽鑿布局。(36a)(36b)兩辭使用單側

---

① 《合集》6486 正＋《乙補》6303－《乙補》3464－反：《合集》6486 反＋《乙補》2258＋《乙補》6304,林宏明：《甲骨新綴第 688—693 例》,第 689 例,先秦史研究室網站,2016 年 7 月 28 日。

一列 8 或 7 個鑽鑿,對貞今早我是否來,一辭八卜,一辭七卜,兆序數一至八或七自上而下縱排。這版腹甲按列使用鑽鑿進行占卜,也可以看作分區占卜。

　　(37a) 丙申卜,永,貞:呼窒侯。一二三四五六七
　　(37b) 貞:弜呼窒侯。一二三四五六

　　　　　　　　　　　　《合集》3333(《乙編》2641＋)[典賓]

這版腹甲爲首甲中甲有鑽鑿單環稀疏型鑽鑿布局。(37a)(37b)兩辭使用單側的一列 7 或 6 個鑽鑿,對貞要不要呼窒侯,一辭七卜,一辭六卜,兆序數一至七或六自上而下縱排。這版腹甲按列使用鑽鑿進行占卜,也可以看作分區占卜。

　　(38a)｛癸巳卜,爭｝,貞:翌甲午用多屯。｛允用｝。一二三
　　(38b) 貞:亡蚩(害)。一 二告 二
　　(38c) 貞:王不湋。一二 二告 三四五

　　　　　　　　　　　　《合集》812(《乙編》7128)[典賓]

這版腹甲爲首甲中甲有鑽鑿單環稀疏型鑽鑿布局。(38a)辭使用右首甲、中甲及右前甲近腋凹部位的 3 個鑽鑿,占卜使用多屯,一辭三卜,兆序數一至三自上而下排列。(38b)辭使用左首甲及左前甲近腋凹部位的 2 個鑽鑿,占卜沒有災害,一辭兩卜,兆序數一、二自上而下排列。(38c)辭使用右前甲最下 1 個鑽鑿、右後甲 3 個鑽鑿和右尾甲 1 個鑽鑿,占卜王不湋,一辭五卜,兆序數一至五自上而下排列。該版腹甲以兩腋凹連綫分爲兩個區域,分區占卜。

　　(39a) 呼🔧疫,克。一 二告 二三
　　(39b) 貞:呼🔧疫,克。一二
　　(39c) 丁酉卜,爭,貞:呼🔧疫,克。一二三 告 四 二告 五
　　六七

　　　　　　　　　　　　《合集》4464(《乙編》2244)[典賓]

這版腹甲爲首甲中甲有鑽鑿單環稀疏型鑽鑿布局下圓形變式。三辭同貞

呼疫。(39a)辭使用中甲、右首甲及右前甲近腋凹部位的3個鑽鑿，兆序數一至三。(39b)辭使用右前甲最下1個鑽鑿和右後甲最上1個鑽鑿，兆序數一二。(39c)辭使用左首甲1個鑽鑿、右後甲最下1個鑽鑿、右尾甲1個鑽鑿，左前甲左後甲一列4個鑽鑿，兆序數一至七，占卜順序爲左首甲、右後甲、右尾甲、左前甲、左後甲。(39c)的兆序數很可能是灼燒一個刻一個。

(40a) 貞：虫虎。一
(40b) 貞：亡其虎。一
(40c) 庚寅卜，㱿，貞：以角女。一 二告 二三
(40d) 庚寅卜，㱿，貞：弗其以角女。一二[三]

《合集》671(《乙編》2048＋)[典賓]

這版腹甲爲首甲中甲無鑽鑿單環稀疏型鑽鑿布局。(40a)(40b)兩辭使用前甲近腋凹部位1個鑽鑿，對貞有無虎，一辭一卜，兆序數爲一。(40c)(40d)兩辭使用後甲、尾甲部位的3個鑽鑿，對貞是否會帶來角女，一辭三卜，兆序數一至三自上而下排列。該版腹甲有一辭一卜及分區占卜。

(41a) {癸巳卜，穷}，貞：翌乙未虫祖乙。一 二告
(41b) 乙未[卜]，□，貞：王其歸彔于旋女。一 二告 二三四
(41c) 貞：另彔于旋女。一 二告 二三四五

《合集》1532(《乙編》813＋)[典賓]

這版腹甲爲首甲中甲無鑽鑿單環稀疏型鑽鑿布局。(41a)辭使用右前甲近腋凹部位的1個鑽鑿，占卜侑祭祖乙，一辭一卜，兆序數爲一。(41b)辭使用右側一列最下4個鑽鑿，(41c)使用左側一列5個鑽鑿，兩辭對貞要不要歸彔於旋女，一辭四卜，一辭五卜，兆序數一至四或五自上而下排列。這版腹甲有一辭一卜和按列或分區占卜。

(42a) 庚辰卜，亘，貞：呼雷耤于明。一二三四 二告

(42b) 丙戌卜，宁，貞：令眾黍，其受屮[年]。{王占曰：吉。
受年}。一二三四五。

(42c) 庚申卜，古，貞：弓䏌殺于南庚宰用。{王占曰：吉}。一

《合集》14（《乙編》2682＋）[典賓]

這版腹甲爲首甲中甲無鑽鑿單環稀疏型鑽鑿布局。(42a)辭使用右前甲
部位一列 2 個鑽鑿和右後甲最下 1 個鑽鑿、右尾甲部位 1 個鑽鑿，占卜雷
耤於明，一辭四卜，兆序數一至四自上而下排列。(42b)辭使用左前甲、左
後甲、左尾甲一列 5 個鑽鑿，占卜命令眾人種黍，會受年，一辭五卜，兆序
數一至五自上而下排列。(42c)辭使用右後甲最上 1 個鑽鑿，占卜不要殺
宰祭祀南庚。這版腹甲有一辭一卜和按列或分區占卜。

(43a) 丁丑卜，宁，貞：父乙允 多子。一二三四五
(43b) 貞：父乙弗 多子。一二 二告 三四五

《合集》3238（《乙編》3394）[典賓]

這版腹甲爲首甲中甲無鑽鑿單環稀疏型鑽鑿布局。(43a)(43b)兩辭對貞
父乙是否 多子，使用單側一列的 5 個鑽鑿，一辭五卜，兆序數一至五自上
而下排列。這版腹甲按列或分區占卜。

(44a) 癸未卜，殼，貞：疒以羌。{王占曰：其[以]}。[一] 二告
(44b) 貞：珂不其以羌。一

《合集》273（《乙編》2466＋）[典賓]

(45a) 癸未卜，殼，貞：疒以羌。{王占曰：其以}。二
(45b) 貞：疒不其以羌。二
(45c) 貞：珂以羌。{王占曰：其以}。二

《合集》274（《乙編》1030＋）[典賓]

(46a) [癸]未卜，殼，貞：疒以羌。{王占曰：[其]以}。三
(46b) 貞：疒不其以羌。三
(46c) 貞：珂以羌。{王占曰：其以}。三

《契合》281（《乙編》2994＋）[典賓]

（47a）貞：疫不其以［羌］。

（47b）貞：疴不其以羌。

《合集》276（《乙編》3793）［典賓］

以上四版爲首甲中甲無鑽鑿單環稀疏型鑽鑿布局。爲整版兆序數相同的異版成套腹甲之一、二、三和兆序不明之版，對貞疫、疴是否會帶來羌人。

（48a）丙辰卜，古，貞：其攸（殺）羌。一

（48b）貞：攸（殺）羌。二

（48c）貞：攸（殺）羌。三四　二告　五

（48d）貞：于庚申伐羌。一

（48e）貞：庚申伐羌。二

（48f）貞：庚申伐羌。三四　二告　五

《合集》466（《乙編》6742＋）［典賓］

這版腹甲爲首甲中甲無鑽鑿單環稀疏型鑽鑿布局。（48a）至（48c）辭占卜殺羌，（48d）至（48f）辭占卜伐羌，皆三辭一套五卜。該腹甲爲同版内的多辭一套五卜。

（49a）戊寅卜，殼，貞：洗戡其來。｛王占曰：戡其出，叀庚其先戡至｝。二

（49b）貞：戡不其來。二

（49c）戊寅卜，殼，貞：雷鳳其來。｛王占曰：鳳其出，其唯丁不出，其㞢疾｝。二

（49d）雷鳳不其來。二

《合集》3945［典賓］

（50a）戊寅卜，殼，貞：洗戡其來。｛王占曰：戡其出，叀庚其先戡至｝。三

（50b）貞：戡不其來。三

（50c）戊寅卜，殼，貞：雷其來。｛王占曰：鳳其出，叀丁。丁

不出,鳳其㞢疾,弗其同(興)①}。三

(50d) 雷不其來。三

《合集》3946(《乙編》6877)[典賓]

(51a) 戊寅卜,㱿,貞:洗戠其來。{王占曰:戠其出,叀庚其先戠至}。四

(51b) 貞:洗戠不其來。四

(51c) 戊寅卜,㱿,貞:雷鳳其來。{王占曰:鳳其出,其唯丁不出,其㞢疾,弗其同(興)}。四

(51d) 鳳不其來。四

《合集》3947(《乙編》727)[典賓]

以上三版爲首甲中甲無鑽鑿單環稀疏型鑽鑿布局前二後一變式,占卜時只使用前甲部位鑽鑿。以上各版腹甲,(a)(b)兩辭對貞洗戠是否前來,使用右前甲近腋凹部位的 1 個鑽鑿與左前甲最下 1 個鑽鑿。(c)(d)兩辭對貞雷鳳是否前來,使用左前甲近腋凹部位 1 個鑽鑿與右前甲最下 1 個鑽鑿。爲整版兆序數相同的異版成套腹甲的二、三、四版。

典賓類首甲中甲無鑽鑿的單環稀疏型鑽鑿布局腹甲的占卜形式,有使用一行 1 個鑽鑿一卜,有分區兩卜、三卜、四卜、五卜等,特色爲五卜。有同一版上的多辭一套多卜,多爲五卜。有五版成套占卜,有同貞卜辭。

(五) 稀疏密集混合型鑽鑿布局腹甲的占卜形式

典賓類腹甲反面稀疏密集混合型鑽鑿布局,密集部分用一辭多卜的形式進行占卜,稀疏部分用成套或一辭多卜的形式進行占卜。

(52a) 丙戌卜,㱿,貞:戠允其來。十三月。{王占曰:甲申戠亡囚,來}。一

(52b) 丙戌卜,㱿,貞:戠不其來。一

---

① 王子楊:《甲骨文舊釋"凡"之字絕大多數當釋爲"同"——兼談"凡"、"同"之別》,《出土文獻與古文字研究》第 5 輯,第 6—30 頁,上海古籍出版社,2013 年;《甲骨文字形類組差異現象研究》,第 198—229 頁。

(52c) 貞：戠允其來。二

(52d) 貞：戠不其來。二

(52e) 貞：戠允其來。三

(52f) 貞：戠不其來。三 二告

(52g) 丙戌卜，殻，貞：戠其來。一二三四五六七八九

《合集》3979(《乙編》6668)[典賓]

這版腹甲首甲、中甲、前甲、後甲上半部爲首甲中甲無鑽鑿單環稀疏與後甲下半部、尾甲主體三列密集混合型鑽鑿布局。兩跨凹連綫以上稀疏鑽鑿部分(52a)與(52b)、(52c)與(52d)、(52e)與(52f)對貞，占卜戠是否前來，(52a)(52c)(52e)、(52b)(52d)(52f)三辭一套三卜。跨凹連綫以下三列密集鑽鑿部分，(52g)辭使用右後甲最下三行 9 個鑽鑿，一辭九卜，兆序數一至九從内向外自上而下排列。(52a)(52c)(52e)爲(52g)的再確認占卜。

典賓類稀疏密集混合型鑽鑿布局，密集鑽鑿部分多用一辭多卜，稀疏鑽鑿部分多用成套或同貞的形式進行占卜。

(六) 跨鑽鑿布局模式的占卜形式

典賓類腹甲反面的鑽鑿布局類型較多，有時雖然反面是預先施加好的鑽鑿布局類型，但在具體占卜時，會使用比其鑽鑿數目少的鑽鑿布局類型來進行占卜。如主體三列密集布局的腹甲，可以按複環稀疏型鑽鑿布局常用的占卜形式使用。主體兩列密集鑽鑿布局可以按單環稀疏型鑽鑿布局常用的占卜形式使用。複環稀疏型鑽鑿布局與首甲中甲有鑽鑿的單環稀疏型布局的腹甲，可以按首甲中甲無鑽鑿的單環稀疏型鑽鑿布局常用的占卜形式使用。也就是説，施加好鑽鑿的腹甲一般遵循其上鑽鑿布局使用，選擇與其相對應的占卜形式，但有時也會選擇使用比其鑽鑿個數少的鑽鑿布局的占卜形式。

(53a) 癸卯卜，爭，[貞]：王令三百射弗告□示王🀫唯之。一

(53b) 貞：王🀫不唯之弗告三百射。一

(53c) 貞：王𠃜(肩)贏。一二

(53d) 王𠂤(肩)不其贏。一二

(53e) 貞：虫來自南,以。一 二告 二三四

(53f) {戊子卜,争},貞：至于庚寅敚(殺)迺既,若。{己丑雨}。一二三四

(53g) 弓至于庚寅敚(殺),不若。一二三四

(53h) 癸丑卜,㱿,貞：旨戋虫蠱。{王占曰：戋唯庚。不唯庚,叀丙}。一

(53i) 旨弗其戋虫蠱。[一] 二告

(53j) 㿝疋化戋。一二三 二告

(53k) 㿝疋化弗其戋。一 二告二三

(53l) 貞：穡虫鹿。一

(53m) 穡虫鹿。二 二告

(53n) 呼多馬逐鹿,隻。一

(53o) 呼多馬逐鹿,隻。二

《合集》5775(《乙編》4615+)[典賓]

這版腹甲反面是主體三列密集鑽鑿布局,但占卜時按複環稀疏型鑽鑿布局使用。(53a)(53b)兩辭使用前甲近腋凹部位1個鑽鑿,對貞王命令三百射,是否舉行告祭,一辭一卜,兆序數爲一。(53c)(53d)兩辭使用中甲下一行2個鑽鑿,對貞王肩部的疾病是否會好轉,一辭兩卜,兆序數一、二從内向外横排。(53e)辭使用右前甲主體區第二行4個鑽鑿,占卜有從南面來,會帶來物品,一辭四卜,兆序數一至四從内向外横排。(53f)(53g)兩辭分别使用後甲最上一行2個鑽鑿,對貞要不要在庚寅日殺牲,一辭兩卜,兆序數爲一、二從内向外横排。(53h)(53i)兩辭使用後甲第三行外側1個鑽鑿,對貞旨是否戰勝,一辭一卜。(53j)(53k)兩辭使用後甲中間第五個鑽鑿和尾甲最上一行中間1個鑽鑿,對貞㿝疋化是否會戰勝,一辭兩卜,兆序數二、三自上而下縱排。(53l)(53m)兩辭使用右後甲最下一行外側1個鑽鑿和右尾甲最上一行近千里路1個鑽鑿,占卜穡

屮鹿,兩辭一套兩卜。(53n)(53o)兩辭使用左後甲最下一行外側1個鑽鑿和左尾甲最上一行近千里路1個鑽鑿,占卜呼令多馬追逐鹿有擒獲,兩辭一套兩卜。

(54a) 貞：王比望乘伐。五

(54b) 王弜比望乘伐。五

(54c) 王叀洗馘。五

(54d) 弜唯洗馘。五

(54e) 自成告至于父丁。

(54f) 弜自成告。五

(54g) 告于上甲罞成。五

(54h) 弜告。五

(54i) 王叀人正。五

(54j) 弜唯人正。五

(54k) 王叀龍方伐。五　二告

(54l) 弜唯龍方伐。五

《合集》6583(《乙編》3797)［典賓］

這版腹甲反面爲三列密集型鑽鑿布局,占卜時按複環稀疏型鑽鑿布局使用。(54a)(54b)兩辭使用前甲近腋凹部位1個鑽鑿,對貞王要不要配合望乘征伐。(54c)(54d)兩辭使用前甲最下一行外側1個鑽鑿,對貞王要不要配合洗馘。(54e)(54f)兩辭使用中甲下近千里路1個鑽鑿,對貞要不要向成到父丁的諸位先王舉行告祭。(54g)(54h)兩辭使用後甲第三行中間1個鑽鑿,對貞要不要向上甲與成舉行告祭。(54i)(54j)兩辭使用後甲第三行外側1個鑽鑿,對貞王要不要征伐人方。(54k)(54l)兩辭使用後甲最下一行外側1個鑽鑿,對貞要不要征伐龍方。

(55a) 乙巳卜,殼,貞：我其屮令馘叀,用王。一二三四五六七　二告

(55b) 乙巳卜,殼,貞：我弜屮令馘弗其叀,用王。一二三

不 🀄 四五六

《合集》1107(《乙編》6370)〔典賓〕

這版腹甲反面爲近甲橋區無鑽鑿主體兩列密集鑽鑿布局,占卜時按首甲中甲有鑽鑿單環稀疏型鑽鑿布局使用。(55a)(55b)兩辭使用兩側最外一列7或6個鑽鑿,對貞王要不要令戢,一辭七卜,一辭六卜,兆序數一至七或六自上而下縱排。

　　(56a) □寅卜,殼,貞:般亡不若,不奉羌。{王占曰:吉}。
一 二告

　　(56b) 貞:般亡不若,不奉羌。二

　　(56c) 貞:般亡不若,不奉羌。{王占曰:亡囚}。三

　　(56d) 貞:龍亡不若,不奉羌。一

　　(56e) 貞:龍亡不若,不奉羌。二

　　(56f) 貞:龍亡不若,不奉羌。三

　　(56g) 般其奉羌。一

　　(56h) 其奉。二

　　(56i) 龍其奉。一 二告

　　(56j) 其奉。二

《合集》506(《乙編》1148+)〔典賓〕

這版腹甲反面爲複環稀疏型鑽鑿布局,但占卜時按首甲中甲無鑽鑿的單環稀疏型鑽鑿布局來使用。這版腹甲占卜般與龍有無不順利,是否有羌人逃逸。(56a)至(56c)、(56d)至(56f)辭使用前甲近腋凹區1個鑽鑿、前甲最下一行外側1個鑽鑿和後甲近跨凹處1個鑽鑿,用三辭一套三卜的形式進行占卜。(56g)至(56j)使用後甲最下一行外側1個鑽鑿,尾甲最上一行近千里路1個鑽鑿,(56g)與(56h)、(56i)與(56j)用兩辭一套兩卜的形式進行占卜。

　　(57a) 丙寅卜,□,貞:父乙[歲]于祖乙。{王占[曰]:歲唯易日}。一

(57b)［父乙］不［宆于祖］乙。一

(57c) 貞：父乙［宆］于祖乙。｛王占曰：父乙宆于［祖
乙］｝。二

(57d) 父乙不宆于祖乙。二

(57e)［父乙宆于祖乙。三］

(57f) 父乙不宆于祖乙。三　二告

(57g)［父乙］宆于祖乙。四

(57h) 父乙不宆于祖乙。四

(57i) 父乙宆于祖乙。五

(57j) 父乙不宆于祖乙。五

《合集》1657(《乙編》869＋)［典賓］

這版腹甲反面爲複環稀疏型鑽鑿布局，占卜時按首甲中甲無鑽鑿的單環
稀疏型鑽鑿布局使用。整版卜辭使用前甲外側一列 2 個鑽鑿，後甲第二、
四行外側 1 個鑽鑿，尾甲最上一行近千里路 1 個鑽鑿，對貞父乙是否賓於
祖乙，用五辭一套五卜的形式進行占卜。

(58a)［丙］申卜，爭：翌［戊］戌耏于黃奭。一　二告

(58b) 翌戊戌㝬于黃奭。一

(58c) 貞：亘夆寇。一

(58d) 貞：亘弗其夆寇。一

《合集》575(《乙編》2572＋)［典賓］

這版腹甲反面爲首甲中甲有鑽鑿單環稀疏型鑽鑿布局，占卜時按首甲中
甲無鑽鑿單環稀疏型鑽鑿布局變式使用。(58a)(58b)兩辭使用前甲近腋
凹區 1 個鑽鑿，對貞下一個戊戌要不要耏祭黃奭。(58c)(58d)兩辭使用
後甲近跨凹區的 1 個鑽鑿，對貞亘是否執獲寇。

(59a) 乙丑卜，宆，貞：蠱以靳。一

(59b) 貞：蠱不其以靳。一

(59c) 貞：蠱以靳。二

　　(59d) 蠱不其以祈。二 二告

《合集》9002(《乙編》2603＋)［典賓］

這版腹甲反面是首甲中甲有鑽鑿的變式下圓形單環稀疏型鑽鑿布局，占卜時按首甲中甲無鑽鑿單環稀疏型鑽鑿布局變式使用。使用前甲近腋凹區 1 個鑽鑿，後甲近跨凹區 1 個鑽鑿，對貞蠱是否帶來祈，(59a)與(59b)、(59c)與(59d)對貞，(59a)與(59c)、(59b)與(59d)兩辭一套兩卜。

　　典賓類腹甲近腋凹部位的 1 個鑽鑿有獨立使用或首先使用的規律。

　　(60a) 辛未卜，宄，貞：王出不正。一
　　(60b) 貞：王亡不正。一

《合集》5354(《乙編》7773)［典賓］

這版腹甲爲首甲中甲無鑽鑿單環稀疏型鑽鑿布局，占卜時按首甲中甲無鑽鑿單環稀疏型鑽鑿布局變式使用。兩辭使用近腋凹區 1 個鑽鑿，對貞王有無不合適，一辭一卜，兆序數爲一。典賓類腹甲近腋凹部位 1 個鑽鑿，一般有單獨使用或先使用的情況。

　　典賓類龜腹甲占卜祭祀、軍事、納貢、田獵、農業、疾病、生育、夢幻、工事、天氣、憂患、人物事類等內容。主體三列密集鑽鑿布局時，多按行、按列、分區使用鑽鑿進行占卜。按行使用鑽鑿是賓組龜腹甲占卜的一個重要思想。按行占卜有用一行、兩行或多行的鑽鑿進行占卜，使用多行鑽鑿時趨向於分區占卜。近甲橋區無鑽鑿的主體兩列鑽鑿布局的特色占卜形式是一辭多卜，按列使用鑽鑿進行占卜或分區占卜。首甲中甲有鑽鑿的單環稀疏型鑽鑿布局特色占卜形式爲按列使用鑽鑿進行占卜，一辭七卜，一辭六卜。複環稀疏型鑽鑿布局的占卜形式多兩卜。首甲中甲無鑽鑿的單環稀疏型或複環稀疏型鑽鑿布局特色占卜形式基本爲一辭五卜，或一版內的多辭一套多卜，或五版一套占卜。密集型鑽鑿布局可以按照稀疏型鑽鑿布局的來使用。以上占卜形式多體現出了占卜的預設性。也有選用一行鑽鑿的一個或幾個鑽鑿進行占卜的情況。

　　綜上，典賓類類龜腹甲鑽鑿布局有密集型、稀疏型與稀疏密集混合型

三種類型。

典賓類龜腹甲基本有用一辭一卜、一辭多卜、同版的多辭一套、同版的同貞占卜以及異版成套等形式進行占卜。

附表

典賓腹甲鑽鑿布局表

鑽鑿布局類型		號 碼	首甲	中甲	前甲	後甲	尾甲	甲橋
密集型	三列	B1509	4					
		B4602						
		B5381	4					
		B5422	3					
		B5465		3	2+	3+		
		B6166					3+3+	
		18			1+×3			
		93+	3	2	1+4×3+3	5×3+2	3+	
		113	3		3+4×4+3	6×3+3		2+2+2
		119	3	2	3+			
		136	4	3	3+4×4+	6×3+3+3	右 3＋3＋2＋1 左 3＋2＋2＋1	
		201			2+4×3+4+4	5×3+3×3	3+3+2+1	1+2+2
		226				5×3+3×3	3+2+2+1	1+2+2

鑽鑿布局類型		號　碼	首甲	中甲	前甲	後甲	尾甲	甲橋
密集型	三列	232+			3+4×4	6×3+2	3+3+ 2+2	+2+2
		248	3	3	1+4× 3+2	5×3+2	2×3+1	+2+2
		271+		4	3+3× 3+	6×3+	3+3+ 2+2	
		272	4	4	3+4× 3+4+3	6×3+3		2+2+2
		371	4	4	2+4× 3+4	6×3+3		1+2+2
		376	7	5	右：3+ 5×4+4 左：3+ 4+5× 3+4	4×4+ 3×3+4	3+3+ 2+2	2+2+2
		408	1	2	1+3×			
		419	4	3	3+4× 4+4	3×4+ 3×3+3		2+2+2
		454	4	2	1+4× 3+4	×3+3		1+2+2
		492			1+3×			
		505				×3		3+2+ 2+1
		517	3	3	3+4×			3+2+ 2+1
		634						3+2+ 2+1
		635	4	4	3+4× 4+4	4×3+ 3×3+3		2+2+2
		641	4	4	1+3+ 4×4+4	+3+3		1+2+2

鑽鑿布局類型		號　碼	首甲	中甲	前甲	後甲	尾甲	甲橋
密集型	三列	643	4	4	3＋4×4＋4	6×3＋3＋3	3＋3＋2＋2	2＋2＋2
		655	4	4	1＋4×3＋4	6×3＋3		＋2
		667	4	3	1＋4×3＋2	×3＋1		1＋2＋2
		675						3＋2＋1
		709	4	4	1＋2＋4×4＋4	5×3＋3×3	3＋3＋2＋1	2＋2＋2
		717	3	2	2＋3×3＋2	3×3＋3×2＋3		
		734				5×3＋3×3	3＋3＋2＋1	＋2
		738	3	2	1＋4×3＋3	5×3＋3	3＋2＋2	
		795	4	4	3＋4×4＋4	6×4＋3	3＋3＋2＋2	2＋2＋2
		808	4	3	3＋4×4＋4	6×3＋2	3＋2＋2＋2	
		809	4	3	3＋4×4＋4	5×3＋3×3		1＋2＋2
		810	3	3	2＋3×3＋3	4×3＋1	2＋2＋1	1＋1
		811	6	4	1＋2＋3＋4×3＋4	右：4×4＋3×3＋3 左：4×3＋3＋3×3	3＋3＋2＋2＋1	1＋2＋2

鑽鑿布局類型		號碼	首甲	中甲	前甲	後甲	尾甲	甲橋
密集型	三列	816	3	4	3＋4× 4＋4			
		891	3	2	3＋3× 3＋3	4×3＋1	3＋2＋1	
		892	3	3	1＋4× 3＋4	6×3＋3	3＋2＋ 2＋1	
		902	3	2	1＋4＋ 4＋3＋2	5＋5＋ 4＋2		
		903	3	4	2＋4× 3＋4	6×3＋3	3＋3＋ 2＋1	2＋2＋2
		906	4	2	2＋4× 3＋4	5×3＋3	3＋2＋2	
		940	3	4	3＋4× 4＋4	6×3＋3	3＋3＋	2＋2＋2
		941		3	2＋			
		947	2	2	1＋2× 3＋2＋2	2×3＋ 3×2＋1	2＋2	
		973	4	2	1＋4× 3＋3	5×3＋3	3＋2	＋2＋2
		974	6	5	2＋3＋ 4×4＋4	7×4＋3	3＋3＋ 2＋2	2＋2＋2
		991		4	3＋4× 4＋4			
		1002	4					
		1006		3	3×3＋3			
		1010			×3			

鑽鑿布局類型		號 碼	首甲	中甲	前甲	後甲	尾甲	甲橋
密 集 型	三列	1051	2	4	2＋4× 3＋3	6×3＋2	3＋2＋ 2＋1	
		1076	4	4	3＋4× 4＋3	6×3＋3	3＋3＋	2＋2＋2
		1115				×3＋	3＋3＋ 2＋2＋1	
		1248	4	3	1＋3× 3＋2	5×3＋2	3＋3＋ 2＋2	
		1285			2＋4× 4＋4	6×3＋ 3＋3	3＋3＋ 2＋2	1＋2＋2
		1331		3	3＋			
		1364	3	2	2＋3× 3＋3			2＋
		1385		2	3＋4× 4＋4	× 3 ＋ 3＋3		1＋2＋2
		1391				×3	3＋2＋ 2＋1	
		1430					3＋3＋ 2＋2	
		1647			3＋2× 3＋2			
		1655			＋ 4 × 4＋4	6×3＋3	3＋2＋2	1＋2＋2
		1656	4	4	3＋4× 3＋3＋4	6×3＋3	3＋2＋ 2＋1	1＋2＋2
		1677	2	2	1＋3× 3＋3	5×3＋2	3＋2＋1	
		1717	3	2	1＋3× 3＋3	5×3＋2	3＋	
		1729	4	3	2＋3× 3＋3	6×3＋3		

鑽鑿布局類型		號　碼	首甲	中甲	前甲	後甲	尾甲	甲橋
密集型	三列	1763			+4×3+4	×3+3		1+2+2
		1773	4	4	3+4×3+4	×3		
		1795				×3	3+3+2+2	
		1855	3	3	2+4×4+4	4×3+3×3	3+2+2+1	
		1878			×3	5×3+2	3+2+2	
		1899				6×3+3	3+2+2+1	
		2002	4	3	3+4×4	6×3+3	3+2+2+1	1+2+2
		2123			+3			1+2+2
		2153				×3	3+2+2+1	
		2223		2	1+4×3+4	4+5+5+2	3+2+2+1	1+2+2
		2229					3+3+2+1	
		2231	3	2	1+4×3+4			
		2236		3	2+3+	×4+3		
		2251	4	3	2+4×3+4			
		2256			+4	×3	2+2+2	
		2261				6×3+3	3+2+2+1	
		2268	4	3	2+4×3+4			

續　表

鑽鑿布局類型		號碼	首甲	中甲	前甲	後甲	尾甲	甲橋
密集型	三列	2356			＋4			2＋2＋2
		2373	5	4	2＋3＋4×4＋	7×3＋		
		2389	3	2	1＋3×3＋2			
		2502	7	4	2＋4×4	6×3＋3	3＋3＋2＋2	1＋2＋2
		2521				3×3＋2＋1	3＋2＋2＋1	
		2618	4	3	2＋3＋4×4＋4	5×3＋3×3		
		2629				6×3＋3		
		2832	2	2	1＋3×3＋3	5×3＋2	3＋	
		2891			1＋3×3＋3	5×3＋2		1＋2＋2
		2936				6×3＋3	3＋2＋2	
		3175				6×3＋3	3＋3＋	
		3196	4	2	1＋4＋4＋3＋2			
		3216	2	2	1＋4×3＋4			
		3243		2	1＋4×3＋4	4＋5＋5＋2	3＋2＋2＋1	
		3406	3	3	1＋2＋2×3＋2	×3＋		
		3521			＋4×3＋4	3×4＋3×3		2＋2＋2

鑽鑿布局類型		號　碼	首甲	中甲	前甲	後甲	尾甲	甲橋
密集型	三列	3845	3	2	1＋2＋2×3＋2	4×3＋		
		3898	4	4	2＋4×3＋4	×3		
		3992	2	4	3＋4×4＋3	6×3＋3	3＋2	
		4181	3	2	1＋2＋3×3＋3	5×3＋2	3＋2＋2	＋2＋2
		4498	4	2	2＋4×3＋4			1＋2＋2
		4551			2＋4×3＋4			1＋2
		4557			1＋4×3＋2	×3		
		5158			＋4×3＋3	×3＋3		2＋2＋2
		5305						3＋2＋2
		5380				5×3＋		
		5432	2	1	1＋2＋2×3			
		5434			3＋3×3＋3			
		5435	3	3	1＋2＋			
		5449	3	2	2＋4×3＋3	＋3		
		5472	4	2	2＋4×3＋3			
		5473	4	2	1＋2＋×3			

鑽鑿布局類型		號碼	首甲	中甲	前甲	後甲	尾甲	甲橋
密集型	三列	5474			1+×3+			
		5477			6×3+3	3+2+2+1		
		5775	4	3	1+4×3+3	5×3+2	3+2+2	
		6457			1+2+4×3+4	6×3+3	3+2+2	+2
		6461	4	3	2+4×3+3	5×3+2	3+2+2	
		6473	4	3	2+4×4+4	5×3+3×3	3+3+2+2	
		6475	4	3	1+2+3×3+3	4×3+2	3+2+2	1+2+1
		6477	5	4	1+2+5×3+	右：7×3+ 左：6×3+	3+3+2+2	
		6478	4	2	2+4×3+4	7×3+3		2+2+2
		6530	4	3	2+4×3+4	6×3+3	3+2+2	1+2+2
		6550	2	2	1+×3			
		6583	4	2	2+4×3+4	5×3+3	3+3+2+2	
		6648	4	3	2+4×3+4	6×3+3	3+2+2	2+2+1
		6649	4	2	1+3×3+	5×3+2	3+	+2

鑽鑿布局類型		號　碼	首甲	中甲	前甲	後甲	尾甲	甲橋
密集型	三列	6656	4	3	2＋4×3＋4	6×3＋3	3＋	1＋2＋2
		6657	4	3	2＋4×3＋3			1＋
		6828	4	2	2＋4×3＋4	＋3		＋2＋2
		6830	2	2	2＋3×3＋3	×3		
		6834	2	4	2＋3×3＋3	右：5×3＋1 左：5×3＋3	2＋2	1＋2＋2
		7075		4	1＋4×3＋3	6×3＋3	3＋2＋2＋1	
		7352	2	2	1＋3×3＋3	5×3＋2	2＋2＋2	0
		7407	3		1＋4×3＋4	6×3＋3		2＋2＋2
		7426	4	3	3＋4×3＋4	6×3＋3	3＋2＋2	
		7440	4	2	1＋4×3＋4	6×3＋3		右：1＋2＋2 左：2＋2＋2
		7571	4	3	2＋3×3			
		7772	4	2	1＋4×3＋	5×3＋2	3＋2＋2＋1	
		7852		2	2＋4×3＋4	6×3＋3	3＋2＋2	
		7906				×4	3＋2＋2	

鑽鑿布局類型		號 碼	首甲	中甲	前甲	後甲	尾甲	甲橋
密集型	三列	7929			3+4×3+4	3×5+3×3	3+2+2	2+2+2
		8015					3+2+2+2	
		8129			×3	6×3+	3+3+2+2	
		8472 下				×3	3+2+2+2	
		8594				5×3+3×3		+2
		8656	7	4	1+2+			
		8720				右：5×3+2 左：4×3+1	3+2+2	
		8808				×3	3+2+2+1	
		9054			1+×3			
		9178			+4×3+	5×3+2		
		9322			+4×3+4	6×3+3	3+3+2+1	2+2+1
		9504	4	2	1+4×3+2	6+6+5+2	3+2+2+1	+2+2
		9608			+4×3+4	6×3+3		
		9668	3	2	1+3×3+3	右：4×3+1 左：4+3+4+1	右：3+2+1 左：2+2+1	
		9712			+4×+2	+3		1+2+2

續　表

鑽鑿布局類型		號　碼	首甲	中甲	前甲	後甲	尾甲	甲橋
密集型	三列	9741	4	4	1＋2＋4×4＋4	6×3＋3＋3	3＋3＋2＋1	＋2＋2
		9750				6×3＋3		
		9811			＋3×3＋3	5×3＋3	3＋2＋2	＋2＋2
		9934	4	4	＋4×4＋4	6×3＋3	3＋2＋2	1＋2＋2
		10198	4	4	3＋4×4＋4	5×3＋3×3	3＋3＋2＋1	＋2
		10945	4	2	3＋			
		10976	3	4	3＋4×3＋3	6×3＋3		
		11018	4	4	2＋4×4＋4	右：6×3＋3 左：5＋6＋6＋3	3＋3＋2＋1	
		11422	2	2	2＋4×3＋	×3		
		11423	3	3	1＋2＋3×3＋3	5×3＋2	3＋2＋1	
		11499				×3	3＋2＋2＋1	
		11553			1＋3×3			
		11697	4					
		12312	4	4	2＋4×4＋3	6×3＋3＋♯		1＋2＋2
		12546				6×3＋		
		12766	3	2	右：2＋2＋2×3＋2 左：2＋3×3＋2			

鑽鑿布局類型		號　碼	首甲	中甲	前甲	後甲	尾甲	甲橋
密集型	三列	12831	3		1＋4×3＋2			
		12939	4	3	1＋2＋×3			
		12963			3＋4×3＋4	6×3＋3		2＋2＋2
		13200	3	2				
		13200下				6×3＋	3＋3＋2＋2	
		13313				6×3＋		3＋2＋2
		13555	4	2	1＋2＋4×3＋4	6×3＋3	3＋2＋2＋1	
		13620					3＋3＋2＋2	
		13623				×3＋	3＋2＋2＋1	
		13649			右：3＋4×4＋3 左：3＋4×4＋2	6×3＋3	3＋2＋2＋1	1＋2＋2
		13656			1＋3×3＋3			
		13663	4	4	3＋4×4＋4	＋3		2＋2＋2
		13677					3＋2＋2＋1	
		13679			＋3×3＋3	4×3＋1	3＋2＋2＋1	
		13751	3	3	1＋	×3＋	3＋2＋2＋2	

鑽鑿布局類型		號碼	首甲	中甲	前甲	後甲	尾甲	甲橋
密集型	三列	13793	4	2	2＋4×3＋3	5×3＋3	3＋2＋2＋1	
		13840			2＋4×＋4	6×3＋3		1＋2＋2
		14001	4	3	2＋4×			
		14002	4	4	1＋2＋4×3＋4			
		14022	3	2	2＋3×3＋3	4×3＋2	2＋2＋1	1＋1＋1
		14033	4	2	1＋2＋4×4＋4			
		14034	4	2	2＋			
		14035					3＋2＋2＋1	＋2＋2
		14128	4	3	2＋3×3＋3	右：4×3＋1 左：3×3＋2＋1	右：3＋2＋2 左：2＋2＋1	1＋1＋1
		14156	3	2	1＋4×3＋4	×3＋3		1＋2
		14173			＋4×3＋4	6×3＋3	3＋3＋2＋1	
		14198	3	2	1＋4×3＋3	×3＋3		
		14199	3	2	1＋2×3＋2＋2			
		14200	4	2	1＋2＋4×3＋4	6×3＋3	3＋2＋2＋1	1＋2＋2
		14206	4	2	2＋4×3＋4	6×3＋3		2＋2＋2

續　表

鑽鑿布局類型		號　碼	首甲	中甲	前甲	後甲	尾甲	甲橋
密集型	三列	14207	4	4	2＋4×3＋4	6×3＋3	3＋3＋2＋1	1＋2＋2
		14329	4	3	1＋2＋4×3＋	6×3＋3	3＋2＋2＋1	
		14520			＋4	＋3		1＋2＋2
		14542			4×3＋4			2＋2＋
		14572					2＋2＋2	
		14576	4	2	2＋3×3＋2	×3＋1		0＋1＋
		14659	6	12	1＋2＋3＋4＋5＋4×4＋4＋3	5×3＋6×2＋4	5＋4＋4＋3＋3	
		14755	2	2	1＋4×3＋3	5×3＋2	3＋2＋2	
		14787	4	2		×3	3＋2＋2＋1	
		14795	4	2	2＋4×3＋4	6×3＋3	3＋	＋2＋2
		14977			1＋2＋×3＋			
		15403			3＋4×4＋4＋	6×3＋3＋3		＋2＋2
		15641	4	2	2＋4×3＋4	6×3	3＋2＋2＋1	
		15849				6＋5＋6	3＋3＋2＋2	
		15862				×3＋		

鑽鑿布局類型		號　碼	首甲	中甲	前甲	後甲	尾甲	甲橋
密集型	三列	15950					3＋3＋2＋2	
		16446			1＋2＋4×3＋4			
		16458				×3		
		16497	3	2	1＋3×3＋2	4×3＋1	3＋2＋2	＋1＋1
		17041				4×3＋3×3		
		17079	4	4	1＋2＋4×4＋4	7×3＋3		2＋2＋2
		17192				6×3＋3		
		17228			2＋4×4＋3	×3＋3		
		17253	右：2 左：3	2	2＋4×3＋4＋3			0＋2＋2
		17257	4	4	1＋2＋4×3＋4	5×3＋2		1＋2＋2
		17397	3	3	1＋4×3＋4	5×3＋3	3＋2＋2	1＋2＋2
		17676				5×3＋3	3＋3＋	
		17683	4	3	2＋4×3＋4	×3＋3		2＋2＋2
		17793				6×3＋		
		17797	3	2	2＋3×3＋2	4×3＋2	3＋2＋1	
		17798	0	3	右：2＋2×3 左：1＋2＋2×3	4×3	2	

鑽鑿布局類型		號　碼	首甲	中甲	前甲	後甲	尾甲	甲橋
密集型	三列	17799	3	2	3＋2×3			
		17816				6×3＋3		
		17817					3＋2＋2＋1	
		17819			1＋2＋4×4＋3	5×3＋3×3		
		17821	4	4	1＋2＋4×4＋4	5×3＋3×3	3＋3＋2＋1	＋2
		17845				右：4×3＋1 左：4＋3＋4＋1		
		17848	右0 左1	0	3×3	2×3＋2	2＋1	
		17946					3＋2＋2	
		18170					3＋2＋2＋1	
		18521				6×3＋3	3＋3＋2＋2	
		18730		3	1＋×3			
		18956					3＋2＋2	
		19208	4	2	2＋4×3＋			
		19297	3		1＋4×3＋4			
		19544	3	2	1＋×3			
		19619			2＋×3＋			

鑽鑿布局類型			號　碼	首甲	中甲	前甲	後甲	尾甲	甲橋
密集型	三列		19638			×3＋	＋3		
			19663	3	2				2＋2＋1
			Y1229			1＋ 2＋×3			
			村中 454				5×3＋		
			乙 5094					2＋2	
			乙補 4196＋	2	2				
			乙補 4916			3×3			
			乙補 6593				×3	3＋3＋ 2＋2	
	兩列三列之間		767	2	2	1＋2＋ 2×3＋2	右：2× 4＋1 左：2× 4＋2	2＋2＋1	
			13696	2	2	1＋2＋ 3×2＋2	右：2× 4＋2 左：4＋ 3＋2	2＋2＋1	
			15628	2	2	1＋2＋ 3×2＋2	2×4＋1	2＋2	
			16463	3	2	1＋2＋ 2×3			
	兩列	近甲橋無	B3261			5			
			99	1	1	1＋2×2	3×2	2＋1	
			116	1	1	2＋1	2＋1	1	

鑽鑿布局類型			號　碼	首甲	中甲	前甲	後甲	尾甲	甲橋
密集型	兩列	近甲橋無	133	1	1	1+2×2	3×2	2+1	
			267	2	1	1+2×2	3×2		
			368	1	1	1+2×2	3×2		
			555	1	1	1+2×2	3×2	2+1	
			656	2	1	1+2×2	3×2	2+1	
			715	2	1	1+2+	3×2	2+1	
			787	1	1	1+2×2	3×2	2+1	
			1005	1	1	1+2×2	3×2	2+1	
			1107	1	1	2+2	3+2	1	
			1171	1	1	1+2×2	3×2	2+1	
			1460	1	1	1+2×2			
			1779	2	1	1+2×2	3×2	2+	
			1822	2	1	1+2×2	3×2	2+1	
			2246			2+1			
			2274	1	1	1+2×2	3×2		
			2415	1	1	1+2×2	3×2	2+1	
			2429	2	1	右：1+2×2 左：1+1+2	右：3+2 左：2+1		
			2530	1	1	1+2×2	3×2	2+1	

續　表

鑽鑿布局類型			號　碼	首甲	中甲	前甲	後甲	尾甲	甲橋
密集型	兩列	近甲橋無	2893				3×2		
			3171	1	1	1+2×2			
			3201	2	1	1+2×2	3×2	2+1	
			3271	1	1	2+2	3×2	2+1	
			3458	1	2	1+2×2	3×2	2+1	
			4174	1	1	1+2×2			
			4349	右0 左1	1	1+2×2	3×2		
			4465				右：3+4 左：3×2	2+1	
			4773	1	1	1+2×2	3×2		
			5075				3×2		
			5480	2	1	1+2×2	3×2	2+1	
			5611	右2 左1	1	1+2×2	3×2	2+1	
			5666			1+2×2			
			5776	1	2	1+2×2	3×2	2+1	
			5884	1	1	1+2×2	3×2	2+1	
			5995	1	1	1+2×2	3×2	2+1	
			6655	1	1	1+2×2	3×2	2+1	
			6827			1+2×2	3×2		
			7023	2	1	1+2×2	3×2	2+1	

鑽鑿布局類型			號　碼	首甲	中甲	前甲	後甲	尾甲	甲橋
密集型	兩列	近甲橋無	7226	1	1	1+2×2	3×2	右：2+1 左：2	
			7942	2	1	1+2×2	3×2	2+1	
			8472上			1+2×2			
			8947	1		1+2×2	3×2	2+1	
			9012	1	1	1+2×2	3×2	2+1	
			9074		1	1+2×2			
			9087	1	1	1+2×2			
			9131			1+2×2	3×2		
			9235	1	1	1+2×2	3×2	2+1	
			9236	1	1	1+2×2	3×2	2+1	
			9310				3×2		
			9717		2	1+2×2	3×2		
			9751				3×2		
			9774	1	1	1+2×2	3×2	2+1	
			9775	1	1	1+2×2	3×2	2+1	
			9791	1	1	1+2×2	3×2	2+1	
			9810	2	1	1+2×2	3×2	2+1	
			9849				3×2		
			11239				3×2		
			12163	1	1	右：1+2+1 左：1+2×2	右：3×2 左：3+2	2+1	

鑽鑿布局類型			號　碼	首甲	中甲	前甲	後甲	尾甲	甲橋
密集型	兩列	近甲橋無	12324	2	2	1+2×2	4×2	2+1	
			12386			1+2×2			
			12396	1	1	1+2×2	3×2	2+1	
			12434	2	1	1+2×2	3×2	2+1	
			12441			1+2×2			
			12862	1	1	1+2×2	3×2	2+1	
			12898	1	1	1+2×2	3×2	2+1	
			13116				3×2	2+1	
			13333	1	1	1+2×2	3×2		
			13750	1		1+2×2	3×2	2+1	
			14032	1		1+2×2	3×2	右：2 左：2+1	
			14228	1	1	1+2×2	3×2	2+1	
			14229	1	1	1+2×2			
			14888	1	1	1+2×2	3×2	2+1	
			14951	1	1	1+2×2	3×2	2+1	
			15655	1	1	1+2×2		2+1	
			15929	1	1	1+2×2			
			16335	1	1	1+2×2	3×2	2+1	
			17084	1		1+2×2	3×2	2+1	
			17159			1+1			
			17221	1	1	1+2×2	3×2	2+1	

續　表

鑽鑿布局類型			號　碼	首甲	中甲	前甲	後甲	尾甲	甲橋
密集型	兩列	近甲橋無	17230	1	1	1+2×2	3×2	2+1	
			17485	1	1	1+2×2	3×2	2+1	
			17729					2+1	
			17820				3×2	2+1	
			18662					2+1	
			18911	1	1	2+2	右：3+2 左：3×2	2+1	
			18928			2+2			
			19179			1+2×2			
			19229					2+1	
			Y459	1	1				
			Y723			1+2×2			
			乙 1896	1	1	1+2×2	3×2	2+1	
			殷文 40.9		1	1+2×2			
		近甲橋有	B1595				3+2×3	2+1	
			B5425				4×2+1		
			235				4×2+1		+1
			270	3	2	1+2+ 2×2+ 2+1	右：3+ 4+2 左：4× 2+1	2+2	
			438	1	1	右：1+ 1+2+1 左：2+ 2+1	右：3 左：4	2	

鑽鑿布局類型			號　碼	首甲	中甲	前甲	後甲	尾甲	甲橋
密集型	兩列	近甲橋有	456	3	2	2＋2×3＋3	4×2＋1	2＋2＋1	
			488				3×2＋1	2＋1	
			500	2	2	1＋2×2＋2	3×2＋1	2＋1	
			628	1		2＋2＋1			
			643				4×2＋1		
			697	3	3	1＋2＋2×2＋2	4×2＋2	2＋2＋1	
			702	2	2	1＋2×2＋2	右：3×2＋1 左：4＋3＋1	2＋1	
			707	3	2	1＋2＋2×2＋2	×2＋1		
			716	3	2	1＋3×2＋2	4×2＋1	2＋2＋1	
			822	2	1	1＋2×2＋2	3×2＋1	2＋1	
			893	3	3	1＋3×2＋2	4×2＋1	2＋2＋1	
			915	2	2	2＋2×2＋2	3×2＋1	2＋1	
			926	2	1	1＋2×2＋2	×2＋1		
			930	2	2	1＋2×2＋2	3×2＋1	2＋2＋1	
			1280	3	2	1＋2×2＋2	4×2＋1	2＋2＋1	

鑽鑿布局類型			號碼	首甲	中甲	前甲	後甲	尾甲	甲橋
密集型	兩列	近甲橋有	1638	2	1	1＋2×2＋2			
			1646			×2＋	4×2＋	2＋	
			1772	3	2	1＋2＋2×2＋2	右：2＋3＋1 左：3×2＋1	2＋2＋1	
			2200				4×2＋1	2＋2＋1	
			2204				3×2＋1	2＋2＋1	
			2252				4×2＋1		
			2606	2	2	1＋2×2＋2			
			3482	3	2	1＋2×2＋2			
			3534			2＋2＋1			
			4180				4×2＋1	2＋2＋1	
			4300	2	1	1＋3×2＋2	4×2	2＋2＋	
			4465				右：3＋4＋ 左：3×2＋1	2＋1	
			4611	2	1	1＋2＋2×2＋2	4×2＋1	2＋1	
			4735	2	2	1＋2＋2×2＋2	4×2＋1	2＋2＋1	

鑽鑿布局類型			號　碼	首甲	中甲	前甲	後甲	尾甲	甲橋
密集型	兩列	近甲橋有	5638	2	2	1＋2＋2×2＋2	4×2＋1	2＋2＋1	
			5769			＋3×2＋3	4×2＋1	右：1＋2＋1 左：2＋2＋1	1＋1
			6032	2	1	1＋2×2＋2	3×2＋1	2＋1	
			6033	3	2	2＋2×2＋2	4×2＋2	2＋2＋1	
			6037	2	2	1＋2×2＋2	4×2＋1		
			7239	3	3	1＋2＋2×2＋2	4×2＋1	2＋2＋	
			7773	3	2	1＋2＋2×2＋2	4×2＋2	2＋2＋1	
			8888	2	1	1＋2×2＋2			
			8912				4×2＋2	2＋2＋	
			8917			1＋2＋2×2＋2			
			8969	2	1	1＋2×2＋2	3×2＋1	2＋1	
			9177	3	2	1＋2＋2×2＋2	4×2＋2	2＋2＋1	
			9252	2	1	1＋2＋2×2＋2	4×2＋2		
			9503	2	1	1＋2×2＋2	3×2＋1	2＋1	
			9783	2	1	1＋1＋2×2＋2	×2＋1		

續 表

鑽鑿布局類型			號 碼	首甲	中甲	前甲	後甲	尾甲	甲橋
密集型	兩列	近甲橋有	9792	2	1	1＋2×2＋2	3×2＋1	2＋	
			11000	2	2	1＋2×2＋2	3×2＋1		
			11506	2	1	1＋2×2＋2	4×2＋1		
			12051	2	2	1＋2＋2×2＋2	4×2＋2	2＋2＋1	
			13390	2	1	2＋2＋2	3×2＋1	2＋1	
			13506	3	2	1＋2＋2×2＋2	4×2＋1	2＋2	
			13604	2	2	1＋2＋2×2＋2	4×2＋1	2＋2＋1	
			13648	2	1	1＋2×2＋2	3×2＋1	2＋	
			13666				×2＋	2＋2＋2	
			13674	2	2	1＋2×2＋2			
			13688				×2＋	2＋1	
			13757	2	1	2＋2×2＋2	4×2＋1	2＋1	
			13874	2	3	1＋2×2＋2			
			13934	3	2	1＋3×2＋2	4×2＋1		
			14127	2	1	2＋2×2＋2	4×2＋1	2＋2＋1	
			14208	2	1	1＋2＋2×2＋2	3×2＋1	2＋1	

鑽鑿布局類型			號　碼	首甲	中甲	前甲	後甲	尾甲	甲橋
密集型	兩列	近甲橋有	14468	2	2	1＋2＋2×2＋2	3×2＋1	2＋2＋1	
			14536	2	1	1＋			
			14930			2＋3×2＋	4×2＋	2＋2＋	
			16131	1	2	1＋2＋2×2＋2	4×2＋1	2＋1	
			16152				4×2＋1	2＋2	
			16155	2	1	1＋2×2＋2			
			17085	2	2	1＋2＋2×2＋2	4×2＋1	2＋2＋1	
			17301	2	1	1＋2×2＋2	3×2	2＋1	
			17408	2	1	1＋2×2＋2			
			17794			2×3＋2	2×3＋		
			17843				4×2＋		
			17865			1＋2＋2×2＋2			
			Y485			1＋2＋2×2＋2			
			乙補3476	2	1	1＋			
稀疏型	單環	首中無	B906			2			
			B3809			2			
			14	0	0	2	2	1	
			274	0	0	2	2		

鑽鑿布局類型			號　碼	首甲	中甲	前甲	後甲	尾甲	甲橋
稀疏型	單環	首中無	275	0		2			
			466	0	0	2	2	1	
			671	0	0	2	2	1	
			854	0	0	2	2		
			882	0	0	2	2	1	
			901	0	0	0	1	右0左1	
			952	0	0	2	2	1	
			1532	0	0	2	2	1	
			1780	0	0	1+2	1+2	1	
			3238	0	0	2	2	1	
			3870	0	0	2			
			3945	0	0	2	1	0	
			3946	0	0	2	1	0	
			3947	0	0	2	1	0	
			4179	0	0	2			
			4259	0	0	2	2	1	
			4509	0	0	2			
			4691	0	0	2			
			4855	0	0	2	2	1	
			5354	0	0	2	2	1	
			5397	0	0	2	2	1	

鑽鑿布局類型			號　碼	首甲	中甲	前甲	後甲	尾甲	甲橋
稀疏型	單環	首中無	5772	1	0	2	2		
			6654	0	0	2	2	1	
			7103	0	0	2	2	1	
			7351	0	0	2	2	1	
			7584	0	0	2			
			7851	0	0	2	2	1	
			9075	0	0	2	2	1	
			9234	0	1	1+2	1+2		
			9271	0	0	2	2	1	
			9520	0	0	2	2	0	
			9522	0	0	1	2	0	
			9523	0	0	1	2	0	
			9524	0	0	1	2	0	
			10833	0	0	2	2		
			10964	0	0	2	2	1	
			10989	0	0	2	2	1	
			12487	0	0	2	2	1	
			12488	0	0	2			
			12628	0	0	2	2	1	
			12972	0	0	2	2	1	

鑽鑿布局類型			號　碼	首甲	中甲	前甲	後甲	尾甲	甲橋
稀疏型	單環	首中無	14311	0	0	2	2	1	
			14437	0	0	2	2	1	
			15119	0	0	2	2		
			17407	0	0	2			
			17920	0	0	2			
			18800	0	0	2	2	1	
			18860	0	0	2	2	1	
			19466	0	0	2			
			40068		1				
		首中有	0字型	B4298	1	1	2			
				575	1	1	2	2	1	
				838	1	1	2	2	1	
				965	1	1	2	2		
				1086	1	1	2	2	1	
				1114	1	1	2	2	1	
				1868	右0 左1	1	2	2	1	
				2355	1	1	2	2	1	
				2388	1	1	2	2		

鑽鑿布局類型				號　碼	首甲	中甲	前甲	後甲	尾甲	甲橋
稀疏型	單環	首中有	0字型	2422	1	1	2	2		
				2598	1	0	2	2		
				3333	1	1	2	2	1	
				3611	1	1	2	2		
				3771	1	1	2			
				3819	1	1	2	2		
				4264	1	1	2	2	1	
				5117	1	0	2	2		
				5298	1	1	2	2	1	
				5445	1		2	2	1	
				7267	1	1	2	2	1	
				8796	1	1	2	2	1	
				8985	1	1	2	2	1	
				8987	1	1	2	2	1	
				9013	1	1	2	2	1	
				9658	1	1	2	2	1	
				9742	1	1	2	2	1	
				10935	1	1	2	2	1	
				11177	1	1	2	2	1	
				12438	1	1	2	2	1	

鑽鑿布局類型			號　碼	首甲	中甲	前甲	後甲	尾甲	甲橋
稀疏型	單中環有	首	13338	1	1	2	2	1	
			13658	1	1	2	2	1	
			13716	1	1	2	2	1	
			14138	1	1	2	2	1	
			14149	2	1	2	2		
			14183	1	1	2			
		0字型	14564	1	1	2			
			14621	1	1	2	2	1	
			14639	1	1	2	2		
			14929	1	1	2	2	1	
			15563	1	1	2	2	1	
			16403	1		2			
			17185	1	1	2	2		
			17411	1	1	2	2	1	
			W43	1	1	2	2	1	
			W452	1	1	2			
		8字型	812	1	1	2	1+2	1	
			1370	1	1	2	1+2		
			1748	1	1	1+2	1+2	1	
			3163	1	1	2	1+2	1	

續　表

鑽鑿布局類型				號　碼	首甲	中甲	前甲	後甲	尾甲	甲橋
稀疏型	單環	首中有	8字型	4464	1	1	2	1+2	1	
				4769	1	1	2	1+2	1	
				5046			2	1+2		
				6334				1+2		
				8508				1+2		
				9002	1	1	2	1+2	1	
				9145				1+2		
				9273				1+2		
				9464				1+2	1	
				9672				1+2		
				12948				1+2	1	
				13712				1+2		
				18899	1	1	2	1+2	1	
				W53	1	1	右：1+2 左：2	1+2	1	
				Y756				1+2		
		首中不明		B3242				2		
				B3404			2	2		
				D978				2		
				273			2	2		
				276			2	2		

鑽鑿布局類型			號　碼	首甲	中甲	前甲	後甲	尾甲	甲橋
稀疏型	單環	首中不明	469				2	1	
			860				2	1	
			963			2			
			1104				2	1	
			1518				2		
			1584			1			
			1636		1	2	2		
			1915				1		
			2106			2	2	1	
			2357		2	1			
			2682			1			
			3120			2			
			3187	0	0	1	2		
			3273				2		
			3559			2			
			3896			2			
			4024			2			
			4634			1			
			5174				2		
			5193			2			
			5438			1			
			5770			1	1		
			5771			2	2		

鑽鑿布局類型			號　碼	首甲	中甲	前甲	後甲	尾甲	甲橋
稀疏型	單環	首中不明	6770				2		
			7060				2		
			7387				2	1	
			7605			2			
			7732			2			
			7829				2		
			8417				2		
			8483				2		
			8837			2			
			8924			2	2		
			9049			2			
			9233			2	2	1	
			9440				2		
			9521				2		
			9613			2	2	1	
			11180			2			
			12842				2	1	
			13282			2	2	1	
			13676				2		
			14076			2			
			14130			1	1		
			14147				2	1	
			14638			2	2	1	

鑽鑿布局類型			號　碼	首甲	中甲	前甲	後甲	尾甲	甲橋
稀疏型	單環	首中不明	14656			2			
			15009				2		
			15153			2			
			16244			2			
			16369				2		
			17023				2		
			17359				2		
			18797			2			
			18991			2			
			19151			1			
			19288				2		
			19377			2	2		
			19545			2			
			W98				2	1	
			W420			2			
			Y46				2		
			Y148			1	2		
			Y457			1			
			Y484			2			
			Y597			2			
			Y729				2		
			Y768				2		

鑽鑿布局類型			號碼	首甲	中甲	前甲	後甲	尾甲	甲橋
稀疏型	單環	首中不明	Y783			2			
			Y1082			2			
			Y1218			2			
			俄 12			2			
			旅 192			2			
			旅 770				2		
			旅 1195			1			
			上博 17645.219			2			
			乙 2430			2	2		
	複環	首中無環	B5553			1+2+2			
			D1065			1+2+			
			32	0	0	1+1+1	1+2	1	
			418			1+2	2+4×2	2	
			506	0	0	1+2+2	2+2+3	2	
			698	0	0	1+2	2+2+3	1	
			721	0	2	1+3+1+2	1+1+2+3	1	
			924	0	2	1+2+2+3	2+3+4	1	
			943			+2+2	2+2+2	2	
			944	0	0	2+2+2	2+1+2	2	
			1351	2	1	1+2+2	2++3		+2
			1657	0	2	1+2+2	1+2+3	2	
			1854	0	0	1+2	2+2+3	2	

鑽鑿布局類型			號　碼	首甲	中甲	前甲	後甲	尾甲	甲橋
稀疏型	複環	首中無	5385				2+2+2		
			5439	0	0	1+2+2+1	2+2+3+3	2	
			6016	0	0	1+2+2	2+2+3+3		
			6476	0	0	1+3+2	1+1+2+3	1	
			6480	0	0	1+2	1+2+2		
			6482	0	0	2+2+2	2+3		
			6483	0	0	1+3+2	2+3×2		
			6484	0	0	1+3+2	2+3×2	2	0
			6485	0	0	1+3+2	2+3×2		
			6486	0	0	1+3+2	2+3×2		
			6647	0	0	1+2	2+3×2	2	
			6653	0	0	1+1+2	2+3	2	
			8938	0	0	1+1	2+2+3	1	
			9472	0	0	1+1+1	1+1+2	1	
			11006	0	0	1+2+2	2+2+3	3	
			11007				2+2+3	1	
			11484	0	2	1+2+2	2+2+3	2	
			11497	0	0	1+1+1			
			11498	0	0	1+1+2			
			12648	0	0	1+2	2+2+3	2	
			13490	0	0	1+1+2	1+2+3	1	
			13505	0	0	1+2	2+3×2	2	

續　表

鑽鑿布局類型			號　碼	首甲	中甲	前甲	後甲	尾甲	甲橋
稀疏型	複環	首中無環	14003	0	0	1+2+2	2+		
			14146				+2	1	
			14399			+2	+2		
			14735	0	0	1+2+2+2	2+2+		
			15530				+2+3	2	
			17386			1+			
			17409	0	0	1+1	1+2+3	1	
			17702				1+2		
			Y1210			1+2+2			
稀疏密集混合型			900	0	0	2+4×3+4	右 6×3+2	2	1+2+2
			916	3	2	1+2	2+1+2	1	
			939	4	2	0	6×3+		
			975	4	4	2	2	1	
			3979	0	0	2	1+3×3	3+2+2+1	
			9525	2	2	2	2	1	
			9607	2	1	2			
			9671	1	1	1+2×2	右:1+2 左:1+3	2+1	
			12577	2	2	2+3×3+3	0	0	

典賓腹甲鑽鑿布局材料表

類　型		片　　號
密集型	三列	B1509（乙補 310）、B4602（乙補 477）、B5381（乙 7949）、B5422（乙 1997）、B5465（乙 7632）、B6166（乙 647）、18、93（丙 399）、113（乙

類　型	片　號
密集型	三列

3175)、119(乙 2111＋)、136(乙 4294)、201(丙 416)、226(丙 228)、232(乙 6411)、248(丙 42)、271(乙 1034＋)、272(丙 52)、371(乙 4517)、376(丙 97)、408、419(丙 329)、454(丙 258)、492、505(乙 674)、517(乙 5613)、634(乙 3109)、635(乙 4539)、641(丙 244)、643(乙 2094)、655(丙 401)、667(丙 156)、675(乙 6615＋)、709(丙 335)、717(丙 468)、734(丙 439)、738(乙 3430)、795(丙 514)、808(乙 4210＋)、809(丙 524)、810(乙 3442)、811(丙 312)、816(丙 294)、891(丙 511)、892、902(丙 236)、903(丙 198)、906(乙 3026)、940(丙 414)、941(乙 3684 反)、947(丙 499)、973(丙 520)、974(丙 350)、991(丙 507)、1002(乙 8015 反)、1006(乙 7405)、1010(乙 4998 反)、1051(乙 5318)、1076(丙 547)、1115(乙 966＋)、1248(丙 393)、1285(乙 3400)、1331(乙 5184)、1364(乙 2540＋)、1385(丙 420)、1391(乙 3115)、1430(乙 1214 反)、1647(乙 5181 反)、1655(丙 545)、1656(丙 630)、1677(乙 5313)、1717(乙 4939 反)、1729(乙 3207 反)、1763(乙 807 反)、1773(丙 624)、1795(乙 843)、1855(乙 2330＋)、1878(丙 453)、1899(丙 592)、2002(乙 3344)、2123(乙 2739＋)、2153(乙 3346)、2223(乙 3200 反)、2229(乙 8249 反)、2231(丙 461 反)、2236(乙 5148)、2251(乙 4599 反)、2256(乙 6775)、2261(乙 8298)、2268(乙 7908)、2356(乙 1269＋)、2373(丙 495)、2389(乙 4958＋)、2502(乙 2383＋)、2521(乙 6525＋)、2618(乙 5517＋)、2629(乙 871)、2832(乙 901)、2891(乙 7372＋)、2936(乙 3785)、3175(乙 4075)、3196(乙 3896)、3216(丙 337)、3243(乙 4003 反)、3406(乙 970)、3521(丙 526)、3845(乙 8055 反)、3898(乙 824)、3992(乙 5353)、4181(乙 7155 反)、4498(乙 535)、4551(乙 4934)、4557(乙 655)、5158、5305(乙 3994 反)、5380(乙 1041＋)、5432(乙 593)、5434(乙 7460)、5435(乙 2387 反)、5449(乙 8236)、5472(乙 1080)、5473(乙 3823)、5474(乙 4430＋)、5477(丙 451)、5775(丙 84)、6457(丙 604)、6461(丙 277)、6473(乙 3788)、6475(丙 27)、6477(丙 160)、6478(丙 314)、6530(丙 320)、6550(乙 2809＋)、6583(乙 3797 反)、6648(丙 135)、6649(丙 274)、6656(乙 7204 反)、6657(丙 445)、6828(乙 1055)、6830(丙 558 反)、6834(丙 2)、7075(丙 606)、7352(丙 4)、7407(乙 1400＋)、7426(丙 144)、7440(丙 410)、7571(丙 482)、7772(丙 166)、7852(丙 327)、7906(乙 8274 反)、7929(乙 3524)、8015(乙 498 反)、8129(乙 8047 反)、8472 下(乙 1196＋)、8594(乙 3805)、8656(乙 949)、8720(丙 602)、8808(乙 3173)、9054、9178(乙 1090＋)、9322(乙 847)、醉 197(丙 126)、9608(丙 391)、9668(丙 170)、9712(乙 8115)、9741(丙 332)、9750(乙 5584＋)、9811(丙 299＋)、9934(乙 4056)、10198(丙 285)、10945(乙 5956 反)、10976(乙 5330)、11018(丙 202)、11422(乙 822)、11423(丙 62)、11499(丙 563)、11553(乙 8216 反)、

類　型		片　　號
密集型	三列	11697（乙 6148＋）、12312（乙 3120＋）、12546、12766（乙 4829 反）、12831（乙 2690＋）、12939（乙 3415）、12963（乙 6741）、13200（乙 5246）、13200 下、13313（乙 3736）、13555（乙 4700）、13620（乙 2811）、13623（乙 3019）、13649（乙 4600 反）、13656（乙 4010＋）、13663（乙 3662＋）、13677（乙 5588）、13679（乙 7489）、13751（乙 5398）、13793（丙 346）、13840（乙 2673）、14001（乙 4730）、14002（丙 248）、14022（丙 348）、14033（乙 3499＋）、14034（乙 3070）、14035（乙 4624＋）、14128（丙 516）、14156（丙 537 反）、14173（丙 497）、14198（丙 238）、14199（丙 213）、14200（丙 322）、14206（丙 148）、14207（丙 200）、14329（乙 7062）、14520（乙 8078）、14542（乙 7285）、14572（乙 3223）、14576（乙 2774＋）、14659（丙 184 反）、14755（丙 443）、14787（丙 476）、14795（乙 3444）、14977（乙 2550）、15403（乙 4399）、15641（乙 6916）、15849（乙 3111）、15862（乙 5003）、15950（乙 7693 反）、16446（乙 6306 反）、16458（乙 2618＋）、16497（乙 3470 反）、17041（乙 720 反）、17079（丙 297）、17192（乙 5590）、17228（乙 8197 反）、17253（乙 5564）、17257（乙 6946）、17397（丙 518）、17676（乙 3178）、17683（乙 4416）、17793（乙 950）、17797（乙 3302）、17798（乙 7081 反）、17799（乙 4985 反）、17816（乙 6106）、17817（乙 559 反）、17819（乙 3280）、17821（乙 507 反）、17845（乙 6780）、17848（乙 4067 反）、17946、18170（乙 5796）、18521（乙 4201 反）、18730（乙 3623）、18956（乙 1282 反）、19208（乙 6562 反）、19297（乙 2529 反）、19544（乙 3159 反）、19619、19638（乙 564 反）、19663（乙 2726＋）、Y1229、村中 454、乙 5094、乙補 4196、乙補 4916、乙補 6593、2202（乙 1418＋）
	二三列之間	767、13696（乙 3865）、15628（乙 5738）、16463（乙 2465＋）
兩列	近橋無	B3261（乙 6185）、99（乙 6343 反）、116（乙 1053）、133（丙 561）、267（丙 179）、368（丙 352 反）、555（乙 750）、656（乙 7041）、715（乙 7862）、787（乙 7750 反）、1005（乙 7664 反）、1107（乙 6370 反）、1171（乙 3326）、1460（乙 2727 反）、1779（丙 226）、1822（丙 44）、2246、2274（丙 357）、2415（乙 5407）、2429（乙 2753＋）、2530（丙 268）、2893、3171（乙 1972＋）、3201（丙 616）、3458（丙 105）、4174（乙 8269＋）、4465（乙 8365）、4773（乙 7368）、5075（乙 4542 反）、5480（乙 4954＋）、5611（乙 868）、5666、5776（乙 4474＋）、5884（丙 567）、5995（乙 3300）、6655（乙 7151）、6827（乙 5254）、7023（乙 6736）、7226（乙 6384 反）、7942（丙 559 反）、8472 上（乙 1196＋）、8947（丙 472）、9012（乙 6686）、9074（乙 4489＋）、9087（乙 4732）、9131（乙 5099＋）、9235（乙 7050）、9236（丙 579）、9310（乙 3679 反）、9717（乙 520）、9751（乙 295＋）、9774（丙 168）、9775（乙 6423）、9791（丙 374）、9810（乙

類　型		片　　號
密集型	兩列 近橋無	2957＋)、9849(乙 645 反)、11239(乙 5566)、12163(乙 7153 ＋)、12324(丙 152)、12386、12396(乙 7770)、12434(乙 5402)、12441(乙 512＋)、12862(乙 5280 反)、12898(乙 2286)、13116(甲 3127 ＋)、13333(丙 539)、13750(丙 176)、14032(乙 6910＋)、14228(乙 4833)、14229(乙 8208)、14888(乙 4983 反)、14951(乙 7123)、15655(乙 4676 反)、15929(乙 6399 反)、16335(丙 582)、17084(乙 4697＋)、17159(甲 944)、17221(乙 643 反)、17230(丙 404)、17485(乙 4688 反)、17729、17820(乙 3106 反)、18662(乙 588 反)、18911(丙 378)、18928、19179(乙 681＋)、19229(乙 8200 反)、Y459、Y723、乙 1896、殷文 40.9、綴彙 467(乙 4426)、醉 55(丙 363)
	近橋有	B1595(乙補 6196)、B5425(乙 5885)、235(丙 449)、270(丙 46)、438(丙 361)、456(丙 503)、488(丙 594)、500(乙 3382)、628(甲 3478＋)、643(乙 0524)、697(丙 188)、702(丙 549)、707(乙 697)、716(乙 3388)、822(乙 7798)、893(丙 618)、915(丙 458)、926(乙 5270)、930(乙 4687 反)、1280(乙 3336)、1638(乙 1404 反)、1646(乙 1385)、1772(丙 395)、2200(乙 7487 反)、2204(乙 956 反)、2252(丙 462 反)、2606(乙 5087)、3482(乙 6395)、3534(乙 927)、4180(乙 6381)、4300(乙 6301)、4465(乙 8365)、4611(乙 6820)、4735(乙 3427)、5638(乙 4696)、5769(乙 7662)、6032(乙 3402＋)、6033(丙 111)、6037(乙 6420)、7239(乙 4066)、7773(丙 351 反)、8888(乙 864＋)、8912(乙 3810)、8917(乙 6180)、8969(乙 6716)、9177(丙 158)、9252(乙 4514)、9503(乙 3291)、9783(丙 283)、9792(乙 6753 反)、11000(丙 316 反)、11506(乙 6386)、12051(丙 64)、13390(乙 6724)、13506(丙 146)、13604(丙 428)、13648(乙 4512)、13666(丙 474)、13674(丙 295)、13688、13757(乙 7817 反)、13874(乙 777 ＋)、13934(乙 5256＋)、14127(乙 3283)、14208(丙 109)、14468(丙 536)、14536(甲 3666＋)、14930(乙 4300 反)、16131(丙 154)、16152(丙 301)、16155(乙 723 反)、17085(乙 3406＋)、17301(乙 3380)、17408(乙 6372)、17794(乙 7531)、17843(乙 5461)、17865(甲 3475 反)、Y485、契合 238(乙 4480)、乙補 3476、醉 66(乙 3336)
稀疏型	單環 首中無	B906(D125)、B3809(乙補 584)、14(丙 493)、274(丙 571)、275(丙 573)、466(丙 7 反)、671(丙 367)、854(乙 5448 反)、882(乙 2179 反)、901(乙 3411 反)、952(乙 754)、1532(丙 543)、1780(乙 3217)、3238(乙 3395)、3870(甲 3039)、3945、3946(丙 29)、3947(丙 31)、4179(丙 136 反)、4259(丙 131)、4509(乙 2872 反)、4691(乙 5341＋)、4855(丙 174 反)、5354(乙 7773 反)、5397(乙 6900 反)、5772、6654(丙 70)、7103(丙 95)、7351(乙 3445 反)、7584(乙 3203)、7851(丙 192)、

類　型			片　　號
稀疏型	單環	首中無	9075(乙 2903 反)、9234(丙 376)、9271(丙 580 反)、9520(丙 34 反)、9522(丙 36 反)、9523（丙 37 反）、9524（丙 385 反）、10833（乙 4589＋）、10964(乙 7289)、10989(乙 7747)、12487(丙 369)、12488(乙 2763＋)、12628、12972(乙 3474)、13675(乙 4541)、14311(乙 6708 反)、14437(乙 4641 反)、15119(甲 3028 反)、17407(丙 480)、17920（乙 4667 反)、18800(乙 3389 反)、18860(丙 194)、19466、40068
		首中有　0	B4298、575(丙 75 反)、838(乙 6967)、965(乙 6547)、1086(乙 7313)、1114(乙 3408)、1868(乙 3289)、2355(乙 7144 反)、2388(乙 6961＋)、2422(丙 186 反)、2598(乙 4897 反)、3333（丙 189 反）、3611（乙 4971)、3771(乙 6549 反)、3819(乙 6205 反)、4264、5117(乙 4932 反)、5298(丙 359)、5445(丙 584)、7267(丙 588)、8796(乙 7361)、8985(丙 501)、8987(乙 7385 反)、9013(乙 2684)、9658(乙 6882)、9742(乙 3410)、10935(乙 3432)、11177(丙 353 反)、12438(乙 7749)、13338(乙 7127)、13658(乙 7311)、13716、14138(乙 3090 反)、14149（乙 1894＋)、14183(乙 1707 反)、14564(甲 2998 反)、14621(丙 288 反)、14639(乙 2912 反)、14929(丙 196)、15563(乙 7763)、16403(甲 2990＋)、17185(丙 590)、17411(乙 3475 反)、W43、W452
		8	812(乙 7129)、1370(乙 6389 反)、1748(乙 6727 反)、3163(乙 4931)、4464(乙 2245)、4769(乙 6749)、5046(乙 5625)、6334、8508、9002(丙 85 反)、9145、9273(甲 3017)、9464(丙 596)、9672(北圖 531)、12948（丙 534)、13712(甲 2041)、18899(乙 6795)、W53、Y756
		首中不明	B3242、B3404(掇二 196 反)、D978、273(丙 569)、276(丙 575)、469（乙 3107 反)、860(乙 1716＋)、963(乙 976＋)、1104(乙 5502 反)、1518、1584(乙 3145＋)、1636、1915、2106(甲 3149 反)、2357（丙 435)、2682(甲 3486)、3120、3187、3273、3559（乙 6421 反)、3896、4024、4634、5174、5193、5438、5770(乙 2898＋)、5771(乙 2803＋)、6770、7060(乙 657 反)、7387(丙 463 反)、7605(乙 3079＋)、7732、7829、8417、8483、8837、8924、9049、9233(乙 978＋)、9440、9521(丙 35 反)、9613(乙 2914＋)、11180、12842(丙 470)、13282(丙 406)、13676(甲 3146＋)、14076、14130、14147(乙 6407)、14638(乙 3122)、14656、15009、15153(乙 3811 反)、16244、16369(北圖 2447)、17023、17359、18797、18991、19151、19288、19377(乙 5093＋)、19545、W98、W420、Y46、Y148、Y457、Y484、Y597、Y729、Y768、Y783、Y1082、Y1218、俄 12、旅 192、旅 770、旅 1195、上博 17645.219、乙 2430

續　表

類　型		片　　號
稀疏型	複環 首中無	B5553(乙 7038)、D1065、418(丙 123)、698(乙 752)、721(丙 48)、924(丙 183＋)、943(丙 490)、944(丙 232)、1351(乙 7268＋)、1657(丙 339)、1854(乙 3321 反)、5385、5439(丙 270)、6016(丙 142)、6476(丙 24＋)、6480(乙 2948＋)、6482(丙 13)、6483(丙 15)、6484(丙 17)、6485(丙 19)、6486(丙 21)、6647(乙 7768)、8938(乙 2424＋)、9472(丙 387)、11006(丙 101)、11007(丙 565)、11484(丙 58)、11497(丙 208)、11498(丙 210)、12648(乙 6299 反)、13490(丙 275 反)、13505(乙 3213)、13697(乙 8305＋)、14003(丙 246)、14146(乙 2740 反)、14399(乙 7780)、14735(丙 113)、15530(乙 4586 反)、17386、17409(丙 412)、17702、Y1210、綴彙 235(乙 2311＋)醉 31(乙 1990＋)、醉 33(丙 23)
疏密混合型		900(丙 382)、916(丙 556)、939(乙 3188 反)、975(乙 3472)、3979(乙 6669)、9525(丙 82)、9607(甲 3002＋)、9671(乙 4605)、12577(乙 3792)

第四節　賓出類腹甲鑽鑿布局與占卜形式

一、賓出類腹甲鑽鑿布局

賓出類腹甲反面鑽鑿布局主要爲密集型，可能有稀疏型。

（一）密集型

賓出類腹甲密集型鑽鑿布局有主體三列密集布局與主體兩列密集布局。

1. 主體三列密集布局

《合集》339(《甲編》2124＋)腹甲左右兩部分的鑽鑿對稱分布。首甲左右各 1 個鑽鑿。中甲 2 個鑽鑿。

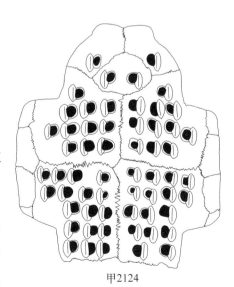

甲2124

前甲反面左右近腋凹區 1 個鑽鑿，主體區三列三行 9 個鑽鑿，近甲橋區 1 個鑽鑿。後甲反面主體區右側中間一列 4 個鑽鑿，其左右兩列，每列 5 個鑽鑿，左側三列五行 15 個鑽鑿，左右近甲橋區一列 2 個鑽鑿。尾甲殘斷。甲橋未施加鑽鑿。爲主體三列鑽鑿布局，灼燒均在長鑿內側。

　　《合集》557（《甲編》2094＋）腹甲左右兩部分的鑽鑿對稱分布。首甲左右各 1 個鑽鑿。中甲 2 個鑽鑿。前甲反面右側近腋凹區 1 個鑽鑿，主體區三列三行 9 個鑽鑿，近甲橋區一列 3 個鑽鑿。後甲反面右側主體區三列五行 15 個鑽鑿，近甲橋區殘斷。尾甲左右各三行鑽鑿，上、中行，每行 2 個，下行 1 個鑽鑿。爲主體三列鑽鑿布局，灼燒均在長鑿內側。

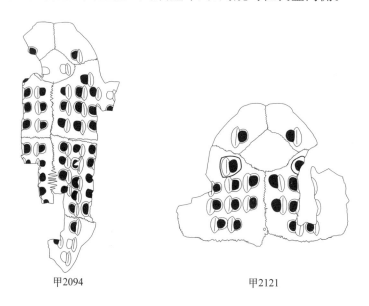

甲2094　　　　　　　　甲2121

　　《合集》9560（《甲編》2121）腹甲左右兩部分的鑽鑿對稱分布。首甲左右各 1 個鑽鑿。中甲未施加鑽鑿。前甲反面左右近腋凹區 1 個鑽鑿且被圈刻出來，主體區三列鑽鑿，近千里路一列 2 個，另外兩列，每列 3 個鑽鑿，其餘部位殘斷。爲主體三列鑽鑿布局，灼燒均在長鑿內側。

　　2. 主體兩列密集布局

　　賓出類腹甲主體兩列鑽鑿布局有近甲橋區無鑽鑿與近甲橋區有鑽鑿兩種類型。

（1）近甲橋區無鑽鑿

《醉古》332（《甲編》2949＋）腹甲左右兩部分的鑽鑿對稱分布。首甲殘斷。中甲1個鑽鑿。前甲左右近腋凹區各1個鑽鑿，主體區各兩列，近千里路一列2個鑽鑿，近原邊一列1個鑽鑿。後甲殘斷。爲主體兩列近甲橋區無鑽鑿布局。灼燒均在長鑿內側。

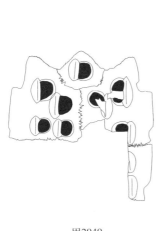

甲2949

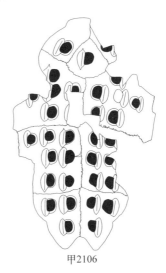

甲2106

（2）近甲橋區有鑽鑿

《拼五》1117（《甲編》2106＋）腹甲左右兩部分的鑽鑿對稱分布。首甲左右各1個鑽鑿。中甲1個鑽鑿。前甲左右近腋凹區各1個鑽鑿，主體區各兩列兩行4個鑽鑿，近甲橋區各1個鑽鑿。後甲左右主體區各兩列三行6個鑽鑿，近甲橋區各1個鑽鑿。尾甲左右各兩行鑽鑿，上行2個，下行1個。爲主體兩列近甲橋區有鑽鑿密集布局。灼燒均在長鑿內側。這是主體兩列近甲橋區有鑽鑿的典型布局。

（二）稀疏型

賓出類腹甲可能有複環稀疏型鑽鑿布局。

《合集》3311未見反面材料，從正面卜辭

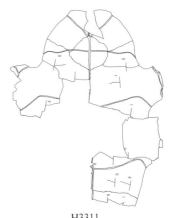

H3311

推斷，腹甲左右兩部分的鑽鑿對稱分布。首甲中甲可能無鑽鑿。前甲反面左右近腋凹區各 1 個鑽鑿，中甲下側可能各一行 2 個鑽鑿，前甲舌下縫上面一行 2 個鑽鑿。後甲下部可能兩列兩行 4 個鑽鑿。尾甲左右可能各一行 2 個鑽鑿。爲複環稀疏型鑽鑿布局。灼燒均在長鑿內側。

　　賓出類龜腹甲鑽鑿布局主要爲密集型，也可能有複環稀疏型。密集型鑽鑿布局有主體三列和主體兩列兩種類型。主體兩列鑽鑿布局有近甲橋區無鑽鑿與近甲橋區有鑽鑿兩種類型。

二、賓出類腹甲上的占卜形式

　　賓出類腹甲主要占卜形式爲三版一套的成套卜辭，一辭一兆。也有同貞卜辭。

　　（一）主體三列密集鑽鑿布局腹甲的占卜形式

　　　　（1a）癸□［卜］，□，貞…于…

　　　　（1b）己丑卜，宕，貞：今早商秭。二

　　　　（1c）貞：今早不秭。二

　　　　（1d）甲午卜，宕，貞：袞于岳三小宰，卯一宰。二

　　　　（1e）貞：袞于岳三小宰，卯三宰。二

　　　　（1f）丁巳卜，宕，貞：令鳥易旬①食，乃令西史。三月。二

　　　　（1g）甲子卜，宕，貞：皐酒在疾，不从王旬②。二

　　　　（1h）貞：其从王旬。二

　　　　（1i）壬午卜，宕，貞：卯（禦）皐于日（丁）。三

---

①　陳漢平認爲从止从旬，釋爲徇，表示行義。陳漢平：《古文字釋叢》，《考古與文物》1985 年第 1 期，第 105 頁；《屠龍絶緒》，第 74 頁。林澐認爲从止旬聲，在文獻中有輪流進行、繞、殉等義。林澐：《釋徇》，《古文字研究》第 24 輯，中華書局，2002 年；《林澐學術文集（二）》，第 186—189 頁。

②　周忠兵：《〈殷墟卜辭正反對貞的語用學考察〉提要》，《傳承中華基因——甲骨文發現一百二十年來經典論文及提要》，第 2852 頁，商務印書館，2021 年。

　　(1j) 貞：于婦釘(禦)㞑。三月。三

　　　　　《合集》9560＋(《甲編》2121＋)①[賓三]

這版腹甲反面爲主體三列密集型鑽鑿布局。(1a)辭殘缺。(1b)(1c)兩辭使用前甲主體區第一行第 2 個鑽鑿,對貞今早商是否收割莊稼。(1d)(1e)兩辭使用前甲最下一行第 1 個鑽鑿,選貞燎祭岳,卯一宰還是三宰。(1f)辭使用右前甲主體區第二行近千里路 1 個鑽鑿,占卜命令𩁂賞賜給荀食物,再命令荀向西出使。(1g)(1h)兩辭使用前甲最下一行外側 1 個鑽鑿,對貞㞑沉湎於酒致病,給王帶來不好的事情。(1i)(1j)兩辭使用前甲主體區第一行近千里路 1 個鑽鑿,選貞爲㞑舉行禦除疾病的祭祀,祭祀丁還是婦。這版腹甲上的卜辭一辭一兆,(1b)至(1h)辭爲成套占卜的第二卜,(1i)(1j)爲成套占卜的第三卜。(1g)(1h)兩辭使用前甲最下一行外側 1 個鑽鑿,卜辭刻寫在兆幹外側且向外豎行,其餘卜辭刻寫在兆幹內側,即主體三列密集布局的腹甲,主體區第一、第二列鑽鑿的卜辭在兆幹內刻寫,從內向外豎行。最外側一列鑽鑿,在兆幹外刻寫。沿自身兆幹起刻,從內向外豎行。

　　(2a) 己酉卜,宕,貞：王心不[延]。一

　　(2b) 貞：其屮延。四月。一

　　(2c) 甲戌卜,宕,貞：翌乙亥屮于祖乙。用。五月。一

　　(2d) 辛未卜…[今]早王奏…之若。

　　(2e) 辛卯卜,宕,貞：以子徠奉(逸),不囚(殞)。六月。一

　　(2f) 辛卯卜,宕,貞：子徠𠦏(肩)同(興)屮疾。六月。

　　(2g) 貞：弗其𠦏(肩)同(興)屮疾。

　　(2h) 癸巳卜,宕,貞：令衆人肆入羘方乃塱田。一

　　(2i) 貞：弓令衆人。六月。一

　　(2j) 甲午卜,宕,貞：取剛于旗。一

---

① 《合集》9560＋甲骨文集 3.0.1817＋甲骨文集 3.0.1823,林勝祥：《殷墟文字甲編綴合二十六例》(一),《第七屆中國訓詁學中國學術研討會論文集》,臺灣政治大學中國文學系,2005 年 5 月 28 日。又收入蔡哲茂主編：《甲骨綴合彙編》,第 900 組,(臺北)花木蘭文化出版社,2011 年。

(2k) 貞：弖取。六月。一

(2l) 甲午卜…翌乙未…奏。四月。

(2m) 丁酉卜，宕，貞：令甫取元伯殳，及。一

(2n) 貞：令㦰保甫。六月。一

(2o) 丁酉卜，宕，貞：叀戉柴令比戢王。一

(2p) 貞：叀戉延令比戢王。六月。一

(2q) 癸卯卜，宕，貞：令郭戢盈在京莫。一

(2r) 貞：弖令盈…莫。六月。一

(2s) 癸亥卜，宕，貞：令冨侯求昷(犯)壴。一

(2t) 貞：弖令冨侯。七月。一

(2u) 乙丑卜，宕，貞：屮匚于保。一

(2v) 丁丑卜，宕，貞：屮于丁，弖酋宰用。七月。

(2w) 戊寅卜，允，貞：王弗疾屮(右)卩(肩)。一

(2x) 貞：其疾。七月。一

(2y) 癸未卜，宕，貞：馬方其昷(犯)，在洗。一

(2z) 貞：不昷(犯)，在洗。五月。一

(2A) 癸未卜，宕，貞：馬方其昷(犯)在洗。一

(2B) 庚寅卜，貞：翌辛卯王鬯爻，不雨。八月。一

(2C) 辛卯卜，貞：今日其雨。八月。一

(2D) 庚申卜，貞：令冨侯昷(犯)壴。一

(2E) 貞：弖令冨侯。七月。一

(2F) 貞：不昷(犯)在沚，五月。

《合集》6(《甲編》3510＋)［賓三］

這版腹甲反面爲主體三列密集型鑽鑿布局，正面是從四月到八月關於祭祀、疾病、農事、納貢、軍事等諸多事務的占卜，一辭一兆，整版兆序數爲一，可能是異版成套占卜腹甲的第一版。(2a)(2b)兩辭使用後甲第三行外側近跨凹處1個鑽鑿，(2c)(2e)兩辭使用前甲最下一行外側1個鑽鑿，

四條卜辭刻寫在兆幹外側且向外豎行，其餘卜辭刻寫在兆幹內側。

　　（3a）乙卯卜，出，貞：五十牛。一月。二

　　（3b）貞……汎……　二

　　　　　　　　《合集》24508＋（《中歷藏》216＋）①［出一］

這版腹甲反面爲主體三列密集型鑽鑿布局，現存左前甲近腋凹區部分，占卜祭祀，一辭一兆，可能是異版成套占卜腹甲的第二版。

　　（4a）癸未卜，爭，貞：子央唯其出疾。三月。一

　　（4b）丙午卜，爭，貞：七白馬一②囚（殰），唯丁取。二月。一

　　　　　　　　《合集》10067（《甲編》3512）［賓三］

　　（5a）癸未卜，爭，貞：子央唯其出疾。二

　　（5b）丙午卜，爭，貞：七白馬［一］囚（殰），唯丁〔取。二月〕。

　　　　　　　　《合集》3020＋11048③［賓三］

這兩版腹甲反面爲主體三列密集型鑽鑿布局，（a）辭占卜子央有疾，（b）辭占卜七白馬皆死，兩辭是異版成套占卜腹甲的第一、二兩版。（b）辭使用前甲最下一行外側 1 個鑽鑿，卜辭刻寫在兆幹外側且向外豎行。

　　（6）癸未卜，爭，貞：令旗以多子族戈周，出（堪）王事。二

　　　　　　　　《合集》6814［賓三］

　　（7）癸未卜，爭，貞：令旗以多子族戈周，出（堪）王事。二

　　　　　　　　《契合》14［賓三］

這兩版腹甲反面爲主體三列密集型鑽鑿布局，占卜命令旗帶領多子族與周作戰，使用近腋凹部位的 1 個鑽鑿，一辭一兆，是異版成套占卜腹甲的

---

① 《合集》24508＋18777，蔣玉斌：《新綴甲骨第 8 組》，先秦史研究室網站，2012 年 5 月 26 日。

② 黃天樹：《甲骨文中的範圍副詞》，《文史》2011 年第 3 輯，第 5—19 頁；《黃天樹甲骨金文論集》，第 301—302 頁。

③ 裘錫圭：《甲骨綴合拾遺》，第十一組，《古文字研究》第 18 輯，第 32 頁，中華書局，1992 年；《古文字論集》，第 236—248 頁；《裘錫圭學術文集·甲骨文卷》，第 285—298 頁。

第一、二兩版。

　　賓出類腹甲主體三列密集型鑽鑿布局,占卜内容有祭祀、軍事、納貢、田獵、農業、疾病等,使用的占卜形式多爲整版兆序數相同的三版一套占卜。也有一版内有不同兆序數的異版成套占卜。卜辭特色刻寫行款方面,主體三列密集布局的腹甲,主體區第一、第二列鑽鑿的卜辭在兆幹内側刻寫,從内向外豎行。最外側一列鑽鑿,在兆幹外刻寫沿兆幹起刻,從内向外豎行。沿原邊起刻的,從外向内豎行。

　　(二)主體兩列密集鑽鑿布局腹甲的占卜形式

　　　　(8a) 貞:女(毋)…　二
　　　　(8b) 貞…父丁…在十一月。二

《合補》7039①[賓出]

這版腹甲反面爲主體兩列密集型鑽鑿布局,占卜祭祀,一辭一兆,兆序數皆爲二,是異版成套占卜腹甲的第二版。

　　　　(9a) 貞:戠。二
　　　　(9b) 貞:今丁卯妝。二
　　　　(9c) 貞:弓呼。五月。二
　　　　(9d) 貞:叀庚。二
　　　　(9e) 貞:弓用,戠。二
　　　　(9f) 貞:弓告。二

《拼續》448[賓出]

這版腹甲反面爲主體兩列密集型鑽鑿布局,占卜祭祀、天氣,一辭一兆,兆序數皆爲二,是異版成套占卜腹甲的第二版。

　　　　(10a) 貞:弓令歸。十二月。二
　　　　(10b) 貞:叀多射令。一月。二

---

① 鵬按:《合補》7039=《合集》23287。

(10c) 乙酉卜，宁，貞：出匚。貞：王六牛翌辛卯酒。十三月。二

(10d) 壬辰卜，貞：马告。一月。二

(10e) …貞：亡…其…東昪…　二

　　　　　　　　　　　　《合集》5732(《甲編》2128)[賓三]

這版腹甲反面爲主體兩列密集型鑽鑿布局，占卜祭祀、軍事等，一辭一兆，兆序數皆爲二，是異版成套占卜腹甲的第二版。(10c)辭使用後甲第二行外側近跨凹處1個鑽鑿，卜辭刻寫在兆幹外側且向外豎行。

(11a) 貞：叀小臣令衆漆。一月。二

(11b) 貞：王心㡿(蕩)①，亡來[婭]自[方]。一月。二

(11c) 己丑[卜，宁]，貞：令[射]佣[衛]。一月。二

　　　　　　　　　　　　　　　　《合集》12[賓三]

(12a) [貞：叀]小臣令[衆]漆。

(12b) 貞：王心㡿(蕩)，亡來[婭]自[方]。一月。三

(12c) 己丑[卜，宁]，貞：令[射]佣[衛]。一月。三

　　　　　　　　　　　　　　　　《綴集》350[賓三]

以上兩版腹甲反面爲主體兩列密集型鑽鑿布局，占卜農事、軍事等，一辭一兆，兆序數爲二、三，是異版成套占卜腹甲的第二、三兩版。

(13) 戊辰卜，爭，貞：马蚕婦娘子子。

　　　　　　　　　　　　　　　　《合集》2783[賓三]

(14a) 戊辰卜，爭，貞：马蚕婦娘子子。

(14b) 貞：翌甲□魯自上甲辛亡蚩(害)。七月。二

　　　　　　　　　　　　　　　　《合集》2784[賓三]

這兩版腹甲反面爲主體兩列密集型鑽鑿布局，占卜婦娘子之事，一辭一兆，兆序數有二，是異版成套占卜腹甲的兩版。(14a)辭使用右後甲近跨

---

① 裘錫圭：《殷墟甲骨文考釋四篇·釋"㡿"》，李學勤、吳中傑、祝敏申主編：《海上論叢(二)》，復旦大學出版社，1998年；《裘錫圭學術文集·甲骨文卷》，第437—438頁。

凹1個鑽鑿,卜辭刻寫在兆幹外側且向外豎行,即主體兩列密集布局的腹甲,主體區最外側一列鑽鑿,沿自身兆幹起刻的,從內向外豎行。

> (15) 癸丑卜,貞:舀往追龍从𤘔西,及。一《合集》6593［賓出］

> (16) 癸丑卜,貞:舀往追龍从𤘔西,及。二
>
> 《合集》6594(《北珍》867)［賓出］

這兩版腹甲反面可能爲主體兩列密集型鑽鑿布局,使用右尾甲部位最上1個鑽鑿,占卜舀追及龍方,一辭一兆,是異版成套占卜腹甲的第一、二兩版。

> (17a) 癸酉卜,爭,貞:旬亡囚。十月。三

> (17b) □□［卜］,允,［貞:旬］亡囚。三

> (17c) 癸巳卜,宁,貞:旬亡囚。十一月。二

> (17d) 癸卯卜,古,貞:旬亡囚。十一月。三

> (17e) 癸丑卜,𢀜,貞:旬亡囚。十二月。三

> (17f) 癸亥卜,𢀜,貞:旬亡囚。? 三

> (17g) 癸酉卜,㕇,貞:旬亡囚。十二月。三

> (17h) 三

> (17i) 癸巳卜,古,貞:旬亡囚。十三月。三

> (17j) 癸卯卜,古,貞:旬亡囚。三

> (17k) 癸丑卜,貞:旬亡囚。三

> (17l) 癸亥卜,古,貞:旬［亡］囚。□月。

> (17m) 癸酉卜,古,貞:旬亡囚。二月。三

> (17n) 癸未卜,古,貞:旬亡囚。二月。三

> (17o) 癸［巳卜］,古,［貞］:旬［亡］囚。三

> (17p) 癸卯卜,［古］,貞:旬［亡］囚。三

> (17q) 癸丑卜,古,貞:旬亡囚。三

> (17r) 癸亥卜,古,貞:旬［亡］囚。

> (17s) 癸酉［卜］,□,貞:旬亡［囚］。四月。三

> (17t) ［癸未卜］,古,貞:［旬亡］囚。

(17u) 癸巳卜，古，貞：旬亡囚。四月。三

(17v) 癸亥卜，允，貞：旬亡囚。五月。一

(17w) 癸卯卜，古，貞：旬亡囚。五月。三

(17x) 癸丑卜，古，貞：旬亡囚。五月。三

《綴彙》904(《甲編》2106)［賓三］

這兩版腹甲反面爲主體兩列密集型鑽鑿布局，占卜旬亡憂，一辭一兆，(17c)辭兆序數爲二，是三辭一套的第二卜。(17v)辭兆序數爲一，是三辭一套的第一卜。其餘卜辭兆序數爲三，是異版成套占卜的第三卜。(17m)(17n)兩辭使用前甲最下一行外側 1 個鑽鑿，(17g)辭使用後甲第二行外側近跨凹 1 個鑽鑿，卜辭刻寫在兆幹外側且向外豎行。

賓出類腹甲主體兩列密集型鑽鑿布局，占卜內容有祭祀、軍事、農事、生育等，使用的占卜形式多爲三版一套或三辭一套，一辭一兆。卜辭特色行款爲主體區第一列鑽鑿的卜辭從內向外豎行，最外側一列鑽鑿，卜辭刻寫在兆幹外側，沿自身兆幹起刻的，從內向外豎行。沿原邊起刻的，從外向內豎行。

(三) 複環稀疏型鑽鑿布局腹甲的占卜形式

(18a) 丁亥卜，宕，貞：彡卒醻往。二

(18b) 貞：弖醻。一月。二

(18c) 丁亥卜，宕，［貞］：𤇾(崇)①侯钔，唯兹商弜禘。二

(18d) 乙未卜，貞：于𩁹告蟲再。

(18e) 乙未卜，貞：于上甲告蟲再。一

(18f) 乙未…喪…蟲…　二

(18g) 弖… 一

(18h) 丙申卜，［貞］：寧□斷□。一月。一

(18i) 貞：丁巳雨。一

(18j) 貞：不［其］雨。

---

① 陳劍：《釋"琼"及相關諸字》，收入《甲骨金文考釋論集》，第 273—316 頁。

(18k) 癸丑卜，貞：螽在虍。二

《拼五》1118［賓三］

這版腹甲反面爲複環稀疏型鑽鑿布局。占卜祭祀、寧螽、天氣等事務，一辭一卜，兆序數一或二，可能是成套卜辭的第一、二卜。

賓出類腹甲很少見複環稀疏型鑽鑿布局，占卜內容有祭祀、寧螽、天氣等，一版上的兆序數不同。

另有腹甲殘斷，鑽鑿布局不明，但可確定占卜形式。

(19a) 丁卯卜，貞：畁往先。一

(19b) 貞：畁［馬］往先。一

《拼集》255［賓出］

(20a) 丁卯卜，貞：畁往先。三

(20b) 貞：馬先。九月。三

《合集》4068（《中歷藏》1098）［賓出］

(21) 貞：畁往先。一　《合集》4067（《北珍》1116）［賓出］

(19)(20)兩版腹甲殘斷，反面鑽鑿布局不詳。對貞畁前往，一辭一兆，是三辭一套的第一、三兩卜。(21)爲(19a)辭的同貞卜辭。

(22a) 癸未［卜，事］，貞：［旬亡］囚。二

(22b) 癸卯卜，事，貞：旬亡囚。十二月。二

(22c) 癸亥卜，事，貞：旬亡囚。十三月。二

(22d) 癸酉卜，事，貞：旬亡囚。十二月。二

(22e) 癸巳卜，事，貞：旬亡囚。十三月。二

(22f) 癸卯［卜］，事，［貞］：旬［亡囚］。二

(22g) 癸丑卜，事，貞：旬亡囚。一月。二

(22h) 癸□卜，事，［貞］：旬［亡］囚。二月。［二］

(22i) ［癸］□卜，事，［貞］：旬亡［囚］。［二］

《綴彙》461［事何］

這版腹甲因殘缺，反面鑽鑿布局不詳。占卜旬無憂，一辭一卜，是成套卜

辭的第二卜。

賓出類龜腹甲占卜祭祀、軍事、納貢、田獵、農業、天氣、疾病、生育、卜旬、人物事類等內容,基本用三版一套的形式占卜。占卜內容與鑽鑿布局的關係不大,更多地體現出的是組類特徵。賓出類腹甲卜辭特色行款爲主體區最外側一列鑽鑿,卜辭刻寫在兆幹外側,沿自身兆幹起刻,從內向外豎行。這個位置的卜辭若刻寫在兆幹內側,會比較平坦,更便於刻寫。但刻手還是將卜辭刻寫在弧度較大的腋跨連綫外側。

綜上,賓出類龜腹甲鑽鑿布局主要爲密集型,也可能有複環稀疏型。密集型鑽鑿布局有主體三列和主體兩列兩種類型。主體兩列鑽鑿布局有近甲橋區無鑽鑿與近甲橋區有鑽鑿兩種類型。灼燒在長鑿內側。

賓出類龜腹甲基本用三版一套的形式占卜。

附表

賓出腹甲鑽鑿布局表

鑽鑿布局類型		號碼	首甲	中甲	前　甲	後　甲	尾甲	甲橋
密集型	三列	6	2	3	右:1+2+3+3+2+2 左:1+3×3+2	右:5×3+2 左:5×3+1		0+2+
		25				5×3	2+1	
		339	1	2	1+3×3+1	右:5+4+5+2 左:5×3+2		0
		420	1	2	1+3×3+3	5×3+	2+1	
		1601				5×3+	2+1	
		1993					2+2+2	
		2941				×3+	2+2	

鑽鑿布局類型			號碼	首甲	中甲	前　甲	後　甲	尾甲	甲橋
密集型	三列		5080	1		1+3×3+			
			5711				×3+		
			7897	1	1	1+3×3+			
			8039	1		1+3×3+			
			8711				×3+	2+2+1	
			9560	1	0	1+2×3+2			
			10067			×3+			
			13515			×3+	5×3+		
			14157				4×3+		
			15521				5×3+2	2+1	
			17229				.	2+1	
	兩列	近甲橋無	1590			1+2×2	3×2		
			2827		1	2+2	3×2		
			5732				3×2		
			8401			2+2			
		近甲橋有	5684			1+2×+			
			5733			×3	×3		
			11546	1	1	1+2×2+1	3×2+1	2+1	
			13079				3×2+		

續　表

鑽鑿布局類型		號碼	首甲	中甲	前　甲	後　甲	尾甲	甲橋
密集型	兩列	13			1＋2＋			
		22				3×2		
		4025			＋3×2＋			
		12624					2＋1	
		13868			×2	3×2＋		
		16898					2＋1	
稀疏型	複環	6043				2＋2＋3		
		24431				2＋2＋		

賓出腹甲鑽鑿布局材料表

類　　型			片　　　號
密集型	三列		6(甲 3510＋)、25、339(甲 2124＋)、420、557(甲 2094＋)、1601(甲 1035＋)、1993、2941、5080、5711(甲 3473＋)、7897、8039、8711、9560(甲 2121)、10067(甲 3512)、13515(乙 8935)、14157、15521(甲 3518)、17229(甲 3426)
	兩列	近橋無	1590、2827(甲 2959)、5732(甲 2128＋)、8401、醉 332(甲 2949＋)
		近橋有	5684、5733、11546(甲 2106＋)、13079
			13、22、4025、12624(甲 3515)、13868、16898
稀疏型	複環		6043、24431
因殘斷或缺反面信息不明			16645、20593(甲 214)、25953、Y1977、Y2043

第五節　出組二類腹甲鑽鑿
布局與占卜形式

一、出組二類腹甲鑽鑿布局

出組二類腹甲反面鑽鑿布局主要爲主體兩列密集鑽鑿布局及單環稀疏型鑽鑿布局。

（一）主體兩列密集布局

《合補》6963 腹甲左右兩部分的鑽鑿對稱分布。首甲中甲殘缺。前甲左右主體區各兩列兩行 4 個鑽鑿。後甲主體區兩列三行 6 個鑽鑿。尾甲 1 個鑽鑿。爲主體兩列鑽鑿布局,灼燒均在長鑿內側。

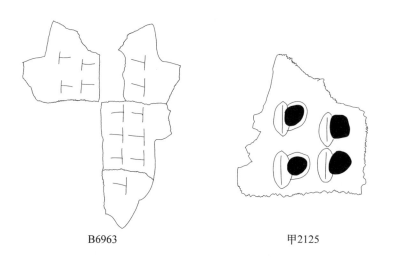

B6963　　　　　　　　　　甲2125

《合集》24161(《甲編》2125)腹甲僅存右前甲部位。反面近腋凹區 1個鑽鑿,主體區兩列,近千里路一列 2 個,近原邊一列 1 個鑽鑿,爲主體兩列鑽鑿布局。灼燒均在長鑿內側。

《合集》26137(《乙編》283)腹甲僅存左後甲部位。主體區兩列兩行 4個鑽鑿,爲主體兩列鑽鑿布局。灼燒均在長鑿內側。

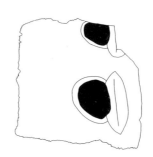

(二) 單環稀疏型鑽鑿布局

《俄》58 腹甲僅存左後甲部位。主體區 1 列 2 個鑽鑿,爲單環稀疏型鑽鑿布局。灼燒均在長鑿內側。

出組二類龜腹甲反面主要爲兩列布局,偶有單環稀疏型鑽鑿布局。

二、出組二類腹甲上的占卜形式

出組二類腹甲主要占卜形式有三版一套和一辭一卜。

(1a) 乙巳卜,尹,貞:王賓大乙彡,亡咎。在十二月。一

(1b) 丁未卜,尹,貞:王賓大丁彡,亡咎。一

(1c) 甲寅卜,尹,貞:王賓大甲彡,亡咎。在正月。一

(1d) 庚申卜,尹,貞:王賓大庚彡,亡咎。一

(1e) 丁丑卜,尹,貞:王賓中丁彡,亡咎。一

(1f) 乙酉卜,尹,貞:王賓祖乙彡,亡[尤]。一

(1g) 乙卯卜,尹,貞:王賓祖乙彡,亡咎。一

(1h) 丁酉卜,尹,貞:王賓祖丁彡,亡咎。在二月。一

(1i) 丁酉卜,尹,貞:王賓叔,亡咎。一

(1j) 丁巳卜,尹,貞:王賓父丁彡,亡咎。在三月。一

(1k) 丁巳卜，尹，貞：王窒叔，亡咎。一

(1l) …窒…亡咎。一

《綴彙》388［出二］

(2a) 叀叔祝。二

(2b) 貞…酒…　二

《合集》25360［出二］

以上兩版腹甲，占卜祭祀，一辭一兆。《綴彙》388 整版兆序數爲一，《合集》25360 兆序數爲二，可能是三辭一套或三版一套的第一卜。刻寫行款，使用近千里路一列鑽鑿時，卜辭通常從千里路起刻，向外豎行。使用主體區外側，即腋凹至跨凹之間近原邊一列鑽鑿占卜時，卜辭通常刻寫在兆幹外側，沿兆幹外側起刻，向外豎行。

(3a) 庚戌卜，□，貞：盧來…　一

(3b) 辛亥卜，旅，貞：今夕不雨。一

(3c) 辛亥卜，旅，貞：又來羝，其□用。在四月。一

(3d) 壬子卜，旅，貞：王窒日，不雨。

(3e) 貞：叀工令。允。五

《合集》22539［出二］

這版腹甲占卜納貢、天氣、祭祀等，一辭一兆。(3e)辭兆序數爲五，爲成套卜辭的第五卜。其餘卜辭爲第一卜。

(4) 癸酉卜，潷，貞：翌甲戌气酒豐自上甲卒［至］于多毓（戚），［亡蚩（害）］。在七月。一　　　《合集》22650［出二］

(5) 庚戌卜，潷，貞：翌辛亥气酒彡毛自上甲卒［至］于［多］毓（戚），亡蚩（害）。三　　　《合集》22657［出二］

(4)(5)兩辭占卜祭祀，可能都是使用三辭一套或三版一套的占卜形式。

(6a) 丁丑卜，喜，貞：翌戊寅其又于大戊。五月。一

(6b) 甲午卜，[喜]，貞：翌乙[未]酒卯，王□🜩。六月。一

《合集》22826[出二]

(7) 丙午卜，旅，貞：翌丁未其又于祖丁。三

《合集》23029[出二]

(6)(7)兩辭占卜祭祀，一辭一兆。可能都是使用三辭一套或三版一套的占卜形式。

(8) 己卯卜，潅，貞：翌庚辰彡于大庚，卒亡屮（害）。二

《合集》22796[出二]

(9) 己卯卜，[旅]，貞：翌庚辰彡于大庚，[卒亡]屮（害）。在…

三　　　　　　　　　　　　　　　《拼續》471[出二]

以上兩條卜辭占卜祭祀，一辭一兆。可能是同貞卜辭。

(10a) 庚申卜，旅，貞：翌辛[酉]不雨。一

(10b) □寅卜，旅，[貞]：今日亡來艱。一

(10c) 貞：今日延攵。四月。二

(10d) 甲子卜，旅，貞：今日亡來艱。一

《合集》24161(《甲編》2125)[出二]

這版腹甲占卜軍事、天氣等事類，一辭一兆。結合龜背甲"今日亡來艱"與天氣辭成組占卜，這版龜腹甲可能也是相同的占卜構成，即"今日亡來艱"與"今日延攵"爲一組占卜，一辭一兆，兆序數一、二遞增。

(11a) 辛未卜，尹，貞：歲昷。一

(11b) 貞：弜。二

《綴彙》923[出二]

(12) 貞：弜宄。二　　　　　　　《合集》25876[出二]

以上兩版腹甲，(11)辭對貞祭祀，一辭一兆，兆序數一、二遞增。(12)辭可能是一組對貞祭祀辭的第二辭，一辭一兆，兆序數一、二遞增。

(13a) 庚申卜，大，[貞]：王㟓夕祼，亡囚。九月。一

(13b) 壬戌卜，大，貞：王㟓戠，亡囚。九月。一

《合集》25458[出二]

(14a) 貞：亡㞢。十一月。

(14b) 貞：亡㞢。十一月。

《東大》1192[出二]

(13)爲右前甲，(14)爲左前甲。出組二類腹甲可能有右側占卜王賓祼/戠亡憂，左側對稱部位再確認或進一步占卜無㞢的卜辭構成與布局，兆序數有可能一、二遞增。

(15a) 辛酉卜，尹，貞：王步自商，亡災。一

(15b) 辛未卜，尹，貞：王其往于田，亡災。八月。一

《合集》24228[出二]

(16a) 丁丑卜，王曰貞：翌戊[寅]其田，亡災。往，不冓雨。

(16b) 庚申卜，王[曰]貞：翌辛酉其田，亡災。

(16c) 庚寅卜，王。七。

《合集》24501[出二]

以上兩版占卜田獵、出行，(15)兆序數爲一，(16a)(16b)未刻寫兆序數，可能只卜一次。

(17a) 庚子卜，王，貞：今夕亡㞢。一

(17b) 甲午卜，王：夕。一

《英藏》2242[出二]

這版腹甲占卜今夕亡㞢，可見兆序爲一，可能只卜一次。

(18) 癸未卜，𣫰，貞：旬亡囚。二

《合集》26697(《中歷藏》1434)[出二]

(19) 癸未[卜]，旅，貞：旬亡[囚]。在⋯　三

《合補》8179[出二]

這兩版腹甲占卜旬無憂,可能用三版一套或三辭一套的形式進行占卜。

(20a)〔甲申卜,王〕。五

(20b) 甲申〔卜,王〕。七

(20c)〔甲申卜,王〕。九

(20d) 甲申卜,王。一

《合集》23909〔出二〕

(21a)〔壬寅卜,王〕。四

(21b) 壬寅卜,〔王〕。六

(21c)〔壬寅卜,王〕。八

(21d) 壬寅卜,王。十

(21e)〔壬〕寅〔卜〕,王。

《合集》24014〔出二〕

(22a) 丁〔未卜〕,王。五

(22b) 丁未〔卜〕,王。六

《合集》24053〔出二〕

(23a)〔己酉卜,王〕。八

(23b) 己酉〔卜〕,王。十

(23c)〔己酉卜,王。二〕

(23d) 己酉卜,王。四

《合集》24060〔出二〕

(24a) 丁丑卜,王。在夾卜。

(24b) 丁丑卜,王。七

(24c) 丁丑卜,王。九

《合集》24239〔出二〕

以上五版,(22)中間爲千里路,右側是兆序數爲“五”的丁未卜王辭,左側對稱位置是兆序數爲六的丁未卜王辭。(20)爲右後甲,其上刻有甲申卜王辭,兆序數分別爲五、七、九、一,與其對應的殘掉的左後甲部位對稱位置應該是兆序數分別爲"六、八、十、二"的甲申卜王辭。(21)爲左後甲,對應的右後甲部位對稱位置應該是兆序數分別爲"三、五、七、九"的壬寅卜王辭。(23)爲左後甲,對應的右後甲部位對稱位置應該是兆序數分別爲"七、九、一、三"的己酉卜王辭。(24)爲右前甲,對應的左前甲部位對稱位置應該是兆序數分別爲"八、十"的丁丑卜王辭。同一日的"干支卜,王"辭,一辭一兆,兆序數遞增。占卜順序先右後左,自下而上,從外向內。

(25a) 辛巳卜,王,貞:叀牛。五

(25b) 壬午卜,王。四

《合集》24522[出二]

(26a) 丁丑卜,王曰貞:翌戊[寅]其田,亡災。不溝雨。

(26b) 庚申卜,王[曰]貞:翌辛酉其田,亡災。

(26c) 庚寅卜,王。七。

《合集》24501[出二]

以上兩版腹甲干支卜王辭與祭祀辭、田獵辭同版,可能是相關占卜的簡刻。

出組二類龜腹甲主要占卜祭祀、軍事、納貢、田獵、天氣、卜夕、卜旬、干支卜王等。祭祀辭、卜旬辭可能用三版一套或三辭一套的形式進行占卜,田獵辭、卜夕辭可能只卜一次。干支卜王辭與祭祀辭、田獵辭同版,可能是同一天就同一事件不同焦點占卜的簡刻,同一天的干支卜王辭兆序數遞增,占卜順序先右後左,自下而上,從外向內。祭祀類卜辭對貞時,兆序數一、二遞增。這種三版一套以及一辭一卜的占卜形式標誌着占卜的變革、簡化以及新占卜制度的確立。

出組二類腹甲卜辭特色刻寫行款體現在,使用主體區外側,即腋凹至跨凹之間近原邊一列鑽鑿占卜時,卜辭通常刻寫在兆幹外側,即沿兆幹外側起刻,向外豎行。

綜上,出組二類龜腹甲反面主要爲兩列布局,偶有單環稀疏型鑽鑿布局,灼燒在長鑿內側。

出組二類龜腹甲用三版一套、三辭一套或一辭一卜的形式進行占卜。

附表

出二腹甲鑽鑿布局表

鑽鑿布局類型	號碼	首甲	中甲	前甲	後甲	尾甲	甲橋
	B7226				3＋2		
	B8533				2×2		
	22539				3＋2		
	22723			2＋2	3×2	1	
	22826			2＋2			
	22967			1＋2×2			
	23020				×2		
	23037			×2			
	23253			×2			
兩列	23494			1＋2×2			
	23499			1＋2×2			
	23814			×2			
	23827			×2			
	23867			×2			
	23908				3×2		
	23983			×2			
	24014				×2		
	24025			1＋2×2			
	24060				×2		

鑽鑿布局類型	號碼	首甲	中甲	前甲	後甲	尾甲	甲橋
兩列	24073				×2		
	24161			1+2×2			
	24228			1+2×2			
	24239			1+2×2			
	24501				×2	2+	
	24522				2×2		
	25360				×2		
	26137				2×2		
	26697			×2			
	Y2242			×2	×2		
	拼續 495			1+2×2			
一列	俄 58			2			

出二腹甲鑽鑿布局材料表

類　型	片　　號
兩列	B6963（22723＋25274）、B7226、B8533、22539、22826、22967、23020、23037、23253、23499、23983、24014、24060、24073、24161（甲 2125）、24228、24239、24501、24522、25360、26137（乙 283）、26697、Y2242、拼續 468（23494＋25967）、拼續 495（B7561＋B7564）、拼三 754（23908＋23909）、綴彙 382（23814＋真 1.24）、李延彥（23827＋運臺 1・0406）、李延彥（23867＋旅藏 1380＋旅藏 1381＋旅藏 1400）、李延彥（24025＋運臺拓 1・0578＋運臺摹 1・1223）
一列	俄 58
因殘斷或缺反面信息不明	22657、23330、25286、25747、25892

第六節　何組腹甲鑽鑿布局與占卜形式

一、何組腹甲鑽鑿布局

何組腹甲反面鑽鑿布局主要爲主體兩列密集布局。

《合集》27146(《甲編》3914)腹甲左右兩部分的鑽鑿對稱分布。首甲左右各 1 個鑽鑿,中甲 2 個鑽鑿。前甲左右近腋凹區各 1 個鑽鑿,主體區各兩列兩行 4 個鑽鑿,近甲橋區各一列 2 個鑽鑿。後甲左右主體區各兩列三行 6 個鑽鑿,近甲橋區各一列 2 個鑽鑿。尾甲左右各一行 2 個鑽鑿。爲主體兩列鑽鑿布局。中甲、前後甲近甲橋區、尾甲近原邊 12 個鑽鑿與其内側一個鑽鑿緊鄰,灼燒在長鑿外側,形成背靠背式灼燒。其餘部位灼燒在長鑿内側。

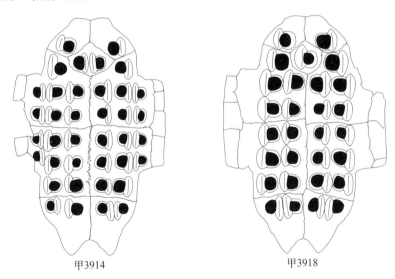

甲3914　　　　甲3918

《合集》27459(《甲編》3918)腹甲左右兩部分的鑽鑿對稱分布。首甲左右各 1 個鑽鑿,中甲 1 個鑽鑿。前甲左右近腋凹區各 1 個鑽鑿,主體區各兩列兩行 4 個鑽鑿。後甲左右主體區各兩列三行 6 個鑽鑿。尾甲左右各一行2個鑽鑿。爲主體兩列鑽鑿布局。尾甲近原邊1個鑽鑿灼燒在長鑿外側，其餘部位灼燒在長鑿內側。

《合集》30439（《甲編》3916）腹甲左右兩部分的鑽鑿對稱分布。首甲左右各1個鑽鑿，中甲2個鑽鑿。前甲左右近腋凹區各1個鑽鑿，主體區各兩列兩行4個鑽鑿。後甲左右主體區各兩列三行6個鑽鑿。尾甲左右各一行2個鑽鑿。爲主體兩列鑽鑿布局。中甲、尾甲近原邊4個鑽鑿灼燒在長鑿外側，其餘部位灼燒在長鑿內側。

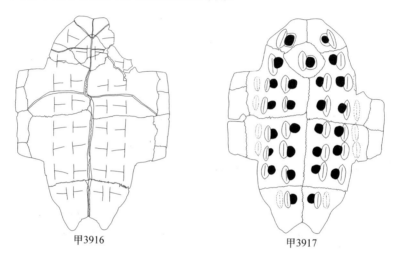

甲3916　　　　　　　　甲3917

《合集》31549（《甲編》3917）腹甲左右兩部分的鑽鑿對稱分布。首甲左右各1個鑽鑿，中甲1個鑽鑿。前甲左右近腋凹區個1個，主體區各兩列兩行4個鑽鑿。後甲左右主體區各兩列三行6個。尾甲左右各一行2個鑽鑿。爲主體兩列鑽鑿布局。這版腹甲反面被覆蓋，從照片來看，左右近甲橋區可能至少各有3個背靠背式灼燒的鑽鑿，尾甲最外側一個鑽鑿灼燒在長鑿外側，[①]其餘部位灼燒在長鑿內側。

何組龜腹甲反面主要爲主體兩列密集型鑽鑿布局。中甲、尾甲兩側有2個鑽鑿時，近甲橋區施加鑽鑿時，兩個長鑿會緊挨着施加，占卜時只能灼燒在近原邊長鑿的外側，形成背靠背式灼燒布局。何組、黃組龜腹甲

----

① 張昂指出參照正面卜辭，這版尾甲應該是4個鑽鑿，即左右兩側各一對背靠背是鑽鑿。

近甲橋部位的鑽鑿緊依主體區最外側一行鑽鑿施加,主要是因爲甲橋的凹度和弧度給施加鑽鑿帶來不便,靠近腹甲更加平整,也更加便於施加鑽鑿。另外,這個部位向外的兆枝更容易減小弧度對卜兆形態的觀察與判定的影響。① 這種布局體現了占卜集團對占卜各環節的不斷思考以及操作簡便上的考慮。

二、何組腹甲上的占卜形式

何組腹甲主要占卜形式爲一辭一卜,也有三版一套。

(一) 一辭一卜

(1) 戊申卜,□,貞:翌己[酉]王窒妣己✕歲,亡咎。

《合集》23342[何組]

(2) 貞:叀牡,王受又又。

《合集》29479(《甲編》1272)[何組]

以上兩版腹甲占卜王賓、祭牲等祭祀辭。

(3a) 壬戌卜,貞:不遘方。一

(3b) 壬戌卜,狄,貞:其遘方。二

(3c) 壬戌卜,狄,貞:其又來方,亞旂②其鯊(禦),王受又又。一

(3d) 壬戌卜,貞:弗受又又。二

(3e) 壬戌卜,狄,貞:又方出,其以來冀。

(3f) 壬戌卜,狄,貞:叙勿以來。二

(3g) 壬戌卜,狄,貞:叀馬亞呼執。

(3h) 壬戌卜,狄,貞:叀戌呼執。二

(3i) 壬戌卜,狄,貞:及方。大吉。一

---

① 董珊:《中國古代占卜術的理論與實踐》,成都中醫藥大學中醫藥"冷門絶學"繼承型人才學術能力提升培訓班(第四期),2023 年 11 月 2 日。

② 張昂指出該字形"止"下非"夂",可能是"土"。

(3j) 壬戌卜，狄，貞：弗及。吉。二

(3k) 壬戌卜，狄，貞：亞旌兮登。

(3l) 壬戌卜，貞：亞旌鰻（禦）于万。二

(3m) 壬戌卜，狄，貞：亞旌其陟逆入。一

(3n) 壬戌卜，狄，貞：其得入。二

《合集》28011（《甲編》3913）［何組］

這版腹甲是壬戌日與軍事相關的占卜。(3a)(3b)兩辭對貞是否遇到敵方，(3c)(3d)對貞敵方來犯，亞旌抵禦，商王是否受到福佑，(3e)(3f)對貞是否帶來奠人，(3g)(3h)選貞呼馬亞還是戉去執獲，(3i)(3j)對貞是否能趕上敵方，(3m)(3n)辭選貞亞旌速入還是遲入。這版腹甲對貞或選貞對稱布局，兆序數一、二遞增。也可以理解爲同一天同一事件同一焦點的占卜，一辭一兆，兆序數遞增。

(4a) 戊午卜，狄，貞：唯兕于大乙集①。大吉。

(4b) 戊午卜，狄，貞：唯兕大丁集。吉。

(4c) 戊午卜，狄，貞：唯兕于大甲集。

(4d) 戊午卜，貞：王亏。

(4e) 戊午卜，狄，貞：王弜亏。吉。

(4f) 乙丑卜，狄，貞：王其田，卒入，亡災。一

(4g) 己巳卜，貞：王其田，亡災。一

(4h) 己巳卜，狄，貞：其田，不冓雨。二

(4i) 己巳卜，狄，貞：其冓雨。三

(4j) 己巳卜，狄，貞：王其田，叀辛亡災。一

(4k) 己巳卜，［狄］，貞：王其田，叀壬亡災。

(4l) 己巳卜，狄，貞：王其田，叀乙亡災。三

(4m) 庚午卜，狄，貞。［一］

(4n) 庚午卜，狄，貞：王其田于利，亡災。吉。二

① 方稚松：《殷墟甲骨文五種記事刻辭研究》，第91頁，綫裝書局，2009年。

（4o）庚午卜，狄，貞：王其田，叀乙亡災。吉。一

（4p）庚午卜，狄，貞：叀戊亡災。二

（4q）壬申卜，狄，貞：王其田，卒亡災。吉。一

（4r）戊寅卜，貞：王其田，不雨。吉。一

（4s）戊寅卜，貞：王其田，亡災。一

（4t）戊寅卜，貞：王其田，亡災。一

（4u）甲申卜，貞：王田，豕（逐）麋。一

《合集》27146（《甲編》3914）［何組］

這版腹甲（4a）至（4f）辭使用下劍縫上下一行鑽鑿。（4a）至（4e）辭是戊午日王賓先祖的相關占卜。（4f）辭是乙丑日王田的占卜。（4g）至（4l）辭是己巳日王田的相關占卜，使用後甲第二行以及前甲最下一行的6個鑽鑿。（4g）辭占卜無災，（4h）（4i）對貞是否遇到雨，兆序數一至三遞增。（4j）至（4l）辭選貞田獵日是辛、壬、乙日，兆序數一至三遞增。（4m）至（4p）辭是庚午日王田的相關占卜，使用後甲第一行外側和前甲主體區第一行外側的4個鑽鑿。（4n）辭占卜到利地田獵無災，（4o）（4p）辭選貞田獵的日是乙、戊日，兆序數一、二遞增，（4m）辭是簡辭，很可能是占卜田獵的相關事宜。（4q）辭是壬申王田的占卜，使用右前甲主體區第一行近千里路一個鑽鑿。（4r）至（4t）是戊寅日王田的相關占卜，（4s）（4t）兩辭同貞。（4r）辭使用右後甲第一行近千里路1個鑽鑿，（4s）辭使用左前甲主體區第一行近千里路1個鑽鑿，（4t）辭使用右前甲近腋凹區1個鑽鑿。（4u）辭是甲申日王田的占卜，使用中甲右側1個鑽鑿。總體占卜順序爲自下而上，先右後左，從內向外。卜辭特色刻寫行款，使用近千里路一列鑽鑿占卜時，卜辭從千里路起刻，向外豎行。使用主體區外側一列鑽鑿時，卜辭從兆幹外側起刻，向外豎行至腋跨連綫處再轉到卜兆內側豎行刻寫。占卜形式基本爲同一天同一事件同一焦點的占卜，一辭一兆，兆序數遞增。

（5a）丁丑［卜，何］，貞：王［其田，亡災］。一

（5b）辛酉［卜，何］，貞：［王其田］，亡［災］。一

(5c) 壬辰卜,何,貞:王其田,亡災。一

(5d) 乙酉卜,何,貞:王其田,亡災。一

《合集》28440〔何組〕

這版腹甲占卜王田獵無災,兆序數爲一,很可能是只卜一次。

(6a) 己亥卜,狄,貞:今夕亡囚。一

(6b) 庚子卜,狄,貞:今夕亡囚。一

(6c) 辛丑卜,貞:今夕亡囚。一

(6d) 壬寅卜,貞:今夕亡囚。一

(6e) 癸卯卜,狄,貞:今夕亡囚。一

(6f) 甲辰卜,狄,貞:今夕亡囚。一

(6g) 乙巳卜,貞:今夕亡囚。一

(6h) 丙午卜,貞:今夕亡囚。一

(6i) 丁未卜,狄,貞:今夕亡囚。一

(6j) 戊申卜,口,貞:今夕亡囚。一

(6k) 己酉卜,狄,貞:今夕亡囚。一

(6l) 庚戌卜,貞:今夕亡囚。一

(6m) 辛亥卜,狄,貞:今夕亡囚。一

(6n) 壬子卜,狄,貞:今夕亡囚。一

(6o) 癸丑卜,狄,貞:今夕亡囚。一

(6p) 甲寅卜,狄,貞:今夕亡囚。一

(6q) 乙卯卜,狄,貞:今夕亡囚。一

(6r) 丙辰卜,狄,貞:今夕亡囚。一

(6s) 丁巳卜,狄,貞:今夕亡囚。一

(6t) 戊午卜,口,貞:今夕亡囚。一

(6u) 己未卜,狄,貞:今夕亡囚。一

(6v) 庚申卜,狄,貞:今夕亡囚。一

(6w) 辛酉卜,狄,貞:今夕亡囚。一

(6x) 壬戌卜，狄，貞：今夕亡囚。一

(6y) 癸亥卜，狄，貞：今夕亡囚。一

(6z) 甲子卜，狄，貞：今夕亡囚。一

《合集》31549(《甲編》3917)［何組］

這版腹甲整版是連續二十六天的卜夕辭。占卜順序自下而上，先右後左，從外向內。兆序數爲一，很可能只卜一次。

(二) 成套占卜

何組腹甲上的卜句辭用三版一套的形式進行占卜。

(7a) 癸未卜，口，貞：旬亡囚。二

(7b) 癸卯卜，口，貞：旬亡囚。二

(7c) 癸亥卜，口，貞：旬亡囚。二

《合集》31438［何組］

龜腹甲上的卜旬辭可能三版一套。

何組龜腹甲主要占卜祭祀、軍事、田獵、天氣、卜夕、卜旬、干支卜王等。軍事辭以對貞、選貞的形式進行占卜，兆序數一、二遞增。一種田獵辭是先占卜田獵無災、再對貞天氣，兆序數從一遞增，選貞田獵日期，兆序數隨日期選項遞增，占卜順序大致自下而上，先右後左，從內向外。以上占卜形式也可以理解爲同一天同一事件同一焦點的占卜，一辭一兆，兆序數遞增。另一種田獵辭是不同日占卜王田無災，一辭一卜，只卜一次。卜夕辭日期相連續，兆序數皆爲一，只卜一次，占卜順序自下而上，先右後左，從外向內。這種占卜形式體現了商後期的占卜規則。

何組腹甲卜辭特色刻寫行款，使用近千里路一列鑽鑿占卜時，卜辭從千里路起刻，向外豎行。使用主體區外側一列鑽鑿占卜時，卜辭從兆幹外側起刻，向外豎行至腋跨連綫處再轉到卜兆內側豎行刻寫。

綜上，何組龜腹甲反面主要爲主體兩列密集型鑽鑿布局，在中甲、尾甲、前後甲近甲橋區有背靠背式灼燒。

何組龜腹甲主要占卜形式爲只卜一次，卜旬辭三版一套。

附表

何組腹甲鑽鑿布局表

鑽鑿布局類型	號碼	首甲	中甲	前甲	後甲	尾甲	甲橋
兩列	B9321			1＋×2			
	B9322			×2			
	B10198			×2			
	27146	1	2	2×2＋2	3×2＋2	2	
	27459	1	1	1＋2×2	3×2	2	
	28011			1＋2×2＋1	3×2＋1	2	
	28989			1＋×2			
	29269			×2			
	30439	1	2	1＋2×2＋1	3×2	2	
	30475		1	1＋×2			
	30757	1	2	1＋2×2＋2	3×2＋1	2	
	31549	1	1	1＋2×2	3×2＋1	2	
	31595			×2			
	31633			1＋×2			

何組腹甲鑽鑿布局材料表

類型	片　　　號
兩列	B9321（甲 1931）、B9322（甲 1257）、B10198（甲 2080）、27146（甲 3914）、27459（甲 3918）、28011（甲 3913）、28989、29269（甲 1163）、30439（甲 3916）、30475（甲 477）、30757（甲 3915）、31549（甲 3917）、31595（甲 1959）、31633（甲 1832）

第七節　黃組腹甲鑽鑿布局與占卜形式

一、黃組腹甲鑽鑿布局

黃組腹甲反面鑽鑿布局主要爲密集型鑽鑿布局，有主體三列及主體兩列兩種。

(一) 主體三列密集型鑽鑿布局

《合集》35374＋[①]腹甲左右兩部分的鑽鑿對稱分布。首甲左右各 1 個鑽鑿。中甲殘斷。前甲左右近腋凹區各 1 個鑽鑿，主體區各三列三行 9 個鑽鑿，近甲橋區各 1 個鑽鑿。後甲左右各三列四行 12 個鑽鑿。尾甲左右各一行 2 個鑽鑿。爲主體三列密集鑽鑿布局。前甲近甲橋區鑽鑿灼燒

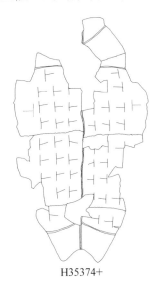

H35374＋

---

① 《合集》35374＋《合集》37137＋《掇三》140＋《輯佚》824＋《安明》2909，林宏明：《甲骨新綴第445 例》，先秦史研究室網站，2014 年 1 月 8 日。

在長鑿外側,其餘鑽鑿灼燒在長鑿內側。

《綴集》360 腹甲前甲主體區三列三行 9 個鑽鑿。後甲主體區三列四行 12 個鑽鑿,近甲橋區 1 個鑽鑿。爲主體三列密集鑽鑿布局。後甲近甲橋區鑽鑿灼燒在長鑿外側,其餘鑽鑿灼燒在長鑿內側。

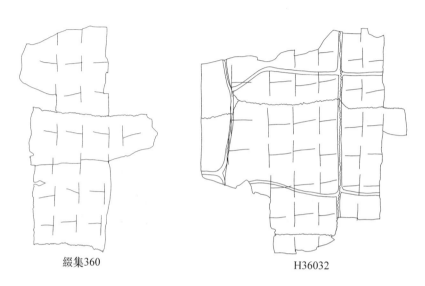

綴集360　　　　　　　　　　H36032

《合集》36032 腹甲前甲主體區應該是三列三行 9 個鑽鑿,近甲橋區至少 1 個鑽鑿。後甲左側主體區三列四行 12 個鑽鑿,近甲橋區一列 2 個鑽鑿。尾甲左右至少各 3 個鑽鑿。爲主體三列密集鑽鑿布局。鑽鑿灼燒在長鑿內側。

《英藏》2615 爲右前甲近腋凹區 1 個鑽鑿,主體區三列三行 9 個鑽鑿,近甲橋區一列 2 個鑽鑿。爲主體三列密集鑽鑿布局。鑽鑿灼燒在長鑿內側。

Y2615

(二)主體兩列密集型鑽鑿布局

《合集》38838 爲右前甲,主體區兩列兩行 4 個。爲主體兩列密集鑽鑿布局。鑽鑿灼燒在長鑿內側。

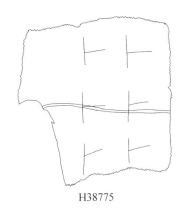

H38838　　　　　　　　　H38775

《合集》38775 爲左後甲，主體區兩列三行 6 個。爲主體兩列密集鑽鑿布局。鑽鑿灼燒在長鑿内側。

黃組龜腹甲反面主要有主體三列以及主體兩列密集型鑽鑿布局。中甲（《合集》35376）及前甲後甲的近甲橋區有灼燒在長鑿外側的情況，其餘灼燒均在長鑿内側。

二、黃組腹甲上的占卜形式

黃組腹甲占卜形式主要爲只卜一次和三版一套。

（一）只卜一次

> （1a）貞：王窵叔，亡咎。一
>
> （1b）貞：王窵叔，亡咎。
>
> （1c）貞：王窵歲，亡咎。一
>
> （1d）丙午卜，貞：王窵叔歲，亡咎。
>
> （1e）貞：王窵歲，亡咎。一
>
> （1f）王窵歲，亡咎。

《合集》38586［黃組］

這版左腹甲占卜王賓，近千里路一列兆序爲一。

(2a) 己未卜,貞:王宼品叔,亡咎。

(2b) 貞:王宼叔,亡咎。

(2c) 貞:王宼叔,亡咎。

(2d) 庚□[卜],貞:…裸…

(2e) 貞:王宼叔,亡咎。

(2f) 貞:王宼叔,亡咎。

(2g) 辛酉卜,貞:王宼品,亡咎。

《合補》11738[黃組]

這版右腹甲占卜王賓,未刻寫兆序數。

(3a) 辛酉卜,貞:王宼伐,亡咎。

(3b) 癸亥卜,貞:王宼伐,亡咎。

《合集》35376(《北珍》610)[黃組]

這版腹甲中甲部位占卜王賓,未刻寫兆序數。灼燒在長鑿外側。

(4a) 甲□…武乙… 一

(4b) 叀[羊]。

(4c) 壬寅…母癸…羊…

(4d) 乙未卜,貞:王宼武乙㸚伐,亡咎。 一

(4e) 辛巳卜,貞:王宼上甲祀至于多毓(戚),卒亡咎。用。

(4f) [甲]辰卜,貞:武乙祊其牢。茲用。

《合集》35436[黃組]

這版腹甲右前甲占卜王賓與祊祭,王賓與祊祭相關,未刻寫兆序數。

(5a) 癸酉卜,貞:祖甲祊其牢。茲用。 一

(5b) 叀羊。用。 一

(5c) 叀物。茲用。

(5d) 甲戌卜,貞:武乙宗祊其牢。茲用。 一

(5e) 其牢又一牛。 二

(5f) 叀羊。茲用。一

(5g) 叀物。二

(5h) 叀羊。一

(5i) 叀物。茲用。二

(5j) 甲申卜，貞：武丁祊其[牢]。

(5k) 其牢又一牛。茲用。二

(5l) 丙子卜，貞：武丁祊其牢。一

(5m) 其牢又一牛。二

(5n) 叀羊。一

(5o) 叀物。二

(5p) 癸卯卜，[貞]：祖甲祊[其牢]。

(5q) 其牢又一牛。茲用。

(5r) 叀羊。一

(5s) 叀物。二

(5t) 叀羊。一

(5u) 叀物。茲用。二

(5v) 甲辰卜，貞：武乙宗祊其牢。茲用。一

(5w) 其牢又一牛。二

(5x) □□[卜]，貞：□□祊其[牢]。

(5y) 其牢又一牛。二

(5z) [叀]羊。一

(5A) 叀物。茲用。二

(5B) 癸巳卜，貞：祖甲祊其牢。一

(5C) 其牢又一牛。二

(5D) 叀羊。一

(5E) 叀物。二

(5F) 叀羊。一

(5G) 叀物。茲用。二

(5H) 甲午卜，貞：武乙宗祊其牢。一

(5I) 其牢又一牛。茲用。二

(5J) 丙申卜，貞：武丁祊其牢。茲用。一

(5K) 其牢又一牛。二

(5L) ［叀］羊。一

(5M) 叀物。二

(5N) 乙未卜，貞：王宮武乙彳伐，亡吝。

(5O) 乙巳卜，貞：王宮帝史，亡吝。

《合集》35374＋（《中歷藏》1706＋）①［黄組］

這版腹甲占卜祊祭，未刻寫兆序數。祊祭辭一般三組，一組是甲日占卜祊祭乙名祖先，再占卜用祭牲牢有一牛，刻寫位置左右對稱。一組是丙日占卜祊祭丁名祖先，再占卜用祭牲牢有一牛，再選貞祭牲種類羊還是物，刻寫位置左右對稱。一組是癸日占卜祊祭甲名祖先，再占卜用祭牲牢有一牛，再選貞兩次祭牲種類羊還是物，刻寫位置左右對稱。三組干支一般在同一旬。兆序數一、二遞增，右一左二。也可以理解爲同一天同一事件同一焦點的占卜一辭一卜，兆序數遞增。占卜順序自下而上，先右後左，從外向内。②

(6a) 甲午［卜，貞］：武丁［祊］其牢。一

(6b) 其牢又一牛。茲用。

(6c) 丙申［卜，貞］：武丁［祊其］牢。

(6d) 其牢又一牛。

---

① 《合集》35374＋37137＋35931＋35950＋《掇二》419＋《輯佚》824＋《安明》2909，林宏明：《甲骨新綴第 445 例》，先秦史研究室網站，2014 年 1 月 8 日。

② 一套完整的祊祭卜辭在占卜程序上大致應該包括兩個層面的占卜主題。第一主題首先是占卜選用祭牲品種及數量，第二主題再占卜選擇祭牲的毛色。門藝：《殷墟黄組卜辭的整理與研究》，第 98 頁。常玉芝：《晚期龜腹甲卜旬卜辭的契刻規律及意義》，《考古》1987 年第 10 期，第 931—936 頁。

(6e) 叀[羊]。

(6f) 叀物。二

(6g) 癸亥卜，貞：祖甲祊其牢。一

(6h) 其牢又一牛。

(6i) 叀羊。

(6j) 叀物。

(6k) 叀羊。茲用。

(6l) 叀物。

(6m) 甲子卜，貞：武乙祊其牢。茲用。

(6n) 其牢又一牛。茲用。

(6o) 丙寅卜，貞：武丁祊其牢。

(6p) 其牢又一牛。

(6q) 叀羊。

(6r) 叀物。

(6s) 癸酉卜，貞：□甲[祊]其牢。

《合集》35818[黃組]

這版腹甲前甲部位占卜祊祭。祊祭辭規律同上(5)。只(a)(g)兩辭甲日、癸日第一卜刻寫了兆序數一。占卜順序自下而上，先右後左，從外向內。

(7a) 甲申卜，貞：武乙宗祊其牢。一

(7b) [其牢又一牛。二]

(7c) 丙戌卜，貞：武丁祊其牢。一

(7d) [其牢又一牛。二]

(7e) 其[戠牛]。三

(7f) [⋯ 四]

(7g) 癸巳卜，貞：祖甲祊其牢。茲用。一

(7h) [其牢又一牛。二]

(7i) 其戠牛。三

(7j)［⋯ 四］

(7k) 叀物。五

(7l)［叀羊。六］

(7m) 甲午卜，貞：武乙宗祊其牢。一

(7n)［其牢又一牛。二］

(7o) 其［戠牛］。三

(7p)［⋯　四］

《合補》11044［黃組］

這版腹甲右前甲部位占卜祊祭。祊祭辭規律同上(5)。第一組甲日，兆序數一、二遞增；第二組丙日，兆序數一至四遞增；第三組癸日，兆序數一至六遞增。也可以理解爲同一天同一事件不同焦點的占卜一辭一卜，兆序數遞增。占卜順序自下而上，先右後左，從外向內。

(8a) 癸丑［卜］，貞：祖甲［祊］其［牢］。

(8b)［其牢又一牛。］

(8c) 叀［羊］。

(8d) 叀物。

(8e) 其牢又一牛。

(8f) 其牢又一牛。

(8g) 叀羊。

(8h) 叀物。

(8i) 叀羊。

(8j) 叀羊。

(8k) 其牢又一牛。

(8l) 甲子卜，貞：武乙祊其牢。茲用。

(8m) 其牢又一牛。

(8n) 叀羊。

(8o) 叀牢。茲用。二

(8p) 丙寅卜，貞：武丁祊［其牢］。

(8q) 其牢又一牛。

(8r) 叀羊。

(8s) 叀物。

(8t) 叀羊。

(8u) 叀物。

(8v) 叀宰。二

(8w) 其牢又一牛。

(8x) 甲戌卜，貞：武乙宗祊其牢。

(8y) 其牢又一牛。

(8z) 叀羊。

(8A) 叀物。

(8B) 叀宰。二

(8C) ［其］牢［又］一牛。

(8D) 叀羊。

(8E) ［叀］物。

(8F) 叀羊。

(8G) 叀物。

《合集》36032［黄組］

這版腹甲占卜祊祭，基本未刻兆序數。祊祭的占卜甲日、丙日、癸日的占卜次數、位置與上面(5)不同。

(9a) 庚寅卜，貞：王田曺，往來亡𡿧。

(9b) 戊申卜，貞：王田灙，往來亡𡿧。

(9c) 壬子卜，貞：王田灙，往來亡𡿧。

(9d) 辛卯卜，貞：王田灙，往來亡𡿧。一

(9e) 戊寅卜，貞：王田高，往來亡𡿧。一

(9f) 戊戌卜，貞：王田曺，往來［亡𡿧］。

(9g) 辛亥卜，貞：王田𣪘，往來亡𡿧。一

(9h) 辛酉卜，貞：王田，往來亡𡿧。一

(9i) 壬戌卜，貞：王田灘，往來亡𡿧。一

(9j) 辛巳卜，貞：王田于梌，往來亡𡿧。

(9k) 戊子卜，貞：王田𣪘，往來亡𡿧。一

(9l) 壬辰卜，貞：王田𣪇，往來亡𡿧。一

(9m) 𤕌。

《綴彙》712［黄組］

這版腹甲右後甲不同日期占卜王田，可見兆序數爲一。

(10a) 壬子［卜，貞：王］遊于□，往來［亡𡿧］。一

(10b) 丁巳卜，貞：王遊于灘，往來亡𡿧。一

(10c) ［己］未卜，貞：王［遊］于灘，往來亡𡿧。一

(10d) 乙丑卜，貞：王遊灘，往來亡𡿧。一

(10e) 戊辰卜，貞：王遊𨴩，往來亡𡿧。一

(10f) 壬申卜，貞：王遊于𨴩，往來亡𡿧。一

(10g) 丁丑卜，貞：王遊于灘，往來亡𡿧。一

(10h) 己卯卜，貞：王遊灘，往來亡𡿧。一

(10i) 辛巳卜，貞：王遊于灘，往來亡𡿧。一

(10j) 乙酉卜，貞：王遊于灘，往來亡𡿧。一

(10k) 戊子卜，貞：王遊于灘，往來亡𡿧。一

(10l) 辛卯卜，貞：王遊于𨴩，往來亡𡿧。一

《綴興》85［黄組］

這版腹甲右後甲不同日期占卜王游，可見兆序數爲一。

(11a) 丁巳卜，貞：王［步］亡𡿧。

(11b) 辛酉［卜］，貞：王步亡［𡿧］。

(11c) 辛巳卜，貞：王步亡𡿧。

(11d) 辛卯卜，貞：王步亡𡿧。

(11e)［辛］丑卜，［貞：王］步［亡］㞢。

《合集》36379［黃組］

這版腹甲右後甲不同日期占卜王步，未刻寫兆序數。

黃組腹甲占卜王田、王遊、王步，應該是只卜一次。

(12a) 丁亥［卜］，貞：不遘雨。

(12b) 庚寅［卜］，貞⋯雨。

(12c) 辛卯［卜，貞：］王其□，不遘雨。

(12d) ⋯遘雨。孚。

(12e) □□卜，貞：今夕□，翌日□霁。

(12f) 戊戌卜，貞：今日霁。

(12g) 辛丑卜，貞：今日霁。

《拼三》744（北圖 2221＋）［黃組］

這版腹甲右後甲占卜天氣。占卜順序自下而上，從內向外。

(13a) □□［卜，貞］：今［夕］亡［㕊］。一

(13b) 辛卯［卜］，在□，貞：［今夕］亡［㕊］。一

(13c) 癸巳［卜，在］□，貞：今［夕］亡［㕊］。一

(13d) □□［卜，在］□，貞：王［今］夕［亡］㕊。一

(13e) 丁酉卜，在上𪤰，貞：王今夕亡㕊。一

(13f) 己亥卜，在上𪤰，貞：王今夕亡［㕊］。一

(13g) 庚子卜，在上𪤰，貞：王今夕亡㕊。一

(13h) 壬寅卜，在上𪤰，貞：王今夕亡㕊。一

(13i) 甲辰卜，在上𪤰，貞：王今夕亡㕊。一

《合集》36849［黃組］

(14a) 癸亥卜，貞：王今夕亡㕊。

(14b) 乙丑卜，貞：王今夕亡㕊。

(14c) 丁卯卜，貞：王今夕亡㕊。

(14d) 己巳卜，貞：王今夕亡㕊。

(14e) 辛未卜，貞：王今夕亡畎。

(14f) 癸酉卜，貞：王今夕亡畎。

《合集》38775[黄組]

以上兩版(13)是右後甲，上面是隔日卜夕辭，所隔的壬、甲、丙、戊、辛、癸日卜夕辭，應該在這版左後甲對稱的部位占卜刻寫。(14)是左後甲，上面是隔日卜夕辭，所隔的壬、甲、丙、戊、庚、壬日卜夕辭，應該在這版右後甲對稱的部位占卜刻寫。由此推測，黄組腹甲卜夕辭占卜規律是干支日相連，占卜順序自下而上，先右後左，從内向外。① (13)刻寫了兆序數一，(14)未刻寫兆序數，應該是只卜一次。《合集》36849 能够證明這一點。

(15a) 戊申卜。一

(15b) 庚戌卜。一

(15c) 壬子卜。一

(15d) 甲寅卜。一

《合集》39414[黄組]

這版是左後甲。爲隔日"干支卜"簡辭，所隔的己、辛、癸日干支卜辭，應該在這版右後甲對稱的部位占卜刻寫。占卜規律爲干支日相連，兆序數爲一，占卜順序自下而上，先右後左，從内向外。黄組干支辭的占卜規律同於黄組"(王)今夕亡畎"辭的占卜規律，應該是這種卜夕辭的前辭性簡辭。

(二) 成套占卜

黄組腹甲上的卜旬辭用三版一套的形式進行占卜。

(16a) 癸酉[卜]，貞：王[旬]亡[畎]。一

(16b) 癸未[卜]，貞：王[旬]亡[畎]。一

(16c) 癸巳[卜]，貞：王[旬]亡[畎]。一

---

① 門藝：《殷墟黄組甲骨刻辭的整理與研究》，第 63 頁。

(16d) 癸卯卜，貞：王旬亡𡆥。一

(16e) 癸［丑卜］，貞：［王旬］亡［𡆥］。一

(16f) 癸［亥卜］，貞：［王旬］亡［𡆥］。一

(16g) 癸酉［卜］，貞：王旬亡𡆥。一

(16h) 癸未卜，貞：［王］旬［亡］𡆥。一

(16i) 癸巳卜，貞：王旬亡𡆥。一

(16j) 癸卯卜，貞：王旬亡𡆥。一

(16k) 癸［丑卜］，貞：王旬亡𡆥。一

(16l) 癸亥卜，貞：王旬亡𡆥。一

(16m) 癸酉卜，貞：王旬亡𡆥。一

(16n) 癸未卜，貞：王旬亡𡆥。一

(16o) 癸巳卜，貞：王旬亡𡆥。一

(16p) 癸卯卜，貞：王旬亡𡆥。一

(16q) 癸丑卜，貞：王旬亡𡆥。一

(16r) 癸亥卜，貞：王旬亡𡆥。一

(16s) 癸酉卜，貞：王旬亡𡆥。一

(16t) 癸未卜，貞：王旬亡𡆥。一

(16u) 癸巳卜，貞：王旬亡𡆥。一

(16v) 癸卯卜，貞：王旬亡𡆥。一

(16w) 癸丑卜，貞：王旬亡𡆥。一

(16x) 癸亥卜，貞：王旬亡𡆥。一

(16y) 癸酉卜，貞：王旬亡𡆥。一

(16z) ［癸未卜，貞：王旬亡𡆥］。一

(16A) 癸巳卜，貞：王旬亡𡆥。一

(16B) 癸卯卜，貞：王旬亡𡆥。一

(16C) 癸丑卜，貞：王旬亡𡆥。一

(16D) 癸亥卜，貞：王旬亡𡆥。一

(16E) 癸酉卜，貞：王旬亡𡆥。一

(16F) 癸未[卜，貞]：王旬[亡憂]。一

(16G) 癸巳卜，貞：王旬亡憂。一

(16H) 癸卯卜，貞：王旬亡憂。一

(16I) 癸丑卜，貞：王旬亡憂。一

(16J) 癸亥卜，貞：王旬亡憂。一

(16K) [癸]酉卜，[貞]：王旬[亡]憂。一

(16L) 癸未卜，貞：王旬亡憂。一

(16M) [癸巳]卜，[貞：王]旬[亡]憂。一

(16N) 癸卯[卜]，貞：王旬亡憂。一

(16O) [癸丑卜，貞]：王旬[亡]憂。一

(16P) [癸亥卜，貞：王旬亡憂]。一

《合補》12869[黃組]

這版腹甲占卜王旬無憂，占卜規律爲癸日相連，整版兆序數爲一，占卜順序自下而上，先右後左，從內向外，①癸酉至癸亥六旬一行鑽鑿。

(17a) 癸丑卜，貞：王旬亡憂。二

(17b) 癸巳卜，貞：王旬亡憂。二

(17c) 癸酉卜，貞：王旬亡憂。二

《合集》39009[黃組]

這版腹甲占卜王旬無憂，整版兆序數爲二。

(18a) 癸丑卜，貞：王旬亡憂。二

(18b) 癸酉卜，貞：王旬亡憂。二

(18c) 癸巳卜，貞：王旬亡憂。二

(18d) 癸丑卜，貞：王旬亡憂。二

(18e) 癸酉卜，貞：王旬亡憂。二

---

① 常玉芝：《晚期龜腹甲卜旬卜辭的契刻規律及意義》，《考古》1987 年第 10 期，第 931—936 頁。

　　(18f) 癸巳卜，貞：王旬亡畎。二

《史購》276［黃組］

這版腹甲占卜王旬無憂，整版兆序數爲二。

　　黃組腹甲卜旬辭用三版一套的形式進行占卜。

　　黃組腹甲主要占卜祭祀、王田、王遊、王步、卜夕、卜旬及干支辭。祐祭辭一般三組，一組是甲日占卜祐祭乙名祖先，再占卜用祭牲牢有一牛，刻寫位置左右對稱，一辭一卜，兆序數一、二遞增。一組是丙日占卜祐祭丁名祖先，再占卜用祭牲牢有一牛，再選貞祭牲種類羊還是物，刻寫位置左右對稱，一辭一兆，兆序數一至四遞增。甲日、丙日祐祭辭使用一行鑽鑿。一組是癸日占卜祐祭甲名祖先，再占卜用祭牲牢有一牛，再選貞兩次祭牲種類羊還是物，刻寫位置左右對稱，一辭一兆，兆序數一至六遞增，癸日祐祭辭使用一行鑽鑿。三組干支一般在同一旬。黃組腹甲上的祐祭占卜，可以是同一天同一事件同一焦點或不同焦點的占卜，一辭一卜，兆序數遞增。占卜順序自下而上，先右後左，從外向內。黃組腹甲占卜王田、王遊、王步，可見兆序數爲一。“（王）今夕亡畎”辭的占卜規律是干支日相連，占卜順序自下而上，先右後左，從內向外。以上兩種占卜應該是只卜一次。干支卜簡辭，占卜規律爲干支日相連，兆序數爲一，占卜順序自下而上，先右後左，從內向外，應該是“王今夕亡畎”辭的前辭性簡辭。這種占卜形式體現了商後期占卜規則。卜旬辭用三版一套的形式進行占卜。黃組腹甲除卜旬辭用三版一套的形式進行占卜，其餘基本一辭一卜，只卜一次。黃組腹甲有不刻寫兆序數的情況，其占卜形式仍同於以上規律，因占卜集團深諳各內容的占卜形式，不刻寫兆序辭也是可以理解的。

　　綜上，黃組龜腹甲反面主要有主體三列以及主體兩列密集型鑽鑿布局。

　　黃組腹甲主要占卜形式爲只卜一次，卜旬辭三版一套。

附表

黃組腹甲鑽鑿布局表

鑽鑿布局類型	號　碼	首甲	中甲	前　甲	後甲	尾甲	甲橋
三列	B11044			3×3			
	B12547			1＋×3			
	B12869			3×3	5×3		
	B12878			1＋×3			
	B12907			1＋×3			
	35374	1		1＋3×3＋1	4×3	2	
	35818			1＋3×3			
	35828			1＋3×3			
	35829			3×3	4×3＋1		
	35858				×3＋2		
	35859			1＋×3			
	35965			＋3×3＋			
	36002				×3		
	36013				×3		
	36032			×3＋	4×3＋2		
	36115				×3＋		
	36164				×3＋		

鑽鑿布局類型	號　碼	首甲	中甲	前　甲	後甲	尾甲	甲橋
三列	36325				×3＋		
	36367			1＋×3			
	36591				4×3＋		
	36613				4×3		
	36639			1＋3×3	×3＋		
	36849				×3＋		
	36852			1＋3×3			
	37029				×3＋		
	37037				×3＋		
	37038				×3＋		
	37071			×3＋			
	37124				×3＋		
	38861			1＋3×3			
	38885			1＋×3			
	39015			1＋×3			
	39018	1		1＋×3			
	39069				×3		
	Y2606			×3			
	Y2615			1＋3×3＋2			

鑽鑿布局類型	號　碼	首甲	中甲	前　甲	後甲	尾甲	甲橋
三列	北珍 1330			×3			
	村中南附一 11				×3		
	拼集 95			×3			
	拼三 661				×3		
	拼三 696			×3			
	拼三 744				4×3+2		
	拼續 505				4×3+2		
	拼續 529			×3			
	拼續 532	1	1	1+3×3			
	契合 203			1+3×3			
	契合 378			1+3×3			
	綴彙 225			1+3×3	×3		
	綴彙 231				4×3		
	綴彙 267			1+2+×3			
	綴彙 712				4×3		
	綴彙 714			1+3×3+2			
	綴彙 730				×3		
兩列	B11046			1+×2			
	B11738			1+3×2+2			

續　表

鑽鑿布局類型	號　碼	首甲	中甲	前　甲	後甲	尾甲	甲橋
兩列	B13147			1＋×2			
	35355			×2			
	36612			1＋×2			
	37468				×2		
	38775				3×2		
	38838			2×2			
	38908			2×2			
	38965				3×2	2	
	39009				3×2		
	39172				×2		
	拼續 506			1＋2×2			

黃組腹甲鑽鑿布局材料表

類　型	片　　號
三列	B11044、B12547、B12869（39019＋39025＋39035＋39061＋39174＋39238＋人 S2759＋珠 228）、B12878、B12907、35374＋37137＋35931＋35950＋掇二 419＋輯佚 824＋安明 2909、35818、35828、35858、35859、35965＋36177＋存補 7・3・2＋笏二 986、36002、36013、36032、36115、36164、36367、36591＋36697＋36600＋北珍 2919、36613、36849、36852＋36863＋36877＋36865＋36858＋36881＋北珍 1286、37029、37037、37038、37071＋北珍 2861、37124＋37027＋京人 2738、38861、38885、39015、39018、39069、Y2606、Y2615、北珍 1330、村中南附一 11、拼集 95（37074＋37146）、拼三 661（37115＋37132＋東文庫 409）、拼三 696（37072＋京人 2726）、拼三 744

類　型	片　　　　號
三列	（38198＋珠 442）、拼續 505（38826＋B12405）、拼續 529（37663＋37749）、拼續 532（37668＋37708＋37709＋37763）、契合 203（38786＋B12267＋B12416＋38835）、契合 378（B12092＋B12728＋B12909＋B13033）、綴彙 225（39020＋39171＋39175 上部＋安明 3071）、綴彙 231（36616＋B13445＋36763）、綴彙 267（36822＋前 2·6·2）、綴彙 712（37653＋Y2547）、綴彙 714（36549＋36550＋36553＋36933）、綴彙 727（36325＋37356）、綴彙 730、綴集 360（35829＋35935＋35837）、林宏明 443（36639＋36764＋B13064＋37508）
兩列	B11046、B11738（38715＋38716）、B13147、35355、36612、37468、38775、38838、38908、38965＋37867、39009、39172、拼續 506（39055＋39056）
因殘斷或缺反面信息不明	B11418（37028＋37053）、35975、36082、36090、36351、綴彙 686（36490＋36494＋B12877＋B11236）

第八節　殷墟王卜辭腹甲鑽鑿
布局小結

一、殷墟王卜辭腹甲鑽鑿布局的發展演進

（一）師組腹甲鑽鑿布局的演進

師組腹甲有稀疏型和密集型兩種鑽鑿布局類型。密集型鑽鑿布局有主體三列和主體兩列兩種。有較爲凌亂的鑽鑿布局。稀疏型主要有單環稀疏型。有灼燒在長鑿外側的情況。

（二）村北系腹甲鑽鑿布局的演進

村北系腹甲鑽鑿布局以賓出類爲界分爲前後兩個時期。前期鑽鑿布局較爲多樣，後期以兩列鑽鑿布局爲主。

1. 村北系前期腹甲鑽鑿布局的發展演進

（1）村北系前期腹甲鑽鑿布局初期：師賓間類

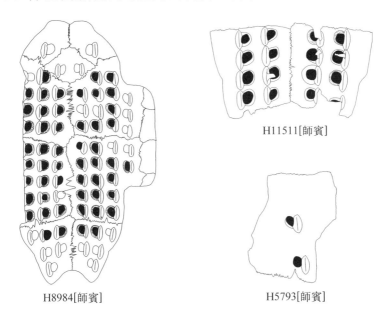

H11511[師賓]

H8984[師賓]

H5793[師賓]

師賓間類龜腹甲鑽鑿布局有主體三列、主體兩列密集和單環稀疏型。灼燒在長鑿內側。與師組相比，師賓間類龜腹甲鑽鑿行列排布明顯更加整齊。

（2）村北系前期腹甲鑽鑿布局多樣化時期：賓組一類——典賓類

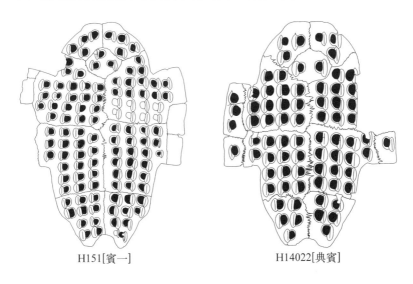

H151[賓一]

H14022[典賓]

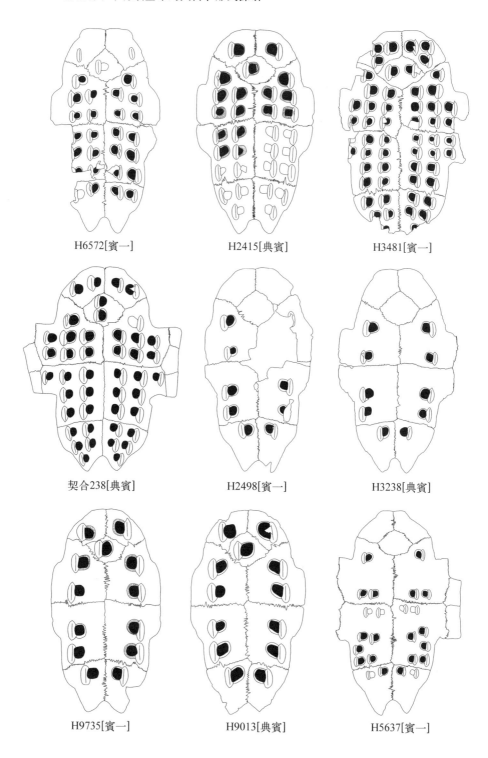

H6572[賓一]　　　　　H2415[典賓]　　　　　H3481[賓一]

契合238[典賓]　　　　H2498[賓一]　　　　H3238[典賓]

H9735[賓一]　　　　　H9013[典賓]　　　　H5637[賓一]

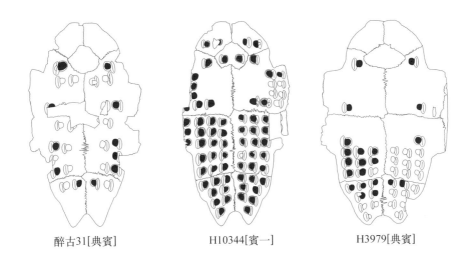

醉古31[典賓]　　　　　H10344[賓一]　　　　　H3979[典賓]

　　賓組一類、典賓類龜腹甲集中在 YH127 坑,鑽鑿布局有主體三列密集型、近甲橋區無鑽鑿主體兩列密集型、近甲橋區有鑽鑿主體兩列密集型、首甲中甲無鑽鑿單環稀疏型、首甲中甲有鑽鑿單環稀疏型,複環稀疏型及稀疏密集混合型等,是龜腹甲鑽鑿布局最為豐富的時期,灼燒基本在長鑿內側。戌類與村北系前期當為一系。

（3）村北系前期腹甲鑽鑿布局結束期：賓出類

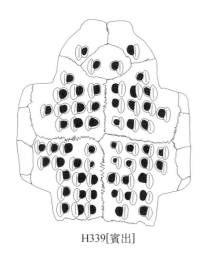

H339[賓出]

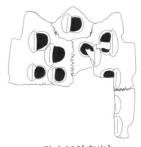

醉古332[賓出]

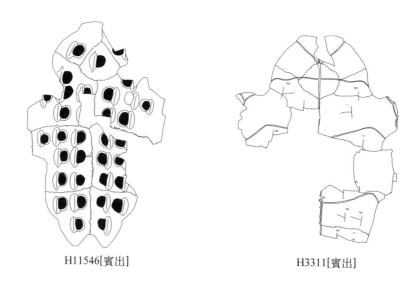

H11546[賓出]　　　　　　　　　　　H3311[賓出]

　　賓出類龜腹甲鑽鑿布局主要有主體三列密集型、近甲橋區無鑽鑿主體兩列密集型、近甲橋區有鑽鑿主體兩列密集型和複環稀疏型。

　　2. 村北系後期腹甲鑽鑿布局的發展演進：出組二類──何組──黃組

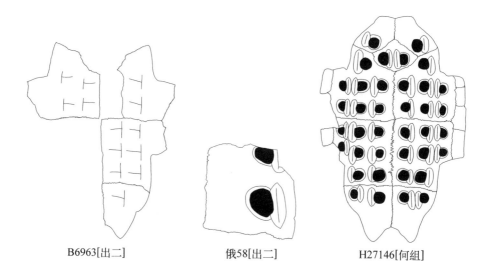

B6963[出二]　　　　　俄58[出二]　　　　　H27146[何組]

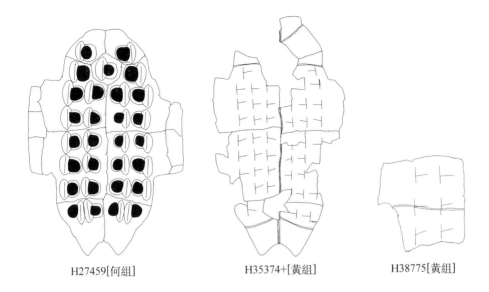

H27459[何組]　　　　　H35374+[黃組]　　　　　H38775[黃組]

　　出組二類、何組龜腹甲因單個鑽鑿較長，反面主要爲主體兩列密集型鑽鑿布局。黃組龜腹甲反面主要有主體三列以及主體兩列密集型鑽鑿布局。中甲、前後甲的近甲橋區、尾甲近原邊處有灼燒在長鑿外側的情況。

　　師組龜腹甲有較凌亂鑽鑿布局，也有灼燒在長鑿外側的情況。村北系師賓間類腹甲鑽鑿布局排列較爲整齊。師賓間類開始腹甲鑽鑿布局的嚴整性較爲突出。

　　施加鑽鑿的時間，除首甲中甲無鑽鑿單環稀疏型鑽鑿布局的變式及稀疏密集混合型鑽鑿布局的稀疏部分可能是有了占卜事件、確定了占卜形式後臨時施加鑽鑿，其餘可能都是在腹甲整治後即施加完成。

二、村北系腹甲卜辭刻寫行款的演進

　　賓出類腹甲卜辭特色刻寫行款體現在，使用前甲最下一行外側 1 個鑽鑿、後甲第二行外側近跨凹 1 個鑽鑿的卜辭多刻寫在兆幹外側且向外豎行。

　　出組二類腹甲卜辭特色刻寫行款體現在，使用主體區外側，即腋凹至跨凹之間近原邊一列鑽鑿占卜時，卜辭通常刻寫在兆幹外側，即沿兆幹外側起刻,向外豎行。

何組腹甲卜辭特色刻寫行款,使用近千里路一列鑽鑿占卜時,卜辭從千里路起刻,向外豎行。使用主體區外側一列鑽鑿時,卜辭從兆幹外側起刻,向外豎行至腋跨連綫處再跳轉到卜兆内側豎行刻寫。

三、殷墟王卜辭腹甲占卜形式的演進

(一)師組腹甲占卜形式的演進

師組腹甲有一辭一卜、一辭多卜(多見兩卜、三卜)、兩辭一套的占卜形式。

(二)村北系腹甲占卜形式的演進

村北系腹甲占卜形式以賓出類爲界,分爲前後兩個時期。

1. 村北系腹甲占卜形式的前期階段:師賓間類、賓組一類、典賓類,占卜形式多爲一辭多卜、整版兆序數相同的異版成套和同版内的多辭一套。

師賓間類、賓組一類、典賓類龜腹甲占卜,當反面爲主體三列密集鑽鑿布局時,多使用一辭多卜的形式進行占卜。占卜用卜辭所在部位的一行、兩行或多行鑽鑿進行占卜,使用多行鑽鑿時趨向於分區占卜。也有選用一行内的一個或幾個鑽鑿進行占卜的情況。

近甲橋區無鑽鑿的主體兩列鑽鑿布局的特色占卜形式是一辭多卜,按列或分區使用鑽鑿進行占卜。首甲中甲有鑽鑿的單環稀疏型鑽鑿布局特色占卜形式基本爲按列或分區使用鑽鑿進行占卜,一辭七卜,一辭六卜。複環稀疏型鑽鑿布局的占卜形式多一卜、兩卜。首甲中甲無鑽鑿的單環稀疏型或複環稀疏型鑽鑿布局特色占卜形式多異版成套或一版内的多辭一套多卜,占卜次數基本爲一辭五卜或五版一套占卜。

使用整行、整列或分區占卜時,占卜的次數由使用鑽鑿的行/列數及一行/列内鑽鑿的個數決定。

2. 村北系腹甲占卜形式的過渡期:賓出類,占卜形式爲三版一套。

賓出類龜腹甲基本用三版一套的形式占卜。

3. 村北系腹甲占卜形式的後期階段：基本一辭一卜，卜旬辭三版一套。

出組二類、何組、黃組腹甲一般只卜一次：田獵、出行、卜夕辭兆序數多爲一，祭祀、天氣、軍事等辭多同一天同一事件的同一焦點或不同焦點的占卜，兆序數從一開始，逐辭遞增。卜旬辭用三版一套的形式進行占卜。

綜上，村北系腹甲從師賓間類到典賓類多用一辭多卜、同版內的多辭一套，整版兆序數相同的異版成套的占卜形式。賓出類基本用三版一套的形式占卜。出組二類、何組、黃組基本一辭一卜，卜旬辭用三版一套的形式占卜。

村北系腹甲占卜形式，賓出類基本三版一套。村南系胛骨占卜形式，歷一、歷二類基本三版一套。村北系腹甲從出組二類開始一辭一卜，村南系胛骨從歷無名間類開始一辭一卜，在占卜形式方面兩系基本同時從多卜轉變爲一卜。

第七章 非王腹甲鑽鑿布局與占卜形式

非王卜辭腹甲反面鑽鑿布局主要見於子組、午組、婦女類、圓體及花東子組。

第一節 子組腹甲鑽鑿布局與占卜形式

一、子組腹甲鑽鑿布局

子組腹甲反面鑽鑿布局主要有密集型與稀疏型。

（一）密集型

子組腹甲密集型鑽鑿布局有主體三列密集布局與主體兩列密集布局。

1. 主體三列密集布局

《合集》21586（《乙編》4758＋）腹甲左右兩部分的鑽鑿基本對稱分布。首甲反面左側 1 個鑽鑿。中甲反面 3 個鑽鑿，近左側內舌縫雙長鑿，占卜時只灼燒了內側長鑿。前甲反面左右近腋凹區各 2 個

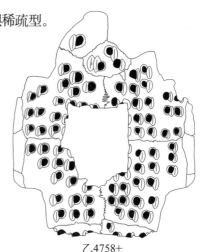

乙4758＋

鑽鑿;主體區各四列鑽鑿,近千里路一列最多 3 個鑽鑿,第二至四列每列 4
個鑽鑿;近甲橋區兩列,每列 3 個鑽鑿。後甲反面右側主體區四列,近千
里路一列最多 5 個鑽鑿,第二列 6 個鑽鑿,近原邊兩列,每列 5 個鑽鑿,近
甲橋區一列 3 個鑽鑿,計 24 個鑽鑿;左側主體區三列,近千里路一列最多
5 個鑽鑿,近原邊兩列,每列 5 個鑽鑿,近甲橋區兩列 3 個鑽鑿。尾甲反面
右側現存 4 個鑽鑿,左側現存 3 個鑽鑿。爲主體三列及以上鑽鑿布局,灼
燒均在長鑿內側。該版鑽鑿排列稍凌亂。

　　2. 主體兩列密集布局

　　《合集》21727(《乙編》4856＋)腹甲左右兩部分的鑽鑿對稱分布。首
甲左右各 1 個鑽鑿,中甲無鑽鑿。前甲左右近腋凹區各 1 個鑽鑿,主體區
兩列,近千里路一列 1 個鑽鑿,近原邊一列 1 個鑽鑿。後甲左右各兩列,
近千里路一列 3 個鑽鑿,近原邊一列 2 個鑽鑿。尾甲左右各 1 個鑽鑿。爲
主體兩列鑽鑿布局。灼燒均在長鑿內側。

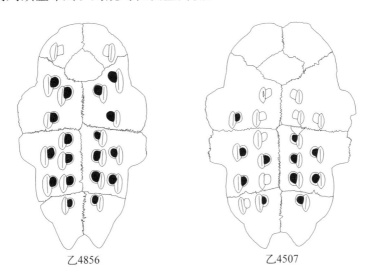

乙4856　　　　　　　　　　　　乙4507

　　《合集》21805(《乙編》4507)腹甲左右兩部分的鑽鑿基本對稱分布。首甲
中甲無鑽鑿。前甲反面左右各兩列,近千里路一列 2 個,近原邊一列 1 個鑽
鑿。後甲反面左右兩列,近千里路一列 3 個,近原邊一列 2 個鑽鑿。尾甲反面
右側 1 個,左側一行 2 個鑽鑿。爲主體兩列鑽鑿布局。灼燒均在長鑿內側。

《合集》21635(《乙編》3350)腹甲左右兩部分的鑽鑿基本對稱分布。首甲中甲無鑽鑿。前甲反面右側兩列,每列2個鑽鑿。左側兩列,近千里路一列1個,近原邊一列2個鑽鑿。後甲左右兩列,每列2個鑽鑿。尾甲左右各1個鑽鑿。爲主體兩列鑽鑿布局。灼燒均在長鑿內側。

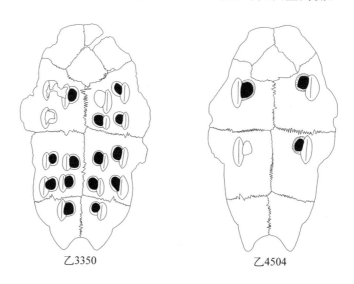

乙3350　　　　　　乙4504

（二）稀疏型

子組腹甲可見首甲中甲無鑽鑿的單環稀疏型鑽鑿布局的變式。

《合補》6822(《乙編》4504)腹甲左右兩部分的鑽鑿對稱分布。首甲中甲無鑽鑿。前甲左右近腋凹區各1個鑽鑿。後甲左右近跨凹處各1個鑽鑿。尾甲無鑽鑿。爲首甲中甲無鑽鑿的單環稀疏型鑽鑿布局的變式。灼燒均在長鑿內側。

子組龜腹甲鑽鑿布局主要爲密集型,也有稀疏型。密集型主要爲兩列布局,也有三列及以上布局。稀疏型可見首甲中甲無鑽鑿的單環稀疏型鑽鑿布局的變式。首甲中甲無鑽鑿單環稀疏型鑽鑿布局變式可能在有了占卜事件、確定了占卜形式後臨時施加,其他布局的鑽鑿可能在腹甲整治後即施加完成。鑽鑿布局基本受龜腹甲大小的影響。

二、子組腹甲上的占卜形式

子組腹甲主要占卜形式有一辭一卜、多卜和異版成套。

（一）主體三列密集鑽鑿布局腹甲的占卜形式

（1a）甲子卜，我，貞：我又事。一

（1b）甲子卜，我，貞：弋（卯）彡我又事。二

（1c）甲子卜，我，貞：呼螽（敢），隻。孚。一

（1d）冢隻。孚。二

（1e）丙寅卜，我，貞：呼印取射子。一

（1f）己巳卜，我，貞：射取子。一

（1g）射。二

（1h）己巳卜，我，貞：今夕亡囚（憂）。

（1i）己巳卜，我，貞：史虣賈。一

（1j）庚午卜，我，貞：呼螽（敢），隻。二

（1k）不隻。一

（1l）乙未余卜，貞：受今秋歸。一

（1m）乙未余卜貞：今秋麤歸。一

（1n）乙未余卜貞：今秋我入商。一

（1o）乙未余卜，貞：史（使）人唯若。一

（1p）乙未子卜，貞：史（使）人唯若。一

（1q）乙未余卜：今八又事。一

（1r）女（毋）。一

（1s）乙未余卜：于九月又事。一

（1t）于九月又事。一

（1u）女（毋）。一

（1v）乙未子卜，貞：叀丁事戠。一

（1w）丙申余卜：又召。一

（1x）又召。二

（1y）丙申…亡蚩（害）…

（1z）…卹卜…亡蚩（害）…

(1A) 丁酉余卜：唯庚召。一

(1B) 唯辛又召。一

(1C) 丁酉余卜：壬又事。一

(1D) 于癸又事。一

(1E) 丁酉卜，彻：禦兄丁。一

(1F) 兄。二

(1G) 丁酉余卜：今八月又事。一

(1H) 戊戌卜，彻，貞：來唯若，以。二

(1I) 若。一

(1J) 己亥卜，彻，貞：來，唯使以。二

(1K) 己亥卜，彻：來若，以。一

(1L) 唯以。二

(1M) 己亥卜，彻，貞：來唯若。一

(1N) 己亥卜，彻，唯若，以。二

(1O) 己亥卜，彻：禦小己，若。一

(1P) 己亥卜，彻：禦妣己。一

(1Q) 庚子卜，彻，貞：儔來唯𩰋以。一

(1R) 𩰋。二

(1S) 丁酉余卜：㱿（苣）。一

(1T) 乙巳… 二

《合集》21586(《乙編》4758＋)[子組]

這版腹甲(1q)(1r)兩辭對貞，兆序數皆爲一。(1s)(1t)兩辭同貞。(1w)(1x)兩辭一套。卜辭刻寫在兆幹内側或外側，整版卜辭皆從右向左豎行。①

---

① 張秉權：《殷墟文字丙編》第 612 片考釋，中研院歷史語言研究所，1972 年。張世超：《殷墟甲骨字迹研究——自組卜辭篇》，第 92、125 頁，東北師範大學出版社，2002 年。蔣玉斌：《殷墟子卜辭的整理與研究》，第 102、107 頁，吉林大學博士學位論文，2006 年 4 月。指導教師：林澐。

（二）主體兩列鑽鑿布局腹甲的占卜形式

（2a）庚子子卜：叀小宰臀司。一

（2b）庚子子卜：叀小宰钔龍母。二

（2c）辛丑子卜：其钔妹。二

（2d）辛丑卜：其钔中母己。一

（2e）辛丑卜：中母己鼎。一

（2f）辛丑子卜，貞：用小宰龍母。一

（2g）辛丑子卜，貞：用小宰臀司。一

（2h）壬寅子卜：钔母小宰。一

（2i）壬寅子卜：叀豕用至臀司小宰。一

（2j）癸卯卜：來癸其酒于司癸至。一

（2k）癸卯子卜：钔羸甲。二

《合集》21805（《乙編》4507）［子組］

這版腹甲首甲中甲無鑽鑿兩列布局。（2a）（2b）兩辭爲庚子日占卜用小宰向臀司還是龍母舉行禡祭。兆序數一、二遞增。（2c）至（2g）辭爲辛丑日占卜向中母己、龍母還是臀司爲妹舉行禡祭。多一辭一卜，兆序數爲一。也有一、二遞增。（2h）（2i）兩辭爲壬寅日占卜用小宰向母舉行禡祭，用豕和小宰祭祀臀司。一辭一卜，兆序數爲一。（2j）（2k）爲癸卯日占卜酌祭司癸，禡祭羸甲，兆序數一、二遞增。這版腹甲有一辭一卜，也有選貞或一個事件不同方面的占卜，兆序數遞增。用內側鑽鑿占卜的卜辭多刻寫在兆幹內側，用外側鑽鑿占卜的卜辭多刻寫在兆幹外側，（2d）（2h）臨時有調整。整版卜辭刻寫行款從右向左豎行。

（3a）乙丑子卜，貞：今日又來。一

（3b）乙丑子卜，貞：翌日又來。一

（3c）乙丑子卜，貞：自今四日又來。一

（3d）乙丑子卜，貞：自今四日又來。二

（3e）乙丑子卜，貞：庚又來。一

（3f）丙寅子卜，貞：庚又事。一

（3g）癸酉卜，侐，貞：至旬亡囚。一

（3h）旬。二

（3i）癸酉卜，侐，貞：至旬亡囚。三

（3j）丙戌子卜，貞：我亡乍口。二

（3k）又。二

（3l）丙戌子卜，貞：丁不夘我。二

（3m）由夘。二

（3n）壬辰子卜，貞：婦嫹子曰戠。二

（3o）婦妥子曰亯。二

（3p）庚申子卜，貞：唯以象①若，直。一

（3q）弗以。一

《合集》21727（《乙編》4856）［子組］

這版腹甲首甲中甲有鑽鑿兩列布局。（3a）至（3e）辭選貞有來的日期，（3a）（3b）兩辭選貞來的日期是今日，還是第二日，一辭一兆，兆序數爲一。（3c）（3d）兩辭一套兩卜占卜自今四日有來。（3g）至（3i）三辭一套三卜的卜旬辭，（3j）至（3o）一辭一兆，兆序數爲二，可能是異版成套的第二卜。（3p）（3q）兩辭對貞是否帶來象，一辭一兆，兆序數爲一。用內側鑽鑿占卜的卜辭刻寫在兆幹內側，用外側鑽鑿占卜的卜辭刻寫在兆幹外側，整版卜辭從右向左豎行。

（4a）乙巳卜，侐：又𡟦。二

（4b）亡之。二

（4c）乙巳卜，侐，貞：今五月我又事。二

（4d）乙巳卜，侐，貞：六月我又事。二

①　陳劍：《金文"象"字考釋》，《甲骨金文考釋論集》，綫裝書局，2007 年，第 243—272 頁。單育辰：《甲骨文所見動物研究》，第 83—84 頁，上海古籍出版社，2020 年。陳劍：《"象"與相關諸字考釋的新看法與反思》，吉林大學"古文字與中華文明傳承發展工程協同攻關平臺系列講座第七場"，2023 年 5 月 28 日。

(4e) 乙巳卜，伮，貞：庚我又事。二

(4f) 乙巳卜，伮，貞：辛我又事。二

(4g) 丁未卜，伮，貞：令象。二

(4h) 叀己令象。二

(4i) 戊申卜，貞：叀庚令象。二

(4j) 叀辛令象。二

《合集》21635(《乙編》3350)［子組］

這版腹甲反面首甲中甲無鑽鑿兩列布局，正面(4a)(4b)兩辭對貞有無災咎，(4c)至(4f)辭選貞有事的月份與日期。(4g)至(4k)辭選貞令象的日期。整版兆序數爲二，是異版成套腹甲的第二版。用内側鑽鑿占卜的卜辭刻寫在兆幹内側，用外側鑽鑿占卜的卜辭刻寫在兆幹外側，整版卜辭從右向左豎行。

兩列鑽鑿布局有用整版兆序數相同的異版成套占卜，有一版之内的兩辭一套或三辭一套占卜，也可能有只卜一次。

(三) 首甲中甲無鑽鑿單環稀疏型鑽鑿布局變式腹甲的占卜形式

(5a) 辛巳卜，我，貞：今二月［又］畬。一

(5b) 辛巳卜，我，貞：于三月又畬。一

(5c) 己丑：丁來于衛，侃。一

(5d) 癸巳。一

《合集》21744(《乙編》4577)［子組］

這版腹甲(5a)(5b)兩辭選貞今二月還是三月有畬。(5c)辭占卜丁從衛來。(5d)辭只刻寫了干支。整版兆序數爲一，可能是異版成套占卜腹甲的第一卜。卜辭刻寫在兆幹外側，整版卜辭從右向左豎行。

(6a) 戊子卜，貞：婦伮又子。二

(6b) 戊子卜，貞：婦桑又子。二

(6c) 戊子貞：婦豆又子。二

《合補》6822(《乙編》4504)［子組］

這版腹甲(1)至(3)三條卜辭選貞婦㜒、婦桑、婦壴有子。整版兆序數爲二,是異版成套占卜腹甲的第二卜。卜辭刻寫在兆幹外側,整版卜辭從右向左豎行。

子組腹甲主體三列、兩列鑽鑿布局對貞占卜兆序數相同,選貞占卜兆序數相同或遞增,也有同一版上的兩辭或三辭一套的占卜。主體兩列與單環稀疏型鑽鑿布局首甲中甲無鑽鑿時,多使用整版兆序數相同的異版成套占卜。兆序數一般在三以內。

綜上,子組龜腹甲鑽鑿布局主要爲密集型,也有稀疏型。密集型主要爲兩列布局,也有三列布局。稀疏型主要爲首甲中甲無鑽鑿的單環稀疏型鑽鑿布局的變式。

子組腹甲基本一辭一兆,也有一辭兩兆,有同一版上的兩辭或三辭一套的占卜及異版成套占卜。兆序數一般在三以內。

附表

子組腹甲鑽鑿布局表

鑽鑿布局類型		號碼	首甲	中甲	前甲	後甲	尾甲	甲橋
密集型	三列	21537				×3	2	
		21586	1	3	2+3+3×4+3+3	右:6×2+5×2+3 左:6+5×2+2+1	右:1+3+ 左:3+	
	兩列	21566				2+2		
		21569			1+2			
		21635	0	0	右:2+2 左:1+2	2+2	1	
		21727	1	0	1+2	3+2	1	
		21805	0	0	2+1	3+2	右:1 左:2	
		21832				2+2		

續　表

鑽鑿布局 類型		號碼	首甲	中甲	前甲	後甲	尾甲	甲橋
稀疏型	單環稀疏型	B6822	0	0	1	1	0	
		21541					1	
		21744	0	0	1	1	0	

子組腹甲鑽鑿布局材料表

類　型		片　號
密集型	三列	21537（乙 9029）、21586（乙 4758＋）
	兩列	21566、21569（乙 8909）、21635（乙 3350）、21727（乙 4856）、21805（乙 4507）、21832
稀疏型	單環稀疏	B6822（乙 4504）、21541（乙 788＋）、21744（乙 4577）
因殘斷或缺 反面信息不明		21615、21653（乙 5123）

第二節　午組腹甲鑽鑿布局與占卜形式

一、午組腹甲鑽鑿布局

午組腹甲反面鑽鑿布局主要有密集型與稀疏型。

（一）密集型

午組腹甲密集型鑽鑿布局有主體三列密集布局與主體兩列密集布局。

1. 主體三列密集布局

《合集》22045＋（《乙編》5321＋）腹甲左右兩部分的鑽鑿對稱分布。首

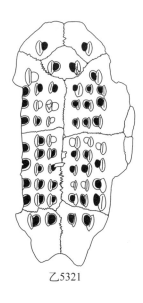

乙5321

甲左右各 1 個鑽鑿。中甲 2 個鑽鑿。前甲左右近腋凹區各 1 個鑽鑿,主體區各三列三行 9 個鑽鑿。後甲左右各三列鑽鑿,近千里路兩列每列 5 個,近原邊一列 4 個鑽鑿。尾甲左右各一行 2 個鑽鑿。爲主體三列鑽鑿布局,這種布局可以看作午組腹甲的典型鑽鑿布局,灼燒均在長鑿內側。單個鑽鑿稍歪斜。

《合集》22047(《乙編》4521)腹甲左右兩部分的鑽鑿對稱分布。首甲左右各 1 個鑽鑿。中甲 2 個鑽鑿。前甲左右近腋凹區各 1 個鑽鑿,主體區各三列三行 9 個鑽鑿。後甲左右各三列五行 15 個鑽鑿。尾甲左右各一行 2 個鑽鑿。爲主體三列鑽鑿布局,灼燒均在長鑿內側。

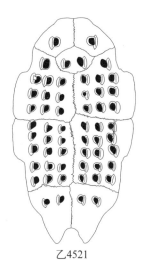

乙4521

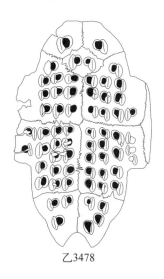

乙3478

《合集》22092(《乙編》3478)腹甲左右兩部分的鑽鑿對稱分布。首甲左右各 1 個鑽鑿。中甲 2 個鑽鑿。前甲左右近腋凹區各 1 個鑽鑿,主體區各三列三行 9 個鑽鑿,近甲橋區各 1 個鑽鑿。後甲左右各三列鑽鑿,近千里路兩列每列 5 個,近原邊一列 4 個鑽鑿,近甲橋區反面右側一列 3 個鑽鑿,左側一列 2 個鑽鑿。尾甲反面右側三行鑽鑿,上行 2 個,中行 1 個,下

行 1 個鑽鑿,左側兩行鑽鑿,上行 2 個,下行 1
個鑽鑿。爲主體三列鑽鑿布局。反面近甲橋
區右側上 3 個,左側最下 2 個鑽鑿灼燒在長
鑿外側。

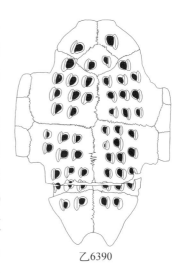

乙6390

　　《合集》22103(《乙編》6390)[①]腹甲左右兩
部分的鑽鑿基本對稱分布。首甲左右各 1 個
鑽鑿。中甲 2 個鑽鑿。前甲反面左右兩側近
腋凹區各 1 個鑽鑿,主體區右側三列三行 9
個鑽鑿,左側三列,近千里路一列 2 個,近原
邊兩列每列 3 個鑽鑿。後甲反面三列鑽鑿,
右側近千里路兩列每列 5 個鑽鑿,近原邊一
列 4 個鑽鑿,左側跨凹連綫以上兩行兩列 4 個,近甲橋區一列 2 個鑽鑿,跨
凹連綫以下三列兩行 6 個鑽鑿。尾甲左右各一行 2 個鑽鑿。爲主體三列
鑽鑿布局。單個鑽鑿稍歪斜。

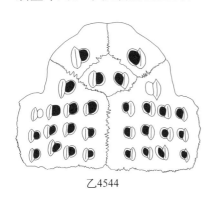

乙4544

　　《合集》22276(《乙編》4544)腹甲左
右兩部分的鑽鑿對稱分布。首甲左右各
1 個鑽鑿。中甲 2 個鑽鑿。前甲左右近
腋凹區各 1 個鑽鑿,主體區各三列三行 9
個鑽鑿,近甲橋區各一列 3 個鑽鑿。爲
主體三列鑽鑿布局。

　　2. 主體兩列密集布局

　　《合集》22098(《乙編》3521＋)腹甲
左右兩部分的鑽鑿對稱分布。首甲左右各 1 個鑽鑿。中甲無鑽鑿。前甲
左右近腋凹區各 1 個鑽鑿,主體區各兩列兩行 4 個鑽鑿。後甲左右各兩
列三行 6 個鑽鑿。尾甲左右各一行 2 個鑽鑿。爲主體兩列鑽鑿布局。灼
燒均在長鑿內側。

① 這版腹甲綴合或不成立,或不能密合。筆者更偏向於第一種情況。

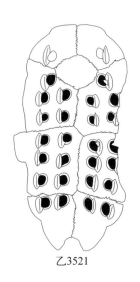
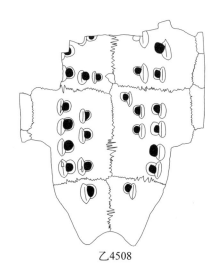

乙3521　　　　　　　　　　　　　　乙4508

（二）稀疏型

午組腹甲可見複環稀疏型鑽鑿布局。

《合集》22067（《乙編》4508）腹甲左右兩部分的鑽鑿基本對稱分布。前甲反面最下一行右側一行 2 個，左側一行 3 個鑽鑿。後甲反面右側最上 1 個鑽鑿，主體區兩列，居中一列 2 個，近原邊一列 4 個鑽鑿，左側主體區兩列，居中一列 3 個，近原邊一列 4 個鑽鑿。尾甲左右各 1 個鑽鑿。

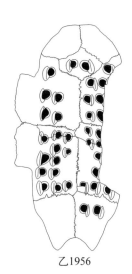

乙1956

《合集》22094（《乙編》1956＋）首甲無鑽鑿。中甲 2 個鑽鑿。前甲反面左右近腋凹區各 1 個鑽鑿，主體區右側可能三列三行 9 個鑽鑿，左側兩列兩行 4 個鑽鑿。後甲左右各三列，近千里路一列 3 個，中間一列 5 個，近原邊一列 4 個鑽鑿。尾甲反面右側一行 2 個鑽鑿，左側 1 個鑽鑿。該版鑽鑿排列並不整齊。

午組龜腹甲鑽鑿布局主要爲主體三列密集型，也有主體兩列密集及複環稀疏型。主體三列密集布局的特色布局是：首各 1＋中 2＋前各 1＋3×3＋後各 5＋5＋4＋尾各 2＋橋 0。午組單個鑽鑿略傾斜，有時排列並不整齊。鑽鑿應該是在腹甲整治後即按照既定的布局施加完成。

二、午組腹甲上的占卜形式

午組腹甲主要占卜形式爲一辭多卜和異版成套。

(一) 主體三列密集鑽鑿布局腹甲的占卜形式

(1a) 丁未[卜]：卯。一二三

(1b) 丁未卜：其卯。

(1c) 丁未卜：其粲(禱)。一二三

(1d) 丁未卜：不𥃩(犯)戎，翌庚戌。一二三

(1e) 丁未卜：其𥃩(犯)戎，翌庚戌。一二三

(1f) 丁未卜，貞：令或光出隻羌芻五十。一二三

(1g) 丁未卜：田于西。一

(1h) [丁]未貞：其田東。一

(1i) 庚戌卜：往田于東。一二三

(1j) 庚戌卜：往田東。往庚。一二三

(1k) 庚戌卜，貞：余令阹比羌田，亡囚。

(1l) 庚戌卜，貞：比羌田于西，囚。一二三

(1m) 丙子卜，貞。

(1n) 丁丑卜：步自。

(1o) 戊寅卜：步自。

(1p) 癸未。

《合集》22043＋22095①(《乙編》3869)[午組]

這版腹甲，(1a)(1b)占卜禦祭。(1c)占卜禱祭。(1d)至(1f)辭占卜與羌
的戰争，(1g)至(1l)辭占卜田獵。(1a)辭使用右尾甲最上一行 3 個鑽
鑿，一辭三卜。(1c)辭使用右後甲部位最下一行的 3 個鑽鑿。(1b)辭雖

---

① 蔣玉斌：《〈甲骨文合集〉綴合拾遺(第九十一──九十三組)》，第 93 組，先秦史研究室網站，
2010 年 12 月 22 日。

然未刻寫兆序數，但應該是使用左後甲最下一行 3 個鑽鑿，一辭三卜。
(1d)(1e)兩辭使用後甲第三行 3 個鑽鑿，一辭三卜。(1f)辭使用右後甲
第一行 3 個鑽鑿，一辭三卜。(1g)(1h)兩辭兆序數可能爲一，應該是使
用前甲近腋凹區 1 個鑽鑿，一辭一卜。(1i)辭使用右後甲第四行 3 個鑽
鑿，一辭三卜。(1j)辭使用右前甲最下一行 3 個鑽鑿，一辭三卜。(1k)
辭未刻寫兆序數，應該是使用左後甲第四行 3 個鑽鑿，一辭三卜。(1l)
辭使用右前甲主體區第一行 3 個鑽鑿，一辭三卜。(1m)未刻寫兆序數，
可能使用卜辭所在右前甲主體區第二行的兩個鑽鑿，兩卜。(1n)(1o)
兩辭未刻寫兆序數，應該是使用後甲近甲橋區 1 個鑽鑿，一辭一卜。
(1p)辭未刻寫兆序數，應該是使用中甲右側 1 個鑽鑿，一辭一卜。這版
午組腹甲上的卜辭雖然有不刻寫兆序數的情況，但是從其所在位置以
及對稱位置的卜辭情況可以判斷其占卜所使用的鑽鑿數及兆序情況。
這版腹甲多使用卜辭所在的一行鑽鑿進行占卜，即多一辭三卜，兆序數
從內向外橫排。

(2a) 叀□豕。一二三

(2b) 叀盧豕。一二三

(2c) 至𤔲羊。一二三

(2d) 戊午卜，貞：妻左(又)瘳，①今夕。一二三四五六

(2e) 戊午卜：至妻钔束父戊，良②左(又)瘳。一二三四五六

(2f) □午卜：钔束父戊𠬝羊。一二三

(2g) 戊午卜：钔司戊𠬝。一二三

(2h) 于子庚钔𠬝。

《醉古》110(《乙編》4860)[午組]

---

① 姚萱：《殷墟花園莊東地甲骨卜辭的初步研究》，第 199—212 頁，綫裝書局，2006 年。同作
　者：《非王卜辭的"瘳"補說》，《河北大學學報(哲學社會科學版)》2012 年第 4 期，第 108—
　113 頁。

② 良，克，能够。張昂：《出土文獻中所見"疾愈"類字詞的相關問題探研》，待刊。

這版腹甲,(2a)至(2c)辭占卜祭祀,(2d)至(2h)辭占卜禦除疾病的祭祀。
(2a)辭使用右後甲第四行 3 個鑽鑿,一辭三卜。(2b)辭使用右後甲第三
行 3 個鑽鑿,一辭三卜。(2c)辭使用右後甲第二行 3 個鑽鑿,一辭三卜。
(2d)辭使用左後甲上兩行 6 個鑽鑿,一辭六卜,兆序數一至六從內向外
自上而下排列。(2e)辭使用右前甲主體區上兩行 6 個鑽鑿,一辭六卜,
兆序數一至六從內向外自下而上排列。(2f)辭使用左後甲第三行 3 個
鑽鑿,一辭三卜。(2g)辭使用右前甲主體區最下一行 3 個鑽鑿,一辭
三卜。(2h)辭使用左前甲最下一行 3 個鑽鑿,一辭三卜。這版腹甲多
使用卜辭所在的一行鑽鑿進行占卜,即多一辭三卜,兆序數從內向外
橫排。也有使用卜辭所在的兩行鑽鑿進行占卜,即一辭六卜,兆序數
先從內向外,再自上而下或自下而上排列。這版腹甲按行使用鑽鑿進
行占卜。

> (3a) 戊子卜:至卲子庚。一二三
>
> (3b) 至卲父丁。一二三
>
> (3c) 戊子卜:至卲子庚子羌牢。一二三
>
> (3d) 戊子卜:至子卲父丁白豕。一二三
>
> (3e) 戊子卜:虫𠂤歲于父戊艮。用。今戊。一二三四五六
>
> (3f) 戊子卜:祼至來戊酒用。一二三
>
> (3g) 戊子卜:叀今戊用。一二三
>
> (3h) 戊子卜:用六卜。
>
> (3i) 三用。
>
> (3j) 壬辰卜:弜至日。一二三四五六七八九十十一
>
> (3k) 壬辰卜:至日。一二三四五六七八九十十一

《合集》22046(《乙編》5399)〔午組〕

這版腹甲,(3a)至(3i)辭占卜舉行禦祭。(3j)(3k)兩辭對貞要不要至日。
(3a)至(3d)、(3f)(3g)使用卜辭所在一行的 3 個鑽鑿,一辭三卜,兆序數從
內向外橫排。(3e)辭使用兩行 6 個鑽鑿,一辭六卜,兆序數一至六從內向

外自下而上排列。(3j)(3k)辭使用四行 11 個鑽鑿,一辭十一卜,兆序數一
至"十一"從內向外自下而上排列。(3h)(3i)兩辭使用腋凹處的 1 個鑽鑿,
一辭一卜。(3h)可能是對(3e)辭的再占卜,(3e)一辭六卜,(3h)進一步占
卜使用六卜的這一卜。(3i)可能是對(3g)辭的再占卜,(3g)一辭三卜,且
在(3e)辭對稱位置。這版腹甲多使用卜辭所在的一行鑽鑿進行占卜,即
多一辭三卜,兆序數從內向外橫排。有使用卜辭所在的兩行鑽鑿進行占
卜,即一辭六卜,兆序數先從內向外,再自上而下或自下而上排列。(3j)
(3k)使用後甲部位上面四行鑽鑿,分區占卜。這版腹甲按行和分區使用
鑽鑿進行占卜。

(4a) 壬戌卜,貞:亡囚子亳。

(4b) 于兄己妝(殺)犬。一二三

(4c) 甲子卜:亡囚妝(殺)二豠二狣。一二三四

(4d) 甲子卜:妝(殺)二豠二狣于入乙。一二三四

(4e) 叀今癸。用。一二三四

《合集》22276(《乙編》4544)[午組]

這版腹甲占卜祭祀,(4a)辭未刻寫兆序數,應該是使用左前甲近腋凹區 1
個鑽鑿,一辭一卜。(4b)至(4e)使用各辭所在的一行 3 或 4 個鑽鑿,一辭
三卜或一辭四卜,兆序數一至三或四從內向外橫排。這版腹甲按行使用
鑽鑿進行占卜。

(5a) 壬戌卜:在阝于妣乙卯用牢,不。一二

(5b) 癸亥卜:祖庚屮彳歲牛。一二

(5c) 癸亥卜:于祖乙屮歲牛。一二

(5d) 癸亥卜:在子卯阝于乙母臣于祖庚卯羊二狣二。

(5e) 癸亥卜:于兄己屮歲。一二三

(5f) 癸亥卜:于司己屮歲牛。一二三

(5g) 乙丑卜:桼(禱)琗生于贏。一二三四

《村中南》478[午組]

這版腹甲主體三列密集鑽鑿布局,爲左後甲部位,其上各辭皆占卜祭祀。
(5a)辭使用主體區近原邊一列最下兩個鑽鑿,一辭兩卜,兆序數一、二自下而上縱排。(5b)(5c)辭分別使用第四行、第五行近千里路2個鑽鑿,一辭兩卜,兆序數一、二從内向外横排。(5d)未刻寫兆序數,應該是使用第三行外側近跨凹的1個鑽鑿,一辭一卜。(5e)(5f)分別使用第一行、第二行3個鑽鑿,一辭三卜,兆序數一至三從内向外横排。(5g)辭使用第三、第四行近千里路各2個鑽鑿,一辭四卜,兆序數一至四從内向外自上而下排列。這版腹甲占卜有使用一行鑽鑿進行占卜,如(5e)(5f);有使用一行的部分鑽鑿進行占卜,如(5b)(5c);有使用兩行的部分鑽鑿進行占卜,如(5g);有按列使用鑽鑿進行占卜,如(5a);有使用1個鑽鑿進行占卜,如(5d)。

（二）主體兩列鑽鑿布局腹甲的占卜形式

　　(6a) 庚子卜。一二

　　(6b) 庚子卜。一二

　　(6c) 叀羊于妣乙。一二三[四]

　　(6d) 庚子卜：叀豕于妣乙。一二三四

　　(6e) 庚子卜：叀牝羊妣乙。一二三四

　　(6f) 庚子卜：叀牝��妣乙牛。一二三四五

　　　　　　　　　　《合集》22068(《乙編》7261)[午組]

這版腹甲選貞祭祀妣乙的祭牲。(6a)(6b)兩辭使用卜辭所在的後甲最下一行2個鑽鑿。(6c)至(6d)辭使用卜辭所在兩行4個鑽鑿。(6e)(6f)可能使用左前甲部位5個鑽鑿。這版腹甲按行和分區使用鑽鑿進行占卜。

（三）複環稀疏型鑽鑿布局腹甲的占卜形式

　　(7a) 貞：子𡿖不乍𡿖。一二

　　(7b) 貞：冉毛告。不。一二三

　　(7c) 甲寅卜：又妣乙。一二

(7d) 壬子卜，貞：又其歸，帚亡大。一二三

《合集》22067（《乙編》4508）〔午組〕

這版腹甲爲複環稀疏型鑽鑿布局，占卜災禍與祭祀。(7a)辭使用右後甲近原邊一列最下兩個鑽鑿，一辭兩卜，兆序數一、二自上而下縱排。(7b)辭使用左後甲近原邊一列最下 3 個鑽鑿，一辭三卜，兆序數一至三自上而下縱排。(7c)辭使用右後甲近千里路一列 2 個鑽鑿，一辭兩卜，兆序數一、二自上而下縱排。(7d)使用左後甲近千里路一列兩個和左後甲最上一行外側 1 個鑽鑿，一辭三卜，兆序數一、二自上而下縱排再橫向排列。這版腹甲按列使用鑽鑿進行占卜。

午組腹甲主體兩列、三列密集布局或複環稀疏型鑽鑿布局，多按行、分區使用鑽鑿進行占卜，即使用卜辭所在的一行、兩行、三行或四行鑽鑿進行占卜，即多用一辭三卜，也有一辭兩卜、四卜、六卜、八卜、十一卜等。也有按列使用鑽鑿占卜。午組腹甲上的卜辭有些未刻寫兆序數，但是仍可以判定其使用的鑽鑿、兆序數等，從而判斷其占卜形式。午組腹甲通常使用一行鑽鑿進行占卜。卜辭可以從千里路起刻，向外豎行。也可以從原邊或近原邊起刻，向內豎行。使用相鄰兩行的鑽鑿的卜辭通常一行從千里路起刻，與之相鄰一行則從原邊或近原邊起刻，交錯起刻。

綜上，午組龜腹甲鑽鑿布局主要爲主體三列密集型，也有主體兩列密集及複環稀疏型。

午組腹甲多一辭多卜，按行、按列或分區使用鑽鑿進行占卜。

附表

午組腹甲鑽鑿布局表

類　型		號　碼	首甲	中甲	前　甲	後　甲	尾甲	甲橋
密集型	三列	13795				×3		
		21073		2	1+3×3	×3		

類　型		號　碼	首甲	中甲	前　甲	後　甲	尾甲	甲橋
密集型	三列	22043	右：1 左：0	1	右：1+3×3 左：3×3	6+6+5+1	左：3+	
		22044	1	3	右：1+2+ 2×3+1 左：1+2+ 2×3+2	右：5+5+ 4+1 左：5+5+ 4+2		
		22045	1	2	1+3×3	5+5+4	2	
		22046	1	2	1+3×3	5+5+4		
		22047	1	2	1+3×3	5×3	2	
		22048	1	2	右：1+3+ 3+2+1 左：1+2+ 3+2	右：3×4+ 2×3 左：2×4+ 3+2	3+	
		22049	0	1	1+3×3	×3		
		22050	1	2	1+3×3	右：5+5+4 左：2×3+ 2×3	2	
		22055	1		1+×3			
		22063	1	2	1+3×3	4×3	2+2	
		22065	1	2	1+3×3	5+5+4	3	
		22066	1	2	1+3×3	5+5+4		
		22069	0	0	1+3×3	右：2+3+4 左：4×3	2	
		22070				5+5+4		
		22072				4×3		

類　　型		號　碼	首甲	中甲	前　甲	後　甲	尾甲	甲橋
密集型	三列	22073	1	2	1+3×3	5+5+4		
		22074	0	0	1+3×3	5+5+4		
		22075	1		1+2+3+3	右：+5+5 左：3+4+4		
		22077	0	2	1+3×3	5×3	3	
		22078	1	2	1+3×3	2×2+×2+2		
		22079			1+3×3	5+5+4		
		22091	1	4	1+3×3+2	6+6+5	2×3+1	
		22092	1	2	1+3×3+1	5+5+4+2	右：2+1+1 左：2+1	
		22093	1	2	2+4×3+3	右：3×3+2×3+2+2 左：3×3+2×3		
		22099	1	2	1+3×3	5×3		
		22103	右：1 左：0	2	右：1+3×3 左：1+2+3+2	右：5+5+4 左：2×2+2×3+2	2	
		22119				×3		
		22187				右：3×3+2+1 左：4×2		

類　型		號　碼	首甲	中甲	前　甲	後　甲	尾甲	甲橋
密集型	三列	22196	右：0 左：1		1+3×3	5+5+4		
		22276	1	2	1+3×3+3			
		22356				5+4+4+3×3	右：3+2+1 左：3+2+2	
		22365				4+4+5+1		
		22438				3+3+3		
		22439				×3		
		22461	1	2	右：1+4×3+3 左：1+1+4+3+3+3	右：6+6+6+5+2 左：5×3+2		
		T2118			×3			
		T2240			1+1+4+3×3+3			
		T2250			×3			
		T2673			×3			
		村中294	1	2	右：2+3×3+2 左：1+3×3+1	4+5×3+1		
		村中295					2×3	

續　表

類　型		號　碼	首甲	中甲	前　甲	後　甲	尾甲	甲橋
		村中 297				5＋5＋4		
		村中 333				5＋5＋4		
		村中 335			1＋3×3			
		村中 357				5＋5＋4		
		村中 361				×3		
		村中 364			1＋3×3			
		村中 365				×3		
		村中 366			1＋3×3			
		村中 447	1	2	1＋3×3			
密		村中 453				5＋5＋4＋2		
		村中 457			1＋2＋3＋3			
集	三列	村中 459			2＋3×3			
		村中 462			1＋2＋3＋3			
型		村中 468			1＋3×3			
		村中 474			1＋2＋3＋2			
		村中 475			3×3＋2			
		村中 478				6＋6＋5		
		村中 481			1＋1＋3＋2			
		村中 483				×3		
		村中 485			1＋×3＋3			
		村中 492				5＋5＋4		
		村中 496				5＋5＋4		

續　表

類　　型		號　　碼	首甲	中甲	前　甲	後　甲	尾甲	甲橋
密集型	兩列	22068	0	0	1+2×2	3×2	2	
		22098	0	0	1+2×2	3×2	2	
稀疏型	複環	22067			1+1+1+2	右：1+2+4 左：3+4	1	
		22094	0	2	右：1+3×3 左：1+2×2	右：3+2+ 2+3 左：2+3+ 4+3	右：2 左：0	
		22297				1+1+3		

午組腹甲鑽鑿布局材料表

類　　型		片　　　　號
密集型	三列	13795（甲 3367）、22044（乙 5327）、22046（乙 5399）、22047（乙 4521）、22048（乙 4925）、22050（乙 4520＋乙 4522＋乙 4678）、22063、22065、22066、22069、22070、22072、22073、22074、22075、22077、22078、22079、22091、22092（乙 3478）、22093（乙 4505＋4719＋8587）、22099（乙 5405）、22103（乙 6390）、22119（乙 5521＋乙 5523）、22196（丙 609）、22276（乙 4544）、22356（乙 4528）、22438（乙 6674）、22439（乙 1062）、T2118、T2240、T2250、T2673、村中 294、村中 295、村中 297、村中 333、村中 335、村中 357、村中 361、村中 364、村中 365、村中 366、村中 447、村中 453、村中 457、村中 459、村中 462、村中 468、村中 474、村中 475、村中 478、村中 481、村中 483、村中 485、村中 492、村中 496、蔣玉斌 21073（乙 5296）＋乙補 5573、蔣玉斌 22043（乙 4692）＋22095（乙 3869）、蔣玉斌 22045（乙 5321）＋15108（乙 5810）、蔣玉斌【合 22088（乙 4549）＋合 22063 部分（乙 7512＋乙 8413）＋合 22113（乙 8435＋乙 8441）＋合 22186（乙 8406）＋乙 8455＋乙 8443＋乙 8384＋乙 8454＋乙 8413＋乙補 7512＋乙 8407＋乙 4266＋R37385】、蔣玉斌【合 22091（乙 3259＋乙 3065＋乙 3803＋乙 7318）＋合 22212（乙 7086）＋合 22309（乙 1185）＋合補 05638［乙 2625＋合 22410（乙 3843）］＋合 22124（乙 7359）＋合 22418（乙 7280）＋乙 8557＋乙補 3399＋乙補 3400＋乙補 6106】、蔣玉斌【合 22126（乙 3930）＋合 22128（乙 7039）＋合 22104（乙 8113＋乙 4581）＋合 22125（乙 3501）＋合 22121（乙 7760）＋

續　表

類　型		片　　號
密集型	三列	合 18668(乙 3850)＋乙 3839＋乙補 3579]、蔣玉斌【22365(乙 8900)＋乙補 7416]、醉古 24【H22055(乙 1015＋1434＋1538＋1603＋1764)＋乙補 1534＋乙 1557]、醉古 110【22049(乙 4860＋5162＋5178＋5596)＋22081(乙 5156)＋無號甲]、綴彙 473【合 22206 甲(乙 0804＋乙 0973＋乙 1780＋乙 1855)＋合 22206(乙 1479＋乙 1623)＋合 22187(乙 1428)＋R37014]
	兩列	22068(乙 7261)、22098(丙 613)
稀疏型	複環	22067(丙 610)、22297（甲 3068＋甲 3102)、蔣玉斌【合 22094（乙 6690)＋合 22441(乙 1956＋乙 2130)】
因殘斷或缺反面信息不明		22339(乙 4746)、T2672、T2771、村中 310、村中 311、村中 327＋村中 361、村中 338、村中 464

<h1 align="center">第三節　婦女類腹甲鑽鑿
布局與占卜形式</h1>

一、婦女類腹甲鑽鑿布局

　　婦女類腹甲反面鑽鑿布局主要有密集型與稀疏型。

　　（一）密集型

　　婦女類腹甲密集型鑽鑿布局有主體三列密集布局與主體兩列密集布局。

　　1. 主體三列密集布局

　　《合補》6829(《乙編》8818)腹甲左右兩部分的鑽鑿無論在數目上，還是位置上基本不對稱分布。首甲中甲無鑽鑿。前甲反面左右近腋凹

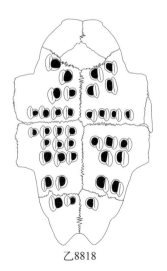

乙8818

區各 2 個鑽鑿；主體區各三列，近千里路兩列，每列 2 個鑽鑿，第三列 1 個鑽鑿，近甲橋區 1 個鑽鑿。也可以看作主體區兩行，上行 2 個，下行 4 個鑽鑿。後甲反面三列鑽鑿，右側近千里路一列 1 個鑽鑿，近原邊兩列，每列 3 個鑽鑿；也可以看作最上一行 3 個鑽鑿，其下二列二行 4 個鑽鑿；左側近千里路一列 3 個鑽鑿，第二、第三列各 4 個鑽鑿；近甲橋區 1 個鑽鑿；也可以看作第一行 4 個鑽鑿，其下兩行每行 3 個鑽鑿，最下一行 2 個鑽鑿。尾甲反面右側 1 個鑽鑿，左側一行 2 個鑽鑿。這版腹甲按行施加鑽鑿的特點非常明顯。該版鑽鑿排列並不整齊。

　　《合集》22214（《乙編》8895）腹甲左右兩部分的鑽鑿基本對稱分布。首甲左右各 1 個鑽鑿。中甲 3 個鑽鑿。前甲反面左右近腋凹區各 2 個鑽鑿，主體區各三列三行 9 個鑽鑿，近甲橋區右側一列 2 個，左側一列 3 個鑽鑿。後甲反面左右各三列五行 15 個鑽鑿，近甲橋區各一列 2 個鑽鑿。尾甲反面左右各三行，上行 3 個，中行 2 個，下行 1 個鑽鑿。爲主體三列鑽鑿布局。

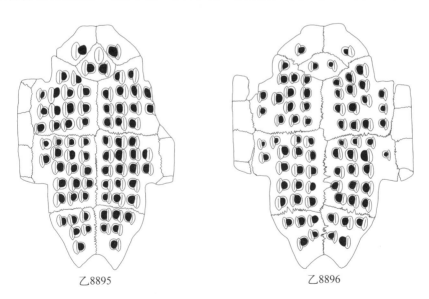

乙8895　　　　　　　　乙8896

　　《合集》22246（《乙編》8896）腹甲左右兩部分的鑽鑿基本對稱分布。首甲左右各 1 個鑽鑿。中甲 2 個鑽鑿。前甲反面右側近腋凹區 3 個鑽鑿，主體區三列三行 9 個鑽鑿，近甲橋區一列 3 個鑽鑿；左側近腋凹區 4 個鑽鑿,主體區三列,近千里路兩列每列 3 個鑽鑿,第三列 2 個鑽鑿,近甲橋區一列 2 個鑽鑿。後甲左右主體區各三列,每列 5 個鑽鑿,近甲橋區反面右側 1 個鑽鑿,左側一列 2 個鑽鑿。尾甲左右各兩行,上行 3 個,下行 2 個鑽鑿。甲橋無鑽鑿。爲主體三列鑽鑿布局。該版鑽鑿排列並不整齊。

《合集》22293(《乙編》8807＋)腹甲左右兩部分的鑽鑿大致對稱分布。首甲左右各 1 個鑽鑿。中甲 2 個鑽鑿。前甲左右近腋凹區各 1 個鑽鑿,主體區反面右側三列每列 3 個鑽鑿,左側三列,近千里路兩列,每列 3 個,近原邊一列 2 個鑽鑿。後甲反面三列,右側五行 15 個鑽鑿;左側近千里路一列 5 個,中間一列 4 個,第三列 5 個鑽鑿,近甲橋區一列 2 個鑽鑿。尾甲反面三行,右側上兩行每行 2 個,下行 1 個鑽鑿。左側上行 3 個,下兩行每行 1 個鑽鑿。爲主體三列鑽鑿布局。該版鑽鑿排列並不整齊。

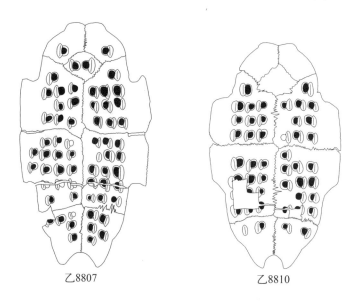

乙8807　　　　　　乙8810

《合集》22294(《乙編》8810＋)腹甲左右兩部分的鑽鑿基本對稱分布。首甲中甲無鑽鑿。前甲左右近腋凹區各 1 個鑽鑿,主體區反面右側三列,近千里路一列 2 個鑽鑿,第二、第三兩列每列 3 個鑽鑿;左側三列三行 9 個鑽鑿。後甲左右各三列四行 12 個鑽鑿,其中右側近千里路一列第三與第四個鑽鑿距離較大。尾甲左右各一行 2 個鑽鑿。爲主體三列鑽鑿布局。

2. 主體兩列密集布局

《合集》22211(《乙編》9030)腹甲左右兩部分的鑽鑿對稱分布。首甲左右各1個鑽鑿。中甲反面2個鑽鑿。前甲反面近腋凹區右側1個,左側2個,主體區各兩列兩行4個鑽鑿。後甲左右各兩列三行6個鑽鑿。尾甲左右各一行2個鑽鑿。爲主體兩列鑽鑿布局。單個鑽鑿稍歪斜。

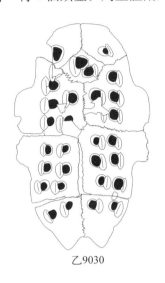 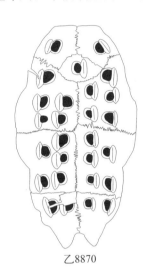

乙9030　　　　　　　　　　　乙8870

《合集》22223(《乙編》8870＋)腹甲左右兩部分的鑽鑿對稱分布。首甲左右各1個鑽鑿。中甲1個鑽鑿。前甲左右近腋凹區各1個鑽鑿,主體區各兩列兩行4個鑽鑿。後甲左右各兩列,近千里路一列3個,近原邊一列2個鑽鑿。尾甲左右各一行2個鑽鑿。爲主體兩列鑽鑿布局。

(二)稀疏型

婦女類腹甲稀疏型主要有兩列下圓和單環稀疏型下圓鑽鑿布局。

1. 兩列下圓稀疏型鑽鑿布局

《合集》20086(《乙編》8858)腹甲左右兩部分的鑽鑿基本對稱分布。首甲無鑽鑿。中甲缺失。前甲左右各兩列,近千里路一列1個,近原

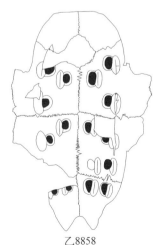

乙8858

邊一列 2 個鑽鑿。後甲左右各兩列兩行 4 個鑽鑿。尾甲左右各一行 2 個鑽鑿。後甲尾甲鑽鑿呈圓形排列布局。

　　《合集》22135（《乙編》8722＋）腹甲左右兩部分的鑽鑿基本對稱分布。首甲中甲無鑽鑿。前甲左右近腋凹區各 1 個鑽鑿，主體區各兩列，近千里路一列 2 個，近原邊一列 1 個鑽鑿。後甲兩列，每列 2 個鑽鑿。尾甲左右各 1 個鑽鑿。後甲尾甲鑽鑿呈圓形排列布局。

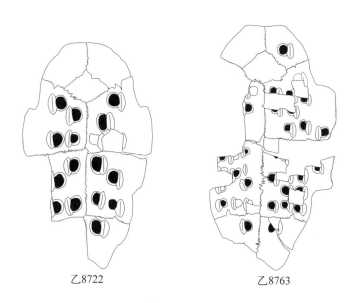

乙8722　　　　　　　乙8763

　　2. 複環稀疏型

　　《合集》22130（《乙編》8763＋）腹甲左右兩部分的鑽鑿基本對稱分布。首甲反面右側 1 個鑽鑿，左側無鑽鑿。中甲無鑽鑿。前甲反面右側近腋凹區 1 個鑽鑿，中甲下兩行，上行 3 個，下行 2 個鑽鑿，最下一行 2 個鑽鑿，近甲橋區 1 個鑽鑿。後甲反面第一行 3 個鑽鑿，其下三列，右側近千里路一列 2 個，近原邊兩列，每列 3 個鑽鑿，左側近千里路一列 3 個，中間一列 2 個，近原邊一列 3 個鑽鑿。尾甲左右各 1 個鑽鑿。

　　3. 單環稀疏型鑽鑿布局變式

　　《合集》22138（《乙編》8804）腹甲左右兩部分的鑽鑿基本對稱分布。

首甲中甲無鑽鑿。前甲左右各一列 2 個鑽鑿。後甲左右各兩列，近千里路一列 1 個，近原邊一列 2 個鑽鑿。尾甲左右各 1 個鑽鑿。後甲尾甲鑽鑿呈圓形排列布局。

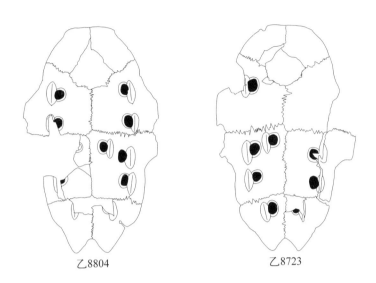

乙8804　　　　　　　　　　　乙8723

《合集》22139（《乙編》8723）腹甲左右兩部分的鑽鑿基本對稱分布。首甲中甲無鑽鑿。前甲反面右側無鑽鑿，左側 1 個鑽鑿。後甲反面右側一列 2 個鑽鑿，左側兩列，近千里路一列 1 個鑽鑿，近原邊一列 2 個鑽鑿。尾甲左右各 1 個鑽鑿。後甲尾甲鑽鑿呈圓形排列布局。

婦女類龜腹甲鑽鑿布局主要有密集型與稀疏型。密集型有主體三列和主體兩列密集型。稀疏型主要有兩列下圓形和單環稀疏型的下圓形。婦女類的特色鑽鑿爲首甲中甲無鑽鑿、後甲尾甲部位鑽鑿呈圓形排列，即下圓形。鑽鑿可能是甲骨整治後即施加完成。

二、婦女類腹甲上的占卜形式

婦女類腹甲主要占卜形式爲一辭用一行鑽鑿（即一辭兩卜、三卜）和異版成套。

（一）一辭多卜

(1a) 庚申卜：見象（豚）三。一二三

(1b) 庚申卜：見豰二。一二三

《合集》22436（《乙編》8817＋）［婦女］

這版腹甲爲主體三列密集鑽鑿布局。卜辭選貞獻祭牲豰和豚的數量，使用卜辭所在的尾甲最上一行 3 個鑽鑿。這兩條卜辭按行使用鑽鑿進行占卜。

(2a) 癸巳卜：令共責杞。一二

(2b) 戊辰卜：㛸嫠姃庚㞢友壯。一二三

(2c) 于乙亥用。一

(2d) 戊寅卜：又姃己羊象（豚）。一二

《合集》22214（《乙編》8895＋）［婦女］

這版腹甲爲主體三列密集鑽鑿布局，占卜祭祀。(2a)辭使用左前甲最下一行外側 2 個鑽鑿，(2b)辭使用右後甲最下一行 3 個鑽鑿。(2c)(2d)兩辭使用左後甲最下一行鑽鑿，(2c)辭使用近千里路 1 個鑽鑿，(2d)辭使用近原邊 2 個鑽鑿。這版腹甲按行使用鑽鑿或使用一行内的一個或兩個鑽鑿進行占卜。

（二）成套占卜

婦女類腹甲多用異版成套的形式進行占卜。

(3a) 辛巳卜：改又⺉姃庚象（豚）。［二］

(3b) 改又⺉姃庚壯。二

(3c)［改又⺉姃庚小宰。二

(3d) 于子丁。二

(3e) 中母。二

(3f) 癸未貞：婦多。二

(3g)［癸巳卜，貞：子壴亡囚。二］

(3h) 癸巳卜，貞：婦䣄亡至口。二

(3i)［癸巳卜，貞：婦🦒亡疾］。二

《合集》22248＋(《乙編》8704＋)①［婦女］

(4a) 辛巳卜：叀又🦒妣庚豕（豚）。三

(4b) 叀又🦒妣庚牡。三

(4c) 叀又🦒［妣庚小宰］。三

(4d) 于子丁。三

(4e) 中母。三

(4f) 癸未貞：婦多。

(4g) 貞：婦🦒…

(4h) 貞：婦…

(4i) 癸巳卜，貞：子壴亡𡆥。三

(4j) 癸巳卜，貞：婦🦒亡至囗。三

(4k) 癸巳卜，貞：婦🦒亡疾。三

《合集》22249(《乙編》8713＋)［婦女］

以上兩版腹甲爲首甲中甲無鑽鑿主體兩列鑽鑿布局，占卜婦🦒、子壴及祭
祀事宜，這兩版腹甲使用整版兆序數相同的至少三版一套的形式進行
占卜。

(5a) 妣戊。一

(5b) 盧豕妣戊。一

(5c) 至盧豕妣戊。一

(5d) 呼巫臾。一

(5e) 钔事受。二

《合集》20366＋(《乙編》8724＋)②［婦女］

(6a) 妣戊。二

---

① 《合補》404＋乙 8792，蔣玉斌：《蔣玉斌甲骨綴合總表》，第 72 組。

② 《合集》20366＋《合集》22207＋《合集》22208＋《合集》22210＋《乙編》8724 倒＋《乙編》8957，
蔣玉斌：《殷墟子卜辭的整理與研究》，第 1 組。

(6b) 盧豕妣戊。二

(6c) 至盧豕妣戊。[二]

(6d) 呼巫[臾]。二

(6e) 卲事受。三

《合集》22209＋(《乙編》8951＋)①[婦女]

(5)爲首甲無鑽鑿主體兩列鑽鑿布局，(6)首甲反面鑽鑿不明，但正面首甲部位未使用，按首甲無鑽鑿主體兩列鑽鑿布局使用。以上兩版腹甲(a)至(c)辭爲祭祀妣戊的相關占卜，(a)至(d)爲異版成套占卜的第一、二卜，使用兩版龜腹甲相同位置的鑽鑿進行占卜。(5e)(6e)辭爲異版成套占卜的第二、三卜，第二卜使用右後甲跨凹連綫近千里路的1個鑽鑿，第三卜使用右前甲內舌縫右側1個鑽鑿，兩辭使用兩版龜腹甲不同位置的鑽鑿進行占卜。屬於整版兆序數不全同，或者説，異版部分卜辭成套占卜。

(7a) 乙巳貞：酒殳妣庚。一

(7b) 己巳卜：遠殳。二

(7c) 妣庚用焱羌。三

《合集》22130＋(《乙編》8763＋)②[婦女]

(8a) 乙巳貞：酌殳妣庚。二

(8b) 己巳卜：殳遠。三

(8c) 叀焱羌用妣庚。四

《合集》20703＋(《乙編》8705＋)③[婦女]

---

① 《合集》20352＋《合集》22209＋《乙編》8964＋《乙補》7418＋《乙編》8984＋R37445＋R37415倒，蔣玉斌：《子卜辭綴合11組》，第2組，先秦史研究室網站，2015年1月26日。

② 《綴集》15＋《乙補》7371＋《乙補》7369，林宏明：《甲骨新綴第452例》，先秦史研究室網站，2014年2月17日。

③ 《乙編》8787＋《乙編》8989＋《乙編》8845＋《綴集》358＋《乙補》7367＋《乙補》7364＋《乙補》7338倒，蔣玉斌：《殷墟第十五次發掘YH251、330兩坑所得甲骨綴合補遺》，第三組，先秦史研究室網站，2007年1月15日。

(9) 妣庚叀焱用羌。二

《合集》22132＋(《乙編》8691＋)①［婦女］

(10) 妣庚叀焱用羌。一《合集》22131(《乙編》8880)［婦女］

以上四版腹甲,(7)爲複環稀疏型鑽鑿布局,首甲反面右側 1 個鑽鑿,正面未刻寫卜辭。(7)(8)兩版(a)辭爲異版成套占卜的第一、二卜。(b)辭爲異版成套占卜的第二、三卜,(a)(b)兩辭使用兩版龜腹甲相同位置的鑽鑿進行占卜。(c)辭與後兩版上的卜辭爲異版成套占卜的第一至四卜,第一、二卜所在腹甲反面鑽鑿爲兩列密集布局,使用右後甲近跨凹部位的 1 個鑽鑿進行占卜。(9)所在腹甲爲複環稀疏型鑽鑿布局,(8)(10)所在腹甲爲主體三列密集鑽鑿布局,使用右後甲跨凹連綫上一行中間 1 個鑽鑿進行占卜。

(11a) 甲辰貞：羌骴不屮。一

(11b) 其屮。一

《合集》22135＋22263(《乙編》8722＋)②［婦女］

(12a) 甲辰貞：羌骴不屮。二

(12b) 其屮。二

《醉古》164(《乙編》8742＋)［婦女］

以上兩版腹甲,(11)爲首甲中甲無鑽鑿主體兩列布局,(12)爲主體兩列布局。兩版對貞羌骴是否屮,是異版成套占卜的第一、二兩卜。屬於整版兆序數不全同的異版部分成套的占卜。

(13a) 辛酉卜：妙厾(肩)出。一

(13b) 妙力。一

(13c) 又毘。一

---

① 《合集》22132＋《合集》21456＋《合集》22222 部分(乙 8693),蔡哲茂:《〈乙編〉新綴第五至七則》,先秦史研究室網站,2007 年 11 月 30 日。

② 蔣玉斌:《殷墟子卜辭的整理與研究》,第 17 組。

（13d）乙丑卜：婦亡咎。一

（13e）妙自毓。一

（13f）甲申卜：令宅啄，正。一

　　　　《合集》22322＋乙補 7417①（《乙編》8712＋）［婦女］

（14a）辛酉卜：妙�（肩）出。二

（14b）妙力。二

（14c）又㦳。二

（14d）乙丑卜：婦亡咎。二

（14e）妙自毓。二

（14f）甲申卜：令啄宅，正。二

　　　　　　《合集》22323（《乙編》8893）［婦女］

（15a）辛酉卜：妙�（肩）出。三

（15b）妙力。三

（15c）又㦳。三

（15d）乙丑卜：婦亡咎。三

（15e）妙自毓。三

（15f）甲申卜：令啄宅，正。三

　　　　　　《合集》22324（《乙編》8898）［婦女］

以上三版（13）爲首甲無鑽鑿主體兩列鑽鑿布局，（14）爲主體兩列鑽鑿布局，首甲部位鑽鑿灼燒，但未刻寫卜辭。（15）爲首甲無鑽鑿主體兩列鑽鑿布局。（a）至（f）辭爲異版成套占卜的第一、二、三卜。屬於整版兆序數不全同的分布在異版的多辭一套占卜或異版部分成套占卜。

（16a）庚用。五

（16b）來。五

---

① 蔣玉斌：《殷墟子卜辭的整理與研究》，第 14 組。

（16c）弜。五

《合集》22195［婦女］

以上三辭可能是成套占卜的第五卜。屬於整版兆序數不全同的分布在異版多辭一套占卜。

　　婦女類腹甲主體三列密集布局有使用一行鑽鑿的1個、2個或整行的3個鑽鑿占卜，即一辭三卜。所有鑽鑿布局類型都有異版成套的占卜，多爲三卜，也有四卜、五卜。婦女卜辭的異版成套占卜有兩種形式：一種是選擇相同鑽鑿布局的幾版龜腹甲，正面卜辭及整版兆序數相同，同一套卜辭使用龜腹甲上同一個位置的鑽鑿；一種是選擇相同或不同鑽鑿布局的幾版龜腹甲，各條卜辭的兆序數可以相同也可以不同，同一套卜辭可以使用龜腹甲上同一個位置的鑽鑿，也可以使用不同位置的鑽鑿。即呈現出分布在異版的多辭一套占卜或異版部分成套占卜。從婦女卜辭的占卜來看，首甲無鑽鑿的龜腹甲基本使用異版成套或異版部分成套的形式來占卜。有時首甲有鑽鑿的龜腹甲也用異版成套占卜的形式使用，首甲部位的一個鑽鑿有灼燒痕迹，但正面基本不刻寫卜辭。

　　綜上，婦女類龜腹甲鑽鑿布局主要有密集型與稀疏型。密集型有主體兩列和主體三列密集型。稀疏型主要有兩列下圓形和單環稀疏型的下圓形。首甲、中甲部位多不施加鑽鑿。

　　婦女類腹甲占卜多用異版成套，也有一辭多卜。

附表

婦女類腹甲鑽鑿布局表

類　型		號　碼	首甲	中甲	前　甲	後　甲	尾　甲	甲橋
密集型	三列	B6829	0	0	1+1+2+4	右：3+2+2 左：4+3+3+2	右：1 左：2	
		19287				×3		

類　型		號　碼	首甲	中甲	前　甲	後　甲	尾　甲	甲橋
密集型	三列	20662			1＋1＋3＋4＋1	×3＋2		
		21207	1	2	1＋3×3＋2			
		21413	1	4	1＋1＋2×3＋1	×3＋1		
		21578				×3		
		22133			1＋×3	×3		
		22197				×3	3＋2＋1	
		22214	1	3	2＋3×3＋2/3	5×3＋2	3＋2＋1	
		22217	0	0	1＋2＋3＋			
		22226			×3＋1	右3＋3＋4＋2 左3＋4＋4	右2 左2＋1	
		22240				×3	3＋2＋	
		22245	1	2	1＋3×3＋2	4＋5＋5＋1	2＋1	
		22246	1	2	右4＋4＋4＋3 左1＋4＋4＋3＋2	右5×3＋1 左5×3＋2	3＋2	0
		22252	0	2	1＋3＋1＋3	×3		
		22256			×3	×3		
		22258	2	2	右1＋4×4＋3 左1＋4×3＋3＋2	5×3＋2	右3＋2＋1 左3＋3＋2＋1	

類　型		號　碼	首甲	中甲	前　甲	後　甲	尾　甲	甲橋
密集型	三列	22259	1	2	右2+3 左1+×3	×3		
		22260	0	2	2+3+3			
		22265	1	1	1+×3+			
		22268				×3	3+1	
		22278	0		3+3+			
		22281				×3		
		22293	1	2	1+3×3	5×3	右2+2+1 左3+1+1	
		22294	0	0	1+3×3	右5+4+4 左4×3	2	
		22393	0	2	×3	×3	1	
		村中296			2+4×3			
	兩列	20049				3+2		
		21553	0	0	1+2×2			
		22132			1+2×2	3×2		
		22134				4×2		
		22209	0		1+2	3+2		
		22211	1	2	1+2×2	3×2	2+1	
		22223	1	1	1+2+2	3+2，	2	

類　型		號　碼	首甲	中甲	前　甲	後　甲	尾　甲	甲橋
密集型	兩列	22249	0	0	1+2×2	3×2	2	
		22267	1		1+2×2	3×2		
		22277				3×2	1	
		22288	0	1	右1+1 左2+2	3+2	1	
		22300	1	0	右2+2 左1+2	右2+3 左3+2	2	
		22322	0	1	2+2	3+2	1	
		22323	1	1	2+2	右3+2 左2+2	2	
		22324	0	1	2+2	3+2	2	
		22357	0	0	2+2	3×2	1	
		22358	0	0	1+1+2	3×2	2	
		22392	0	0	2+2	右2+2 左1+2	1	
		22394	1		3+3+	4×2	2+1	
		22405	1	1	1+2×2	3×2	2	
		22426	0	1	1+2×2	3+2		
		22435	0	1	1+1+3+3	右3+3 左4+3	右1左0	
		22451				3+2		

續　表

類　型		號　碼	首甲	中甲	前　甲	後　甲	尾　甲	甲橋
稀疏型	兩列	20086	0	0	1＋2	2＋3	2	
		21480	0	0	1＋2	1＋2	0	
		22135	0	0	2＋2	2＋2	1	
		22238	0	0	1＋2	1＋2	1	
		22239	0	0	1＋2	2＋2	1	
		22282	0		1＋2	2		
		22283	0	1	1＋2	右1＋2左2	1	
		22284			1＋2	1＋2	1	
		22285			1＋2	1＋2		
		22287			1＋2	1＋1＋2	1	
		22289	0		1＋2	1＋2	1	
	複環	22130	0	0	1＋3＋2＋2	2＋2＋3＋3＋2	1	
	單環	22137	0	0	1	1＋2	右1左0	
		22138	0	0	2	1＋2	1	
		22139	0	0	左0右1	右2左1＋2	1	
		22143				1＋2		
		22207			2			
		22290	0	1	2	1＋2		

婦女類腹甲鑽鑿布局材料表

類　型		片　　　號
密集型	三列	B6829（乙8818）、19287（乙8837）＋乙8890 蔣玉斌、20662（乙8903）＋乙9015＋乙補7408＋乙8930＋乙9010 蔣玉斌、21207（乙7401＋乙1671）＋合20341（乙2346）＋合22025（乙1845）—合22015（乙7179）‐R37406 蔣玉斌、21413（乙8719）＋合20857（乙8706）＋合補6893（乙8805）＋乙補7383 蔣玉斌、21578（乙8797＋乙8764）＋合21505（乙8786）＋合20887（乙8800）＋乙8731＋合21511（乙8768）＋乙8803＋合00624（乙8796）＋合22277部分（乙8785＋乙8824＋乙8856＋乙8849）＋乙8838＋乙8847 林勝祥、22133＋乙8787＋乙8989＋乙8845＋綴集358【20703（乙8747＋乙8850）＋22133（歷拓10138）＋22144（乙8705）＋22225（乙8827＋乙8744）＋乙8798】＋乙補7367＋乙補7364＋乙補7338倒蔣玉斌、22197（乙8748＋乙8758＋乙8939）＋22390（乙8955）＋21057（乙8873）＋21040（乙8942）＋R37066＋R37403＋R37412 林宏明、22214（乙8895）、乙補7347＋乙補7374＋22217（乙8780）＋22220（乙8801）＋22277右（乙8716）＋乙8831＋乙8775 蔣玉斌、22226（乙8897）、22240（乙8941）＋19893＋乙8943＋22291（乙8947）‐R37640 蔣玉斌、22245（乙8783）＋合22247（乙8812）＋乙8730＋乙8802＋乙8835＋乙8791＋乙8711＋乙8836＋乙8844＋乙8773＋乙8877＋乙8781＋乙8990）＋22254（乙8794）＋22510（乙8762）＋乙8868＋乙補7363倒＋乙補7378＋乙補7405＋乙8757＋乙8739＋（乙補7377倒＋31941（乙8795）＋乙補7354）＋R37122、22246（乙8896）、22252（乙8699＋乙8885）＋合22253（乙8882）白玉崢、22256（乙8694）＋22261（乙8695）＋乙8974＋乙8987＋乙補7427＋R37159 林宏明、22258（乙8816）、22259（乙8725＋乙8888＋乙8717）＋22243（乙8986）＋乙8945＋合22244（乙8755）＋合16892（乙8740）＋合16963（乙8745）＋乙8839＋乙8767＋合22269‐18483（乙8700）＋R043744（乙補7359）林圭偵、22260（乙8821）＋合22360（乙8962）＋乙8799倒＋乙補7365倒蔣玉斌、22265（乙8854＋乙8889）＋乙補7387＋乙8743＋乙8833＋R37046 蔣玉斌、22268（乙8698）、22278（乙8860）＋22216（乙8848）＋乙8732＋乙補7390 蔣玉斌、22281（乙8883）、22293（乙8807＋乙9031）、22294（乙8810）＋R37034＋R37036 蔣玉斌、22393（乙8720）＋乙補7361＋乙補7355倒＋乙補7346＋乙補7420倒＋乙補7351 蔣玉斌、村中296
	兩列	20049（乙8949）＋乙8772‐R37086 蔣玉斌、21553＋22248（乙8820＋乙8704＋乙8826＋乙8857）＋乙補7344＋乙補7385＋乙8792 蔣玉斌、22132（乙8691）＋21456（乙8692）＋22222部分（乙8693）蔡哲茂、醉164【22134（乙8742＋乙8779＋乙8789＋乙8828）＋22347（乙8793）＋乙補7372】、22209（乙8951）＋20352（乙8952）＋乙8964＋乙補7418＋乙8984＋

類　型		片　　號
密集型	兩列	R37445＋R37415 倒蔣玉斌、22211（乙 9030）、22223（乙 8870）＋合 22264（乙 8894）蔣玉斌、22249（乙 8713＋京 2943）、22267、21578（乙 8797＋乙 8764）＋21505（乙 8786）＋20887（乙 8800）＋乙 8731＋21511（乙 8768）＋乙 8803＋624（乙 8796）＋22277 部分（乙 8785＋乙 8824＋乙 8856＋乙 8849）＋乙 8838＋乙 8847、22288（乙 8697）、22300（乙 8809）＋21418 裘錫圭、22322（乙 8712＋乙 8944＋乙 8946）＋乙補 7417 蔣玉斌、22323（乙 8893）、22324（乙 8898）、22357（乙 8813）、22358（乙 8869）、22392（乙 8721）＋乙補 7384 蔣玉斌、22394（乙 8862＋乙 8822）＋22374（乙 8859）＋22221（乙 8825）＋乙 8774＋19895＋乙補 7394 蔣玉斌、22405（乙 8892）、22426（乙 8887）＋乙補 7402 蔣玉斌、22435（乙 8938）、22451（乙 8690）
稀疏型	兩列	20086（乙 8858）、21480（乙 8811）＋乙 8746 蔣玉斌、22135（乙 8722）＋合 22263（歷拓 10663）蔣玉斌、22238（乙 8808）、22239（乙 8714）＋合 22241（乙 8784）白玉崢、22282（乙 8981＋乙 8965）＋蔡綴續 479（YH330.105＋15：1247）蔣玉斌、22283（乙 8728）＋乙補 7342 林勝祥、22284（乙 8814）＋乙補 7382 倒＋乙補 7393 蔣玉斌、22285（乙 8703＋乙 8761）、22287（乙 8823）＋合 22218（乙 8950）＋合 14909（乙 8956）＋R37093＋R37035 蔣玉斌、22289（乙 8696）
	複環	22130（乙 8852＋乙 8763＋乙 8853）＋合 32179（北圖 1985）＋乙補 7371＋乙補 7369 林宏明
	單環	22137（乙 8710＋歷拓 10664）、22138（乙 8804）、22139（乙 8723）、22143（乙 5462）、22207（京津 3120）＋20366（乙 8878）＋22208（北圖 1928）＋22210＋乙 8724 倒＋乙 8957 蔣玉斌、22290（乙 8861）
因殘斷或缺反面信息不明		20591（乙 8715）＋乙 8954 蔣玉斌、22234（乙 8884）＋合 22279（乙 8841）＋乙 8866＋乙補 7400 蔣玉斌、22235（乙 9028）

第四節　圓體類腹甲鑽鑿布局與占卜形式

一、圓體類腹甲鑽鑿布局

圓體類腹甲反面鑽鑿布局主要有三列密集型與兩列下圓稀疏型。

（一）主體三列密集型

《綴彙》394（《乙編》4810＋）腹甲左右兩部分的鑽鑿基本對稱分布。首甲中甲無鑽鑿。前甲反面近腋凹區右側 1 個，左側 2 個鑽鑿，主體區各三列三行 9 個鑽鑿。後甲反面右側三列，近千里路一列 3 個，近原邊兩列，每列 4 個鑽鑿。左側主體區三列四行 12 個鑽鑿，其中近千里路一列第三、第四個鑽鑿間隔稍大。尾甲左右各一行 2 個鑽鑿。該版鑽鑿布局略同於婦女類《合集》22294（《乙編》8810＋）鑽鑿布局。

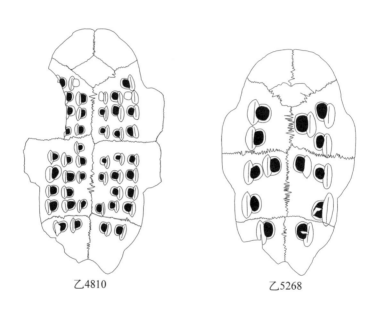

乙4810　　　　　乙5268

（二）稀疏型

圓體類腹甲稀疏型主要爲兩列下圓鑽鑿布局。

《合集》21885（《乙編》5268）腹甲左右兩部分的鑽鑿基本對稱分布。首甲中甲無鑽鑿。前甲反面右側兩列，近千里路一列 1 個，近原邊一列 2 個鑽鑿；左側一列 2 個鑽鑿。後甲兩列，近千里路一列 1 個，近原邊一列 2 個鑽鑿。尾甲左右各 1 個鑽鑿。後甲尾甲鑽鑿呈圓形排列布局。該版鑽鑿布局略同於婦女類《合集》22138（《乙編》8804）鑽鑿布局。

《合集》22384（《國博》87）腹甲左右兩部分的鑽鑿對稱分布。首甲中

甲無鑽鑿。前甲左右主體區各兩列，每列 2 個
鑽鑿。後甲左右各兩列，每列 2 個鑽鑿。尾甲
左右各 1 個鑽鑿。後甲尾甲鑽鑿呈圓形排列
布局。該版鑽鑿布局略同於婦女類《合集》
22135（《乙編》8722）鑽鑿布局。

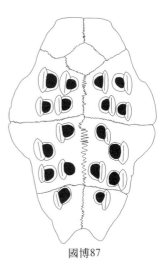

國博87

　　圓體類龜腹甲鑽鑿布局主要有主體三列
密集型和首甲中甲無鑽鑿兩列下圓形布局，基
本同於婦女類龜腹甲鑽鑿布局。鑽鑿可能是
在甲骨整治後即施加完成。

二、圓體類腹甲上的占卜形式

　　圓體類腹甲主要占卜形式爲一辭一卜或兩卜。

　　　　（1a）癸卯：岳皿雨。一

　　　　（1b）癸卯：皿用犬。

　　　　（1c）癸卯：祭逓夐。一

　　　　（1d）丁未：其又子丁牛。一

　　　　（1e）丁未：其用中。

　　　　（1f）戊申：唯妌庚勾士。

　　　　（1g）戊申：唯妌己勾士豕。一

　　　　　　　　　《合集》21885（《乙編》5268）［圓體］

以上這版腹甲爲首甲中甲無鑽鑿兩列鑽鑿布局，占卜祭祀，可能爲異版成
套腹甲的第一卜，也可能是一辭一卜。

　　　　（2a）戊申：唯妌己降吉。一

　　　　（2b）戊申：唯妌己鼎。一

　　　　（2c）戊申。一

　　　　（2d）戊申。一

　　　　（2e）戊申。一

（2f）戊申。一

（2g）戊申。一

（2h）戊申。一

（2i）戊申。一

（2j）戊申：其己雨。卯。

（2k）戊申：其戠虫（害）子進。一

（2l）己酉。一

（2m）己酉：其又庚。一

（2n）己酉雨。一

《合集》22384（《國博》87）［圓體］

這版腹甲爲首甲中甲無鑽鑿兩列布局。占卜祭祀，可能一辭一卜，也可能是異版成套占卜的第一卜。從下面（3）辭來看很可能是一辭一卜。

（3a）丙戌卜，貞：酚丁亥血豕曆小宰子丁。三

（3b）丙戌卜，貞：丁亥酚血豕曆小宰子丁。二

（3c）丁亥：敓（殺）犬户（攺）。二

（3d）丁亥：敓（殺）犬户（攺）。二

（3e）丁亥：令邑生六月。二

（3f）戊子：今庚又伐。一二

（3g）戊子：又伐祖乙。一

（3h）戊子：妣庚又伐。一

（3i）己丑：妣庚又。一

（3j）庚寅：尋卯。一

（3k）庚寅貞：卯婦丁。一

（3l）辛卯：酚今十三豕。

（3m）辛卯：匄犬母。一

（3n）辛卯：匄犬母。一

（3o）丁戌貞：婦丁。

　　(3p) 癸巳貞：告。一

　　(3q) 癸巳。一

　　(3r) 癸。一

　　(3s) 丁酉。一

　　(3t) 丁酉。一

　　(3u) 丁酉。一

　　(3v) 戊戌卜：王弔（弟）取，若。一

　　(3w) 戊戌。一

　　(3x) 戊戌。一

　　(3y) 戊戌卜，貞：䎙卜。一

《綴彙》394（《乙編》4810）［圓體］

這版腹甲占卜祭祀，可能只卜一次。（3y）辭應該就是“習卜”，“䎙”是“習”的異構。① 從這版腹甲來看戊戌日“習卜”，戊戌日的其他占卜兆序數皆爲一，“習卜”所指很可能是反復占卜，落實到卜法上，有可能就是兆序數爲一或從一開始的同貞占卜。

　　殷墟何組、無名組卜辭中有一些關於“習卜”的卜辭。關於習卜的問題也多有討論。②

---

① 裘錫圭：《殷墟甲骨文“彗”字補説》，《華學》第 2 輯，第 36 頁；《裘錫圭學術文集·甲骨文卷》，第 427 頁。

② 疑古人以三龜爲一習，每卜用三龜，一卜不吉，則再用三龜，其用骨當也同然。言“習一卜”，“習二卜”者疑前後共十六骨也（郭沫若：《卜辭通纂》，第 586 頁，［日］文求堂，1933 年。同作者：《安陽新出土的牛胛骨及其刻辭》，《考古》1972 年第 2 期，第 3 頁）。卜辭云“習一卜”，“習龜卜”者，習，重也（唐蘭：《殷虛文字記》，第 22 頁）。因一卜，因二卜，殆即依據第一卜或第二卜以行事之意（李亞農：《殷契摭佚續編》，第 58 頁）。卜辭所謂習卜當指骨和龜卜的相襲……“習一卜”就是説卜問一件事時骨和龜各卜一次，“習二卜”就是骨和龜各卜二次。三、四期卜骨的卜辭還有説“習三卜”“習四卜”的……如以三骨爲一習，習四卜就應共卜十二骨（裘錫圭：《讀〈安陽新出土的牛胛骨及其刻辭〉》，《考古》1972 年第 5 期，第 43—44 頁；《古文字論集》，第 332 頁；《裘錫圭學術文集·甲骨文卷》，第 8—9 頁）。卜問（轉下頁）

　　(4)⋯習龜卜,又來辣(甲),其用于⋯

　　　　　　　　　　　　　　　　《合集》26979[無名](右胛骨)

　　(5)⋯習龜卜⋯■一牛。　　《合集》31668[無名](左胛骨)

　　(6)□□卜:習龜一卜,五⋯《合集》31669[無名](左胛骨)

　　(7)□□卜:習龜一卜,五⋯《合集》31670[無名](右胛骨)

以上無名組胛骨上的卜辭占卜"習龜卜"。

　　(8)貞:三卜。　　　　　　　《合集》17673[師小字]

　　(9)甲辰卜,狄,貞:習三卜,叙釐。一

　　　　　　　　　　　　　　　　《合集》30757[何組](龜腹甲)

　　(10)習茲卜,王其✝,戊申。　《合集》31667[無名](左胛骨)

　　(11)習一卜。　　　　　　　《合集》31671[無名](右胛骨)

　　(12a)癸未卜:習一卜。

　　(12b)習二卜。

　　　　　　　　　　　　　　　　《合集》31672[無名](右胛骨)

　　(13)習二卜。　　　　　　　《合集》31673[無名](右胛骨)

　　(14a)習二卜。

　　(14b)習三卜。

　　(14c)習四卜。

　　　　　　　　　　　　　　　　《合集》31674[無名](右胛骨)

　　(15)習元卜。　　　　　　　《合集》31675[無名](右胛骨)

以上何組龜腹甲與無名組胛骨占卜"習某卜"。

　　正如學者們指出的,"習卜"主要見於何組、無名組卜辭。無名組有占

(接上頁)一件事時骨和龜各卜幾次(李學勤:《評陳夢家〈殷虛卜辭綜述〉》,《考古學報》1957
年第3期,第124—125頁)。異日"習卜"以前後卜事的同一性相繫連(宋鎮豪:《殷代"習
卜"和有關占卜制度的研究》,《中國史研究》1987年第4期,第100頁)。不同時間因襲前卜
而繼續占卜該事或該事的後繼(宋鎮豪:《再論殷商王朝甲骨占卜制度》,《中國歷史博物館
館刊》1999年第1期,第15—19頁)。

卜"習黽卜"的卜辭。目前見到的無名組甲骨所使用的占卜材料基本爲牛肩胛骨,"黽"應該是一種龜的名字,用龜再占卜是最好的解釋。但是這種實際操作用骨進行占卜,却在卜辭中占卜要用龜來占卜的現象,還不能在無名組卜辭中找到實際的占卜用例。另外,無名組有占卜"習一卜""習二卜""習三卜""習四卜"的卜辭。無名組卜辭一般一辭一卜,基本未見可以確定的一事占卜三次、四次的卜辭。無名組内部的同文卜辭[1]基本爲兩組同文,但是因爲無名組卜辭多爲殘斷的骨條,兆序辭的部位殘去;即使有卜兆與兆側占辭的存留,基本不刻或偶見兆序辭;同文卜辭有的見於同側的肩胛骨,有的分别位於左、右肩胛骨,不宜依據左右卜的類别判斷其關係。所以不宜確定無名組内部的兩組同文是成套還是同貞的關係。從《綴彙》394 來看,"習卜"可能就是指兆序數爲一的幾條同貞卜辭。如《合集》22384 的(2c)至(2i)辭,《綴彙》394 的(3s)至(3u)辭,(3w)(3x)辭等同一日同一事的兆序數爲一的反反復復的同貞占卜。無名組卜辭中的"習三卜""習四卜"可能是占卜要用三條同貞卜辭還是四條同貞卜辭。

圓體類腹甲上主要占卜形式是只卜一次。可能存在同貞占卜。

綜上,圓體類龜腹甲鑽鑿布局主要有主體三列密集型和兩列下圓形布局。

圓體類腹甲上主要占卜形式是只卜一次。可能存在同貞占卜。

附表

圓體類腹甲鑽鑿布局表

類　型		號碼	首甲	中甲	前　甲	後　甲	尾甲	甲橋
密集型	三列	22491	0	0	1+3×3	右：3+4+4 左：4+4+4	2	

---

[1]　牛海茹:《殷墟甲骨同文王卜辭的整理研究》,第 187—198 頁,中國社會科學院歷史研究所 2016 年博士學位論文,指導教師：宋鎮豪。

類　　型		號碼	首甲	中甲	前　　甲	後　　甲	尾甲	甲橋
稀疏型	兩列下圓	21885	0	0	右：1+2 左：2	1+2	1	
		22384	0	0	2×2	2+2	1	

圓體類腹甲鑽鑿布局材料表

類　　型		片　　　　號
密集型	三列	綴彙 394（22491＋、B6925＋）
稀疏型	兩列	21885（乙 5268）、22384（國博 87）

第五節　花東腹甲鑽鑿布局與占卜形式

一、花東腹甲鑽鑿布局

花東腹甲反面鑽鑿布局主要爲密集型。有主體三列密集布局與主體兩列密集布局，也有兩列與三列之間的密集布局。

（一）主體三列密集布局

《花東》351 腹甲左右兩部分的鑽鑿對稱分布。首甲左右各 1 個鑽鑿。中甲 2 個鑽鑿。前甲左右近腋凹區各一行 2 個鑽鑿，主體區各三列，每列 2 個鑽鑿，近甲橋區各一列 2 個鑽鑿。後甲左右各三列，每列 4 個鑽鑿，近甲橋區各一列 2 個鑽鑿。尾甲左右各兩行，上行 2 個，下行 1 個鑽鑿。爲主體三列鑽鑿布局，灼燒均在長鑿內側。

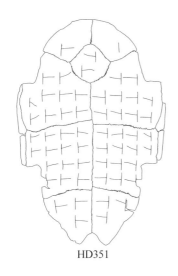

HD351

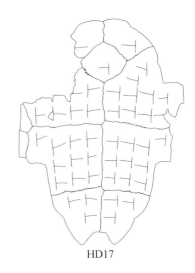

HD17

《花東》17 腹甲左右兩部分的鑽鑿對稱分布。首甲左右各 1 個鑽鑿。
中甲 1 個鑽鑿。前甲左右近腋凹區各 2 個鑽鑿，主體區各三列，每列 2 個
鑽鑿，近甲橋區一列 2 個鑽鑿。後甲左右主體
區各三列，每列 3 個鑽鑿，近甲橋區各 1 個鑽
鑿。尾甲左右各兩行，上行 2 個，下行 1 個鑽
鑿。爲主體三列鑽鑿布局，灼燒均在長鑿內側。

　　《花東》438 腹甲左右兩部分的鑽鑿基本對
稱分布。首甲左右各 1 個鑽鑿。中甲 2 個鑽
鑿。前甲左右近腋凹區各 1 個鑽鑿，主體區各
三列，每列 3 個鑽鑿，近甲橋區各一列 3 個鑽
鑿。後甲左右主體區各三列，反面右側近千里
路一列 4 個鑽鑿，近原邊兩列，每列 5 個鑽鑿，
左側近千里路兩列，每列 5 個，近原邊一列 4 個
鑽鑿，近甲橋區各一列 2 個鑽鑿。尾甲左右各

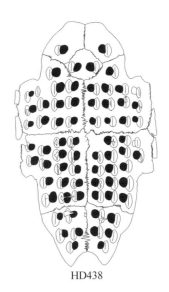

HD438

三行，上兩行每行 2 個，下行 1 個鑽鑿。爲主體三列鑽鑿布局，灼燒均在
長鑿內側。

　　《花東》121 腹甲左右兩部分的鑽鑿對稱分布。首甲左右各 2 個鑽鑿。

中甲 3 個鑽鑿。前甲左右近腋凹區各 1 個鑽鑿,主體區各三列,每列 3 個鑽鑿,近甲橋區各一列 3 個鑽鑿。後甲左右主體區各三列,每列 5 個鑽鑿,近甲橋區各一列 2 個鑽鑿。尾甲左右各三行,上行 3 個,中行 2 個,下行 1 個鑽鑿。甲橋左右上部各 1 個,中、下部各 2 個鑽鑿。爲主體三列鑽鑿布局,灼燒均在長鑿内側。

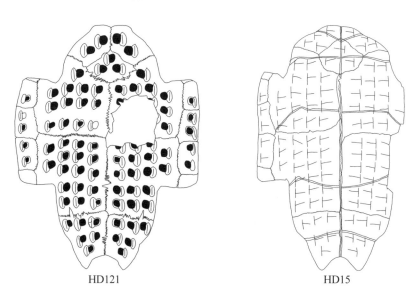

HD121　　　　　　　　　　　HD15

　《花東》15 腹甲左右兩部分的鑽鑿對稱分布。首甲左右各 4 個鑽鑿。中甲 3 個鑽鑿。前甲左右近腋凹區各一行 2 個鑽鑿,主體區各三列,每列 4 個鑽鑿,近甲橋區各一列 3 個鑽鑿。後甲左右主體區各三列,每列 6 個鑽鑿,近甲橋區各一列 3 個鑽鑿。尾甲左右各三行,上行 3 個,中行 2 個,下行 1 個鑽鑿。甲橋左右上部各 1 個,中、下部各 2 個鑽鑿。爲主體三列鑽鑿布局,灼燒均在長鑿内側。

　(二) 主體兩列密集布局

　花東腹甲主體兩列密集布局有近甲橋區無鑽鑿與近甲橋區有鑽鑿兩種類型。

　1. 近甲橋區無鑽鑿兩列密集鑽鑿

　《花東》20 腹甲左右兩部分的鑽鑿對稱分布。首甲左右各 1 個鑽鑿。

中甲1個鑽鑿。前甲左右近腋凹區各1個鑽鑿,主體區各兩列,近千里路一列2個鑽鑿,近原邊一列1個鑽鑿。後甲左右各兩列,近千里路一列3個,近原邊一列2個鑽鑿。尾甲左右各兩行,上行2個,下行1個鑽鑿。爲近甲橋區無鑽鑿主體兩列鑽鑿布局。灼燒均在長鑿內側。

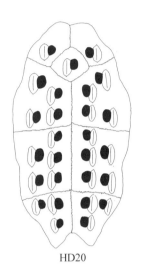

HD20

HD48

《花東》48腹甲左右兩部分的鑽鑿對稱分布。首甲鑽鑿不詳。中甲1個鑽鑿。前甲左右近腋凹區各1個鑽鑿,主體區各兩列,近千里路一列2個鑽鑿,近原邊一列1個鑽鑿。後甲左右主體區各兩列,近千里路一列3個,近原邊一列2個鑽鑿。尾甲左右各1個鑽鑿。爲近甲橋區無鑽鑿主體兩列鑽鑿布局。灼燒均在長鑿內側。

《花東》158腹甲左右兩部分的鑽鑿對稱分布。首甲左右各1個鑽鑿。中甲2個鑽鑿。前甲左右近腋凹區各1個鑽鑿,主體區各兩列,每列2個鑽鑿,其中反面右側內舌縫下千里路右側1個是雙長鑿。後甲左右主體區各兩列,每列3個鑽鑿。尾甲左右各兩行,上行2個,下行1個鑽鑿。爲近甲橋區無鑽鑿主體兩列鑽鑿布局。灼燒均在長鑿內側。

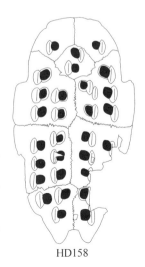

HD158

　　《花東》227 等腹甲左右兩部分的鑽鑿對稱分布。首甲左右各 1 個鑽鑿。中甲 1 個鑽鑿。前甲左右近腋凹區各 1 個鑽鑿,主體區各兩列,每列 2 個鑽鑿。後甲左右主體區各兩列,每列 3 個鑽鑿。尾甲左右可能各 1 個鑽鑿。爲近甲橋區無鑽鑿主體兩列鑽鑿布局。灼燒均在長鑿内側。

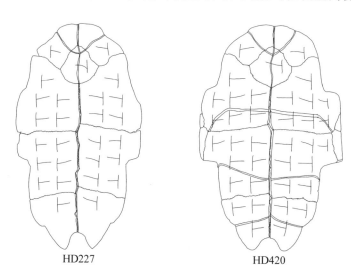

HD227　　　　　　　　　　　HD420

2. 近甲橋區有鑽鑿兩列密集鑽鑿

　　《花東》420 腹甲左右兩部分的鑽鑿對稱分布。首甲左右各 1 個鑽鑿。中甲 1 個鑽鑿。前甲左右近腋凹區各 1 個鑽鑿,主體區各兩列,每列 2 個鑽鑿,近甲橋區一列 2 個鑽鑿。後甲左右各兩列,每列 3 個鑽鑿,反面近甲橋區右側不明,左側 1 個鑽鑿。尾甲左右各兩行,上行 2 個,下行 1 個鑽鑿。爲近甲橋區有鑽鑿主體兩列鑽鑿布局。灼燒均在長鑿内側。

　　花東龜腹甲上的鑽鑿基本向内,即朝向千里路。但有兩版六個鑽鑿例外,即《花東》423 左右首甲各有一個長鑿灼燒在外側,《花東》106 後甲部位左右兩側近千里路的兩列第四行各有兩個長鑿灼燒在外側。

　　花東龜腹甲鑽鑿布局主要爲主體三列密集型與主體兩列密集型。主體兩列密集布局有近甲橋區無鑽鑿與近甲橋區有鑽鑿兩種。花東鑽鑿布局直行直列,一般較爲嚴整。鑽鑿應該是在甲骨整治後即按照一定的布局施加完成。

二、花東腹甲上的占卜形式

花東鑽鑿布局與占卜形式的關係主要體現在以下三個方面：

（一）無論一版龜腹甲上刻寫了多少條卜辭，反面的鑽鑿基本都被灼燒過。例如：《花東》61 正面有三條卜辭，每辭一兆，使用了三個鑽鑿，反面的 64 個鑽鑿 62 個被灼燒使用過。《花東》183 正面有 18 條卜辭，使用了 19 個鑽鑿，反面 68 個鑽鑿都被灼燒過。

花東龜腹甲（包括龜背甲）這種一版上所有鑽鑿基本都被灼燒過的情況，很可能是所有被灼燒過的鑽鑿都用來做過占卜，但是沒有把卜辭刻寫在龜甲上。

（二）花東龜腹甲無論尺寸大小，上面的鑽鑿都屬於密集型布局，所以對占卜形式沒有根本的影響。雖然本書按照鑽鑿在龜腹甲各個部位的布局分了幾個小類，但仍屬於密集類型。一辭一卜、一辭兩卜、一辭多卜、同版內的多辭一套、異版成套、辭與辭的同貞、辭與套的同貞等基本不受鑽鑿布局小類的影響。

　　　　（1a）乙卜，貞：賈壴又（有）口，弗死。一　　　　　102.1

　　　　（1b）乙卜，貞：中周又（有）口，弗死。一　　　　　102.2

　　　　（1c）乙卜，貞：二卜又（有）求（咎），唯見，今又（有）心敆，亡
　　　　囚。一　　　　　　　　　　　　　　　　　　　102.3［花東］

這版腹甲爲主體兩列密集鑽鑿布局。以上三條卜辭使用右後甲近原邊部位一列 3 個鑽鑿，一辭一兆，占卜賈壴、中周有口弗死及有心敆無憂。

　　　　（2）甲寅：歲祖甲白牝一。一二　　　　　　　4.2［花東］

這版腹甲爲主體三列鑽鑿布局。（2）辭使用左首甲左下 1 個鑽鑿與中甲左側 1 個鑽鑿，一辭兩卜，占卜用一白牝祭祀祖甲。

　　　　（3a）庚卜，在麓：惠七牡［用，至］卲姚庚。一二三　　32.3

　　　　（3b）庚卜，在麓：惠五牝用，至卲姚庚。一二　　32.4［花東］

這版腹甲爲主體三列鑽鑿布局。（3a）辭使用右後甲近原邊一列 3 個鑽

鑿，占卜用七豼祭祀妣庚，一辭三卜，兆序數從一至三自上而下縱排。(3b)辭使用左後甲近原邊一列最下 2 個鑽鑿，占卜用五豼祭祀妣庚，一辭兩卜，兆序數一、二自上而下縱排。這兩條卜辭按列使用鑽鑿進行占卜。

(4a) 丙寅夕：宜在新束，牝一。一二三四　　9.1
(4b) 丙寅夕：宜在新束，牝一。一二三　　9.2[花東]

這版腹甲爲主體三列鑽鑿布局。(4a)辭使用右後甲第三行 3 個及第四行近千里路 1 個鑽鑿，一辭四卜。兆序數一至四自下而上從内向外排列。(4b)辭使用左後甲最下一行 3 個鑽鑿，一辭三卜。兆序數一至三從内向外横排。兩辭同貞用一牝在新束舉行宜祭。這版腹甲按行使用鑽鑿進行占卜。

(5a) 乙酉卜：子又(有)之阸南小丘，其罙，隻。一二三四五　　14.1
(5b) 乙酉卜：子于翌丙求罙南丘豕，冓。一二三四　　14.3
(5c) 乙酉卜：既粤往啟，冓(遘)豕。一二　　14.5[花東]

這版腹甲爲近甲橋區無鑽鑿主體兩列密集鑽鑿布局。(5a)辭使用右前甲全部 5 個鑽鑿，占卜用網田獵會捕獲獵物，一辭五卜。(5b)辭使用右後甲上兩行 4 個鑽鑿，占卜搜求豕會遇見，一辭四卜。(5c)辭使用後甲最下一行 2 個鑽鑿，占卜遇見豕，一辭兩卜。整版兆序數從内向外、自上而下排列。這版腹甲按行或分區使用鑽鑿進行占卜。

(6) 壬子卜：子以婦好入于𰉏，子呼多御正見(獻)于婦好，肇紤十，往㜏。一二三四五　　37.22[花東]

這版腹甲爲主體三列鑽鑿布局。(6)辭使用右前甲主體區第一行 2 個鑽鑿和第二行 3 個鑽鑿，占卜子帶婦好進入𰉏，子呼多御正向婦好進獻物品，一辭五卜，兆序數一至五先自上而下，再從内向外，再自下而上。這版腹甲按行使用鑽鑿進行占卜。

(7a) 乙亥夕：歲祖乙黑牝一，子祝。一二　　67.1
(7b) 乙亥夕：歲祖乙黑牝一，子祝。三四　　67.2[花東]

這版腹甲爲主體三列鑽鑿布局。(7a)辭使用右首甲 1 個鑽鑿和右前甲近腋凹區 1 個鑽鑿,兆序數一、二自下而上排列,(7b)辭使用右前甲主體區第三列最下一個鑽鑿和右後甲主體區第三列最上一個鑽鑿,兆序數三、四自上而下縱排。爲同版内的兩辭一套四卜,占卜用黑牝一祭祀祖乙。

    (8a) 己巳:宜牝一于南。三四   270.1

    (8b) 己巳:宜牝一于南。五   270.2[花束]

這版腹甲爲近甲橋區無鑽鑿主體兩列密集鑽鑿布局。(8a)辭使用右前甲近原邊一列 2 個鑽鑿,兆序數三、四自上而下縱排。(8b)辭使用左前甲近原邊一列最下 1 個鑽鑿,兆序數五。爲同版内的至少兩辭一套五卜,占卜用牝一舉行宜祭。一、二兩卜可能在右後甲部位。

    (9) 乙亥夕:酒伐一[于]祖乙,卯牡五,牝五,祝一㘇,子曰

(肩)卯往。一二三四[五]六   243[花束]

這版腹甲爲主體三列鑽鑿布局。(9)辭使用右後甲第二、第三行 6 個鑽鑿,占卜祭祀祖乙,一辭六卜,兆序數一至六從内向外自上而下排列。該辭按行使用鑽鑿進行占卜。

    (10a) 己巳卜:翌庚歲妣庚黑牛又羊,暮敚(殺)。用。一二

三四五   451.1

    (10b) 庚午:歲妣庚黑牡又羊,子祝。一二三四五六

          451.2[花束]

這版腹甲爲主體三列鑽鑿布局。(10a)辭使用左尾甲部位的 5 個鑽鑿,一辭五卜,兆序數一至五先中間一行,再下行,再最上行。該辭分區使用鑽鑿進行占卜。(10b)辭使用左後甲最下兩行 6 個鑽鑿,一辭六卜,兆序數一至六從内向外自下而上排列。該辭按行使用鑽鑿進行占卜。兩辭占卜用黑牛與羊祭祀妣庚。

    (11)丙寅卜:丁卯子勞丁,再耑圭一聯①九。在𢀱。來獸

---

① 陳劍:《婦好墓"盧方"玉戈刻銘的"聯"字與相關問題》,《中國文字》2019 年夏季號,第 159—176 頁,(臺北)萬卷樓圖書股份有限公司,2019 年。

自觴（唐）①。一二三四五

480.1［花東］

這版腹甲爲主體三列鑽鑿布局。（11）辭使用右後甲部位最下一行 3 個、第三行近原邊 1 個鑽鑿、右尾甲部位第一行近千里路 1 個鑽鑿，占卜子向武丁進獻物品，一辭五卜，兆序數一至五自下而上從内向外排列。

（12）丁丑卜：其彈于屶，惠入人，若。用。子占曰：女（毋）又（有）孚，雨。一二三四五六七八　　　　　　　252.3［花東］

這版腹甲爲主體三列鑽鑿布局。（12）辭使用右後甲部位最下一行 2 個，第二行 2 個、第三行 1 個鑽鑿，右尾甲部位近千里路最上一行 2 個，中行 1 個鑽鑿，占卜入人，一辭八卜，兆序數一至八先右後甲最下一行，再尾甲近千里路 1 列，再尾甲第一行第 2 個，再跳至後甲第三行中間 1 個，再第二行第二、三個鑽鑿。

（13）丁丑卜：子钔于妣甲，嗇牛一，又啓一，□《《（災），入商彭。在麗。一二三四五六七八九十　　　　176.1［花東］

這版腹甲爲主體三列鑽鑿布局。（13）辭使用右後甲部位最下三行 7 個鑽鑿，右尾甲部位最上一行 3 個鑽鑿，占卜祭祀妣甲，一辭十卜，兆序數先後甲最下一行，再尾甲最上一行，再跳至後甲第四行，再第三行從内向外排列。

（14a）子敔隻，弗崖②。一　　　　　　　　　113.2

（14b）子敔隻，弗崖。二　　　　　　　　　113.3

（14c）子敔隻，弗崖。三　　　　　　　113.4［花東］

這版腹甲爲主體三列鑽鑿布局。（14a）辭使用右前甲最下一行近千里路 1 個鑽鑿，兆序數爲一。（14b）辭使用右後甲第一行第三個鑽鑿，兆序數爲二。（14c）辭使用左尾甲第一行近千里路 1 個鑽鑿，兆序數爲三。爲同版

---

① 李春桃：《釋甲骨文中的“觴”字》，《古文字研究》第 32 輯，第 83—89 頁，中華書局，2018 年。

② 周忠兵：《出土文獻所見“僕臣臺”之“臺”考》，《中研院歷史語言研究所集刊》第九十本第三分，2019 年。

内的三辭一套三卜,占卜子叝隻弗崖。

(15a) 甲卜:子其延休,翌乙,若。一　　　　　　　　181.1

(15b) 甲卜:子其延休,翌乙,若。二　　　　　181.2[花東]

(16a) 甲卜:子其延休,翌乙,若。三　　　　　　409.30

(16b) 四。　　　　　　　　　　　　　　409.30－①

(16c) 甲卜:子其延休。五　　　　　　　409.31[花東]

以上兩版腹甲爲主體三列鑽鑿布局。(15a)辭使用右尾甲第一行近原邊1
個鑽鑿,兆序數爲一。(15b)辭使用左尾甲第一行近千里路1個鑽鑿,兆序
數爲二。(16a)使用右前甲近腋凹區1個鑽鑿,兆序數爲三。(16b)使用右
前甲最下一行第三個鑽鑿,兆序數爲四。(16c)使用左前甲最下一行第三個
鑽鑿,兆序數爲五。兩版五辭一套五卜占卜子延休到下一個乙日會順利。

(17) 乙丑卜:又(有)吉齐,子具出,其以入,若,侃,又(有)
鬃値。用。一二三四　　　　　　　　6＋532②.2[花東]

(18) 乙丑卜:又(有)吉齐,子具出,其以入,若,侃,又(有)
鬃値。用。五六七八　　　　　　　　333[花東]

(19) 乙丑[卜]:又(有)吉齐,子具…　一　　　342[花東]

(20) 乙丑卜:又(有)吉齐,子具出,其以入,若,侃,又(有)
鬃値。用。一　　　　　　　　　　481.1[花東]

(21) 乙丑卜:又(有)吉齐,子具出,其以入,若,侃,又(有)
鬃値。用。一　　《合集》21853(《合集》21123＋)③[花東]

(17)(20)爲主體三列鑽鑿布局,(18)(19)爲近甲橋區無鑽鑿主體兩列密
集鑽鑿布局。(17)辭使用右後甲最下兩行4個鑽鑿,兆序數一至四。

---

① 該兆序數未刻寫卜辭,當屬此成套卜辭的第四卜。

② 蔣玉斌:《甲骨新綴35組》,第3組,先秦史研究室網站,2012年2月20日。

③ 《合集》21853(《合集》21123)＋《京津》2993,蔣玉斌:《殷墟子卜辭的整理與研究》,第229
頁,吉林大學博士學位論文,2006年4月,指導教師:林澐。

(18)辭使用右前甲、右後甲近原邊一列 4 個鑽鑿,兆序數五至八。(17)與
(18)兩辭一套八卜。(19)使用右後甲第二行外側近跨凹 1 個鑽鑿,兆序
數爲一。(20)辭使用右後甲最下一行外側 1 個鑽鑿,兆序數爲一。(21)
使用右前甲主體區第一行近千里路 1 個鑽鑿,兆序數爲一。(17)(18)與
(19)(20)(21)爲同貞卜辭,占卜"子"有好的農作物收成,供給侑祭的祭
品,貢納於時王武丁,武丁會不會喜歡。①

（三）花東龜腹甲鑽鑿布局小類個別有一些特色占卜,但不影響花東
鑽鑿布局對占卜形式影響不大的結論。如前甲四個鑽鑿,卜辭多豎行多
卜。前甲五個鑽鑿卜辭多左右對稱布局。主體三列鑽鑿布局一版龜腹甲
上基本只有少數幾條卜辭、少見密集卜辭等。

前甲四個鑽鑿有一種特色占卜,即一辭三到六卜,卜辭刻寫行款爲豎
行向下。② 這可能是由於該鑽鑿布局類型所在龜腹甲尺寸較小,又鑽鑿密
集,刻寫空間不足產生的。例如:

> (22)丙辰卜:延奏商,若。用。一二三四五
>
> 86.1[花東]

(22)爲近甲橋區無鑽鑿主體兩列密集鑽鑿布局。(22)辭使用前甲、後甲、
尾甲部位最外側一列 5 個鑽鑿,占卜繼續奏商,一辭五卜,兆序數一至五
自上而下排列。這條卜辭與 YH127 坑賓組龜腹甲首甲中甲無鑽鑿的單
環稀疏型鑽鑿布局類型的特色卜辭行款基本相同。

> (23)庚申卜:歲妣庚牝一,子尻禦往。一二三四五六
>
> 209[花東]

(23)爲近甲橋區無鑽鑿主體兩列密集鑽鑿布局。(23)辭使用中甲、前甲、
後甲近千里路一列 6 個鑽鑿,占卜用牝一祭祀妣庚,一辭六卜,兆序數一

---

① 黃天樹:《讀花東卜辭劄記(二則)》,《南方文物》2007 年第 2 期,第 96—97 頁;《黃天樹甲骨
　金文論集》,第 154—156 頁。
② 還可見《花東》48、270、333、336、380、382、457。

至六自上而下排列。這條卜辭與 YH127 坑賓組龜腹甲近甲橋區無鑽鑿主體左右各兩列密集型鑽鑿布局類型的特色卜辭行款基本相同。

　　前甲五個鑽鑿多左右對稱分布的對貞、選貞或同貞卜辭。① 例如：

　　　　(24a) 壬卜：子又(有)求(咎)，曰：往兮皂。一　　　384.1

　　　　(24b) 壬卜：子又(有)求(咎)，曰：視丁官。一　　　384.2

　　　　(24c) 壬卜，子金②。一　　　384.3

　　　　(24d) 壬卜，子金。一　　　384.4

　　　　(24e) 壬卜：其殺牛妣庚。一　　　384.5

　　　　(24f) 壬卜：惠宰殺妣庚。一　　　384.6[花東]

這版爲近甲橋區無鑽鑿主體兩列密集鑽鑿布局。(24a)(24b)兩辭使用後甲最下一行外側 1 個鑽鑿，兩辭同貞"子又求"，對稱布局。(24c)(24d)兩辭使用後甲第二行外側 1 個鑽鑿，兩辭同貞"壬卜，子金"，對稱布局。(24e)(24f)兩辭使用前甲近腋凹區 1 個鑽鑿，兩辭選貞祭祀妣庚的祭牲，對稱布局。

　　主體三列密集布局多見一版上刻寫少數幾條卜辭，③多刮削卜辭，④少見一版上密集刻寫卜辭。⑤

―――――――――

① 　還可見《花東》14、26、108、146、259、318、367、372、384、391、467。

② 　黃天樹：《花園莊東地甲骨中所見的若干新資料》，《陝西師範大學學報(哲學社會科學版)》2005 年第 2 期，第 57—60 頁；《黃天樹古文字論集》，第 452 頁。鵬按：《花東》384.3、384.4 中的子金很可能也是貞人身份。

③ 　例如《花東》2、4、8、15、18、21、24、25、27、30、31、32、40、46、49、52、56、57、58、59、61、67、70、76、78、80、85、93、95、98、99、100、101、102、107、111、114、116、117、122、123＋、125、126、129、130、131、136、141、144、145、147、151、159、164、165、168、170、174、175、177、185、186、194、196、200、205、206、208、211、214、217、224、232、233、234、235、243、245、249、251、253、254、260、261、263、266、274、279、281、282、284、285、295、299、300、306、319、322、324、326、331、339、340、346、350、361、364、369、375、376、392、393、394、400、406、412、418、419、423、424、429、431、435、442、464、481、482、486、491、496。

④ 　例如《花東》15、18、31、41、45、52、66、68、69、72、88、89、90、92、105、106、120、134、148、155、187、197、202、203、207＋、212、213、222、229、230、257、268、283、286、298、365、374、387、388、398、402、404、409、443、445、448、453、460、465、469、471、476、477、488、501。

⑤ 　例如《花東》5、28、53、113、181、228、236、237、478。

綜上,花東龜腹甲鑽鑿布局主要爲主體三列密集型與主體兩列密集型。主體兩列密集布局有近甲橋區無鑽鑿與近甲橋區有鑽鑿兩種類型。

花東占卜形式多一辭一卜、一辭兩卜、一辭多卜、同版多辭一套、異版多辭一套、辭與辭的同貞、辭與套的同貞等,占卜形式受鑽鑿布局的影響不大。

附表

花東腹甲鑽鑿布局表

鑽鑿布局類型		號碼	首甲	中甲	前　甲	後　甲	尾甲	甲橋
密集型	三列	6			2+2×3+2	4×3+1	2×2+1	
		17	1	1	2+2×3+2	3×3+1	2+1	
		29	3	2+2	1+2+2×3+2	4×2+3+1	2+1	
		33	1	1	2+2×3	×3		
		37	3	2	2+2×3+2	4×3	2+1	
		39	4	1+2	2+2×3+2	右3+3+4+左3+4×2+2	3+2	
		64	2	2	右2+2×3+2左2+1+2×2+2	1+4×2+1	2+1	
		132	2	1+2	2+2×3+2	2×3+2×2+1	2+2+1	
		161	1	2	1+2+2×3+2	4×3+1	2+2+1	
		221	2	2	1+2×3	4×3	2+2	
		280	2	2	2+2×3+2	4×3+1	2+1	
		289	2	2	2+2×3	×3		
		290	2	2	右1+2+2×3+1左3+2×3+2	4×3+1	2+2+1	
		291	1	2	1+2×3	4×2+3	2+1	
		308	2	3	1+2+2×3+2	4+3+3+1	2+2+1	

鑽鑿布局類型		號碼	首甲	中甲	前　甲	後　甲	尾甲	甲橋
密集型	三列	330	1	2	1＋2×3＋2	4×3＋1	3＋1	
		335	1	2	右1＋2×3＋1 左1＋2×3＋2	3×3＋1	2	
		351	1	2	2＋2×3＋2	4×3＋2	2＋1	
		363	2	1＋2	2＋2×3＋2	4×3＋1	2＋1	
		411	2	2＋2	2＋3×3＋			
		458	2	2	2＋2×3＋2	3×3＋1	2＋1	
		31	1	2	1＋2＋2×3＋3	4×3＋2	2＋2	
		68	0	2	1＋3×2＋2	3×3		
		75	2	1＋2	1＋3×2＋2＋2	4＋3＋4＋1	2×2	
		116	2	2	1＋2＋2×3＋2	4×2＋3＋1		
		170	右4 左3	2	1＋2＋2×3＋2	右3＋4×2＋1 左4×3＋1	2＋1	1＋1?
		226	1	2	右1＋4＋3×2＋3；左1＋3＋4×2＋3	右4＋5×2＋2 左5×3＋2	2＋2＋1	0＋2＋2
		299	1	1＋2	右1＋2＋2×3＋2×2 左1＋3×2＋2×2＋1	右4＋3＋4＋2 左4×3＋2	2＋2＋1	右 0＋1＋2 左 0＋2＋2
		350	1	2	1＋2＋2×3＋2	4×3＋1	2＋1	
		398	1	1	1＋2＋2×3＋2	4×3＋2	2＋2	
		435	1	2	1＋2＋2×3	×3		

鑽鑿布局類型		號碼	首甲	中甲	前　甲	後　甲	尾甲	甲橋
密集型	三列	470	2	2	1＋3＋1＋2×2＋3	4×2＋2		0＋1＋2
		501	1	2	1＋2＋1＋2×2＋3	4＋3＋4＋1	2＋1	
		2	2	1＋2	1＋3×3＋3	5×2＋4＋2	2＋1	左 0＋2＋2 右1＋2＋2
		4	2	2	1＋3×3＋2	4×3＋1	2＋1	
		5	2	2	1＋3×3＋2	4×3＋1	2×2＋1	
		7	2	2	右1＋3×3＋2 左1＋3×3＋3	5＋4＋4＋2		
		8	2	1＋2	1＋3×3＋3	5×3＋2	2＋2＋1	
		9	1	2	1＋3×3＋3	5×3＋2	2＋2＋1	
		13	1	2	1＋3×3＋	5×2＋4＋2	2×2＋1	
		18	1	2	1＋3×3＋2	5×3＋2	3＋2＋1	
		21	1	1	1＋3×3＋3	5×3＋2		
		24	1	1＋2	2＋3×3＋3	5×3＋2	2＋2	
		25			1＋3×3＋3	4×3	2	
		27	1	2	1＋3×3＋3	4×3＋2	2＋1	
		28	1	0	1＋3×3	5×3＋1		
		30	1	2	1＋3×3＋3	4×3＋2	2＋2	
		32	2	2	2＋3×3＋3	5×3＋2	3＋2＋1	0＋1＋2
		38	1	1＋2	1＋3×3＋3	5×3＋2	3＋2＋1	
		40			＋3×3＋3	4×3＋2	2×2＋1	

續　表

鑽鑿布局類型		號碼	首甲	中甲	前　甲	後　甲	尾甲	甲橋
密集型	三列	41	2	2	1＋3×3＋1	右4＋5＋4 左5＋4＋4＋1	3＋	
		45	1	1＋2	1＋3×3＋3	3＋4×2＋2	2＋2	
		46	2	2	右1＋1＋3＋2＋3＋3 左1＋3×3＋3	右4＋5＋4＋2 左4＋5×2＋2	2＋1	
		47	1	2	1＋3×3＋3			
		52	1	2	右1＋3＋2＋3＋2 左1＋3×3＋2	5＋5＋4＋2	2＋2＋1	
		53	1	2	右1＋3×3＋ 左1＋3＋3＋2＋3	3×3＋2	2×2	
		56	1	2	1＋3×3＋3	5×3＋1	2＋2＋1	
		57	1	2	2＋3×3＋3	5×3＋2	3＋2＋1	1＋2＋2
		58	1	1	右1＋3×3＋2 左1＋2＋3＋3＋2	右2＋4＋4＋2 左2＋3＋4＋2	2＋2	
		61	1	2	1＋3×3＋2	5＋5＋4＋2	2	
		66	1	2	1＋3×3＋3	4×3＋2	2＋2＋1	
		67	1	2	1＋3×3＋3	4×3＋2	2＋1	
		69	2	2	1＋3×3＋3	右5×3＋2 左4×3＋2	3＋2＋1	
		70	2	1＋2	1＋3×3＋3	4×3＋2	2＋2＋1	0＋1＋2
		72			＋3×3＋2	右3＋4＋4＋1 左3＋3＋4＋1	2＋2	
		76	1	2	1＋3×3＋3	5×3＋2	2＋2＋	

鑽鑿布局類型		號碼	首甲	中甲	前　甲	後　甲	尾甲	甲橋
密集型	三列	80	1	1＋2	1＋3×3＋3	5×3＋2	3＋2＋1	
		81	1	2	1＋3×3＋3	4×3＋2		
		85	1	2	2＋3×3＋3	3＋3＋4＋2	3＋2＋1	
		88	1	1＋2	1＋3×3＋3＋2	4×3＋3	右 1＋2＋1 左 2＋2＋1	
		89	1	2	右1＋3×3＋3 左1＋3×3＋2	3＋3＋4＋2	2＋2	
		90	1	2	1＋3×3	4×3	2	
		92	2	1＋2	右2＋3×3＋3 左1＋2＋3×3＋3	5＋4＋4＋2	2＋2	
		93	2	1＋2	1＋3×3＋3	右4×3＋2 左2＋4×3＋2	3＋2＋1	
		94	1	2	1＋3×3＋3	5×2＋4＋2	2＋2＋1	
		95	1	2	1＋3×3＋3	右5×3＋1； 左5＋4＋4＋2	2＋1	0＋2＋1
		99	1	1＋2	1＋3×3＋3	3＋4×2＋2	3＋1	
		100	2	1＋2	1＋3×3＋3	5×3＋2		0＋1＋2
		101	1	2	1＋3×3＋3	4×3＋2	2＋1	
		105	右1 左2	2	1＋2＋3×3＋3	右5×3＋2 左5＋5＋4＋2	3＋2＋1	1＋2＋2
		106	2		2＋3×3＋3	右5×2＋4＋2 左5×3＋2	右3＋2； 左2＋1	0＋1＋0
		111	2	1＋2	1＋3×3＋3	右3＋4＋4＋2 左4×3＋2	2＋2＋1	0＋1＋0

鑽鑿布局類型		號碼	首甲	中甲	前　甲	後　甲	尾甲	甲橋
密集型	三列	114	右2 左1	1+2	1+3×3+3	4+5+5+2	2+2+1	0+1+2
		117	2	1+2	1+3×3+3	4×3+2	3+2+1	
		120	2	2	1+3×3+2	右2×3+1+ 2×2+2 左2×3+2× 2+2	2+2	
		121	2	1+2	1+3×3+3	5×3+2	3+2+1	1+2+2
		122	2	1+2	1+3×3+3	4×3+2		
		123		2	1+3×3+3	右4×3+2 左5+4+4+2	2+2+1	
		124	2	1+2	1+3×3+3	3+4+4+2	2+2	
		125	2	1+2	右1+3×3+3 左2+3×3+3	4×3+2	2+2+1	1+2+2
		126			+3×3+3	4×3+2	2+2+1	+2
		129	2	1+2	2+3×3+2	右4×3+1 左4×3+2	2+2+1	
		131	2	1+2	1+3×3+3	5×3+2		1+2+2
		133	4	1+2	2+3×3+3	右4×3+3 左4×3+2	3+	
		134	1	2	1+3×3+2	4×3+2	2+2	1+2+1
		136	2	2	1+3×3+3	右4×3+2 左5+4+4+2	2+2	
		139	1	2	1+3×3+3			
		141	3	1+2	2+3×3+2	右3+3+4+1 左3+3+4+2	2+2	

續　表

鑽鑿布局類型		號碼	首甲	中甲	前　甲	後　甲	尾甲	甲橋
密集型	三列	142			1+3×3+3	右4+5+5+2 左5×3+2	2+2+1	
		145			+3×3+3	右3+4+4+2 左4×3+2	2+2+1	0+1+2
		150	1	2	2+3×3+3	5×3+2		
		151	2	1+2	2+3×4+3	4×4+×3+2		1+2+2
		155	1	1+2	右1+3×3+2 左1+3×3+3	4×3+2	3+2+1	
		157	2	2+2	2+3×3+3	5×3+2	2+2+1	
		160	1	0	1+×3	4×3	2	
		164	1	1+2	1+3×3+3	4×3+2	2+2+1	右0+2+1左1+2+2
		166	1	2	1+3×4+3	5×4+2		
		168	1	2	1+3×3+2	右4×3+2 左5+4+4+2	2+1	
		176	1	0	1+3×3	5×3	3+2+1	
		177	1	2	右1+3×3+3×2 左1+3×3+2+2	5×3+2	3+2	
		180	2	1+2	1+3×3+3	5+5+4+2		1+2+2
		181	2	2	右2+4+3×2+1；左2+3×3	5×3+2	3+2+1	
		183	1	2	1+3×3+3	4×3+2	2+1+2	

鑽鑿布局類型		號碼	首甲	中甲	前　甲	後　甲	尾甲	甲橋
密集型	三列	185	1	2	右1+2+2×3+2 左1+3×3+2	右2+3+4+2 左2+4+4+2	2+1	
		186	2	2	1+3×3+3	右4+5+4+2 左5+5+4+2	3+2	
		187	2	1+2	1+3×3+3	4×3+2	3+	
		189	1	1+2	1+3×3+3	4×3+2	右 3+2 左 2+2	
		191	2	1+2	1+3×3+3	4×3+1	2+2	
		192	1	2	1+3×3+3	右4×3+2 左3+4×2+2	2+2+1	1+2+2
		194	2	1+2	1+3×3+3	5+4+4+2	2+2+1	0+2+2
		195	1	0	1+3×3+1	4×3+2	2+1	
		196	2	1+2	1+3×3+3	右5+5+4+2 左5×3+2	2+2+1	1+2+2
		200	0	0	1+3×3	4×3	2	
		203	1	1+2	1+3×3+3	4×3+2	3+2+1	
		205	1	2	1+3×3+3	右1+4+4+2 左2+3+4+2	2+1	
		207	1	1+2	1+3×3+3	右6+5+5+1 左5+4+4+2	2+2+1	
		208	2	2+1	1+3×3+3	右3+4+4+2 左4+3+4+2	2+2+1	1+2+2
		211	2	1+2	1+3×3+3	4×3+2	2+2	1+2+2
		212	1	0	1+3×3+3	4+3+4+2	2+2	
		214	2	1+2	1+3×3+3	5×3+2	2+2+1	1+2+1

鑽鑿布局類型		號碼	首甲	中甲	前　甲	後　甲	尾甲	甲橋
密集型	三列	222	1	2	1+3×3+3	5+4+4+2	2+2	
		224	2	2	1+3×3+3	3+4+4+2	3+2+1	1+2+2
		228	2	1+2	1+3×3+3	右5+4+5+2 左5×3+2	2+2+1	1+2+2
		229	2	2	1+3×3+3	4+5+4+2	2+2+1	
		230	1	1+2	右2+3×3+3 左2+3×3+2	4+3+4+2	3+2+1	
		232	2	1+2	1+3×3+3	5×3+2	3+2+1	0+1+2
		233	1	1+2	1+3×3+3	2+4+4+2	2+1	
		234	1	2	2+3×3+3	5×3+2	2+1	
		235	1	2	1+3×3+3	4×3+2	2+2+1	
		236	1	2	1+3×3+3	4×3+2	2+2	
		240	2	1+2	1+3×3+3	5×3+2		1+2+2
		241	1	2	1+3×3+3	5×3+2	3+2+1	
		243	2	1+2	1+2+3×3+3	5×3+2	3+	
		245	1	2	1+3×3	5+4+4		
		247	3	1+2	1+3×3+1	4×3+1	2+1	
		248	2	2	右1+3×3+3 左1+3×2+2+3	右5×3+2 左5+4+5+1		+2
		249	1	2	1+3×3	3+4+4	2+1	
		251	1	2	1+3×3+3	4+4+5+2	2+1	
		252	1	2	1+3×3+3	右4+5+4+1 左5+5+4+1	3+2+1	

鑽鑿布局類型		號碼	首甲	中甲	前　甲	後　　甲	尾甲	甲橋
密集型	三列	253	2	1+2	右1+4+4+3+3 左2+3×3+3	右4+5+5+2 左5+4+4+2	2+2+1	
		254	0	2	1+3×3+1	右4+4+5+1 左+4+1	2+1	
		257	2	2	右1+2+3×3+3 左1+3×3+3	右5+4+5+2 左6+5+5+2	3+2+1	1+2+2
		258			+3×3+3	右5+5+4+2 左4×3+2	3+2+	
		260	1	0	1+3×3+3	5×3+2	2+2+1	右0 左1+1
		261	1	0	1+3×3+3	5×3+2	2+2+1	
		263	1	2	1+3×3+3	4×3+2	2+1	
		265	1	2	2+3×3+3	5×3+2	3+1	
		266	2	1+2	1+3×3+3	右4×3+2 左5+5+4+2	2+2+1	0+2+2
		267	2	1+2	1+3×3+3	5+4+4+2	2+2+1	0+1+2
		268	1	2	右1+3+2+2 左1+3×3+3	5×3+2	3+	
		274	1	2	1+3×3	4×3	3+1	
		275	1	2	1+3×3+3	5+5+4+2	2+1	
		276	1	1	1+3×3	右2+4+4 左3+4+4	2+1	
		277	1	0	1+3×3+3	×3+2		
		278	2	1+2	1+3×3+3	4×3+2	3+2	右0+2+0 左0+1+0

鑽鑿布局類型		號碼	首甲	中甲	前　甲	後　甲	尾甲	甲橋
密集型	三列	279	1	1+2	1+3×3+3	×3+2		
		281	3	2	右1+3×4+3+2 左1+2+3×3+3+2	3×3+2+2×3+2	3+1+1	1+1+2
		282	1	0	2+3×3+3	5+4+4+2	2+2	
		283	1	2	1+3×3+3	右1+4×2+2 左2+4×2+2	2+2	
		284	2	2	1+3×3+3	4×3+2	2+1	
		285	2	1+2	1+3+1+3+3	4×3+2	2+2+1	0+2+2
		286	1	2	1+3×3+2	4×3+2	3+2+1	左0+1+2 右0+2+1
		288	1	0	2+3×3+3	5×3+2	3+2+1	
		292	1	2	右2+2+3+3+3 左2+3×3+3	×3+2		
		295	1	2	1+3×3+1	右5×3+2 左5+5+4+	2+1	
		298	1	2	1+3×3+3	3+3+4+2	2+2	
		300	1	2	1+3×3+3	右4×3+2 左5+4+4+2	右1+2 左2+1	0
		301	1	1+2	1+3×3+3	右4×3+1 左4+3+4+2	2+	
		306	2	1+2	2+3×3+3	5+5+4+2	2+2+1	
		309	1	2	1+3×3+3	5+4×4+		

鑽鑿布局類型		號碼	首甲	中甲	前　甲	後　甲	尾甲	甲橋
密集型	三列	314	2	1+2	1+3×3+3	4×3+2	2+1	
		315	1	2	1+3×3+3	5+5+4+2	3+1	
		319	1	2	2+3×3+3	5×3+2	3+2+2	
		320	1	2	右1+3×3+3 左1+3×3+2	右3+4+4+1 左4×3+1	2+2+	
		321	2	1+2	1+3×3+3	右4×3+2 左5+4+4+2	2+2+1	
		322	1	1+2	右1+3×3+3 左1+2+3×2+3	右4×3+2 左5+4+4+2	2+2+1	
		324	2	2	右2+3×3+1 左2+3+2+2+2	5+5+4+2	2+2+1	
		326	2	2+2	1+3×3+3	4×3+2	2+2	
		327	2	1+2	1+3×3+3	5+5+4+2	2+2+1	
		331	1	2	1+3×3+3	4×3+2	2+1	
		339	2	1+2	1+3×3+3	3+4+4+2	2+2+1	0+2+2
		340	1	2	2+3×3+3	5×3+2	2+2+1	
		343	1	1+2	1+3×3+3			
		349	右1 左2	2	2+3×3+3	右4×3+2 左5×3+3	3+2+1	
		356	1	2	1+3×3+3	5×3+2	右 2+2+1 左2+1+1	
		359			+3×3+3	5+5+4+2	2+2+1	

鑽鑿布局類型		號碼	首甲	中甲	前　甲	後　甲	尾甲	甲橋
密集型	三列	361	1	1+2	1+3×3+3	4×3+2	3+	
		364	0	2	1+3×3+1	3+4+3+1	2+1	
		365	2	2	1+3×3+3	3+3+4+2	2+2	
		374	2	1+2	1+3×3+3	5+4+4+2	3+2	
		376	2	1+2	1+3×3+3	5×3+2	3+2+2	1+2+2
		387	1	2	1+3×3+3	4×3+2	3+2+1	
		388	2	1+2	1+3×3+3	5+4+4+2		
		392	1	0	1+3×3+3	4×3+2	2+2	
		394	1	0	1+3×3	3+4+4	2+	
		400	2	1+2	1+3×3+3	5×3+2	2+2+1	1+2+2
		401	1	1+2	1+3×3	4+3+4	2	
		402	1	1+2	2+3×3+3	3+4+4+2	3+2	
		406	1	2	1+3×3+3	3+4+4+2	2+2+1	
		409	1	1+2	1+3×3+3	右4+5+4+2 左5+5+4+2	3+2+1	
		412	2	2+1	2+3×3+3	右4×3+2 左5+5+4+2	2+2+1	
		413	1	1+2	1+3×3+3	5+5+4+2	2+2+1	+1+1
		415	2	1+2	2+3×3+2	×3		
		418	2	1+2	1+3×3+3	3+4+4+2	2+2+1	
		419	2	1+2	2+3×3+3	右6×3+2 左6+6+5+2	3+2+1	1+2+2

鑽鑿布局類型		號碼	首甲	中甲	前　甲	後　甲	尾甲	甲橋
密集型	三列	423	1	1	1+3×3	右3+3+2+1 左3+3+1+1	右2+1 左2	
		424	2	1+2	1+3×3+3	4×3+2	2+2+1	
		428	2	1+2	1+3×3+3	5×3+2	2+2+1	
		429	2	2	1+3×3+3	右1+4+4+2 左×3	2+2+1	
		431	1	2	1+3×3+3	右3+4+4+2 左4+3+4+2		
		437	1	2	1+3×3+3	右5+5+4+2 左4+5+5+2	2+2+1	
		439	1	1+2	右1+3×3+3 左2+3×3+3	5×3+2	3+2	
		441	1	1+2	右2+3×3+3 左2+2+3+3+2	4×3+3	2+1	
		442	1	1+2	1+3×3+3	右4+5+5+2 左5+4+4+2	3+2+1	
		445	1	1+2	1+3×3+3	4×3+2	3+2+1	
		447	1	2	1+3×3	2×3+1+2	2	
		449	1	2	1+3×3+3	5×3+2	2+1	
		450	1	2	1+3×3+3	5×3+2	2+2	
		451	1	1+2	2+3×3+3	5×3+2	3+2+1	
		455	2	1+2	右3+3×3+3 左2+3×3+3	5×3+3	2+1	
		459	2	1+2	2+3×3+3	5×3+2	2+2+1	
		460	2	2	右1+2+3+3+3 左1+3+3+3	5×3+1	3+1	

鑽鑿布局類型		號碼	首甲	中甲	前　甲	後　甲	尾甲	甲橋
密集型	三列	463	2	2	1+3×3+3	5×3+2	2+2+1	0+1+2
		464	2	2	1+3×4+3	右3×4+3+1 左4×4+2	3+2	
		465	3	1+2	2+3×3+3	5×3+2	3+2+1	
		469	2	1+2	2+3×3+3	右5+5+6+2 左5×3+2	3+2+1	
		471	1	2	右1+3×3 左1+3×3+1	4×3+1	2+1	
		474	2	1+2	1+3×3+3	5×3+2	右3+2+1 左2+2	0+1+1
		476	2	1+2	1+3×3+3	右5×3+2 左5+5+4+2	2+1	1+2+2
		477	1	2	1+3×3+3	右5+4+5+2 左5+4+4+2	2+1	
		478	1	2	1+3×3+3	4×3+2	2+2+1	
		480	1	2	2+3×3+3	右5×3+2 左5×2+4+2	3+2+1	
		482	2	2	1+3×3	5×3	3+2	
		486	0	2	1+3×3+3	4×3+2	2+2	
		488	1	2	1+3×3+3	2+4+4+2	2+2	
		490	2	1+2	右1+3×3+2 左1+3×3+1	5×3+3	3+2+1	右1+2 左1+2+2
		491	2	1+2	2+3×3+3	5×3+2	3+2+2	0+1+2
		493	1	0	1+3×3+3	5×3+2	右3+2+1 左2+2+1	

鑽鑿布局類型		號碼	首甲	中甲	前　甲	後　甲	尾甲	甲橋
密集型	三列	496	右3 左2	1+2 雙鑿	2+3×3+3	右5×3+2 左5+4+4+2	2+2+1	
		502	1	1+2	1+3×3+3	4×3+2	2+2+1	0+2+1
		15	4	1+2	2+4×3+4	6×3+3	3+2+1	右2+2+2；左1+2+2
		35				×3	3+2+1	
		49	1	2	1+4×3+3	5×3+3	3+2+1	
		59	1	2	1+4×3+3	5×3+2	2+1+1	
		73	2	2	1+4+4+3+3			
		78	2	1+2	1+4×3+2+1	6×3+2+1	3+2+1	
		98	2	2	1+4+3+3+3	5+5+4+2		
		102	1	2+1	2+4×3+4	右4+5+4+2 左5×3+2	2+2+1	0+2+2
		107	2	1+2	1+4×3+3	5×3+3	3+2+1	
		113	3	1+2	右2+1+3×3+3 左2+1+3×3+2	右5×3+1 左5+5+4+2	3+2+2	
		130	2	1+2	1+4×3+3	5+5+4+2		1+2+2
		144	3	1+2	1+4×3+3	6×3+3		1+2+2
		147	3	1+2	1+3×3+3+4	5+5+4+2	3+2+1	
		148	2	2	1+4×3+3	右4+5+4+2 左5×2+4+2	2+2	

鑽鑿布局類型			號碼	首甲	中甲	前　甲	後　甲	尾甲	甲橋
密集型	三列		149	4	2	2＋4×3＋3	5×3＋2	3＋2＋	1＋2＋2
			159	1	2	1＋4＋4＋3＋3	5×3＋2	2＋1	
			165	3	1＋2	1＋4×3＋3	5×3＋2		0＋2＋2
			174	2	2	2＋4＋4＋3＋3＋3	右5×3＋3＋3 左5×3＋2＋3	右3＋2 左3＋2＋1	
			175	3	1＋2	1＋5＋5＋4＋3	5×3＋2	3＋2＋2	1＋2＋2
			178	1	2	1＋4×3＋3	5×3＋2	3＋2＋1	
			193	1	2	1＋4×3＋3	×3＋2		
			202	1	2	1＋4×3＋3	5×3＋2		
			206	3	2＋2	右1＋4×3＋3 左1＋3＋4＋4＋3	5×3＋2		1＋2＋2
			213	1	1	1＋4×3＋3	4＋5＋5＋2	2＋1	
			215	1	2	1＋4＋4＋3＋3	5×3＋2	2＋2＋1	
			220	1	1＋2	1＋4×3＋3	5×3＋2	3＋2＋1	
			223	1	2	右2＋3＋3＋2＋3 左2＋2×3＋3	5＋4＋4＋2	2＋2＋1	1?
			237	4	1＋2	1＋4×3＋3	右2＋4＋5＋5＋2 左5＋6＋6＋		
			296	1	2	1＋4＋4＋3＋3	5×3＋2	3＋2＋1	

續　表

鑽鑿布局類型		號碼	首甲	中甲	前　甲	後　甲	尾甲	甲橋
密集型	三列	302		1+2	1+4×3+3	右5×3+2 左6+6+5+2	3＋2＋2＋1	1+2+2
		313	2	2	1＋4＋4＋3＋3	6×3+2		0+2+2
		317	2	1+2	1+4×3+3			
		346	2	1+2	右1+4+4+3+3 左1+4+3+3+3	5×3+1	2+1	1+2+2
		352	2	1+2	1+4×3+3	5×3	3+2+1	0+2+0
		393	2	1+2	2＋4＋3＋3＋3	4+5+5+2	3+2+1	1+2+2
		395	1	2	1＋4＋4＋3＋3	5×3+2	3+2+2	
		414	2	2	1+×3+			
		427	2	1+2	右2+4×3+3 左2+4×3+2	5×3+2	3+2+1	2+2+1
		443	2	2	1+4×3+3	5×3+3	3+2+1	
		446	3	1+2	右1+4+3+3+3 左1+5+3+3+3	右4+6+6+2 左4+6+7+2	右3＋1+2+1 左3+2	
		448	1	1+2	1+4×3+3	右4+5+5+2 左4+5+3+1		
		462	2	1+2	2+4×3+3	右6+5+5+3 左6+6+5+3	3+2+1	1+2+2
		472	2	1+2	1+4×3+3	5×3+2	3+2+1	右0＋2+0 左1＋2+1

鑽鑿布局類型		號碼	首甲	中甲	前　甲	後　甲	尾甲	甲橋
密集型	三列	481	1	2	1+4×3+3	5×3+2	2+2+1	
		484	2	1+2	2＋4＋4＋3+3	5×3+2	3+	0+1+2
		74				5+4+5+2		
		110				5+5+4+2	2+2+1	+2
		162				4×3+2		
		163				4×3+	3+2+1	
		190				5+5+4+2	2+2	
		345				×3	3+2+1	
	二三之間	3	2	2	1+2×2	右1+3+4 左2+3+4	2+2	
		197			+2+3+3	4×2	1	
		217	1	2	1+3×3+2	右4×2+2 左1+4×2+2	2+1	
		225	1	2	右2+1+2+2 左2+1+2+2+1	左4+4+1 右4+4+2	2+1	
		246	1	1	1＋3＋3＋2+3	3+4+2	2+2	
		303	2	2	2+2×3	2×3+2×2	2+1	
		369	1	2	3×3	2×3+2×2	2+1	
		375	1	2	1+3×3+3	2×3＋2×2+1	2+1	
		377	1	2	1＋2＋3×2+3	4×2+2	2+1	

鑽鑿布局類型		號碼	首甲	中甲	前　甲	後　甲	尾甲	甲橋
密集型	二三之間	404	1	2	1＋2＋2×3＋2	4×2＋2	2＋1	
		405	1	1	右1＋1＋2×2 左1＋2×2	右3×2 左2＋3×2	2＋1	
		417	2	2	右1＋2＋3＋2＋3 左1＋3＋2＋3	2×3＋2×2＋2	2＋1	
		453	1	1＋2	右1＋2＋3×2＋2 左1＋2＋1＋2＋2＋2	4×2＋2	2＋1	
		500	1	2	行：1＋3＋2	行3＋列3×2	2＋1	
	兩列	19	1	1	2＋2	3＋2	2＋1	
		22	1	1	2＋2	右2＋3 左3×2	2	
		48	0	1	2＋2	3＋2	1	
		82	1	1	2＋2	3＋2	1	
		86	0	1	2＋2	3＋2	2	
		97	0	1	2＋2	3＋2	1	
		103	0	1	2＋2	3＋2	1	
		209	0	1	2＋2	3＋2	1	
		218	0	1	2＋2	3＋2	1	
		270	0	1	2＋2	3＋2		
		328			2＋2	3＋2		
		333	0	0	2＋2	3＋2	1	

鑽鑿布局類型		號碼	首甲	中甲	前　甲	後　甲	尾甲	甲橋
密集型	兩列	336	0	1	2+2	3+2	1	
		342	0	1	2+2	3+2	1	
		366	0	1	2+2	3+2	1	
		379	0	0	2+2	3+2	1	
		380	0	1	2+2	3+2	1	
		382	0	1	2+2	3+2	1	
		408	1	1	2+2	3+2	2+1	
		457	0	1	2+2	3+2	1	
		154	0	1	2+2	3×2	1	
		239	1	1	2+2	3×2		
		305	1	0	2+2	3×2	2	
		378	1	1	2+2	3×2	1	
		1	1	2	1+2×2	4×2	2+1	
		14	1	1	1+2×2	3×2	2	
		23	2	1	1+2×2	3×2	1	
		26	2	2	1+2×2	2+3		
		42	1	1	右1+2×2 左2+2×2	3×2	2+1	
		44	1	1	1+2×2			
		51	0	0	1+2×2	3×2	2	
		60	1	1	1+2×2	3×2	1	
		65	1	1	右1+1+2+2 左1+2+2	3×2	2+1	

鑽鑿布局類型		號碼	首甲	中甲	前　甲	後　甲	尾甲	甲橋
密集型	兩列	77	0	1	1＋2×2	3×2	2	
		96	1	2	1＋2×2			
		108	2	1	1＋2×2	3×2	1＋1	
		119				3×2	2＋1	
		135	1	1	1＋2×2	3＋2	1	
		146	2	1	1＋2×2	3×2	1	
		152	2	1＋2	1＋2＋			
		158	1	2	右1＋1＋2×2 左1＋2×2	3×2	2＋1	
		167	1	1	1＋2×2	3×2	2＋1	
		169	1	1	1＋2×2	3×2	2	
		173	2	1	1＋2×2	3×2	1	
		179	1	1	1＋2×2	3×2	2＋1	
		182	1	1	1＋2×2	3×2	2	
		199	1	1	1＋2×2	3＋2	2＋1	
		204	1	0	1＋2×2	4×2	2	
		216	右0 左1	1	2＋2×2	右3×2 左3＋4	2	
		219				3×2	2＋1	
		227	1	1	1＋2×2	3×2	1	
		238	0	2	2＋2×2	3＋2	1	
		259	1	1	1＋2×2	3×2	2＋1	

鑽鑿布局類型		號碼	首甲	中甲	前　甲	後　　甲	尾甲	甲橋
密集型	兩列	269	1	1	1＋2×2	3＋2		
		273	1	1	1＋2×2	3×2	2	
		316	1	0	1＋2×2	3×2	2＋1	
		318	1	1	1＋2×2	3×2	1	
		325	1	1	1＋2×2	3＋2	2＋1	
		337	1	1	1＋2×2	3＋2	2＋1	
		355	1	1	1＋2×2	3×2	2＋1	
		367	1	1	1＋2×2	3×2	1	
		368	1	2	1＋2×2	3＋2	2＋1	
		370	1	1	1＋2×2	3＋2	2＋1	
		372	2	1	1＋2×2	3×2	2＋1	
		381	1	1	1＋2×2	3×2	右2 左1	
		383	1	1	1＋2×2	3×2		
		384	2	2	2＋2×2	右4＋3 左4×2	2＋1	
		390	1	1	1＋2×2	3×2	1＋1	
		391	2	1	1＋2×2	3×2	2＋1	
		396	1	1	1＋2×2	3＋2	1＋1	
		452	1	1	1＋2×2	3×2	2＋1	
		461	1	1	1＋2×2	3＋2	2＋1	
		467	1	1	1＋2×2	3×2	1	

鑽鑿布局類型		號碼	首甲	中甲	前　　甲	後　　甲	尾甲	甲橋
密集型	兩列	468	1	1	1＋2×2	3×2	1	
		485	1	1	1＋2×2	3＋2	1＋1	
		492	1	1	1＋2×2	3×2	2＋1	
		499	1	0	1＋2×2	3×2＋1	2＋1	
		10	2	2	1＋2×2＋1			
		11	2	2	1＋2×2＋2	3×2		
		12	1	2	1＋2＋2＋1	3×2＋1	2＋1	
		16	1	2	1＋2×3	3×2		
		34	1	1	1＋2＋2×2＋2	3×2	2＋1	
		54	1	2	1＋2×2＋2	3×2＋1	2＋1	
		63	2	2	1＋2×2＋2	3×2＋1	2＋1	
		84	1	1	1＋2×2＋1	3×2＋1	2＋1	
		104	1	2	2＋2×2＋2	3×2＋1	2＋1	
		112	2	1	1＋2×2＋2	3×2＋1	2＋1	
		127	1	2	1＋2＋3＋3	4×2＋2	2＋1	0＋1＋0
		128			1＋2×2＋1	3×2＋1	2＋1	
		137	1	2	1＋3×2＋2	4×2＋2	2＋2	0＋1＋1
		140				3×2＋1	2＋1	
		143	1	2	1＋2＋1＋2＋1	3×2＋1	2＋1	

鑽鑿布局類型		號碼	首甲	中甲	前　甲	後　甲	尾甲	甲橋
密集型	兩列	153			2+2×2+2	3×2+2		
		171	1	2	1+2×2+2	3×2+1	2+1	
		172	1	2	1+2+2+3	4×2+2	2+1	
		198	1	2	1+2×2+2	3×2+1	2+1	
		242	1	1	右1+3×2+3	4×2+2	2+1	
		255	2	1	2+2×3+1	3×2+1	2+1	
		256	1	1	1+2×2+2	3+2+1	2+1	
		264	1	2	1+2×3+2	3×2+1	2+1	
		271			右＋3＋3＋2+2　左＋3＋3＋2+1	4×2+2	2+1	
		294	2	1	1+3+2+2	3×2+1	2+1	
		304	1	1	右2+2×2+2　左2+2×2+1	3×2+1	2	
		307	1	1	1+2×2+2	3×2+1	2+1	
		323	1	1	1+2×2+2	3×2+1	2+1	
		338	1	1	1+2×2+2	3×2+1	2+1	
		347	1	1+2	1+2×2+2	3+4+1	2+1	
		353	1	2	1+2×2+2	3×2+1	2+1	
		354	1	1	1+2×2+2	3×2+1	2+1	
		371				×2	2	

鑽鑿布局類型		號碼	首甲	中甲	前 甲	後 甲	尾甲	甲橋
密集型	兩列	373	1	2	1+2×2+2	3×2+1	2+1	
		403	2	1	1++2×2+2	4×2+1	2+1	
		416	2	2	1+2×2+2	3×2+1	2+1	
		420	1	1	1+2×2+2	3×2+1	2+1	
		421	1	1	2+2×2+2	4×2+1	2+1	
		426	1	2	1+2×2+2	3×2+1	2+1	
		454	1	1	1+2×2+1	3×2+1	2+1	
		473	2	2	1+2×2+2	3×2+1	2+1	
		475	1	2	1+2×2+2	3×2+1	2+1	
		479	1	1	1+2+1+2+1	4+3+1	2+1	
		487	1	1	1+3×3+2	4×2+1	2+1	
		489	1	1	1+3×2+3	4×2+2	2+1	
		494	1	1	1+2×2+2	3×2+1	2+1	
		495	1	1	1+2×2+2	3×2+1	2	
		498	1	1	2+2×2+2	4×2+1	2+1	

花東腹甲鑽鑿布局材料表

類 型		片 號
密集型	三列	2、4、5、6、7、8、9、13、15、17、18、21、24、25、27、28、29、30、31、32、33、35、37、38、39、40、41、45、46、47、49、52、53、56、57、58、59、61、64、66、67、68、69、70、72、73、74、75、76、78、80、81、85、88、89、90、92、93、94、95、98、99、100、

類　型		片　　號
密集型	三列	101、102、105、106、107、110、111、113、114、116、117、120、121、122、123、124、125、126、129、130、131、132、133、134、136、139、141、142、144、145、147、148、149、150、151、155、157、159、160、161、162、163、164、165、166、168、170、174、175、176、177、178、180、181、183、185、186、187、189、190、191、192、193、194、195、196、200、202、203、205、206、207、208、211、213、214、215、220、221、212、222、223、224、226、228、229、230、232、233、234、235、236、237、240、241、243、245、247、248、249、251、252、253、254、257、258、260、261、263、265、266、267、268、274、275、276、277、278、279、280、281、282、283、284、285、286、288、289、290、291、292、295、296、298、299、300、301、302、306、308、309、313、314、315、317、319、320、321、322、324、326、327、330、331、335、339、340、343、345、346、349、350、351、352、356、359、361、363、364、365、374、376、387、388、392、393、394、395、398、400、401、402、406、409、411、412、413、414、427、435、415、418、419、423、424、428、429、431、437、439、441、442、443、445、446、447、448、449、450、451、455、458、459、460、462、463、464、465、469、470、471、472、474、476、477、478、480、481、482、484、486、488、490、491、493、496、501、502
	二三列之間	3、197、217、225、246、303、369、375、377、404、405、417、453、500
	兩列	1、10、11、12、14、16、19、22、23、26、34、42、44、48、51、54、60、63、65、77、82、84、86、96、97、103、104、108、112、119、127、128、135、137、140、143、146、152、153、154、158、167、169、171、172、173、179、182、198、199、204、209、216、218、219、227、238、239、242、255、256、259、264、269、270、271、273、294、304、305、307、316、318、323、325、328、333、336、337、338、342、347、353、354、355、366、367、368、370、371、372、373、378、379、380、381、382、383、384、390、391、396、403、408、416、420、421、426、452、454、457、461、467、468、473、475、479、485、487、489、492、494、495、498、499

第六節　殷墟非王卜辭腹甲
鑽鑿布局小結

一、殷墟非王卜辭腹甲鑽鑿布局

(一) 非王腹甲密集型鑽鑿布局

1. 主體三列鑽鑿布局

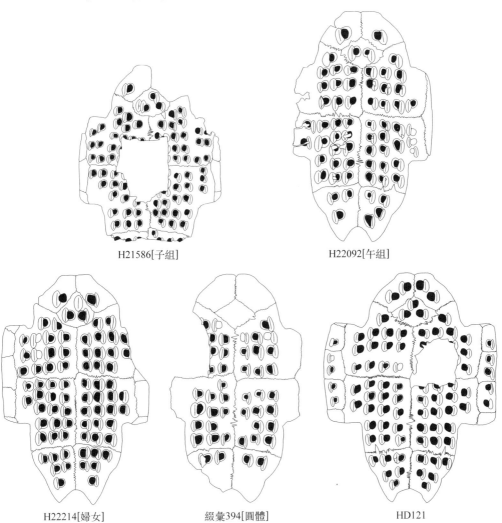

H21586[子組]　　　　　　　　　H22092[午組]

H22214[婦女]　　　　綴彙394[圓體]　　　　HD121

2. 主體兩列鑽鑿布局

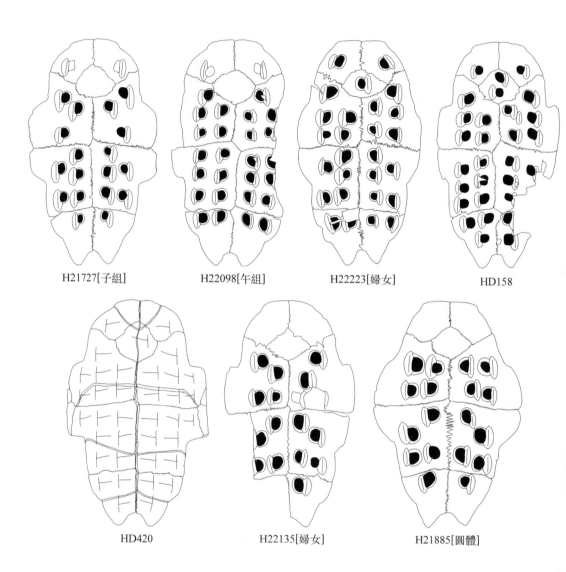

H21727[子組]　　　　H22098[午組]　　　　H22223[婦女]　　　　HD158

HD420　　　　　　H22135[婦女]　　　　H21885[圓體]

(二) 非王腹甲稀疏型鑽鑿布局

1. 單環稀疏型

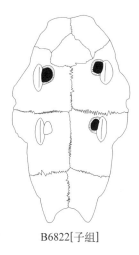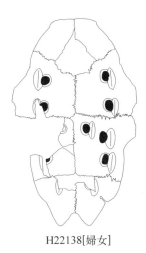

B6822[子組]   H22138[婦女]

2. 複環稀疏型

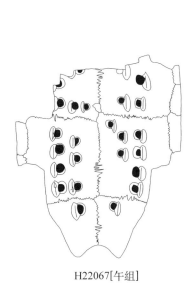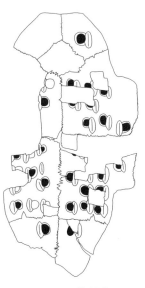

H22067[午組]   H22130[婦女]

　　殷墟非王腹甲鑽鑿布局有主體三列密集型（其中午組、婦女類、圓體類鑽鑿排列多不整齊）、近甲橋區無鑽鑿兩列密集型（花束子組有近甲橋區有鑽鑿兩列密集）、首甲中甲無鑽鑿單環稀疏型（見於子組、婦女類）及複環稀疏型（見於午組、婦女類）。除首甲中甲無鑽鑿單環稀疏型鑽鑿布局的變式，其餘鑽鑿很可能是甲骨整治後即施加完成。

　　殷墟非王卜辭所用腹甲，鑽鑿布局形式較爲多樣化，稀疏、密集並見。既有同時代王卜辭占卜機構鑽鑿布局的特色，也具有各家族內部占卜機構特色：午組腹甲多尺寸較大，後甲部位五五四布局的三列密集鑽鑿布局。婦女腹甲多尺寸較小，多首甲中甲無鑽鑿且下圓鑽鑿布局。圓體類鑽鑿布局類似婦女類。花束龜腹甲皆密集布局，排列較爲嚴整，接近YH127坑賓組腹甲的鑽鑿布局等。

二、殷墟非王卜辭腹甲占卜形式

　　子組腹甲對貞占卜兆序數相同，選貞占卜兆序數相同或遞增，有一版內的兩辭或三辭一套占卜。首甲中甲無鑽鑿時，多使用整版兆序數相同的異版成套占卜。兆序數一般在三以內。

　　午組腹甲多用一辭多卜，按行或分區使用鑽鑿，即使用卜辭所在的一行、兩行或三行鑽鑿占卜。

　　婦女類腹甲多用異版成套占卜，也有一辭多卜，多用三卜。

　　圓體類腹甲上主要占卜形式是多見一卜。可能存在習卜卜辭。

　　花束占卜形式多一辭一卜、一辭兩卜、一辭多卜、同版多辭一套、異版多辭一套、辭與辭的同貞、辭與套的同貞等，占卜形式受鑽鑿布局的影響不大。

　　殷墟非王卜辭的占卜形式，基本符合同時期武丁王卜辭的占卜特徵。如密集鑽鑿布局的龜腹甲多按行或分區使用鑽鑿進行占卜，也有使用一行內的一個或幾個鑽鑿進行占卜，即多一卜、兩卜。首甲中甲無鑽鑿，通常使用異版成套的形式進行占卜等。

第八章　師組背甲鑽鑿布局與
占卜形式

殷墟龜背甲占卜的重要參照在脊甲,占卜使用的重點區域在肋甲,這些是由龜背甲的天然骨骼構成(即形態)決定的。鑽鑿的灼燒點通常在鑽鑿近脊甲一側(師組、非王等有例外)。對於龜背甲上卜辭刻寫行款的描述,筆者不贊同用"左行"或"右行"。因爲卜辭行款的左右通常與所在龜背甲的左右有關係。脱離了龜背甲的左右來談卜辭刻寫行款的左右,意義不大。描寫龜腹甲上卜辭的行款用"内行"或"外行"更能體現占卜以及刻寫時脊甲的重要參照作用。

龜背甲鑽鑿布局基本按行進行分類。

龜背甲大致可以分爲頸甲、脊甲、尻甲、肋甲、邊甲幾個區

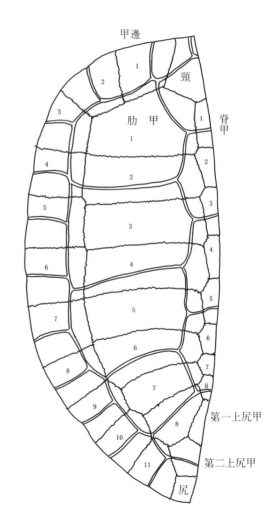

域。因爲占卜的主體區域在肋甲，鑽鑿布局分類主要考慮肋甲部位鑽鑿的布局情況。

師組龜背甲反面鑽鑿布局主要按照師組肥筆類、師組小字類進行整理研究。

第一節　師組肥筆類背甲鑽鑿布局與占卜形式

一、師組肥筆類背甲鑽鑿布局

師組肥筆類背甲反面鑽鑿布局多爲密集型，也有稀疏型。

（一）密集型

《合集》19858（《乙編》9000）爲左背甲的第二肋甲，兩行密集鑽鑿布局。鑽鑿分布不均匀。第一行左數第二個鑽鑿灼燒在長鑿外側。

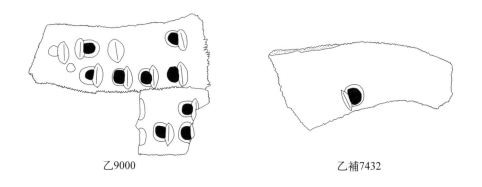

乙9000　　　　　　　　　　　　　乙補7432

（二）稀疏型

《乙補》7432 右背甲第六肋甲反面有 1 個鑽鑿。

師組肥筆類龜背甲有稀疏型和密集型兩種鑽鑿布局類型。密集型鑽鑿布局肋甲多爲兩行鑽鑿，稀疏型鑽鑿布局肋甲有 1 個鑽鑿。灼燒多在長鑿內側，也有個別在長鑿外側。密集布局排列整齊的鑽鑿可能在甲骨整治後即施加，稀疏布局的鑽鑿不排除有了占卜事件，確定了占卜形式後臨時施加鑽鑿的可能性。

二、師組肥筆類背甲上的占卜形式

師組肥筆類背甲可見一辭多卜的占卜形式。

（1）□□卜，夬：菁豕隻。允隻一豕。一二三四五

《合集》20736（《乙編》9003）［師肥］

這條卜辭使用左背甲第三肋甲下一行的 5 個鑽鑿，占卜獲豕，一辭五卜，兆序數一至五從外向內橫排。這條卜辭按行使用鑽鑿進行占卜。

綜上，師組肥筆類龜背甲有稀疏型和密集型兩種鑽鑿布局類型。

師組肥筆類龜背甲的占卜形式有一辭多卜。按行使用鑽鑿體現了占卜的預設性。

附表

師肥背甲鑽鑿布局表

類型	片號	頸甲	脊甲	尻甲	肋　甲	邊甲
密集型	19858				兩行，左二	
	20092					
	20304					右邊甲 1
	20736				兩行，左三	
	21149				兩行，右五	
	21419				一、兩行，左一、二	
稀疏型	乙補 7432				1 個，右六	

師肥背甲鑽鑿布局材料表

類　型	片　　　號
密集型	19858（乙 9000）、20092（乙 9022）、20304（乙 9006）、20736（乙 9003）、21149（乙 9004）、21419（乙 9001）
稀疏型	乙補 7432
因殘斷或缺反面信息不明	20307、20781、21205、W1552、村中南 304、乙補 7433

第二節　師組小字類背甲鑽鑿布局與占卜形式

一、師組小字類背甲鑽鑿布局

師組小字類背甲反面鑽鑿布局基本爲密集型。

《綴彙》804（《乙編》349＋）爲左背甲，第四、第五脊甲和第四肋甲，肋甲反面兩行密集鑽鑿布局。

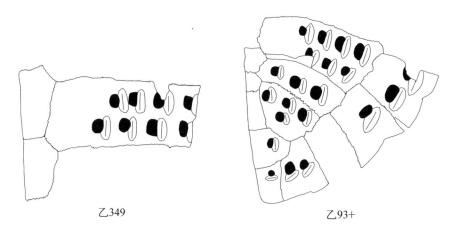

乙349　　　　　　　　　　　　乙93+

《合集》20923（《乙編》93＋）爲左背甲，第七、第八脊甲無鑽鑿，第一上尻甲無鑽鑿，第二上尻甲 1 個鑽鑿，尻甲 1 個鑽鑿。第六、第八肋甲二行鑽鑿,第七肋甲一行鑽鑿,第八、第十一邊甲兩行鑽鑿,第九邊甲一行鑽鑿。

　　《合集》21387＋(《乙編》1＋)爲右背甲。第一脊甲無鑽鑿,第一、第二、第三肋甲兩行鑽鑿,第三邊甲 1 個、第四邊甲 2 個、第五邊甲被截鋸,僅存半個鑽鑿。

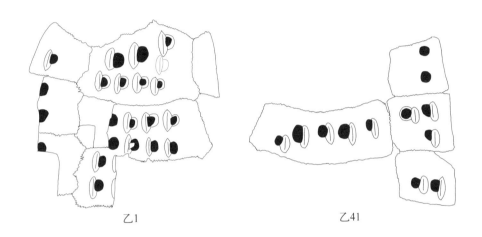

乙1　　　　　　　　　　　　　　　乙41

　　《合集》21388(《乙編》41＋)爲左背甲,第二肋甲一行鑽鑿,第三邊甲上爲 2 個圓鑽,第四邊甲 2 行鑽鑿,第五邊甲一行鑽鑿。正面卜辭爲相鄰幾日的同事類占卜,一辭兩卜,兆序數一、二遞增,占卜順序先從內向外使用第二肋甲外側的 4 個鑽鑿,再使用第三、第四邊甲各兩個鑽鑿。結合正面卜辭與鑽鑿的對應關係、占卜使用鑽鑿的順序與個數、第四邊甲內側 1個鑽鑿未使用等情況來看,鑽鑿可能是在甲骨整治後即施加完成。

　　師組小字類龜背甲基本爲密集型鑽鑿布局。密集型鑽鑿布局肋甲多一行或兩行鑽鑿。灼燒基本在長鑿內側。鑽鑿可能在甲骨整治後即施加完成。

二、師組小字類背甲上的占卜形式

　　師組小字類背甲多用一辭多卜的占卜形式。

（1）丙辰卜：又祖丁豕，用宰。一

　　　　　　　　　　《合集》19863＋(《乙編》64＋)①［師小字］

（2）叀犬羊用。一　　《合集》20677(《乙編》196＋)［師小字］

以上兩條卜辭，占卜祭祀，(1)辭使用第一肋甲最下一行第 4 個鑽鑿，(2)辭使用該肋甲最上一行最外側 1 個鑽鑿，皆一辭一卜，兆序數爲一。

（3a）辛丑卜：今日方吕(犯)。一

（3b）壬寅卜：自今三日方不吕(犯)。不。一

　　　　　　　　　　《合集》20412(《乙編》107＋)［師小字］

以上兩條卜辭占卜方犯，使用該肋甲上行最外側 2 個鑽鑿，一辭一卜，兆序數爲一。

（4a）乙巳卜：今日方其至。不。一二三

（4b）丙午卜：方其今日吕(犯)。一二

　　　　　　　　　　《合集》20410(《乙編》142＋)［師小字］

以上兩條卜辭占卜方至、方犯，使用該肋甲下行 5 個鑽鑿。(4a)一辭三卜，(4b)一辭兩卜，兆序數一至三，一、二從外向內橫排。

（5a）丙寅卜：又兆(逃)②三羌，其得至自印(抑)。一二三

（5b）丙寅卜：又兆(逃)三羌，其得印(抑)。一二

　　　　　　　　　　《合集》19756(《乙編》104＋)［師小字］

以上兩條卜辭占卜獲得三羌，(5a)辭使用第六肋甲上行 3 個鑽鑿，一辭三卜，(5b)辭使用該肋甲下行 2 個鑽鑿，一辭兩卜。兆序數從內向外排列。

（6）壬子卜：今日獸，又戍。一

　　　　　　　　　　《合集》20755(《乙編》396)［師小字］

---

① 《合集》20476＋《乙編》8497＋《合集》19863＋《合集》21037，蔣玉斌：《殷墟 B119、YH006、YH044 三坑甲骨新綴》第 23 組，《中國文字研究》2007 年第 1 輯。

② 蔣玉斌：《釋殷墟自組卜辭中的"兆"字》，《古文字研究》第 27 輯，第 104—107 頁，中華書局，2008 年。

這條卜辭占卜今日狩獵，會雲開日出，使用該肋甲下行最内側1個鑽鑿，一辭一卜，兆序數爲一。

(7) 壬午卜：冓虎，其隻。一二

《合集》20707(《乙編》43＋)[師小字]

這條卜辭占卜遇到虎，會擒獲，使用該肋甲下一行中間2個鑽鑿，一辭兩卜，兆序數一、二從内向外橫排。

(8) 庚辰卜：焚，从柚①咢虎。一二三四五

《合集》20709(《乙編》47)[師小字]

這條卜辭占卜焚燒獵虎，使用該肋甲上行中間1個鑽鑿和下行4個鑽鑿，一辭五卜，兆序數一至三從内向外，再向上四，再向下外側五。

(9) 己巳[卜]：缶…豕，冓豕印(抑)。十一月。一二三四五
六七八九十 十一　　　《合集》19787(《乙編》119＋)[師小字]

這條卜辭占卜遇到豕，使用該第一肋甲第一行外側2個鑽鑿和第二、第三行9個鑽鑿，體現出分區占卜，一辭十一卜，兆序數一至"十一"從内向外，自下而上排列。

(10) 癸卯卜，自，貞：克妾䇖力(妨)。一

《合集》19799(《乙編》407)[師小字]

(11) 戊子卜，犬：妾毓唯庚。一

《合集》20072＋(《乙編》192＋)②[師小字]

這條卜辭占卜克妾䇖、妾生育，(10)辭使用上行外側1個鑽鑿，(11)辭使用第五肋甲上行外側1個鑽鑿。兩辭一辭一卜，兆序數爲一。

(12a) 辛亥卜，自：自今五日雨。一二三四[五]

---

① 王子楊：《甲骨文字形類組差異現象研究》，第287—307頁。
② 《合集》20072＋《合集》20859，宋雅萍：《背甲新綴二十則》，先秦史研究室網站，2011年6月1日。

(12b) 弗及四月其雨。一[二]三四

(12c) 于四月其雨。[一二]三四

(12d) 辛亥卜,自:不雨。一二三

《合集》20920 下＋(《乙編》122＋)①[師小字]

以上四條卜辭占卜是否下雨,(12a)使用第三肋甲下行至少 4 個鑽鑿,可能一辭五卜。(12b)辭使用第四肋甲上行外側 4 個鑽鑿,一辭四卜。(12c)使用第三肋甲下行 4 個鑽鑿,一辭四卜。(12d)使用第五肋甲一行 3 個鑽鑿,一辭三卜。兆序數一至四或三從内向外排列。

(13a) 癸卯卜,貞:旬。四月。乙巳㸚雨。九日辛亥戾雨自
東小,虹西。一二

(13b) 癸丑卜,貞:旬。五月。庚申疒人雨自西,歺既。一二

《合集》20964＋(《乙編》8503＋)②[師小字]

以上兩條卜辭卜旬,辭末記有天氣辭。③ (13a)辭使用第三肋甲内側 2 個鑽鑿,(13b)辭使用第三肋甲外側 2 個鑽鑿,皆一辭兩卜,兆序數一、二從内向外排列。

(14) 癸酉卜,貞:旬。六日戊寅雨,己雨至壬雀。一二三

《合集》21309＋(《乙編》2＋)④[師小字]

以上這條卜辭卜旬,辭末記有天氣辭。使用上行外側 3 個鑽鑿,一辭三卜,兆序數一至三從内向外排列。

---

① 《合集》20920 下＋《乙補》7084 倒＋《合集》20946＋《合集》20906＋《乙補》68＋《乙補》14,蔣玉斌:《〈甲骨文合集〉綴合拾遺(第六十八—七十三組)》,第 73 組,先秦史研究室網站,2010年 9 月 17 日。

② 《合集》21025＋《合集》20964＋《合補》6862＋《合集》20986,蔣玉斌:《〈甲骨文合集〉綴合拾遺(第六十八—七十三組)》,第 70 組。

③ 黃天樹:《殷墟王卜辭的分類與斷代》,第 24 頁,文津出版社,1991 年。

④ 《合集》21309＋《合集》11832＋《乙編》84。蔣玉斌:《殷墟 B119、YH006、YH044 三坑甲骨新綴》,《中國文字研究》2007 年第 1 輯。

　　(15a) 癸酉卜，貞：旬。［一二］

　　(15b) 癸未卜，貞：旬。八月。一二

　　(15c) 癸巳卜，貞：旬。八月。一二

　　(15d) 癸卯卜，貞：旬。九月。一二

　　(15e) 癸未卜，貞：旬。一二

　　　　　　　　　　《合集》21311（《乙編》8496）［師小字］

以上五條卜辭卜旬，使用卜辭所在的第三肋甲一列 2 個鑽鑿，一辭兩卜。
兆序數一、二自上而下排列，占卜順序從內向外。該版按列使用鑽鑿進行
占卜。

　　(16a) 癸未夕。一二

　　(16b) 甲申夕。一二

　　(16c) 乙酉夕。一二

　　　　　　　　　　《合集》21326（《乙編》66＋）［師小字］

以上可能是卜夕辭，使用卜辭所在的第四肋甲一列 2 個鑽鑿，一辭兩卜。
兆序數一、二自上而下排列，占卜順序從內向外。該版按列使用鑽鑿進行
占卜。

　　(17a) 甲寅卜：夕。一

　　(17b) 乙卯卜：夕。一

　　　　　　　　　　《合集》21331（《乙編》26＋）［師小字］

以上可能是卜夕辭，使用卜辭所在行的 1 個鑽鑿，一辭一卜，兆序數爲一，
占卜順序從外向內。

　　(18a) 甲子：夕。乙从斗。［一二］

　　(18b) 丙寅卜：夕。一二

　　(18c) 丁卯卜：夕。一二

　　(18d) 戊寅卜：夕。一二

　　　　　　　　　　《合集》21338（《乙編》65＋）［師小字］

以上四條卜辭卜夕，使用卜辭所在的一列 2 個鑽鑿，一辭兩卜。兆序數一、二自上而下排列，占卜順序從內向外。

(19a) 丙申卜：夕。翌日从斗。① 一[二]

(19b) 丁酉卜：夕。翌庚从斗。一二

(19c) 戊戌：夕。一二

(19d) 己亥卜：夕。庚从斗，延雨。一二

(19e) 庚子：夕。辛从斗。一二

(19f) 辛丑卜：夕。一二

(19g) 壬寅卜：夕。一二

(19h) 癸卯卜：夕。从斗。一二

《合集》21350＋(《乙編》21＋)②[師小字]

以上八條卜辭卜夕，使用卜辭所在的一列 2 個鑽鑿，一辭兩卜。兆序數一、二自上而下排列，占卜順序從內向外、從外向內，懷疑呈蛇形順序。辭末記有第二天或第二天的干支"从斗"。結合師組小字類卜旬辭後記有天氣情況，卜夕辭記有第二天"从斗"，懷疑是附記第二天的天象情況。

(20a) 辛丑卜。二

(20b) 辛丑卜。二

(20c) 辛丑卜。二

《合集》20868[師小字]

---

① "根據這批卜辭'干支卜夕'可以單獨成句，及其在行款上與'(翌)干从斗'分開刻寫，'夕'字在此不當讀作'月'。卜夕，就是占卜夜間情況。"(蔣玉斌：《自組甲骨文獻的整理與研究》，第 44 頁，東北師範大學 2003 年碩士學位論文，指導教師：董蓮池)鵬按：在甲骨組類內部尋找卜辭占卜內容的線索比較符合卜辭結構、占卜習慣。師組龜背甲上的"癸某卜：旬"後面附記天氣辭、"干支卜：夕"後面附記"(翌天干)从斗"，後面附記的天氣或天象辭，不必看作驗辭。如同黃組卜旬辭後附記的周祭記錄、征人方記錄不必看作驗辭。

② 《合集》21350＋《合集》21348＋《合集》20114＋《京津》2969＋《合集》21356，宋雅萍：《背甲新綴第三例補綴》，先秦史研究室網站，2011 年 2 月 10 日。

以上三條卜辭使用該肋甲下行內側 3 個鑽鑿，一辭一卜，兆序數爲二，有可能爲成套占卜的第二卜。

師組小字類龜背甲占卜祭祀多一辭一卜。占卜軍事有一辭一卜，一辭兩卜。占卜田獵有一辭一卜，一辭兩卜，多見使用一行鑽鑿的一辭三卜、四卜、五卜，也可見使用一個區域的十一卜。占卜生育疾病多一辭一卜。占卜天氣多使用一行鑽鑿，呈現出一辭三卜、四卜、五卜。以上占卜既有選擇一行內的一個或幾個鑽鑿進行占卜，也有按行或分區使用鑽鑿進行占卜。卜旬辭常見格式爲"癸某卜：旬。某月。＋下一旬天氣記錄"，多一辭兩卜，也有三卜。卜夕辭多干支日相連，常見格式爲"干支（卜）：夕。＋天干/翌日/翌天干从斗"，基本一辭兩卜。卜旬、卜夕可以在齒縫區內按列使用鑽鑿，一辭二卜。也可見兆序數相同的"干支卜"簡辭。

綜上，師組小字類龜背甲基本爲一行、二行的密集型鑽鑿布局。

師組小字類龜背甲占卜事項不同，形式有所不同。占卜祭祀、生育、疾病多一辭一卜。占卜田獵、天氣多使用一行鑽鑿，軍事多一辭兩卜，卜旬、卜夕可以在齒縫區內按列使用鑽鑿，一辭二卜。

附表

師小字背甲鑽鑿布局表

類型	片號	頸甲	脊甲	尻甲	肋　甲	邊　甲
密集型	B6858				一行 6 個,右四	
	B6861				一行,右三	
	8704				一行 4 個,左三	
	11261		左四		二行,左四	
	11845					二行,右六、七

類型	片號	頸甲	脊甲	尻甲	肋　甲	邊　甲
密集型	19756		右六、七	右一	一行＋,右六	
					右八	
	19787				三行,左一	
	19799				二行,右一	
	19941		左七、八	一	兩行,左五、六、七、八	
	19983				一行,右三	
	20072				兩行,右四、五	
	20112		左一		兩行,左一、二	
	20123				一行＋,右三	
	20140				二行,左三	左五
	20141				二行,左四、五	
	20222				一行,右二	
	20269				二行,右三	
	20310				二行,左三	
	20331					兩行,左七
	20336				一行,左六、七	
	20364				一行,右六	
	20409				一行,左三	
	20410				一行＋,左五	
	20412				二行,右三	

類型	片號	頸甲	脊甲	尻甲	肋　　甲	邊　甲
密集型	20412＋				二行,左三	
	20412＋				二行,右二、三	
	20413				一行,右五	
	20413＋				一行右三、二行四、一行＋五	
	20415				一行,右四	
	20424				二行,右二	
	20437				二行,左三、四	
	20438				二行左六、一行七	
	20476	1個,右	右一		二行,右一、二	右一
	20481				二行,右二	
	20486				二行,左四	
	20491				二行,右六	
	20494				二行,右四	
	20543				二行,左二、三、四	
	20544				二行,左四	
	20677				二行,右五	
	20707				一行＋,左二	
	20708				二行,左三、四	
	20709		左一		二行,左一	
	20725				三行,右一	

續　表

類型	片號	頸甲	脊甲	尻甲	肋　　甲	邊　甲
密集型	20755				一行,左四	
	20757				二行,右五	右五、六、七
	20766				二行,右六	
	20768		左八	左一	一行左七、八	
	20772				二行,左一	
	20814				一行十,右二	
	20817				一行,左六	
	20818				一行十,右三	
	20822				一行,右七	
	20823				二行,右一	
	20843				二行,右六	
	20865				二行,左六	
	20890				二行,左五?	
	20898				一行,右三、四	
	20905				兩行,左	
	20920				二行左三、二行四、一行五	
	20921				一行,左四	
	20922				二行,右五	
	20923		左七、八	左一、二、尻	二行,左六、七、八	左八、九、十一

類型	片號	頸甲	脊甲	尻甲	肋　甲	邊　甲
密集型	20924				二行，右一、二、三、四、五	
	20925				二行，左一、二、四	
	20927				二行，左六	
	20942				二行，左六	
	20953		左三		二行，左三	
	20960				二行，左三、四	
	20961				二行，左一、二、三、四	
	20967				一行，右七、八	
	20969				二行，右七	
	20974				二行，左二、三、四	
	20990					二行，右五
	20991				二行，右四	
	20992		右一		二行，右一	
	21013				二行，右一	1個右一
	21018				三行，左一	
	21021				一行右二、三、二行四	右六
	21022				一行右四、五，二行六	
	21025				一行，右二、三	二行，右五
	21052				二行，左四	

續　表

類型	片號	頸甲	脊甲	尻甲	肋　甲	邊　甲
密集型	21053				二行,左六	
	21309				一行＋,右六	
	21311				二行,左三	
	21320				二行,左四	
	21326				二行,左六	
	21327				一行,右六	
	21331				一行,左七、八	
	21334					二行,左四
	21336					二行,右五
	21337		左一		二行,左一	
	21338				二行,左三	左五
	21339				二行,左	
	21340				一行,左五	
	21341					二行,左四
	21345				二行,左三	
	21346				二行,左一	
	21347				一行,右七	
	21349					二行,右三
	21350	左			二行, 左 一、二、三、四	
	21353					二行,左十
	21354		0左四		二行, 左三、四、五	

類型	片號	頸甲	脊甲	尻甲	肋　甲	邊　甲
密集型	21387＋		右一		二行,右一、二、三	右三、四、五
	21388				一行,左二	二行,左三、四、五
	21785				二行,左三	
	21863				一行,左七、八	
	21868				二行,右四、五	
	21906				二行,右六	
	21927				二行,右六	二行,右九
	21995				二行,右二、三、四	
	22148				二行,右一	
	22524					1個,右四
	國博9					
	21903				二行,右三	
	綴彙804		左四、五		二行,左四	

師小字背甲鑽鑿布局材料表

類型	片　　　　號
密集型	B293、B6858、B6861(乙136)＋乙補20 蔣玉斌、8704(乙418)＋16487(乙431)＋存補5‧378‧2 蔣玉斌、11261(乙223)＋20765(乙389)宋雅萍、11845＋20957(乙32)宋雅萍、19756(乙104＋乙452)＋乙235＋20710(乙200＋乙427)＋19757(乙363)＝拼三809、19786(外222)＋20767(乙233)＋20988(乙445)蔣玉斌、19787(乙119＋201)、19799(乙407)、19941(乙405)＋21622(乙324)＋20962(乙388)＋20842(乙390)＝契合165、19983(乙131＋乙139)＋21468(乙221)彭裕商、20072(乙192＋乙443)＋20859(乙419)宋雅萍、20112(乙322＋乙329)＋外215 宋雅萍、20123(乙120)＋20231(乙

類型	片　　號
密集型	118)＝綴彙 297、20140(乙 8515)＋21343 宋雅萍、20141(乙 197)＋22014(乙 401)宋雅萍、20222(乙 155)＋乙補 3 蔣玉斌、20269(乙 217＋乙 170)＋乙補 0018 倒＋乙補 0019 倒蔣玉斌、20310(乙 373)、20331(乙 113)、20336(乙 52)＋20225(乙 410)＝醉 19、20364(乙 152)、20409(乙 175)、20410(乙 142＋乙 157)、20412(乙 182)＋20199(乙 212)蔣玉斌、20412＋部分(乙 106)＋20421＋乙 8508＋20773(乙 316)宋雅萍、20412(乙 107)、20413(乙 187)、20413＋部分(乙 49＋乙 387＋乙 187)＋21021 右下(乙 366)＋20414 右(乙 8498)＋21986(乙 193)蔣玉斌、20415(乙 151)、20424、20437(乙 8507)＋20952＋20918(乙 58)宋雅萍、20438(乙 8513)＋20436＋乙 358 宋雅萍、20476(乙 111)＋乙 8497＋19863(乙 82＋乙 146＋乙 176)＋21037(乙 64)蔣玉斌、20481(乙 379)、20486(乙 51)、20491(乙 441)、20494(乙 377)、20537(乙 349)＋乙補 8＋20771(乙 350)＋20908(乙 402)＝綴彙 804 蔣玉斌、20543(乙 375)、20544(乙 313＋乙 371＋乙 340)＋乙補 60 蔣玉斌、20573(乙 352)、20672(乙 190)、20677(乙 196＋224)、20707(乙 43＋53)、20708(乙 444)＋21323(乙 8524)蔣玉斌、20709(乙 47)、20719(乙 416)、20725(乙 330)＋20811(乙 36)宋雅萍、20755(乙 396)、20756(乙 127)、20757(乙 44＋乙 143＋乙 153＋乙 213＋乙 369＋乙 392)、20766(乙 123)、20768(乙 29)＋15973(乙 173)宋雅萍、20772(乙 55)、20814＋合 19942(乙 99)蔣玉斌、20817(乙 63)＋3688(乙 381)蔣玉斌、20818(乙 28)、20822(乙 69)、20823(乙 378)＋20574(乙 323)蔣玉斌、20843(乙 15)、20865(乙 74)＋20993(乙 75)宋雅萍、20890(乙 37)、20898(乙 100＋乙 365＋乙 380＋乙 391)、20920 下(乙 8510)＋乙補 7084 倒＋20946(乙 450)＋20906(乙 122)＋乙補 68＋乙補 14 蔣玉斌、20921(乙 59)、20922(乙 156)、20923(乙 93＋乙 96＋乙 183)＋19755(乙 184＋乙 301)宋雅萍、20924(乙 8499)＋乙 214＋19772(乙 97＋乙 189)＋20903(乙 421)蔣玉斌、20925(乙 0130＋乙 0101)＋乙補 7083 倒蔣玉斌、20927(乙 103)、20942(乙 8516)、20953(乙 17)＋20960 部分(乙 34)＋20901(乙 386)蔡哲茂、20960(乙 16＋177)、20961(乙 299＋317)＋20899(乙 147)＋19801(乙 162)＋20609 蔣玉斌、20967(乙 60＋乙 181＋乙 202)＋乙補 64 宋雅萍、20969(乙 40)、20974(乙 8518＋乙 404＋乙 479)＋外 211 蔣玉斌、20990(乙 449)、20991(乙 138)＋20821(乙 23)＋乙 24 蔣玉斌、20992(乙 432)＋20989(乙 109)宋雅萍、21013(乙 18＋乙 425)、21018(乙 342)＋乙補 69 蔣玉斌、21021(乙 12＋乙 303＋乙 478)＋21316(乙 397)＋21321(乙 428)＋21016(乙 163)蔣玉斌、21022(乙 38＋乙 108)、21025(乙 8503)＋20964＋21310(乙 8523)＋20986 蔣玉斌、21052(乙 35＋乙 125)、21053(乙 383)＋B10362(乙 395)＝醉 266、21309＋11832(乙 2)＋乙 84 蔣玉斌、21311(乙 8496)、21320(乙 50)、21326(乙 66＋乙 148)、21327(乙 39)、21331(乙 26＋73)＋20862(乙 337)宋雅萍＝綴彙 807、21334(乙 198)、21336(乙 164)、21337(乙 116＋乙 160)、21338(乙 65＋乙 78＋乙 141)、21339(乙 137)、21340(乙 8514)＋21328 蔣玉斌、21341(乙 117)、21345(乙 133＋乙 150)、21346(乙 19＋乙 94)、21347(乙 429＋乙 451)、21349

類型	片　　　　　號
密集型	（乙 440）、21350（乙 21＋乙 359＋乙 408＋乙 420＋乙 458）＋21348＋20114＋京 2969＋21356（乙 158）宋雅萍、21353（乙 459）、21354 部分（乙 430）＋乙 211＋21341 部分（乙 195）＋21341 部分（乙 174）宋雅萍、21387（乙 1＋乙 30＋乙 42＋乙 126＋乙 206＋乙 400＋乙 8519）＋20835（乙 8565）＋乙 477 倒蔣玉斌、21388（乙 41＋乙 46＋乙 110＋乙 332）、21785（乙 92）＋21039（乙 466）＋15650（乙 72）蔣玉斌、21863（乙 180）＋21012（乙 186）＝醉 262、21868（乙 8520）＋21470 宋雅萍、21906（乙 68）、21927（乙 22）＋乙 81＋20727（乙 140）宋雅萍、21995（乙 302）＋20455（乙 376）＋20545（乙 335）＋乙補 66＋乙補 9 蔣玉斌、22148（乙 112）、22524（乙 8530）＋20879（乙 7）蔣玉斌、國博 9、綴彙 421（殷合 58、21903＋吉 283）

附：師組背甲鑽鑿布局小結

師組肥筆類龜背甲有稀疏型和密集型兩種鑽鑿布局類型，灼燒個別在長鑿外側。師組小字類龜背甲多兩行鑽鑿，也有一行鑽鑿。

師組肥筆類龜背甲有一辭多卜。師組小字類龜背甲占卜形式有一辭一卜、二卜和多卜。

第九章　村北系背甲鑽鑿
布局與占卜形式

　　殷墟村北系龜背甲反面鑽鑿布局主要按照賓組一類、賓出類、出組二類、何組、黃組幾個類別進行整理研究。

第一節　賓組一類背甲鑽鑿
布局與占卜形式

一、賓組一類背甲鑽鑿布局

　　賓組一類背甲有沿頸甲、脊甲、尻甲中間鋸開和改製背甲兩種，兩種背甲的鑽鑿布局不同。中間鋸開的背甲通常密集布局，改製背甲多爲稀疏布局，也有密集布局。

　　（一）密集型

　　1. 中間鋸開的背甲反面鑽鑿布局主要爲密集布局。其中肋甲部位根據肋甲的大小有一行、兩行、三行密集布局。

　　《合集》14129（《乙編》529＋）爲基本完整的右背甲，頸甲一列 2 個鑽鑿。第一至八脊甲無鑽鑿。第

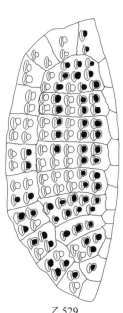

乙529

一上尻甲無鑽鑿,第二上尻甲 1 個鑽鑿,尻甲無鑽鑿。第一肋甲三行鑽鑿,第二至六及第八肋甲兩行密集鑽鑿,第七肋甲一行鑽鑿。第一至十一邊甲兩行鑽鑿。灼燒在長鑿內側。

《合集》1823(《乙編》1900＋)爲左背甲,第一、二、三、四、七、八脊甲無鑽鑿,第五、六脊甲各 1 個鑽鑿。第一至六、第八肋甲兩行密集鑽鑿布局,第七肋甲一行鑽鑿。第七至十一邊甲兩行鑽鑿。灼燒在長鑿內側。

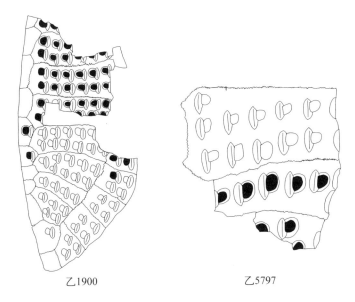

乙1900　　　　　　　　乙5797

《合集》2163(《乙編》5797＋)爲右背甲,第六、八肋甲兩行密集鑽鑿布局,第七肋甲一行鑽鑿。灼燒在長鑿內側。

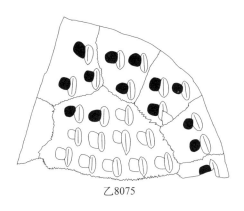

乙8075

　　《醉古》377（《乙編》8075＋）爲左背甲，頸甲 3 個鑽鑿。第一脊甲無鑽鑿。第一肋甲三行密集鑽鑿布局。第一、第二邊甲各兩行 3 個鑽鑿，第三邊甲兩行 2 個鑽鑿。灼燒在長鑿內側。

　　《合集》12314（《乙編》5388）爲左背甲，頸甲 1 個鑽鑿。第一至五脊甲無鑽鑿。第一肋甲三行鑽鑿，第二至五肋甲兩行鑽鑿。第一、二邊甲無鑽鑿，第五至七邊甲兩行鑽鑿。灼燒在長鑿內側。

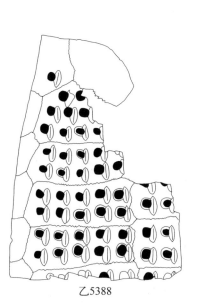

乙5388

乙3330

　　《合集》17494（《乙編》3330＋）爲基本完整的右背甲，頸甲 1 個鑽鑿。第一至八脊甲無鑽鑿。第一上尻甲無鑽鑿，第二上尻甲 1 個鑽鑿，尻甲無鑽鑿。第一肋甲二行鑽鑿，第二至第八肋甲各一行鑽鑿。第一至十一邊甲各 1 個鑽鑿。灼燒在長鑿內側。

　　2. 改製背甲反面的密集型布局多爲肋甲部位的一行 2 個鑽鑿。

　　《合集》8591（《乙編》6684）爲右背甲，第一肋甲 1 個鑽鑿，第二至六肋甲一行 2 個鑽鑿，第七肋甲無鑽鑿，形成

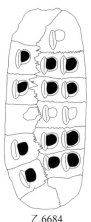

乙6684

近脊甲一列 5 個鑽鑿,近邊甲一列 6 個鑽鑿。第二、三、六、九邊甲無鑽鑿,第四、五、七、八邊甲各 1 個鑽鑿,形成邊甲一列 4 個鑽鑿,第六邊甲上有一穿孔。灼燒在長鑿内側。

(二) 稀疏型

賓組一類改製背甲鑽鑿布局主要有邊甲有鑽鑿和邊甲無鑽鑿兩種類型。

1. 邊甲有鑽鑿

《合集》118(《乙編》4748)爲右背甲,第一、七肋甲無鑽鑿,第二至六肋甲各 1 個鑽鑿,形成近邊甲一列 5 個鑽鑿。第三、五邊甲無鑽鑿,第四、六、七、八邊甲各 1 個鑽鑿,形成邊甲一列 4 個鑽鑿,第五邊甲上有一穿孔。灼燒在長鑿内側。

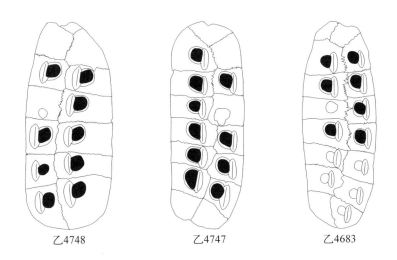

乙4748　　　　　乙4747　　　　　乙4683

《合集》1144(《乙編》4747)爲左背甲,第一至六肋甲各 1 個鑽鑿,第七肋甲無鑽鑿,形成近邊甲一列 6 個鑽鑿。第二、三、五、九邊甲無鑽鑿,第四、六、七、八邊甲各 1 個鑽鑿,形成邊甲一列 4 個鑽鑿,第五邊甲上有一穿孔。灼燒在長鑿内側。

《合集》14707(《乙編》4683)爲左背甲,第一、二、四、五、六肋甲各 1 個鑽鑿,形成近邊甲一列 5 個鑽鑿,第三肋甲上有一穿孔。第七肋甲無鑽鑿。第一、二邊甲無鑽鑿,第三至九邊甲各1個鑽鑿,形成邊甲一列7個鑽鑿,灼燒在長鑿內側。

2. 邊甲無鑽鑿

《合集》10615(《乙編》4680)爲左背甲,第一、七肋甲無鑽鑿,第二至六肋甲各1個鑽鑿,形成近邊甲一列5個鑽鑿。第三至九邊甲無鑽鑿,第五邊甲上有一穿孔。灼燒在長鑿內側。

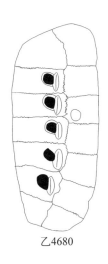 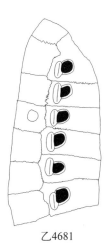

乙4680　　　　　乙4681

《合集》12334(《乙編》4681)爲右背甲,第一至六肋甲各1個鑽鑿,形成近邊甲一列6個鑽鑿。第二至八邊甲反面無鑽鑿,第五邊甲上有一穿孔。灼燒在長鑿內側。

賓組一類龜背甲有密集型與稀疏型兩種鑽鑿布局類型,沿中甲鋸開的背甲通常有一行、兩行、三行的密集布局。與師組相比,賓組一類龜背甲上鑽鑿行列的排布明顯更加整齊。改製背甲通常爲肋甲一行2個,邊甲1個密集布局。稀疏型見於改製背甲,有邊甲有鑽鑿與邊甲無鑽鑿兩種類型。邊甲有鑽鑿型通常近邊甲一列5至7個鑽鑿,邊甲一列4或7個鑽鑿。邊甲無鑽鑿型通常近邊甲一列5或6個鑽鑿。改製背甲的尺寸都很小。穿孔多在第五邊甲。灼燒基本在長鑿內側。鑽鑿應該是在甲骨整治後即施加完成。

二、賓組一類背甲上的占卜形式

賓組一類背甲占卜有一卜、兩卜、三卜、分區占卜。

(一) 賓組一類龜背甲密集型鑽鑿布局的占卜形式

(1a) 丁亥卜：今日㞢于祖丁。一

(1b) 㞢于祖丁一牛。一

(1c) 㞢于祖丁一牛。一

(1d) 二牛。一

(1e) 三牛。一

(1f) 丁亥卜：貞：既雨。一二

(1g) 貞：毋其既。一二

(1h) 㞢于辛母妣己羌。一二

(1i) 弓㞢于妣己。一二

(1j) 丁亥卜：弓㞢于羌甲侯任…　一二三

《綴彙》786(《乙編》3453＋)[賓一]

這版背甲，(1a)至(1e)一辭一卜，占卜祭祀祖丁的相關事宜，(1a)(1b)兩辭使用頸甲左右各1個鑽鑿。(1c)使用第一肋甲內側1個鑽鑿，(1b)(1c)兩辭同貞用一牛侑祭祖丁。(1c)至(1e)辭選貞侑祭祖丁的祭牲數，使用第一肋甲上行3個鑽鑿。(1f)至(1k)一辭兩卜。(1f)(1g)兩辭對貞要不要在雨後(舉行祭祀)，使用第三肋甲下行的4個鑽鑿，兆序數一、二從內向外排列。(1h)(1i)兩辭使用第四肋甲上行內側4個鑽鑿，占卜侑祭辛母、妣己，一辭兩卜，兆序數一、二從內向外排列。該版使用一行內的一個或幾個鑽鑿進行占卜。

(2a) 貞…乙…好南庚。一二三四五

(2b) …南庚。一二三四五六

(2c) {貞：庚子盂㓞。王占曰：□□我唯其…}。一二三四五六

(2d) {貞：王器賈事王。孚。王占曰：吉。}一二三四五六

(2e)｛貞：王弓器。｝一二三四五六

(2f) 虫于妣庚一瓜（夫）。一

(2g) 二瓜（夫）。一

(2h) 三瓜（夫）。一

《綴彙》820（《乙編》1320＋）［賓一］

這版背甲(2a)(2b)兩辭對貞祭祀南庚,(2a)辭五卜,使用第二肋甲上行的5個鑽鑿。(2b)辭六卜,使用第二肋甲下行的6個鑽鑿。(2c)辭六卜,使用第三肋甲的上行6個鑽鑿。(2d)(2e)兩辭對貞王要不要器賈事王。(2d)(2e)每辭六卜,使用第三、第四肋甲下行各6個鑽鑿。以上卜辭兆序數從內向外排列。(2f)至(2h)辭選貞侑祭妣庚的祭牲數量。一辭一卜,使用第四肋甲上一行內側3個鑽鑿,一辭一卜,兆序數爲一。該版按行占卜、使用一行內的一個鑽鑿進行占卜。

(3a) 乙巳卜,爭,貞：巴方其昌。三月。一[二三四]五六七[八]九十一二 二告 三四 二告 五六

(3b) 貞：巴方不其昌。一二三[四五]六七八九[十]一 不 ♦二三 二告 四[五]六七八

《醉古》357（《乙編》2213＋）［賓一］

這版背甲(3a)(3b)兩辭對貞巴方是否昌。(3a)辭使用第一肋甲、頸甲、第一、第二邊甲的16個鑽鑿,一辭十六卜,兆序數一至十再至六從內向外,自下而上排列。(3b)辭使用第二、第三肋甲上的所有鑽鑿,至少十八卜,兆序數一至十再至八從內向外,自上而下排列。這版背甲上的卜辭占卜次數很多,分區使用鑽鑿進行占卜。

(4a) 己酉卜,宕,貞：鬼方易亡囚。五月。一二 二告 三四五六

(4b) 己酉卜,宕,貞：呼比丘偁。一二三

(4c) 己酉卜,宕,貞：弓卒呼比丘偁。一二三

《合集》8591（《乙編》6684）［賓一］

這版改製背甲(4a)辭使用第二肋甲第四邊甲一行、第三肋甲第五邊甲一行的 6 個鑽鑿,占卜鬼方易無憂,一辭六卜。(4b)(4c)兩辭分别使用第五肋甲第七邊甲一行、第六肋甲第八邊甲一行各 3 個鑽鑿,對貞要不要聯合丘𠂤,一辭三卜。兆序數一至六或三從外向内自上而下排列。該版按行使用鑽鑿進行占卜。

(5a) 乙酉卜,㱿,貞：呼斫弔,若。一二三四五六七八九

(5b) 貞：勿[呼]斫弔…　一二三 二告 四五六[七]八九十

(5c) 南庚畫(害)王。一

(5d) 羌甲畫(害)王。一

《合集》1823(《乙編》1900＋)[賓一]

這版背甲,(5a)(5b)兩辭對貞要不要呼斫弔。(5a)辭使用第三肋甲兩行 9 個鑽鑿,一辭九卜。(5b)辭使用第四肋甲兩行 10 個鑽鑿,一辭十卜,兆序數一至九或十從内向外自上而下排列。兩辭按行使用鑽鑿進行占卜。(5c)(5d)兩辭使用第五、第六脊甲各 1 個鑽鑿,選貞害王的祖先神,一辭一卜,兆序數爲一。兩辭可以看作分區使用鑽鑿進行占卜。

(6a) {貞：翌丁卯呼往于河}。一二三 二告 四五六七

(6b) {㞢來…}　一 二告 二三四五六七

《綴彙》216(《乙編》1271＋)[賓一]

這版背甲,(6a)(6b)兩辭使用第二肋甲、第四邊甲的上行和下行各 7 個鑽鑿,占卜呼往於河及有來,一辭七卜,兆序數一至七從内向外排列。兩辭按行使用鑽鑿進行占卜。

(7a) {呼子商㞢鹿}。一 二告 二三四五

(7b) {貞：勿㞢鹿}。一二三四

《醉古》377(《乙編》2340＋)[賓一]

這版背甲,(7a)辭使用右頸甲、第一、第二邊甲上的 5 個鑽鑿,一辭五卜。(7b)辭使用左頸甲、第一、第二邊甲的 4 個鑽鑿,兩辭對貞要不要呼子商

獵取鹿,一辭五卜或四卜,兆序數一至五或四從內向外排列。兩辭按行使用鑽鑿進行占卜。

　　　　(8) 壬子卜,古,貞:雨。一二三四五

　　　　　　　　　　　　　　　《醉古》364(《乙編》6153＋)[賓一]

這版背甲,(8)辭使用第三肋甲上的一行 5 個鑽鑿,占卜下雨,一辭五卜,兆序數一至五從內向外排列。

　　　　(9a) 辛丑卜,亘:其雨。一二三四五

　　　　(9b) □□卜,亘,貞:雨。一二三四五 二告

　　　　(9c) 癸巳卜,亘,貞:自今五日雨。甲午雨。一二三四五
　　二告

　　　　(9d) 其雨。一二三四五

　　　　(9e) 貞:自今五日不雨。一二三四五

　　　　(9f) 乙巳卜,亘:其雨。一二

　　　　　　　　　　　　　《合集》12314(《乙編》5388)[賓一]

這版背甲(9a)至(9e)辭使用第二、第三、第四肋甲上的一行 5 個鑽鑿,一辭五卜,占卜是否下雨,兆序數一至五從內向外排列。(9f)辭使用第六邊甲下行 2 個鑽鑿,一辭兩卜,兆序數一、二從內向外排列。該版按行使用鑽鑿進行占卜。

　　　　(10) 貞:來庚寅其雨。{王占曰:气雨唯甲、丁,見辛、己}。
　　一二三四五六七八九　　　　　《醉古》361(《乙編》2704＋)[賓一]

(10)辭使用第一肋甲上兩行與頸甲、第一、第二邊甲上的 9 個鑽鑿,占卜下雨,一辭九卜,兆序數一至九從內向外自下而上排列。這條卜辭分區使用鑽鑿進行占卜。

　　　　(11a) 貞:雨。{王占曰:其雨}。一二三

　　　　(11b) 不其雨。一二三

　　　　(11c) {貞:雨}。一二

(11d)｛丙子卜，内｝，貞：令偁。一二三　二告　四

(11e) 貞：偁叀目呼比。一二三…

(11f)｛壬申卜｝，貞：方于𠂤。一　二告　二三　二告　四五

(11g) 貞：方马于𠂤。一二三四五六七

(11h) 貞：今日其雨。一二三四五六

(11i) 今日不其雨。［一二三四］五六

(11j) 癸酉卜，亘，貞：生月多雨。｛王占曰：其唯庚戌雨小。

其唯庚雨多｝。一二三［四］　二告　五六七八九十一二三　二告

《合集》8648（《乙編》2360＋）［賓一］

這版背甲，(11a)(11b)兩辭對貞是否下雨。(11a)辭使用頸甲部位的 2 個鑽鑿和第一邊甲下面 1 個鑽鑿，一辭三卜，兆序數一至三自上而下，從内向外排列。(11b)辭使用第一、第二邊甲的 3 個鑽鑿，一辭三卜，兆序數一至三從内向外自上而下排列。(11c)辭使用第一肋甲上行 2 個鑽鑿，一辭二卜。(11d)辭使用第一肋甲下行 3 個鑽鑿和第三邊甲 1 個鑽鑿，占卜令偁，一辭四卜。(11e)辭占卜偁呼目配合做事，使用第二肋甲上行鑽鑿。(11f)(11g)兩辭對貞方是否去𠂤，(11f)辭使用第三肋甲、第五邊甲一行的 5 個鑽鑿，一辭五卜，(11g)辭使用第四脊甲、第四肋甲、第六邊甲一行的 7 個鑽鑿，一辭七卜。(11h)(11i)兩辭對貞今日是否下雨。(11h)辭使用第五脊甲、第五肋甲、第七邊甲的 6 個鑽鑿，一辭六卜。(11i)辭六卜，使用第六肋甲、第八邊甲的 6 個鑽鑿，一辭六卜。(11j)辭占卜下月多雨，一辭十三卜，使用第七、第八肋甲、第九、十、十一邊甲的 13 個鑽鑿。(11a)至(11i)辭既可以看做按區占卜，也可以看做按行占卜。(11j)辭是典型的分區占卜。兆序數皆從内向外自上而下排列。

(12a) 貞：今日其雨。一二三四

(12b) 今日不［雨］。一二

(12c) 貞：自今旬雨。一［二三四五六］七八九［十］

(12d) 乙卯卜，古，貞：呼龏余在東奠。｛王占曰：其令｝。一

二三

（12e）貞：今乙卯不其雨。〔王占曰：丁雨小。乙卯舞业雨〕。［一］二三

（12f）貞：今乙卯允其雨。四五六七

（12g）貞：今乙卯不其雨。一二

《醉古》198（《乙編》6011＋）［賓一］

這版背甲，（12a）辭使用第三肋甲下行的 4 個鑽鑿，一辭四卜。（12b）辭使用第三肋甲上行外側的第 2 個鑽鑿，對貞曰雨。（12c）辭使用第四肋甲的兩行鑽鑿，占卜這旬雨，一辭九卜以上。（12d）使用第五肋甲一行至少 3 個鑽鑿。（12e）使用第七肋甲 3 個鑽鑿。（12f）辭占卜乙卯果然下雨，使用第八肋甲及第二上尻甲的 4 個鑽鑿。（12g）辭占卜這個乙卯不下雨，一辭兩卜，使用第十一邊甲的兩個鑽鑿。

（13a）壬申卜，古，貞：帝令雨。一 二告 二三四五六七八九

（13b）貞：及今二月雷。〔王占曰：帝令雷其彗唯庚。〕一二三四

（13c）丁未卜，韋，貞：王往从之。一二三四五

（13d）〔貞：王弓其往从之〕。一二三

（13e）丁未卜，韋，貞：王弓往兽奚。一二三四五六七

（13f）〔庚午卜，古，貞：呼肇王女來。〕一二三四五六七

《醉古》169（《乙編》529＋）［賓一］

這版背甲（13a）辭使用頸甲、第一、第二、第三肋甲近脊甲一列 9 個鑽鑿，占卜帝令下雨，一辭九卜。（13b）辭使用第四、第五肋甲近脊甲一列 4 個鑽鑿，占卜二月打雷，一辭四卜。（13c）（13d）兩辭對貞王要不要前往。（13c）辭使用第六、第七、第八肋甲 5 個鑽鑿，一辭五卜。（13d）辭使用第七、第八肋甲近邊甲一列 3 個鑽鑿，一辭三卜。（13e）辭使用第七至十邊甲近原邊一列 7 個鑽鑿，占卜王不要前往在奚地駐扎，一辭七卜。以上卜辭兆序數自上而下縱排。（13f）辭使用第六肋甲上行 5 個，下行外側 2 個，

共 7 個鑽鑿，占卜肇王女來，一辭七卜，兆序數從內向外自上而下排列。
這版背甲多按列使用鑽鑿進行占卜。

　　　　(14a) 貞：弜屎我戠。一二三四 二告 五六七八

　　　　(14b) 丙寅卜，古，貞：呼象同果。一二三四［五六］七［八］

　　九十 二告 一二三四五六

　　　　(14c) 貞：虫疾目，不其羸。一二三四五六七八

　　　　(14d) 貞：虫疾目，羸。一二 二告 三四五六七八

　　　　(14e) 乙丑卜，宁，貞：屎我戠。一［二］二告 ［三］四五六七

　　　　　　　　　　《醉古》268(《乙編》770＋)［賓一］

這版背甲(14a)(14e)兩辭對貞要不要屎我戠。(14a)辭使用頸甲、第一脊
甲的 8 個鑽鑿，一辭八卜。(14b)辭使用第一肋甲最下兩行和第二肋甲，
共 16 個鑽鑿，占卜呼象同果，一辭十六卜。(14c)(14d)兩辭使用第三、第
四肋甲兩行，每行 4 個，共 8 個鑽鑿，對貞眼睛生病，是否會好轉，一辭八
卜，兆序數從內向外自上而下排列。這版背甲按行或分區使用鑽鑿進行
占卜。

　　　　(15a) 呼婦奏于兆宅。一二 二告 三

　　　　(15b) 弜婦奏于兆宅。一二

　　　　(15c) 丁卯卜：乍宀于兆。一二三

　　　　(15d) 弜乍宀于兆。一二三

　　　　　　　　　　《綴彙》1028(《乙編》4817＋)［賓一］

這版背甲(15a)(15b)兩辭使用第一肋甲最下一行 5 個鑽鑿，對貞要不要
呼婦奏於兆宅，一辭三卜，一辭兩卜。(15c)(15d)兩辭使用第二肋甲最上
一行 6 個鑽鑿，對貞要不要在兆建造房屋，一辭三卜。兆序數一至三從外
向內排列。以上卜辭使用一行內的幾個鑽鑿進行占卜。

　　　　(16a)〔癸巳卜，爭：東土受年〕。一二三四

　　　　(16b)〔癸巳卜，爭：自今五日雨〕。一二三

(16c)｛癸巳卜，爭：雨｝。一二三

(16d) 癸巳卜，宁：帝女（毋）其既入邑餃。一二三 二告 四

《合集》9733（《乙編》5241）［賓一］

這版改製背甲（16a）辭使用近脊甲部位的一列 4 個鑽鑿，占卜東土受年，一辭四卜。（16b）（16c）兩辭使用近邊甲一列的 6 個鑽鑿，占卜下雨，一辭三卜。（16d）辭使用邊甲部位的 4 個鑽鑿，占卜帝不要立刻進入邑，一辭四卜。兆序數自上而下縱排。這版背甲分區或按列使用鑽鑿進行占卜。

賓組一類龜背甲多占卜祭祀、天氣，也占卜軍事、田獵、工事、疾病等。賓組一類密集鑽鑿布局背甲占卜形式上有使用一行上的一個或幾個鑽鑿、一行或多行的分區鑽鑿占卜，對貞或選貞有使用同一行鑽鑿占卜，體現出了占卜分區思想以及占卜的預設性。也有按列使用鑽鑿進行占卜。改製背甲多按列使用鑽鑿進行占卜。

（二）賓組一類龜背甲稀疏型鑽鑿布局的占卜形式

(17a) 癸巳卜，殻，貞：上甲圭（害）王。一二三

(17b) 貞：上甲弗圭（害）王。一二三

《醉古》37（《乙編》5014＋）［賓一］

這版密集鑽鑿布局改製背甲，按稀疏型鑽鑿布局使用。（17a）（17b）使用近邊甲一列 6 個鑽鑿，對貞上甲是否害王，一辭三卜，兆序數自上而下縱排。這版背甲按列使用鑽鑿進行占卜。

(18) 戊申卜，宁：令屮取斦芻。一二三四 二告 五

《合集》118（《乙編》4748）［賓一］

這版改製背甲，使用近邊甲一列 5 個鑽鑿，占卜令屮取斦芻，一辭五卜，兆序數一至五自下而上縱排。這版背甲分區或按列使用鑽鑿進行占卜。

(19a) 庚戌卜，宁，貞：來甲寅屮于上甲五牛。一二三

(19b) 貞：來甲寅出于上甲三牛。一二三

《合集》1144(《乙編》4747)［賓一］

這版改製背甲，(19a)辭使用第四至六肋甲 3 個鑽鑿，占卜下一個甲寅日用五牛侑祭上甲，一辭三卜。(19b)辭使用第六至八邊甲的 3 個鑽鑿，占卜下一個甲寅日用三頭牛侑祭上甲，一辭三卜。兆序數一至三自上而下縱排。這版背甲分區或按列使用鑽鑿進行占卜。

(20a) 丁巳卜，內：出于黃尹三牛。六月。一二三四

(20b) 丁巳卜，內：出于黃尹宰。一

(20c) 出于黃尹四牛。一二

(20d) 丁巳卜，宁：出于大丁。一

《合集》3461(《乙編》4682)［賓一］

這版改製背甲，(20a)辭使用第一、第二肋甲，第三、第四邊甲兩行的 4 個鑽鑿，占卜用三牛侑祭黃尹，一辭四卜，兆序數一至四先從內向外，再自下而上，再從外向內。(20b)辭使用第三肋甲的 1 個鑽鑿，占卜用宰侑祭黃尹，一辭一卜，兆序數爲一。(20c)辭使用第四肋甲和第六邊甲的一行 2 個鑽鑿，占卜用四牛侑祭黃尹，一辭兩卜，兆序數一、二從外向內排列。(20d)辭使用第七邊甲的 1 個鑽鑿，占卜侑祭大丁，一辭一卜，兆序數爲一。這版背甲分區使用鑽鑿進行占卜。

(21a) 己酉卜，殼，貞：危*方其出囚。一二三四 二告

(21b) 己酉卜，殼，貞：危*方亡其囚。五月。一二三

《合集》8492(《乙編》6382)［賓一］

這版改製背甲，對貞危*方有無憂患，(21a)辭使用第四邊甲及第一至三肋甲的 4 個鑽鑿，一辭四卜，兆序數一至四從外向內自上而下排列。(21b)辭使用第四至六肋甲 3 個鑽鑿，一辭三卜，兆序數自上而下排列。這版背甲分區或按列使用鑽鑿進行占卜。

(22a){癸巳卜，宁：黻以。}一 二告 二三

(22b)｛戠不其以。｝一二

　　　　　　　　《合集》10615(《乙編》4679)［賓一］

這版改製背甲,(22a)辭使用第四至第六肋甲近邊甲一列 3 個鑽鑿,一辭
三卜,(22b)辭使用第二、第三肋甲近邊甲一列 2 個鑽鑿,一辭二卜。兩辭
對貞戠是否帶來物品。兆序數一至三或二自上而下排列。這版背甲分區
或按列使用鑽鑿進行占卜。

　　(23a) 庚戌卜,爭,貞:岳壱(害)我。一二三 二告 四五
　　(23b) 庚戌卜,爭,貞:岳不我壱(害)。一 二告 二三四

　　　　　　　　《合集》14488(《乙編》5271)［賓一］

這版改製背甲,對貞岳是否害王。(23a)辭使用第四邊甲及第一至四肋甲
的 5 個鑽鑿辭,一辭五卜,兆序數一至五從外向內自上而下排列。(23b)
辭使用第五、六肋甲及第七、八邊甲的 4 個鑽鑿,一辭四卜,兆序數一至四
從外向內自上而下排列。這版背甲分區或按列使用鑽鑿進行占卜。

　　(24a) 庚戌卜,殼,貞:蚰壱(害)我。一二三四
　　(24b) 庚戌卜,殼,貞:蚰不我壱(害)。五月。一二三

　　　　　　　　《合集》14707(《乙編》4683)［賓一］

這版背甲對貞蚰是否害我,(24a)辭使用第一、二肋甲及第三、四邊甲的兩
行 4 個鑽鑿,一辭四卜,兆序數從外向內自下而上排列。(24b)辭使用第
四肋甲及第五、六邊甲 3 個鑽鑿,一辭三卜,兆序數一至三自上而下從外
向內排列。這版背甲分區使用鑽鑿進行占卜。

　　賓組一類稀疏型鑽鑿布局改製背甲占卜形式多使用一列或半列鑽鑿
進行占卜,多三、四、五卜。多按列或分區使用鑽鑿進行占卜。

　　綜上,賓組一類龜背甲有密集型與稀疏型兩種鑽鑿布局類型,稀疏型
基本見於尺寸比較小的改製背甲。

　　賓組一類龜背甲密集布局多按行使用鑽鑿進行占卜,改製背甲基本
按列使用鑽鑿。

附表

賓一背甲鑽鑿布局表

類　型		片號	頸甲	脊甲	尻甲	肋　甲	邊　甲
密集型	沿頸甲、脊甲、尻甲鋸開背甲	777		右一三六七八 1個,右六七	右一二尻 2個,右二	二行,右一二三四五六七八	二行,右十一
		1106		0 右三四五七八	一二 1右二	右二三四五六七八 二行,右二三四六八 一行,右五七	二行,右八九十十一
		1784	右			二行,右一二三四	
		1823		0 左一二三四七八; 1個,左五六	一、尻; 1個,左二	二行,左一二三四五六八 一行,七	二行,左七八九十十一
		2163				二行,右六、八 一行右七	
		醉古377	3左 2右	0 左一		三行,左一	3個,左右一二 2個左右三
		3832		0 左二三		二行,左二三四	
		3861			一	二行,右五 一行,右六七八	0 右五六八 1個,右七
		5654				右五六七八 二行,五六八 一行,七	二行,右五六七八
		5897		右一、二		二行,右一	
		7959	5右	右四五六七		一行,右一二三四五六七八	1個,右一二三四八九十十一
		8332	1左	左一二三		三行,左一 二行,左二三	二行,左一二三四

類　型		片號	頸甲	脊甲	尻甲	肋　甲	邊　甲
密集型	沿頸甲、脊甲、尻甲鋸開背甲	8411	1左	0,左一二三		四行,左一 二行,左二三	二行,左一二
		8648	2右	0右一二三七八 2右四五六	一二尻 1,右二	二行,右一七八 一行,右二三四五	右一二四五六七八九十十一 1右一二三四五六七 3右八九 2右十 1右十一
		9281		0右一 1,右二		二行,左七八	3個,左十一
		11853				二行,左一二三	0左一二三
		12314	1左	左一二三四五		三行,左一 二行,左二三四五	左一二五六七 二行,左五六七
		12348	1右	0右一二三四五六七		二行,右一 一行,右二三四五六七	1個,右四五六七八九
		12466	1左	0左一二三四五六七八	一	三行,左一 二行,左二三四五	2左二、三
		13407		0右一二三四		三行,右一 二行,右二三四	
		13517	左	左一二		三行,左一 二行,左二三	左三四
		13625	2左	0左一二三四五七八	一二尻	三行,左一 二行,左二三四五六七	二行,左一七八九十
		13771	2左	0左一二		三行,左一；二行左二	3個,左一
		13805		0左二三四	一二尻	二行,左二三四五六 一行,左七八	二行,左七八九十 1個左十一

類　型		片號	頸甲	脊甲	尻甲	肋　甲	邊　甲
密集型	沿頸甲、脊甲、尻甲鋸開背甲	14129	2右	0 右一二三四五六七八	0 一尻 1 右二	三行,右一 二行,右二三四五六八 一行,右七	二行,右一二三四五六七八九十一
		14527		0 五六	0 二	二行,右五六八 一行,右七	
		14527		0 右三四五六		二行,右三四六	
		17493	1右	0 右一二三四五六七八	0 右一 1 右二尻	二行,右一 一行,右二三四五六七八	1 個,右一二三四五六七八九十一
		17598	1右	右二三五六七八	一	二行,右一 一行,右二三四五六七八	1 個,右四五六七八九十一
		17822	2左	左一		三行,左一	2 行,左一
	改製背甲	1231				右一二三四五六 2 個,右一二三四五 1 個,右六 兩列,每列 6 個	右一二三四五 1 個,右三四
		8591				右一二三四五六七 1 個,右一 2 個,右二三四五六 5 個一列,6 個一列	右二三四五六七八九 1 個,四五七八 4 個一列
		9733				右一二三四五六七 1 個,右一六 2 個,右二三四五 4 個一列,6 個一列	右二三四五六七八九 1 個,右四五六七 4 個一列
稀疏型	邊甲有	118				右一二三四五六七 1 個,右二三四五六 5 個一列	右二三四五六七八九 1 個,右四六七八 4 個一列

類　　型		片號	頸甲	脊甲	尻甲	肋　　甲	邊　　甲
稀疏型	邊甲有	1144				左一二三四五六七 1個，左一二三四五 六 6個一列	左二三四五六 七八 1個，左四六七 八九 4個一列
		3461	右			左一二三四五六七 1個，左一二三四五 六 6個一列	左二三四五六 七八九 1個，左三四六 七八 5個一列
		8492				右一二三四五六七 八 1個，右一二三四五 六 6個一列	右二三四五六 七八九十 1個，右，四六七 八 4個一列
		14488				右一二三四五六七 1個，右一二三四五 六 6個一列	右二三四五六 七八九 1個，右四七八 3個一列
		14707				左一二三四五六七 1個，左一二四五六 5個一列	左一二三四五 六七八九 1個，左三四五 六七八九 7個一列
	邊甲無	10615				左一二三四五六七 1個，左二三四五六 5個一列	0 左二三四五六 七八九
		12334				1個，右一二三四五 六 6個一列	0 右二三四五六 七八
		13759				左一二三四五六七 1個，左一二三五六 5個一列	0 左一二三四五 六七八九

賓一背甲鑽鑿布局材料表

類　型		片　　號
密 集 型	中剖	777（乙 1320＋乙 7806＋乙 8139）＋9274（乙 7804）＋乙補 6493＋乙 2473＋乙補 0091 宋雅萍＝綴彙 820、1106（乙 6479 ＋乙 6011＋乙 6027＋乙 6046－乙 6052＋乙 6054＋乙 6479＋乙 6550＋乙 6555）＋12063（乙 8141）＋乙補 5337＋乙補 5719＝醉 198、1784（乙 5574）＋1829（乙 3453＋乙 8369）宋雅萍、1823（乙 1900＋2497＋2033＋2496＋4614＋6697＝丙 607）、2163（乙 5797＋5814）、2967 正（乙 7253）＋乙補 1601＋13673（乙 2340）＋10948（乙 7734＋乙 8075）＝醉古 377、3832（乙 8012）＋11762（乙 6200）＋乙補 6700＋乙補 1692＋乙補 6591＋17293（乙 6153）宋雅萍＝綴彙 787、3861（乙 2485）＋9213（乙 2697）＝綴彙 299、5654（乙 7801＋乙 7933）＋乙補 6477 倒＋乙補 6478 倒＝醉 302、5897（乙 2863）－乙補 2482＋乙補 2494＋乙補 2495 倒＋乙補 2483＋乙 2865＋無號甲＝醉 358、7959（乙 759）、H8332（乙 7621＋乙 1417）＋乙 1382＋乙補 1222＋乙 1271＋乙補 6018＋乙補 6184＋乙補 6183＋乙補 2168 宋雅萍＝綴彙 216、8411（乙 2213＋乙 8171）＋乙 6903＝醉古 357、8648（乙 2360＋乙 2646＋乙 2967＋乙 3180＋乙 3420＋乙 6705－乙 2361＋乙 2647＋乙 3181＋乙 3421＋乙 6706）、9281（乙 7036）、11853（乙 3112）＋B5855（乙 3004）＝綴彙 186、12314（乙 5388）、12348（乙 1908＋乙 8319＋乙 6699＋乙 7370）＋乙補 1621＋乙補 1850 宋雅萍、12466（乙 2704＋乙 5453＋5567＋乙 5789）＋乙補 5548＋乙補 5581＋乙補 5359＝醉 361、13407（乙 3433）、13517（乙 4817 ＋乙 5804 ＋乙 5520 ＋乙 5061）＋乙 6087＋R60751－乙補 5369＝綴彙 1028 宋雅萍、【合 13625 正（乙 0770＋乙 0937＋乙 0960）＋乙 0939＋合補 03474（乙補 0688）＋乙補 0690＋乙補 0693＋乙 0925＋乙 0680】＋【乙 1249＋乙補 0475】＋合補 3448（乙 1501）-反：合 13625 反（乙 0938）＋乙補 1296＋合補 3448（乙 1502）＝醉 268、13771（乙 1353＋2141＋7840）、13805（乙 5696）＋17800（乙 6093）＋乙補 5854 倒＋乙補 6122＋乙補 6001＋乙 5283＋乙補 4938 宋雅萍、14129（丙 65、乙 529 ＋乙 6666）＋B3399（乙補 0357）＋乙補 4950＝醉 169、14527（乙 0650＋乙 0698＋乙 5445）＋14524（乙 2705）＋15582（乙 5905）宋雅萍＝綴彙 797、14527 部分（乙 4828）＋B6292（乙 6135）＋乙補 5577＋乙補 4514＋乙補 4956 倒＋乙補 5708 倒＋乙補 5419 宋雅萍＝醉 102、17493（乙 5281）、17598（甲 2993）、17822（乙 3077）
	改製	1231（乙 5267）＋B682（乙 5014）＋13.0.11843＋乙補 4662＝醉古 37、8591（乙 6684）、9733（乙 5241）
稀 疏 型	邊甲有	118（乙 4748）、1144（乙 4747）、3461（乙 4682）、8492（乙 6382＝鑿破鴻蒙 10）、14488（乙 5271）、14707（乙 4683）
	邊甲無	10615（乙 4679）、12334（乙 4681）、13759（乙 5301）

第二節　賓出類背甲鑽鑿
布局與占卜形式

一、賓出類背甲鑽鑿布局

賓出類背甲主要爲沿頸甲、脊甲、尻甲中間鋸開，通常爲一行、兩行的密集布局。

《合集》8473(《甲編》3404)爲基本完整的左背甲，頸甲 1 個鑽鑿。第一至八脊甲無鑽鑿。第一上尻甲無鑽鑿。第一、第四、第八肋甲二行鑽鑿，第三、第五至第七肋甲一行密集鑽鑿，第二肋甲內側兩行 4 個鑽鑿，外側一行 2 個鑽鑿。第一、第二邊甲 1 個鑽鑿，第三、第七至第十邊甲兩行 2 個鑽鑿。灼燒在長鑿內側。

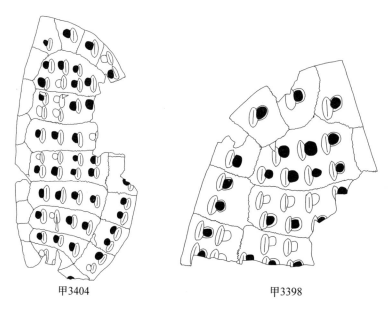

甲3404　　　　　　　　　　　甲3398

《合集》10389(《甲編》3398)爲右背甲，頸甲 1 個鑽鑿。第一脊甲無鑽鑿。第一至第三肋甲二行鑽鑿。第一、第二邊甲 1 個鑽鑿，第三至第五邊甲反面二行鑽鑿。灼燒在長鑿內側。

賓出類龜背甲反面主要爲一行、兩行密集鑽鑿布局。一行時單個鑽鑿的長度長於兩行時單個鑽鑿的長度。灼燒基本在長鑿內側。鑽鑿應該是在甲骨整治後即施加完成。

二、賓出類背甲上的占卜形式

賓出類背甲主要爲一卜的占卜形式,也有兩卜。

(1a) 庚子卜,宁,貞：其令般又商,告于…　一

(1b) 貞：…[令]般又商,[告于]祖乙。一

《合集》4671[賓三]

這版背甲,(1a)(1b)使用這版肋甲上的1個鑽鑿,占卜把命令般又商之事告於祖乙,一辭一卜,兆序數爲一。兩條卜辭使用一行內的1個鑽鑿進行占卜。

(2a) 貞：其㞢來娩自北。四月。

(2b) 貞：其㞢娩自南。

《合集》7092＋[1][賓出]

這版背甲選貞從南方還是北方有戰事傳來。未刻寫兆序數。

(3a) 貞：今乙酉亡其至。一

(3b) 貞：今乙酉㞢至自北。

(3c) 貞：翌丙戌㞢至。

(3d) 貞：翌丙亡其至。一

《醉古》334[賓出]

這版背甲使用邊甲一列4個鑽鑿。(3a)(3b)兩辭對貞乙酉是否有至,(3c)(3d)兩辭對貞丙戌是否有至,一辭一卜,兆序數爲一。

(4a) 辛酉卜,◻,貞：于矢先冒(置)。一月。一二

[1]　《合集》7092＋7118＋16950,《蔣玉斌甲骨綴合總表(300)組》,第192組。

(4b) 貞：于🔲先冒（置）。一月。一二

《合集》11016［賓三］

這版背甲(4a)(4b)兩辭使用所在肋甲一列 2 個鑽鑿,選貞設網捕獵的地點,
一辭兩卜,兆序數一、二自上而下排列。兩條卜辭按列使用鑽鑿進行占卜。

(5a) 小子㞢疒。一

(5b) 貞：翌庚辰小子㞢疒。五月。

(5c) 己卯卜,貞：今夕小子㞢疒。一

《合集》3266［賓出］

這版背甲,使用該肋甲一行的 3 個鑽鑿,選貞小子病愈的時間,一辭一卜,
兆序數爲一。

(6a) 庚辰卜,盧,貞：今夕亡囚。

(6b) 庚辰卜,貞：今夕不雨。

(6c) 辛巳卜,古,貞：今夕亡囚。

(6d) 辛巳［卜］,貞：今夕不雨。

《合集》3928＋16565①［賓三］

這版背甲,自上而下,從外向內,占卜今夕雨及無憂,未刻寫兆序數,應該
是一辭一卜。

(7a) 丙子卜,古,貞：奠、姪不以至。一

(7b) 丙子卜,古,貞：翌丁丑奠至。七月。一

(7c) 丙子卜,古,貞：翌丁丑姪至。七月。

(7d) 丙子卜,古,貞：令盂方歸。一

(7e) 貞：弖令歸。七月。一

(7f) 貞：其壴。七月。一

(7g) 貞：今夕不雨。一

---

① 宋雅萍：《背甲新綴五十六則》,先秦史研究室網站,2013 年 6 月 1 日。

（7h）貞：今夕其雨。一

（7i）丁丑卜，事，貞：今夕亡囚。一

（7j）貞：今夕其雨。一

（7k）貞：今夕不雨。一

（7l）戊［寅］卜，古，貞：今夕亡囚。一

（7m）貞：今夕其雨。七月。一

（7n）貞：今夕不雨。一

（7o）己卯卜，𝍝，貞：今夕亡囚。七月。一

（7p）貞：今夕不雨。一

（7q）貞：今夕其雨。一

《合集》8473（《甲編》3404）［賓三］

這版背甲（7a）（7b）（7c）辭占卜奠、姪是否到來。（7d）（7e）對貞要不要命令盂方歸。（7f）辭"壴"疑爲"婞"簡刻，占卜戰事消息。（7g）（7h）對貞今夕是否下雨。（7i）至（7q）爲三組"卜夕"、"其雨""不其雨"卜辭，[1]皆一辭一卜，兆序數皆爲一，且每組三辭使用同在一行相鄰的 3 個鑽鑿占卜。

（8a）甲申卜，出，貞：今夕亡囚。一
（8b）貞：今夕其雨。一

《英藏》2075［出一］

這版背甲（8a）辭卜夕，（8b）辭占卜今夕下雨。二辭使用同一行相鄰的 2 個鑽鑿占卜，一辭一卜，兆序數爲一。

（9a）庚午［卜］，卯，貞：今［日］其雨。一

---

① "賓組背甲卜辭占卜下雨的時間以今夕最多，而貞人在卜問今夕是否有雨時，常常伴隨着卜問今夕是否亡囚，這種占卜方式大量出現於賓出類的背甲卜辭中。""'夕'應是指一整個晚上，賓出類卜辭屢見卜問今夕是否下雨，同時又卜問今夕是否有憂患，説明殷人對於夜間情況頗爲重視，殷人所關心的夜間活動不但包含了夜間吉凶，也包括夜晚的天氣狀況，這可能是商人每天例行性的工作，所以才會不厭其煩於每個白天占卜夜間情況。"（宋雅萍：《商代背甲刻辭研究》，第 139—140 頁，臺灣政治大學中國文學系 2014 年博士學位論文，指導教師：蔡哲茂）

　　(9b) 壬申卜，卯，貞：今日其雨。之日允雨。三月。

　　(9c) 甲戌卜，卯，貞：今日其雨。三月。

《合集》12049＋《合補》3694①［賓三］

這版背甲占卜今日下雨，一辭一卜。

　　(10a) 丙寅卜，允，貞：翌丁卯王其爻，不冓雨。一

　　(10b) 貞：其冓雨。五月。一

《合集》12570（《北珍》1497）［賓三］

這版背甲對貞王爻是否遇到雨，使用同一肋甲相鄰的 2 個鑽鑿，一辭一卜，兆序數爲一。

　　(11a) 癸未卜，貞：旬亡田。一

　　(11b) 癸卯卜，貞：旬亡田。一

　　(11c) 癸丑卜，貞：旬亡田。一

《綴彙》438［賓三］

這版背甲卜旬，三辭使用同一肋甲相鄰的 3 個鑽鑿，一辭一卜，兆序數爲一，可能是三版一套卜辭的第一卜。

　　(12a) 戊子卜，出，貞：王宏枒（夙）祼，［亡田］。一

　　(12b) 貞：亡田②。二月。

《合集》25412［出一］

這版背甲(12a)辭占卜王賓夙祼，(12b)辭占卜亡田，一辭一卜。

　　賓出類背甲有占卜祭祀、軍事、納貢、田獵、疾病、天氣等內容，占卜形式多一辭一卜，也有一辭兩卜，卜旬辭可能是三版一套。賓出類背甲多卜夕雨辭。卜夕辭特色爲三辭一組，第一辭爲“今夕亡田”，第二、第三辭對貞“今夕

---

① 蔣玉斌：《〈甲骨文合集〉綴合拾遺（第八十、八十一組）》，第 80 組，先秦史研究室網站，2010年 11 月 6 日。

② 鵬按：疑爲“亡咎”的誤刻。

其雨/不雨"，一辭一卜，兆序數皆爲一。這些都體現出了占卜的預設性。

綜上，賓出類龜背甲反面主要爲一行、兩行密集鑽鑿布局。

賓出類背甲的占卜形式多一辭一卜，也有一辭兩卜，卜旬辭可能是三版一套。

附表

賓出背甲鑽鑿布局表

類型	片　號	頸甲	脊甲	尻甲	肋　甲	邊　甲
密集型	3266				一行，右三	
	3928				一行，左五六	
	4671				一行，左一	
	7088					1個，左四
	7092				一行，左五六	
	8473	1個	左一二三四　五　六七八		二行，左一八 一行，左二三四五六七	1個，左一二 2個，左三七八九十
	10389	1右	0右一		二行，右一二三	1個，右一二 二行，右三四五
	10931				二行，左二	
	11858		左一		二行，左一	
	12049				二行，左一二	
	12164				二行，右四五	
	12208		右一二三		二行，右一二三	
	12237				一行，右二	
	12523				一行，左四五	

類型	片　號	頸甲	脊甲	尻甲	肋　　甲	邊　　甲
密集型	12570				一行,右五	
	12582				一行,左五	
	12616				二行,右一	
	12623	1 左	左一		二行,左一 一行,左六	1 個,左一七八
	15476				一行,左六七	左七八九
	16578	1 右				
	16627					二行,左九
	16636				二行,左一	
	24800				二行,右五六	
	W204				二行,右五六八 一行,右七	右七八九十十一
	Y2075				二行,左四	
	北珍 1438				二行,左一	

賓出背甲鑽鑿布局材料表

類型	片　　　　　　號
密集型	3266、3928＋16565、4671、7088、7092＋7118＝綴集 273、8473（甲 3404）、10931＋史購 129 宋雅萍、11858（北圖 2243）、12049＋B3694、12164＋17349＋19655＋B856、12208、12237＝綴彙 519、12523、12570、12582、H12616（甲 3444＋3448）＋甲骨文集 5・0・0113＝綴彙 560、12623（乙 460＋乙 464＋掇二 4）、15476（甲 3389）＋16217（甲 3394）、16578、16627（甲 3525）、16636、24800、W204、Y2075、北珍 1438

第三節　出組二類背甲鑽鑿
布局與占卜形式

一、出組二類背甲鑽鑿布局

出組二類背甲通常爲一行密集布局,可能是因爲這一時期單個鑽鑿長度增加所致。

《合集》24803 爲左背甲。第一至第五脊甲可能無鑽鑿。第一肋甲至少兩行鑽鑿,第二至第六肋甲一行鑽鑿。灼燒在長鑿內側。

出組二類龜背甲反面主要爲一行密集鑽鑿布局。灼燒基本在長鑿內側。鑽鑿應該是在甲骨整治後即施加完成。

二、出組二類背甲上的占卜形式

出組二類背甲的占卜形式主要爲一辭一卜。

　　　(1a) 壬寅卜,尹,貞：王宾戠,亡因。一
　　　(1b) 貞：亡咎。二

　　　　　　　　　　　　　　　《合集》25486[出二]

這版背甲使用肋甲近脊甲一列鑽鑿,(1a)辭占卜王宾戠無憂,(1b)辭進一步占卜無咎,兩辭一組,一辭一卜,兆序數一、二遞增,自下而上排列。

　　　(2a) 癸巳卜,旅,貞：王出,亡因。一月。一
　　　(2b) 貞：亡咎。二

　　　　　　　　　　　　　　　《合集》23742[出二]

這版背甲,(2a)辭占卜王出行沒有憂患,(2b)辭進一步占卜無咎,兩辭一組,一辭一卜,兆序數一、二遞增。使用同一行外側相鄰的 2 個鑽鑿,占卜從外向內進行。

(3a) 庚寅卜，ㄩ(肩)，貞：今日亡來艱。一

(3b) 庚寅卜，ㄩ(肩)，貞：今日不雨。二

《合集》24170［出二］

這版背甲，(3a)辭占卜今日沒有戰事消息傳來，(3b)辭占卜今日不雨，一辭一卜，兆序數一、二遞增。使用同一行外側的相鄰 2 個鑽鑿，占卜從外向內進行。

(4a) 癸巳卜，ㄩ(肩)，貞：今日亡來艱。一

(4b) 癸巳卜，ㄩ(肩)，貞：今日啓。二

《英藏》2034［出二］

這版背甲，(4a)辭占卜今日沒有戰事消息傳來，(4b)辭占卜今日雲開日出，一辭一卜，兆序數一、二遞增。使用一行外側 2 個鑽鑿。

(5a) ⋯艱。一

(5b) 貞：今日雨。二

(5c) 貞：不其雨。在五月。三

《合集》24713［出二］

這版背甲，(5a)辭占卜今日沒有戰事消息傳來，(5b)(5c)兩辭對貞今日是否雨，一辭一卜，兆序數一、二、三遞增。使用第五肋甲一行的 3 個鑽鑿。

　　出組二類這種占卜三辭一組，一辭占卜“亡來艱”，兩辭對貞天氣“雨”，“不其雨”/“啓”，“不其啓”，一辭一卜，兆序數遞增。

(6a) 乙巳卜，旅，貞：今夕王囚言。一

(6b) 貞：叀吉。二

(6c) 貞：叀鬼。三

(6d) 貞：今夕王寧。四

《合集》24991＋①［出二］

---

① 《合集》24991＋《合集》26075＋《合集》26731，蔣玉斌：《〈英藏〉孟克廉收藏甲骨綴合四組·附：筆者投稿於他處之甲骨綴合號碼(十組)》，第 8 組，先秦史研究室網站，2014 年 4 月 11 日。

這版背甲四辭一組，(6a)辭占卜今夕王凶言，(6b)辭占卜吉，(6c)辭占卜鬼，(6d)辭占卜今夕王安寧，一辭一卜，兆序數一至四遞增。占卜使用一行內的 4 個鑽鑿。

出組二類這種占卜四辭一組，第一辭占卜"今夕王凶言"，第二辭占卜"叀吉"，第三辭占卜"叀鬼"，第四辭占卜"今夕王寧"，一辭一卜，兆序數遞增，占卜從外向內進行。

出組二類背甲有占卜祭祀、出行、軍事、王寧等內容。占卜王賓、王出，兩辭一組，一辭占卜王賓/出無憂，一辭占卜無咎。占卜戰事消息通常三辭一組，一辭占卜無來艱，兩辭對貞天氣。占卜王寧，四辭一組，一辭占卜今夕王凶言，一辭占卜吉，一辭占卜鬼，一辭占卜王寧。形成了出組二類占卜多辭一組，一辭一卜，兆序數遞增的形式。同組卜辭通常在同一肋甲占卜。這些都體現了占卜的規則性與預設性。

綜上，出組二類龜背甲反面通常爲一行密集鑽鑿布局。灼燒基本在長鑿內側。

出組二類背甲占卜形式基本爲多辭一組，一辭一卜，兆序數遞增。

附表

出二背甲鑽鑿布局表

類型	片　號	頸甲	脊　　甲	尻甲	肋　　甲	邊甲
密集型	23755				一行，左六	
	24170				一行，右四	
	24174				一行，右六	
	24713				一行，右五 二行，左一	
	24803		左一二三四五六		三行，左一 一行，左二三四五	
	24810				一行，左一	

續　表

類型	片　號	頸甲	脊　　甲	尻甲	肋　　甲	邊甲
密集型	24812				一行,右四	
	24857				一行,右二	
	24991				一行,左三	
	25270				二行,左一	
	25483				一行,左一	
	25672				一行,左一	
	Y2034				二行,左一	
	史購203				一行,左六	

出二背甲鑽鑿布局材料表

類型	片　　　　　號
密集型	23755、24170、24174、24713、24803、24810、24812、24857、24991、25270、25483、25672、Y2034、史購203

第四節　何組背甲鑽鑿布局與占卜形式

一、何組背甲鑽鑿布局

何組背甲主要爲一行鑽鑿,也有兩行鑽鑿密集布局。

《合集》29084(《甲編》3919)爲右背甲。第三至八脊甲無鑽鑿。第一上尻甲無鑽鑿,第二上尻甲 1 個鑽鑿,尻甲無鑽鑿。第三、第五至第七肋甲一行鑽鑿,第四、第八肋甲二行鑽鑿。一行時單個鑽鑿的長度長於兩行時單個鑽鑿的長度。灼燒基本在長鑿內側。鑽鑿應該是在甲骨整治後即施加完成。第四至第十邊甲反面兩行鑽鑿。灼燒在長鑿內側。

何組龜背甲主要爲一行鑽鑿,也有兩行鑽鑿布局。灼燒基本在長鑿內側。鑽鑿應該在甲骨整治後即施加完成。

二、何組背甲上的占卜形式

何組背甲主要爲一卜的占卜形式,也有兩辭一套。

(1a) 丙寅卜,彘,貞：王往于夕祼,不遘雨。叀吉。一

(1b) 丁卯卜,何,貞：王往于夕祼,不遘雨。允卒,不遘[雨]。一

(1c) 貞：王往于夕[祼],不遘雨。叀吉。二

(1d) 丁卯卜,彘,貞：王往于𠂤,不遘雨。一

(1e) 丁卯卜,何,貞：王叀吉,不遘雨。一

(1f) 己巳卜,何,貞：王往于日,不遘雨。叀吉。允不遘雨。四月。一

(1g) …允不遘雨。四月。二

(1h) 庚午卜,何,貞：王往于日祼,不遘雨。王往于日,允…

《合集》27856＋①[何組]

這版背甲占卜王前往祭祀,不會遇到雨,叀吉利。一辭一卜。(1b)(1c)兩辭一組,兆序數一、二遞增。從(1a)(1b)(1c)(1d)(1f)(1h)的卜辭辭例(尤其是 f)來看,命辭占卜王前往祭祀,不會遇到雨。驗辭有果然祭祀結束沒有遇到雨。"叀吉"所處的位置很可能是占辭占斷語的位置,在卜辭結構中,相當於占辭"吉"。若此,(1e)命辭占卜"王叀吉,不遘雨"有可能

---

① 合補 9539＋合 27867＋合 27856,宋雅萍：《背甲新綴第三十五則——附錄：乙編新綴一則》,先秦史研究室網站,2012 年 7 月 4 日。

是對占斷語的再占卜。

(2a) 乙丑卜，何，貞：王𡧛枏(夙)。⿱一木 叀吉。不冓[雨]。

(2b) 乙丑卜，何，貞：王𡧛枏(夙)，不冓雨。⿱一木 叀吉。

(2c) 乙丑卜，何，貞：王⿱一木 叀吉，不冓[雨]。

《合集》30528[何組]

這版腹甲占卜王賓夙祼[①]，不會遇到雨，會吉利。(2c)辭是對占辭的再占卜。

(3a) 丁丑卜，狄，貞：王田，𡴂。

(3b) 弗𡴂。

(3c) 丁丑卜，狄，貞：王其田，迅往。

(3d) 丁丑卜，狄，貞：王遲往。孚。

(3e) 丁丑卜，貞：王田叀乙。

(3f) 丁丑卜，貞：王田叀丙。

(3g) 丁丑卜，狄，貞：王田，不遘雨。

(3h) 丁丑卜，狄，貞：其遘雨。

(3i) 丁丑卜，貞：王其田于盂、衛[②]，南兆立。

(3j) 貞：于北兆立。

(3k) 貞：弓巳(改)。

(3l) 丁丑卜，貞：王其射，隻。孚。

(3m) 貞：弗𡴂。

《合集》29084(《甲編》3919)[何組]

這版背甲爲丁丑日占卜王田獵以及田獵的地點、位置、時間、結果等即同一天對同一事件不同環節焦點的占卜。未刻寫兆序數，可能一辭一卜。（3a)

---

① 鵬案：疑未刻"祼"字。

② 袁倫强：《釋甲骨文"滴""衛""奇"》，《第八屆中國文字發展論壇論文集》，第 223—226 頁，中州古籍出版社，2022 年。

(3b)使用第三肋甲內側相鄰的 2 個鑽鑿,對貞王田獵是否會擒獲。(3c)
(3d)使用第三肋甲外側相鄰的 2 個鑽鑿,選貞速去田獵還是稍遲前往。
(3e)(3f)兩辭使用第四肋甲外側相鄰的 2 個鑽鑿,選貞田獵的日期。(3g)
(3h)兩辭使用第五肋甲外側相鄰的 2 個鑽鑿,對貞王田獵是否會遇到雨。
(3i)(3j)使用第五、第六肋甲近脊甲一列 2 個鑽鑿,選貞王田獵的位置。
(3k)使用第五肋甲第 2 個鑽鑿,占卜不要改變。(3i)(3j)(3k)三辭很可能是
一組。(3l)(3m)兩辭使用第七肋甲外側 2 個鑽鑿,對貞王射,是否有所擒
獲。以上卜辭均未刻寫兆序數,但應該是一辭一卜。

  (4a) 戊戌卜,�ₘ,貞:今夕亡𡆥。一

  (4b)［貞:今］夕［不］雨。［二］

  (4c) 貞:今夕其雨。三

  (4d) 己亥卜,何,貞:今夕亡𡆥。一

  (4e) 貞:今夕啓。二

  (4f) 貞:今夕不其啓。三

  (4g)［庚子］卜,何,［貞:今夕］亡𡆥。一

  (4h) 貞:今夕啓,不雨。二

  (4i) 貞:今夕其不啓。

  (4j) 辛丑卜,𡆥,貞:［今］夕亡［𡆥］。一

  (4k) 貞:今夕啓。

  (4l) 貞:今夕不其啓。

  (4m) 壬寅卜,𡆥,貞:今夕亡𡆥。一

  (4n) 貞:今夕啓,雨。

  (4o)［貞］:今夕［不］其啓,雨。

  (4p) 癸卯［卜］,何,貞:［今］夕亡𡆥。一

  (4q) 貞:今夕不延啓。

  (4r) 丙午卜,𡆥,貞:今夕亡𡆥。一

  (4s) 貞:今夕其雨。二

(4t) 貞：今夕不其雨。三

(4u) 壬子卜，罔，貞：今夕亡囚。一

(4v) 貞：今夕啓。二

(4w) 貞：今夕不其啓。三

(4x) 戊辰卜，貞：今夕亡囚。

(4y) 貞：今夕其雨。

(4z) 貞：今夕不其雨。岳。

(4A) 己丑[卜]……

(4B) 貞：今夕不雨。二

《合補》9563[何組]

這版背甲卜夕，占卜特徵是三辭一組，一辭占卜今夕無憂，兩辭對貞天氣，[1]是否天晴或是否下雨，一辭一兆，兆序數一至三遞增。

何組背甲主要占卜祭祀、田獵與夕無憂。祭祀辭一般爲王前往祭祀，不會遇到雨，𣍃惠吉，有一辭一卜，也有兩辭一套。懷疑"𣍃惠吉"在占辭占斷語的位置。田獵辭一般占卜是否田獵、地點、時間、結果等，可能一辭一卜，未刻寫兆序數。卜夕辭三辭一組，一辭占卜今夕無憂，兩辭對貞天氣，一辭一兆，兆序數一至三遞增。這些都體現了占卜的規則性與預設性。

綜上，何組龜背甲反面主要爲一行鑽鑿，也有兩行鑽鑿布局。灼燒基本在長鑿內側。

何組背甲的占卜形式基本一辭一卜，同一天對同一事件不同焦點占卜，一辭一卜，兆序數遞增。

---

① "何組卜辭屢見占今夕狀況，包括卜問今夕天氣，以及今夕是否會有憂患……殷人有不少活動都是在夜間進行的，如祭祀、戰爭、田獵、出行等，這些活動有時需要於户外進行，所以天氣變化與之息息相關，故特別對夜晚的天氣進行占卜，而夜晚是否會有憂患當然也是占卜者關心的重點。"(宋雅萍：《商代背甲刻辭研究》，第 240、241 頁)

附表

何組背甲鑽鑿布局表

類型	片號	頸甲	脊甲	尻甲	肋　甲	邊　甲
密集型	27830				一行，左六	
	27856				二行，左一 一行，左二三四	
	27865		0 左二			
	27857				一行，右四	
	29084		右三四五六七八	右一二尻	一行，右三五六七 二行，右四	兩行，右四五六七八 九十十一
	30528		右一二三四		一行，右一二三	
	31531				一行，右七	
	31547	右	有一三四八	右一二	一行，右一二三四 五六七八	右一二三四五九十十一 1 個，右六七八
	31561				一行，左一	
	31576				一行，左三	
	31587				一行，右二	
	31590				一行，右四	
	史 224				一行，左四	

何組背甲鑽鑿布局材料表

類型	片　　　　號
密集型	27830、27856＋27861＋27862＋27863＋27864＋27867＋B9539＋27866＋29718、27865、27857、27869＋27857＝拼續 406、29084（甲 3919）、30528、31531、31547＋31548（甲 3399＋ 3403）＋31582＝B9563、31561、31576、31587、31590、史 224

第五節　黄組背甲鑽鑿布局與占卜形式

一、黄組背甲鑽鑿布局

黄組背甲主要爲一行鑽鑿,也有兩行鑽鑿布局。

《合集》38567 上爲左背甲。第五肋甲反面一行鑽鑿。灼燒在長鑿內側。

黄組龜背甲反面以一行鑽鑿爲主,也有兩行鑽鑿布局。灼燒基本在長鑿內側。鑽鑿應該在甲骨整治後即施加完成。

二、黄組背甲上的占卜形式

黄組背甲占卜形式主要爲一辭一卜。

(1a) □未卜,貞:王宲小乙肜夕,亡咎。

(1b) 貞:王宲祼,亡咎。

《合補》11010[黄組]

(2a) 乙酉卜,貞:王宲匸乙肜日,亡咎。

(2b) 貞:王宲叙,亡咎。

《合集》35446(北圖 2450)[黄組]

(3a) 乙酉卜,貞:王宲大乙翌日,亡咎。

(3b) 貞:王宲叙,亡咎。

《合集》35490[黄組]

(4a) 丙辰卜,貞:王宲卜(外)丙魯日,亡咎。

(4b) 貞：王宕叙，亡㕚。

《合集》35549（《北珍》478）［黃組］

(5a) 戊辰卜，貞：王宕大戊祭，亡㕚。

(5b) 貞：王宕叙，亡㕚。

《英藏》2509［黃組］

(6a) 丁巳卜，貞：王宕匚丁㲃，亡㕚。

(6b) 貞：王宕叙，亡㕚。

《合集》35459［黃組］

(7a) 己未卜，貞：王宕雍己薦，亡㕚。

(7b) 貞：王宕叙，亡㕚。

《合集》35624［黃組］

(8a) 戊午卜，貞：王宕歲，亡㕚。

(8b) 貞：王宕叙，亡㕚。

《合補》11729（《東文研》743）［黃組］

(9a) 辛酉卜，貞：王宕登禾，亡㕚。

(9b) 貞：王宕叙，亡㕚。

《合補》11776［黃組］

(10a) 己酉卜，貞：王宕伐卯，亡㕚。

(10b) 貞：王宕叙，亡㕚。

《合集》35381［黃組］

(11a) 乙丑卜，貞：王宕武乙歲至于上甲，亡㕚。

(11b) 貞：王宕叙，亡㕚。

《合集》35440［黃組］

以上背甲占卜祭祀，兩辭一組，第一辭占卜"王賓＋祭祀，亡㕚"，第二辭占卜"王宕叙，亡㕚"，兩辭使用同一肋甲相鄰的 2 個鑽鑿，雖然未刻寫兆序數，應該是一辭一卜。

(12a) 貞：王宕叙，亡㕚。

(12b) ［甲子 乙］丑 丙寅 丁卯 戊辰

　　　 ［甲戌 乙］亥 丙子 丁丑 戊寅

　　　 ［甲申 乙酉 丙戌 丁］亥 戊子

《合補》11766［黃組］

這版背甲占卜王賓，近脊甲部位有干支表。

(13a) 戊申［卜，貞］：今夕［自］亡𢍜。寧。

(13b) 己巳卜，貞：今夕自亡𢍜。寧。

《合集》36451［黃組］

這版背甲占卜今夕師無憂，會安寧，未刻寫兆序數，很可能一辭一卜。

(14a) 丁丑卜，貞：王今夕亡𢍜。

(14b) 戊寅卜，貞：王今夕亡𢍜。

(14c) 己卯卜，貞：王今夕亡𢍜。

《合集》38801［黃組］

這版背甲卜夕，未刻寫兆序數，很可能一辭一卜。

(15a) 己卯卜，貞：今夕不雨。

(15b) 其雨。

《合集》38123［黃組］

這版背甲兩辭一組，使用同一肋甲相鄰的 2 個鑽鑿，對貞是否下雨，未刻寫兆序數，很可能一辭一卜。

(16a) 壬子卜，貞：今日延雨。

(16b) 不延雨。

(16c) 壬子卜，貞：湄日多雨。

(16d) 不多雨。

《合集》38161＋①［黃組］

---

① 　王蘊智、門藝：《黃組甲骨卜氣象辭綴合四例》，《中國文字研究》第 12 輯，第 50 頁，大象出版社，2009 年。

這版背甲兩辭一組,使用同一肋甲相鄰的 2 個鑽鑿,對貞是否延雨,是否雨多。

黃組背甲多占卜王賓、卜夕及天氣。王賓辭多兩辭一組,第一辭占卜王賓某種祭祀亡吝,第二辭占卜王窋叙亡吝,兩辭通常使用同一肋甲相鄰的 2 個鑽鑿。[①]"王今夕亡畎""今夕自亡畎,寧"辭多干支日相連。天氣辭多使用同一肋甲相鄰的 2 個鑽鑿對貞。卜辭均一辭一卜,雖然未刻寫兆序數,很可能是一或一、二遞增。這些都體現了占卜的規則性與預設性。

綜上,黃組龜背甲反面以一行鑽鑿爲主,也有兩行鑽鑿布局。灼燒基本在長鑿內側。

黃組背甲基本一辭一卜。

附表

黃組背甲鑽鑿布局表

類　型	片　號	頸甲	脊甲	尻甲	肋　　甲	邊甲
密集型	B11729				一行,右四	
	35444				一行,右六	
	35454				一行,右六	
	35462				一行,右七	
	35485				一行,右四	
	35503				一行,右四	
	35512				一行,右三	
	35514				一行,右六	

① 門藝:《殷墟黃組卜辭的整理與研究》,第 75 頁。

類　型	片　號	頸甲	脊甲	尻甲	肋　　甲	邊甲
密集型	35536				一行,右三	
	35552				一行,左七	
	35560				一行,左三	
	35561				一行,左四	
	35570				一行,左二	
	35686				二行,右一	
	35707				一行,左七	
	35726				一行,左四五	
	35776				一行,右六	
	35813				一行,左五六	
	35866				一行,左四	
	35870				二行,左一	
	35876				一行,右四	
	35902				一行,左四	
	35955				一行,左二	
	35958				一行,右四	
	36027				一行,右四	
	36222				一行,右四	
	36226				一行,左五	
	36233				一行,左三	

類　型	片　號	頸甲	脊甲	尻甲	肋　　甲	邊甲
	36241				一行，左四	
	36252				一行，左三	
	36253				一行，右四	
	36262				一行，右一	
	36268				一行，右四	
	36269				一行，右三	
	36281				一行，右三	
	36345		0左一二三		一行，左一二	
密集型	38084				一行，右四五	
	38091				一行，右四五	
	38123				一行，左三	
	38129				一行，右四	
	38248				一行，左一	
	38315				一行，左二三四	
	38480				一行，左四	
	38486				一行，右六	
	38535				一行，左二	
	38549				一行，左六	
	38556				一行，左四	

續　表

類　型	片　號	頸甲	脊甲	尻甲	肋　　甲	邊甲
	38567 上				一行,左五	
	38768				一行,右四五	
	38777				一行,右二	
	38790				一行,左三四	
密集型	38829				一行,左二	
	38866				二行,右一	
	38871				一行,右二	
	Y2509				一行,左四	
	輯 724				一行,右五	

黃組背甲鑽鑿布局材料表

類型	片　　號
密集型	B11729、35444、35446（北圖 2450）、35454、35462、35464、35485、35503、35512、35514、35536、35552、35560、35561、35570、35686＋35708＝綴彙 819、35707、35726、35776、35813＋35852＝拼三 667、35866、35870、35876、35902、35955、35958、36027、36222、36226、36233、36241、36252、36253、36262、36268、36269、36281、36345、38084＋B12097＝綴彙 718、38085＋B13136、38091＋38097＝綴續 435、38123、38129、38248＋B11064＝綴彙 735、38315＋上博 2426.1236＝拼三 711、38480、38486、38535、38549、38556、38567 上、38768、38777、38790＋38809＝綴彙 688、38829＋38831＝綴彙 726、38866、38871、Y2509、輯 724

第六節　殷墟王卜辭背甲鑽鑿布局與占卜形式小結

一、殷墟王卜辭背甲鑽鑿布局的發展演進

(一) 師組背甲鑽鑿布局

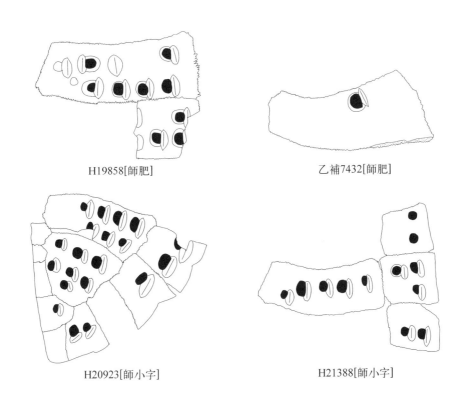

H19858[師肥]　　　　　　　　　　乙補7432[師肥]

H20923[師小字]　　　　　　　　　H21388[師小字]

師組肥筆類龜背甲有稀疏型和密集型兩種鑽鑿布局類型,灼燒個別在長鑿外側。師組小字類龜背甲多兩行鑽鑿,也有一行鑽鑿。鑽鑿行列排布有較凌亂的現象。

（二）村北系背甲鑽鑿布局的演進

村北系背甲鑽鑿布局分爲前後兩個時期。

1. 村北系前期背甲鑽鑿布局多樣化：賓組一類

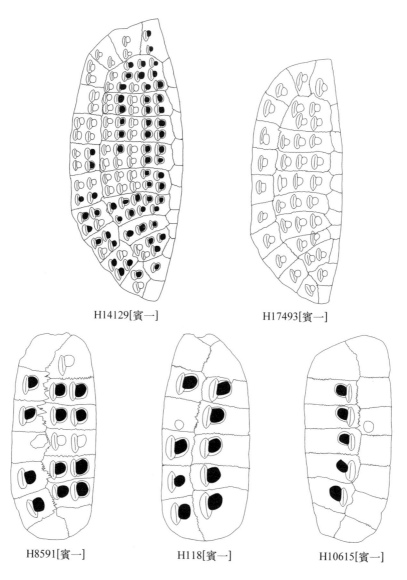

H14129[賓一]   H17493[賓一]

H8591[賓一]   H118[賓一]   H10615[賓一]

　　賓組一類龜背甲有密集型與稀疏型兩種鑽鑿布局類型。沿中甲鋸開的背甲第一肋甲通常三行鑽鑿，也有兩行鑽鑿。其他肋甲多爲兩行鑽鑿，也有一行密集布局。改製背甲通常有密集型和稀疏型布局。與師組相比,賓組一類龜背甲鑽鑿行列排布明顯更加整齊。

2. 村北系背甲鑽鑿布局過渡期：賓出類

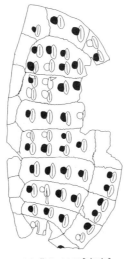

《合集》8473[賓出]

賓出類龜背甲反面主要爲一行、兩行密集鑽鑿布局。

3. 村北系背甲鑽鑿布局後期：出組二類——何組——黃組

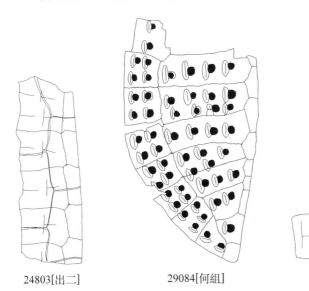

24803[出二]　　　　29084[何組]　　　　38567上[黃組]

　　村北系後期的出組二類、何組、黄組龜背甲反面以一行鑽鑿爲主，也有兩行鑽鑿布局。一行時單個鑽鑿的長度長於兩行時單個鑽鑿的長度。

　　師組背甲有稀疏、密集布局，有時較凌亂，有灼燒在長鑿外側的情況。師賓間類開始龜背甲鑽鑿布局較爲嚴整有序。

二、殷墟王卜辭背甲占卜形式的演進

　　（一）師組背甲占卜形式的演進

　　師組肥筆類龜背甲有一辭多卜的形式占卜。

　　（二）村北系背甲占卜形式的演進

　　1. 村北系背甲占卜形式的前期階段：一辭多卜

　　賓組一類龜背甲占卜多一辭多卜。密集布局多按行使用鑽鑿進行占卜，有使用一行中的一個、幾個，按行或分區使用鑽鑿進行占卜。稀疏型鑽鑿布局基本按列使用鑽鑿進行占卜。

　　2. 村北系背甲占卜形式的過渡期：三卜以内，三版一套

　　賓出類背甲占卜形式多一辭一卜，也有一辭兩卜，卜旬辭可能是三版一套。

　　3. 村北系背甲占卜形式的後期階段：多辭一組，一辭一卜

　　出組二類背甲占卜王賓、王出，兩辭一組，一辭占卜王賓/出無憂，一辭占卜無咎。占卜戰事消息通常三辭一組，一辭占卜無來艱，兩辭對貞天氣。占卜王寧，四辭一組，一辭占卜今夕王凶言，一辭占卜吉，一辭占卜鬼，一辭占卜王寧。多辭一組，一辭一卜，兆序數遞增。

　　何組背甲占卜祭祀辭一般爲王前往祭祀，不會遇到雨，祄惠吉（懷疑在占辭位置），有一辭一卜，也有兩辭一套。田獵辭一般占卜是否田獵、地點、時間、結果等，可能一辭一卜，未見兆序數。卜夕辭三辭一組，一辭占卜今夕無憂，兩辭對貞天氣，一辭一兆，兆序數一至三遞增。

　　賓出類背甲與何組背甲上的卜夕辭，卜辭組成基本相同，都是三辭一組。第一辭占卜"今夕亡憂"，第二、三辭對貞天氣，一辭一兆。不同在於：賓出類背甲卜夕辭一組的三辭，兆序數均爲一，何組背甲卜夕辭一組的三

辭,兆序數逐辭遞增。這種變化是時代的發展帶來的占卜觀念上的變化,占卜的次數與實質並無根本不同。

黃組背甲占卜王賓辭多兩辭一組,一辭占卜王賓某種祭祀亡旹,另一辭占卜王窀叙亡旹。天氣辭多兩辭一組對貞。以上的同一組卜辭,一般使用同一肋甲相鄰的 2 個鑽鑿進行占卜,兆序數可能是一、二遞增。卜夕辭及今夕師無憂多干支日相連。卜辭均一辭一卜,雖然未刻寫兆序數,兆序數很可能是一。

出組二類王賓辭與黃組王賓辭的不同在於:出組二類王賓辭通常有兩種占卜形式。一種是兩辭一組,第一辭占卜"王賓祼/戠,亡囚",第二辭進一步或再確認占卜"貞:亡旹",一辭一卜,兆序數遞增。一種是一辭"王賓歲/叙,亡旹",一辭一卜,兆序數爲一或二。本書把第二種占卜形式看作是第一種占卜形式的整合或濃縮。黃組王賓通常兩辭一組,第一辭占卜"王賓＋祭或周祭,亡旹",第二辭占卜"王窀叙,亡旹",一辭一卜,未見兆序數。黃組王賓辭與出組二類王賓辭,雖然都是兩辭一組,但是在占卜內容、占卜觀念上有着實質性的改變。

綜上,村北系背甲的占卜形式,賓組一類多一辭多卜,賓出類多在三卜之內,出組二類、何組、黃組基本一辭一卜。

村北系背甲占卜形式與村北、村南系胛骨、腹甲占卜形式基本同時從多卜轉變爲一卜。

第十章　非王子組背甲的鑽鑿
布局與占卜形式

非王子卜辭背甲主要涉及子組、婦女、圓體、劣體及花東甲骨。

第一節　子組背甲鑽鑿布局與占卜形式

一、子組背甲鑽鑿布局

子組背甲有一行、兩行密集鑽鑿布局和單個或一行稀疏鑽鑿布局。

（一）密集型

子組背甲反面鑽鑿有一行或兩行密集布局。

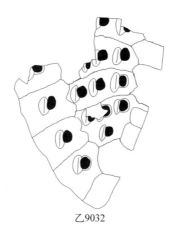

乙9032

　　《合補》6860（《乙編》9032）爲右背甲，第六、第七肋甲一行密集鑽鑿布局，第八肋甲兩行密集鑽鑿布局，第九至十一邊甲各1個鑽鑿。尻甲無鑽鑿。

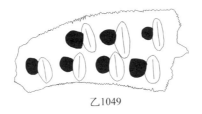

乙1049

　　《合集》21729（《乙編》1049＋）爲左背甲，第六肋甲大致兩行密集鑽鑿布局。灼燒在長鑿內側。

（二）稀疏型

　　子組背甲反面鑽鑿有單個或一行稀疏型布局。

　　《合集》21820（《乙編》1105）爲左背甲，第六肋甲2個稀疏鑽鑿布局。

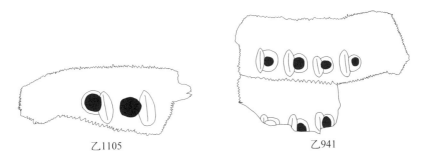

乙1105　　　　　　　　　　乙941

　　《合集》21731（《乙編》941＋）爲右背甲，第二、第三肋甲一行稀疏鑽鑿布局。灼燒在長鑿內側。

　　子組背甲反面鑽鑿布局有密集型與稀疏型兩種類型。密集型多一行、二行密集布局。稀疏型有單個稀疏型和一行稀疏型。灼燒在長鑿內側。鑽鑿可能在整治後即施加完成。

二、子組背甲上的占卜形式

　　子組背甲占卜爲成套占卜或一辭三卜。

　　　　（1a）辛亥卜，貞：丁茲今七月。一

　　　　（1b）辛亥卜，貞：丁戠今七月。一

(1c) 辛亥卜，我，貞：丁𢀛今來乙。一

《合集》21695(《乙編》830)[子組]

(2a) 癸卯卜：又兄丁。二

(2b) 癸卯卜，貞：丁出獸今…　二

(2c) 癸卯卜，貞：至旬亡囚。二

(2d) 癸卯卜：亡。七月。二

(2e) 甲辰卜：亡。二

(2f) 甲辰卜：七月丁𢀛。二

(2g) 甲辰卜，𠭯，貞：丁又𢀛今生七月。二

《合集》21729(《乙編》1049＋)[子組]

以上兩版背甲占卜丁祭祀等，(1)可能爲成套卜辭的第一卜，(2)可能爲成套卜辭的第二卜。

(3a) 癸丑卜：今月毓。一二三

(3b) 癸丑卜：生月毓。一二[三]

(3c) 㚤。二

(3d) 癸丑卜：不㚤。

(3e) 不㚤。二

《合補》6860(《乙編》9032)[子組]

這版背甲(3a)(3b)兩辭選貞生育的時間這個月還是下個月，(3a)辭三卜，使用第七肋甲一行 3 個鑽鑿。(3b)辭三卜，使用第八肋甲上行 3 個鑽鑿。(3c)至(3e)辭對貞是否會生男孩。

(4) 壬寅卜，𠭯，貞：今夕亡囚。一

《合集》21814(《乙編》831)[子組]

(5a) 弗發。二

(5b) 丙申卜，𠭯，貞：今夕亡囚。二

(5c) 丁酉卜，𠭯，貞：屰多子自…　二

(5d) 癸卯卜，𠭯，貞：呼象屰又商。二

(5e) 甲辰卜，鼐，貞：今夕亡囚。二

《醉》374(《乙編》1001＋)［子組］

(6a) 乙巳卜，鼐，貞：多亞屮以若。二

(6b) 乙巳卜，鼐，貞：今丁又來。二

(6c) 甲辰卜，鼐，貞：今夕亡囚。二

《合集》21654＋(《乙編》1176＋)①［子組］

這版背甲卜夕及納貢等，可能用異版成套的形式進行占卜。

(7) 丁未卜，鼐，貞：𤕦歸，我又奇。二

《合集》21610(《乙編》1560)［子組］

這條卜辭占卜𤕦歸來，我有不好的事情，爲第二卜。

(8a) 庚戌卜：叀癸令象。二

(8b) 叀甲令象。二

(8c) 丁未卜，鼐，貞：令象今丁。二

(8d) 弜令。二

《合集》21629＋(《乙編》796＋)②［子組］

這版背甲(8a)(8b)兩辭選貞癸日還是甲日令象。(8c)(8d)兩辭對貞要不要令象，爲成套卜辭的第二卜。

(9a) 癸巳卜，鼐，貞：今四月…　一

(9b) 癸巳卜，鼐，貞：五月我又事。一

(9c) 乙未卜：夢妣丁咎。

(9d) 不咎。

《綴彙》810(《乙編》974＋)［子組］

---

① 《合集》21572＋《合集》21626 左中＋《合集》21654＋《合集》21706，蔣玉斌：《殷墟子卜辭的整理與研究》，第 47 組。

② 《合集》21629＋R37789，蔣玉斌：《子卜辭綴合 11 組》，第 10 組，先秦史研究室網站，2015 年 1 月 26 日。

這版背甲(9a)(9b)兩辭選貞四月或五月有事,(9c)(9d)兩辭對貞夢見妣丁,是否有災咎。可能爲成套卜辭的第一卜。

　　(10)　庚寅卜,䇂,貞:辛我又事。二

　　　　　　　　　　《合集》21680(《乙編》1317)[子組]

這條卜辭占卜我有事,爲第二卜。

　　(11)　癸酉卜,䇂,貞:至旬亡囚。一

　　　　　　　　　　《合集》21726(《乙編》1811)[子組]

這條卜旬辭,兆序數爲一。

　　(12a)　壬辰卜,䇂,貞:我入邑。二
　　(12b)　弗入。二
　　(12c)　壬辰卜,䇂,貞:事盧東。二
　　(12d)　癸巳卜,䇂,貞:令盧。二
　　(12e)　癸巳卜,䇂,貞:至旬亡囚。二
　　(12f)　癸巳卜,䇂,貞:今六月我又事。二
　　(12g)　于七月我又事。二

　　　　　　　　　　《合集》21728＋(《乙編》616＋)①[子組]

這版背甲(12a)(12b)兩辭對貞我是否進入城邑。(12c)(12d)兩辭占卜令盧。(12e)辭卜旬。(12f)(12g)兩辭選貞六月還是七月我有事。爲成套卜辭的第二卜。

　　子組卜辭占卜祭祀、生育、卜夕、卜旬等,多爲兩版一套的占卜,也有一辭三卜。

　　綜上,子組背甲有一行、兩行的密集鑽鑿布局和單個或一行稀疏鑽鑿布局。

　　子組背甲多爲兩版一套的占卜,也有一辭三卜。

---

① 《合集》21728＋《合集》21823,蔣玉斌:《殷墟子卜辭的整理與研究》,第39組。

附表

子組背甲鑽鑿布局表

類　型		片號	頸甲	脊甲	尻甲	肋　　甲	邊　甲
密集型		B6860		右六八	右一二尻	一行,右五六七 二行,右八	1個,右八九十 十一
		21564				二行,左二三 四五	
		21572				二行,左三四	二行,左六七
		21597				二行,右六七	右八九十
		21637				一行,左七	
		21666				二行,左四	
		21695				二行,左六	
		21728				二行,左一	
		21729				二行,左六	
稀疏型	單個	21688				2個,右六	
		21814				1個,左七	
		21820				2個,左六	
	一行	21629				一行,左二三	
		21731				一行,右二三	
		21786				一行,左一	
		21809	1左			一行,左一	
		21818				一行,左四	
		21821		左一二三		一行,左一二三	
		21866				一行,左一	

子組背甲鑽鑿布局材料表

類　　　型		片　　　　　　號
密集型		B6860（乙 9032）、21564（乙 1001）＋21856（乙 1302）＋21626 部分（乙 1004＋乙 1786）＝醉 374、21572（乙 1432）＋21626 左中（乙 1208＋乙 1437＋乙 1550＋乙 1555）＋21654（乙 1176）＋21706（乙 1848）蔣博 47、21597（乙 1767）＋21600（乙 1313）＋乙補 0901＋乙 8581 宋雅萍＝綴彙 181、21637、21666（乙 1106）＋21667（乙 1014＋乙 1849）＋21705（乙 0974）宋雅萍＝綴彙 810、21695（乙 830）、21728（乙 1474＋乙 1621＋乙 1624）＋21823（乙 616）、21729（乙 1049＋1650）
稀疏型	單個	21688（乙 1439）、21814（乙 831）、21820（乙 1105）
	一行	21629（乙 796＋乙 0803＋乙 0944）＋R37789 蔣玉斌、21731（乙 941＋943）、21786、21809、21818、21821、21866

第二節　婦女類背甲鑽鑿布局與占卜形式

一、婦女類背甲鑽鑿布局

婦女類背甲反面鑽鑿布局基本爲密集型。

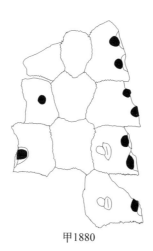

甲1880

　　《綴集》97(《甲編》1880＋)爲第一、二、三脊甲、左側第一、二、三、四肋甲、右側第一、二、三肋甲兩行密集鑽鑿布局。

　　《合集》22242(《乙編》8806＋)爲左背甲,頸甲1個鑽鑿。第一至第八脊甲無鑽鑿。第一、二上尻甲、尻甲無鑽鑿。第一肋甲三行鑽鑿,第二、四、五、七、八肋甲一行鑽鑿,第三、六肋甲二行鑽鑿。第一至第三、第八至十一邊甲無鑽鑿,第四邊甲1個鑽鑿,第五至七邊甲一列2個鑽鑿。

　　婦女類龜背甲基本爲一行或二行密集型鑽鑿布局,鑽鑿分布不定。灼燒基本在長鑿內側。鑽鑿可能在整治後即施加完成。

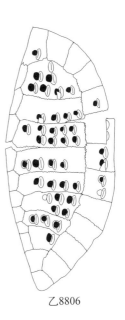

乙8806

二、婦女類背甲上的占卜形式

　　婦女類背甲多用一辭一卜的占卜形式。

　　　　(1a) 甲午卜：龍爯貝。二月。一二三

　　　　(1b) 乙丑卜：又𤕲(瘳)目今日。一

　　　　(1c) 貞：婦亡疾,其延疾。二

　　　　(1d) 不延。二

　　　　(1e) 不延,其午(禦)用小母象(豚)。

　　　　　　　　　《合集》22242＋(《乙編》8806＋)①[婦女]

這版背甲占卜疾病。一辭一卜或三卜,對貞位置不定。

　　　　(2a) 今夕又囚。

　　　　(2b) 庚申[卜：今夕]亡囚。

---

① 《合集》22391＋《合集》22242,蔣玉斌:《甲骨新綴第1—12組》,第12組,先秦史研究室網站,2011年3月20日。

(2c) 今夕又囚。

(2d) 甲寅卜：今夕亡囚。

(2e) 今夕又囚。

(2f) 乙卯卜：今夕亡囚。

(2g) 今夕又囚。

(2h) 丙辰卜：今夕亡囚。

(2i) 今夕又囚。

(2j)〔丁〕巳卜：〔今夕〕亡囚。

(2k) 今夕又囚。

《綴集》97(《甲編》1880＋)〔婦女〕

這版背甲沿脊甲對稱，使用肋甲最内側 1 個鑽鑿，左右對貞卜夕。兆序數不明。

　　婦女類背甲占卜疾病及對貞卜夕，可能爲一卜或三卜。

　　綜上，婦女類龜背甲基本爲一行或二行密集型鑽鑿布局。

　　婦女類背甲目前可能有一卜或三卜。

附表

婦女背甲鑽鑿布局表

類　型	片　號	頸甲	脊甲	尻甲	肋　甲	邊　甲
密集型	22242					
稀疏型	21332					

婦女背甲鑽鑿布局材料表

類　型	片　　　　號
密集型	22242＋22391(乙 8865＋乙 8806＋乙 8997)蔣玉斌
稀疏型	21332(乙 5379)＋22400(甲 1880)＋甲釋 48＝綴集 97

第三節　劣體類背甲鑽鑿布局與占卜形式

一、劣體類背甲鑽鑿布局

劣體類背甲主要爲一行、兩行的密集布局與單個、一行稀疏布局。

《合集》21921（《乙編》1454＋）爲右背甲，第二肋甲二行鑽鑿。灼燒在長鑿內側。

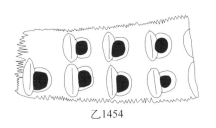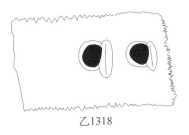

乙1454　　　　　　　　　　　乙1318

《合集》21877（《乙編》1318）爲左背甲，第三肋甲 2 個鑽鑿。灼燒在長鑿內側。

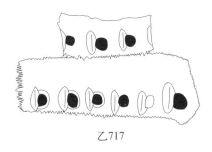

乙717

《合集》21931（《乙編》717＋）爲右背甲。第三、第四肋甲一行鑽鑿。灼燒在長鑿內側。

以上背甲結合卜辭與鑽鑿的對應關係，有鑽鑿對應正面未刻寫卜辭的情況來看，鑽鑿應該是在甲骨整治後即施加完成。

　　劣體類龜背甲反面主要爲一行、兩行密集鑽鑿布局,鑽鑿分布不定。也有單個和一行稀疏鑽鑿布局。灼燒基本在長鑿內側。鑽鑿應該是在甲骨整治後即施加完成。

二、劣體類背甲上的占卜形式

　　劣體類背甲的占卜多在三卜以內。

　　　　(1a) 戊子貞:雀亡若。一
　　　　(1b) 戊子貞:戊允亡若。一

《合集》21900(《乙編》1314+)[劣體]

以上兩條卜辭使用同一行相鄰的兩個鑽鑿進行占卜,占卜不順利,一辭一卜,兆序數爲一。

　　　　(2) 癸酉:钔姊丁。一　《合集》21965(《乙編》1177+)[劣體]

這條卜辭占卜禳除疾病的祭祀,一辭一卜,兆序數爲一。

　　　　(3a) 癸卯:啓。一
　　　　(3b) 癸卯:不啓。二

《綴彙》812(《乙編》997+)[劣體]

這版背甲按列使用鑽鑿,占卜雲開日出,一辭一卜。

　　　　(4) 丁卯:妆(殺)羌。二　《綴彙》151(《乙編》1594+)[劣體]

這版背甲占卜祭祀,一辭一卜,兆序數爲二。

　　劣體類背甲占卜祭祀、天氣、出行等內容,有一辭一卜、二卜、三卜等。

　　綜上,劣體類龜背甲反面主要爲一行、兩行密集鑽鑿布局,單個和一行稀疏鑽鑿布局。

　　劣體類背甲占卜多在三卜以內。

附表

劣體背甲鑽鑿布局表

類　型		片　號	頸甲	脊甲	尻甲	肋　　甲	邊甲
密集型		21892				一行＋右六 一行，右七	
		21900		右七八	右上	一行，右七 右八	
		21900				一行，左一	
		21921				二行，右二	
		21976		0右一		二行，右一 一行＋，右二	
		22019				二行，左五	
稀疏型	單個	21877		左三		2個，左二三	
		22038				4個，左一	
	一行	21921				一行，右一二三四	
		21922				一行，右四	
		21924				一行＋，左一	
		21926				左六七 一行，右六	
		21931				一行，右三四	
		21941				一行，左三	
		22000				一行＋，左六	
		22018				一行＋，右六	
		22041				一行，右五六七八	

劣體背甲鑽鑿布局材料表

類　型		片　　　號
密集型		21892（乙 0793＋乙 1545）、21900（乙 1314＋乙 8500）、21900（乙 1018）＋21944（乙 1554＋1748）、21921（乙 1454 倒）＋乙補 0511＋乙補 0595 宋雅萍、21976（乙 0997）＋乙 1842＋乙補 1272 宋雅萍、22019（乙 1548）
稀疏型	單個	21877（乙 1318）＋21948（乙 1108）＋乙 1124＋乙 1521＋乙 1840 蔣玉斌、22038（乙 1435）
	一行	21921（乙 1518 倒）＋乙 1179＋21932（乙 1305）＋乙補 0591＋21974（乙 1022）＋21939（乙 1162）宋雅萍、21922（乙 1315）、21924（乙 1443）、21926（乙 1009＋1019）、21931（乙 1316）＋乙 0717＋乙補 0576＋乙補 1350 宋雅萍、21941（乙 1693）＋21996（乙 1436）蔣博 63、22000（乙 1770）＋乙 1762、22018（乙 1637）＋合 22369（乙 1573）＝醉 18、22041（乙 758）＋21928（乙 1109＋乙 1549）＋乙補 1034 蔣玉斌

第四節　圓體類背甲鑽鑿布局與占卜形式

一、圓體類背甲鑽鑿布局

圓體類背甲主要爲一行、兩行鑽鑿布局。

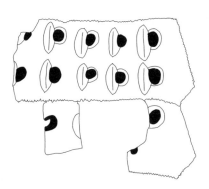

《合集》21839（《乙編》1174＋）爲右背甲，第三肋甲二行鑽鑿。灼燒在長鑿內側。

《合集》20876(《乙編》756＋)第六肋甲密集布局,第七肋甲稀疏布局,第八肋甲無鑽鑿,整版當爲稀疏密集混合型鑽鑿布局。總體上,圓體類背甲多密集布局。灼燒基本在長鑿內側。

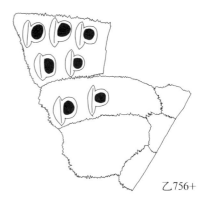

乙756＋

圓體類龜背甲反面主要爲一行、兩行鑽鑿布局。灼燒基本在長鑿內側。

二、圓體類背甲上的占卜形式

圓體類背甲主要爲三版的成套占卜。

(1a) 戊申:又咎。

(1b) 己酉:丁妣咎。一

(1c) 辛亥:丁子唯口咎。一

(1d) 辛亥:丁妣唯咎。一

(1e) 辛亥:己妣唯口咎。一

(1f) 辛亥:庚妣唯口咎。一

《合集》21839＋(《乙編》1174)[1][圓體]

這版背甲,占卜某位先妣降下灾咎,一辭一卜,兆序數爲一。

(2a) 辛亥:亡咎。三

(2b) 癸丑⋯析⋯河。三

《合集》21951＋(《乙編》609＋)[2][圓體]

這版背甲(2a)辭占卜沒有灾咎,(2b)辭占卜祭祀河,可能是成套占卜的第三卜。

---

[1]　《合集》21878＋《合集》21951＋《合集》21839部分＋《乙補》0684,宋雅萍:《背甲新綴二十二、二十三則》,第22組,先秦史研究室網站,2011年6月28日。宋雅萍:《臺大中文學報》第36期,2012年3月。

[2]　《乙編》609＋《乙編》613＋《合集》21951,蔣玉斌:《殷墟子卜辭的整理與研究》,第53組。

(3a) 丙午：匄(害)。一

(3b) 丙午：又由。一

(3c) 壬寅。一

(3d) 癸丑：妝(殺)雨醬牢析。一

《合集》20876＋(《乙編》756＋)①[圓體]

這版背甲，(3a)(3b)兩辭占卜有災憂發生。(3d)辭占卜祭祀，一辭一卜，兆序數爲一，可能是成套占卜的第一卜。

(4) 癸亥貞：子瘵(瘵)。一

《合集》21886(《乙編》1607)[圓體]

這版背甲，占卜子病愈，兆序數爲一。

圓體類背甲占卜祭祀、疾病、天氣等內容，占卜形式多三版一套。

綜上，圓體類龜背甲反面主要爲一行、兩行鑽鑿布局。

圓體類背甲占卜有用三版一套的形式。

附表

圓體背甲鑽鑿布局表

類型	片號	頸甲	脊甲	尻甲	肋 甲	邊 甲
密集型	20873		右七八	右一	二行，右六 一行，七；0 八	
	21839				二行，右二三四	
	21864				二行，左六	
	21913				二行，左二	
	21987				二行，左五	

---

① 《合集》20876＋《合集》20873，宋雅萍：《背甲新綴十九則》，先秦史研究室網站，2011 年 5 月 13 日。《臺大中文學報》第 36 期。

類型	片　號	頸甲	脊甲	尻甲	肋　　甲	邊　甲
稀疏型	20876				二行,右六 一行,右七 0,右八	

圓體背甲鑽鑿布局材料表

類型	片　　　　　號
密集型	20873(乙 1765)＋20876(乙 0756)宋雅萍、21839(乙 1850)＋21878(乙 1174＋乙 1446)＋21951(乙 1449)＋乙補 0684 宋雅萍、21864(乙 1799)＋21947(乙 1531)蔣博 56、21913(乙 786)、21987(乙 1296＋乙 1299＋乙 1519)
稀疏型	H20873(乙 1765)＋H20876(乙 0756)

第五節　花東背甲鑽鑿布局與占卜形式

一、花東背甲鑽鑿布局

花東背甲主要爲一行、兩行的密集布局。

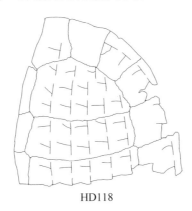

HD118

　　《花東》118 爲右背甲，頸甲 1 個鑽鑿。第一至第三脊甲無鑽鑿。第一肋甲三行鑽鑿，第二、第三肋甲二行鑽鑿。第二至第五邊甲兩行 2 個鑽鑿。灼燒在長鑿內側。

　　《花東》297 爲右背甲，頸甲 1 個鑽鑿。第一至第八脊甲無鑽鑿。第一、第二上尻甲及尻甲無鑽鑿。第一至第八肋甲一行鑽鑿。第一至第十一邊甲各 1 個鑽鑿。灼燒在長鑿內側。

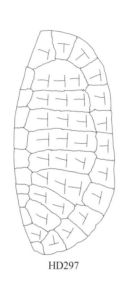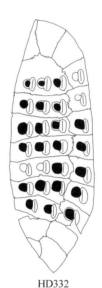

HD297　　　　　　　　　　HD332

　　《花東》332 爲左背甲，頸甲無鑽鑿。第一至第八肋甲一行鑽鑿。第一、第二、第十、第十一邊甲無鑽鑿。第三至第九邊甲各 1 個鑽鑿。灼燒在長鑿內側，可看作整版 7 行鑽鑿。

　　花東背甲反面主要爲一行、兩行密集鑽鑿布局。灼燒基本在長鑿內側。

二、花東背甲上的占卜形式

　　花東背甲占卜形式多在三卜以內。

　　　（1）己未卜：子其尋宜，惠往于日。用。往 𭅷 。一二三

　　　　　　　　　　　　　　　　　　　　　　　《花東》297

這版背甲使用第五肋甲一行 3 個鑽鑿，占卜宜祭，一辭三卜，兆序數一至

三從內向外橫排。

(2a) 丁卜：其涉河歡。一二

(2b) 丁卜：不歡。一二

(2c) 不其歡，入商在柚。一

(2d) 丁卜：其二。一

(2e) 丁卜，在柚：其東歡。一

(2f) 其涿（溯）①河歡，至于棄。一

(2g) 不其歡。一

《花東》36

這版背甲占卜狩獵，(2a)(2b)兩辭按列使用第四邊甲的一列 2 個鑽鑿，對貞涉河是否狩獵，一辭兩卜，兆序數一、二自下而上排列。(2c)(2d)兩辭使用第三邊甲 1 個鑽鑿，一辭一卜，兆序數爲一。(2e)至(2g)辭使用第二肋甲上行相鄰的 3 個鑽鑿，一辭一卜。

(3a) 丁亥卜：子立于右。一二

(3b) 丁亥卜：子立于ナ（左）。一二

(3c) 乙未卜：子其往田，若。用。一

(3d) 乙未卜：子其往田，惠鹿求，冓。用。一

(3e) 乙未卜：子其［往］田，惠豕求，冓。子占曰：其冓。不用。一

(3f) 乙未卜：子其田，從圣求豕，冓。用。不豕。一二三

《花東》50

這版背甲占卜田獵。(3a)(3b)兩辭選貞子立的位置在左還是右，(3b)辭使用第七肋甲一行 2 個鑽鑿，(3a)辭使用第八肋甲與第十邊甲一行的 2 個鑽鑿，一辭兩卜，兆序數一、二從內向外橫排。(3c)(3d)兩辭使用第五、

---

① 姚萱：《殷墟甲骨文"涿"、"浚"兩字考辨》，《中國文字研究》第 23 輯，第 16—22 頁，上海書店出版社，2016 年 8 月。

第四邊甲的1個鑽鑿一辭一卜,兆序數爲一。(3e)辭使用第五肋甲的一行3個鑽鑿,占卜子田獵尋求豕,會遇到,一辭三卜,兆序數一至三從内向外横排。(3f)辭使用頸甲反面的1個鑽鑿,占卜从圭地尋求豕,會遇到,一辭一卜,兆序數爲一。這版背甲按行或分區使用鑽鑿進行占卜。

(4a) 丁巳卜：子益[①]妫,若,侃。用。一

(4b) 庚申卜：惠今庚益商,若,侃。用。一二

(4c) 庚申卜：子益商,日不雨。孚。一

(4d) 其雨。不孚。一

《花東》87

這版背甲,(4a)辭使用第八邊甲1個鑽鑿,占卜子益妫,會順利,一辭一卜,兆序數爲一。(4b)辭按列使用第四、第五肋甲近脊甲一列2個鑽鑿,占卜今天益商會順利,一辭兩卜,兆序數一、二自下而上排列。(4c)(4d)辭使用第九至第十邊甲的2個鑽鑿,子益商是否下雨,一辭一卜,兆序數爲一。這版背甲按列或分區使用鑽鑿進行占卜。

(5) 壬午卜：引其死,在圉,亡其史(事)。一二 《花東》118

這條卜辭使用第一肋甲最上一行近頸甲的2個鑽鑿,占卜引死,一辭兩卜,兆序數一、二從内向外横排。

(6a) 癸卜：子弜嫰(釋),[②]燕受丁裸。一

(6b) 癸卜：丁步[今]戌。叨月,在柚。一

(6c) 母(毋)其步。一

《花東》262

這版背甲使用第五至七邊甲上各1個鑽鑿,(6a)辭占卜子不要釋,(6b)

---

① 王子楊:《揭示若干組商代的樂歌樂舞——從甲骨卜辭"武湯"説起》,《中研院歷史語言研究所集刊》第90本第4分,第635—679頁,2019年。

② 裘錫圭:《説殷墟卜辭的"奠"——試論商人處置服屬者的一種方法》,《中研院歷史語言研究所集刊》第64本第3分,第666頁;《裘錫圭學術文集·古代歷史、思想、民俗卷》,第175頁。

(6c)兩辭對貞要不要出行，一辭一卜，兆序數爲一。這版背甲分區使用鑽鑿進行占卜。

> (7a) 旬貞亡多子囚。一
>
> (7b) 旬□亡… 二
>
> (7c) 三

《花東》430

這版背甲使用第四至第六邊甲的下行各 3 個鑽鑿，占卜多子無憂，三辭一套三卜。

花東通常整版背甲都被灼燒，但上面只有少數幾條卜辭。可見祭祀、田獵、出行、憂患等占卜內容，占卜形式有一辭一卜、兩卜或三卜，也有三辭一套。按行、按列和分區使用鑽鑿進行占卜的特徵明顯。

綜上，花東背甲反面主要爲一行、兩行密集鑽鑿布局。

花東占卜形式有一辭一卜、兩卜或三卜，也有三辭一套。

附表

花東背甲鑽鑿布局表

類型		片號	頸甲	脊甲	尻甲	肋　甲	邊　甲
密 集 型	二 行	36	0左	0左一二三		二行，左一二	左一二三四 一行，左三 二行，左四
		55		右八	右一二尻	二行，右四五 七八	二行，右六七八 右九十十一
		118	1右	0右一二三		三行，右一 二行，右二三	2 個，右一二三 四五
	一 行	50	1右	0右一三四 五六七八	0右一二	一行，右一二三 四五六七八	1 個，右二三四五 六七八九十十一
		87	1左	0左一二三 四五六七八	左一二尻	二行，左一 一行，左二三四 五六七八	左一二十一 1 個，左三四五六 七八九十

續　表

類型		片號	頸甲	脊甲	尻甲	肋　甲	邊　甲
密集型	一行	244	1左	0 左一二三四五七八	左一二尻	二行,左一 一行,左二三四五六七八九	左一十一 1個,左二三四五六七八九
		262	左	0 左一二三四五六七八	左一二尻	二行,左一 一行,左二三四五六七八	1個,左一二三四五六七八九十十一
		297	1右	0 右一二三四五六七八	右一二尻	一行,右一二三四五六七八	1個,右一二三四五六七八九十十一
		332	0左		0 左二	一行,左一二三四五六七 0 左八	0 左一二十一 1個,左三四五六七八九十
		385	0右		0 右二	一行,右一二三四五六七八	右一二三四十一 1個,右五六七八九
		430	右	右二三四五六七八		一行,右一二三四五六七八	右一二 1個,右三八九十十一 2個,右四五六七

花東背甲鑽鑿布局材料表

類　型		片　　號
密集型	二行	36、55、118
	一行	50、87、244、262、297、332+534、385、430

第六節　殷墟非王卜辭背甲
鑽鑿布局小結

一、殷墟非王卜辭背甲鑽鑿布局

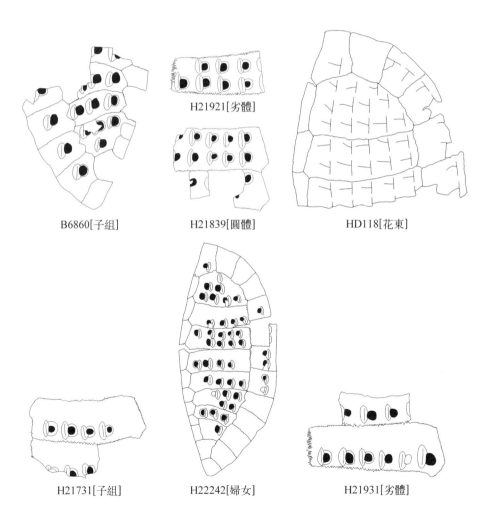

B6860[子組]　　　H21921[劣體]　　　HD118[花東]

H21839[圓體]

H21731[子組]　　　H22242[婦女]　　　H21931[劣體]

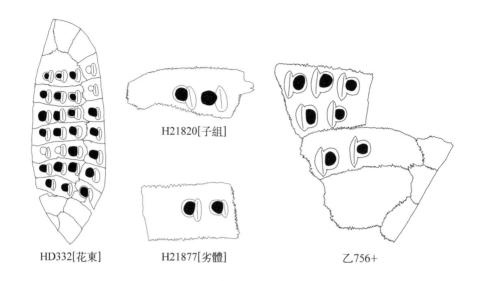

　　HD332[花束]　　　　　H21877[劣體]　　　　　　　乙756+

　　殷墟非王卜辭背甲一行、兩行密集布局,也有單個或一行稀疏布局。午組基本不用背甲占卜。

二、殷墟非王背甲占卜形式

　　殷墟非王卜辭背甲占卜形式有一辭一卜、二卜、三卜、三辭一套以及兩版或三版一套,多在三卜之內。

第十一章　同組類異材質甲骨占卜
內容與占卜形式

　　殷墟甲骨同一組類內部，不同的材質，甲骨的占卜內容與占卜形式有時會有所側重。

第一節　師組異材質甲骨占卜
內容與占卜形式

一、師組肥筆類異材質甲骨占卜內容與占卜形式

　　師組肥筆類甲骨占卜內容，胛骨可見占卜祭祀、納貢等，龜腹甲用於占卜祭祀、軍事、夢幻、災害、人物事類、生育等內容，龜背甲有田獵卜辭，龜腹甲上的占卜內容較豐富。

　　師組肥筆類甲骨占卜形式，胛骨、腹甲、背甲通常一辭多卜，龜腹甲上還有異版成套及同版內的多辭一套，龜腹甲上的占卜形式較爲多樣化。

二、師組小字類異材質甲骨占卜內容與占卜形式

　　師組小字類甲骨占卜內容，胛骨占卜祭祀、農事、災咎或卜旬，龜腹甲占卜祭祀、軍事、田獵、生育、出行、天氣、疾病、卜旬、卜夕、人物事類等內

容,龜背甲占卜祭祀、軍事、田獵、生育、天氣、疾病、卜旬、卜夕等,腹甲、背甲上的占卜內容較爲豐富。

師組小字類甲骨占卜形式,胛骨多使用一辭多卜和異版成套的形式進行占卜,占卜次數多爲二、三、四次。卜旬辭用成套的占卜形式。

腹甲有用一辭一卜、一辭多卜(多見兩卜、三卜)、兩辭一套的形式進行占卜。稀疏型鑽鑿布局多整版兆序相同,可能是異版成套卜辭。

背甲占卜祭祀多一辭一卜。占卜軍事有一辭一卜,一辭兩卜。占卜田獵有一辭一卜,一辭兩卜,多見使用一行鑽鑿的一辭三卜、四卜、五卜,也可見使用一個區域的十一卜。占卜生育疾病多一辭一卜。占卜天氣多使用一行鑽鑿,呈現出一辭三卜、四卜、五卜。卜旬辭常見格式爲"癸某卜:旬。某月"辭後多附記天氣記錄,多一辭兩卜,也有三卜。卜夕辭多干支日相連,常見格式爲"干支(卜):夕",辭後多附記"翌日/天干从斗",基本一辭兩卜。也可見兆序數相同的"干支卜"簡辭。卜旬、卜夕二卜時,多按列使用鑽鑿。

師組小字類龜背甲的占卜形式較爲多樣化。

師組小字類甲骨不同材質對占卜內容有所側重,不同材質對占卜形式有一定影響。

第二節　村北系前期異材質甲骨占卜內容與占卜形式

一、師賓間類異材質甲骨占卜內容與占卜形式

師賓間類甲骨占卜內容,胛骨占卜祭祀、軍事、田獵、農業、天氣、憂患等,龜腹甲占卜祭祀、軍事、納貢、田獵、農業、天氣、疾病、生育等內容,胛骨與腹甲占卜內容都比較豐富。典型的師賓間類很少用背甲占卜。

　　師賓間類甲骨占卜形式,胛骨多用一辭多卜的形式進行占卜,骨首骨頸部位多按行使用鑽鑿進行占卜,使用一行、兩行、三行或四行鑽鑿。對邊骨條部位按列使用鑽鑿進行占卜,可以使用一列中的某幾個連續的鑽鑿。從而呈現出兩卜、三卜、四卜、五卜、七卜、十二卜。軍事、農業内容的占卜次數相對多些。祭祀、戰争等内容有用異版成套的形式占卜,存在至少五版一套的占卜。師賓間類龜腹甲多用一辭多卜的形式占卜,使用卜辭所在的一行、兩行或多行鑽鑿,呈現出二卜、三卜、四卜,也有八卜、十二卜等。田獵辭、農業辭占卜次數較多。有同版兩辭或三辭一套的二卜或五卜。也有異版成套的占卜。首甲中甲無鑽鑿的單環稀疏型鑽鑿布局多成套占卜。師賓間類胛骨與腹甲上的占卜形式較爲一致。

　　師賓間類甲骨不同材質上的占卜内容與占卜形式較爲一致。

二、賓組一類異材質甲骨占卜内容與占卜形式

　　賓組一類甲骨占卜内容,胛骨用於占卜祭祀、軍事、出入、作邑、農業、天氣、卜夕等,龜腹甲用於占卜祭祀、軍事、納貢、田獵、農業、天氣、疾病、夢幻、生育、憂患、人物事類等,龜背甲多占卜祭祀、天氣、軍事、田獵、工事、農事、疾病等。胛骨、腹甲、背甲上的占卜内容都比較豐富。龜背甲多用於占卜祭祀與天氣。卜夕辭多在胛骨上占卜。

　　賓組一類甲骨占卜形式,胛骨占卜祭祀、軍事、出行、建城、天氣、夕等有用異版成套的形式進行占卜,三版一套或五版一套,軍事辭多用九版一套的形式占卜。祭祀、軍事、農業、天氣等有用按行或按列的一辭多卜的形式進行占卜。按行占卜時,可以使用一行或二行鑽鑿。按列占卜時可以使用對邊骨條部位的某幾個連續鑽鑿,可以兩卜、三卜、四卜、五卜、六卜。其中軍事、農業内容的占卜次數相對多些。

　　龜腹甲、龜背甲基本用一辭多卜的形式進行占卜。占卜有用一行、兩行或多行鑽鑿進行占卜,使用多行鑽鑿時趨向於分區占卜。

　　賓組一類甲骨反面鑽鑿布局對占卜形式的影響較爲明顯。

胛骨骨首骨頸部位單個鑽鑿基本用異版成套的形式進行占卜。骨首骨頸部位三列或兩列鑽鑿布局的胛骨，可以使用異版成套的形式占卜，也可以是使用一辭多卜的形式占卜。

龜腹甲密集布局多按行使用鑽鑿進行占卜，使用一個、一行或多行鑽鑿占卜，對貞或選貞有使用一行鑽鑿占卜的情況。近甲橋區無鑽鑿的主體兩列鑽鑿布局的特色占卜形式是一辭多卜，按列或分區占卜。首甲中甲有鑽鑿的單環稀疏型鑽鑿布局特色占卜形式基本爲按列占卜，一辭七卜，一辭六卜。複環稀疏型鑽鑿布局的占卜形式多一卜、兩卜。首甲中甲無鑽鑿的單環稀疏型或複環稀疏型鑽鑿布局特色占卜形式基本爲一辭五卜，或一版内的多辭一套多卜，或異版成套占卜。

改製龜背甲基本按列使用鑽鑿進行占卜，多三、四、五卜。

賓組一類甲骨不同材質對占卜内容有所側重，不同材質上不同的鑽鑿布局對占卜形式有一定影響。

三、典賓類異材質甲骨占卜内容與占卜形式

典賓類甲骨占卜内容，胛骨用於占卜祭祀、軍事、出行、農業、天氣、人物事類、卜旬等，龜腹甲用於占卜祭祀、軍事、納貢、田獵、農業、天氣、人物事類、疾病、生育、夢幻、工事、憂患等，龜腹甲上的占卜内容相對更豐富。典型典賓類字體的卜辭很少用龜背甲進行占卜。

典賓類甲骨占卜形式，胛骨占卜祭祀、軍事、出行、人物事類、卜旬等有用異版成套的形式。軍事辭有八版一套的占卜，也有同貞占卜。祭祀辭有六版一套的占卜。人物事類辭有四版一套的占卜。卜旬辭三版一套。對貞卜辭有用同版成套的形式占卜。占卜祭祀、軍事、農業、天氣、出使、往來等有用一辭多卜的形式。占卜時有按行使用鑽鑿，也可以按列使用鑽鑿。按行使用鑽鑿時，可見使用一至四行。按列使用鑽鑿時，使用一列中的連續幾個鑽鑿，形成兩卜、三卜、四卜、五卜、九卜等一辭多卜的形式。

典賓類龜腹甲基本用一辭多卜的形式進行占卜。占卜有用一行、兩

行或多行的鑽鑿進行占卜，使用多行鑽鑿時趨向於分區占卜。

典賓類甲骨反面鑽鑿布局對占卜形式的影響較爲明顯。

胛骨骨首骨頸部位單個鑽鑿基本用異版成套的形式進行占卜。骨首骨頸部位三列鑽鑿多用一辭多卜的形式進行占卜。骨首骨頸部位兩列鑽鑿可以用異版成套，也可以用一辭多卜的形式進行占卜。

龜腹甲近甲橋區無鑽鑿的主體兩列鑽鑿布局的特色占卜形式是一辭多卜，按列占卜或分區占卜。首甲中甲有鑽鑿的單環稀疏型鑽鑿布局特色占卜形式基本爲按列占卜，一辭七卜，另一辭六卜。複環稀疏型鑽鑿布局的占卜形式多一卜、兩卜。首甲中甲無鑽鑿的單環稀疏型或複環稀疏型鑽鑿布局特色占卜形式基本爲一辭五卜，或一版內的多辭一套多卜，或五版一套占卜。

典賓類甲骨不同材質的占卜內容與占卜形式較爲一致，不同材質上不同的鑽鑿布局對占卜形式有一定影響。

四、賓出類異材質甲骨占卜內容與占卜形式

賓出類甲骨占卜內容，胛骨用於占卜祭祀、軍事、農事、徵集、疾病、卜旬等，龜腹甲用於占卜祭祀、軍事、納貢、田獵、農業、天氣、疾病、生育、卜旬、人物事類等，背甲有占卜祭祀、軍事、納貢、田獵、疾病、天氣等。賓出類胛骨、龜腹甲、龜背甲占卜內容都比較豐富。

賓出類甲骨占卜形式，胛骨多用三版一套的形式進行占卜，卜夕辭很可能是一辭一卜。龜腹甲基本用三版一套的形式占卜。龜背甲多一辭一卜，也有一辭兩卜，卜旬辭可能是三版一套。賓出類背甲多卜夕、卜夕雨辭。卜夕辭特色爲三辭一組，第一辭爲"今夕亡田"，第二、第三辭一組對貞"今夕其雨/不雨"，一辭一卜，兆序數皆爲一。

賓出類甲骨，胛骨與龜背甲上的卜夕辭體現了同一組類內部不同材質占卜形式不同的特徵。

賓出類甲骨不同材質的占卜內容有所側重，不同材質對占卜形式有一定影響。

第三節　村北系後期異材質甲骨
占卜內容與占卜形式

一、出組二類異材質甲骨占卜內容與占卜形式

出組二類甲骨占卜內容，胛骨用於占卜祭祀、田獵、出行、卜夕、卜旬等，龜腹甲用於占卜祭祀、軍事、納貢、田獵、天氣、卜夕、卜旬等，龜背甲用於占卜祭祀、出行、軍事、王寧等，龜腹甲的占卜內容較爲豐富。

出組二類甲骨占卜形式，胛骨與龜背甲占卜祭祀內容的王賓辭通常"王賓祼/歲，亡囧。一"與"亡畬。二"兩辭一組，兆序數一、二遞增。胛骨上也有"王賓叙/歲，亡畬。一/二"，很可能是對兩辭一組王賓辭的整合或緊縮。胛骨與腹甲上的田獵、出行、卜夕辭，一辭一卜，兆序數基本爲一，很可能只卜一次。胛骨與龜腹甲上同一天就同一事件不同環節焦點的占卜以及"干支卜王"辭，一辭一卜，兆序數逐辭遞增。由此，"干支卜王"辭很可能是對一組祭祀或田獵卜辭不同環節焦點的占卜。胛骨與腹甲上的卜旬辭基本用三版一套的形式占卜。龜腹甲上的祭祀辭也有用三版一套的形式進行占卜的。龜背甲占卜戰事消息卜辭通常三辭一組，一辭占卜無來艱，兩辭對貞天氣。占卜王寧，四辭一組，第一辭占卜今夕王囧言，第二辭占卜吉，第三辭占卜鬼，第四辭占卜王寧。背甲這種占卜多辭一組，一辭一卜，兆序數逐辭遞增。

出組二類甲骨不同材質的占卜內容有所側重，不同材質對占卜形式有一定影響。

二、何組異材質甲骨占卜內容與占卜形式

何組甲骨占卜內容，胛骨多用於占卜祭祀，也有軍事、農業占卜，龜腹甲多用於占卜軍事、田獵、天氣、卜夕、卜旬、干支卜貞人等，背甲用於占卜祭祀、田獵、卜夕等，龜腹甲上的占卜內容較爲豐富，但很少用於占卜祭祀。

何組甲骨占卜形式，胛骨占卜祭祀多爲同一天就同一事件不同環節

焦點的占卜，一辭一卜，兆序數逐辭遞增。胛骨上的"干支卜，貞人"辭一辭一卜，兆序數遞增，很可能是同一日對同一事件不同環節焦點的占卜。龜背甲上的祭祀辭一般爲王前往祭祀，不會遇到雨，🀀惠吉，有一辭一卜，也有兩辭一套。胛骨與龜腹甲上的卜旬辭基本用三版一套的形式占卜。龜腹甲軍事辭以對貞、選貞的形式進行占卜，兆序數一二遞增。龜腹甲上的田獵辭有兩種占卜形式：一種是占卜田獵無災，對貞天氣，選貞田獵日期，兆序數從一開始，隨選項逐辭遞增，占卜順序大致自下而上，先右後左，從內向外。一種是不同日占卜王田無災，一辭一卜，只卜一次。龜背甲上的田獵辭一般占卜是否田獵、地點、時間、結果等，可能一辭一卜，未刻寫兆序數。龜腹甲上的卜夕辭干支相連，兆序數皆爲一，只卜一次，占卜順序自下而上，先右後左，從外向內。龜背甲上的卜夕辭三辭一組，第一辭占卜今夕無憂，第二、三辭對貞天氣，一辭一兆，兆序數一至三遞增。

　　何組甲骨占卜，胛骨與背甲上的祭祀、田獵、卜夕辭體現了同一組類內部不同材質使用不同占卜形式的特徵。

　　何組甲骨不同材質的占卜內容有所側重，不同材質對占卜形式有一定影響。

三、黄組異材質甲骨占卜内容與占卜形式

　　黄組甲骨占卜內容，胛骨用於占卜祭祀、軍事、天氣、王省、王游、王步、王田、受年、大邑商公宫卒兹月亡𡆥、今夕自亡𡆥、干支卜等，龜腹甲用於占卜祭祀、王田、王遊、王步、卜夕、卜旬及干支卜等，龜背甲用於占卜王賓、卜夕及天氣等。黄組胛骨、龜腹甲上的占卜內容較爲豐富。就祭祀辭來説，胛骨很少用於占卜祭祀，多在卜旬辭後附記周祭內容，龜腹甲多用於占卜祊祭，龜背甲多用於占卜王賓。

　　黄組甲骨占卜形式，除卜旬辭用三版一套的形式占卜以外，其餘基本一辭一卜。胛骨上的軍事辭、胛骨與背甲上的天氣辭，多用對貞的形式進行占卜，一辭一卜，胛骨兆序數一、二遞增，背甲不刻寫兆序數。胛骨上的祭祀、軍事的選貞占卜，兆序數從一開始，隨選項逐辭遞增。腹甲上的祊

祭辭例的一種是三組，一組是甲日占卜祊祭乙名祖先，再占卜用祭牲牢有一牛，刻寫位置左右對稱，一辭一卜，兆序數一二遞增。一組是丙日占卜祊祭丁名祖先，再占卜用祭牲牢有一牛，再選貞祭牲種類羊還是物，刻寫位置左右對稱，一辭一卜，兆序數一至四遞增。甲日、丙日祊祭辭使用一行鑽鑿。一組是癸日占卜祊祭甲名祖先，再占卜用祭牲牢有一牛，再選貞兩次祭牲種類羊還是物，刻寫位置左右對稱，一辭一卜，兆序數一至六遞增，癸日祊祭辭使用一行鑽鑿。三組干支一般在同一旬。占卜順序自下而上，先右後左，從外向內。胛骨與腹甲上的王省、王游、王步、王田辭，胛骨和背甲上的"今夕師亡𢆉，寧"、腹甲和背甲上的"王今夕亡𢆉"辭，腹甲的"受年""大邑商公宮卒兹月亡𢆉"辭，一辭一卜，整版兆序數爲一。胛骨與腹甲的"干支卜"辭很可能有所不同：胛骨上的"干支卜"辭可能是"今夕師亡𢆉，寧"的前辭性簡辭，腹甲上的"干支卜"辭可能是"（王）今夕亡𢆉"的前辭性簡辭。背甲的王賓辭多兩辭一組，第一辭占卜王賓某種祭祀亡眚，第二辭占卜王窋叙亡眚，兩辭通常使用同一肋甲相鄰的2個鑽鑿占卜。

　　黃組甲骨不同材質的占卜內容有所側重，不同材質對占卜形式有一定影響。

　　何組、黃組、無名組通常整版占卜內容相同或相關。

　　綜上，師組小字類及村北系晚期的出組二類、何組、黃組甲骨不同的占卜材質在占卜內容上有所側重，也會影響到卜辭構成及占卜形式，能夠體現出占卜集團對占卜材質的選擇性。村北系的師賓間類、賓組一類、典賓類占卜材質對占卜內容與形式的影響不大，更多的是鑽鑿布局在影響占卜形式。

第四節　非王卜辭異材質甲骨占卜內容與占卜形式

一、子組異材質甲骨占卜內容與占卜形式

　　子組甲骨占卜內容，胛骨用於占卜祭祀、軍事、田獵、夢幻、災禍等，腹

甲用於占卜祭祀、有事、出使、生育、無憂等，背甲用於占卜祭祀、生育、卜夕、卜旬等，占卜內容都比較豐富。

子組甲骨占卜形式，胛骨與背甲有兩卜或三卜的成套卜辭。胛骨占卜用對貞、選貞的形式占卜，有時兆序數相同。腹甲占卜主體三列、兩列鑽鑿布局對貞占卜兆序數有時相同，選貞占卜兆序數有相同或遞增，也有同一版上的兩辭或三辭一套的占卜。首甲中甲無鑽鑿的主體兩列與單環稀疏型鑽鑿布局，多使用整版兆序數相同的異版成套占卜。兆序數一般在三以內。背甲有至少兩版一套與一辭一至三卜。

子組甲骨不同材質的占卜內容略有側重，不同材質的占卜形式較爲一致。

二、午組異材質甲骨占卜內容與占卜形式

午組甲骨占卜內容，胛骨用於占卜祭祀、求雨等，腹甲多占卜祭祀，也占卜軍事、田獵、出行、天氣、農業、疾病、夢幻、災禍等，腹甲占卜內容較爲豐富。午組基本不用背甲占卜。

午組甲骨占卜形式，胛骨有按列使用鑽鑿進行占卜，呈現出一辭二卜、三卜、四卜，可能有異版成套占卜。腹甲主體兩列、三列密集布或複環稀疏型鑽鑿布局多按行使用鑽鑿進行占卜，即使用卜辭所在的一行、兩行或三行占卜，多一辭三卜，也有一辭兩卜、四卜、六卜、八卜、十一卜等。午組腹甲上的卜辭有些未刻寫兆序數，但是仍可以通過其卜辭所在行的鑽鑿數判斷兆序數。

午組甲骨不同材質的占卜內容有所側重，不同材質對占卜形式有一定影響。

三、婦女類異材質甲骨占卜內容與占卜形式

婦女類甲骨占卜內容，胛骨占卜無憂，腹甲占卜祭祀、納貢、災咎、婚嫁等，背甲占卜田獵、疾病及對貞卜夕等。腹甲、背甲占卜內容較爲豐富，很少用胛骨占卜。

婦女類甲骨占卜形式，胛骨可見一辭三卜。腹甲主體三列密集布局

有使用一行鑽鑿的 1 個、2 個或整行的 3 個鑽鑿占卜，即一至三卜。所有鑽鑿布局類型都有異版成套的占卜，多爲三卜，也有四卜、五卜。婦女卜辭的異版成套占卜有兩種形式：一種是選擇相同鑽鑿布局的幾版龜腹甲，正面卜辭整版兆序數相同，同一套卜辭使用龜腹甲上同一個位置的鑽鑿；一種是選擇相同或不同鑽鑿布局的幾版龜腹甲，正面的各條卜辭兆序數可以相同也可以不同，同一套卜辭可以使用龜腹甲上同一個位置的鑽鑿，也可以使用不同位置的鑽鑿。背甲可見一辭一卜至三卜。

婦女類甲骨不同材質的占卜內容有所側重，不同材質對占卜形式的影響較大。

四、非王劣體類異材質甲骨占卜內容與占卜形式

非王劣體類甲骨占卜內容，背甲占卜祭祀、天氣、出行、人物事類等。

非王劣體類甲骨占卜內容，背甲有一辭一卜、成套占卜以及一辭兩卜及一辭三卜等。

劣體類甲骨不同材質的占卜內容有所側重，不同材質對占卜形式有一定影響。

五、非王圓體類異材質甲骨占卜內容與占卜形式

非王圓體類甲骨占卜內容，胛骨占卜祭祀、覲見等，腹甲占卜祭祀、習卜等，背甲占卜祭祀、疾病、災咎等。

非王圓體類甲骨占卜形式，胛骨一辭四卜以內，腹甲可見只卜一次或異版成套，背甲一般三卜以內。

圓體類甲骨不同材質的占卜內容有所側重，不同材質對占卜形式有一定影響。

六、花東子組異材質甲骨占卜內容與占卜形式

花東甲骨占卜內容，占卜花東子家族的祭祀及各種活動等事務。多用腹甲，少用胛骨、背甲。

　　花束甲骨占卜形式，腹甲多一辭一卜、一辭兩卜、一辭多卜、同版多辭一套、異版多辭一套、辭與辭的同貞、辭與套的同貞等，占卜形式受鑽鑿布局的影響不大。背甲有一辭一卜、兩卜或三卜，也有三辭一套。

　　花束甲骨不同材質的占卜內容有所側重，不同材質對占卜形式有一定影響。

　　殷墟武丁時期的非王卜辭，子組占卜材質對占卜內容、占卜形式的影響不大。午組、婦女、圓體、劣體占卜材質對占卜內容與占卜形式有一定影響。體現了子家族占卜機構對占卜材質的選擇性。

第十二章　鑽鑿布局對甲骨綴合與分類的作用

一、鑽鑿布局與判斷誤綴

殷墟甲骨鑽鑿布局具有一定的組類特徵,這些組類特徵可以幫助判斷綴合的正確與否。

(一) 判斷胛骨誤綴

1.《合集》27649(《甲編》2734) + 《合集》27302(《甲編》2772)

《合集》27302 從卜兆朝向左以及最下一條卜辭爲首刻辭行款判斷爲何組臼角在左胛骨的對邊下部,《合集》27649 從反面照片[1]灼燒在左側及正面卜辭刻寫行款逆骨臼豎行判斷爲何組臼角在右胛骨的頸扇交界部位,右側非原邊,而是沿兆幹殘斷的兆邊。何組胛骨的鑽

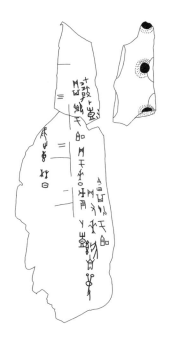

鑿布局應該是沿對邊一列、臼邊半列或只沿對邊一列。這組綴合從反面
鑽鑿來看,無法成立。誤把斷邊看作原邊,誤把臼角在左胛骨的對邊下部
與臼角在右胛骨的頸扇交界部位相綴合,誤把二者的兆序數相接續。

2.《合集》27321＝《甲編》2484＋2486＋2502＋2637

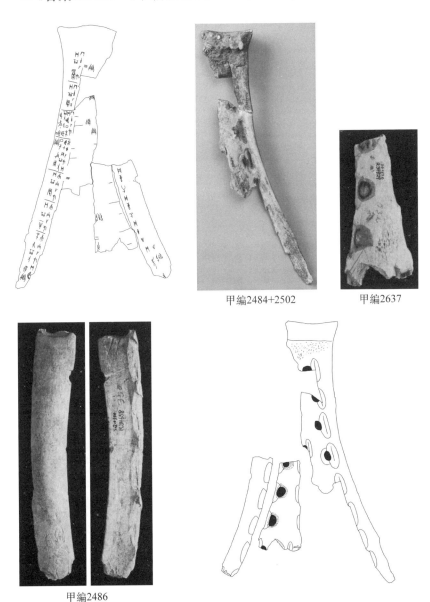

甲編2484+2502　　　　　甲編2637

甲編2486

《合集》27321＝《甲編》2484＋2486＋2502＋2637 這版胛骨,《甲編》
2484＋2502 爲臼角在右胛骨骨首骨頸的對邊部位與對邊骨條中下部的綴
合,綴合正確。綴合後可以判斷該版爲沿對邊一列 8 個鑽鑿、臼邊半列 4
個鑽鑿,頸扇交界部位 1 個鑽鑿的鑽鑿布局。《甲編》2637 從反面照片灼
燒在右側判斷爲左胛骨沿對邊一列、臼邊半列、頸扇交界部位 1 個鑽鑿的
鑽鑿布局,是臼角在左胛骨殘掉對邊骨條、臼邊骨條後留下的骨頸中間到
頸扇交界部位。故《甲編》2637 與《甲編》2484＋2502 的綴合,誤把臼角在
右胛骨的左側骨首、骨頸、對邊骨條與另一版臼角在左胛骨的骨頸中間
一條相綴合,綴合位置亦有誤。《甲編》2486 從反面照片長鑿判斷爲臼
角在左胛骨的對邊骨條部位,從原邊弧度來看,應該是頸扇交界部位以
下的骨條中下部。所以,《甲編》2637 與《甲編》2486 的誤綴,不但二者
的胛骨色澤不同、不能密合,胛骨部位也無法拼接到一起。《合集》
27321 至少把三版胛骨拼兌爲同一版。

　　3.《合集》30922(《甲釋》99,《甲編》2391＋《甲編》2409)＋《甲編》2405

　　《合集》30922(《甲釋》99,《甲編》2391＋《甲編》2409)＋《甲編》2405
這版胛骨,《甲編》2405 爲何組臼角在左胛骨殘留的骨頸中部,可見最上
兩行鑽鑿。反面應爲沿對邊一列、臼邊半列、頸扇交界處 1 個鑽鑿布局。
《甲釋》99 爲何組臼角在左胛骨殘留的臼邊頸扇交界部位,可見最下兩

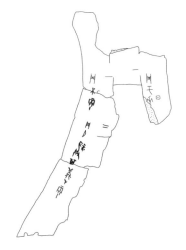

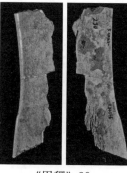

《甲釋》99

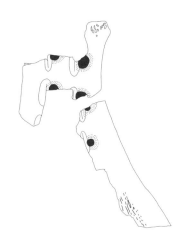

《甲編》2405

個鑽鑿。反面鑽鑿當爲沿對邊一列、臼邊半列、頸扇交界處 1 個鑽鑿的布局。何組胛骨沿對邊一列、臼邊半列鑽鑿布局，臼邊半列一般會有 4 個鑽鑿。這組綴合誤把臼邊的第二個鑽鑿與第三個鑽鑿綴合在一起。從胛骨反面的色澤與骨質狀態看，兩塊胛骨不好放在同一版。另外，兩塊胛骨的灼燒痕不同，《甲編》2405 的灼燒面積大，《甲釋》99 的灼燒痕面積要小一些。

　　以上所舉例子均爲何組胛骨，但從鑽鑿布局判斷胛骨誤綴不止限於何組胛骨。之所以以何組胛骨爲例，是因爲可以看到何組胛骨反面照片，辨析其鑽鑿情況，從而判斷綴合的正誤，分析誤綴的原因。

　　(二) 判斷腹甲誤綴

　　1.《合集》22132(乙 8691)＋《合集》21456(乙 8692)＋《合集》22222 部分(乙 8693)

　　《合集》22132(乙 8691)＋《合集》21456(乙 8692)爲沿右後甲右下 1 個鑽鑿殘斷，綴合後腹甲色澤、卜兆、辭例、原邊、反面鑽鑿均合，綴合正確。從反面照片來看，綴合後該版爲婦女類近甲橋區無鑽鑿的兩列密集鑽鑿布局。這種鑽鑿布局的規律是：前甲部位近腋凹區 1 個鑽鑿，主體區二行二列 4 個鑽鑿。後甲部位二列三行 6 個鑽鑿。從《乙編》8691 腋凹到跨凹的距離也可以明確這是一版小龜，整個龜腹甲的前甲後甲主體區最多只

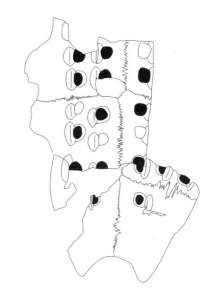

能容納一列5個鑽鑿。加綴的《乙編》8693包括左後甲最下半行鑽鑿、整個左尾甲、連帶千里路的部分右尾甲。從這版的反面照片來看，反面後甲右側應該有一行3個鑽鑿，爲主體三列密集鑽鑿布局。這個龜的尺寸明顯大於《合集》22132（乙8691）＋《合集》21456（乙8692）的尺寸，應該不是一個龜的腹甲。這版綴合鑽鑿布局誤、腹甲大小比例誤。

　　2.《合集》13333（丙538,乙2518＋乙6831＋乙6834＋乙6861＋乙6862＋乙6866＋乙6941＋乙7078＋乙7276＋乙補2120＋乙補2192＋乙補2203＋乙補5913＋乙補5922＋乙補6005＋乙補6204＋乙補6220＋乙補6390）＋《合集》16998（乙1198＋乙7193＋乙3989）

　　《合集》13333爲龜腹甲的首甲、中甲、前甲及後甲大半。從字體與反面照片來看，屬於賓組一類近甲橋區無鑽鑿主體兩列密集型鑽鑿布局。這種鑽鑿布局基本爲：首各1＋中1＋前各5＋後各6＋尾各3。前甲近腋凹區1個鑽鑿，主體區二列二行4個鑽鑿。後甲二列三行6個鑽鑿。尾甲二行，上行2個，下行1個鑽鑿。《合集》13333應該是殘缺了後甲最下半行鑽鑿及尾甲的二行鑽鑿，即缺少了至少兩行半鑽鑿。《合集》16998爲尾甲下段一行半鑽鑿的區域。這組綴合從正面看，最下的兆序數七與近原

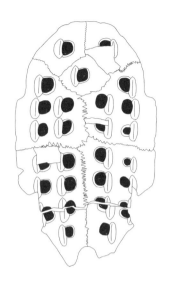
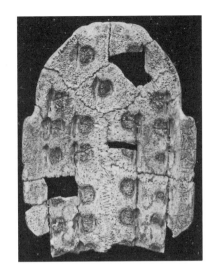

邊一列兆序數相接續,似乎正確。但從鑽鑿布局來看,缺少了後甲最下半行鑽鑿、尾甲最上半行鑽鑿及二者之間的下劍縫部分。正面的兆序數也有缺失,近千里路一列兆序數七下面應該缺失了八,近原邊一列兆序數六下應該缺失了七。《合集》16998 的兆序數七與《合集》13333 缺失的兆序數無法吻合,所以應該不是同一版龜腹甲。

3.《合集》8472 正甲(乙 3536)+《合集》8472 正乙部分(乙 6764)+《合集》8472 正丙(乙 1195)

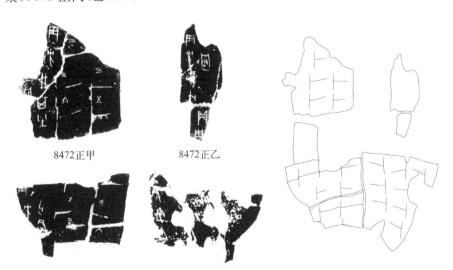

8472正甲　　　　8472正乙

《合集》8472 正甲（乙 3536）爲左前甲部位。所在龜腹甲應該是近甲橋區無鑽鑿主體兩列密集型鑽鑿布局，近腋凹區 1 個鑽鑿，主體區二列二行 4 個鑽鑿。按照這個鑽鑿布局，其下後甲應該爲二列三行 6 個鑽鑿，尾甲應該爲二行 3 個鑽鑿。《合集》8472 正乙（乙 6764）與《合集》8472 正甲（乙 3536）腋凹部分的修治不是很對稱，不好判定是同一個龜的腹甲。《合集》8472 正丙（乙 1195）是尾甲部分，第一行有 3 個鑽鑿，應該是主體三列密集鑽鑿布局。這與《合集》8472 正甲（乙 3536）的鑽鑿布局不合，二者可以確定不是同一個龜腹甲。把小龜腹甲的前甲與大龜腹甲的尾甲遙綴。

4.《合集》23908＋《合集》23909

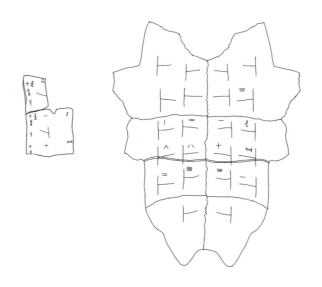

《合集》23909 是出組二類右後甲部位的“干支卜王”辭，出組二類這種腹甲一般兩列鑽鑿布局，卜辭在龜腹甲上兆序數排列的規律是先右後左，從外向內，自下而上（如其右側圖所示）。《合集》23908 上齒邊當爲舌下縫，左側齒邊當爲中縫，應該與《合集》23909 同爲右後甲部位，二者不應是同一個龜腹甲。另外，從兆序數的排列來看，兆序數三應該在九的上面，不合兆序數排列規則。這組誤綴，腹甲部位誤，兆序排列亦誤。

(三) 判斷背甲誤綴

《合集》20925(乙130+乙101)+乙補 7083 倒+《合集》20920 上(乙 128)

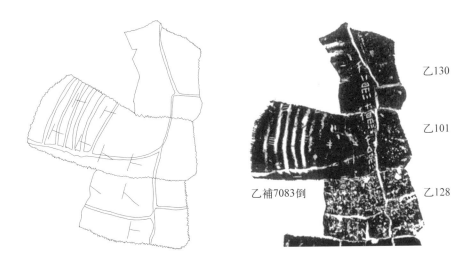

《乙編》130+101 爲左背甲第一肋甲和第二肋甲的右半部分,《乙補》7083 爲第二肋甲的左半部分,《乙編》128 從盾紋和外形輪廓看,很可能是第二肋甲,《乙編》128 與《乙編》101+《乙補》7083 不應該是同一龜背甲。

二、鑽鑿布局輔助判斷甲骨組類

一些具有典型鑽鑿排列布局的甲骨可以輔助判斷甲骨組類。師賓間類胛骨骨首骨頸部位三列圓鑽包攝長鑿的鑽鑿布局(如《合集》1026);典賓類胛骨從骨首骨頸到骨扇中部密集鑽鑿布局(如《合集》390);黃組胛骨骨頸中部或中下部開始在對邊施加一列 7 個左右的沿對邊一列鑽鑿布局(如《英藏2570》);歷組二類胛骨沿對邊一列、臼邊半列下綴二列二行 4 個鑽鑿(如《屯南》1089);無名組緊靠原邊施加長鑿形成對灼(如《屯南》2543);屯西多列鑽鑿布局胛骨(如《屯南》附 6),何組腹甲主體兩列近甲橋區鑽鑿緊靠主體區外側一列鑽鑿的鑽鑿布局(如《合集》27146),形成背靠背式灼燒;賓組一類的改製背甲(如《合集》14707)等;這些鑽鑿布局基本都具有較爲鮮明的組類特徵,依據甲骨反面的這些鑽鑿布局,基本可以判斷甲骨組類。

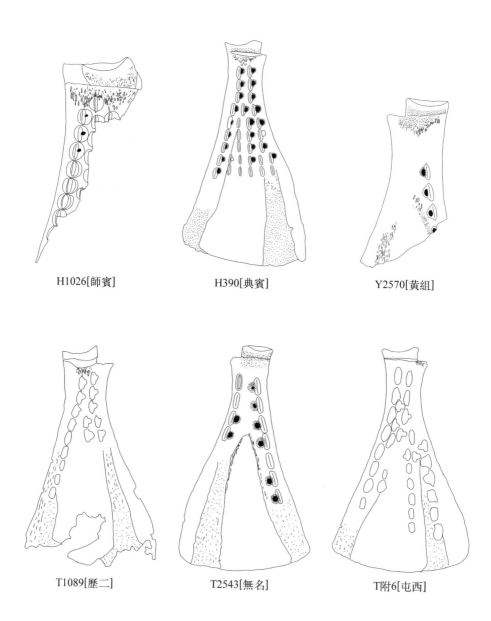

H1026[師賓]　　　H390[典賓]　　　Y2570[黄組]

T1089[歷二]　　　T2543[無名]　　　T附6[屯西]

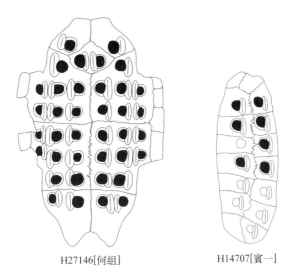

H27146[何組]　　　　　H14707[賓一]

　　一些甲骨反面的鑽鑿布局，也具有一定的組類特徵，對甲骨組類的判定有輔助參考價值。午組多用尺寸較大的龜腹甲，反面布局格式爲：首各1＋中2＋前各10＋後各14＋尾各2＋橋0的鑽鑿布局，單個鑽鑿較傾斜（如《合集》22047），後甲部位三列：五、五、四布局。婦女多用尺寸較小的龜腹甲，正面顏色較爲斑駁，反面首甲多不施加鑽鑿，後甲尾甲鑽鑿呈圓形布局（如《合集》22138）。圓體類小龜腹甲鑽鑿布局類似於婦女類小龜腹甲。花東子組腹甲反面鑽鑿布局直行直列嚴整排列（如《花東》438）。

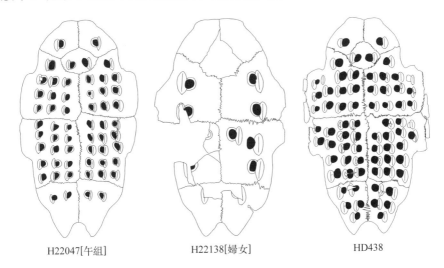

H22047[午組]　　　　　H22138[婦女]　　　　　HD438

根據以上鑽鑿布局，可以大致確定甲骨組類。如：

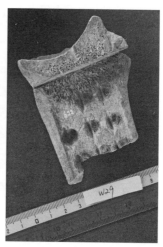

這版胛骨爲《中歷藏》w29，其正面卜辭爲僞刻，從反面骨首骨頸部位三列鑽鑿布局及單個鑽鑿形態來看，很可能是師賓間類或賓組一類鑽鑿布局。

這版胛骨爲《中歷藏》w17，其正面卜辭爲僞刻，從反面骨首骨頸部位複合鑽鑿布局區來看，可能是師組、師歷間類或午組鑽鑿布局。

由此可見，鑽鑿布局所呈現的組類特徵，一方面可以幫助判斷綴合的正誤，一方面可以輔助判斷甲骨組類。

第十三章　從殷墟甲骨看商代的占卜形式與占卜制度

第一節　殷墟甲骨占卜形式的影響因素

殷墟甲骨的占卜形式受到分期、組類、材質、内容、鑽鑿布局等因素的影響。

一、甲骨分期對占卜形式的影響

殷墟甲骨在不同的時期有不同的占卜形式。

村北系以賓出類爲界分爲前後兩個時期。[①] 前期基本用多卜的形式進行占卜，也有一卜、兩卜。後期除卜旬辭用三版一套的形式進行占卜，基本一辭一卜。賓出類作爲前後期的過渡階段，多爲三版一套與一辭

---

① "根據我們考察，殷墟甲骨在占卜方法上可以分早晚兩期，二者的卜法是有明顯區別的。屬早期的有賓組、師組、非王卜辭、歷組、出組一類；屬晚期的有出組二類，何組、黃組。此外無名組（包括晚期）大都不記兆序，故而無法詳論，從少數記兆序的來看，其卜法可能介於早晚期之間……綜上所述，早晚期卜法的主要區別是早期正反問、選擇問都各爲兆序，而晚期則合爲兆序，甚或只要是同一件事，正反問和選擇問也同爲兆序，極少有早期那種相同的反復卜問。顯而易見，晚期的卜法要簡單得多，因而殷代卜法的演變是由繁至簡的，但另一方面，爲數不多的'卜旬'辭仍然保留的早期的手法，作 B 式問卜，以三卜爲限。"（彭裕商：《殷代卜法初探》，洛陽文物二隊編：《夏商文明研究》，第 229、241 頁），鵬按：本書對於卜法時期的劃分略有不同，對於具體卜法的總結詳見之前各章的"小結"部分。

一卜。

村南系以歷組二類爲界,分爲前後兩個時期。前期基本用多卜的形式進行占卜。後期基本一辭一卜。歷組一類、二類作爲前後期的過渡階段多用三版一套的形式進行占卜。

殷墟甲骨占卜形式前後期的變化,體現了占卜在商代晚期的發展,也體現了占卜觀念的變化。

二、甲骨組類對占卜形式的影響

殷墟甲骨的占卜形式在一定程度上受組類的影響。

賓出類龜背甲上的卜夕辭三辭一組,第一辭占卜"今夕亡囚",第二、第三辭對貞"今夕其雨/不雨",一辭一卜,兆序數皆爲一。何組龜背甲上的卜夕辭三辭一組,第一辭占卜"今夕亡囚",第二、三辭對貞天氣,一辭一兆,兆序數一至三遞增。從成組卜辭的構成來看,何組對貞天氣不僅包括雨,還有啓,選擇範圍更廣泛。從兆序數的組成來看,雖然都是一辭一卜,賓出類各辭兆序數皆爲一,何組各辭兆序數遞增。賓出類與何組龜背甲這種卜夕辭占卜的實質相同,都是一辭一卜。不同的是占卜理念的變化:賓出類更偏向于各辭只卜一次的理念,體現在占卜形式上,就是各辭的兆序數都爲一;何組更偏向于把同一天同一事件不同環節焦點的占卜作爲一個整體個來看待,體現在占卜形式上就是兆序數從一開始,逐辭遞增。

出組二類胛骨與龜背甲的王賓辭通常兩辭一組,第一辭占卜"王賓＋某種祭祀,亡囚。一"與第二辭占卜"亡吝。二",兆序數一、二遞增。胛骨上有"王賓＋某種祭祀,亡吝。一/二",兆序數爲一或二,一辭一卜。"王賓＋某種祭祀,亡吝。一/二"很可能是對兩辭一組王賓辭的整合或緊縮。黃組背甲的王賓辭多兩辭一組,第一辭占卜"王賓＋某種祭祀,亡吝",第二辭占卜"王窀叔,無吝"。從成組卜辭的構成來看,黃組的祭禮更加繁雜。

歷組二類存在兩辭一組的對貞卜旬辭,第一辭占卜"旬亡囚",第二辭對貞"又囚",兆序數皆爲一。卜旬辭在各組類(包括歷組二類)卜辭中基本都是以三版一套的形式進行占卜的。

　　賓出類、歷組二類甲骨關於各種內容基本都使用三版一套的形式進行占卜。

　　同一天對於同一件事不同焦點的相關占卜,歷組一類、歷組二類用異版成套的形式進行占卜,出組二類、何組用一辭一卜兆序數遞增的形式進行占卜,無名組用一辭一卜,整版兆序數爲一或整版不刻寫兆序數的形式進行占卜。

　　典型的無名組字體甲骨基本不見卜旬辭。

　　殷墟甲骨,相同內容的占卜在不同組類中會有不同的卜辭構成、占卜形式也有所不同。

三、甲骨材質對占卜形式的影響

　　殷墟甲骨在同一組類內部,同一內容的占卜,有時會因占卜材料的不同,卜辭構成與占卜形式有所不同。

　　賓出類胛骨卜夕辭,卜辭爲"今夕亡囚"的句式,很可能一辭一卜。龜背甲上的卜夕辭則三辭一組,第一辭占卜"今夕亡囚",第二、第三辭對貞"今夕其雨/不雨",一辭一卜,兆序數皆爲一。占卜材質不同,占卜的構成有所不同。

　　何組龜腹甲上的田獵辭有兩種形式:一種是同一天一組關於田獵事宜的占卜。先占卜田獵無災兆序數爲一,再占卜王田無災、對貞天氣兆序數從一遞增,然後選貞田獵日期兆序數從一遞增。占卜順序大致自下而上,先右後左,從內向外。一種是不同日占卜王田無災。一辭一卜,只卜一次。何組龜背甲上的田獵辭,一般是,同一天一組關於田獵事宜的占卜:是否田獵、選貞地點、選貞時間、結果等,未見刻寫兆序數,可能一辭一卜。

　　何組龜腹甲上的卜夕辭,卜辭爲"今夕亡囚"的句式,占卜的干支日相連,兆序數皆爲一,只卜一次,占卜順序自下而上,先右後左,從外向內。龜背甲上的卜夕辭三辭一組,第一辭占卜"今夕亡囚",第二、三辭對貞天氣,一辭一兆,兆序數一至三遞增。

另外,村南系基本用胛骨占卜,YH127 坑基本用龜腹甲占卜,花束H3 基本用龜腹甲占卜。師賓間類、午組基本不用龜背甲占卜,典型典賓類字體很少用背甲占卜,婦女、圓體類很少用胛骨占卜,劣體類少見龜腹甲占卜。

殷墟甲骨在同一組類内部,使用不同的占卜材料,卜辭的構成與占卜形式有時會有所不同。

四、占卜内容對占卜形式的影響

殷墟甲骨不同的占卜内容對占卜形式有所影響。

師賓類胛骨對於軍事、受年内容的占卜次數相對多些。師賓間類龜腹甲對於田獵、農業内容的占卜次數較多。

出組二類甲骨王賓辭用兩辭一組,兆序數遞增的形式占卜,出行、田獵、卜夕辭用只卜一辭,兆序數爲一的形式進行占卜。

何組甲骨同一天對同一事件不同焦點的占卜,一辭一卜,兆序數遞增。

黃組甲骨的王田、王遊、王步、卜夕辭,一辭一卜,兆序數爲一。

各組類卜旬辭基本用三版一套的形式占卜。

殷墟同一組類的甲骨,不同的占卜内容有時會采用不同的占卜形式。

五、鑽鑿布局對占卜形式的影響

殷墟甲骨不同的鑽鑿布局對占卜有所影響。

殷墟胛骨占卜,村北系前期骨首骨頸部位獨立布局,一般用多卜的形式進行占卜。村北系後期沿骨邊布局,一般用一辭一卜的形式進行占卜。

師賓間類、賓組一類、典賓類甲骨占卜,胛骨骨首骨頸部位一個鑽鑿,龜腹甲首甲中甲無鑽鑿的單環或複環稀疏型鑽鑿布局,基本用異版成套的形式進行占卜。胛骨骨首骨頸部位三列鑽鑿多用一辭多卜的形式進行占卜，也有用異版成套的形式進行占卜。龜腹甲主體三列密集鑽鑿布局多用卜辭所在的一行、兩行、多行呈現分區進行占卜。龜腹甲近甲橋區無鑽鑿的主體兩列密集鑽鑿布局及首甲中甲有鑽鑿的單環稀疏型鑽鑿布局多使用卜辭所在的一列或二列鑽鑿進行占卜。複環稀疏型鑽鑿布局多兩卜。

　　子組、婦女、圓體類龜腹甲多首甲中甲無鑽鑿稀疏型鑽鑿布局，多使用異版成套的形式進行占卜。午組龜腹甲多三列密集鑽鑿布局，多使用卜辭所在一行、二行、三行鑽鑿進行占卜。武丁時期的王卜辭與非王卜辭（除花東子組以外），鑽鑿布局對於占卜形式的影響較明顯。

　　殷墟甲骨上的鑽鑿布局在一定程度上影響占卜形式。

　　綜上，殷墟甲骨的占卜形式會受到甲骨分期、甲骨組類、甲骨材質、占卜内容、鑽鑿布局等諸多因素的影響。

第二節　从占卜文明看晚商社會

　　占卜是對未發生、將要或可能發生的事件吉否的預測。在執行的過程中要有一批人來操作。這些人包括管理以及技術層面的人，如接收甲骨、整治甲骨、施加鑽鑿、刻寫文字的人；也包括通靈者（即擁有占卜能力的人），如執行灼燒、發出命辭、判斷吉凶的人。這些人能在占卜中得知諸神的意志，向諸神求助，也可以預見人間事的吉否。他們不斷地省視自身，通過記錄來反思既定事實與所預見結果的一致性。[①]

　　殷墟甲骨占卜形式多樣，且一直處在不斷的發展變化與革新之中，是熱占卜最活躍、最鼎盛的時期，書寫出人類占卜文明中輝煌的一頁。

---

① 　參看：［古羅馬］馬庫斯圖留斯西塞羅著，戴連焜譯：《論占卜》，華東師範大學出版社，2019年12月。

一、占卜機構對占卜的預設與執行

　　從殷墟甲骨來看,師組肥筆類以後,占卜機構在占卜之前對占卜有所預設。貞人會根據占卜的內容、所選擇的占卜材料、材料上的鑽鑿布局,來決定占卜形式、卜辭構成、選擇出用於占卜的區域,明確占卜要使用鑽鑿的個數、灼燒鑽鑿的順序。在占卜的執行過程中,灼燒所選鑽鑿,明確占卜結果,刻手依灼燒鑽鑿的順序,刻寫兆序數及卜辭內容。

二、晚商占卜機構在繼承中發展

　　"自吾人以斷代法重新研究,乃知其一切制度,隨時在改變之中。所以每一國王,其禮制即稍有不同,卜辭亦因而略異……"①"在同一朝代之內,字體文例及一切制度並非一成不變的;它們之逐漸向前變化也非朝代所可隔斷的。大體上的不變和小部分的創新,關乎某一朝代常例與變例(即例與例外)之間的對立,乃是發展當中的一個關鍵。這一朝代的變例和例外,正是下一朝代新常例的先河。"②

　　殷墟時期占卜機構既有對前一代的繼承,又在不斷的革新之中。賓組一類、典賓類龜腹甲占卜,既繼承了師賓間類密集鑽鑿布局及一辭多卜的占卜形式,又創新性地豐富了鑽鑿布局,使其多樣化,相應地帶來了占卜形式的多樣化。出組二類胛骨多沿對邊一列曰邊半列,到何組胛骨的多沿對邊一列,再到黃組以骨頸中下部爲起點的沿對邊一列鑽鑿布局,既有對前一代的繼承,又有發展,帶來卜辭布局、習刻辭、干支表刻辭的新變化。占卜集團從各個方面(如鑽鑿的形態、大小、排布、占卜形式等)對占卜不斷地做出調整。

---

①　董作賓:《甲骨實物之整理》,《中研院歷史語言研究所集刊》第 29 本下,第 909—924 頁,中研院歷史語言研究所,1957 年;《董作賓學術論著》下冊,世界書局,1962 年;《董作賓先生全集·甲編》第 3 冊,第 953—966 頁;《中國現代學術經典·董作賓卷》,第 505—523 頁。

②　陳夢家:《殷墟卜辭綜述》,第 153 頁。

三、晚商占卜的革新

　　殷墟時期的占卜革新主要體現在兩個方面：一方面是占卜内容上占卜核心點的遷移。武丁到祖庚時期，從王朝政治經濟、自然災害、天氣天象到貴族的身體狀況、夢幻等都在占卜的視野之中。勾勒了王朝中商王、王族成員以及諸多達官顯貴的活動軌迹。出組二類以後，占卜更多地以商王本人爲核心，更多地關注王的祭祀、田獵、出行等活動，很多王朝人物不再出現在卜辭中。另一方面是占卜形式上從多卜向一卜的簡約化。村北系以賓出類爲界，村南系以歷組二類爲界，分爲前後兩期，前期多卜，後期除卜旬辭基本一卜。占卜走向簡約化。鑽鑿布局也同時走向簡要布局時期。當然，從多卜到一卜，既可以看作是占卜的簡約化，也可以看作是通靈者占卜或判斷吉否能力的提升。

四、從甲骨占卜看晚商王权消長

　　殷墟甲骨占卜可以體現商王在占卜機構中的權力。殷墟王卜辭從師組發展爲南北兩系，很可能是武丁對政權掌控力的提升，在神權上也不斷加强的反映。在師組、師賓間類、出組二類、何組、黃組中都有商王親自"貞"的卜辭，這説明商王在占卜機構中的重要地位。賓組與黃組卜辭王親自做出"占"斷語的記録，更能反映出時王在占卜機構中的絶對權力。師組甲骨貞人在"貞"與"占"、何組甲骨貞人"何"等在"貞"的權力明顯加重，王權相對薄弱。

五、對殷墟甲骨占卜制度的一點思考

　　商代的甲骨占卜，作爲熱占卜，一件事要進行多次占卜時，占卜的次數更多的是依據鑽鑿布局來決定。賓組一類胛骨骨首骨頸部位的三列鑽鑿，占卜有使用三行的一辭九卜，相應的，在同組類骨首骨頸部位一個鑽鑿布局的胛骨上會呈現九版一套的占卜。武丁時期龜腹甲鑽鑿密集布局的王卜辭與非王卜辭多使用一行、兩行、多行鑽鑿來占卜，而密集布局的甲骨,多三列布局,所以甲骨占卜會呈現出多三卜的特徵。複環稀疏鑽鑿布局,多二個鑽鑿一行,占卜多呈現二卜的特徵。尺寸小的龜腹甲,占卜時按列使用鑽鑿,會呈現五卜的特徵,相應的,同組類同等規格的腹甲會有五版一套的占卜。

　　總之,占卜的載體是甲骨,占卜終究是要依賴甲骨的自然狀況而存在並且實施,占卜次數也只能在甲骨的方寸之間做出選擇。貞人集團在占卜預設、占卜執行,乃至占卜革新的時候,勢必會考慮到甲骨的自然結構、自然狀態,不會出現將甲骨排除在外而獨立主觀決定占卜形式的情況。

參 考 文 獻

一、主要著錄書

郭沫若：《卜辭通纂》，〔日〕文求堂，1933 年。

董作賓：《殷虛文字甲編》，中研院歷史語言研究所，1948 年 4 月初版，1976 年 11 月再版，1998 年 6 月影印再版。

李亞農：《殷契摭佚續編》，商務印書館，1950 年。

中研院歷史語言研究所：《殷虛文字乙編》，1953 年 12 月初版，1994 年 6 月二版。

貝塚茂樹編著：《京都大學人文科學研究所藏甲骨文字》，京都大學人文科學研究所，1960 年 3 月。

屈萬里：《殷虛文字甲編考釋》，中研院歷史語言研究所，1961 年 6 月初版，1992 年 3 月影印一版。

許進雄編著：《明義士收藏甲骨文字》，加拿大皇家安大略博物館，1972 年。

明義士著，許進雄編輯：《殷虛卜辭後編》，藝文印書館，1972 年 3 月。

張秉權：《殷虛文字丙編》，中研院歷史語言研究所，1972 年初版，1997 年 5 月影印一版。

周鴻翔：《美國所藏甲骨錄》，哥倫比亞大學出版社，1976 年。

許進雄編著：《懷特氏等所藏甲骨文集》，加拿大安大略博物館，1979 年。

東洋文庫古代史研究委員會編著：《東洋文庫所藏甲骨文字》，東洋文庫，1979 年 3 月。

郭沫若主編：《甲骨文合集》，中華書局，1979—1983 年。

中國社會科學院考古研究所編著：《小屯南地甲骨》，中華書局，1980—1983
　　年 10 月。

松丸道雄編著：《東京大學東洋文化研所藏甲骨文字》，東京大學東洋文化研
　　究所，1983 年。

李學勤、齊文心、〔美〕艾蘭：《英國所藏甲骨集·上編》，中華書局，1985 年
　　9 月。

李學勤、齊文心、〔美〕艾蘭：《英國所藏甲骨集·下編》，中華書局，1992 年
　　4 月。

伊藤道治：《天理大學附屬天理參考館藏品》，天理大學、天理教道友社，1987
　　年 2 月。

中研院歷史語言研究所：《殷虛文字乙編補遺》，中研院歷史語言研究所，
　　1995 年 5 月。

劉敬亭：《山東省博物館珍藏甲骨墨拓集》，齊魯書社，1998 年 3 月。

中國社會科學院歷史研究所編：《甲骨文合集·補編》，語文出版社，1999 年
　　7 月。

中國社會科學院考古研究所編著：《殷墟花園莊東地甲骨》，雲南人民出版
　　社，2003 年 12 月。

郭若愚編集：《殷契拾掇》，上海古籍出版社，2005 年 6 月。

中國國家博物館編：《中國國家博物館藏文物叢書·甲骨卷》，上海古籍出版
　　社，2007 年 6 月。

李鐘淑、葛英會編著：《北京大學珍藏甲骨文字》，上海古籍出版社，2008 年
　　11 月。

段振美、焦智勤、党相魁、党寧編著：《殷墟甲骨輯佚——安陽民間藏甲骨》，
　　文物出版社，2008 年 9 月。

濮茅左編著：《上海博物館藏甲骨文字》，上海辭書出版社，2009 年 1 月。

中研院歷史語言研究所編：《史語所購藏甲骨集》，中研院歷史語言研究所，
　　2009 年 11 月。

宋鎮豪、趙鵬、馬季凡編著:《中國社會科學院歷史研究所藏甲骨集》,上海古籍出版社,2011 年 8 月。

中國社會科學院考古研究所編著:《殷墟小屯村中村南甲骨》,雲南人民出版社,2012 年 4 月。

宋鎮豪、瑪麗亞主編:《俄羅斯國立愛米塔什博物館藏殷墟甲骨》,上海古籍出版社,2013 年 12 月。

中國社會科學院考古研究所編:《商王朝文物存萃》,科學出版社,2013 年 9 月。

李宗焜編著:《鑿破鴻蒙——紀念董作賓逝世五十周年》,中研院歷史語言研究所,2013 年 10 月。

宋鎮豪、郭富純主編:《旅順博物館所藏甲骨》,上海古籍出版社,2014 年 10 月。

周忠兵:《卡內基博物館所藏甲骨研究》,吉林大學博士學位論文,2009 年 5 月,指導教師:林澐;上海人民出版社,2015 年 8 月。

宋鎮豪、焦智勤、孫亞冰編著:《殷墟甲骨拾遺》,中國社會科學出版社,2015 年 1 月。

張惟捷、蔡哲茂編著:《殷虛文字丙編摹釋新編》,中研院歷史語言研究所,2017 年 9 月。

呂靜主編,葛亮編著:《復旦大學藏甲骨集》,上海古籍出版社、復旦大學出版社,2019 年 5 月。

蔡哲茂:《甲骨綴合集》,樂學書局,1999 年 9 月。

蔡哲茂:《甲骨綴合續集》,文津出版社,2004 年 8 月。

蔡哲茂主編:《甲骨綴合彙編》,花木蘭文化出版社,2011 年 3 月。

黃天樹主編:《甲骨拼合集》,學苑出版社,2010 年 8 月。

黃天樹主編:《甲骨拼合續集》,學苑出版社,2011 年 12 月。

黃天樹主編:《甲骨拼合三集》,學苑出版社,2013 年 4 月。

黃天樹主編:《甲骨拼合四集》,學苑出版社,2016 年 8 月。

黃天樹主編:《甲骨拼合五集》,學苑出版社,2019 年 6 月。

林宏明:《醉古集——甲骨的綴合與研究》,萬卷樓圖書股份有限公司,2011

年 3 月。

林宏明：《契合集》，萬卷樓圖書股份有限公司，2013 年 9 月。

張宇衛：《綴興集——甲骨綴合與校釋》，萬卷樓，2020 年 5 月。

二、主要工具書與網絡數據庫

白於藍：《殷墟甲骨刻辭摹釋總集校訂》，福建人民出版社，2004 年 12 月。

曹錦炎、沈建華編著：《甲骨文校釋總集》，上海辭書出版社，2006 年 12 月。

陳夢家：《殷墟卜辭綜述》，中華書局，1988 年 1 月，2004 年 4 月第 2 次印刷。

陳年福：《殷墟甲骨文摹釋全編》，綫裝書局，2010 年 12 月。

［日］島邦男：《殷墟卜辭綜類》，汲古書院，1967 年 11 月初版，1971 年 7 月增訂，1977 年 1 月增訂版第 2 次印刷。

古文字詁林編著委員會：《古文字詁林》，上海教育出版社，1999 年 5 月。

傅斯年等：《中國考古報告集之一・城子崖——山東歷城縣龍山鎮之黑陶文化遺址》，中研院歷史語言研究所，1934 年。

韓江蘇、石福金：《殷墟甲骨文編》，中國社會科學出版社，2017 年 4 月。

河北省文物研究所編：《藁城臺西商代遺址》，文物出版社，1985 年 6 月。

何景成編撰：《甲骨文字詁林補編》，中華書局，2017 年 10 月。

河南省文化局文物工作隊：《中國田野考古報告集考古學專刊丁種第七號・鄭州二里岡》，科學出版社，1959 年 8 月。

洪颺主編：《殷墟花園莊東地甲骨文類纂》，福建人民出版社，2016 年 11 月。

胡厚宣主編：《甲骨文合集材料來源表》，中國社會科學文獻出版社，1999 年 8 月。

胡厚宣主編：《甲骨文合集釋文》，中國社會科學出版社，1999 年 8 月。

甲骨文研究資料彙編編委會：《甲骨文研究資料彙編》，北京圖書館出版社，2008 年 5 月。

李霜潔：《殷墟小屯村中村南甲骨刻辭類纂》，中華書局，2017 年 8 月。

李孝定：《甲骨文字集釋》，中研院歷史語言研究所，1970 年 10 月再版。

李宗焜：《甲骨文字編》，北京大學博士學位論文，1995 年 6 月，指導教師：裘錫圭；中華書局，2012 年 3 月。

劉釗主編：《新甲骨文編》(增訂本)，福建人民出版社，2014 年 12 月。

劉一曼、韓江蘇：《甲骨文書籍提要》(增訂本)，上海古籍出版社，2017 年 11 月。

齊航福：《殷墟花園莊東地甲骨刻辭類纂》，綫裝書局，2011 年 8 月。

沈建華、曹錦炎編著：《甲骨文字形表》(增訂版)，上海辭書出版社，2017 年 10 月。

松丸道雄、高島謙一編：《甲骨文字字釋綜覽》，東京大學東洋文化研究所報告，1994 年 12 月。

宋鎮豪主編：《百年甲骨學論著目》，語文出版社，1999 年 7 月。

宋鎮豪、段志洪主編：《甲骨文獻集成》，四川大學出版社，2001 年 4 月。

夏大兆：《商代文字字形表》，上海古籍出版社，2017 年 9 月。

徐中舒主編：《漢語古文字字形表》，四川辭書出版社，1981 年；中華書局，2010 年 10 月。

姚孝遂主編，肖丁副主編：《殷墟甲骨刻辭摹釋總集》，中華書局，1988 年 2 月。

姚孝遂主編，肖丁副主編：《殷墟甲骨刻辭類纂》，中華書局，1989 年 1 月。

姚孝遂、肖丁：《小屯南地甲骨考釋》，中華書局，1985 年 8 月。

于省吾主編，姚孝遂按語編撰：《甲骨文字詁林》，中華書局，1996 年 5 月。

中國社會科學院考古研究所編輯：《甲骨文編》，中華書局，1965 年 9 月。

"漢達文庫"　http://www.chant.org/Bone/

"國學大師"　http://www.guoxuedashi.com/

"古音小鏡"　http://www.guguolin.com/index.php

"引得市"　www.mebag.com/index/

"考古資料數位典藏資料庫"

http://ndweb.iis.sinica.edu.tw/archaeo2_public/System/Artifact/Frame_Advance_Search.htm

小學堂　https://xiaoxue.iis.sinica.edu.tw/

先秦甲骨金文簡牘詞彙資料庫　https://inscription.asdc.sinica.edu.tw/c_
index.php

三、主要專著與論文集

［美］艾蘭：《龜之謎——商代神話、祭祀、藝術和宇宙觀研究》（增訂版），商務
印書館，2010 年 11 月。

常耀華：《殷墟甲骨非王卜辭研究》，綫裝書局，2006 年 11 月。

常玉芝：《商代周祭制度》，中國社會科學出版社，1987 年 9 月；綫裝書局，
2009 年 12 月。

常玉芝：《商代宗教祭祀》，中國社會科學出版社，2010 年 10 月。

陳劍：《甲骨金文考釋論集》，綫裝書局，2007 年 4 月。

陳夢家：《殷虛卜辭綜述》，科學出版社，1956 年 7 月；中華書局，1988 年 1 月。

崔波：《甲骨占卜源流探索》，鄭州大學博士學位論文，2003 年 5 月，指導教
師：王蘊智；中國文史出版社，2003 年 12 月。

董作賓：《董作賓先生全集》，藝文印書館，1977 年 11 月。

方稚松：《殷墟甲骨五種記事刻辭研究》，首都師範大學博士學位論文，2007
年 5 月，指導教師：黃天樹；綫裝書局，2009 年 12 月。

馮時：《百年來甲骨文天文曆法研究》，中國社會科學出版社，2011 年 12 月。

黃天樹：《殷墟王卜辭的分類與斷代》，文津出版社，1991 年 11 月；科學出版
社，2007 年 10 月。

黃天樹：《黃天樹古文字論集》，學苑出版社，2006 年 8 月。

黃天樹：《黃天樹甲骨金文論集》，學院出版社，2014 年 8 月。

黃天樹：《說文解字通論》，北京大學出版社，2014 年 10 月。

黃天樹：《古文字研究——黃天樹學術論文集》，人民出版社，2018 年 12 月。

李零：《中國方術考》（修訂本），東方出版社，2000 年 4 月。

李零：《中國方術續考》，東方出版社，2001 年 8 月。

李旼姈：《甲骨文例研究》，臺灣古籍出版有限公司，2003 年 6 月。

李學勤：《比較考古學隨筆》，廣西師範大學出版社，1997 年 8 月。

李學勤：《走出疑古時代》，遼寧大學出版社，1997 年 12 月第 2 版。

李學勤：《四海尋珍—流散文物的鑒定和研究》，清華大學出版社，1998 年
　9 月。

李學勤：《綴古集》，上海古籍出版社，1998 年 10 月。

李學勤：《李學勤學術文化隨筆》，中國青年出版社，1999 年 1 月。

李學勤：《當代學者自選文庫・李學勤卷》，安徽教育出版社，1999 年 5 月。

李學勤：《夏商周年代學劄記》，遼寧大學出版社，1999 年 10 月。

李學勤主編：《十三經注疏・爾雅注疏》，北京大學出版社，1999 年 12 月。

李學勤：《重寫學術史》，河北教育出版社，2002 年 1 月。

李學勤：《中國古代文明十講》，復旦大學出版社，2003 年 8 月。

李學勤：《中國古代文明研究》，華東師範大出版社，2005 年 4 月。

李學勤：《李學勤早期文集》，河北教育出版社，2008 年 1 月。

李學勤、彭裕商：《殷墟甲骨分期研究》，上海古籍出版社，1996 年 12 月。

李雪山、韓燕彪：《嬗變與重構——商代甲骨占卜流程與卜法制度研究》，科
　學出版社，2022 年 12 月。

林澐：《林澐學術文集》，中國大百科全書出版社，1998 年 12 月。

林澐：《林澐學術文集（二）》，科學出版社，2008 年 12 月。

劉風華：《殷墟村南系列甲骨卜辭整理與研究》，鄭州大學博士學位論文，
　2007 年 6 月，指導教師：王蘊智；上海古籍出版社，2014 年 5 月。

劉一曼：《殷墟考古與甲骨學研究》，雲南人民出版社，2019 年 8 月。

劉義峰：《無名組卜辭的整理與研究》，中國社會科學院研究生院博士學位論
　文，2008 年 5 月，指導教師：宋鎮豪；金盾出版社，2014 年 11 月。

劉影：《殷墟胛骨文例》，首都師範大學博士學位論文，2011 年 4 月，指導教
　師：黃天樹；首都師範大學出版社，2016 年 3 月。

劉玉建：《中國古代龜卜文化》，廣西師範大學出版社，1992 年 4 月。

羅振玉：《殷商貞卜文字考》，玉簡齋石印本一冊，1910 年；《羅雪堂先生全集
　三編》第 1 冊，大通書局影印本，1970 年；北京圖書館甲骨文研究資料編委

會編：《甲骨文研究資料彙編》，北京圖書館出版社，2000 年；《甲骨文獻集成》第七册；《殷虛書契考釋三種》上册，中華書局，2006 年。

劉釗：《古文字考釋叢稿》，嶽麓書社，2005 年 7 月。

劉釗：《書馨集——出土文獻與古文字論叢》，上海古籍出版社，2013 年 12 月。

齊航福：《殷墟甲骨文涉賓結構研究》，首都師範大學博士學位論文，2010 年 6 月，指導教師：黃天樹；中西書局，2015 年 8 月。

朴載福：《先秦卜法研究》，上海古籍出版社，2011 年 12 月。

崎川隆：《賓組甲骨文字體分類研究》，吉林大學博士學位論文，2009 年 6 月。指導教師：吳振武；上海人民出版社，2011 年 12 月。

裘錫圭：《古文字論集》，中華書局，1992 年 8 月。

裘錫圭：《文字學概要》，商務印書館，1988 年 8 月。

裘錫圭：《中國出土古文獻十講》，復旦大學出版社，2004 年 12 月。

裘錫圭著，黃天樹、沈培、陳劍、郭永秉讀解：《中西學術名篇精讀・裘錫圭卷》，中西書局，2015 年 6 月。

裘錫圭：《裘錫圭學術文集》，復旦大學出版社，2012 年 6 月。

容肇祖：《占卜的源流》，《中研院歷史語言研究所集刊》第 1 本第 1 分册，1928 年；海豚出版社，2010 年 10 月。

單育辰：《甲骨文所見動物研究》，上海古籍出版社，2020 年 9 月。

沈建華：《初學集——沈建華甲骨學論文選》，文物出版社，2008 年。

沈培：《殷墟甲骨卜辭語序研究》，文津出版社，1992 年 11 月。

沈之瑜：《甲骨文講疏》，上海書店出版社，2002 年 10 月。

沈之瑜：《甲骨學基礎講義》，上海古籍出版社，2011 年 8 月。

宋鎮豪：《夏商社會生活史》，中國社會科學出版社，1994 年 9 月；2005 年 10 月。

宋鎮豪、劉源：《甲骨學殷商史研究》，福建人民出版社，2006 年 3 月。

宋鎮豪等：《商代史》，中國社會科學出版社，2010 年 7 月。

孫常敍：《孫常敍古文字學論集》，上海古籍出版社，2016 年 1 月。

孫亞冰：《殷墟花園莊東地甲骨文例研究》，上海古籍出版社，2014 年 3 月。

唐際根、高嶋謙一編：《多維視域——商王朝與中國早期文明研究》，科學出
　　版社，2009 年 1 月。

唐蘭：《殷虚文字記》，中華書局，1981 年 5 月。

唐蘭：《唐蘭全集》，上海古籍出版社，2015 年 11 月。

王宇信：《甲骨學通論》（增訂本），中國社會科學出版社，1993 年 2 月；1999 年
　　8 月。

王宇信、楊升南：《甲骨學一百年》，社會科學文獻出版社，1999 年 9 月。

王子楊：《甲骨文字形類組差異現象研究》，首都師範大學博士學位論文，
　　2011 年 4 月，指導教師：黃天樹；中西書局，2013 年 10 月。

魏慈德：《殷墟花園莊東地甲骨卜辭研究》，臺灣古籍出版有限公司，2006 年 2 月。

魏慈德：《殷墟 YH127 坑甲骨卜辭研究》，政治大學中國文學系博士學位論文，
　　2001 年 6 月，指導教師：簡宗梧、蔡哲茂；花木蘭文化出版社，2011 年 9 月。

韋心瀅：《殷代商王國政治地理結構研究》，上海古籍出版社，2013 年 4 月。

吳浩坤、潘悠：《中國甲骨學史》，上海人民出版社，1985 年；2006 年 10 月；武
　　漢大學出版社，2018 年 10 月。

謝明文：《商周文字論集》，上海古籍出版社，2017 年 8 月。

許進雄：《卜骨上的鑽鑿形態》，藝文印書館，1973 年 8 月。

許進雄：《甲骨上鑽鑿形態的研究》，藝文印書館，1979 年 3 月。

嚴一萍：《甲骨學》，藝文印書館，1978 年 2 月。

楊鬱彥：《甲骨文合集分組分類總表》，藝文印書館，2005 年 10 月。

姚萱：《殷墟花園莊東地甲骨卜辭的初步研究》，綫裝書局，2006 年 11 月。

于豪亮：《于豪亮學術論集》，上海古籍出版社，2015 年 12 月。

于省吾：《甲骨文字釋林》，中華書局，1979 年 6 月。

張秉權：《甲骨文與甲骨學》，編譯館，1988 年 9 月。

張世超：《殷墟甲骨字迹研究——自組卜辭篇》，東北師範大學出版社，2002
　　年 12 月。

張惟捷：《殷墟 YH127 坑賓組甲骨新研》，輔仁大學博士學位論文，2011 年 6
　　月，指導教師：蔡哲茂；萬卷樓，2013 年 8 月。

中國社會科學院考古研究所：《殷墟的發現與研究》，科學出版社，1994 年
　9 月。

四、主要碩博論文

蔡依静：《出組卜王卜辭的整理與研究》，政治大學中國文學系碩士學位論
　文，2012 年 6 月，指導教師：蔡哲茂。

車秋虹：《無名組卜辭綜述》，首都師範大學碩士學位論文，2010 年 5 月，指導
　教師：黄天樹。

陳劍：《殷墟卜辭的分期分類對於甲骨文字考釋的重要性》，北京大學博士畢
　業論文，2001 年 4 月；《甲骨金文考釋論集》。

方稚松：《殷墟卜辭中天象資料的整理與研究》，首都師範大學碩士學位論
　文，2004 年 5 月，指導教師：黄天樹。

韓燕彪：《商代甲骨鑽鑿與卜兆形態資料的整理與研究》，河南師範大學碩士
　學位論文，2018 年 5 月，指導教師：李雪山。

何會：《殷墟王卜辭龜腹甲文例研究》，首都師範大學碩士學位論文，2014 年 5
　月，指導教師：黄天樹。中國社會科學出版社，2020 年 8 月。

紀帥：《師類甲骨文資料整理與分類研究》，吉林大學碩士學位論文，2020 年 5
　月，指導教師：崎川隆。

蔣玉斌：《師組甲骨文獻的整理與研究》，東北師範大學碩士學位論文，2003
　年 5 月，指導教師：董蓮池。

蔣玉斌：《殷墟子卜辭的整理與研究》，吉林大學博士學位論文，2006 年 4 月。
　指導教師：林澐。

李愛輝：《甲骨綴合方法研究》，中國社會科學院歷史研究所博士後研究工作
　報告，2016 年 7 月，合作導師：宋鎮豪。

李卿：《殷墟村北系列卜旬辭的整理與研究》，鄭州大學碩士學位論文，2013
　年 5 月，指導教師：劉風華。

李延彦：《殷墟龜腹甲形態的初步研究》，首都師範大學碩士學位論文，2011
　年 5 月，指導教師：黄天樹。

李延彥：《殷墟卜甲形態的初步研究》，首都師範大學碩士學位論文，2015 年 4 月，指導教師：黃天樹。

李延彥：《殷墟卜甲形態研究》，故宮博物院博士後出站報告，2017 年 10 月，合作導師：王素。

林宏明：《小屯南地甲骨研究》，政治大學博士學位論文，2003 年 6 月，指導教師：蔡哲茂。

罗华鑫：《殷墟卜旬辭的整理與研究》，河南大學碩士學位論文，2020 年 6 月，指導教師：門藝。

馬智忠：《殷墟無名類卜辭的整理與研究》，吉林大學博士學位論文，2018 年 4 月，指導教師：林澐。

門藝：《殷墟黃組甲骨刻辭的整理與研究》，河南大學博士學位論文，2008 年 6 月，指導教師：王蘊智。

牛海茹：《殷墟甲骨同文王卜辭的整理研究》，中國社會科學院歷史研究所博士學位論文，2016 年 5 月，指導教師：宋鎮豪。

齊樂園：《甲骨文習刻研究》，西南大學碩士學位論文，2016 年，指導教師：喻遂生。

宋瑞珊：《殷墟何組卜辭的初步整理》，首都師範大學碩士學位論文，2009 年 5 月，指導教師：黃天樹。

宋雅萍：《殷墟 YH127 坑背甲刻辭研究》，政治大學中國文學系碩士學位論文，2008 年 5 月，指導教師：蔡哲茂、林宏明。

宋雅萍：《商代背甲刻辭研究》，政治大學中國文學系博士學位論文，2014 年 1 月，指導教師：蔡哲茂。

王崇月：《賓組甲骨刻辭行款研究》，西南大學碩士學位論文，2016 年 5 月，指導教師：喻遂生。

王先曉：《甲骨文選貞卜辭研究》，西南大學碩士學位論文，2013 年 5 月，指導教師：喻遂生。

王旭東：《卜夕卜辭綜合研究》，南開大學碩士學位論文，2017 年 5 月，指導教師：陳絜。

吳麗婉：《〈甲骨文字編〉校補》，首都師範大學博士學位論文，2017 年，指導教師：黃天樹。

吳盛亞：《甲骨文字構形研究》，首都師範大學博士學位論文，2020 年 6 月，指導教師：黃天樹。

謝麟：《卜法新考》，山東大學碩士學位論文，2009 年 5 月，指導教師：劉心明。

謝明文：《商代金文的整理與研究》，復旦大學博士學位論文，2012 年 5 月，指導教師：裘錫圭。

袁倫強：《〈新甲骨文編〉（增訂本）校補》，西南大學碩士學位論文，2018 年，指導教師：李發。

張軍濤：《何組卜辭的整理與研究》，鄭州大學碩士學位論文，2009 年 5 月，指導教師：王蘊智。

張旭：《背甲形態的整理與研究》，首都師範大學碩士學位論文，2018 年 4 月，指導教師：黃天樹。

張怡：《殷墟出組卜辭的整理研究》，鄭州大學碩士學位論文，2009 年 5 月，指導教師：王蘊智。

邳小娜：《出組卜辭材料再整理》，中國社會科學院研究生院碩士學位論文，2010 年 4 月，指導教師：宋鎮豪。

五、主要論文

B

白於藍：《〈郭店楚墓竹簡〉讀後記》，《中國古文字研究》第 1 輯，第 110—116 頁，吉林大學出版社，1999 年。

［日］貝塚茂樹：《龜卜和筮》，《東方學報》（京都）第 14 冊，1947 年。

秉志：《河南安陽之龜殼》，《安陽發掘報告》第 3 期，第 443—446 頁，1931 年。

C

蔡哲茂：《卜辭同文例研究舉例》，《徐中舒先生百年誕辰紀念文集》，第 48—53 頁，巴蜀出版社，1998 年 10 月。

蔡哲茂：《釋殷卜辭的"見"字》，《古文字研究》第 24 輯，第 95—99 頁，中華書局,2002 年 7 月。

蔡哲茂:《殷卜辭"肩凡有疾"解》,《第十六屆中國文字學國際學術研討會論文集》,第 297—309 頁,高雄師範大學國文系,2005 年 4 月。

曹定雲:《殷墟四盤磨"易卦"卜骨研究》,《考古》1989 年第 7 期,第 636—641 頁。

曹定雲:《論安陽殷墟發現的"易卦"卜甲》,《殷都學刊》1993 年第 4 期,第 17—24 頁。

曹兆蘭:《殷墟龜甲占卜的某些步驟試探》,《考古與文物》2004 年第 3 期,第 32—39 頁。

常玉芝:《晚期龜腹甲卜旬卜辭的契刻規律及意義》,《考古》1987 年第 10 期,第 931—936 頁。

晁福林:《商代易卦筮法初探》,《考古與文物》1997 年第 5 期,第 58—62 頁。

陳漢平:《古文字釋叢》,《考古與文物》1985 年第 1 期,第 105 頁;《屠龍絕緒》,第 74 頁,黑龍江教育出版社,1989 年 10 月。

陳劍:《説"安"字》,《甲骨金文考釋論集》,第 107—123 頁。

陳劍:《甲骨金文舊釋"尤"之字及相關諸字新釋》,《甲骨金文考釋論集》,第 59—80 頁。

陳劍:《金文"彖"字考釋》,《甲骨金文考釋論集》,第 243—272 頁。

陳劍:《甲骨文舊釋"智"和"蠿"的兩個字及金文"飄"字新釋》,《出土文獻與古文字研究》第一輯,第 101—154 頁,復旦大學出版社,2006 年 12 月;《甲骨金文考釋論集》,第 177—233 頁。

陳劍:《釋造》,《出土文獻與古文字研究》第 1 輯,第 55—100 頁,復旦大學出版社,2006 年 12 月;《甲骨金文考釋論集》,第 127—176 頁。

陳劍:《説殷墟甲骨文中的"玉戚"》,《中研院歷史語言研究所集刊》第 78 本第 2 分,2007 年。

陳劍:《釋"琮"及相關諸字》,《甲骨金文考釋論集》,第 273—316 頁。

陳劍:《甲骨金文舊釋"鱟"之字及相關諸字新釋》,《出土文獻與古文字研究》第 2 輯,第 13—47 頁,復旦大學出版社,2008 年 8 月。

陳劍：《釋出》，《出土文獻與古文字研究》第 3 輯，第 1—89 頁，復旦大學出版社，2010 年 7 月。

陳劍：《試説甲骨文的“殺”字》，《古文字研究》第 29 輯，第 9—19 頁，中華書局，2012 年 10 月。

陳劍：《“備子之責”與“唐取婦好”》，《第四届國際漢學會議論文集：出土材料與新視野》，中研院，2013 年 10 月。

陳劍：《“羞中日”與“七月流火”——説早期紀時語的特殊語序》，《古文字與古代史》第 4 輯，中研院歷史語言研究所，2015 年 2 月。

陳劍：《〈清華簡（伍）〉的“古文虞”字説毛公鼎和殷墟甲骨文的有關諸字》，《古文字與古代史》第 5 輯，中研院歷史語言研究所，2017 年 4 月。

陳劍：《釋甲骨金文的“徹”字異體——據卜辭類組差異釋字之又一例》，《出土文獻與古文字研究》第 7 輯，第 1—19 頁，上海古籍出版社，2018 年 5 月。

陳劍：《甲骨金文用爲“遊”之字補説》，《出土文獻與古文字研究》第 8 輯，第 1—46 頁，上海古籍出版社，2019 年 11 月。

陳劍：《婦好墓“盧方”玉戈刻銘的“聯”字與相關問題》，《中國文字》2019 年夏季號，第 159—176 頁，萬卷樓圖書股份有限公司，2019 年。

陳劍：《尋“詞”推“字”之一例：試説殷墟甲骨文中“犯”、“圍”兩讀之字》，《中國文字》總第 4 期，第 71—116 頁，2020 年 12 月。

陳劍：《釋“瓜”》，《出土文獻與古文字研究》第 9 輯，第 66—103 頁，上海古籍出版社，2020 年 11 月。

陳劍：《“象”與相關諸字考釋的新看法與反思》，吉林大學“古文字與中華文明傳承發展工程協同攻關平台系列講座第七場”，2023 年 5 月 28 日。

陳劍、董珊：《郾王職壺銘文研究》，《北京大學中國古文獻研究中心集刊（三）》，第 29—54 頁，北京大學出版社，2002 年 10 月。

陳絜：《説“敢”》，宫長爲、徐勇主編：《史海偵迹——慶祝孟世凱先生七十歲文集》，香港新世紀出版社，2006 年。

程浩：《“嘼”字兩系説》，《中國語文》2020 年第 5 期，第 625—640 頁。

D

戴彦臻：《論殷周甲骨文化中的鑽鑿現象》，《管子學刊》2001 年第 2 期，第

86—90 頁。

丁山：《甲骨文所見氏族及其制度》，第 126—127 頁，中華書局，1988 年 4 月。

董作賓：《商代龜卜之推測》，《安陽發掘報告》第 1 期，第 59—130 頁，中研院歷史語言研究所，1929 年；《中國現代學術經典·董作賓卷》，第 439—504 頁，河北教育出版社，1996 年 10 月。

董作賓：《骨文例》，《中研院歷史語言研究所集刊》第 7 本第 1 分，第 5—44 頁，1936 年。《董作賓先生全集·甲編》第 3 册，第 913—952 頁，藝文印書館，1977 年 11 月。

董作賓：《甲骨實物之整理》，《中研院歷史語言研究所集刊》第 29 本下，第 909—924 頁，中研院歷史語言研究所，1957 年 11 月；《董作賓學術論著》下册，世界書局，1962 年；《董作賓先生全集·甲編》第 3 册，第 953—966 頁；《中國現代學術經典·董作賓卷》，第 505—523 頁，河北教育出版社，1996 年 10 月。

段渝：《卜用甲骨鑽、鑿的起源及其形態》，《文史知識》1991 年第 7 期，第 46—49 頁。

F

方稚松：《釋殷墟花園莊東地甲骨中的瓚、祼及相關諸字》，《中原文物》2007 年第 1 期，第 83—87 頁。

方稚松：《談談甲骨金文中的“肇”字》，《中原文物》2012 年第 6 期，第 52—59 頁。

方稚松：《説甲骨文中“壬”的一種異體》，張光明、徐義華主編：《甲骨學暨高青陳莊西周城址重大發現國際學術研討會論文集》，第 195—202 頁，齊魯書社，2014 年 7 月。

方稚松：《關於甲骨文“更”字構形的再認識》，《故宮博物院院刊》2015 年第 2 期，第 90—97 頁。

方稚松：《釋〈合集〉6571 中的“🦵”——兼談占辭中“見”的含義》，《古文字研究》第 32 輯，第 75—82 頁，中華書局，2018 年 8 月。

方稚松：《甲骨文“肴”“亐”詞義辨析》，《中國國家博物館館刊》2019 年 12 期，第 22—32 頁。

馮華：《包山楚簡成套卜筮辭中的習卜研究》，《中國史研究》2012 年第 1 期，
　　第 5—18 頁。

［美］傅羅文：《貞人：關於早期中國施灼占卜起源與發展的一些思考》，荊志
　　淳、耿德興：《淺談"甲骨"鑽鑿磨灼的主要用意和用途》，《殷都學刊》1999
　　年增刊，第 164—165 頁。

G

葛亮：《甲骨文田獵動詞研究》，復旦大學碩士學位論文，2010 年 6 月，指導教
　　師：陳劍；《出土文獻與古文字研究》第 5 輯，第 31—153 頁，上海古籍出版
　　社，2013 年 9 月。

郭沫若：《安陽新出土的牛胛骨及其刻辭》，《考古》1972 年第 2 期，第 2—11 頁。

郭若愚：《殷契拾掇第二編・序》，來薰閣書店，1953 年。

郭永秉：《談古文字中的"要"和從"要"之字》，《古文字研究》第 28 輯，中華書
　　局，2010 年 10 月。

郭振祿：《試論康丁時代被鋸截的卜旬辭》，《殷墟博物苑苑刊》（創刊號），中
　　國社會科學出版社，1989 年 8 月。

郭振祿：《試論祖庚、祖甲時代的被鋸截卜王辭》，《慶祝蘇秉琦考古五十五年
　　論文集》，第 371—380 頁，文物出版社，1989 年。

郭振録：《試論甲骨刻辭中的"卜"及其相關問題》，中國社會科學院考古研究
　　所編：《中國考古學論叢——中國社會科學院考古研究所建所 40 年紀念》，
　　第 279—288 頁，科學出版社，1993 年 5 月。

H

韓智鈞：《論出組甲骨文貞人與刻手之間的關係》，《審美與藝術學》，第 88—
　　90 頁。

韓智鈞：《殷墟出組貞人甲骨文刻手探討》，《藝術科技》，2017 年 7 月 4 日。

何會：《甲骨文"序數"補説》，《殷都學刊》2012 年第 3 期，第 1—4 頁。

何樹環：《金文"叀"字別解——兼及"惠"》，《政大中文學報》總第 17 期，第
　　223—265 頁，2012 年。

侯乃峰：《商周時期契龜刻字專用刀稽考》，《殷都學刊》2011 年第 2 期，第
　　10—15 頁。

胡厚宣：《關於殷代卜龜之來源》，《史學叢刊》1944 年第 1 期。

胡厚宣：《卜辭同文例》，《中研院歷史語言研究所集刊》第 9 本，第 135—220
　　頁，1947 年。

胡雲鳳：《殷墟卜辭兆序校讀七則》，《紀念甲骨文發現 120 周年國際學術研討
　　會論文集》，第 576—594 頁，2019 年。

黃天樹：《花園莊東地甲骨中所見的若干新資料》，《陝西師範大學學報》2005
　　年第 2 期，第 57—60 頁；《黃天樹古文字論集》，第 452 頁。

黃天樹：《讀花東卜辭劄記（二則）》，《南方文物》2007 年第 2 期，第 96—97
　　頁；後收入《黃天樹甲骨金文論集》，第 154—156 頁。

黃天樹：《殷墟龜腹甲形態研究》，《北方論叢》2009 年第 3 期，第 5—7 頁。

黃天樹：《禹鼎釋文補釋》，張光裕、黃德寬主編：《古文字學論稿》，第 60—68
　　頁，安徽大學出版社，2008 年 4 月；《黃天樹甲骨金文論集》，第 409—416
　　頁，學苑出版社，2014 年 8 月。

黃天樹：《甲骨形態學》，《甲骨拼合集》，第 514—538 頁，學苑出版社，2010 年
　　8 月；《黃天樹甲骨金文論集》，第 356—388 頁，學苑出版社，2014 年 8 月。

黃天樹：《甲骨文中的範圍副詞》，《文史》2011 年第 3 期，第 5—19 頁；《黃天
　　樹甲骨金文論集》，第 301—302 頁。

慧超：《論甲骨占卜的發展歷程及卜骨特點》，《華夏考古》2006 年第 1 期，第
　　48—56 頁。

慧超：《20 世紀甲骨占卜研究綜述》，《河南科技大學學報》2006 年第 24 期，第
　　37—43 頁。

J

吉德煒：《中國正史之淵源：商王占卜是否一貫正確?》《古文字研究》第 13
　　輯，第 117—128 頁，中華書局，1986 年 6 月。

冀小軍：《説甲骨金文中表祈求義的柰字——兼談柰字在金文車飾名稱中的
　　用法》，《湖北大學學報》（哲社版），1991 年第 1 期，第 35—44 頁。

季旭昇:《"雨無正"解題》,《古籍整理研究學刊》2002 年 3 期,第 8—15 頁。

季旭昇:《甲骨文從"㡿"之字及其相關意義之探討》,《出土材料與新視野》,中研院歷史語言研究所,2013 年 9 月。

《甲骨占卜吉凶兆紋基本可控》,《南京師範大學文學院學報》2014 年第 1 期,第 184 頁。

蔣玉斌:《甲骨文獻整理(兩種)》,《古籍整理研究學刊》2003 年第 3 期,第 5—8 頁。

蔣玉斌:《殷墟 B119、YH006、YH044 三坑甲骨新綴》,《中國文字研究》第 1 輯,第 14—18 頁,大象出版社,2007 年 9 月。

蔣玉斌:《説殷墟卜辭的特殊敘辭》,《出土文獻與古文字研究》第 4 輯,第 1—13 頁,上海古籍出版社,2011 年 12 月。

蔣玉斌:《甲骨文字釋讀劄記兩篇》,《中國文字研究》第 16 輯,第 64—69 頁,上海人民出版社,2012 年 8 月。

蔣玉斌:《説殷卜辭中關於"同呂"的兩條冶鑄史料》,《吉林大學古籍研究所建所三十周年紀念論文集》,第 1—4 頁,上海古籍出版社,2014 年 11 月。

蔣玉斌:《釋殷墟花東卜辭的"顛"》,《考古與文物》2015 年第 3 期,第 107—117 頁。

蔣玉斌:《甲骨文"臺"字異體及"鼜"字釋説》,《古文字研究》第 31 輯,第 42—45 頁,中華書局,2016 年 10 月。

蔣玉斌:《釋甲骨金文的"蠹"兼論相關問題》,《復旦學報》2018 年第 5 期,第 118—138 頁。

蔣玉斌:《釋殷墟自組卜辭中的"兆"字》,《古文字研究》第 27 輯,第 104—107 頁,中華書局,2008 年 9 月。

蔣玉斌:《象胛骨刻辭綴合及相關問題》,待刊。

蔣玉斌:《殷墟甲骨刻寫預留區的觀察及其學術意義》,第八屆中國文字發展論壇,2022 年 8 月 4 日,北京。

金祥恒:《甲骨文中的一片象胛骨刻辭》,《金祥恒先生全集》第 2 册,第 469—474 頁,藝文印書館,1990 年 12 月。

L

李愛輝：《甲骨序辭、兆辭釋讀中存在的幾個問題》，《文獻》2017 年第 5 期，第 31—38 頁。

李春桃：《釋甲骨文中的“觴”字》，《古文字研究》第 32 輯，第 83—89 頁，中華書局，2018 年 8 月。

李殿魁：《從出土考古資料及書面資料試探易之起源及針象（一）》，《中國文字》新 17 期，第 255—262 頁，中國文字社，1993 年 3 月。

李亨求：《渤海沿岸早期無字卜骨之研究——兼論古代東北亞諸民族之卜骨文化》，《故宮季刊》第 16 卷第 1 期，1981 年。《甲骨文獻集成》第 17 册，第 102—118 頁。

李棪：《早周骨甲所刻易卦筮符綜説》，《第二屆國際中國古文字學研討會論文集續編》，第 31—52 頁，香港中文大學，1995 年。

李零：《古文字雜識（兩篇）》，《于省吾教授百年誕辰紀念文集》，第 270—274 頁，吉林大學出版社，1996 年 9 月。

李零：《讀〈楚系簡帛文字編〉》，《出土文獻研究》第 5 集，第 139—162 頁，科學出版社，1999 年 8 月。

李學勤：《談安陽小屯以外出土的有字甲骨》，《文物參考資料》1956 年第 11 期，第 16—17 頁。

李學勤：《評陳夢家〈殷虚卜辭綜述〉》，《考古學報》1957 年第 3 期，第 110—130 頁。

李學勤：《關於甲骨的基礎知識》，《歷史教學》1959 年第 7 期，第 20—22 頁。

李學勤：《關於自組卜辭的一些問題》，《古文字研究》第 3 輯，第 32—42 頁，中華書局，1980 年 11 月。

李學勤：《青銅器與山西古代史的關係》，《山西文物》1982 年第 1 期。

李學勤、唐雲明：《河北藁城台西甲骨的初步考察》，《考古與文物》1982 年第 3 期，第 57—58 頁。

李學勤：《魯方彝與西周商賈》，《史學月刊》1985 年第 1 期，第 31—34 頁。

李學勤：《竹簡卜辭與商周甲骨》，《鄭州大學學報》1989 年第 2 期，第 79—

85 頁。

李學勤:《西周筮數陶罐的研究》,《人文雜誌》1990 年第 6 期,第 78—81 頁。

李學勤:《甲骨占卜的比較研究》,《比較考古學隨筆》,第 139—150 頁,中華書局,1991 年 10 月;第 95—102 頁,廣西師範大學出版社,1997 年 8 月。

李學勤:《賓組卜骨的一種文例》,《南開大學歷史系建系七十五周年紀念文集》,第 1—3 頁,南開大學出版社,1998 年 1 月。

李學勤:《關於象胛骨卜辭》,《中原文物》2001 年第 4 期,第 57—59 頁。

李學勤:《帝辛征夷方卜辭的擴大》,《中國史研究》2008 年第 1 期,第 15—20 頁。

李雪山:《花園莊東地甲骨卜兆形態分型分式研究》,《河南師範大學學報》2018 年第 3 期,第 86—92 頁。

李雪山、韓燕彪:《花園莊東地甲骨卜兆形態分型分式研究》,《河南師範大學學報》2018 年第 3 期,第 86—92 頁。

李雪山、韓燕彪:《殷商和西周甲骨鑽鑿異同探析》,《河南師範大學學報》2017 年第 6 期,第 89—94 頁。

李棪:《早周骨甲所刻易卦筮符綜説》,《第二屆國際中國古文字學研討會論文集續編》,第 31—52 頁,香港中文大學,1995 年。

連劭名:《望山楚簡中的"習卜"》,《江漢論壇》1986 年第 11 期,第 79—80 頁。

連劭名:《出入占考》,《周易研究》1998 年第 1 期,第 21—33 頁。

林宏明:《賓組骨首刻辭與左右胛骨的關係》,《出土文獻研究視野與方法》第 1 輯,第 253—270 頁,政治大學中文系,2009 年 10 月。

林宏明:《甲骨新綴第 601 例》,先秦史研究室網站,2015 年 12 月 24 日。

林宏明:《賓組骨面刻辭起刻位置研究》,《古文字與古代史》第 5 輯,第 1—26 頁,中研院歷史語言研究所,2016 年 10 月。

林宏明:《賓組卜骨骨邊"干支"刻辭現象探究》,《出土文獻研究視野與方法》第 6 輯,第 25—47 頁,政治大學中文系,2019 年。

林生:《記彝、羌、納西族的羊骨卜》,《考古》1963 年第 3 期,第 162—166 頁。

林生:《雲南永勝縣彝族(他魯人)"羊骨卜"的調查和研究》,《考古》1964 年第 4 期,第 98—102 頁。

林澐：《甲骨文中的商代方國聯盟》，《古文字研究》第 6 輯，第 67—92 頁，中華書局，1981 年 11 月；《林澐學術文集》，第 69—84 頁。

林澐：《釋史墻盤銘中的"逖虘髟"》，《陝西歷史博物館館刊》第 1 輯，第 22—30 頁，三秦出版社，1994 年 6 月；《林澐學術文集》，第 174—183 頁。

林澐：《説干、盾》，《古文字研究》第 22 輯，第 93—95 頁，中華書局，2000 年 7 月。林澐：《林澐學術文集》（二），第 175—176 頁。

林澐：《釋昫》，《古文字研究》第二十四輯，中華書局，2002 年；《林澐學術文集（二）》，第 186—189 頁。

林澐：《關於前辭有"貞"的無名組卜辭》，王宇信、宋鎮豪主編：《紀念殷墟甲骨文發現一百周年國際學術研討會論文集》，第 319—331 頁，社會科學文獻出版社，2003 年 3 月；《林澐學術文集（二）》，第 194—208 頁。

凌純聲：《中國古代的龜祭文化》，《中研院民族學研究所集刊》1971 年第 31 期；《甲骨文獻集成》第 17 册，第 73—80 頁。

劉風華：《殷墟小屯南地甲骨中的截鋸卜旬卜骨》，《殷都學刊》2008 年第 4 期，第 7—13 頁。

劉風華：《一種殷墟成組卜辭的文例分析及應用》，《殷都學刊》2019 年第 2 期，第 47—52 頁。

劉風華：《讀契札記二則》，《博物院》2019 年第 6 期，第 15—19 頁。

劉風華：《出組定型化成組卜辭初探》，《古文字研究》第 34 輯，第 75—81 頁，中華書局，2022 年 10 月。

劉焕明：《商代甲骨占卜探討》，《文物春秋》1992 年第 3 期，第 23—28 頁。

劉學順：《關於卜辭貞人的再認識》，《甲骨學研究》1987 年第 1 期。

劉一曼：《殷墟獸骨刻辭初探》，《殷墟博物苑苑刊》創刊號，第 115—117 頁，中國社會科學出版社，1989 年 8 月。

劉一曼、曹定雲：《殷墟花園莊東地甲骨卜辭選釋與初步研究》，《考古學報》1999 年第 3 期，第 251—310 頁。

劉一曼：《論殷墟甲骨整治與占卜的幾個問題》，《古文字與古代史》第 4 輯，第 187—228 頁，中研院歷史語言研究所，2015 年 2 月。

劉一曼、岳占偉：《殷墟近出刻辭甲骨選釋》,《考古學集刊》第 18 集,第 211—236 頁,科學出版社,2010 年 7 月。

劉一曼：《試論殷墟商代貞人墓》,《考古》2018 第 3 期,第 78—85 頁。

劉淵臨：《卜骨的攻治技術演進過程之探討》《中研院歷史語言所集刊》第 46 本第 1 分,第 99—154 頁,1974 年 12 月。

劉影：《文例規律對歷組卜辭時代提前的新證》,《考古與文物》2016 年第 2 期,第 108—110 頁。

劉源：《從占卜角度續論命辭的性質與主要特點》,《甲骨文與殷商史》新 5 輯,第 113—128 頁,2015 年 12 月。

劉釗：《卜辭所見殷代的軍事活動》,《古文字研究》第 16 輯,第 67—140 頁,中華書局,1989 年 9 月。

劉釗：《釋甲骨文秸、義、蟺、敊、栽諸字》,《吉林大學社會科學學報》1990 年第 2 期,第 8—13 頁;《古文字考釋叢稿》,第 10—13 頁,嶽麓書社,2005 年 7 月。

劉釗：《卜辭"雨不正"考釋——兼〈詩雨無正〉篇題新證》,《殷都學刊》2001 年 4 期,第 1—3 頁。

劉釗：《兵器銘文考釋(四則)》,《出土文獻與古文字研究》第 2 輯,第 95—109 頁,復旦大學出版社,2008 年 8 月。

劉釗：《甲骨文"害"字及其從"害"諸字考釋》,《甲骨文與殷商史》新 4 輯,第 106—115 頁,上海古籍出版社,2014 年 10 月。

劉釗：《釋甲骨文中的"役"字》,《出土文獻與古文字研究》第 6 輯,第 33—68 頁,上海古籍出版社,2015 年 2 月。

柳曾符：《釋"習卜"》,《中國語文》1981 年第 4 期,第 313—316 頁。

M

[古羅馬] 馬庫斯圖留斯西塞羅著,戴連焜譯：《論占卜》,華東師範大學出版社,2019 年 12 月。

N

牛海茹：《論商代甲骨占卜中的"異史同貞"》,《甲骨文與殷商史》新 8 輯,第 439—461 頁,上海古籍出版社,2018 年 11 月。

P

彭裕商:《殷代卜法初探》,《夏商文明研究》,第 228—246 頁,中州古籍出版社,1995 年 8 月。

Q

齊航福:《殷墟甲骨文中焦點問題的初步研究》,《語文研究》2014 年第 4 期,第 39—45 頁。

裘錫圭:《讀〈安陽新出土的牛胛骨及其刻辭〉》,《考古》1972 年第 5 期;《古文字論集》,第 332 頁;《裘錫圭學術文集·甲骨文卷》,第 8—9 頁。

裘錫圭:《説"玄衣朱襮裣"——兼釋甲骨文"虣"字》,《文物》1976 年第 12 期,第 75—76 頁;《古文字論集》,第 350—352 頁;《裘錫圭學術文集·金文及其他古文字卷》,第 3—5 頁。

裘錫圭:《釋"祕"》,《古文字研究》第 3 輯,第 7—31 頁,中華書局,1980 年 11 月;《古文字論集》,第 17—34 頁;《裘錫圭學術文集·甲骨文卷》,第 51—71 頁。

裘錫圭:《甲骨文中的幾種樂器名稱——釋"庸""豐""鞀"》,《中華文史論叢》第 2 輯,第 67—82 頁,上海古籍出版社,1980 年 5 月;《古文字論集》,第 196—209 頁,中華書局,1992 年 8 月;《裘錫圭學術文集·甲骨文卷》,第 36—46 頁。

裘錫圭:《甲骨文字考釋(八篇)·釋"骻""秭"》,《古文字研究》第 4 輯,第 153—176 頁,中華書局,1980 年 12 月;《古文字論集》,第 35—39 頁;《裘錫圭學術文集·甲骨文卷》,第 72—76 頁。

裘錫圭:《甲骨文中所見的商代農業》,《全國商史學術討論會論文集》,1985 年 2 月;《農史研究》,農業出版社,1989 年;《古文字論集》第 187 頁;《裘錫圭學術文集·甲骨文卷》,第 247 頁。

裘錫圭:《釋"求"》,《古文字研究》第 15 輯,第 195—206 頁,中華書局,1986 年 6 月;《古文字論集》,第 59—69 頁;《裘錫圭學術文集·甲骨文卷》,第 274—284 頁。

裘錫圭:《説甲骨卜辭中"戠"字的一種用法》,《語言文字學術研究論文集》,

知識出版社,1989 年;《古文字論集》,第 111—116 頁;《裘錫圭學術文集·甲骨文卷》,第 160—166 頁。

裘錫圭:《説"囚"》,《古文字論集》,第 105 頁,中華書局,1992 年 8 月;《裘錫圭學術文集·甲骨文卷》,第 377 頁。

裘錫圭:《釋"虫"》,《古文字論集》,第 11—16 頁;《裘錫圭學術文集·甲骨文卷》,第 206—211 頁。

裘錫圭:《説"以"》,《古文字論集》,第 106—110 頁;《裘錫圭學術文集·甲骨文卷》,第 179—183 頁。

裘錫圭:《釋殷墟卜辭中的"卒"和"裚"》,《中原文物》1990 年第 3 期,第 8—16 頁;《甲骨文獻集成》第十三册,第 437—440 頁;《裘錫圭學術文集·甲骨文卷》,第 362—376 頁。

裘錫圭:《釋"弘""强"》,《古文字論集》,第 53—58 頁,中華書局,1992 年 8 月。《甲骨文字考釋(續)·釋"弘""强"》,《裘錫圭學術文集·甲骨文卷》,第 184—188 頁。

裘錫圭:《説殷墟卜辭的"奠"——試論商人處置服屬者的一種方法》,《中研院歷史語言研究所集刊》第 64 本第 3 分,第 659—686 頁,1993 年 12 月;《裘錫圭學術文集·古代歷史、思想、民俗卷》,第 169—192 頁。

裘錫圭:《釋殷虚卜辭中的"𗊵""𗊵"等字》,《第二届國際中國古文字學研討會論文集》,第 73—94 頁,香港中文大學中文系編集,1993 年 10 月;《裘錫圭學術文集·甲骨文卷》,第 391—403 頁。

裘錫圭:《釋"衍"、"侃"》,臺灣師範大學國文系、中國文字學會編:《魯實先先生學術討論會論文集》,第 6—12 頁,1993 年 6 月;馮天瑜主編:《人文論叢》2002 年卷,武漢大學出版社,2003 年 11 月。《裘錫圭學術文集·甲骨文卷》第一卷,第 378—386 頁,復旦大學出版社,2012 年 10 月。

裘錫圭:《説"撜函"——兼釋甲骨文"櫓"字》,《華學》第 1 輯,第 59—62 頁,中山大學出版社,1995 年 8 月;《裘錫圭學術文集·語言文字與古文獻卷》,第 418—422 頁。

裘錫圭:《殷墟甲骨文"彗"字補説》,《華學》第 2 輯,第 33—38 頁,中山大學出版社,1996 年 12 月;《裘錫圭學術文集·甲骨文卷》,第 422—430 頁。

裘錫圭:《論殷墟卜辭"多毓"之"毓"》,中國社會科學院考古研究所:《中國商文化國際學術研討會論文集》,中國大百科全書出版社,1998 年;《裘錫圭學術文集·甲骨文卷》,第 404—415 頁。

裘錫圭:《殷墟甲骨文考釋四篇·釋"虘"》,李學勤、吳中傑、祝敏申主編:《海上論叢(二)》,復旦大學出版社,1998 年 7 月;《裘錫圭學術文集·甲骨文卷》,第 437—438 頁。

裘錫圭:《釋"厄"》,紀念甲骨文發現 100 周年國際學術研討會論文,1999 年 8 月 20—23 日,安陽;王宇信、宋鎮豪主編:《紀念殷墟甲骨文發現一百周年國際學術研討會論文集》,第 125—133 頁;《裘錫圭學術文集·甲骨文卷》,第 449—460 頁。

裘錫圭:《甲骨文中的見與視》,《甲骨文發現一百周年學術研討會論文集》,第 1—6 頁,文史哲出版社,1999 年 5 月;《裘錫圭學術文集·甲骨文卷》,第 444—448 頁,復旦大學出版社,2012 年 10 月。

裘錫圭:《説"口凡有疾"》,《故宮博物院院刊》2000 年第 1 期,第 1—7 頁;《裘錫圭學術文集·甲骨文卷》,第 473—484 頁,復旦大學出版社,2012 年 10 月。

裘錫圭:《從殷墟卜辭的"王占曰"説到上古漢語的宵談對轉》,《中國語文》2002 年第 1 期,第 70—76 頁;《裘錫圭學術文集·甲骨文卷》,第 485—494 頁。

裘錫圭:《燹公盨銘文考釋》,保利藝術博物館編著:《燹公盨》,第 35—54 頁,綫裝書局,2002 年 10 月;《中國歷史文物》2002 年第 6 期,第 13—22 頁;《中國出土古文獻十講》,第 46—78 頁,復旦大學出版社,2004 年 12 月;《裘錫圭學術文集·金文及其他古文字卷》,第 146—166 頁。

裘錫圭:《關於殷墟卜辭的"瞽"》,王宇信、宋鎮豪、孟憲武主編:《2004 年安陽殷商文明國際學術研討會論文集》,第 1—5 頁,社會科學文獻出版社,2004 年 9 月。《裘錫圭學術文集·甲骨文卷》,第 510—515 頁。

屈萬里:《甲骨文從比二字辨》,《中研院歷史語言研究所集刊》第 13 本,第

213—217 頁,1948 年。

屈萬里:《易卦源於龜卜考》,《中研院歷史語言研究所集刊》第 27 本,第
　　117—133 頁,1956 年 4 月。

R

饒宗頤:《由卜兆記數推究殷人對於數的觀念——龜卜象數論》,《中研院歷
　　史語言研究所集刊外編》第 4 種,《慶祝董作賓先生六十五歲論文集》下册,
　　1961 年;《甲骨文獻集成》第 17 册,第 45—53 頁。

饒宗頤:《殷代易卦及有關占卜諸問題》,《文史》第 20 輯,1983 年,第 1—
　　14 頁。

容肇祖:《占卜的源流》,《中研院歷史語言研究所集刊》第 1 本第 1 分册,第
　　47—88 頁,1928 年 10 月;海豚出版社,2010 年 10 月。

S

沈建華:《清華簡〈筮法〉果占與商代占卜淵源》,《出土文獻》第 10 輯,第 19—
　　24 頁,中西書局,2017 年 4 月。

沈培:《説殷墟甲骨卜辭的"枏"》,《原學》第 3 輯,第 75—110 頁,中國廣播電
　　視出版社,1995 年 8 月。

沈培:《關於殷墟甲骨文中所謂"於字式"被動句》,《北京大學中國古文獻研
　　究中心集刊(二)》,第 15—64 頁,北京燕山出版社,2001 年 4 月。

沈培:《卜辭"雄衆"補釋》,《語言學論叢》第 26 輯,第 237—256 頁,商務印書
　　館,2002 年 8 月。

沈培:《申論殷墟甲骨文"气"字的虚詞用法》,《北京大學中國古文獻研究中
　　心集刊(三)》,第 11—28 頁,北京大學出版社,2002 年 10 月。

沈培:《殷墟卜辭正反對貞的語用學考察》,丁邦新、余靄芹編:《語言暨語言
　　學》專刊外編之二《漢語史研究:紀念李方桂先生百年冥誕論文集》,第
　　191—234 頁,中研院語言學研究所,美國華盛頓大學,2005 年。

沈培:《殷墟花園莊東地甲骨"夗"字用爲"登"證説》,《中國文字學報》第 1 輯,
　　第 40—52 頁,2006 年 12 月。

沈培:《殷卜辭中跟卜兆有關的"見"和"告"》,《古文字研究》第 27 輯,第 66—

74 頁,中華書局,2008 年 9 月。

沈培:《釋甲骨文、金文與傳世典籍中跟"眉首"的"眉"相關的字詞》,《出土文獻與傳世典籍的詮釋——紀念譚樸森先生逝世兩周年國際學術研討會論文集》,第 19—46 頁,上海古籍出版社,2010 年 10 月。

沈培:《甲骨文"巳"、"改"用法補議》,李宗焜主編:《古文字與古代史》第 4 輯,第 37—64 頁,中研院歷史語言研究所,2015 年 2 月。

沈培:《釋甲金文中的"迓"——兼論上古音魚月通轉的證據問題》,"上古音與古文字研究的整合"國際研討會,2017 年 7 月。

石璋如:《骨卜與龜卜的探源——黑陶與白陶的關係》,《大陸雜誌》1954 年第 9 期。

宋鎮豪:《殷代"習卜"和有關占卜制度的研究》,《中國史研究》1987 年第 4 期,第 91—103 頁。

宋鎮豪:《論古代甲骨占卜的"三卜"制》,《殷墟博物苑苑刊》創刊號,第 138—150 頁,中國社會科學出版社,1989 年 8 月。

宋鎮豪:《再談殷墟卜用甲骨的來源》,《殷都學刊》1999 年增刊,第 22—26 頁。

宋鎮豪:《再論殷商王朝甲骨占卜制度》,《中國歷史博物館館刊》,1999 年第 1 期,第 12—27 頁。

宋鎮豪:《殷墟甲骨占卜程式的追索》,《文物》2000 年第 4 期,第 35—45 頁。

孫常敍:《雈雀一字形變説》,《古文字研究》第 19 輯,第 377—390 頁,1992 年 8 月;《孫常敍古文字學論集》,第 19—32 頁,東北師範大學出版社,1998 年;上海古籍出版社,2016 年 1 月。

孫俊、趙鵬:《"艱"字補釋》,《甲骨文與殷商史》第 2 輯,第 131—142 頁,上海古籍出版社,2011 年 11 月。

孫亞冰:《商周牛卜骨前後角鋸切情況探討》,《南方文物》2017 年第 4 期,第 132—136 頁。

孫亞冰:《殷墟卜骨的雙兆幹現象》,《甲骨文與殷商史》新 9 輯,第 370—376 頁,2019 年 10 月。

W

王蘊智：《嬴字探源》，《追尋中華古代文明的蹤迹——李學勤先生學術活動五十年紀念文集》，第 7—13 頁，復旦大學出版社，2002 年 8 月。

王蘊智：《抓緊甲骨文的基礎整理工作——着手於新世紀的甲骨文研究》，《殷都學刊》2000 年第 2 期，第 1—6 頁。

王蘊智、門藝：《黄組甲骨卜氣象辭綴合四例》，《中國文字研究》第 12 輯，第 50 頁，大象出版社，2009 年 6 月。

王蘊智、張怡：《殷墟出組卜王辭的考察及綴合》，第 97—105 頁，《出土文獻》第 1 輯，第 97—105 頁，2010 年 8 月。

王子楊：《甲骨文所謂的“内”當釋作“丙”》，《甲骨文與殷商史》新 3 輯，第 231—237 頁，上海古籍出版社，2013 年 4 月。

王子楊：《甲骨文舊釋“凡”之字絶大多數當釋爲“同”——兼談“凡”、“同”之別》，《出土文獻與古文字研究》第 5 輯，第 6—30 頁，上海古籍出版社，2013 年 9 月。

王子楊：《甲骨文中值得重視的幾條史料》，《文獻》2015 年第 3 期，第 28—40 頁。

王子楊：《説甲骨文中的“逸”字》，《故宫博物院院刊》2011 年第 1 期，第 41—49 頁。

王子楊：《甲骨文“芍（鬱）”的用法》，《文史》2016 年第 3 輯，第 43—56 頁。

王子楊：《揭示若干組商代的樂歌樂舞——從甲骨卜辭“武湯”説起》，《中研院歷史語言研究所集刊》第九十本第四分，第 635—679 頁，2019 年 12 月。

汪寧生：《彝族和納西族的羊骨卜——再論古代甲骨占卜習俗》，《文物與考古論集》，文物出版社，1986 年；《甲骨文獻集成》第 17 册，第 153—158 頁。

韋心瀅：《小屯南地新出土午組卜辭相關問題研究》，《甲骨文與殷商史》新 7 輯，第 116—136 頁，2017 年 11 月。

巫稱喜：《甲骨占卜制度與商代資訊傳播》，《華南師範大學學報》2008 年第 5 期，第 70—73 頁。

鄔可晶：《試釋殷墟甲骨文的“達”字》，《北京大學第三届國際古典學會議論文集》,第 118—141 頁,北京大學,2019 年 11 月。

吴仁生:《貞人的學識修養》,《殷都學刊》1991 年第 4 期,第 12—15 頁。

X

蕭良瓊:《卜辭文例與卜辭的整理和研究》,《甲骨文與殷商史》第 2 輯,第 24—64 頁,上海古籍出版社,1986 年 6 月。

肖楠:《小屯南地甲骨的鑽鑿形態》,《甲骨學論文集》,中華書局,2010 年 7 月。

肖楠:《安陽殷墟發現"易卦"卜甲》,《考古》1989 年第 1 期,第 66—70 頁。

謝端琚:《中國原始卜骨》,《文物天地》1993 年第 6 期,第 14—16 頁。

謝明文:《"或"字補説》,《商代金文的整理與研究》,第 664—678 頁;《出土文獻研究》第 15 輯,第 14—33 頁,中西書局,2016 年 7 月。

謝明文:《試論"揚"的一種異體——兼説"圭"字》,《甲骨文與殷商史》新 9 輯,第 234—246 頁,上海古籍出版社,2019 年 10 月。

謝明文:《甲骨文舊釋"益"之字新釋——兼"易"字新探》,《中國國家博物館館刊》2019 年第 12 期,第 7—21 頁。

徐葆:《殷墟卜辭中的商代筮法制度——兼釋甲骨文爻、學、教諸字》,《中原文物》1996 年第 1 期,第 81—85 頁。

許進雄:《鑽鑿對卜辭斷代的重要性》,《中國文字》第 37 册,第 4091—4142 頁,藝文印書館,1970 年 9 月;《甲骨文獻集成》第 15 册,第 309—322 頁。

許進雄:《從長鑿的配置試分第三與第四期的卜骨》,《中國文字》第 48 册,第 5273—5286 頁,藝文印書館,1973 年 6 月;《甲骨文獻集成》第 15 册,第 328—331 頁。

許進雄:《鑽鑿研究略述》,《屈萬里先生七秩榮慶論文集》,臺北聯經出版事業公司,1978 年;《甲骨文獻集成》第 17 册,第 96—101 頁。

許子瀟:《商代甲骨占卜中的二人共貞現象》,《殷都學刊》2019 年第 3 期,第 1—4 頁。

Y

嚴軍:《從甲骨占卜術的興衰看甲骨卜辭的存亡》,《杭州師範學院學報》1992

年第 2 期,第 105—112 頁。

楊安:《"助"、"叀"考辨》,《中國文字》新 37 期,第 155—170 頁,藝文印書館,2011 年 12 月。

姚萱:《非王卜辭的"瘳"補説》,《河北大學學報》2012 年第 4 期,第 108—113 頁。

姚萱:《殷墟甲骨文"涿"、"浚"兩字考辨》,《中國文字研究》第 23 輯,第 16—22 頁,上海書店出版社,2016 年 8 月。

顔世鉉:《再論是"翦伐"還是"撲伐"》,《古文字與古代史》第 4 輯,中研院歷史語言研究所,2015 年 2 月。

葉祥奎:《陝西長安灃西西周墓地出土的龜甲》,《考古》1990 年 6 期,第 544—550 頁。

葉祥奎、劉一曼:《河南安陽殷墟花園莊東地出土的龜甲研究》,《考古》2001 年第 8 期,第 85—92 頁。

于成龍:《戰國楚占卜制度與商占卜制度之比較》,《殷都學刊》2010 年第 4 期,第 9—20 頁。

袁倫强:《釋甲骨文"滴""衛""奇"》,《第八屆中國文字發展論壇論文集》,第 223—226 頁,中州古籍出版社,2022 年 3 月。

Z

詹鄞鑫:《釋甲骨文"兆"字》,《古文字研究》第 24 輯,第 123—129 頁,中華書局,2002 年 7 月。

張昂:《出土文獻中所見"疾愈"類字詞的相關問題探研》,待刊。

張秉權:《殷虛卜龜之卜兆及其有關問題》,《中研院院刊》第 1 輯,1954 年;《甲骨文獻集成》第 17 册,第 20—29 頁。

張秉權:《卜龜腹甲的序數》,《中研院歷史語言研究所集刊》第 28 本上册《慶祝胡適先生六十五歲論文集》,第 229—272 頁,1956 年 12 月。

張秉權:《論成套卜辭》,《中研院歷史語言研究所集刊》外編第 4 種上册,《慶祝董作賓先生六十五歲論文集》,1960 年 7 月。

張秉權:《甲骨文的發現與骨卜習慣的考證》,《中研院歷史語言研究所集刊》

第 37 本下册,第 827—880 頁,1967 年 6 月。

張秉權:《甲骨文中所見的數》,《中研院歷史語言研究所集刊》第 46 本第 3 分,第 347—390 頁,1975 年 6 月。

張國碩:《試論殷人對甲骨的處置方式》,《殷都學刊》2003 年 2 期,第 19—23 頁。

張惟捷:《說殷卜辭的"㐖"字》,先秦史研究室網站,2017 年 6 月 29 日。

張新俊:《釋花園莊東地甲骨中讀作"乎"的字》,《古文字研究》第 29 輯,第 69—79 頁,中華書局,2012 年 10 月。

張玉春:《説外》,《東北師大學報》1984 年第 5 期,第 98—106 頁。

章秀霞:《從花東甲骨看殷商時期甲骨占卜中的若干問題》,《中州學刊》2010 年第 6 期,第 171—174 頁。

章秀霞:《花東卜辭行款走向與卜兆組合式的整理和研究》,《紀念王懿榮發現甲骨文一百周年國際學術研討會論文集》,第 174—192 頁,社會科學文獻出版社,2009 年 8 月。

趙鵬:《甲骨刻辭"又"及相關之字補説》,《古文字研究》第 30 輯,第 89—93 頁,中華書局,2014 年 9 月。

趙鵬:《談談最近發表的幾組甲骨綴合》,復旦大學出土文獻與古文字研究網站,2015 年 12 月 25 日。

趙鵬:《何組牛肩胛骨上兆序排列考察》,《南方文物》2015 年第 4 期,第 198—203 頁。

趙鵬:《賓組三類胛骨鑽鑿與兆序排列的初步整理與研究》,《出土文獻研究》第 15 輯,第 1—13 頁,中西書局,2016 年 7 月。

趙鵬:《師賓間類胛骨兆序排列及其相關問題》,《古文字研究》第 31 輯,第 62—67 頁,中華書局,2016 年 10 月。

趙鵬:《賓一類胛骨兆序排列的整理研究》,《南方文物》2016 年第 3 期,第 210—216 頁。

趙鵬:《出組二類胛骨鑽鑿布局、兆序排列與占卜》,《古文字研究》第 32 輯,第 127—138 頁,中華書局,2018 年 8 月。

趙鵬:《黃組胛骨鑽鑿布局、兆序排列及其相關問題》,《南方文物》2019 年第 3

期,第 139—149 頁。

趙鵬:《截鋸甲骨探微》,《甲骨文與殷商史》新 11 輯,第 500—522 頁,上海古籍出版社,2021 年 11 月。

趙平安:《戰國文字的"遊"與甲骨文"羍"爲一字説》,《古文字研究》第 22 輯,第 275—277 頁,中華書局,2000 年 7 月;《新出簡帛與古文字古文獻研究》,第 42—46 頁,商務印書館,2009 年 12 月;《文字・文獻・古史——趙平安自選集》,第 11—14 頁,中西書局,2017 年 6 月。

周忠兵:《説甲骨文中"兮"字的一種異體》,《古文字研究》第 28 輯,第 59—65 頁,中華書局,2010 年 10 月。

周忠兵:《甲骨鑽鑿形態研究》,《考古學報》2013 年第 2 期,第 147—184 頁;《卡内基博物館所藏甲骨研究》,吉林大學博士學位論文,2009 年 5 月,指導教師: 林澐;第 587—624 頁,上海人民出版社,2015 年 8 月。

周忠兵:《出土文獻所見"僕臣臺"之"臺"考》,《中研院歷史語言研究所集刊》第 90 本第 3 分,2019 年。

周忠兵:《〈殷墟卜辭正反對貞的語用學考察〉提要》,《傳承中華基因——甲骨文發現一百二十年來經典論文及提要》,第 2852 頁,商務印書館,2021 年 12 月。

周忠兵:《一版甲骨新綴及其相關問題》,《古文字研究》第 34 輯,第 105—111 頁,中華書局,2022 年 10 月。

朱鳳瀚:《近百年來的殷墟甲骨文研究》,《歷史研究》1997 年第 1 期,第 115—139 頁。

中國社會科學院考古研究所安陽工作隊:《安陽殷墟大司空村東南地 2015—2016 年發掘報告》,《考古學報》2019 年第 4 期,第 503—563 頁。

朱歧祥:《殷墟花東甲骨文刮削考》,《東海大學中國文學系中華文化與文學學術研討系列第十二次會議: 甲骨學國際學術研討會論文集》,臺灣東海大學中文系,2005 年。

朱彦民:《論商族骨卜習俗的來源與發展》,《中國社會歷史評論》第 9 卷,第 233—244 頁,2008 年 7 月。

朱楨:《貞人非卜辭契刻者》,《殷都學刊》1986 年第 4 期,第 19—23 頁。

後　　記

　　自從 2006 年博士畢業以來,已經過去了十七個年頭。十七年來,用掉的無效時間比較多,有效時間則有的是緊了又緊,有的是趕了又趕。

　　博士畢業後,本想完成殷墟甲骨文全部人名的整理,對一些人名現象進行辨析,對之前有漏誤之處做進一步的校改補充並設想可以延展到殷商官制的研究。但之後的一些學習工作經歷,改變了原有規劃,更多地關注了甲骨鑽鑿布局問題。

　　2007 年 9 月至 2008 年 6 月,李學勤先生在清華大學開設甲骨學課程,很多北京的學生和學者都去旁聽。在這一個學年的學習過程中,我的收穫之一就是更加深刻地認識到甲骨是占卜的遺物。對甲骨很多問題的思考,都要留出一份占卜的空間。

　　2008 年參加《甲骨文合集三編》課題組,我負責《乙編》《丙編》《乙補》的甲骨綴合整理工作。在拼對粘貼《乙編》拓本各殘片的過程中,正面的兆序數以及反面的鑽鑿都引起了我的注意。將拼對後的反面拓本一張張進行分類整理,得到的結果就是 2016 年參加史語所"第二屆古文字學青年論壇"的文章《殷墟 YH127 坑賓組龜腹甲鑽鑿與兆序排列的初步整理與研究》。進一步精減後,發表於《考古學報》(2017 年)。

　　2010 年與宋鎮豪、馬季凡先生共同整理中國社會科學院歷史研究所藏甲骨。在整理過程中,我負責協助拍攝照片、對全部甲骨做出排序以及釋文。做釋文時,基本用就近原則處理兆辭歸屬,所以《中歷藏》一書兆辭的歸屬基本都是錯誤的,這個責任在我一人。

　　2012 年有幸參加復旦大學主辦的中國古文字研究會第十九屆年會，這是我人生第一次參加中國古文字年會。會上王澤文先生發表了《對〈瑞典斯德哥爾摩遠東古物博物館藏甲骨文字〉的補充及相關著錄的調查》一文，這使我認識到我之前對兆辭的就近處理可能是錯誤的。會後我開始整理兆辭在一版甲骨上的刻寫位置，得出的結論是兆序數在兆枝上方，兆辭在兆枝下方（當然也有兆序數在兆幹上方，兆辭在兆幹外側等其他情況），則兆辭應該隸寫在兆枝上方的兆序數後，而不是距離兆辭最近的兆序數後。在那之前、在那同時很多學者對兆辭歸屬的認知都是正確的。唯我學識淺薄，造成了很大的錯誤並有可能延及他人。至今慚愧不已。

　　對兆辭的關注引起了我對兆序數的關注。2012 年，我開始相繼整理各組類甲骨兆序數的排列。整理到黃組龜腹甲時，發現有一些右腹甲兆序數爲“一”、左腹甲爲“二”的現象。一次李學勤先生到社科院開會（2013年），我找到一個機會向李先生請教這種現象。李先生說，這個有意思，可以整理看看。這增強了我對這個問題整理和研究的信心。

　　2012 年協助拍攝了旅順博物館和重慶三峽博物館藏甲骨照片，2014年協助拍攝了山東博物館兩千餘張甲骨照片。在協助拍攝這些照片的過程中，我對鑽鑿布局有了更直觀的認知。現在回頭想想，看到的照片是一頁一頁的還是一張一張的，觸發的思考點會有所不同。

　　2017 年 5 月，我加入《甲骨文摹本大系》工作組。這項工作讓我有機會更全面地整理甲骨材料，並在此基礎上進一步關注與思考，對甲骨鑽鑿布局與占卜形式的認知比之前更加完善。

　　2008 年李學勤先生在《中國史研究》發表《帝辛征夷方卜辭的擴大》一文，認爲殷墟甲骨村中南與村北兩系分別終結，不必再合到一系。這篇文章帶給我的另一個思考就是兩系是如何開始的。2019 年，有幸得到林宏明先生邀請，到臺灣政治大學做“深波甲骨學與殷商文明”學術講座。在講座的準備過程中，我第一次把村北系胛骨鑽鑿布局與村中南系進行比較。比較的結果是師組的胛骨鑽鑿布局與村中南是一系，與村北的關係較遠。

　　2020 年,黃天樹師在何會《殷墟王卜辭龜腹甲文例研究·序》中首次提出"甲骨占卜學"這一分支領域。2022 年 7 月 8 日,黃天樹師在南大古文字名家講壇做了題爲"甲骨占卜學"的講座,這次講座進一步完善了甲骨占卜學的理論構架。"甲骨占卜學"的提出讓本課題的研究有了依托與歸屬。

　　2023 年 11 月參加北京大學中國語言文學系主辦的"古文字與出土文獻"學術研討會。準備會議論文時,我意識到賓組胛骨鑽鑿布局有必要先分爲密集與稀疏兩類。再把單個鑽鑿布局歸入稀疏型,兩列和三列鑽鑿布局歸入密集型。這樣分類的原因主要是兩種類型的鑽鑿布局理念及與之相應的占卜理念的特徵性很鮮明。但因爲本書出版流程基本進入尾聲,不好做太大改動,只能留此遺憾。

　　總之,甲骨材料的整理,甲骨照片的拍攝,對自身錯誤認知的反思,學習交流,學科的發展等,都是我不斷思考鑽鑿布局問題的動因。

　　關於本書的觀點還想再説兩點:一是鑽鑿布局與占卜形式息息相關。鑽鑿布局不同,占卜形式很可能會不同。鑽鑿布局改變,占卜形式基本會隨之改變。二是關於"兩列"鑽鑿布局。我們不把胛骨上的"對邊一列白邊半列"與龜腹甲上的"複環稀疏型"歸爲"兩列"鑽鑿布局,核心原因在於占卜集團對這兩種鑽鑿布局的占卜思考、占卜使用是不同的,這也反映了他們不同的占卜思想。我們的認知應該盡可能向占卜集團的想法與做法靠近。

　　從 2008 年開始關注鑽鑿與兆序,至今已經有十五年了。雖然鑽鑿布局貌似一個可以短時解決的問題,但十五年中總會有這樣或那樣的點促進我們不斷地對這一問題進行反復的思考或又有新的思考。而今即將出版之際,希望書中所揭示的鑽鑿布局、占卜形式、卜辭布局、兩系關係等問題能夠接近歷史的真實。但內心最真實的感受還是惶恐,擔心誤解先人的占卜實踐,擔心有很多認知膚淺、不準確。不全面一定是有的。另外還沒有把每一版甲骨從占卜的角度細細地去排布……

　　最後,感謝黃天樹師對我的培養與敦促,並爲拙著作序。感謝一路走來給予我指點、關照與幫助的李學勤、宋鎮豪、劉釗、李宗焜、董珊、林宏明、方稚松、王澤文、張昂等先生。感謝國家社科基金五位評委提出的評審修改意見。感謝上海古籍出版社顧莉丹女士與姚明輝編輯爲本書的出版所付出的努力。感謝母親在生活中給予我的幫助與照顧,讓我有更多的時間做自己喜歡的事情。

2023 年 11 月 8 日